"十五"国家重点图书

THE CAMBRIDGE ECONOMIC HISTORY

GENERAL EDITORS: M.M.POSTAN, Professor Emeritus of Economic History in the University of Cambridge; D.C.COLEMAN, Professor of Economic History in the University of Cambridge; and PETER MATHIAS, Chichele Professor of Economic History in the University of Oxford

剑桥经济史

M.M.波斯坦 D.C.科尔曼 彼得·马赛厄斯 主编
王春法 主译

VOLUME Ⅶ, PART 2

经济科学出版社
Economic Science Press

图字：01-98-2993

剑桥大学出版社

1978年第一版　1978年第一次印刷

本书根据1978年第一版1978年第一次印刷本译出

策 划 人：卢元孝
责任编辑：崔新艳
装帧设计：王　坦
版式设计：代小卫
责任校对：徐领弟　董蔚挺
技术编辑：刘　军

THE CAMBRIDGE ECONOMIC HISTORY OF EUROPE

VOLUME VII

THE INDUSTRIAL ECONOMIES CAPITAL, LABOUR, AND ENTERPRISE

PART 2

THE UNITED STATES, JAPAN, AND RUSSIA

EDITED BY
PETER MATHIAS
Chichele Professor of Economic History
in the University of Oxford,
and Fellow of All Souls College

AND
M.M.POSTAN
Professor Emeritus of Economic History
in the University of Cambridge,
and Fellow of Peterhouse

剑桥欧洲经济史

（第七卷）

工业经济：资本、劳动力和企业

（下册）

美国、日本和俄国

彼得·马赛厄斯 M.M.波斯坦　主编
王文捷 肖慧娟 宫瑞 柴瑜　译
王春法 汤建军　校订

经济科学出版社
Economic Science Press

Published by the Syndics of the Cambridge University Press
The Pitt Building, Trumpington Street, Cambridge CB2 IRP
Bentley House, 200 Euston Road, London NWI 2DB
32 East 57th Street, New York, NY 10022, USA
296 Beaconsfield Parade, Middle Park, Melbourne 3206, Australia

First published 1978

Printed in Great Britain
by the Anchor Press Tiptree, Essex

Library of Congress Cataloguing in Publication Data (Revised)
Main entry under title:

The Cambridge economic history of Europe from the decline
of the Roman empire.

Includes bibliographies and indexes.

Vol. 2 planned by Sir John Clapham and Eileen Power,
edited by M. Postan and E. E. Rich.

CONTENTS: v. I. The agrarian life of the middle ages.
v. 2. Trade and industry in the middle ages.
v. 3. Economic organization and policies in the middle ages.
I. Europe-Economic conditions. 2. Europe-History.
I. Clapham, Sir John Harold, 1873-1946, ed.
II. Power, Eileen Edna, 1889-1940, joint ed.

HC240.C3 330.9'4 41-3509

ISBN 0 521 21590 0 part 1
ISBN 0 521 21591 9 part 2
ISBN 0 521 21124 7 the set of two parts

译　序

（一）

所谓经济史，无非就是有关经济发展与经济增长过程的历史，是历史演进的经济方面，是人类在一定历史时期经济活动的总称。但是，作为经济科学领域的一门边缘学科和基础学科，经济史又是研究人类社会各个历史时期、不同国家或地区的经济活动和经济关系发展演变的具体过程及其特殊规律的学科，它既为总结历史经验和预见未来社会经济发展趋势提供依据，也为研究各个历史时期形成的经济思想、学说、政策提供历史背景。没有经济史研究的深入和发展，经济学理论的研究也就失去了依据和方向。

关于经济史在经济科学中的地位和作用，似乎没有哪位经济学家会对此加以否认，而且许多国外著名经济学家也都精心撰写过经济史著作，如刘易斯关于经济增长与波动的研究、弗里德曼关于美国货币史的研究等等。著名经济学家约瑟夫·熊彼特认为：要进行经济学研究，有三门专业知识必不可少，即经济史、经济理论与经济统计，其中经济史最为重要。“我愿立即指出，如果我重新开始研究经济学，而在这三门学科中只许任选一种，那么我就选择经济史”，这是因为，“经济学的内容，实质上是历史长河中的一个独特的过程。如果一个人不掌握历史事实，不具备适当的历史感或所谓历史经验，他就不可能指望理解任何时代（包括当前）的经济现象”，“历史的叙述不可能是纯经济的，它必然要反映那些不属于纯经济的‘制度方面的’事实，因此历史提供了最好的方法让我们了解经济与非经济的事实是怎样联系在一起的，以及各种社会科学应该怎样联系在一起”；“我相信目前经济分析中所犯的根本性错误，大部分是由于缺乏历史的经验，而经济学家在其他条件方面的欠缺倒是次要的”。[①] 麦克洛斯基更在1976年对经济史与经济科学的关系做了精辟入里的论述。根据麦的观点，经济史学科本身的实际价值主要表现在以下几个方面，即：它可以提供更多的经济事实，更好的经济事实，更好的经济理论，更好的经济政策，更好的经济学家；而经济学理论对经济史学科的贡献是：更多的事实，更好的事实，更好的假设，更好的数据解释，更好的历史学家。[②] 二战以后美国经济理论的发展和繁荣，实际上在很大程度上即得益于战后初期美国全国经济研究局对经济周期史的研究以及对美国历史上国民收入账户的考察，美国经济史学家越来越多地使用经济模型和假设检验来研究经济史，从而使经济史的量化趋势日益明显。这一相得益彰的结合直到今天还为人们所津津乐道。[③]

遗憾的是，这样一种良好的互动关系在中国的经济学研究中迄今还远未建立起来。在日常生活中，许多经济学家往往对经济史的功能和作用缺乏清楚的认识，甚至有这样那样的贬斥经济史的地位和作用的现象，而真正将经济理论研究与经济史研究结合起来的中国学者，至今还不多见。从某种意义上来说，目前无论是国内的经济学理论研究，还是世界经济研究，之所以迟迟不能取得较大进展的一个突出原因就是经济史研究的严重滞后影响了理论研究的深入。

（二）

就其学科体系而言，经济史学科可谓枝广叶茂，体系庞大。

---

① 约瑟夫·熊彼特：《经济分析史》第一卷，商务印书馆1991年版，第29页。
② 《新帕尔格雷夫经济学大辞典》，经济科学出版社1996年版“经济史”条。
③ 《新帕尔格雷夫经济学大辞典》，经济科学出版社1996年版“经济史”条。

按其所涉及的地理范围，可以有国别经济史、区域经济史、国际经济史（研究国际经济的兴起、崩溃与复兴的历史过程及其内在规律）、世界经济史（以世界为整体来研究世界经济的形成和发展）等；按其涉及的经济部门，可以有农业经济史、工业经济史、银行金融史、贸易史等；按其所研究的历史年代，可以有古代经济史、近代经济史、现代经济史、当代经济史等；按其研究的经济行为主体，可以有企业史、企业家史、总统经济史等；按其研究的经济专题，又可以分为经济增长史、经济危机史、通货膨胀史、钱币史、经济政策史等等。事实上，我们所阅读的经济史著作，大体上都是按照这种学科分野来撰写的。

但是，如果从研究方法来分类，则所有的经济史著作大体上都可以分为两大类，即描述性经济史和分析性经济史。描述性的经济史著作主要对经济发展的历史过程进行客观描述，所回答的主要是“是什么”的问题，即在整个社会历史发展过程中，经济方面是如何演进的？其轨迹如何？作用和意义如何？在这类经济史著作中，虽然我们也能够看出作者在立场、观点和方法乃至观察问题的角度上受到当时当地主流意识形态的影响，但是，它们一般都没有系统的理论体系、概念体系以及特定的理论研究方法，而是通过对经济活动的详尽描述来尽可能全面地反映经济发展的客观进程。一般而言，由于描述性经济史著作是任何经济史研究的基础，也是任何严肃认真的经济分析的出发点，其学术价值也主要在于其对经济发展历史进程描述的客观性与全面性，因此，越是客观详尽的描述性经济史著作，就越能够为更为深入的经济史研究和经济分析提供一个研究平台和检验经济理论正确与否的实验场，其学术价值也就越高。从方法论的角度来看，论从史出是这类著作的共同特征。

与此相反，分析性经济史主要依据某种具体的经济学理论对经济史发展过程中的某些重大问题进行具体的分析研究，从而给出自己的解释，并以此证实或者证伪某种经济学理论。它们往往更强调特定经济学理论对于经济史研究的指导意义，强调将理论与经济史研究结合起来，实际上是更加强调以论带史。在这里，明确的理论依据、内在逻辑严密的概念体系、清晰的理论分析框架以及严格的推理方法是这类著作的共同特点，其目的不仅仅是要了解经济史的一般演进过程，而且还要进一步解释某些经济事件在历史上发生的原因、内在的机理、具有的理论含义以及对于经济学理论演进的意义。在这方面，诺贝尔经济学奖获得者福格尔和道格拉斯·诺思堪称先驱。麦迪森的《世界经济二百年回顾》[①] 也主要是围绕着三个问题展开的：收入增长与收入差距、影响增长实绩的原因以及经济发展的不同阶段，其后所附的大量表格主要是对这些经济分析的数据支持。事实上，在经济史研究中强调用经济理论去研究历史已经成为目前学术界的一个重要趋势。

当然，这种划分也不是绝对的，而且两者之间也不存在此高彼低之别。没有一套符合历史发展真实的描述性的经济史著作，也就不可能有真正的分析性经济史，更不要谈高水平的经济学理论研究。由于描述性经济史也存在着对某些具体经济现象的深入分析和探讨，分析性经济史也需要对经济发展过程给出基本的描述，因此，具体到一部经济史著作究竟是描述性的还是分析性的，只能依据其基本倾向性做出判断。据此推断，我们可以说《剑桥欧洲经济史》是一部描述性经济史著作，尽管其中的许多作者后来成为著名的经济学家，包括诺贝尔经济学奖获得者道格拉斯·诺思以及美籍俄国经济学家格申克隆等。

（三）

既然以应用经济理论研究经济发展的历史过程已是当前经济史研究的主流，而《剑桥欧洲经济史》又主要是一部传统的经济史著作，那么，为什么我们还要选择这样一部著作介绍给国内学术界呢？这主要基于三个方面的考虑：

① 麦迪森：《世界经济二百年回顾》，改革出版社 1997 年版。

其一，正由于目前经济史研究的一个重要趋势是分析性经济史，因此，20世纪60年代以来出版的世界经济史著作大都受过严重的“理论污染”，是试图从不同视角对经济发展的历史进程加以解释的著作，而纯粹的描述性经济史著作却比较少见。即使是奇波拉主编的《欧洲经济史》这样的综合性经济史著作，也具有明显的制度主义色彩，充满了作者个人对经济发展历史进程的新制度主义式理解和判断。从推动经济史研究深入的角度来看，这固然不错，但是，这样的分析性经济史著作越多，就越需要一些描述性的经济史著作，以帮助我们更加准确地理解经济发展的真实历史过程，以便从中抽象出经济演变的内在规律，并据此对现有经济理论的理论假定与观点进行证实或证伪的工作。这是因为，我们研究经济史，首先就要准确地知道经济发展的真实过程是怎样的，需要对经济发展的历史过程进行客观的描述。只有在这样的基础之上，我们才能够进一步解释它为什么是这样的，才能够对这样一个过程进行深入的分析研究，以便从中发现规律性的东西。从这个意义上来说，我们首先需要的是一种比较纯粹的描述性的经济史著作，而不是以作者自己的眼光加以选取和解释的经济史著作。这样一种比较纯粹的经济史，事实上就是我们赖以进行研究的基础和标杆，也只有这种经济史著作，才能更好地发挥其经济理论实验场的功能，各种经济理论也才能够以不同的透镜来观察和解释这种经济发展的历史过程，也才能够真正还经济发展的历史以本来面目。我国世界经济史的研究一直是经济史研究领域中的薄弱环节，因而极大地影响了经济学理论研究的深入。比如说，建国以来，除了樊亢、宋则行等学者主编的四卷本《外国经济史》（人民出版社1965年版）和三卷本《世界经济史》（经济科学出版社1998年版）等著作以外，我们只有一些零散的国别经济史著作，如美国经济史、英国经济史、苏联经济史或者日本经济史等等，品种和数量都极为有限。近年来，国内学术界虽然也翻译了一些负有盛名的经济史著作，如沃勒斯坦的《世界体系论》、布劳代尔的《15至18世纪的物质文明、经济和资本主义》等，但是，从总体上看，这样一些经济史著作仍然属于分析性经济史之列，因而无法给我们提供一部比较纯粹的描述性经济史著作。

其二，《剑桥欧洲经济史》虽然名为欧洲经济史，但它所探讨和涉猎的范围绝不仅仅局限于欧洲，而是涵盖了世界各个主要地区的现代经济发展进程，包括美国、拉美、澳大利亚、东亚各国以及俄罗斯等国的现代经济发展进程，因而是一部事实上的世界经济史。我们知道，所谓世界经济史其含义基本有二：一是世界经济的历史，旨在探讨特定阶段世界经济的形成与发展，而这样一种作为人类历史新现象的世界经济孕育于地理大发现时期，形成于19世纪末期；二是世界的经济发展史，旨在探讨世界不同国家和地区经济发展的历史过程及其内在规律，这样的世界经济史自有人类以来就已经出现了。就前者而言，宋则行、樊亢主编的《世界经济史》可为其代表；就后者而言，我们迄今还没有一部综合详尽的描述性世界经济史著作，而《剑桥欧洲经济史》恰好可以弥补这方面的缺陷。众所周知，现代经济增长是从欧洲、特别是从西欧起源的，欧洲经济的发展过程很大程度上代表了整个世界的近代经济发展历程。因此，当我们以一种全球视角来考察和理解人类经济活动及其组织的演进时，欧洲作为人类先进经济活动的中心自然会首先进入我们的视野。但是，另一方面，我们在关注欧洲之发达的同时，我们也必须同样关注其他地区之为何不发达以及如何才能走向发达，关注欧洲之发达是否是建立在其他国家之不发达的基础之上的，关注两者之间是否存在一种此消彼长的关系或者说是否能够找到一种共同的繁荣之路。在这个意义上，《剑桥欧洲经济史》显然是一个比较好的选择。它本身是研究欧洲的经济发展进程的，但又不仅仅局限于欧洲国家，而是由此向外延伸至南北美洲、澳大利亚以及远东的日本、中国以及印度等，在欧洲国家与其他地区的经济互动中研究和探索欧洲的经济发展规律，从而将整个世界纳入了欧洲经济史研究的范围，而将整个近代世界经济增长的过程视为欧洲起源并向全球扩散的过程，这基本上是符合历史实际的。不仅如此。由于欧洲联盟是目前世界经济一体化程度最高的区域性经济合作组织，欧洲经济的一体化正在成为一个不可阻挡的历史潮流，因此，世界各国也都正在深入开展欧洲一体化历史与机制的研究，力求从更为广阔的历史背景中寻求欧洲统一的深刻内涵。对于正在融入经济全球化浪潮之中的中国经济界来说，《剑桥欧洲经济史》这样一部具有全球视野的综合性经济史著作显然可以为我们提供重要的借鉴。

其三，目前中国的经济发展现实与理论研究迫切需要这样一部描述性的经济史著作。我们知道，改革开放是最近二十余年来中国政治经济生活的主旋律，而目前中国也正在经历人类历史上最为波澜壮阔的体制改革与制度变迁进程。在这样一种背景之下，以制度创新和制度演进为主要研究对象的新制度经济学在中国受到广泛的欢迎与青睐，而这种新制度经济学的理论基础之一就是诺思等学者对历史上欧洲制度变迁的研究。在其代表作《西方世界的兴起》一书中，诺思运用交易成本理论和所有权理论等，对西方民族国家经济兴起的过程及原因给出了自己的独特解释，并在此基础上实现了经济史与经济理论的统一。但是，经济史是丰富多彩的，使用不同的视角去观察它必然会得出不同的结论和判断。那么，诺思从制度视角所给出的解释是否符合历史的真实？他所得出的结论是否能够应用于中国的实际？推动这种历史变迁的内在机制又是怎样维持运转的？除了诺思的解释以外，我们从那一段历史中能否找到另外的解释或者说启迪？要回答诸如此类的问题，首先就需要我们对那一段历史、特别是制度创新与演进的历史做出尽可能客观详尽的描述，并在“知其然”的基础上再进一步“知其所以然”，进而由此确认诺思理论中的真理颗粒。惟其如此，学术界对以探讨历史上的经济制度变迁为主要内容的描述性经济史著作无疑有着巨大的社会需求，而《剑桥欧洲经济史》恰恰就是这样一部以欧洲从中世纪向现代经济转变为主要内容的经济史著作。事实上，从《剑桥欧洲经济史》的总体结构中我们可以看出，它比较侧重于欧洲经济的崛起、特别是在此过程中的制度变迁与政策调整问题，中世纪末期的欧洲经济及其向现代经济的转变在其总体结构中占有很大的比重，而这一部分恰恰是近年来西方学者非常重视而我国研究又极为薄弱的一部分。从编排体例上看，《剑桥欧洲经济史》不仅非常重视欧洲国家在中世纪的经济增长积累以及在这种转变过程中的制度变迁，而且将工业化及其随后的全球扩散置于一种自然延伸的历史进程中来考察，从而可以为我们理解和把握经济变革时期的制度演进过程与机理提供更加可靠与丰富的理论依据。从某种意义上说，不了解欧洲经济史、特别是从中世纪到现代转变过程中的经济史，也就不能完全准确地理解和把握新制度经济学，在运用这些理论来解释和指导中国的经济发展现实方面也必然会出现这样那样的偏差。

（四）

《剑桥欧洲经济史》全书共八卷，是由著名经济史学家 M. M. 波斯坦等主编、剑桥大学出版社出版的一套权威经济史著作，在西方学术界久负盛名。这部著作的策划工作始于战火纷飞的 20 世纪 30 年代，约翰·克拉彭爵士和艾琳·鲍尔是丛书的主要发起人，第一卷出版于 1941 年，第八卷出版于 1989 年，从策划之始算起，历时近 60 年。数十年磨一书，这在世界出版史上可以说是比较少见的。

大体说来，《剑桥欧洲经济史》可以分为三部分：

其一，前三卷构成本书的第一部分，主要探讨欧洲经济从中世纪向现代的转变，即是什么因素决定了是欧洲经济而不是其他地区的经济率先完成了从农业社会向工业社会的转变，以及在这个转变过程中不同经济活动领域所发生的变化。其中，第一卷《中世纪的农业生活》探讨了农业与农民生活的转变过程；第二卷《中世纪的贸易和工业》则探讨了欧洲内部不同国家之间经济联系的渠道与转变；第三卷《中世纪的经济组织和经济政策》则分析了随着经济活动领域与重点的变化，经济组织方式与政府政策的相应转变与调整。事实上，近年来非常活跃的新制度经济学就是通过对这一时期欧洲经济转变的重新解释而建立起自己的理论体系的。

其二，第四卷和第五卷构成了该书的第二部分，其重点是探讨欧洲作为一个整体在16世纪和17世纪的对外扩张以及欧洲的工业革命。其中，第四卷《16世纪、17世纪不断扩张的欧洲经济》主要分析经济增长与发展赖以进行的外部环境，即人口增长、科学思想与成就、价格、贸易模式与贸易线路、劳动力供应、大规模公司的组建以及重商主义理论与政策等；第五卷《近代早期的欧洲经济组织》则主要分析工业生产的核心机制、信贷机制、国际贸易机制以及国家作为生产者、消费者以及财政当局的功能等。作者的这一内容安排实际上反映了这样一个事实，即欧洲国家在现代经济中的突出地位早在工业化开始以前就已经确立了，仅仅从工业化自身并不足以回答为什么欧洲国家在长达三百余年的时间里一直支配着世界经济的发展。

其三，本书的第三部分由第六卷、第七卷和第八卷组成，主要研究和分析工业革命以来包括美国与日本在内的西方国家经济发展的历史。其中，第六卷《工业革命及其以后的经济发展：收入、人口及技术变迁》重点分析工业革命展开的外部因素；第七卷《工业经济：资本、劳动力和企业》则主要分析现代工业经济增长的内部因素，如资本、劳动力以及企业家资源的供应等，并且主要是按国家展开分析的，包括英国、法国、德国、斯堪的纳维亚国家、美国、日本和俄罗斯等；第八卷《工业经济：经济政策与社会政策的发展》主要分析工业革命以来欧洲国家的社会经济政策及其演变。因此，大体上说，这一部分的三卷主要分析工业化的基础条件、增长因素以及政府政策变化。

应该指出的是，作为一部欧洲视角的经济史著作，《剑桥欧洲经济史》不可避免地会有这样那样的欧洲中心论倾向，对此我们应予以注意。现代意义上的经济增长是最先在欧洲、特别是在西欧发源的。无论是从工业化的国际扩散来说，还是从世界经济形成和发展的角度来看，欧洲在近现代世界经济发展中都居于中心地位。但是，这绝不意味着我们接受或者说承认欧洲中心论的合理性。欧洲中心论是一种错误的历史观，我们必须加以批判，但这绝不是说我们应该拒绝接受欧洲经济发展进程所昭示的发展模式的普遍意义。在过去的几十年里，我们在强调各民族经济发展的独特性的同时，又往往忽略了近代世界经济发展的一致性，即它在很大程度上是发端于欧洲的工业化在全球范围内的扩散过程。而在这个过程中，欧洲人所确立的制度安排、规则选择等至今仍然起着主导作用。承认这一点，事实上也就是承认了经济发展的不平衡性。至于欧洲国家的这种中心地位客观上是否合理，是否增进了整个人类的福利，那是一个价值判断问题，需要专门加以探讨。从学术研究的角度来看，无论是在哪一个时代，关注站在时代发展最前列的国家或地区，把它们作为自己模仿的榜样和赶超的对象，这无论如何都是一种理性的行为，也是一种自然的选择。从这个角度来看，把欧洲视为现代世界经济发育和成长的中心因而予以充分注意，是无可厚非的，这种做法本身也并不一定就是“欧洲中心论”的体现。当然，对于由于欧洲经济发展优于其他地区而形成的欧洲种族优越论，以及书本中可能隐含的种种欧洲殖民倾向以及作者出于自身立场、观点等对历史事实的不同理解甚至曲解，是应该予以注意和批判的。

（五）

本书的中文版翻译可谓历经坎坷，备尝艰辛。早在1998年，经济科学出版社就斥巨资向英国剑桥大学出版社购买了《剑桥欧洲经济史》（八卷本）的中文版权，并由中国社会科学院世界经济与政治研究所研究员王春法博士组织翻译，经济科学出版社方面则由卢元孝编审负责编辑事宜。双方在多次协商的基础上制定了严格的进度计划和质量标准。在随后四年多的时间里，由于主译人员的调整及其工作岗位的变化，而且翻译及编辑加工的难度远远超出了我们的想像，致使译稿完成的时间一再延迟，以致在原定的 2001 年 12 月这个最终出版日期之前，我们不得不致函剑桥大学出版社，请求推迟出版时间，并得到了理解与慷慨允诺。在这里，我们要感谢剑桥大学出版社的同行们，没有他们的理解与帮助，这样一项文化工程的命运是难以逆料的。同时，我们也要感谢经济科学出版社参与这项工作的各位编辑，没有他们的辛勤劳动和无私奉献，这部著作是难以完成的；感谢各位主译人员，在市场观念日益深入人心的情况下，他们能够甘于寂寞，勇于承担起书稿翻译的重任，从而为中国学术的繁荣做出了自己的贡献，这种精神又是何等的可贵！最后，我们还要特别感谢经济科学出版社的领导，没有他们的远见卓识和非凡气魄，这样一部宏大的经济史著作是不可能在中国面世的。目前，中国经济史学界正在经历一场声势浩大的“融入世界”运动，如果本书能够对此有所助益的话，则幸莫大焉。

需要说明的是，尽管我们一直未放松对译稿质量的要求，但是，翻译出版这样一部大型的经济史著作，还是不可避免地会有这样那样的不足之处。比如说，原书所引文献涉及大小语种数以十计，古今雅俚，纷繁复杂，其中部分虽经多方努力而无法翻译者，只好照录存疑。又比如，由于本书所涉及人名、地名繁多，时间跨度甚大，个别人名、地名因卷而异的情况也恐难以避免。另外，由于译者水平所限，译稿中其他错误也在所难免。所有这些都希望读者不吝指教，以期未来再版时加以改进。

王春法

2002 年 9 月于北京

目　录

表目

美国

日　本

俄　国

图目

第一章

19 世纪美国的资本形成①

1.1 引　论

有关经济发展文献，其重要主题之一涉及投资率在现代经济增长早期所起的作用。从亚当·斯密（Adam Smith）以来，经济学家们一直认为资本形成在经济增长中起到很重要的作用。围绕着这样一种见解，即现代化包含着用于投资的收入比例的增长，出现了大量的论文、书籍。美国的历史记录显示了这一比例漫长而深入的长期变动，但这一变动还未曾被充分地分析过。

美国的实际国民生产净值对投资增长贡献比例从 19 世纪前 40 年的大约 6% 或 7% 的平均值，增长到南北战争前数十年间的 10% ~12%，以及南北战争和第一次世界大战之间的 18% ~20%（见表 1）。这一发展是 19 世纪美

① 这一章是 1972 年和 1973 年早期构思起草的，并于 1973 年 5 月提交给编辑。1975 年晚期和 1976 年夏季，曾给予作者一个修改机会。然而当时没有能够完成整篇文章的修改。这样仅有自 1973 年中期以来发表的一些作品被收集进来，并且遗憾的是这些作品仅在当时受到一时的关注。【1】（原著注释是文后注，序号以章为单位，中文版改为脚注，序号以页为单位。为方便查阅，中文版将原书注释序号改为尾号。——译者注）

国经济增长最显著的方面之一，我们选择它作为组织这一章的主题。我们把储蓄、投资、收入和资本存量的数量及其构成的例证放在一起，努力试图回答两个问题：（1）投资比率的显著增长在美国经济发展中扮演什么角色？（2）这一比率增长的原因是什么？

本章是这样组织的：第二部分简要介绍了本章其余部分所使用的分析工具；第三部分提供资本形成及投资比率增长对增长率影响的量化公式，并探讨了这种方式的意义；第四部分，将影响投资比率增长的因素筛选出来，例如，美国储蓄供应的迅速增长甚至与19世纪大量的投资机会有关；第五部分，考虑了可能导致这个储蓄率形成的因素，这些因素之一——资本市场和其他中介体系的发展，在第六部分和第七部分进行了更详细的探讨，这两部
【1】分中的前者着重于相关分析可能性的概述；后者则侧重于经验记录；第八部分是对结论的总结概括。

我们尽可能研究1800～1900年之间的完整时期，但由于数据资料的限制，以后的研究往往只能局限于1840～1900年间。

表1　　1805～1900年美国净国民资本形成占国民生产净值的百分比（1860年价格）

年　份	百分比
1805～1840	6.2～7.0
1834～1843	9.5
1839～1848	10.2
1844～1853	11.4
1849～1858	12.1
1869～1878	17.8
1874～1883	17.6
1879～1888	17.1
1884～1893	19.2
1889～1898	19.7
1894～1903	18.4

资料来源：（1805～1840年的数据）：1805年至1840年之间的实际资本存量（按1860年价格计算）年均增长值，除以1799年、1809年、1819年、1829年和1839年的平均实际国民生产净值（以1860年价格计算）。实际资本存量的年平均增长值是这样计算的：从1840年的实际资本存量中减去1805年的数值，再除以35。1840年实际资本存量（包括对外国人的净债权）摘自兰斯·E·戴维斯、理查德·A·伊斯特林和威廉·N·帕克等的《美国经济增长：一位经济学家的美国史》（American Economic Growth：An Economist's History of the United States）（纽约，1972年），第34页。1805年实际资本存量采用两种方法估计：（a）通过对1850年（1850年数据来源同上）以不变价格计的估计值推断得出。其中估计值摘自：雷蒙德·W·戈德史密斯的《从1805年到1950年美国的再生财富的增长》（The Growth of Reproducible Wealth of the United States of America from 1805 to

1950），西蒙·库兹涅兹的《美国的收入与财富：趋势与结构、收入与财富》（Income and Wealth of the United States：Trends and Structure，Income and Wealth），第 2 卷（剑桥，1952 年）。（b）通过把农业存货（谷物和动物）和其他资本存量组成要素求和计算得出，后者的计算方法如上面刚刚提到的，而前者则是 1800 年和 1810 年的平均值，摘自罗伯特·E·高尔曼的《19 世纪总的农业要素生产率的变化》（Changes in Total Agricultural Factor Productivity in the Nineteenth Century），《农业史》（Agricultural History），XLVI，1（1972 年 1 月），第 204 页。1799 年、1809 年、1819 年和 1829 年的实际国民生产净值是由 1839 年实际国内生产总值估计值推断得出的，其中估计值摘自保罗·A·戴维的《1840 年以前美国实际生产的增长：新的证据与可控的推测》（The Growth of Real Produce in the United States before 1840：New Evidence and Controlled Conjectures），《经济史月刊》（Journal of Economic History），XXVII，2（1967 年 6 月）。戴维估计方法的使用可能导致 1839 年以前平均国民生产总值被低估以及因此对投资率适当夸大的结果（参见下面注释 6 的引证）。另外，也参考了对 1840 年以前作为产品组成部分的固定可再生资本的净投资估计结果。参见兰斯·E·戴维斯和罗伯特·E·高尔曼的《美国 19 世纪储蓄和投资占国民生产总值的比例》（The Share of Savings and Investment in Gross National Product during the 19th Century，United States of America），F. C. 莱恩编辑的《1968 年印第安纳布鲁明顿的经济史国际会议》（International Conference of Economic History，Bloomington，Indiana，1968 年）（巴黎，1973 年）。

1834～1843 年和 1894～1903 年数据是根据戴维斯等的《美国经济增长》（American Economic Growth）第 2 章计算表中的数据计算得出。

注释：这张表中的估计值有些不同于西蒙·库兹涅兹的《美国经济中的资本：它的形成与融资》（Capital in the American Economy：Its Formation and Financing）（普林斯顿，1961 年）中的数据。其主要原因在于这样一个事实：库兹涅兹的数据是以 1929 年的通货价值为基础的，而这张表上的数据则是以 1860 年的通货价值为基础的，这只是一个无关紧要但却实际存在的差别。参见罗伯特·E·高尔曼的《1834～1909 年美国的国民生产总值》（Gross National Product in the United States，1834－1909），多萝西·S·布雷迪编辑的《1800 年后美国的产量、就业与生产力：对收入与财富的研究》（Output，Employment and Productivity in the United States after 1800，Studies in Income and Wealth），30（纽约，1966 年）。【2】

1.2　分析模型

实际净投资比例长期增长现象一直是学者们相当关注的主题。曾经出现过两个重要的学派，其主要区别在于他们对投资比率变化带来的主要结果的评价不同。一个学派是与 W. W. 罗斯托（W. W. Rostow）和 W. A. 刘易斯（W. A. Lewis）等名字联系在一起的，他们的工作显然是以罗伊·哈罗德（Roy Harrod）和埃夫西·多马（Evsey Domar）① 的思想为基础的。哈罗德

---

① W. W. 罗斯托：《经济增长的阶段》第 2 版（剑桥，1971 年），特别是第 37～40 页和第 189～193 页；W. A. 刘易斯：《经济增长理论》（伦敦，1955 年），特别是第 201～208 页。为了对哈罗德—多马模型相关方面有一个清晰简明的了解，可参见 Y. S. 布伦纳：《经济发展与增长的理论》（伦敦，1966 年），第 179～185 页。刘易斯和罗斯托两个人都提到了国民收入，投资和资本存量——即由一国国民赚取的收入，由一国国民进行的投资和由一国国民拥有的资本——它们或许实际上被认为是国内收入、投资和资本——即由一个国家境内的生产要素所创造的收入，和在一个国家境内形成的投资及资本。例如，可参见刘易斯著作的第 200 页及罗斯托有关国外借贷的论述分析。就我们现在的目的而言，国民收入、投资和资本与国内收入、投资与资本的区别并不重要，因为就美国 19 世纪的情况来看，二者相关方面合计总量的数量差别很小（参见下面表 11）。【2】

和多马对探索形成稳定增长的条件感兴趣，他们假设实际资本—产出率是固定不变的，并认为该设想是由经验保证的。罗斯托和刘易斯对增长过程中的稳定问题不感兴趣，而是对促成向现代经济转型的因素感兴趣，他们采用了一个稳定的资本—产出率的概念，使长期增长率成为一个变量，随着投资的变化而变化。他们观点的一种极端状态（没有条件限制是不被接受的）是增长率对投资比率直接成比例的变化，即投资比率增长一倍，则产出增长率也会增加一倍。

罗伯特·索洛（Robert Solow）模型却得出与此完全不同的结果。① 在索洛模型中，投资比率的增长将会带来产出增长率的暂时性增长。然而，假设其他因素的增长率（和就业）不变，资本存量的变化率（包含在投资比率的增长中）将会导致资本边际产出的下降和边际及平均资本—产出率的增加，而产出变化将会回到原来的水平。换句话说，从长期来看，资本—产出率将随投资比率的变化而变化，但产出增长率则不然。

罗斯托和刘易斯为他们的模型建立了参数并相信其为工业化经济的典型。他们在这方面的判断是相似的，但为了避免那些对理解这个问题帮助甚少、并且一直是不重要的限制条件的影响，我们集中了他们两人中一人的工
【3】作结果。由于罗斯托的兴趣很明显偏重于历史，所以我们就选择他的观点来进行分析。

根据罗斯托的观点，在具备条件之前或现代晚期，净投资比率一般大约在5%的水平上；在“起飞”时期的二三十年或现代化早期阶段，净投资比率增加到大约10%的水平，并稳定在新水平上。因为（根据罗斯托的观点）在此时期，边际资本—产出率处于3.0或3.5的水平，那么产出增长率大约每年从1.5%增长到3%左右，每一资本—产出率开始绝对性地增长。②

有一些非常清楚的量化预测，它们中的一部分是由美国的经验得出的。19世纪前40年，相对于预测的5%的水平，美国的投资比率可能平均在一或两个百分点范围内。那时，现代经济增长——在工业化意义上——几乎还

---

① 罗伯特·M·索洛：《对经济增长理论的一个贡献》，载于《经济学季刊》，LXX（1956年）。也可参见彼得·特明：《经济史中的一般均衡模型》，载于《经济史月刊》，XXXI，1（1971年3月）。【3】

② 这些和这部分类似的计算决定于边际资本—产出率等于净投资比率除以产出增长率的商，并且计算结果依赖于边际资本—产出率通常是稳定的这一假设，这样，在资本—产出率和投资份额为既定的情况下，那么增长率可通过以后者除以前者计算得到：在给定资本—产出率和产出增长率的情况下，投资比率则可通过乘法计算得出。文章中计算过程如下：

(a) 0.05/3.0 = 0.0167；0.05/3.5 = 0.0143；(0.0167 + 0.0143)/2.0 = 0.0155。

(b) 0.10/3.0 = 0.0333；0.10/3.5 = 0.0286；(0.0333 + 0.0286)/2.0 = 0.0310。【4】

没有开始，而且，该比率确实从 19 世纪 40 年代后开始增长，增长的时期看上去也与快速现代化相吻合。但在其他方面，罗斯托所描绘的情况与美国历史事实并不吻合。

首先，罗斯托预期投资比率将在相对较短的时期内增长，比如说 20 年。他设想这是一个相对较突然的运动，是一种从微弱增长之路向快速增长之路的转变。但是美国的经历表明，从 19 世纪之初的较低的投资比率达到其峰值经过了 50 多年。

其次，美国投资比率的增长远比持“起飞”理论的理论家让我们所期待的显著，该比率大约增长了 3 倍，到 19 世纪末，出人意料地达到了将近 20%。

再有，也是最重要的。假设稳定的资本—产出率在 3.0 或 3.5 到 1，投资比率如前段所述，那么在 19 世纪前几十年，美国的实际国民产值每年可能以 1.8% ~2.3% 的速度增长，在 19 世纪的后几十年，年增长率可能为 5.6% ~6.6%。① 因为 1840 年以前，美国的人口差不多是按 3% 的年增长率增长，所以计算出来的 19 世纪前半期实际国民收入增长率，意味着人均国民产值以每年 0.7% ~1.2% 的速度持续下降，这个结果自然与历史事实不符；而且，到 19 世纪末，实际国民产值似乎小于 4%，而不是按罗斯托模型计算出的 5.6% ~6.6%（见表 2）。【4】

事实上，19 世纪美国的增长模式与罗斯托预测的模式正相反。在南北战争前增长率达到最高值，在南北战争期间增长率下降，之后又上升，但从未再达到战前的平均水平。我们不知道 1840 年以前增长速度有多快，但是戴维曾提出一个年均为 4.5% 的估计值，尽管这个数字遭到一些批评，但是几乎没有人认为这一增长率会远远低于 4.0%。② 这意味着，19 世纪前 50 年左右投资比率的增长可能由 0.5% ~1% 的增长率伴随着，但是在其后的 50 年里，投资比率和增长率按相反的方向运动（见表 1 和表 2）。

---

① 计算过程如下：0.062/3.5 = 0.018；0.070/3.0 = 0.023；0.197/3.5 = 0.056；0.0197/3.0 = 0.066。投资比率数（0.062；0.070；0.197）摘自上面表 1。【5】

② 保罗 · A · 戴维：《1840 年前美国实际生产的增长：新的证据与有控制的推测》，载于《经济史月刊》，XXVII，2（1976 年 6 月），第 155 页。也可参见罗伯特 · E · 高尔曼：《统计方法：适用于历史的基本概念》，载于乔治 · 罗杰斯 · 泰勒与卢修斯 · F · 埃尔斯沃斯的《美国经济史入门》（夏洛茨维尔，弗吉尼亚，1971 年）；R. E. 高尔曼：《农业部门和经济增长速度：19 世纪美国的经历》，载于 D. C. 克林格曼和 R. K. 维德的《19 世纪经济史论文》（阿森斯，俄亥俄，1975 年）。戴维现在所涉及的是国内生产总值而不是国民生产净值，但在 1800 ~1840 年间，实际的 GDP 和 NNP 的平均增长率不会存在太大的差异。【6】【495】

表 2　1799 ~ 1899 年的实际国民生产净值和人均实际国民生产净值

单位：%

年　份	国民生产净值	人均国民生产净值
1799 ~ 1838	4.0 ~ 4.5	1.0 ~ 1.5
1839 ~ 1854	4.9	1.7
1854 ~ 1874	3.3	0.7
1874 ~ 1899	3.7	1.6

资料来源：国民产值：见表 1；人口：美国人口普查局，《美国的历史统计数据：从殖民时代到 1957 年》（Historical Statistics of the United States：Colonial Times to 1957）（华盛顿，1960 年），A－2 辑。

增长率和投资比率数据必然导致两个重要的结论。首先，由于 19 世纪后五六十年中，增长率趋于下降而投资比率趋于上升，那么远谈不上稳定的资本—产出率一定在增长。其次，在 19 世纪前几十年中，资本—产出率一定比现今所讨论的 3.0 或 3.5 到 1 低很多。事实上，假设 1840 年以前典型的投资比率为 6.5%，增长率为 4.0% 左右，那么经济一定是向大约 1.6 到 1 的平均比率方向运行（即 0.065/0.040 = 1.625）。

这些相当惊人的结论是由我们可得到的能直接衡量的资本—产出率支持的，其数值 1840 年为 1.6，19 世纪末稳定地增长到 3.7（见表 3）。最初的
【5】数值异常低，但增长确实非常显著。这一时期投资的经历似乎要求一个有别于刘易斯和罗斯托的模型来解释。

索洛模型能做的预测则要好得多。如前所述，根据这一模型，净投资比率增长的主要长期影响是资本—产出率的提高，而这恰好是美国经济所描绘的结果。历史记录并没有明确显示出索洛模型中描述的情况，即产出增长率的短期加速与投资比率的增长相关联。例如，在 1853 ~ 1873 年（见表 1）的几十年间，投资比率迅速增长，而在此期间，产出增长率却在下降（见表 2）。但在这个例子中，模型和历史轻易地取得了一致。模型把劳动力供给作为外生变量，投资比率加速的预期源于一个简化的假设——即劳动力供给的变化率保持不变。在劳动力供给按照固定速率增长的情况下，投资比率的增长必然导致全部要素投入增长率的短期增长以及这样的产出变化率加速的结果（在规模经济不存在的情况下）。这个简化了的假设如有变化，其结果也将改变。就历史情况来看，1853 ~ 1873 年间，全部要素供给——土地、劳动力和资本的增长率下降了。因此，产出变化率减速的经验事实与索洛模型不符。（需要补充说明的是，经验事实也与下述观点不符合，即投资比率的增长对产出增长率具有正效应，使之保持在较高的水平上，高于它可能达到的水平）。

表 3　　1840 ~ 1900 年国民资本存量对国民生产净值的比率

（1860 年价格）

年　份	比　率
1840	1.6
1850	1.8
1880	2.4
1890	3.3
1900	3.7

资料来源：见表 1 所引资料来源。

罗斯托模型来源可以追溯至凯恩斯主义（Keynesian）体系，即投资水平决定了就业和产出；而索洛的成果则源于新古典主义的思想。由于新古典主义体系提出了竞争要素、产品市场、可变要素价格和比例，所以它比凯恩斯主义体系更为接近美国 19 世纪的情况。这无疑是索洛模型在此背景下优于罗斯托模型的原因。【6】

基本上以新古典主义思想为依据，就有可能建立一套分析体系，使得人们可以用它探索资本形成对经济增长的影响，以及美国净投资比率增长的源泉。处在一个完全竞争的体系中，在均衡状态下，每种要素的收入等于该要素的边际产出乘以使用该要素的单位数量。既然所有要素收入等于全部国民产值，那么就任何给定要素来说，产出弹性应为总收入中该要素所赚得的那部分，这为我们提供了一种用以估计资本形成对经济增长影响的方法。我们将在第三部分采用这种方法。①

① 参见爱德华·丹尼森：《美国经济增长的源泉》（纽约，1962 年），第 4 章，特别是第 30 ~ 31 页。规模效应作为生产力变化的一部分来处理。

文中所包含的模型是这样一种模型，即它把经济作为一台使用同质生产要素且生产出所有单元都是一样的产出的单一机器。当然，罗斯托模型也可用同样的方式描述。这两个模型的不同就在于后者的生产函数涉及一个固定比例——如产出相对于资本弹性系数取 1——而前者的生产函数涉及的是一个变化的比例。

单一机器这种假设，如果没有理论方面的困难可以被略去。同样产出的假设可以被认可，因为它们可以与价值条件结合在一起，但是这其中提出了指数问题，而这个问题是把模型用于解释历史事件时，自然会在头脑中产生的（见下面）。

在同质产出的条件下，生产函数因为不同的产业部门而不同，但是这并没有提出特别的理论问题。正如后面所呈现的，我们对引起投资比率增长力量的分析，提示了这样一个事实，历史上，经济的不同组成部分，其生产函数也是不同的。

投入资本的测量问题在第三部分。

关于总的生产函数实证主义应用的论述是广泛的，请参见收入与财富研究会议的《产出、投入与生产力衡量》，载于《收入与财富研究》，25（普林斯顿，1961 年）；穆拉里·布朗编辑的《生产的理论与实证分析》，载于《收入与财富研究》，31（纽约，1967 年），特别是由纳洛夫在后一部作品中撰写的论文。【7】

我们建议用来寻找影响投资比率上升因素的分析工具，也与新古典主义模型的精神相一致。我们假设经济是由一些相互竞争、相互补充的经济单位组成，每一个经济单位都有其自身的生产功能并由一个追求利益最大化的企业家来运作。这些单位是由于以下原因相互联系在一起的：（1）它们有共同的资料来源；（2）它们至少在同一市场销售一部分产出；（3）它们使其他单位的产出作为其生产过程中的投入。每个公司都选择投资到这样一种活动中去，即这些活动的未来收入贴现后的资金流要大于成本。储蓄主要是由私人进行的，它们是效用最大化者，选择可使效用最大化的目前和未来的（储蓄）消费组合，当然这是在收入的限制之内。利率代表了储蓄和投资的价格，因此它为公司提供了贴现未来效益的适当比率，为储蓄者提供了把未来消费与现在所放弃的消费进行对比的方法。在第四到第七部分，我们将详细阐述这一模式并把它应用到历史实例中去。

1.3 资本形成对经济增长的贡献

资本形成对经济增长的贡献取决于资本存量的增长率及产出对资本的弹性。如果具备适当的条件，如前所述，产出对资本的弹性可以由资本所得的
【7】国民收入比率来度量。弹性的估计值大体上是指渐进的变化，而我们建议用它来处理很大的变化。出于这种考虑，再加上基础例证的粗略性，因此要求我们谨慎对待我们将来计算出的结果，对于这点，我们还将论及。①

在不同类型资本存量分布情况不变，各种类型资本特征不变的经济中，资本存量的增长率是一个很容易计算的数字。然而，在19世纪的美国经济中，上述任何一个条件都不具备。资本存量结构、不同类型资本的成本和产出能力随时间而不断变化。

有两种粗略的度量这种资本存量变化率的方法。每种方法（我们称之为A和B），都是基于估计存量本身大小的不同的方法。第一种方法，可以测量资本存量生产产出的能力。任何包含在其中的技术变化所产生的效果都被归因为资本存量，而不是独立地被确认为是技术变化的结果。我们把这种方法定义为度量方法A（Measure A）。第二种方法可度量包含在资本存量中

① 参见L.E. 戴维斯等：《美国经济增长》，第35~40页，这部分所用数据的大部分都摘自这本书的第2章或者是包含在这章计算表中的数据。在这部分没有注明引用出处的数据应该都是来自这一出处。【8】

的来源——即用于产生资本存量的投入，因此后一种方法有两个变量。采用第一个变量，是用实际的投入——用固定价格来表示——构成存量值。采用第二个变量，给定基年使用的生产技术，其存量值是以所要求的投入计算出来的。让我们把分别与这些方法相联系的测量方式称为测量方法 B_1（Measure B_1）和 B_2（Measure B_2）。在涉及组成与这其中每一种方法相对应的系列中，存在着明显的概念和实际的困难（例如，与方法 B_2 有关的处理资本投入转为资本产出时导致无法确定回归的结果），但是我们可以把这些困难暂时搁置起来。①

这三种方法中，每一种都有其特别的、相关的含义，因而适合于提出与每种方法相对应的系列。比较这些系列的变化率，人们可以判断资本品部门生产力的变化率和资本生产力变化的数量意义。资本形成对经济增长影响的各个方面也可以被评估。但遗憾的是，我们所掌握的关于美国 19 世纪以不变价格计的资本存量系列，仅有一套而不是三套；另外更麻烦的是，我们还不能绝对确认这套系列中的概念内容。

这一系列中三个重要的要素——存货、运输和公共事业——都主要是以 B_2 这种测量方法为基础得到的，其他剩余要素则是通过由价格指数对当年价格估计值剔除通货影响后得出的。要想了解导致这一结果数字的含义，就 【8】
必须要了解有关构成它们的原始材料的情况。②

价格指数可以从大量的细目中得到，它们用来表述品质不变的资本品的价格变化。也就是说，它们是被用来取得资本品产业中生产技术变化的结果（举例说），而不是为了获得资本品品质变化的结果。但是这些想法不可能十分完善地实现，在一些测量中，价格指数可能也反映了品质的变化。③

当年价格的资本存量系列是以账面价值和市场价值结合的方式表述的。然而以下两种考虑结果提示我们：市场价值占据主导地位。④ 首先，存量数据看上去与净投资流量大体一致，而后者是按市场价格表示的。其次，19 世纪的存量增长如此之快，以至于每一个时期的资本存量大部分都是由较新投入的资本构成的。按照相对保守的假设，人们可以推断 75% ~85% 的可折旧资本存量可能只有 10 年或更短年限，价值在 90% 以上的机器设备存量

---

① 我们感谢艾伯特·菲什洛在这些论点上所做的有益探讨。【9】

② 参见戴维斯等的前引书，也请参见戴维斯和高尔曼的《储蓄与投资的比率》；杜罗斯·S·布雷迪的《最终产品估价的价格折算指数》，载于布雷迪的《产业、就业与生产力》一书中。【10】

③ 布雷迪：《价格折算指数》，第 91 ~100 页。【11】

④ 戴维斯和高尔曼：《储蓄与投资的比率》。【12】

可能也只有这么长时间；一半以上的资本存量可能只有 5 年或更短的时间。① 因为存量的年限如此之短，所以账面价值与市场价值出现大的偏差的可能性是非常有限的。

如果把以当年价格计算的存货数据应用于市场估价，并且如果价格指数不能反映品质的变化，那么通货紧缩的过程可能会产生一个近似于测量方法 A 的系列。那也就是说，价格指数可以剔除由于总的影响（例如货币性变化）而带来的任何价格变化以及在资本品部门由于生产力的进步而产生的任何变化，但是不能消除品质变化对价格的影响。要达到价格指数确实能反映品质变化的程度，那么剔除掉通货影响的系列是与测量方法 B_2 相对应的。因为我们知道，组成全部资本存量的大部分要素——例如存货（见前述）——反映了 B_2 类型的测量方法，既然品质变化的结果不能够完善地从价格指数中消除出去，那么似乎按不变价格估计的全部资本的系列，虽然不完善，但却是与之最相配的——即测量方法 B_2。也就是说，它反映了资本投入的实际价值——技术保持不变——而不是资本生产产出的能力。这意味着我们对资本形成对经济增长贡献的量化估计值大致也将体现技术变化的净效果。

【9】 我们现在再回来考虑资本形成对美国经济增长的贡献。首先要注意的一件事情就是资本存量增长得异乎寻常地快。1800 ~ 1900 年间，资本存量大约增长了 85 倍。由于在这一期间的末期，人口数量是初期的 14.5 倍，那么也就暗示着 1900 年人均资本供给量是 19 世纪早期的 6 倍之多。

对 1840 年以前这段时期的数据不能认为是非常准确的。但是从 1840 年以后的资本来看，一个同样的总的模式出现了。1840 ~ 1900 年间，相对于人口 4.4 倍的增长、劳动力 5.1 倍的增长和土地生产力 5.7 倍的增长，资本存量增长了 23.4 倍。所有资本存量主要组成要素都急剧增长，其中牲畜几乎占 10%，建筑物和其他土地改进设施大约占 25%，机器设备则差不多占了近 70%。如前所述，资本的平均年限——特别是机器和设备——是非常短的；这样，如果美国企业对技术变化敏感的话，那么资本存量总是要相对现代一点。至少把美国 19 世纪人均资本供给的高水平的一部分归因于资本存量规模和资本存量生产力，似乎显得是合乎情理的。

就资本来说，产出的弹性系数——把资本赚得的收入作为全部国民收入

① 在相对保守的假设条件下，每年资本消费大约占可折旧资本存量的 4% ~5%，占机器和设备总量的 5%。【13】

的一个部分来表述——显然是太小了，大约是 0.19，但是与资本高增长率结合在一起的低弹性系数，却对产出增长率有很大的影响，它说明 1840 ~ 1900 年间总的增长率略高出一个百分点。由于实际的国民生产净值恰好以每年低于 4% 的比率增长，那么资本存量的增长相对应地超过了全部增长的 1/4。更令人惊奇的是这样一个实事：几乎人均实际收入 4/10 的增长是因为资本存量的扩大，恰好超过一半以上的增加值可归因于土地附加价值物（建筑物等）数量的扩大；刚好低于 1/4 增加值是由于存货的增长，另外低于 1/4 的增加值则是因为机器设备变化率引起的。

丹尼森发现，在 20 世纪，资本形成对经济增长影响的效果变小了。资本形成对美国 1909 ~ 1929 年间实际国民收入增长率的贡献为 0.73%，对 1929 ~ 1957 年间实际国民收入增长率的贡献仅为 0.43%。在这一世纪的早期，对总的经济增长贡献为 25%，到了后期则为 15%。①

前面的论述也提及资本形成对美国经济增长的贡献。然而在第二部分提 【10】
出了一个与之有些不同的问题，即投资比率的增长是如何影响经济增长的。要回答这个问题，就必须做一项更详细而不是以事实论证的工作，即不是我们在这部分前面所做的那些工作。

用来概括我们对资本形成对美国经济增长贡献估计的模型可以表示为如下形式：

$$\dot{O} = k\dot{K} + l\dot{L} + n\dot{N} + \dot{T},$$

其中 $\dot{O}$、$\dot{K}$、$\dot{L}$ 和 $\dot{N}$ 分别代表产出、资本存量、土地和劳动力的年均变化的百分率，k、l、和 n 则各自代表相对资本、土地和劳动力的产出弹性系数；$\dot{T}$ 则相当于全部要素生产力的变化。我们有所有这些变量各个历史时期的估计值，$\dot{O}$、k 和 $\dot{K}$ 的值是为了用来得出由资本存量增长引起的总产出增长部分的结论。我们可以在同样的框架内，解决投资比率增长影响结果的问题。

投资比率增长如何影响经济增长的问题还隐含着另外一个问题，即如果投资比率不增长，那么增长率是如何产生差异的。在给定的假设关系中，人们会看到，如果投资比率不增长，那么资本存量会增长得更慢，这样的话，产出增长率也会较低的。当然如果资本存量增长率变小了，那么劳动力供给、土地供给及其他全部要素产生的变化率可能也会不同。但是我们感兴趣的是投资比率与增长率间直接的关系（在一个供给方的模型中），因此可以

① 丹尼森：《经济增长的来源》，第 266 页。【14】

忽略这个问题的这些方面，至少可以暂时这样做。

假如资本增长率比历史上的观测值低，那么生产要素中收入分配——产出弹性系数——可能也会有所不同。但是历史例证表明，尽管要素供给变化率之间存在着明显的不同，但收入分配仅在某一时期有过适度的变化。因此，我们或许可以这样假设，产出弹性系数可能不会与历史上的观察值存在十分明显的不同，即使资本存量增长得更慢一些。

因此，现在看起来，如果我们在以 1840 年以前投资比率保持不变和其他所有变量都处在 1840 年和 1900 年间的历史水平的假设条件下，就能够解答关于 $\dot{O}$ 和 $\dot{K}$ 的方程式，我们也就可以回答这个与以事实论证相对的问
【11】题了。

我们有一个方程式和两个未知数。但是，其中的一个未知数 $\dot{K}$，可以用 $\dot{O}+\dot{C}$ 来近似代替，在这里 $\dot{C}$ 是资本—产出率的变化率（因为 $\dot{C}$ 在这种情况下其值一定很小），所以这个近似值应该是接近的。我们知道这一时期初期（1840 年）资本—产出率的值，因此为了计算出 $\dot{C}$，我们仅仅需要知道 1900 年资本—产出率的值，假设投资比率固定保持在 1840 年以前的水平。这样就假设 1900 年的值可以由 $i/\dot{O}$ 来近似代替，其中 i 是 1840 年以前投资占国民产值的比例，这是我们知道的一个值。我们可以从下面这个表达式中得到 $\dot{C}$：

$$C_{1900}=i/\dot{O}=C_{1840}\ (1+\dot{C})^{40}$$

其中 C_{1900} 和 C_{1840} 指这两年的资本—产出率。

变换一下条件，我们可以得到

$$\dot{C}=\sqrt[40]{\frac{i/\dot{O}}{C_{1840}}}-1$$

可将其代入前面的等式中：

$$\dot{K}=\dot{O}+\left[\sqrt[40]{\frac{i/\dot{O}}{C_{1840}}}-1\right]$$

$$\dot{O}=k\left[\dot{O}+\left(\sqrt[40]{\frac{i/\dot{O}}{C_{1840}}}-1\right)\right]+l\dot{L}+b\dot{N}+\dot{T}$$

这个方程式仅给我们剩下一个未知数。然而解答这个方程式的工作与其能得到结果的价值是不相称的，我们不妨简化一下这个问题，通过让 $\dot{C}$ 假设为

零（在任何情况下，它都是很小的值），从而得到一个期望结果的近似值。也就是说，假设资本—产出率保持不变，$\dot{K}$ 和 $\dot{O}$ 是相等的，我们可以在方程式中以后者代替前者：

$$\dot{O} = k\dot{K} + l\dot{L} + n\dot{N} + \dot{T}$$

$$\dot{O} = k\dot{O} + l\dot{L} + n\dot{N} + \dot{T}$$

$$\dot{O} - k\dot{O} = l\dot{L} + n\dot{N} + \dot{T}$$

$$\dot{O} = (l\dot{L} + n\dot{N} + \dot{T})/(1 - k)$$

解关于 $\dot{O}$ 的方程式，我们可以得到 $\dot{O}$： 【12】

$$\dot{O} = 3.7\%$$

由于历史上 $\dot{O}$ 的实际值为 4.0%，那么这个计算结果就隐含着这样一种含义，资本—产出率的增长解释说明了 0.3 个百分点或者说小于 1/10 的产出增长率。然而，我们将会观察到，如果资本—产出率保持在 1840 年的水平，产出增长率下降到 3.7%，那么这个模型逻辑上就隐含了这样一个意思：即投资占国民产值的比例下降到 5.9%（1.6 × 0.037，资本—产出率乘以产出增长率），这是一个比 1840 年前所经历的实际值要低的水平。也就是说，如果投资比率固定保持在 1840 年以前的水平，那么产出增长率会比 3.7% 略微高一些，实际观察的增长率和这种与以事实论证相对的理论模型得出的增长率的差异程度会略微小于 0.3%。

投资比率增长的重要性不仅在总的增长率背景下可以看到，而且在资本形成对增长贡献的背景下也可以看到。我们已经看到，资本存量的增长解释说明了超过 1 个百分点的产出增长率。我们现在也看到了略低于 3/10 的产出增长率也是归因于投资比率的增长，可见投资比率的增长绝对具有非常重要的价值。

这些简单的模型和数量分析告诉我们如此之多，但是应该清楚地看到，取得这些精确数量结果的工作确实违背了某些历史事实。正如我们将会看到的，伴随着工业化、城市化和西部开发运动，反映投资比率增长和资本—产出率增长的美国历史是一系列结构性变化的产物。如果投资比率保持一个固定的值，且资本—产出率仅有有限的增长，那么将可能发生什么情况呢？这其实只是慎重地在问这样一个问题，即如果这些结构性变化十分明显地保持稳定，那么可能发生什么情况。后一个问题提出了前一个问题中资本形成、土地供给、城市开发、移民和劳动力供给的相互关系。如果这些结构性变化缩减，那么生产用的土地数量可能会增长很少，移民也可能是非常有限的，这样，劳动力供给的增加也可能十分缓慢。由于全部要素供给以较小的比率增长，那么全部要素的生产力变化可能是非常不显著的。有人竭力宣称投资
【13】比率的重要性远比前面段落中描述的测量结果提示给我们的大得多，因为它与对美国经济产生重大影响的结构性变化紧密相连。但这种说法太过分了，因为它宣称从投资比率变化到结构性变动之间有一条清楚的因果关系线，而我们没有做出这样强硬判断的基础。我们清楚的是资本形成以许多精巧而复杂的方式与19世纪美国经历的巨大变动联系在一起。在这个层面上，资本形成的“贡献”不能很容易地从其他要素的“贡献”中区分出来，然而，在这个背景下，“贡献”这个术语可能是不合适的。我们这个简单模型描述的方法可以反映增量的变化，但不能反映巨大变化的特征，我们从中应能够看到量化的结果。它们显示，若资本形成的表现不同、对其他要素的供给没有重大的直接影响时，将会发生什么变化；因此，它们抽象概括了那些巨大变化的特征，但是这个模型仅能处理变化的有限方面，而不能使其一般化。所以，对巨大经济变化的全面、准确、细致的分析仍然是一个让我们感到特别缺乏和需要的方面。

1.4 资本—产出率的增长

1.4.1 分析的可能性

实际国民生产净值投资比率和资本—产出率至少在19世纪后60年里都在增长；如果我们一开始就集中在资本—产出率这个方面，那么隐含在这两方面的增长进步的力量就很容易被仔细探究。

在第二部分描述的那种类型的经济中，测量的资本—产出率可能会因为以下五个原因中的任何一个（或全部）而提高。首先，最终需求的构成，会按照便于提高资本密集型工业收益的方式变化。企业家愿意以比以前更高的比率把生产要素投入到这些工业中来；那么这些工业的相对重要性会提高，而这种提高的重要性会相对于整个经济提高平均资本—产出率。

其次，技术变化可能会是资本使用型、劳动力和/或土地节约型的。对于这一新的机会，企业家将改变要素比率，那么资本—产出率将会提高。

最后，相关要素的价格可能朝着有利于资本的方向变动。这一变动可能是由于储蓄率的增加而导致利率下降的结果，或者是因为改善资本生产方式而使资本价格下降的结果。随着资本成本相对于其他要素成本不断地下降，【14】企业家将会被诱使改变要素比例，这种相互替代的可能会提高资本—产出率。

当然，这三种变化的原因也可能是相互关联的。例如，由最终需求变动或资本使用技术变化带来的机会，只有在大量储蓄供给存在的情况下而不是储蓄很少的情况下，才能够被比较充分地利用。经济结构变化可能改变收入流向，这样也就影响到储蓄。例如由于需求结构的变化或由于偏向于技术变化所导致的资本密集型工业的增长，可能会提高流向资产的收入比率，如果资产收入对储蓄有重要的贡献，那么储蓄率可能会上升。最终，由于资本成本的原因，经济结构的变化可能会激励金融中介机构的发展。①

如果有人考虑这三种解释的历史相关性是如何被验证的，那么以下可能就会出现。如果经济构成变化在资本—产出率增长之后，那么我们就可通过对各种生产实体的产出结构和资本—产出率水平的直接观察来辨明事实。大体上，这种观察应该在工厂这个层次上进行，但是在实践中一定程度的总和是可以被接受的。

经济朝着资本密集型活动方向的转变是与投资比率的增长或产出增长率的下降，或二者一定程度的结合相匹配的（正如我们已经看到的，美国实际情况是两种现象都发生了，即投资比率上升，而增长率下降）。除非偶然，否则外部的要素可以结束这些，这一改变将会由利率上升相伴随，因为这种变化导致了相对于消费品需求的资本需求的增加。

最终向资本密集型活动的转变将会涉及有利于资本需求而不是其他投入要素需求的转变。因此人们预期资本的相对成本会上升，而其他情况都是相同的。如果事情真是这样的话，那么人们就会预期企业家将会以其他投入要素替代资本，而资本—产出率——在工业方面——将会趋于下降。对于整个经济，平均资本—产出率增长的惟一原因是结构性变化，那也就是，各类产业相关重要性的变化。

概括地说，如果国民资本—产出率增长的惟一原因是需求结构的变化，【15】那么人们将期望发现：（1）向有利于资本密集型活动的经济构成转变；（2）利率上升；（3）资本相对成本提高；（4）工业资本—产出率下降。

---

① 参见戴维斯和高尔曼：《储蓄与投资的比率》，第461、462页。【15】

如果平均国民资本—产出率是由技术变化即资本使用引起的，那么人们将期望发现资本—产出率在某些产业中提高，但是我们没有充分的理由认为资本使用技术的变化会同时在整个经济活动中出现，很有可能是出现在这里和那里，其结果是资本深化（capital-deepening）并不一定广泛地在经济领域中扩散。事实上，人们会发现在某些产业中资本浅化（capital-shallowing）的例证。由于资本相对成本引起资本使用技术变化的结果应该与前面论述的结构性变化的结果是一样的：即在对资本需求增长既定的条件下，资本成本相对于其他要素成本应该上升。因此，处在不受资本使用技术变化影响产业中的企业家，由于他们产业中资本—产出率下降的结果，将被诱使进行资本替代。如果国民资本—产出率的增长完全是由于资本使用技术的变化，那么人们因此会预期一些产业会出现资本深化，而另一些产业则会出现资本浅化。

最后，如果资本深化是由于资本成本相对于其他要素成本的下降，那么人们应该能够直接观察到这一现象，尽管其证据的收集和评估不会是很简单的。资本成本是由三个要素组成的：资本品的价格、利率和折旧率。折旧率不能被认为是一个独立的因素，因为这一比例主要是长期变化——仅是我们所能测量的变化——只简单地反映了资本存量组成的变化。如果资本相对成本的下降是由于利率的下降（相对于其他要素成本），那么人们将期望发现资本深化在经济领域中得到非常广泛地传播。另一方面，如果资本相对成本的下降是由于资本品价格的下跌（相对于其他要素成本），那么这样的结果就不会如此容易地出现了。可以假设，并非全部的资本价格都将会下降（相对地），而且它们下降也不一定按照同一速率，其结果是，某些产业可能不会经历资本深化。也可以假设，价格变化的形成可反映在资本存量变化
【16】的形式中，那也就是说，资本存量的构成会趋于改变的。正在经历相对价格下降的资本品将在资本存量中起到相对更重要的作用。

简而言之，在引起资本—产出率上升的三个基本因素中的两个——即结构性变化和资本相对成本的下降——大体上是可以观察到的。广泛传播的资本深化构成了与资本相对成本下降相吻合的直接例证。在其他条件都相同的情况下，就不会有把结构性变化或资本使用技术变化与总的资本深化联系在一起的理由了；但却有把这些变化与资本相对成本上升联系在一起的理由。然而，如果由于这些变化对收入流或金融中介机构的影响提高了储蓄率，那么资本相对成本的上升可能会减缓。

在这一背景下，以确定资本深化三个原因中哪一个是与美国 19 世纪的

实践经历相关为目标，我们转向了经验的记录。

1.4.2　经验记录

有证据表明，19 世纪美国经济构成发生了急剧的变化，并有理由推断这些变化在很大程度上导致的需求变化，而后者在一定程度上归因于持久需求结构——可由恩格尔曲线大致描述——和人均收入的相互作用。要想得出这些组成要素的改变对平均资本—产出率影响的最终结论是比较困难的，这个问题需要有足够的资料。其答案要求有用不变价格表示的详尽的资本—产出率的估计值；但是以不变价格计值的产出数据资料仅能在非常宽泛的产业部门中得到，而且即使在这样一个粗略合计的水平上，也难得到足够的以不变价格计值的资本数据。各产业部门（见表 4）和各地区农业组成（见表 6）的以当年价格计的可折旧资本（不包括存货部分的资本）估计值都可以收集到。与制造业组成的要素有关的证据也存在（见表 5），但是这里涉及的资本概念要比通常描述的宽泛得多（它包括土地和无形资产）。对于那些非常重要的非商品类部门，几乎得不到什么可靠的数据。从这些混合的证据中，一个模模糊糊的图像出现了。

以不变价格计的资料几乎都局限在宽泛的产业部门，这些资料提示我们，资本组成变化可能有助于资本浅化。在经济的三大领域农业、工业和服务业中，工业产出增长是最快的，而这一部门的资本—产出率可能是它们三 【17】
个中最低的（见表 4）。1800～1900 年间，这三大部门的实际附加值（实际净产出）的年均变化率大致如下：农业 2.6%、工业 5.2%、服务业 4.2%。① 这三个部门中产出分配的改变——其各自的资本—产出率固定保持在 1840 年的水平上——将趋向于降低平均国民资本—产出率。这一点是值得强调的，因为关于工业部门的资本要求和工业化趋势将提高资本—产出率的论述已经有很多了。这些资料提示我们，美国的情况并不是这样。

然而，这个结果并未完全被接受。它可能反映了一个不令人满意的分类系统，而不是一个实际的发现。事实是农场的房屋被作为农业部门资本存量

---

① 摘自罗伯特 · E · 高尔曼和托马斯 · J · 韦斯：《19 世纪的服务业》，载于维克托 · R · 富克斯编辑的《服务业的生产与生产力》，见《收入与财富研究》，34（纽约，国家局，1969 年），第 288、289、292 页。增长率由“变量 1”的估计值计算得出；“变量 2”的估计值（包括表 3 中的 12 列的价格指数）的使用将会把服务业产出增长率提高至 5.0%。“产业”包括采矿业、制造业和建筑业，“服务业”包括除了农业和工业以外的其他所有经济活动。【16】

的一部分对待，而由工业工人占用的房屋却未被算为工业资本的一部分。如果这两个部门相对照地以这种方式来处理的话，那么我们会非常容易地观察到，结构性改变将得到不同于上述记录的结果。但是对其进行必要调整所需的必要资料却无法得到。

表4　1840～1900年可折旧资本占各产业部门净收入的比率

（当年价格）

年　份	农业	采矿业和制造业	服务业[a]
1840	1.2	0.9	1.2
1850	1.6	0.9	1.6
1860	1.7	0.9	2.1
1870	1.5	1.0	2.3
1880	1.6	1.2	2.4
1890	1.9	1.3	2.8
1900	2.1	1.5	2.8

a　包括建筑业和其他一些不太重要的商品生产产业。

资料来源：戴维斯与高尔曼：《储蓄与投资的比率》（Share of Savings and Investment）表10。

注：包含在这张表中的资料与包含在表3中的资料具有不同方面的重要性。它们是用当年价格而不是不变价格表示的。此表中资本存量把存货排除在外，而表3中的资料则包括存货。推导得出收入估计值的过程也不同于表3取得这方面资料的过程，且比表3粗略。无疑，收入变化率是呈上升趋势的。这样，这张表中的资本—产出率趋向于低估这些部门资本—产出率的暂时性增长。

如果我们接受这些维持不变的资料，并且如果为了所要求的（但却是得不到的）以不变价格计的总资本系列，把以当年价格计的可折旧的资本
【18】等系列与服务业联系起来，那么由在每个部门领域资本深化所引起的整个国家资本比率上升的压力是很清楚的（见表4）。对农业而言，它开发得比较晚，是一个发展适中的领域，而在工业部门，在1860年以后的数十年间，其发展是非常引人注目的。在服务业范围内，其变化则持续了很久，并且是很明显的。因为城市住房和交通运输全部包括在服务业中，所以在这里我们可以观察到工业化对非农业房屋（上面提到过）和交通运输需求的影响，那也就是说，服务业比率上升的运动或许就是工业部门增长的一种反映。我们将会再回来论及这一点的。

各部门例证涉及的大都是在合计数这样一个层次上的。人们想知道在这些部门范围内将会发生什么，特别是想知道这些部门比率的变化是否反映了这些部门组成的改变。

就这个主题，我们所掌握的最好例证是与制造业有关的，它提示我们，在这一部门内资本深化是非常广泛的。其产出结构一段时间有所改变，但是其变动对该部门资本—产出率仅有适度的影响。克里默对 1880 年以后这一时期的研究发现（它与以当年价格和不变价格计值的资料都相关）使这一点非常清楚。① 以当年价格计值的资料在表 5 中，虽然远不够充分，然而却暗示这些发展变化持续的时间甚至更长一些。这些资料显示比率上升的压力在组成制造业的大多数产业内都存在。这些产业的每一个产业，除了其中的两三个外，1880 年的资本—产出率都要比它们 30 年前高，而且其中的大多数变化看起来都是发生在 1870 ~ 1880 年的 10 年间，这与把这一领域作为一个整体的研究发现是相吻合的（见表 4）。特别有趣的是，所谓的重工业，它的资本—产出率总的来讲一直没有轻工业高，在一段时间内，也没有十分明显地增长，这一例证再次否定了传统的观点，即重工业是资本密集型的产业和工业发展需要大量的投资。

按照生产类型对农业经营过程进行分类所需的必要资料不能得到，但是地区性的资料由于所要求的分类或许是相当好的代表，因为这些地区按照各类不同的农业生产进行专业化分工。这些地区性的例证表明，在各类专门从事不同产出的农业中，其资本—产出率在变化，但是却没有资料显示在整个19 世纪的后期产出结构变化趋向于提高农业部门的资本—产出率（见表 【19】
6）。这再次说明资本深化得到了广泛地传播。

表 5　　1850 ~ 1880 年制造业部门的资本—产出率和附加值

（当年价格）

A. 资本与附加值的比率

年　份	1850	1860	1870	1880
1. 军火	1.2	1.3	1.0	2.0
2. 食品及其他类似产品	1.8	1.6	1.6	2.0
3. 烟草制品	0.8	0.9	0.7	0.7
4. 纺织产品和服装	1.5	1.4	1.4	1.5
5. 木材产品	1.2	1.2	1.2	1.7

① 丹尼尔·克里默、瑟奇·P·多布罗沃尔斯基和伊斯雷尔·博伦斯坦：《制造业与采矿业中的资本》（1960 年），第 53 页。参见以上有关资本概念的内容。【17】

续表

年　份	1850	1860	1870	1880
6. 家具	0.6	0.8	1.0	1.0
7. 木浆、纸张及相关产品	1.5	1.3	1.6	1.6
8. 印刷业	0.8	1.0	0.9	1.0
9. 化工、石油和煤炭产品	1.4	1.4	1.5	1.9
10. 橡胶产品	1.0	1.4	1.1	1.0
11. 皮革及皮革制品	0.7	0.8	0.8	1.0
12. 石头、陶土及玻璃	1.0	0.9	1.2	1.3
13. 原金属和经过加工的金属	1.5	1.4	1.3	1.7
14. 机器和专业仪器	1.1	1.0	1.2	1.5
15. 交通运输设备	0.6	0.8	0.9	1.1

B. 标准化产业分类中的少数高品类附加值的分配[a]　单位：%

年　份	1850	1860	1870	1880
1. 军火	0.4	0.3	0.3	0.3
2. 食品及其他类似产品	11.4	12.4	13.1	13.3
3. 烟草制品	1.6	1.9	2.5	2.9
4. 纺织产品和服装	23.1	21.8	18.2	22.9
5. 木材产品	10.7	10.3	11.6	8.7
6. 家具	3.2	2.5	3.2	2.7
7. 木浆、纸张及相关产品	1.5	1.7	1.7	2.2
8. 印刷业	2.3	2.9	3.5	4.1
9. 化工、石油和煤炭产品	4.1	3.9	3.7	4.1
10. 橡胶产品	0.4	0.3	0.5	0.5
11. 皮革及皮革制品	13.9	11.4	10.5	8.4
12. 石头、黏土及玻璃	3.0	4.2	4.7	4.0
13. 原金属和经过加工的金属	12.3	11.0	12.3	11.6
14. 机器和专业仪器	6.1	7.7	9.1	9.9
15. 交通运输设备	6.1	7.6	5.0	4.3
总计	100.1	99.9	99.9	99.9

a　一些少数商品被合并在一起，例如：纺织品和服装。各式各样的标准化产业分类群被排除在外。

资料来源：根据美国商务部分类调查得到的，即《标准化产业分类年鉴》（Standard Industrial Classification Manual）（华盛顿，1945 年）。关于分类资料和体系的讨论，请参见高尔曼的《国民生产总值》（Gross National Product），第 45 ~ 52 页和罗伯特 · E · 高尔曼的《1839 ~ 1899 年的商品产量》（Commodity Output，1839 – 1899），发表在威廉 · N · 帕克编辑的《美国经济趋势》（Trends in the American Economy）中，载于《收入和财富研究》（Studies in Income and Wealth），24（普林斯顿，1960 年），第 13 ~ 15、56 ~ 60 页。这项调查中非制造业的资料被排除在外，但是这些资料并未
【20】被修正过。附加值定义为产出值减去生产中消耗掉的原材料价值。

表 6　1880～1900 年地区间农业相对资本—产出率和农业收入分布状况

	相对资本—产出率（全国平均水平 = 100）			收入分配（%）		
年　份	1840	1880	1900	1840	1800	1900
东北	115	183	190	40.7	22.4	14.7
新英格兰	149	227	210	10.9	4.4	3.1
中大西洋	103	172	185	29.8	18.0	11.6
南部	62	51	62	43.7	28.9	30.5
南大西洋	61	53	67	21.7	10.8	9.9
东南中心地区	59	56	68	17.6	11.1	9.5
西南中心地区	77	37	55	4.4	7.0	11.1
西部	166	91	91	15.7	48.8	54.8
东北中心地区	175	100	111	13.4	29.1	23.3
西北中心地区	104	84	92	2.3	15.3	24.1
山区和太平洋地区	—	55	69	—	4.4	7.4
合计				100.1	100.1	100.0

资料来源：农业产出的地区分布参见：理查德·A·伊斯特林：《1840～1950 年人均收入、人口与总收入的地区间差异》（Interregional Differences in Per Capita Income, Population and Total Income, 1840－1950），发表在帕克编辑的《美国经济趋势》（Trends in the American Economy），见表 A－1、A－2 和 A－3。

农业资本地区分布：资本估计值来自于罗伯特·E·高尔曼和爱德华·S·豪利的《1840～1900 年美国的固定再生产资本》（Fixed Reproducible Capital in the United States, 1840－1900）——这是一篇未公开发表的、提交给一个美国经济理论和数量分析技术应用于经济历史问题研修班的论文，普度大学（Purdue University），1965 年 2 月，油印件。这些估计值在各州的分布是以调查资料为基础的。资本仅包括建筑物和设备。

服务业部门的划分更困难一些，在任何一种情况下，它都是一个要求提出严密概念和测量方法问题的部门，以至于可得到的那些例证异乎寻常的不可靠。然而却有一些这样的例证，即交通运输和城市住房两个要素的相对膨胀——二者都属于资本密集型的——对服务业部门比率的增长起到了作用。① 那就是说，服务业是这三大部门中惟一的这样一个部门，其构成变化显示出对资本—产出率的增长有影响作用。如前所述，这一发展变化毫无疑问是与工业部门的增长联系在一起的。【21】

概括地说，对资本—产出率详细资料的研究提示我们，结构性变化——特别是城市住房和铁路相对重要性的增长，与平均国民资本—产出率的增长有关。但是对平均资本—产出率增长的全面说明并不在此。经济各组成部分

① 参见戴维斯和高尔曼：《储蓄与投资的比率》。【18】

的比率也在增长，它揭示出或者是经济正经历着资本使用技术的变化，或者是资本的相对价格在下降。这一普遍的事实，为后者提供了说明。

另外有其他两条线索证据倾向于支持这个结论。我们前面论证过如果结构性改变或资本使用技术的变化是资本—产出率增长背后仅有的因素，那么利率将会上升。有例证表明，名义利率在长期的过程中实际是下降的（见表9）。但是这个名义利率不是这个背景下所要求的精确利率。例如，在1870年到19世纪80年代中期十几年间，价格水平持续下降。债权人不仅预期可以收到名义利率，而且可以收到他们债权工具实际价值的溢价。可以假设他们明白这些，因此名义利率反映的仅仅是当他们同意借贷时，他们期望的实际回报的一部分。目前背景下所要求的利率是实际利率——即反映了预期价格下降而向上调整的名义利率，或反映了预期价格上涨而向下调整的名义利率——因为它是这样一种实际利率，即对相对于储蓄供给的资本需求变化给予最清晰反映的利率。

遗憾的是，没有直接观察历史上价格预期变化的办法。在计量经济学著作中，价格预期经常是以过去价格变化的加权平均数估算出来的，而且赋予给价格近期变化的权重高于其远期变化的权重。这种计算方法的理论就是，期望值是由经验形成的，因此近期的经验也就越重要。然而，经验不仅反映了过去价格变化幅度，它也创造了估计判断价格变化的模式。例如，在经过较长时间的物价下跌后，至少一些投资者将会开始期待未来价格的上涨。因为过去价格变化都遵循一个大致的周期模式。计量经济学处理这种发展变化的简单方式就是实际的未来价格变化会影响预期的价格变化的估计值。例如，人们估计1840年预期价格变化时，就是将其作为1840年实际价格变化和在此以
【22】前及以后年份的实际价格变化的平均值。① 其他估算体系也很容易设计出来，但是从中可得到的数据性质，并不能保证它们得到了更复杂、更精细的处理。

表7　1840～1900年实际利率估计指数

（基数：1840年=100）

年　份	指数A		指数B	
	（1）	（2）	（1）	（2）
1840	100	100	100	100
1850	79	65	77	61

【496】① 我们感谢约翰·弗莱明为我们提示这种可能性。【19】

续表

年　份	指数 A		指数 B	
	(1)	(2)	(1)	(2)
1860	95	(52)	97	(49)
1870	119	108	104	93
1880	103	82	88	66
1890	76	70	63	57
1900	31	32	10	13

资料来源和注释：通过预期价格变化对名义利率进行调整计算得出。在预期价格下降的年份，将名义利率上调，反之，将名义利率下调。名义利率资料摘自表 9 资料来源的注释（指数 A 依赖于来源一的资料，指数 B 依赖于来源二的资料）。所用的价格资料摘自调查局的《历史统计数据》(Historical Statistics)，系列 E－1 和 E－13。预期价格变化（采用百分数的形式表示），用实际价格变化的加权平均数估算。包含在指数 A（1）和 B（1）中的平均值是指过去的价格变化（8 年，权重从 1 到 8）。包含在指数 A（2）和 B（2）中的平均值是通过把包含在指数 A（1）和指数 B（1）的资料与未来价格变化的资料（4 年，其权重分别是 6、4、2 和 2）合并在一起得到的，见本文。

这些指数具有相当的预期推测性。价格预期的估计值是非常易变的，如同其所包含的价格系列值一样。括在括弧里的 1860 年的指数特别具有预期推测性，因为它们包含了南北战争时期价格变化的结果。在一些投资者预期到 1860 年南北战争的同时，一些投资者可能也预期到了因为战争价格将会上涨，计算价格指数所采用的公式或许对这点赋予了过重的权数。

通过对实际价格变化的加权得到的估计值将主要依赖于所用的观测值的数目和赋予他们的权重，这点应该是很清楚的。虽然没有什么强迫的事例，使我们只能选择这样一种计算体系而不是另外一种，但是一旦选择一种体系，就应该一贯坚持遵循这一体系，以使调查者的个人成见对其进行的测量的影响达到最小。对于任何一个给定年份所取得的数值不要给予非常特别的重视，这点也是应该清楚的。我们希望最好能够得到实际利率一般变动趋势的大致看法。

表 7 包含了四套描述 1840～1900 年间实际利率变化的指数。它们以两 【23】
套不同的名义利率系列和两种计算预期价格变化方法为基础——其中一种完全依赖于过去价格的变化，而另外一种则对未来价格变化给予了一些权重（见该表注释）。概括地说，所有四套指数描述的都是同样一般的运动，来自这四个系列结果的一致性提高了人们对它们的信心。实际利率的长期变动是呈下降趋势的，但在 1850～1870 年间（或许是 1860～1870 年间）这种趋势中断了。这也就是说，储蓄供给速度的增长在此期间都稍微快于投资需求进度的增长，一个支持我们前面陈述的发现是，需求结果的变化并不能完全说明所观察的资本—产出率的上升。

表 8　　1840 ~ 1900 年资本成本相对于劳动力成本的指数

（基数：1840 年 = 100）

年　份	指数 A		指数 B	
	(1)	(2)	(1)	(2)
1840	100	100	100	100
1850	98	92	100	93
1860	79	(70)	82	(72)
1870	74	87	61	76
1880	81	58	76	46
1890	54	47	47	39
1900	48	45	40	37

资料来源和注释：A 栏依赖于表 9 中的第四栏的利率，B 栏依赖于表 9 中第 5 栏的利率。

劳动力成本的估计值代表表 9 中工资率指数的加权平均值，其权重表示的是农业和其他产业在实际国民收入中的比例，它来源于戴维斯等的《美国经济增长》（American Economic Growth），第 55 页；工资率则包含在下面的表 9 中。

资本成本是由公式 $q(i+d-\dot{q})$ 计算得出。在这里 q 是资本品的价格指数，i 是名义利率；d 是折旧率，$\dot{q}$ 则是资本价格指数预期变化率。其计算结果来自表 9 或隐含其中的数据资料部分。资本价格指数预期变化率计算为：（1）前十年价格指数的平均变化率［指数 A（1）和 B（1）］；（2）前十年（权重：2）和后十年（权重：1）价格指数加权平均变化率［指数 A（2）和 B（2）］。见表 7 注释。

采用这个资本成本公式的基本理由如下所述。我们想知道每一台机器或其他资本品的年租金是多少——即（概念上）类似于工资率的测量——年租金收入必须足以弥补投资于这新的资本品的资金的机会成本和在它的经济寿命期内更新这新的资本品的价格成本。因此租金率必须弥补利率和折旧率，再加上预期未来的资本损失（或减去其资本赢利）。

这个公式也可写成如下这种形式：$q(r+\dot{p}-d-\dot{q})$，在这里 r 是指实际利率，$\dot{p}$ 是指总价格水平的预期变化率；而 $(r+\dot{p})$ 当然是指名义利率了。在这个公式中，显然，预期价格变化的调整就是相对于总价格水平的预期变化，资本价格预期变化所引发的实际利率的调整。

【24】括弧内 1860 年的数字包含了南北战争影响的结果（见表 7 的注释）。

资本深化广泛传播的结果和实际利率长期运动形成下降的事实，使我们想到，资本—产出率提高或许是由于资本相对成本下降引起的。这些资本相对成本不完整的直接例证是与这一思想相一致的。表 8 显示了四套资本成本相对于劳动力成本的指数。这四个变量间的区别与表 7 中四个系列间的差异是同质的（参见这两表的注释）。表 8 中的四个系列显示了前面已经断言的，在其整个期间资本相对成本长期下降的趋势。有关 1860 ~ 1880 年间的资料显示都是不同的。其中的两个系列显示出 1860 ~ 1870 年间资本相对成本缓慢上升，而随后的十年间又开始下降；另两个系列的记录则是 1860 ~ 1870 年间资本相对成本是下降的，而随后的十年间又上升。在后面两个系列记录中，其价格指数在 1880 年和 1860 年大致相当，而在前面两个系列记录中，其价格指数 1880 年比 1860 年则明显低了许多。这些不同的结果应该是由于价格预期的估计值造成的，如把其中的预期值去掉，那么我们将看到在 1840 ~ 1900 年整个期间，资本相对成本是持续下降的。

资本相对成本的如此变动鼓励企业家以劳动替代资本，从而趋向于提高资本—产出率，这似乎显得很清楚，这个因素在这一时期每个十年中并不是以相同的力量发生作用的，至少可能在其中的一个十年中向相反的方向做过适度的运动。但是这些仅表示对主要结论有限的修正。

观察资本相对成本各组成要素是如何表现的是件有趣的事情。折旧率持续上升，大致是与劳动工资率（见表 9）和反映资本存量组成成分变动的增长同步。可折旧资本——如设备、机器和仪器——的重要性相对于不可折旧资本——如存货——增加了，并且在可折旧资本的范围内，使用寿命短的组成要素——设备、机器与使用寿命长的组成要素（见表 11 和表 12）相比较，其重要性提高了，这样资本消费相对于资本存量价值的比率必然上升，因此折旧率的变化不会对降低资本相对成本发生作用。【25】

表 9　　1840 ~ 1900 年劳动力成本和资本成本组成要素指数

（基数：1840 年 = 100）

年份	1	2	3	4	5	6	7
				利率			
	农场工资率	非农场工资率	资本品价格	资产平均比率[a]	铁路债券	短期[b]	折旧率
1840	100	100	100	100	(100)[c]	—	100
1850	104	106	95	100	100	100	110
1860	131	122	104	95	98	106	(120)[c]
1870	133	184	124	110	90	81	(135)
1880	112	151	100	85	64	76	150
1890	133	164	95	70	52	60	150
1900	140	166	88	65	44	54	(150)

a （各种类型）资产收入对土地和资本价值比率的估计值。

b 十年平均值：1840 ~ 1849 年、1850 ~ 1859 年等依此类推。

c 括在括弧内的数字表示去掉或添加的。

资料来源：工资率：斯坦利·莱伯戈特的《1800 ~ 1900 年的工资趋势》（Wage Trends, 1800 ~ 1900 年），发表在帕克编辑的《美国经济趋势》（Trends in American Economy），第 462 页。

资本品价格：隐含的资本存货价格指数摘自戴维斯等的《美国经济增长》（American Economic Growth）第 2 章中的计算表。

利率：

资产平均比率：戴维斯等前引书，第 38 页。

铁路债券利率：保罗·J·尤斯尔丁的《1839 ~ 1899 年美国制造业的要素替代与劳动生产率的增长》（Factor Substitution and Labor Productivity Growth in American Manufacturing, 1839 - 1899），经济史月刊（Journal of Economic History），32，3（1972 年 9 月），第 672 页。

短期利率：伊拉斯塔斯·A·比奇洛的《关于英国政策中考虑的税率问题与美国的利率》

（Tariff Questions Considered in Regard to the Policy of England and the Interests of the United States）（波士顿，1862年），弗里德里克·R·麦考利的《自1856年以来美国的利率、债券收益率与股票价格运动所表现的一些理论问题》（Some Theoretical Problems Suggested by the Movement of Interest Rates, Bond Yields, and Stock Prices in the United States since 1856）（纽约，1938年）。该数据先是按年平均，然后是按十年平均。

折旧率：资本消耗对资本存量价值（当年价格）的比率，前者是以年资本消耗率提高2.5%和设备消耗提高10.0%为假设前提计算出来的，后者则摘自前引戴维斯书的第2章中的计算表。

资本相对成本下降明显地可归因于这一事实，资本品价格指数和利率与工资率指数相比较下降了，特别是利率的下降是非常明显的。当然资本品价格指数对资本成本的影响是双重的。例如，当资本品价格指数下降时，它减少了成本计算的基数，但它也对资本公式中价格预期条件产生了积极影响。
【26】这样因价格水平降低而导致资本成本下降的压力，又因预期价格下降的影响而减轻了。如果我们知道利率运动在减少资本成本方面比资本价格指数运动起到更重要的作用，那么这一点就变得非常清楚了。

表10　1839～1899年国民生产总值和投资组成要素的价格指数

（基数：1860年=100）

	1	2	3	4	5	6	7	8	9
					铁路				
年份	国民生产总值[a]	全部资本（存量）[b]	全部固定资本（流量）	全部建筑业	（菲什洛）[c]	（厄尔默）	房屋	工厂	制造商生产的耐用品
1839	94	96	100	98	（100）[c]	（104）[c]	—	—	109
1844	90	—	96	92	99	103	109	76	109
1849	96	91	99	95	94	100	95	107	113
1854	105	—	99	98	108	109	87	107	106
1859	102	100	100	98	100	100	98	—	105
1869	138	119	110	114		172	134	94	100
1874	128	—	109	116		167	—	—	94
1879	104	96	94	112		129	122	107	68
1884	108	—	93	120		146	—	—	51
1889	98	91	77	110		143	132	89	42
1894	91	—	72	96		131	—	—	35
1899	93	85	85	108		144	—	—	39

a　国民生产总值的估计值对于存货项目的变化未做调整。

b　资本存量的价格指数是指1840年、1850年等依此类推。

c　括弧中的指数是指1840年。

资料来源：1、3、4和9栏的数字：高尔曼的《1834～1909年的国民生产总值》（Gross National Product，1834－1909）第26、34页，或者是包含在其中的计算表。

第2栏的是上面表9的第3栏，但是没有再加权重并且将其基期改为1860年。

第5栏：艾伯特·菲什洛的《美国铁路和南北战争前经济的转型》（American Railroads and the Transformation of the Ante-bellum Economy）（剑桥，马萨诸塞，1965年），第389页。

第 6 栏：梅尔维尔·J·厄尔默的《运输、通讯和公共事业的资本：它的形成与融资》（Capital in Transportation, Communication and Public Utilities: Its Formation and Financing）（普林斯顿，1960 年），第 275 ~ 276 页，该栏指数没有加权重，并且将其基期改变为 1864 年。

第 7 栏和第 8 栏：布雷迪编辑的《产量、就业与生产力》（Output, Employment and Productivity），第 110、111 页。 【27】

资本价格指数要素是按照完全不同的方式表现的（见表 10）。1860 年后指数下跌的主要压力出现在工厂和制造业生产耐用品价格上，特别是后者。另外耐用品价格指数引起了一项非常普遍、全面的运动，即影响工业和农业机械、办公和铁路设备及船舶运输，甚至（虽然在很小的程度上）人工运输工具价格的运动。① 这些现象反映在设备流量和存量组成的改变上，耐用品投资相对于在对其改善方面的投资增长了，并且这一运动似乎一直都非常普遍，实际上它影响了所有主要的工业部门（见表 11 和表 12）。工厂和耐用品价格指数相对国民生产总值（GNP）价格指数下降了，这就意味着这些商品的供给曲线大概会以不同寻常的速度向外移动，可以推测这点主要是因为异常多的技术创新、经过改良的原材料供给或类似的方面（如经过改良的机器工具供给等）。②

另一方面，铁路和房屋价格指数远远高于其他固定资本品价格指数水平，也高于 1860 ~ 1870 年间国民生产总值价格指数，并且直到 19 世纪末一直都保持着相对较高的水平。铁路价格指数几乎总是确定无疑地倾向于上升。③ 或许我们所观察的一般模式是实际的。另外这两种价格指数的表现也符合我们先 【28】
前得出的这样一个结论：由于经济结构的改变导致了铁路和房屋的增长，并且由于这种改变引致资本—产出率的提高主要反映的是需求而不是供给现象。

---

① 多萝西·S·布雷迪编辑的《1800 年后美国的产量、就业和生产力》（纽约，1966 年），载《收入和财富研究》，第 110 ~ 111 页。【20】

② 参见内森·罗森伯格：《1840 ~ 1910 年机床业的技术变化》，载于《经济史月刊》，XXIII，4（1963 年 12 月），第 418 页。杰弗里·威廉森提出南北战争价目表的实行，使相对于资本品价格指数，国民总产品的价格指数上升了，因此有助于生产耐用品相对价格的下降［《分水岭与转折点：对南北战争融资的长期影响的推测》，载于《经济史月刊》，XXXIV，3（1974 年 9 月）］。或许是这样的，按照这些线索所推测的价目表的数量影响不可能一直都很大。美国进口成品的价值（这是与威廉森分析有关的一个变量）显然比下列各十年（即 1834 ~ 1843 年，1839 ~ 1848 年，1849 ~ 1858 年）国民生产总值低 4%。［西蒙·库兹涅茨：《各国经济增长的数量特征》，第 5 部分，载于《经济发展与文化变化》，XV，2（1976 年 1 月），第 113 页；戴维斯：《美国经济增长》，第 568 页］。或许除了这点以外，美国最终产出很大一部分是由非贸易货物构成的，另一主要部分是美国以此保持稳固的出口平衡地位的货物。这样的话，参考这样大的合计数，"资本形成"和"国民总产品"，很难相信这个价目表会对价格指数的相对运动产生重要的影响。【21】

③ 实际上它是一个成本参数，而不是实际的价格指数。因此，不会对由价格变动而导致的原材料间或原材料与劳动力之间相互替代进行补偿。因此由这一指数描述的变化率必然倾向于向上运动。【22】

表 11　1839～1848 年到 1884～1893 年各类投资中净投资的分配情况

（1860 年价格）　　单位：%

年　份	制造业生产耐用品	建筑	存货变化	非属外国人产权的变化	总计
1839～1848	5.1	61.2	28.1	+5.6	100.0
1844～1853	9.4	69.2	24.5	-3.1	100.0
1849～1858	8.5	74.3	21.8	-4.6	100.0
1867～1878	13.9	72.3	20.1	-6.5	99.8
1874～1883	21.5	58.2	20.4	-0.1	100.0
1879～1888	24.6	56.6	21.1	-2.3	100.0
1884～1893	23.5	54.8	15.0	+6.8	100.1

资料来源：根据戴维斯等的《美国经济增长》第 2 章的计算表的资料计算得出。

表 12　1840～1900 年不同产业部门设备与改良之间可折旧资本存量的分布

（1860 年价格）　　单位：%

年份	农业		制造业与采矿业		运输与公共事业		其他		总计	
	设备	改良	设备	改良	设备	改良	设备	改良	设备	改良
1840	15.2	84.8	45.3	54.7	15.1	84.9	13.8	86.2	18.3	81.7
1850	15.6	84.4	44.2	55.8	19.5	80.5	10.9	89.1	17.4	82.6
1860	16.1	83.9	48.7	51.3	21.6	78.4	12.8	87.2	18.6	81.4
1870	14.7	85.3	48.8	51.2	24.0	76.0	16.2	83.8	22.2	77.8
1880	23.9	76.1	62.0	38.0	22.4	77.6	22.1	77.9	29.2	70.8
1890	27.3	72.7	64.4	35.6	23.7	76.3	27.3	72.7	34.4	65.6
1900	34.0	66.0	67.2	32.8	27.9	72.1	29.1	70.9	39.1	60.9

【29】资料来源：高尔曼和豪利的《固定再生资本》（Fixed Reproducible Capital）。

简言之，大量例证显示我们所观察的国民资本—产出率的提高，反映出一是向有利于资本密集型活动的需求结构的改变，二是资本相对成本的下降。另外还有例证可以给出充分的理由使人们相信，资本使用型技术的变化在其中起到了带头作用。

在我们已经清楚的增长原因中，对于那些由于资料不够充分，从而使我们无法对所观察的资本—产出率增长原因进行确认，但是正在进行的讨论已经说明了利率在资本成本运动变化中起着非常重要的作用。在对资本需求迅速增加的时期，名义利率和实际利率都会下降。这就提示储蓄供给的增长要更快一些。这一章的其他部分将主要集中讨论影响储蓄规模增长的各种力量。下面储蓄率数量例证这部分将作为对这方面材料的一个简单介绍。

1.4.3 储蓄率

利率水平总体下降的趋势暗示着储蓄供给曲线向外转移的速度快于投资需求曲线。但是在储蓄传统需求方面我们掌握了一些相当全面和充分的资料的同时，就储蓄本身的例证却远不够充分，我们知道，实际的净投资和实际资本消费——这是对储蓄的两项要求——每一项都比国民产值增长得快，以致在国民产值中全部实际投资比率也提高了（见表1、表13和表14）。我们还知道，投资品的价格指数相对于国民生产总值价格指数趋于下降，这两方面的发展变化是相互补偿的，至少在运动方向上如此，并且与国民产值中上升、不变或下降的储蓄率（以当年价格计）相吻合。

表13　1834～1843年到1889～1898年，资本消费引起的全部国内投资比率

（1860年价格）　　单位：%

年份	比率
1834～1843	23.7
1839～1848	29.1
1844～1853	26.0
1849～1858	29.5
1869～1878	30.3
1874～1883	30.5
1879～1888	37.0
1884～1893	38.2
1889～1898	41.7

资料来源：根据戴维斯等的《美国经济增长》（American Economic Growth）第2章计算表中的资料计算得出。

表 14 1839 年到 1889 ~ 1898 年，全部投资占国民生产总值比率

（分别以当年价格和 1860 年价格计） 单位：%

年 份	当年价格	1860 年价格
1839	(15)[a]	(15)[a]
1844	12	12
1849	14	13
1854	18	18
1859	(15)[b]	(15)[b]
1839 ~ 1859 平均数	15	15
1869 ~ 1878	18	24
1874 ~ 1883	19	24
1879 ~ 1888	21	25
1884 ~ 1893	23	28
1889 ~ 1898	23	30

a 括在括弧内的 1839 年项目是与基于 1839 ~ 1849 年间经验的存货变化估计值合并在一起得出的。

b 括在括弧内的 1859 年的项目是与基于 1849 ~ 1859 年间经验的存货变化估计值合并在一起得出的。

资料来源：根据包含在戴维斯等的《美国经济增长》（American Economic Growth）第 2 章计算表中的资料计算得出。

但是，事实上，储蓄率方面到底发生了什么事情？可得到的资料——它们全部都集中在表 14 中第 1 栏——提示我们，储蓄率上升，战后储蓄份额的价值可能大约是战前价值的一半。要进行超出这些论述之外的其他陈述，都是不明智的。从战前年代观察值数目有限（和观察值变化范围广）的角
【30】度来看，人们不能很自信地判断出战前的趋势。据我们所掌握的资料，在战前数年间与战后第一个十年间储蓄率的增长与这一世纪其他剩余年份的 5% 的增长相比，似乎显得相当小，仅有 3%。但是人们不应该对此介意太多，储蓄率上升时间的确定很大程度上是受存货价值变化估计值的影响——这是投资系列中最不牢靠的要素，特别是人们几乎不能准确地计算出存货短期运
【31】动的变化，而且表中以当年价格计的这个投资要素的变量是以存货价值变化测量得出的，因此，在价格上升期，仅仅因为价格上升而引起存货价值的增加量，可以被作为一个储蓄的要素，而在价格的下降期，存货价值的损失（即资本损失），则被作为储蓄的减少。测量方法的这个方面对表 14 中估计值的意义不大，除了与 1869 ~ 1878 年这十年有关的估计值，因为这十年间

价格水平下降得十分明显。如果我们忽略掉所估计的那十年间由于存货价格下跌引起的储蓄的减少，那么储蓄率就从 18% 变为近乎 21%，而有关储蓄率增长的时间确定，从表 14 中得到的印象也会发生显著的改变。隐含在表 14 估计值中的概念或许在这个背景下是合适的，其结果是人们对于正在使用的这个特别的储蓄概念如此敏感，以至于不愿意就有关储蓄率上升的确切时间做出充分的说明，特别是鉴于涉及估计值一些未知的测量缺陷的时候。① 人们所能说的只是储蓄率看起来似乎是在以一定的数量上升。

我们已经探讨过有关储蓄和投资、国民产值和国民资本存量的传统概念。如果我们引进非传统要素，那么将会发生什么呢？所显示的储蓄率比传统记录所显示的会更快或者是更慢一些上升吗？储蓄率变化的时间确定会以一种重要的方式发生改变吗？

一般说来，对于这些问题的答案似乎显得足够清楚了。前面记述中忽略掉的储蓄和投资中最重要的非传统要素无疑是农场土地的清理平整，栅栏、牲畜棚、仓库的建造和用农场原材料搭建的小屋。我们不能精确地知道这几项有多重要，但我们知道它们构成了全部投资活动中一个重要但却是下降的部分。② 如果我们考虑这张表上填列的储蓄，这些我们现在所能得到的最充分的估计值提示我们，储蓄率在南北战争前二十年间和 1869 ~ 1878 年的十年间上升了大约 2 个百分点，而在此后则很小，可以忽略不计。③ 毫无疑问，这类储蓄和投资的相对重要性在 1840 年前的数十年间是相当不一般的，在一些测量结果中，按照传统测量的储蓄率的上升反映了储蓄由非传统形式——通常没有测量过——向传统形式的转变，对于这一点我们将会在以后再讨论。【32】

所保留的大多数非传统类型的储蓄，在一段时间变得相对更加重要了，而不是更不重要了。人们可能会提出耐用消费品是应该作为投资的一种形式，贾斯特和利普西发现，如果这个意见被采纳，那么从 20 世纪早期开始，美国总的投资率的下降将转变为适度的上升。④ 在 19 世纪的资料记录中所显示的变化也同样引人注意，在当年价格水平下，耐用消费品在 1839 年低

① 参见戴维斯和高尔曼：《储蓄与投资的比率》，第一部分和附录。以国民收入账户专用术语看，隐含在表中计算结果内的储蓄概念不包括“存货估价调整额”，而隐含在文中计算结果内的储蓄则包括“存货估价调整额。”【23】

② 高尔曼：《国民生产总值》，第 11、34 ~ 35、71 ~ 74 页。【24】

③ 把表 1 中的第 2 栏（第二种选择）与表 2 中第 2 栏进行对比。参见戴维斯和高尔曼：《储蓄与投资的比率》。【25】

④ F. T. 贾斯特和 R. 利普西：《有关美国消费资产形成的一份记录》，载于《经济学月刊》，LXXVII，308（1967 年 12 月）【26】

于3%的国民生产总值，但是到了1859年这一比例增长到4.8%，1869～1878年又增长到5.7%。以不变价格计，其增长就更加明显（见表15）。如果把耐用品作为储蓄和投资的一部分，那么美国储蓄和投资产品的比例则显示出比传统测量结果所显示的更大幅度的增长——特别是从1839年（1834～1843）到1869～1878年这一时期。①

表15 1839年到1899～1909年，耐用消费品占国民生产总值的比例

（分别以当年价格和1860年价格计） 单位：%

年份	当年价格	1860年价格
1839	2.8	2.0[a]
1844	3.7	2.7[a]
1849	4.7	3.9[a]
1854	4.9	4.6[a]
1859	4.8	—
1869～1878	5.7	6.2
1874～1883	5.3	6.4
1879～1888	5.6	7.4
1884～1893	6.8	8.1
1889～1898	5.9	8.0
1894～1903	5.6	7.5
1899～1909	5.9	7.2

a 战前的四位数字是指以下各十年的平均值：1834～1843年、1893～1848年、1844～1853年和1849～1858年。

资料来源：高尔曼的《国民生产总值》，第26、27页。国民生产总值的估计值根据存货项目变化进行了调整，所使用的资料来自戴维斯等的《美国经济增长》第2章的计算表。

如果人们把美国在正规教育上的资料消耗支出——即人力资本投资——作为储蓄和投资的话，那么同样的发展变化也出现了，尽管不是十分明显。菲什洛已经指出，这些消耗支出——包括学生放弃的收入——在19世纪后半期构成了美国国民生产总值中一个较小但是不断增长的份额。人力资本这
【33】一概念宽泛的数量值——例如，包括岗位培训——是如何表现的，我们不能

① 一般，如果生活耐用品被作为投资，那么这些耐用品所得到的服务也应该作为国民产值的一部分，然而，诸如这样一套对国民产值的调整不可能改变这篇文章的结论。【27】

确切地了解，但是它相对于国民生产总值增长的可能性却是很大的。①

最后，有必要考虑一下奴隶制和废除奴隶制对储蓄率的影响。对于拥有奴隶的种植园主来说，奴隶是一种投资形式，是一种存放储蓄的仓库。在1860 年和战后的数年间，实际投资比率的显著增长与储蓄比率虽不剧烈、但仍然明显的增长，反映的仅仅是奴隶解放和南部地区通过积极努力的传统方式的储蓄来重建他们的财产地位吗？人们不能绝对地不考虑这种解释，但它似乎没有太多的价值。当然，人们会猜测，种植园者的财产损失可能改变他们储蓄的功能。然而，在南部收入中，伴随着这些发展变化的却是人均收入的明显下降。1870 年，实际人均收入仅大约是 1860 年的 6/10，到 1880 年才又达到战前的水平。那时，南部在美国国民收入的比例已经下降到 15%。② 这可能是南部储蓄功能转变效果被人均收入的变化掩盖了，特别是因为南部的相对重要性的下降。③

概括地说，所测量的传统储蓄率上升的这部分，反映了非传统储蓄向传统储蓄形式的改变。但这仅仅是我们要说明的一部分。储蓄率——包括非传统储蓄的诸要素——几乎肯定是上升的。在以下部分，我们将考虑影响储蓄率增长的各要素。

1.5 储　　蓄

经济增长模型常常是与财产收入或其他要素的储蓄相联系的，这是一个至少可以追溯到大卫·李嘉图（David Ricardo）著作的惯例。通过考虑在劳动和财产之间收入分配的变化来开始仔细研究影响美国储蓄率的各方力量，

---

① 艾伯特·菲什洛：《19 世纪美国在教育上投资的水平》，载于《经济史月刊》，XXVI，4（1966 年 12 月）。美国人力资本价值相当大的一部分代表着来自其他国家的礼物（以移民的形式）。保罗·尤斯尔丁提出，在南北战争前最近的几十年中，这份礼物的价值要大于整个大陆的投资额。见尤斯尔丁：《1790 ~ 1860 年流向美国经济的总的人力资本的估测值》，载于《经济史研究》，IX，1（1971 年秋季）。【28】

② 戴维斯等：《美国经济增长》，第 55、57 页。【29】

③ 可以用另外一种方式来表述它，19 世纪 40 年代和 50 年代，全国储蓄率平均为 15%，20 年过后即 1880 年则集中在 20%，假如因为南方地区替代损失的奴隶资本的努力，使全国储蓄率增长发生，那么我们或许可以把国民产值的 5%，安排在这一储蓄上。但是，南部收入仅占国民收入的 15%，并且几乎可以肯定它占国民生产总值的比例也较低（因为生命期短的可折旧资本都集中在南部）。这样，假如由于南部替换他们奴隶价值的努力使储蓄率上升，那么南方地区的人们就应为这个目的把他们收入的 1/3 用于储蓄。然而战后南部地区储蓄率达到这样高的水平，是十分令人怀疑的。【30】 【497】

这或许是适宜的。

美国19世纪期间按用途划分的收入分配的估计值是分别通过两种方式得到的：一是直接来自有关供给要素和报酬率的资料，二是通过寻找适合于
【34】投入和国民产值估计值的总体生产函数取得的。

最近的直接估计值显示财产收入大约占国民收入的32%，其价值变化是短期的，而没有显示出长期是上升或是下降的趋势。① 然而，为了我们现在这个目的——即储蓄行为分析——我们需要的是总量而不是净量的信息，那就是说我们要求得到全部财产收入占国民生产总值比率的资料。

包含在表13的资料显示，资本消费构成了国内投资总额中（以不变价格表示）一个不断增长的部分，我们或许也可认为它是国民投资总额（以当年价格计）一个不断增长的部分。由于资本消费代表了全部财产收入的一个要素，因此其结果必然是财产收入占国民生产总值的比例也将会增长。然而，这一增长可能不十分显著。例如，如果我们假设财产收入占国民收入比例在以下各个时期，即1839～1859年、1869～1888年、1888～1898年（见上面）平均为32%，那么对应这三个时期（见表14）相应的国民产值中储蓄和投资（以当年价格计）的比例分别大约是28%、34%和40%（见表13），那么也就必然可得出这三个时期财产收入总额占国民生产总值（以当年价格估计）的比例分别大约是35%、37%和略高于38%的结果。事实上，这一估算过程可能高估了财产收入比例的增长。② 但是在任何一种情况下，由它自身测量的增长都不足以充分解释说明总的储蓄率的增长（见表14）。

生产函数估计值更加确切地描述了财产收入比率的增长，虽然人们或许会怀疑这些结果完全与我们现在所关注的事情有关。根据最近的一套观察值，财产收入占国内生产总值的比例，在1834/1836年～1853/1857年为38%，1869/1873～1888/1892年达到45%，1888/1892年～1903/1907年为

① 戴维斯等：《美国经济增长》，第38页。两个系列都已给出，一个平均大约为32%，另一个稍高一些。我们这里关注的是长期现象。或许是因为这一储蓄率暂时性的结果，南北战争改变了短期内收入的功能性分配。参见斯坦利·恩格曼的《南北战争的经济影响》，载于《经济史研究》，第2卷，III，3（1966年春天/夏天），拉尔夫·安德雷亚诺编辑（重印）的《美国南北战争的经济影响》（剑桥，马萨诸塞，1967年）；威廉森的《分水岭与转折点》；斯蒂芬·J·德卡尼奥和乔里·莫可里的《美国南北战争期间的通货膨胀与工资滞后》，耶鲁大学经济系讨论稿第32号。1975年10月，（油印件）威廉森也提出南北战争时的资金状况非常明显地阻止了战争期间资本的形成，而战后联邦政府债务管理的实施则增加了资本形成。在这本书的例证中，战后投资率的显著提高反映了从战争时期到战后时期投资的暂时的替代。但是，再次推测这是一短期现象，它并不能解释到19世纪末时持续的高储蓄率和高投资率。【31】

② 这是因为我们已经把资本消费占实际国内投资比例的资料作为资本消费占以当年价格计的国民投资比例的代表来使用。在相关期间，后者几乎确定无疑地比前者增长缓慢许多。【32】

46%，而仅仅资本所获得的收入占国内生产总值的比例则在上述三个时期分别是 27%、35% 和 37%。① 生产函数估计值当然是从不变价格系列中取得的，这可能也就是它们与从当年价格系列中取得的直接估计值存在偏差的主要原因。② 因为我们为了现在的目的，要求是以当年价格计的估计值，所以这些直接的估计值更合适一些，但是，即使我们接受了生产函数的结果，但是我们仍将被迫做出这样的结论，即财产收入占国民生产总值比率的变化不 【35】
能够完全解释储蓄率的上升，因为后者的提高比前者的增长（见表 14）更加显著。

我们得出的结论是，财产收入占国民生产总值的比例不断增长，储蓄率的增长在某种程度上也是来源于此。但是储蓄率的表现并不能完全凭这些来加以解释，可能还有其他一些因素在起作用，并且可能稍许还比财产收入的变化更重要。在下面的部分，我们就探讨这些可能的因素。我们采纳戈德史密斯的分类方法，将储蓄者分为公司、政府和个人，并分别对每一群体进行探讨。

1.5.1　公司储蓄

自从 20 世纪初期以来，公司储蓄额已经占全部储蓄额的 1/5。另外，这一部门的储蓄收入率并未显示出长期趋势，但它一直比非公司部门高出许多。1830 ~ 1900 年间，公司部门相对于非公司部门和经济的其他部门几乎是确定无疑地增长了。我们可以看到在这数十年间非农业部门活动的绝对和相对重要性都在日益提高，工商企业的平均规模扩大了许多，那些面对新技术、地域扩大的市场和一系列立法创新进行调整的公司，可以更容易地以更低的成本取得股份公司法人地位。仅粗略地浏览一下，就可以很容易地得出这样的结论，在解释所观察到的总的储蓄收入率增长方面，股份公司可能起

① 摩西·阿布拉莫维茨和保罗·戴维：《美国经济的增长：史实与新古典主义的寓言》，载于《经济学家》，CXXI，3（1973 年），第 255 页。【33】

② 想像以下这个事例，经济由两部分组成，A 和 B，它们在基期产出相同数量的收入。在部门 A 中，财产收入占全部收入的 50%，而在部门 B 中则为 20%，在计算基期年与以后连续的各年间，部门 A 中的收入翻了 1 倍，而这个部门的价格水平则下降了 50%，部门 B 在产出或价格水平上没有经历任何变化。那么从实际收入来看，财产收入占经济全部收入的比例由 35% 升至 40%，而从名义收入来看，则这个比例仍然保持不变即 35%，这类的发展变化或许可以解释说明直接估计值与文中所描述的生产函数估计值之间的差异。例如，我们知道铁路业在有关期间增长得很快，这一产业收入很大部分都是财产收入构成的，而与总的价格指数相比，由这一部门提供的服务价格则下降得十分明显。参见高尔曼和韦斯：《服务业》，第 292 页。【34】

着非常重要的作用。然而当我们仔细观察一下，这些例证虽然细微，但却提示我们，如果19世纪公司部门表现得像在20世纪它们的后代那样的话，那么我们就不能依赖公司的增长来解释我们观察到的变化了。

在过去50年中，公司一直趋向于把它们的净收入的一半储蓄起来。然而在某种程度上，这种表现一方面依赖于所有者和经营者之间的关系，另一方面依赖于税法。在经营管理权和控制权相分离的条件下，对公司经营管理者们来讲，保持赢利对他们具有很大的刺激性，因为只有这样才能为他们的薪水和权力提供保证。同时，在所得税法处理资本收益和证券交易的垄断性
【36】的背景下，对证券持有者来讲几乎存在着上述同样的强烈刺激，促使他们以证券涨价形式来获取他们的收益，而不是采取红利的形式。综合起来，这三个要素在解释现代公司所表现出来的高储蓄倾向方面经过了很长一段时间。

19世纪，这些力量要弱许多。首先，在所有者和经营管理者之间几乎肯定会存在很大部分角色重合。例如，以新英格兰的纺织工业为例，大多数高级职员都是主要股东，其他的股东也都倾向于通过家庭或业务联系与管理层保持紧密的关系。① 我们所掌握的例证显示，所有权和控制权除了在早期的运输业存在很大部分的重叠外，② 至少在其他制造业中也存在着紧密的联系。这样一来，至少对于管理者来讲，就没有充分的理由不保持赢利，以确保他们的薪水和权力地位了。其次，没有所得税，这一税种的空缺（或者更确切地说它是对资本收益特惠处理的空缺），对于股东来说，可能使得股利比保留不投资更具有吸引力。另一方面，在19世纪大部分时间，正式的资本市场的无组织状态可能也对提高公司储蓄率起到了作用。经过良好组织的正式证券市场很少，特别是针对工业的证券市场就更少了。《波士顿股票市场》（Boston Stock Market）（最重要的工业市场指数）的编著者就曾警告他的读者，不要相信他的报价，因为制造业股份很少被交易，甚至到了19世纪90年代，在任何一家全国证券交易所都未出现过制造业股份大规模交易的情况。③ 甚至在英国，那些远比他们在新大陆的表兄们更精细的众多投资者对美国证券市场也持怀疑态度。1893年，因为这样一种说法，“委员会

① 参见兰斯·E·戴维斯：《早期新英格兰纺织业的股票所有权》，载于《商业史评论》，XXXII，2（1958年夏）。【35】

② 参见B.H.迈耶、C.麦吉尔等：《1860年前的美国运输史》，华盛顿卡内基协会出版，第215C号（重印，弗尼村，马萨诸塞，1948年）；A.M.约翰逊和B.E.萨普利：《波士顿的资本家和西部铁路》（剑桥，马萨诸塞，1967年）。【36】

③ J.G.马丁：《波士顿股票市场的73年历史》（波士顿，1971年）；T.内文和M.西尔斯：
【498】《1887～1902年工业证券市场的产生》，载于《商业史评论》，XXX（1955年）。【37】

一般喜欢持有那些定期报价并进行交易的证券，而即使在最好的工业证券中也很少有几家看起来像是这类证券”，太阳火与人寿保险公司的财务委员会（The Finance Committee of Sun Fire and Life Insurance Companies）坚决主张他们的美国附属公司卖掉它们刚刚取得的宝洁公司的债券。① 在证券市场较少的情况下，再投资可能会以适当的比例增加成本，因此，较大幅度地保留再投资会面临某些股东的压力。② 尽管这些被部分地抵消了，但看起来 19 世纪引导公司储蓄的压力要比 20 世纪弱一些，那些直接的例证倾向于证实这一结论。

虽然，有关 19 世纪公司表现的资料出奇地少，但是我们所掌握的资料仍显示出公司部门相对于经济的其他部门是在增长的，但这些新公司却都不是主要的储蓄者。就埃文斯的研究涉及的 7 个州（见表 16）来看，新公 【37】
司的数日在 19 世纪 40 年代至 20 世纪第一个十年间增加了大约 30 倍。③ 至于

表 16　1830～1909 年，每 10 年美国 7 个州的新的实业股份公司

年　份	康涅迪格	缅因	马里兰	马萨诸塞	新泽西	俄亥俄	宾夕法尼亚
1830～1839	44[a]	178	178	n. d.	178	430	409
1840～1849	142	226	123	n. d.	159	376	366
1850～1859	548	364	n. d.	168[b]	561	619[c]	1 045
1860～1869	583	384	n. d.	758	924	1 762	n. d.
1870～1879	n. d.	636	1 027	773	1 101	3 048	n. d.
1880～1889	884	2 586	1 062	1 549	3 859	5 945	4 181[d]
1890～1899	1 483	4 820	2 024	2 335	11 355	8 059	5 995
1900～1909	3 083	9 571	3 600	8 771	19 805	19 640	13 474
1900～1909 至 1840～1849 的比率	21.7	42.3	29.3	—	124.6	52.2	36.8

a　仅包括 1837～1839 年。
b　仅包括 1852～1859 年。
c　仅包括 1850、1851 年和 1856～1859 年。
d　从 1879 年 7 月 14 日至 1889 年 12 月 31 日期间。

资料来源：G. 赫伯顿·埃文斯的《1800～1943 年美国的实业股份公司》（Business Incorporations in the United States, 1800－1943），（纽约，1948 年）。 【38】

① 太阳火与人寿保险公司的联合财务委员会的一份会议记录，1893 年 3 月 6 日。【38】

② 在这样一个简陋的市场中，再投资成本可能是相当高的，股东可能更愿意把他们的收益投入到一个较低回报的活动中，而不愿意为了使这些资金进入一个可获得高收益的活动中而被迫支付一笔较高的成本。【39】

③ 埃文斯：《美国的实业股份公司》。【40】

公司的表现，最详细的论述无疑是保罗·麦戈德里克的关于新英格兰纺织工业的研究。① 在他所列举的公司样本中，1836~1885年间，公司储蓄大约是它们收入的0.2%，它们的储蓄出现正数与出现负数一样频繁（见表17）。麦戈德里克提出，他所列举的纺织工业的公司其储蓄表现可能是这一时期所有权缺位的制造业公司中的典型代表，他的结论已被这一时期企业历史研究所证实。因为0.2%并不比非公司部门的观测值高，看起来在制造业部门中，向公司组织形式的转变对观测的储蓄收入率的增长似乎并不能解释说明什么。

表17 1836~1885年新英格兰棉纺织业公司的储蓄率

（贝克样本） 单位：%

年份	未分配利润/全部利润	（总量） （未分配利润+折旧）/销售额	（净值） 未分配利润/销售额
1836~1840	20.5	6.6	2.6
1841~1845	17.9	7.9	3.2
1846~1850	-13.7	4.2	-2.0
1851~1855	3.1	5.3	0.3
1856~1860	8.7	5.3	0.8
1861~1865[a]	-14.6	2.4	-1.7
1866~1870	-18.7	1.4	-1.4
1871~1875	13.2	4.1	1.1
1876~1880	18.9	4.8	1.2
1881~1885	-3.0	3.6	-0.2
1836.8~1885	2.7	4.2	0.2

a 仅包括1861年、1864年和1865年。

资料来源：保罗·F·麦戈德里克的《19世纪新英格兰的纺织业：利润与投资》（New England Textiles in the Nineteenth Century: Profits and Investments），《哈佛经济研究》（Harvard Economic Studies），第131页（剑桥，马萨诸塞，1968年）。

在制造业以外，公司组织活动的增长——特别是交通运输业，或许有助于解释储蓄率的向上变动。铁路系统看起来保留了它们利润的大部分，而它们的表现在一段时间内似乎并没有什么改变，它们在全部经济活动中相对比

① 参见保罗·F·麦戈德里克：《19世纪新英格兰的纺织业：利润与投资》，载于《哈佛经济研究》，131（剑桥，马萨诸塞，1968年）；兰斯·E·戴维斯：《工业融资的来源：美国纺织业的一个个案研究》，载于《企业史研究》，IX，4（1957年4月）。【41】

例的增长应该导致储蓄占国民收入比例一定幅度的增长。对东部 11 条铁路 [39]
储蓄行为的仔细研究表明，这些铁路线的储蓄（总量）在战前数十年间大约占到了它们收入的一半（见表 18），这一比例虽然经常受到各年之间波动的影响，但是从 1830 年到南北战争的任何 5 年间从未低于 30%。看起来，至少对于交通运输业领域而言，其结构变化——即伴随着铁路运输技术的进步和需求压力的变化，确实对所观察到的国民储蓄倾向变化有贡献。

表 18　　11 条分布于新英格兰和中大西洋铁路的总储蓄率　　单位：%

年　份	总储蓄率
1830 ~ 1834	69
1835 ~ 1839	31
1840 ~ 1844	43
1845 ~ 1849	69
1850 ~ 1854	48
1855 ~ 1859	64

资料来源：亨利 · V · 普尔的《美国铁路与运河史》（History of the Railroad and Canal of the United States），1（纽约，1860 年）。

1.5.2　政府储蓄

对于现代这个时期，戈德史密斯已经证明政府对国民储蓄流量做出了较小但却很重要的贡献。在 1897 ~ 1949 年间，政府的三个层次（联邦、州和地方）对全部储蓄的贡献大约为 10%，然而，如果不是因为战争和商业萧条期间联邦政府的非储蓄倾向，这一贡献率还会更大。如果把第一次世界大战那几年和 1930 ~ 1949 年这一时期排除在外，那么州政府把它们收入的大约 1/6 都作为了储蓄，联邦政府的这一比例则大约为 1/8，而地方政府则大约是 1/12。但是对储蓄流量的直接贡献不是政府影响储蓄和投资过程的惟一方式，它们也会通过这样一种改变法律的方法，即不涉及政府税收和开支的决定，而是影响私人储蓄者和投资者的行为，从而间接地影响储蓄和投资过程。

（1）直接投资

在政府对储蓄流量的直接贡献中，我们应该区别两种类型，传统意义上
的实物资本和在人力资源上的支出（主要是教育和健康），如果我们包括这 [40]
两类的话，那么看起来 19 世纪地方政府的储蓄远远大于州政府和联邦政府的储蓄。

以实物资本支出来讲，联邦政府对国家资本存量的贡献相对较小，1831～1900年间，资本支出占收入的比例大约仅为5%，虽然占支出的比例稍高一些（见表19）。不管使用哪种测量方法，它的贡献肯定比较小，其之所以如此小，部分是因为在这一区域联邦政府支出所引起的大量宪法方面的问题，这点安德鲁·杰克逊在他否决梅塞勒道路项目（Road Project）时就明确提出来了。① 其中有关事项都是实际的，这点可以在由联邦政府承揽的实际项目失败中很清楚地看到。1815～1860年间，最重要的资本支出项目（大约占全部资本支出的1/3），是在灯塔（很明显，它是联邦政府的管辖区域）上的支出，另外的30%投在了联邦政府建筑物上（毫无疑问这又是联邦政府的管辖区域）。剩余的其他4/10支出，一方面流向了河流、港口，另一方面是在运河及其他两个现在认为政府在其中扮演主要角色的区域间进行

表19　　联邦政府财政资金状况：1831～1900年的收入与实物资本项目的支出

年份	1 收入（百万美元）	2 实物资本项目支出（百万美元）	2:1（%）
1831～1835	151.4	9.6	6.3
1836～1840	153.1	11.7	7.6
1841～1845	104.4	4.3	4.1
1846～1850	154.8	5.5	3.3
1851～1855	302.9	13.4	4.4
1856～1860	298.2	21.8	7.3
1870	396.0	8.4	2.1
1875	284.0	17.9	6.3
1880	333.5	13.3	4.0
1885	323.7	15.3	4.7
1890	403.1	19.0	4.7
1895	324.7	26.3	8.1
1900	567.2	28.7	5.1

资料来源：1831～1860年：戴维斯·K·杜威的《美国财政史》（Financial History of the United States）（纽约，1915年）；1870～1900年：约翰·B·莱格勒的《19世纪联邦收入与支出的地区分布：量化研究》（Regional Distribution of Federal Receipts and Expenditures in the Nineteenth Century: A Quantitative Study）（未公开发表的博士论文集，普度大学，1967年）。

① “如果希望马路和运河建设应该由联邦政府来负责进行是人们的愿望的话，那么这不仅是有益的，而且也是绝对有必要的。先前的宪法修正案针对州最高权力，代表必要的权威，并对州的活动进行界定和约束，这个修正案应该出台。如果没有它，许多有益的事情是不会有什么结果的。”（1830年5月27日）【42】

了分配（大约是平均分配）。甚至投在高速路上的较少开支与这一世纪的最后 40 年相比，其数目也是相当大的。在后面这段时间，铁路和运河的投资支出不足 1%，而河流、港口则占了 60%，公共建筑物吸收了 25%，灯塔和其他方面占了 15%。【41】

表 20　赠给各州用于教育目的的土地[a]　单位：英亩

	普通学校[b]	直接赠给大学[c]、研讨班、师范类学校等	农业与机械院校	直接用于教育[de]	总计
亚拉巴马	911 627	142 160	240 000[f]		1 293 787
亚利桑那	8 093 156	692 080	150 000[g]		8 935 236
阿肯色	933 778	46 080	150 000[g]	46 080	1 175 938
加利福尼亚	5 534 293	46 080	150 000	500 000	6 230 373
科罗拉多	3 685 618	46 080	90 000		3 821 698
康涅迪格			180 000[g]		180 000
特拉华			90 000[g]		90 000
佛罗里达	975 307	92 160	90 000[g]		1 157 467
佐治亚			270 000[g]		270 000
爱达荷	2 963 698	446 080	90 000		3 499 778
伊利诺伊	996 320	46 080	480 000[g]		1 522 400
印第安纳	668 578	46 080	390 000	23 040	1 127 698
依阿华	988 196	46 080	240 000	500 000	1 774 276
堪萨斯	2 907 520	46 080	90 000		3 043 600
肯塔基			330 000[g]		330 000
路易斯安纳	807 271	46 080	210 000[g]		1 063 351
缅因州			210 000[g]		210 000
马里兰			210 000[g]		210 000
马萨诸塞			360 000[g]		360 000
密歇根	1 021 867	46 080	240 000		1 307 947
明尼苏达	2 874 951	92 160	120 000		3 087 111
密西西比	824 213	69 120	210 000	23 040	1 126 373
密苏里	1 221 813	46 080	330 000		1 597 893
蒙大拿	5 198 258	298 560	140 000		5 636 818
内布拉斯加	2 730 951	46 080	90 000	46 080	2 913 111
内华达	2 061 967	46 080	90 000[g]	500 000	2 698 047 【42】
新罕布什尔			150 000[g]		150 000
新泽西			210 000[g]		210 000
新墨西哥	8 711 324	112 703	250 000		9 074 027

续表

	普通学校[b]	直接赠给大学[c]、研讨班、师范类学校等	农业与机械院校	直接用于教育[de]	总计
纽约			990 000[g]		990 000
北卡罗来纳			270 000[g]		270 000
北达科他	2 495 396	416 080	130 000		3 041 476
俄亥俄	724 266	69 120	630 000[g]	24 216	1 447 602
俄克拉荷马	1 375 000	800 000	250 000		2 425 000
俄勒冈	3 399 360	46 080	90 000	500 000	4 035 440
宾夕法尼亚			780 000[g]		780 000
罗德岛			120 000[g]		120 000
南卡罗来纳			180 000[g]		180 000
南达科他	2 733 084	416 080	160 000		3 309 164
田纳西			300 000		300 000
得克萨斯			180 000[g]		180 000
犹他	5 844 196	456 080	200 000		6 500 276
佛蒙特			150 000[g]		150 000
弗吉尼亚			300 000		300 000
华盛顿	2 376 391	446 080	90 000		2 912 471
西弗吉尼亚			150 000		150 000
威斯康星	982 329	92 160	240 000	546 080	1 860 569
怀俄明	3 470 009	336 080	90 000		3 896 089

a 不包括沼泽地，但有些沼泽地却被用于促进教育。

b 赠给普通学校的区域是由各城镇一些特殊的区域组成，参见美国土地办公室 1922 年报告（US land Office Report for 1922），第 34 ~ 39 页。

c 包括：矿业学校、理工科学校、军事院校、劳改学校、教育慈善学校和仅在一些州设立的教育刑事学校。出处同上。

d 在这个项目下的五个州为了普通学校都用了 500 英亩土地。

e 赠与的盐碱地土地全部都归属普通学校，只有一个例外，印第安纳州把这样的土地用于不同等级的学校。

f 只用于矿业和机械院校。

g 这些州收到了农业院校在其他州圈占地的凭证。

资料来源：本杰明 · H · 希巴德的《公共土地政策史》（A History of the Public Land Policies）

【43】（麦迪逊，威斯康星州，1965 年），第 344 ~ 345 页。

在人力资本领域联邦政府的记录是混合的。19 世纪只在公共卫生领域有精确的支出记录。虽然 20 世纪在财政预算中可以看到这一项目近乎指数般的增长，但是公共卫生局（the Public Health Service）却直到 1912 年才建立。虽然在 1960 年，美国健康支出超过了 100 亿美元，但是在 20 世纪开始时，在一个 50 多亿美元的财政预算中，其总额却小于 300 万美元。

虽然精确的估计是困难的，但是联邦政府对教育的贡献确定无疑是比较大的。在大学教育上，西点（West Point）是第一所提供工程教育的学校。莫里尔法案（1862）通过的土地资金为农业和机械教育的扩大提供了巨大的动力。① 在基础教育和中等教育上，联邦政府不仅工作开展得早，而且成果显著。1787 年的法令赋予了政府对教育的责任，以确保立法能使得每个城镇的部分土地（总数的 1/36）保留下来，以支持普通学校。② 几乎每次通过一项法律一些类似的要求都包括进去了，即会使一个新的州加入到这个联盟中来。总之，所有的 48 个大陆州都得到了用于支持教育的联邦土地。特拉华州得到了 9 万英亩的土地，而亚利桑那州却几乎从中得到了近 900 万英亩的土地（见表 20）。

联邦政府也通过它在农业推广服务和农业实验站方面的支出来增加无形资本存量。虽然资金总数比较小，但是当把各州贡献的资源合在一起时，它们确实有助于保证农业生产的增长。1888 年，联邦政府为保证农业实验站的运营，支出了大约 75 万美元，并且从此在这一世纪以后的时间内，都一直保持着这样的支出水平。计算这样的投资回报，以及列举所有有保证的发展进步，都是不可行的，但是我们很有兴趣地注意到，在这些农业工作计划的支持下，抗斑小麦已经开发出来了，且杂交玉米的初始工作也已开始进行。③ 【44】

表 21　1820 ~ 1902 年州政府社会费用支出合计：以当年价格计和占总支出的比例　单位：百万美元

	所有的社会费用		交通运输业		教育		农业		杂项	
10 年期[a]	百万美元	%	百万美元	%	百万美元	%	百万美元	%	百万美元	%
1820 ~ 1829	2.59	47.8	2.32	42.8	0.213	3.9	0.009	0.2	0.048	0.9
1825 ~ 1834	4.80	60.3	4.62	58.1	0.148	1.9	0.001	0.0	0.029	0.4
1830 ~ 1839	9.77	64.0	9.11	59.7	0.633	4.1	0.001	0.0	0.023	0.2
1835 ~ 1844	9.17	59.1	8.16	52.6	0.889	5.7	0.005	0.0	0.121	0.8

① 《美国的一般法律》（US Statutes at Large），XII，第 503 页（1862 年 7 月 2 日法案）。【43】

② 法令中写道："……教育手段应该永远被鼓励"（1787 年 7 月 13 日）"第 16 部分条款"第一次被收进该法案并促使俄亥俄州于 1802 年进入学联会。【44】

③ A. C. 特鲁：《美国农业试验与研究的历史（1607 ~ 1925 年），包括美国农业部的历史》，USDA 第 251 号出版物（华盛顿，1937 年）。关于生产力方面的问题，兹维・格里利谢斯估计，对杂交谷类方面的投资回报（包括公共的和私人的）大约是 700%［格里利谢斯：《研究成本与社会回报：杂交、谷类与相关的创新》，载于《政治经济学月刊》，LXVI，5（1958 年 10 月）］。【45】

续表

	所有的社会费用		交通运输业		教育		农业		杂项	
10 年期[a]	百万美元	%	百万美元	%	百万美元	%	百万美元	%	百万美元	%
1840 ~ 1849	5. 78	46. 7	4. 78	38. 6	0. 891	7. 2	0. 013	0. 1	0. 104	0. 8
1845 ~ 1854	4. 59	30. 6	2. 45	16. 3	1. 83	12. 2	0. 198	1. 3	0. 113	0. 8
1850 ~ 1859	6. 41	31. 0	2. 97	14. 3	2. 87	13. 9	0. 430	2. 1	0. 144	0. 7
1855 ~ 1864	7. 20	16. 7	2. 67	6. 2	3. 83	8. 9	0. 555	1. 3	0. 146	0. 3
1860 ~ 1868[b]	9. 15	16. 2	2. 74	4. 8	4. 63	8. 2	1. 54	2. 7	0. 237	0. 4
1865 ~ 1873[b]	15. 8	26. 1	3. 76	6. 2	10. 6	17. 6	1. 05	1. 7	0. 303	0. 5
1869 ~ 1878	21. 7	32. 3	3. 16	4. 7	17. 6	26. 3	0. 611	0. 9	0. 273	0. 4
1874 ~ 1883	24. 2	33. 5	2. 43	3. 4	21. 0	29. 1	0. 622	0. 9	0. 143	0. 2
1879 ~ 1888	26. 6	34. 2	2. 51	3. 2	23. 1	29. 8	0. 825	1. 1	0. 121	0. 2
1884 ~ 1893	36. 1	37. 5	2. 83	2. 9	31. 5	32. 7	1. 53	1. 6	0. 211	0. 2
1889 ~ 1898	45. 9	37. 5	3. 07	2. 5	40. 0	32. 6	2. 59	2. 1	0. 241	0. 2
1894 ~ 1902	54. 7	37. 3	3. 40	2. 3	47. 5	32. 3	3. 46	2. 4	0. 368	0. 3

a　除非特别注释，年平均值是指十年（州财政年度）的平均值。

b　9 个州财政年度。

资料来源：查尔斯·F·霍尔特的《州政府在 19 世纪（1820 ~ 1902 年）美国经济中的作用：量化研究》（The Role of State Government in the Nineteenth Century American Economy, 1820 - 1902: A
【45】 Quantitative Study）（未公开发表的博士论文集，普度大学，1970 年），第 50 页。

对各州而言，资本存量的增量在全部支出中占有较大部分。1820 年，交通、教育方面的支出和农业投资（研究、推广和土地保护）约占州政府全部支出的近一半。到了 19 世纪 30 年代，这一比例几乎上升至 2/3，然而到了 40 年代，则降到了 30% ~40% 之间，除了南北战争那十年，在这个世纪以后的剩余时间内，都一直保持着这个水平（见表 21）。

1840 年以后，总量变化很小，总量构成却发生了变化。农业方面的支出不再是巨大的，但它却在稳定地增长，并在新世纪开始时，它们占到总量的 10%。19 世纪整个 40 年代，交通运输业占据了资本支出的主导地位（当时它占到总量的 80% ~90%），在南北战争期间，它大约占到了一半，但是从那时起，它却又稳定地下降了。在 19 世纪末之前，交通运输业吸收的国家资源要少于农业部门。另一方面，教育方面的支出急剧增长。1820 年，教育支出仅占资本支出的 5% 多，但在 19 世纪中期以前它们已增长到大约占总量的一半。接下来的 20 年这一比例有所改变，但仅仅是略微提高，但到了 19 世纪 70 年代，其又开始增长。在 19 世纪末之前，教育支出大约占到了资本支出的 90%，几乎是州支出的 1/3。

表 22　　1830～1890 年纽约城每十年间的财政预算支出

	1	2	3	4	5	6
年份	人均支出	全部支出	实物资本	人力资本	3+4	(3+4)/2
	(美元)	(千美元)				(%)
1830	3.43	642	171	27	198	31
1840	5.13	1 455	369	99	468	32
1850	6.53	2 818	784	382	1 166	41
1860	12.14	7 564	1 792	1 440	3 232	43
1869	28.14	18 164	3 752	3 345	7 097	39
1880	24.66	17 539	2 713	3 678	6 391	36
1890	23.09	30 466	4 270	4 540	8 810	29

资料来源：爱德华·D·杜兰德：《纽约城的财政》（The Finances of New York City）（纽约，1898 年），第 376 页。

关于城市支出我们知道的很少，但是从分散的财政预算资料来看，似乎在早些年，城市资本支出占全部支出的比例要比州在这方面小，但是以 【46】 人均为基础的绝对水平，则在早期与后期都比较高。以纽约的情况为例，1830 年在交通运输、公共设施、健康和教育方面支出大约占到全部城市支出的 30%，并且在这个世纪剩余的时间内，就在 30%～40% 之间变动徘徊（见表 22）。就像州政府的数据一样，城市的教育支出增长了一段时间，但是对于城市，其增长的时间要更早一些。① 1830 年教育支出大约占到了资本支出的 1/8，到了南北战争前，已增长到超过资本支出的一半。尽管照明、水、街道和下水道方面的支出同时出现巨大的增长，但是教育支出的增长还是发生了，并且它也是城市人均支出增长 4 倍的一个部分。

纽约看起来好像是这个时期大城市的典型。对巴尔的摩、密尔沃基（Milwaukee）、圣路易斯和费城财政预算资金的仔细研究指出，在这一世纪的后半期，资本支出占全部支出的比例处于 1/3 和 40% 之间，而其中教育就占了一半。

（2）间接活动

19 世纪（正如现在）所有层次的政府都参与了许多对私人储蓄和投资

① 艾伯特·菲什洛估计在教育方面公共开支总额已从 1840 年的 760 万美元上升到 1900 年的 22 960 万美元——以人均计算，则由 0.33 美元升至 3.01 美元（菲什洛：《教育投资的水平》）。【46】

过程产生重要影响的活动，例如城市和州政府经常为私人贷款提供担保。这样，虽然它们并未直接参与资本形成的过程，但却通过介入储蓄者和投资者二者之间来减少他们的风险并降低利息费用，其结果可能会提高储蓄额和投资流量，并且它们的介入一定会改变资金流量的方向，即从短期投资转变为长期的社会经常性资本。① 例如，宾夕法尼亚铁路问题就是由费城和宾夕法尼亚州担保的。类似地，马里兰和巴尔的摩城就利用它们的信用来支持巴尔的摩和俄亥俄铁路的建设。作为全部活动的一部分，政府担保可能在这个世纪的早期比晚期更重要，但是在整个世纪中，都有政府担保的私人投资活动。②

类似地，州和联邦用于铁路、运河的赠地都出现在非政府单位的预算上，它们无疑是影响国家资本存量积累进度和其基本状况的主要因素。通过提高附加在交通运输业投资上的税收收入，它们可能会加快资本积累的速
【47】度，并且无疑会引导储蓄流向交通运输业的投资。③

最后，一些新的法规经常影响到储蓄和投资过程，虽然有时这种影响结果如何可能是无意的。一般的公司法案使得为潜在的投资者提供一个范围相当宽的证券选择成为可能，并且可能使储蓄由从非股份公司占据主导地位的部门流向制造业和交通运输业。④ 这种收入选择的结果可能会影响到收益，并再次引导美国的投资从很大程度上不受保护的农业部门流向制造业部门，制造业部门部分收益是因为受到增长的进口税的保护。政府对金融中介的监管，主要是为了提高经济的稳定性和保护储蓄者及股东的利益，但这也使得资本积累和资本流动变得更加困难了，因此，降低积累率，使储蓄从“风

---

① 我们假设一个潜在的投资者愿意进行投资，如果：

$$PV \geqslant C$$

其中：$PV = R_1/(1+r) + R_2/(1+r)^2 + R_3/(1+r)^3 + \cdots + R_n/(1+r)^n$

PV 表示投资者预期可以从投资中获得未来净收益折现的资金价值；C 表示投资者的投资成本；R_n 是投资者预期在第 n 年投资实现的净收益；r 则表示投资者可以获得贷款或放贷的利率。很清楚，r 越高，那么未来的收入被折扣也越多——在其他条件都相同的情况下，被耽搁许久才可得到回报的投资将会变得缺乏吸引力。【47】

② 卡特·古德里奇：《1800～1890 年政府对美国运河与铁路的促进作用》（纽约，1960 年）。古德里奇估计战前各级政府资金在运河建设中大约占 70%，在铁路建设中占到 25%～30%。【48】

③ 联邦政府赠与的土地总计超过了 13 100 万英亩，州政府 1850～1880 年额外增加赠与的土地达 4 900 万英亩。政府赠与的土地几乎西部每个州都有（除得克萨斯、俄克拉荷马和南达科塔以外），而且伊利诺伊、密歇根、威斯康星、佛罗里达、亚拉巴马和密西西比也有。【49】

④ 由州立法机构特别法案通过成立股份有限公司是当时美国典型的形式，直至 19 世纪中期，
【499】虽然早期也有一些不完全的法律，第一部有成立一般股份有限公司有关要求的法律在 19 世纪 40 年代获得了通过，在 1875 年以前，大多数州都已经有了一般股份有限公司的法律。参见埃文斯的《美国的实业股份公司》。【50】

险”投资领域转向“安全”的投资领域。①

看起来似乎城市投资活动有的增长可能有助于储蓄收入率的提高，但是总的影响可能并不是很大。其他层次的政府直接经济活动的变化，似乎对储蓄收入率的增长没有很重要的贡献，虽然它们或许对由这些储蓄所形成的资本存量的状况产生过一些影响。

1.5.3 个人储蓄

除了由于产出组成的改变而产生的相对较小的利润增量流向那些储蓄高于平均水平的产业（特别是交通运输业）以及由城市发展导致的增量外，储蓄收入率的任何自动增长似乎都来自私人储蓄部门。

因为私人储蓄部门总是比较多，也比较分散，并且与公司和政府部门相比，它们的动机广泛，所以如果仅仅局限于该部门储蓄收入率增长的来源，那么并不非常有助于我们对其增长的理解。私人部门不仅包括富人、穷人，也包括非公司制的产业（农场和非农场）。从逻辑上讲，储蓄率的提高可能源于：（1）现在与未来收入间消费倾向的变化；（2）人均收入的增长，如果储蓄具有收入弹性的话；（3）储蓄者净回报的增长，如果储蓄对利率敏 【48】
感的话；（4）构成个人储蓄部分的组成的变化。

虽然消费者的喜好或许对解释储蓄收入率增长很重要，但是我们没有办法直接观察到这一现象。在间接观察的条件下，对可能影响消费者储蓄意愿的外部变化的仔细研究可能导致一些非常混杂的结果。戈德史密斯曾对现在消费者的动机进行了考察，并得出结论，最重要的动机是为了取得耐用有形资产，为未来支出提供准备（特别是退休、地产准备、未来的花费和意外事件），以及为经营积累足够的资本。可能同样的动机也主宰着150年前消费—储蓄的决定，但是它们是如何影响储蓄收入率的却并不清楚。就未来支出来看，它是对引导提高储蓄率有作用的力量。对正规教育需求的不断增

---

① 19世纪中期50年的货币史可以从工商业和农业对更多信用的需求——从经济学家的观点来看这可能促使需求增长也很快——以及经济中的其他部门对更稳定的信用的需求（这可能使得需求增长地缓慢）方面来写。布雷·哈蒙德曾经在这个背景下重写了银行战争的历史，最新的工作成果显示，政府监管条例的日益增多可以被看成是要求稳定性的力量对要求增长更快一方力量的胜利，1842年创新于路易斯安纳的那种先发制人的系统，是完美监管系统的典范，它大大地提高了稳定性，但又明显地降低了增长率。参见布雷·哈蒙德的《从国内革命到南北战争时期的银行与政治》（普林斯顿，1957年）；G. 格林的《原南部联邦的金融与经济的发展：1804～1861年路易斯安纳州的银行业》（帕洛奥托，加利福尼亚州，1972年）。【51】

长，使得储蓄率可能提高，因为父母被迫认识到随着学生在校平均时间的延长，支出也将增加（特别是学生在校期间放弃作为机会成本的收入而导致家庭收入减少）。① 或许是准备退休收入的压力更为重要一些，随着估计寿命的提高，老年人口的比率急剧增长。1830 年，超过 60 岁以上的人口仅占全部人口的 4%，但是这个数字到 1910 年时上升到了 7%，同时，由农业转向非农业的活动，以及由雇主转变为雇员地位的活动，使得一个工人要想以他所期望的情形从一个完全劳动力转为退休人员变得更加困难了。类似地，同样的变动或许在提高人均收入的同时，几乎肯定也会提高收入的差异性。这种更大的不确定性，应该也会导致更高的储蓄率。然而，倾向于抵消这些力量的是由于不受雇于他人的机会减少。随着自己经营产业可能性的下降，必然会出现储蓄减少的倾向（因为此时不需像自己经营产业时进行大量的储蓄）。估计这些外部力量对消费者倾向的整体影响是困难的，但是总体上，退休、失业、保险和教育的动机可能比经营积累需求下降显得更重要，把这些综合起来或许可以部分解释储蓄率上升的运动。

【49】 储蓄率增长原因的第二、第三个解释（人均收入的增长和对储蓄者净收入的回报）的重要性，依赖于储蓄对收入和利率的弹性。如果收入增长（如同它过去那样），并且如果储蓄具有收入弹性的话，那么储蓄对收入的比率应该上升。然而最近的研究成果趋向于显示，在一段时间，储蓄并不具有收入弹性，虽然抽样显示，高收入总是伴随着高储蓄率，但没有明显的理由使人们确信一个半世纪以前的状况明显地不同于现在。顺着类似的线索，如果利率上升，储蓄增加的话，那么储蓄率的增长可能是高利率的结果。资料（见表 9）显示，总的利率在下降，而中介机构的改善可能提高净利率。另外，同样的改善应该减少收益的波动性，并且如果典型的储蓄者是风险回避者的话，那么应该提高任何给定等价物的吸引力。对刚刚过去的这一时期的研究显示，储蓄对利率的变化没有反应。而最近的时期——不像 19 世纪——并不是大规模结构性变化的时期。另外，大部分研究已经显示，多数储蓄者都是风险回避者，不确定性的减少应该使储蓄变得更富有吸引力。综合起来，结构性变化、净收益的增长、波动性的减少或许很大程度上有助于储蓄率的提高。我们感到这个问题足够重要，

① 1870～1900 年间，5～17 岁在公共学校注册上学的人数比率由 57% 上升到 72%，而平均在校天数由 78 天增至 99 天。刘易斯·所罗门在他有关教育中资本形成的研究中，估计了 1890 年放弃的收入，并显示出这笔收入是微不足道的，1890 年在教育上人均支出 8.37 美元，它的 57%（4.77 美元）表示放弃的收入。在乡村，所放弃的收入仅是 3.28 美元的 45%（即 1.48 美元），但在城市放弃收入则是人均成本 12.62 美元的 69%，或者说 8.71 美元。［L. C. 所罗门：《1880 与 1890 年教育资本的形成与支出》（未公开发表的博士长篇论文，芝加哥大学，1969 年）］。【52】

需要仔细地研究，并且在以下部分还要继续探讨。

最后，私人储蓄部门组成可能有一些改变，这正是我们需要讨论的主题。在刚刚过去的时期，农民倾向于比非农民储蓄得更多，但并不总是这样。1897~1913 年间（这是戈德史密斯研究的最早时期），农民是最主要的借款者，他们的储蓄率仅仅是城市中他们同辈人的 1/4（即 3% 比 12%）。如果这种早期表现形式一直是 19 世纪农民的特征的话，那么我们或许可以解释在由农场向非农场企业转变的条件下储蓄率上升的原因。遗憾的是，我们所了解的 19 世纪农民的表现，一切都显示出农民——正如他们今天所做的一样——与非农人口相比，是把他们收藏中的更多而不是更少用于储蓄。在这种情形下，农业不断向外转移应该是减少而不是提高储蓄率。那么该如何解释这个显而易见的悖论呢？

考虑以下情形。在这个世纪早期，如果所有类型的储蓄都包括，那么农业部门则以高储蓄收入率为特征。然而，同时资本市场并未充分发展，特别是在农村地区，其结果是农民借贷很少。储蓄主要采取以劳动时间替代休闲 【50】
娱乐的形式　　即投资于非传统的资本项目，如土地清理和建筑物的改善，因为这些活动与农民收入及其社会地位联系得最紧密，并且也因为在他所能持有的储蓄形式方面，几乎没有什么选择性。这些非传统储蓄并不包含通常资本形成的数据。而且正如我们所看到的，当这些全部都包括进去时，那么我们所观察到的储蓄率上升是含有水分的。另外，位于边疆地区的那些近乎于自由土地的存在意味着获得土地的直接支出是很少的。然而，在一段时间，发生了两件事情：一是储蓄和投资机会的变化改变了储蓄流，由非传统向传统形式转变，二是农场部门相对于非农场部门的储蓄规模下降了，这两种趋势在传统系列中相互抵消。后来，随着资本市场的改善，农场部门变成了主要的净借贷者，借贷资金的大部分可能都流向了土地交易，而这些根本就不在储蓄中呈现和反映。虽然这些数据不够充分，但它们确实可以证明在南北战争后的数十年间，农业借贷确实有了很大的增长。西弗森对伊利诺伊平原县的研究显示，1865 年至 19 世纪 70 年代后期抵押贷款增至 3 倍；拉丁对印第安纳州迪普坎农县的研究表明，即使在发达地区，同一时期的抵押贷款也增长了大约 25%。① 从更加一般的水平来看，19 世纪 80 年代这 10 年贷

① 平原县的总量从 1865 年的 40 万美元上升到 1876 年的 150 万美元，迪普坎农县的这一数字则从 59 万美元上升到 81 万美元。R. F. 西弗森：《1865~1880 年平原县的抵押贷款》，载于《农业史》，XXXVI（1962 年 7 月）；J. 拉丁：《1865~1880 年印第安纳州迪普坎农县的抵押贷款》，载于《农业史》，XLI（1967 年）。【53】

款调查显示，美国西部大部分地区抵押贷款一直持续增长。① 我们也注意到在格兰杰与波普理斯特时期，对农场实际债务负担加重的不断抱怨。② 它们自然是指过多的借贷。另外我们也注意到开始于19世纪70年代的抵押银行的创新、成长和扩张，它们在19世纪80年代遍布整个东部，为西部农场聚集抵押资本，并且最终因为80年代后期农业的旱灾和90年代的萧条，其发展受到了影响。③ 最后，我们看到1896年农场抵押贷款仍然达到了20亿美元，这个数字在1910年前又上升到了32亿美元。④

在仔细研究由雇主到雇员地位转变对储蓄率影响时，又一个悖论出现了。戈德史密斯就将储蓄率下降的原因部分归结为这种趋势，并且例证显示这种转变可以追溯到上个世纪。然而，非公司制的产业直到最近才表现出低水平储蓄的特征，其中大多数是这种较高比率投资经营失败的结果，包括由不成
【51】功的企业所导致的最初投资损失引起的储蓄减少。因为任何一本有关19世纪的经济史书籍都指出，那时在非公司制的企业中存在着较高的失败率，所以或许向一般公司制的变动有助于在总体功能上促进储蓄率的提高。

表23　1830～1910年男性人口年龄结构　单位：%

年　份	20岁以下（占总数的百分比）	40～60岁（占总数的百分比）
1830[a]	56	11
1840[a]	54	11
1850	52	14
1860	51	14
1870	50	15
1880	48	16
1890	45	16
1900	44	18
1910	41	19

a　仅包括白人。

资料来源：人口统计司（Bureau of the Census），《历史统计数据》（Historical Statistics），第10页。

① 参见G.K.霍姆斯和J.S.洛德：《关于美国房地产抵押的报告》，美国人口普查办公室，作为最终调查报告发行，第12卷，第11调查局（1890年）。【54】

② 参见S.J.巴克：《格兰杰运动》（剑桥，马萨诸塞州，1913年）；J.D.希克斯：《波普理斯特起义》（明尼阿波利斯，明尼苏达州，1931年）。【55】

③ 参见A.博格：《货币利率》（伊萨卡，纽约州，1955年）；C.S.波普尔：《中西北地区两个银行集团的发展》（剑桥，马萨诸塞州，1944年）；D.M.弗雷德里克森：《美国的抵押银行业》，载于《政治经济学月刊》，2（1894年）。到1890年前。美国至少有167家抵押公司在经营。【56】

④ R.戈德史密斯：《对美国储蓄的研究》，3卷本（普林斯顿，1955年），I，第749页。因为为取得土地而以较高价格借入和使用资金是作为储蓄的减数出现的，又因为最初投资的损失也是以同样的方式处理的，所以在19世纪最后的25年，从农场向外转移可能有助于保证国民储蓄收入率部分提高。【57】

工业结构的变化和所有者地位变化的影响或许可以解决一些问题，而人口年龄结构变化无疑对储蓄收入率存在很大影响。最近的研究显示，年轻人中储蓄率非常低，而观察到的最高的储蓄率出现在 40 ~ 65 岁这个年龄段人口中。1830 ~ 1910 年这 80 年间，年龄在 20 岁以下的男性人口的比例由 50% 下降到 41%，而 40 ~ 60 岁的男性人口比例则从 11% 上升到 19%（见表 23）。只要大多数储蓄采取直接劳动贡献的形式，那么在早期不利于储蓄的年龄结构对储蓄率的实际影响或许能部分地得到改善。一个把他大部分空闲时间都用来清理土地的农民或许会得到他的孩子的帮助。这样我们或许可以期望年轻人与老年人的储蓄习惯存在着较小的差异。然而按照传统所定义的储蓄率可能会反映出年龄结构的变化。因为储蓄更多的是采取传统的形式，可能实际的储蓄行为与所阐述的储蓄行为二者开始很类似，而且这正是 20 世纪的特征。在这些条件下，人口年龄构成的变化对于储蓄收入率的向上变动可能具有很大的贡献。【52】

我们已经看到，有一段时间收入和储蓄之间似乎并没有确定的相互联系，但是每项研究都显示出在储蓄和收入之间存在着很强的正相关的交叉关系。在这个相互关系存在的限度内，如果收入变为不均等地分配，那么我们会期望储蓄收入率提高。

从美国的情况来看，与在工业部门及城市和农村地区间经济活动分配情况有关的间接例证显示，大致在 19 世纪中期与末期之间，收入和财富分配的倾斜性有所提高。有关 1840 年、1850 年、1860 年和 1890 年最富有的人拥有财富的直接信息，具有非常令人怀疑的特征，尽管如此，它们仍然倾向于支持这些论断。我们所掌握的这一时期有关收入分配的直接例证来自 19 世纪 60 年代晚期、70 年代早期、1894 年不正常的税收（立法上未对所有的收入要求申报）和开始于 1912 年的现代所得税的实施和执行情况。对这些资料进行最新分析的李·索尔托得出的结论说，这些资料分析显示，富人之间的收入分配在一段时间内并不是增长得更不平等，虽然他并未打算把更多的重点放在 1894 年的例证上，这样就遗留下来一个尚未确定的可能性，即以不平等增长为特征的一个阶段过后，接着而来的是不平等消失的阶段，这是与库兹涅兹的模型相吻合的模式。仅仅通过由税收资料所形成曲线的尾部来推断，而将索尔托的证据一般化为关于穷人和富人间收入分配状况的说明，那么这一过程自然是不可靠的。

关于收入和财富分配的直接信息资料不一定是不一致的（除了收入和财富是两种不同概念的原因，还包括上面所述的原因），但它并不能形成一个清晰的图像。有利于在这一世纪后半期不平等扩大观点的例证对于我们似乎比与之相反的例证更重要一些，而所有例证的差别是如此细微，以至于附和斯科特施的“不证明”的论断应该是比较明智的。①

在南北战争后的一段时期内，有一些起作用的力量保证着总储蓄率的提高，但是这些力量在早期不是很强。在南北战争前数年间，在非传统储蓄逐渐由传统储蓄所替代那几年，这些“新”的储蓄更容易被历史所记录。这
【53】个结论是与利息系列相一致的，它显示1840～1860年间，利息很少或者说没有下降，而在此之后，则有一个稳定的下降趋势，另外，也可能存在储蓄替代消费，其增长很大的部分或许可以归结为经济结构的变化——即总体水平上，财产收入相关重要性的提高；高储蓄倾向的交通运输业的增长；城市的增长；人口年龄结构的变化（可能是由于从农场向非农场储蓄的转变和从非传统储蓄向传统储蓄的转变而被扩大化了）及以更大程度的不平等进行的收入再分配。

1.6　储蓄—投资过程：一些分析思考和历史现实

我们假设投资者都是利润最大化者，对于他们来说，如果投资成本小于他们期望从投资中获得的净收益的现值，他们才愿意投资。因为明天的美元价值要小于今天的美元价值，在投资决策过程中，未来的收益与成本将小于今天赚取的收益或发生的成本；它是投资者可以借贷的利率，也是用来把未

① 西蒙·库兹涅兹曾经研究过评估收入分配的间接证据［见《经济增长与收入的不平等》，载于《美国经济评论》，XLV，1，(1955年3月)］，他总结得出，收入分配在1840～1890年间变得
【500】更加不平等（特别是在1870～1890年），但他又总结出这样的结论，收入分配具有不断变化的特征，而不是最初发现的结果一直保持不变。罗伯特·高尔曼运用财富资料进行了一个有些类似的分析，并总结得出结构性因素对1810～1860年间财富不平等的扩大仅施以有限的压力，而对1860～1900年间财富不平等的扩大施以强大的压力［高尔曼的《19世纪财富分配规模的趋势：一些特例》，载于李·索尔托的《关于财富与收入分配规模的六篇论文》中对收入与财富的研究，33（纽约，1969年）］。这一题目的论文中包含对最富有的人分别在1840年、1850年、1860年和1890年拥有的全部财富大致估计数。李·索尔托通过奴隶占有财富情况的资料分析了1790～1860年之间财富分配的趋势，并得出结论，这些证据与那一时期任何重要的变化都是相反的——其发现结果大致是与结构方面的间接例证相吻合的［索尔托：《1790～1860年间美国经济的不平衡》，载于《经济史月刊》，XXXI，4（1971年12月）］。索尔托也负责对所得税的资料进行了最新处理［《1866～1965年美国收入不平等的证据》，载于《经济史月刊》，XXIX，2（1969年6月）］。戴维斯的《美国经济增长》第二章包含了对这些问题一个大致处理的方法，但它由于过分强调部门和地区的人均收入水平的相对重要性而存在缺陷，并且打算充分考虑部门和地区相对重要性的变动也没能实现。【58】

来收入进行贴现的利率。因此，即使其他条件没有发生任何变化，只要利率变了就会使某一具体投资项目变得更富有吸引力或更缺乏吸引力。另外，在给定一系列数量选择条件下（按照收益从最大到最小排列），投资者将会推动他的投资边际直到这一系列投资最后一项的现值与它的成本相等。金融中介机构的改善将会降低潜在投资者的必须支付的利率水平——在其他方面都相同的情况下——这将引导投资者沿着这一投资系列推进下去。另外，在高利率的情况下，投资者趋向于选择能迅速回收投资为特征的项目，但是在利率下跌的情况下，则会使长期投资项目显得更富有吸引力。距离现在最远的收入是贴现最多的，具有如此收入优势的资产现值，当利率发生变化时，其改变也是最大的。因此资本市场的改善，即降低利率，将对长期投资项目的需求产生更大的影响。

在高利率时期，投资趋向于向在短期内回收的资产倾斜，资本市场发展越落后的州，其利率也趋向于越高。但同时，要发展经济，对社会性项目和 【54】
其他回收慢的项目的大量投资一定会推进工业化的进程。以美国的发展情况来看，开发西北部的运动就是通过向土地整治、构建建筑和篱笆等方面的大量投资而得到保证的，而且任何一次从经济活动中心东海岸的转移活动，都是以大规模的运输网的扩张为基础的，那么这些投资是如何发生作用的呢？

从农业部门的情况来看，有一些矛盾，市场发展落后的州能够克服这一困境。那里不仅资本市场非常不发达，而且劳动力市场也很不发达。这样仅仅在特别繁忙的季节，农民才会在农业领域中被全职雇用，而在繁忙季节过后，则没有一个市场使他能够将他剩余的劳务出售，如果他被迫以现金的形式来进行投资，那么他永远都不会选择长期投资。一个西部农民在一年中当他自己的农场不需要全力投入时，他常常愿意选择把他的劳动力投资于那样的活动。这不是他没有理性，而仅仅是因为他的劳动机会成本不过是与休闲等价的，农场中长期投资的改善仅仅是向他开放了投资选择。因为高利率的关系，源于这些投资的未来收入的现值非常低，但是这些投资的成本更低，因为除了劳务成本外，没有其他的成本，而且没有能够提供一个具有确定价格的替代物。

对美国发展幸运的是，1820 年到 19 世纪 50 年代期间，农业部门所要求的资本的改善大多是由劳动直接投资解决的。它们对于农民没有什么要求，在一个广泛的范围内，在空闲时间允许的条件下，农民可以逐步进行直接劳动投资。覆盖了东部 3/10 地区的森林、土地整治等并不要求什么条件，除了有一个健康的身体和作为副产品的木材，在构筑篱笆、建造房屋、牲畜棚和农场其他建设中几乎不要求什么劳动投入（见表 24）。①

类似地，在一定程度上，运河建设项目（或者铁路建设项目）位于农场范围之内，对于农民来讲，通过劳动服务换取所有者身份或债务工具的投资是可行的。源自这些零零碎碎象征性资本的收益可能要经过很久才能得
【55】到，它们的现值比较低，只要农民劳动的惟一替代选择是休闲，那么他们将保持收益性投资。② 很明显，美国从这种"劳动准则"中受益，因为这样的价值极大地减少了对闲暇的估价，从而使得在农业和当地基础设施上的投资都是有收益的。

表 24　农场劳动力：分配在农场建筑物建设和土地清理上的百分比

	劳动力（千）		土地清理（%）		建筑物建设（%）		土地清理与建筑物建设合计（%）	
年份	1850～1859	1900～1909	1850～1859	1900～1909	1850～1859	1900～1909	1850～1859	1900～1909
东北	900	1 108	7.3	2.3	4.3	3.1	11.6	5.4
南部	1 767	3 406	9.9	2.3	3.4	1.7	13.3	4.0
中西部	830	1 890	17.7	1.7	5.7	3.9	23.4	5.6
西部	336	2 691	16.8	3.4	5.5	3.4	22.3	6.8
美国	3 833	9 095	11.6	2.3	[4.3][a]	3.0	[15.9][a]	5.3

a　资料来源上为 4.1。

b　资料来源上为 15.1。

资料来源：普赖迈克的《农场劳动力的一种用途——农场建设》（Farm Construction as a Use of
【56】Farm Labor），第 122 页。

农民为运河开发和铁路建设确实贡献了他们的劳动服务，同时人口的稀少使联系的距离有限，这样投资者一面可以旅行，一面仍然经营着他的农场，但是以这种方式就不可能保证整个交通运输网建设的资金需要（甚至是其中一个主要部分）。然而对于沿途的地主而言，对于这些项目的投资常

① 马丁·普赖迈克在他 19 世纪农业投资研究中总结得出："（a）土地清理是农民工作生活中一项重要而花费时间的部分——至少林业地区是这样；（b）对于那些位于大草原和平原上的农场而言，上述负担则要小得多；（c）在森林、草原和干燥的土地上，1850 年以后改善的技术也有助于减轻土地清理整治的劳动。"他的估计提示，1850 年大约 12% 的农场劳动时间都用在了土地清理上，而到了 1900 年，这一比例下降到略高于 2% 的水平。对于这些数字，1850 年或许应该再另外加 4%，而在这个世纪之交再另加 2%，因为农场劳动力被用于建筑物的建设上了。参见 M. 普赖迈克：《19 世纪技术水平下的土地清理》，载于《经济史月刊》，XXII（1962 年 12 月）；《1850～1900 年美国农场劳动力的一种用途——农场建设》，载于《经济史月刊》，XXV（1965 年 3 月）。【59】

② "在中西部，没有足够的可随时准备变现的当地资本，这一地区的资本很大程度上代表农场的改善……，在认识到这一情况后，最后可用于交换的就是以铁路公司的股份换取土地、劳动力和原材料。"［弗雷德里克·A·克利夫兰和弗雷德·W·鲍威尔：《铁路融资》（纽约，1912 年）；A. D. 钱德勒：《铁路：国家的第一大行业》（纽约，1965 年）重印，第 52 页］。【60】

常还是有效益的，甚至当这些项目对于其他投资人来讲是没有效益的情况下。如果铁路或运河公司能够很好地运用价格差，对于他们来讲，应该可以收到因居住于运输系统附近的租费。① 然而，却没有人发现一个可行的办法用以完成这个目标的比例结构。其结果是，由于运输业的发展而导致收入增长的一部分，作为沿途资产所有者的租金自然产生了。这些所有者意识到，这是作为他们土地价值增长的额外报酬，并且一个理性的土地所有者与一个居住在距离铁路较远的潜在投资者相比，他对距离他财产附近的铁路的现值会有不同的看法。对于这个土地所有者而言，来自投资的收益是由两部分组成的，即对于任何一个投资者都会自然产生的利息或定期的股息和红利，以及地理位置租金资本化的那部分。在这些事例中，运输业长期投资对于居住在这些建设项目附近的人们似乎都是有收益的，即使对于其他人来讲没有。对东北中心地区铁路的研究表明，其铁路股东的大部分都是来自于这群人。② 实际上，有许多这样的案例，由于上述推理判断，导致铁路建设超过边际需求，从而使铁路股票的持有者对他们的回报感到失望。因为这些股东也都是投票表决者，而且他们也都居住得很近。项目的发起人经常发现，他们自己不仅要面对那些意见不同的股东们，而且也要面对那些愤怒的立法委员。

19 世纪的美国，政府政策也改变了投资决策的特点，并且使资本存量的一般情况也产生了许多变化，即使这些政策并没有提高资本的积累率（虽然它们也确实提高了积累率）。19 世纪二三十年代，各州（有时是地方政府单位）常常把它们的钱贷给私人公司——通常是交通运输业，偶尔也贷给银行业和制造业。当政府单位借贷的利率低于私人公司直接取得的资金利率的时候，这种以政府债务替代私人债务，使这些公司扩大资本更富有吸引力。甚至在今天，政府方面的利率总是比私人方面低，这种差别在 19 世纪早期不发达的资本市场上更显著一些。③ 后来，州和联邦政府都把赠地用来支持运输业的发展，对于潜在的投资者而言，预期收益不再局限于这个项目的收入，而且也有来自于土地买卖收入的补充，这个补充应该把这个项目 【57】

① 在第 46 页注释 1 讨论的模型中，其中的 R_1、R_2……R_n 可由（R_1+LR_1），……（R_n+LR_n）形式代换，LR_n 表示由于位于铁路和运河附近的地理位置，其土地租金价值增长的那部分。【61】

② 克利夫兰和鲍威尔的《铁路融资》，后又在钱德勒的《铁路》中重印，第 48 ~ 58 页。这种趋势得到了铁路方面愿意接受农场抵押和/或者是原材料作为他们股份的一部分或全部支付这种做法的支持。【62】

③ 参见兰斯 · E · 戴维斯和 D. 诺思的《机构变化与美国经济的增长》（剑桥，1971 年）中的 1857 ~ 1860 年。麦考利的研究表明铁路债券的利率平均为 9.3%，而新英格兰市政债券的利率平均为 5.0%；早期这种差别应更为显著。麦考利：《利率、债券收益率与股票价格反映的一些理论问题》。【63】

的一部分转移到经济上可持续生存发展的范畴内。① 由于铁路和运河公司不必为它的道路权付费，因此其成本也相应地减少。然而，几乎在每个涉及道路的案例中，道路都是建在空旷的西部土地上的，所以其补助金方面的成本也很小。福格尔关于太平洋联盟（Union Pacific）的研究成果显示，公众并不把国家第一条横穿大陆的铁路看作是所有投资工具中最理想的一种，甚至当把土地买卖潜在收益包括进去时，因此可以得出这样的结论，即如果是没有补助金（grants），横穿大陆的铁路建设肯定会被耽搁很久，这并不是没有理由的。②

我们已经看到，铁路和运河若不能获取所有地理位置租金，“自由行进”的可能性可能会阻止沿途土地的所有者投资这些项目，甚至即使计算出的现值比成本大。③ 假如铁路建成了，那么地理位置租金自然会产生于这些没有进行投资和进行了投资的人们身上，并且每位所有者可能都在等待他人做出承诺和保证。当这些发生之时，地方政府单位会给铁路部门支付一笔补助金，然后再通过对已经增值的土地征税获取租金收入。政府利用它的强权惩戒那些潜在的道路自由行进者。所以，补助金在中西部特别流行，那里可行路线的多种选择为那些试图在他人支出中获取收益的各团体的相互竞标提供了大量的机会。当这样的投标发生时，铁路几乎可以获得所有地理位置租金，但是这个投资得进行。④ 一次又一次，政府行为使得长期投资更富有
【58】吸引力，并且改变了国家资本存量的形成。

1.7 金融中介

金融中介机构的增长和资本市场的发展应该是一篇独立文章的主题，然而，如果不涉及这个问题，想了解储蓄和投资过程是不可能的。在储蓄和投

【501】① 在模型中，R_n 可由（$R_n + LS_n$）代换，其结果使现值增加，如以伊利诺伊中部地区为例，1854～1870年，铁路卖掉了220万英亩的土地（它有260万英亩赠与的土地），得到了2 480万美元。保罗·W·盖茨：《伊利诺伊中部铁路和它的殖民地化工作》（剑桥，马萨诸塞州，1934年）。【64】

② 福格尔得出结论，太平洋联盟计划失败的可能性，公众估计是72%。罗伯特·W·福格尔：《太平洋联盟铁路：不成熟企业的一个案例》（巴尔的摩，马里兰州，1960年）。【65】

③ 查尔斯·埃利特在试图为詹姆斯河和大堪纳华运河设计比率结构，他想出了一套关于全面价格差异的经济原则，但是即使是天才工程师和经济学家也永远不会找到可以运用他的结构设想的实际方法。查尔斯·埃利特：《论关于美国内部改良工程的贸易法规》（里士满，弗吉尼亚州，1839年）。【66】

④ 参见戴维斯和诺思：《机构变化与美国经济的增长》。【67】

资对利率敏感限度内，金融中介的改善将会诱使储蓄者储蓄得更多，投资者愿意投资得更多，因此将会导致储蓄收入率上升。另外，如果所有部门开始并不被赋予同等的金融机构体系，或者说银行业的发展在所有的部门并不是整齐划一的，那么资本市场和金融中介机构的变化不仅仅影响储蓄—投资流量的规模，而且也影响到这一流量空间性、产业性和功能性的分配。

金融中介的改善会以以下三种方式中的任何一种影响储蓄—投资过程。它们可以减少交易成本，因此增加储蓄者的净收益，并且/或者减少资本使用公司获得一定净数额资本所必须支付的总费用。它们可以减少附在任何一项特别投资上不确定的贴现额。因此，对于那些选择这种投资方式的储蓄者而言，可以提高其净（贴现后）收益。它们可以提高任何资产的流动性，在储蓄者是一风险回避者的范围内，可使其资产显得“更安全”。因此，在任何一个给定的收益率条件下，对其资产可以很容易地进行买卖。

交易成本可以分为两类，即寻找成本和协商成本。前者包括资本使用者寻找储蓄积累时所发生的成本，以及储蓄者为他的积累寻找出路时发生的成本。后者则包括储蓄者和投资者之间的谈判成本以及影响到交易方面的纯粹的管理成本。因为中介机构可以减少寻找和协商成本，所以中介方面的改善通常将使潜在的赤字单位获得外部储蓄的利用率更高，而且在储蓄对利率敏感的限度内，将会产生一个比较高的储蓄率。

在那些金融中介结构单调、原始，金融市场都不很发达的地区，寻找成本很高。在 19 世纪初期的美国，几乎没有什么金融机构。由于对所取得的信息只需增加很少一点额外成本就可以被许多人利用，所以寻找信息过程的机构化中总是具有规模经济的特性。19 世纪 70 年代，到东部旅行，在东部【59】储蓄者中间寻找抵押资金对西部农民来说是不合算的，同时到西部旅行去寻找把他们的资金投资在大平原上的机会，对东部储蓄者也不太合算。然而，在西部建立机构收集有关潜在资金使用者的信息，以把资金贷给这些看起来具有风险承担能力的人，和在东部城市建立机构，作为储蓄者的保管人，对一个公司来说是有利的。对于任何仅有的一次交易，其成本可能是非常高的，而对于 1 000 次交易，其成本则是比较低的。由此，土地抵押贷款公司出现了。把数百名储蓄者和数百名想利用这些储蓄的农民组织在一起的成本与把一个储蓄者和一个农民联系起来相比，仅边际费用多了一些。每一贷款的寻找成本急剧下降，储蓄者获得的净收益上升，且稳定扩大的资金流由东部城市流向了西部农场。①

类似地，一个要面对与 1 000 个每笔贷款金额为 100 美元的分散的个体进行谈判的公司，可能将发现其管理成本是非常高的。如果它们可以与一笔贷款金额为 100 000 美元的储蓄银行进行谈判，而银行只以不超过记录一个存折的成本接受 1 000 笔存款，那么贷出的每一美元的管理成本将会下降到它先前水平的很小的一部分，整个交易成本变得经济可行了。② 在早期的英格兰，纺织业公司通常是很偶然地从个人手中借贷，并且没有它们向劳动者阶层借贷以解决它们的资金需要的记录。1819 年养老储蓄机构（Provident Institute for Saving）在波士顿城开业，就得到了城市工人的储蓄资金，并且纺织业公司成为它最稳定的顾客。1814 ~ 1860 年间，那样一个机构提供的资金似乎占到了工业长期贷款资金的 40%。③ 我们看到，19 世纪储蓄银行数目有了很快的增长，这些银行遍及东北部地区。1800 年，没有储蓄银行，1820 年仅 10 家，其存款数额为 100 万美元；1860 年，储蓄银行数目已近乎于 280 家，共拥有 1.5 亿美元的资产，而到了 1910 年前，则已增至 637 家，并拥有 33 亿美元的资产。④ 另外南北战争后，储蓄功能也在商业银行间逐渐传播开来，并且在 1910 年前，它们取得了与储蓄银行一样多的储蓄存款。⑤ 这些存款并不局限于东北地区，它们来自所有地区。

19 世纪金融创新不仅减少了交易成本，而且为使储蓄“更安全”的创新也出现了。对于那些储蓄采取减少闲暇时间的方式和投资采取把劳动花费在土地清理形式上的农民来说，安全性的问题很大程度上与他们没什么相关
【60】性。然而，随着经济日益专业化，储蓄者和那些储蓄的使用者就很难有机会

---

① 虽然在美国仍还没有抵押贷款银行一般的成长历史，但是 A. 博格曾写过一篇关于这样一个金融中介组织成长的精彩报道［博格：《货币利率》；雷德里克森：《美国的抵押银行业》］。沃特金斯公司曾除了在布法罗、英格兰、巴达维亚、罗切斯特、叙古拉、罗马、约翰斯顿、纽约、维明顿、德蒙特设立销售代表处外，还在纽约和伦敦设立了分支机构。【68】

② 美国第一家储蓄银行是于 1815 年建立的；在以后的十多年中，在西北大多数城市，都建立了银行。参见埃默森·W·凯恩：《美国储蓄银行史》，2 卷本（纽约，1878 年）；F. P. 贝内特：《互助储蓄银行史》（波士顿，1924 年）。要了解个别银行行为的研究资料，请参见查尔斯·E·诺尔斯：《1819 ~ 1829 年纽约城储蓄银行史》（纽约，1929 年）；P. L. 佩恩和兰斯·E·戴维斯：《1818 ~ 1866 年巴尔的摩的储蓄银行：史实与分析研究》（巴尔的摩，马里兰州，1956 年）；J. M. 威尔科克斯：《1816 ~ 1916 年费城储蓄基金协会》（费城，1916 年）。【69】

③ 参见兰斯·E·戴维斯和 P. L. 佩恩：《从慈善到实业：两个储蓄银行的故事》，载于《商业史评论》，XXXII，4（1958 年冬）；戴维斯：《工业融资的来源》。【70】

④ 美国货币监理局 1916 年的报告，第 4 部分，第 1 卷（华盛顿，1917 年）。储蓄人数的增长同样给人留下了深刻的印象，1820 年近 9 000 人，到了 1910 年这一数字近乎达到了 900 万人。【71】

⑤ 虽然增长期比较晚，但是存款银行在地域上的扩张却十分广泛，进入到每个州，扩展到各个地方，到 1910 年，它们实际上已超越了互惠性质，那时拥有存款 37 亿美元。在那个时期以后的 20 年中，几乎各方面类似于那样的增长都出现了。【72】

恰好地吻合。如果储蓄者要想使储蓄获得正效益（因为节省下来的东西可能会遭窃，有人就提出他们得到的是一个负效益），他们就得让与他人。在缺少中介机构的情况下，在这些储蓄不可分割的范围内，这样的让与主要取决于回报方面大量的变动性，而不会考虑它们几乎总是流动性差的不可分割性。储蓄者是风险的回避者，他们会以一个较高的收益率变数把其资产折成现值，而且他们经常也用同样的方式把他们流动性差的资产折成现值。那么，在一定程度上如果储蓄是利率敏感性的，这样的折现必然会降低储蓄率，而且在任何情况下，必然会使储蓄流偏离这样的储蓄形式。

为减少其变数，人们引进了保险，中介机构可以把许多分散的储蓄者的积累集中起来，并且可以把这集中起来的资金投资于多种形式的资产上。这样就可以确保储蓄的所有者避免任何资产价值的波动。商业银行、储蓄银行、信托公司和人寿保险公司在 19 世纪都开展了这一业务。除了几家商业银行以外，在美国 19 世纪初期这些机构一个也不存在，但是在这一世纪的进程中，许多机构开始纷纷出现，并且快速成长起来，特别是在南北战争后的数十午间。

流动性是由正规市场的发展所提供的，在 19 世纪末以前，正规的市场提供了这样一个场所，其中由政府、公用事业和铁路公司发行的股票债券能够较容易地变现，而不太正规完善的场所则为那些正在成长的制造业部门发行的有价证券提供了流动性。

最后，储蓄者对那些知之甚少的投资项目的不确定性折扣，将通过低于信息价格的创新和那些介于储蓄者和这些储蓄的使用者（通常是一个未知数量）之间的中介机构（通常为一已知数量）而减少。正规的证券市场为机构可以提供廉价信息提供了一个很好的示范；银行、保险公司和其他大量的机构则在以未知的投资选择替代未知的投资方面发挥着作用。

中介机构的发展历史可以划分为三个部分：（1）金融部门自身以外的变化——即对待储蓄者态度的变化，使投资者愿意以投资有价证券的虚拟资本（symbolic capital）代替实际资本的投资，从而提高了这种资本的供给；（2）中介机构发行附属虚拟资本和自己作为储蓄者和投资者中介的发展；【61】（3）虚拟资本（包括直接的和来自于中介机构的虚拟资本）可以轻松自如买卖的正规市场的成长。在 19 世纪的美国，可以看到所有这三方面的发展进步。

随着合法的创新改变着工商业结构，虚拟资本的供给增加了。19 世纪初期，几乎所有的公司都是以合伙或独资的形式组织起来的。虽然没有法律阻止它们发行虚拟资本，但是它们有限的生存期和无限负债极大地限制了这种有价证券的适销性。从虚拟资本交易的角度来看，那些拥有无限生存期和有限负债的有限责任公司是一种更富有吸引力的机构形式，但是有限责任公司的营业执照只能由立法机构的特别法案允许授予。最初，这样的营业执照只有少数公司被授予，但是后来这个过程就变得容易一些了。最终，各州开始采用一般股份有限公司法案，这就使成立股份有限责任公司变得很容易了，并且把它从政治活动中转移出来了。由于组织费用价格下降，有限责任公司的数量迅速增长，因而虚拟资本的供给也极大地提高了。在19世纪四五十年代，一般有限责任公司（1860年以前至少13个州都有了一般有限责任公司的形式）变得很重要了，并且在1880年以前，扩展到其他大部分地区。19世纪后期，在非西部地区各州中，仅有密西西比、肯塔基、南卡罗来纳、特拉华、佛罗里达和佛蒙特没有一般有限责任公司法。①

储蓄者的态度也发生了变化。传统上，储蓄者只愿意投资于他可“触摸”到的资产，但是由于投资于政府债务工具（特别是美国南北战争期间发行的）和运输业证券（发行这些证券的运输公司通常位于他家附近，并且这些证券通常由州政府和地方政府担保）的经验，他们逐渐变得愿意持有那些代表在空间上和经验上都离其很远的实际资产的纸片。19世纪中期，有几个相当重要的人物（居住在东部和东北部的最富有的人），几乎占据了虚拟资本的国内市场。1890年前，金融家们开始在中西部为公司债券寻找潜在的市场，到第一次世界大战结束时，美国中部部分地区已变成了潜在证券投机商的发源地。②

对于美国人来讲，由于立法和心理变化使得把他们的资本引导到虚拟资本上更容易了，证券市场的改善减少了其中的交易成本，而且提高了这种投资的流动性。在18世纪最后的10年，纽约出现了一个股票与债券交易所，
【62】19世纪第三个10年，重要的证券市场也在波士顿和费城出现了，而在像底

---

① 埃文斯：《实业股份有限公司》。【73】

② 例如，1905年，弗兰克·范德利普，一个纽约银行家，他的话曾被这样引述：“整个密西西比河流域或许在遥远的某一天给人以这样的希望，即它将是另一个可投资的新英格兰。那里有正在发展中的证券市场，而这一市场常常使东部的交易者感到惊异”［引自G. 爱德华兹：《金融资本主义的发展》（伦敦和纽约，1938年）］。对于投资者地理分布变化的了解，可以从联邦政府债券利
【502】息支付的地区分布的考察中得到。1870年，在新英格兰各州，人均利息支付4.25美元，在中部大西洋各州，3.01美元，东北中部地区0.76美元，西北中部地区0.45美元，南部地区0.49美元。1900年上述地区这个数字各自分别是1.18美元、1.31美元、0.57美元、0.45美元和0.24美元（莱格勒：《联邦收入与支出的地区分布》，第95页）。关于美国中部地区证券市场合作情况，可参见威廉·Z·里普利：《主街与华尔街》（波士顿，1927年）；玛格丽特·迈尔斯：《1919年后的投资市场》，载于H. F. 威廉森的《美国经济的增长》（纽约，1944年）。【74】

特律和圣路易斯这样分散的城市中，也有一些小型的证券市场。在其后的20 年中，我们看到了美国第二银行的消失，纽约作为一个商业金融中心快速发展，以及电报技术的发明。所有这些不同方面的发展结合在一起，保证了纽约证券市场在全国的中心地位，并且不仅为储蓄者提供了在一个单一的中心化的交易所内所固有的更大的流动性，而且还提供了其中自然产生的规模经济效益。①

同时，那些目的在于保证资金流在市场和中介机构间顺畅流通的专业化机构也出现了。在证券市场中，私人银行家变成了新证券的承销商和交易商。② 20 世纪早期的大公司在南北战争前就开始了他们公司的活动，如普赖姆、沃德和金；在南北战争期间及战后它们成熟起来了，如杰伊·库克和他的效仿者首先发现那时政府和铁路债券可以买卖；19 世纪末投资银行公司除了承销政府、铁路、公用事业和航运业的有价证券外，还承销了大量的制造业的有价证券，它们也由此逐渐走向成熟。③ 德国—犹太（German-Jewish）公司（例如：库恩—洛布）和老波士顿商行是通过纺织品买卖进入银行业的（基德尔·皮博迪和李·希金森是其中的两个例子）；但是最重要和最具创新的公司则是那些围绕在 J. P. 摩根（J. Pierpont Morgan）周围成长起来的公司。自 1873 年以后，摩根就统治了铁路融资，并在世纪之交进入了产业融资。美国钢铁业大概是他的融资项目中最引人注目的，并且从它的历史来看，几乎所有铁路或大型制造业公司都从他的公司中得到过服务。④

以类似的方式，一个地区商业票据交换所的发展使这一地区拥有了一个高效的银行业结构，从而可在其整个区域范围内使银行短期资金流动起来。在短期资金和长期资金市场中，南部和西部资本需求过剩，东部则资本供给过剩。商业票据交换所从资本需求过剩地区的银行购买短期商业票据，而后再把它卖给供给过剩地区的银行。按照这种做法，它们在 1910 年前为短期资本创造了一个全国性的市场。第一家票据交换所是在 19 世纪 40 年代的美国东部组建的，但是其发展却十分缓慢。经过了 30 年，它们才进入中西部

---

① 罗伯特·索贝尔：《大板：纽约股票市场史》（纽约，1965 年）；玛格丽特·迈尔斯：《纽约货币市场》，1（纽约，1931 年）；内文和西尔斯：《工业证券市场的发展》；爱德华兹：《金融资本主义的发展》。【75】

② 要了解投资银行业的成长历史，可参见文森特·P·卡罗斯：《美国投资银行史》（剑桥，马萨诸塞州，1970 年）。【76】

③ 亨利埃塔·拉森和杰伊·库克：《私人银行家》（剑桥，马萨诸塞州，1936 年）。【77】

④ 莱维斯·科里：《摩根商行》（纽约，1930 年）；弗雷德里克·莱维斯·艾伦：《伟大的 J. P. 摩根》（纽约，1949 年）；J. R. T. 休斯：《至关重要》（波士顿，1966 年）。【78】

地区；但是在另外一个30年过去之前，它们已经扩展到了其他大部分地区。它们由若干家大型的纽约公司［高盛（Goldman Sachs）就是其中的一家］
【63】所统治，在除南部以外的每一个地区都很有效率地运营。①

我们也看到19世纪金融中介机构所出现的各种危机，如在寻找成本和协商成本中涉及的获得规模经济效益的问题，为防范单一资产价格波动较大的风险而提供保险的问题和减少由于把它们的虚拟资本置于储蓄者与需要储蓄的未知公司之间带来的不确定性问题。按时间顺序来看，这些中介机构的第一家是互助储蓄银行。它们在19世纪的第二个十年就出现了，并且开始是出于慈善目的，它们被广泛地引入新英格兰和中大西洋地区，并在那个世纪的整个过程中，它们一直是最重要的非银行中介机构。继储蓄银行之后，相继出现了储蓄贷款协会（19世纪40年代合作运动的产物）、人寿保险公司，它们都是今天最重要的非银行金融中介机构。

我们已经看到商业银行存款功能在1870年后数十年间变得十分重要了。对于信托公司的成长发展我们知道得很少，虽然始建于1823年的马萨诸塞医院人寿保险公司（Massachusetts Hospital Life Insurance Company）（一家信托公司）几乎无疑是南北战争前数十年中全国最大的金融企业。② 当一个全面的死亡表开发出来，并且互惠原则被首次引进这个产业中的时候，即19世纪40年代的早期，人寿保险公司变得十分重要了。然而它们最快的发展时期则是在南北战争后，因为这时联合养老保险法、产业政策及大量最新的市场营销技术被引进了。③

然而，如不提及商业银行，有关金融中介机构的讨论是不能得出结论的，因为它在全部的储蓄和投资过程中居于中心地位。对于大多数公司企业，商业银行是它们第一个依靠的放贷者；商业银行扮演着中介的角色，即接受各类存款，然后再将这些资金投资于各类贷款和虚拟资本的有价证券；

---

① 艾伯特·O·格里夫：《美国的商业票据交换所》（剑桥，马萨诸塞，1938年），兰斯·E·戴维斯：《1870～1914年的投资市场：国内市场的演进》，载于《经济史月刊》，XXV，3（1965年9月）。【79】

② 要全面了解马萨诸塞医院人寿保险公司的情况，请参见杰拉尔德·怀特：《马萨诸塞医院人寿保险公司史》（剑桥，马萨诸塞州，1955年）；兰斯·E·戴维斯：《19世纪早期美国的金融中介机构》（未公开发表的博士论文集，约翰·霍普金斯大学，1956年）。【80】

③ 要了解早期的情况，请参见戴维斯：《美国金融中介机构》；莱斯特·扎特曼：《人寿保险公司的投资》（纽约，1906年）。要了解南北战争后的情况，请参见道格拉斯·诺思：《南北战争与1905年的研究期间人寿保险的资本积累》，载于W. 米勒的《实业家》（剑桥，马萨诸塞州，1952年）。另外，也有一些个别公司的研究情况，在此特别推荐H.F. 威廉森和O. 斯莫利：《西北部的互助人寿保险：信托的一个世纪》（埃文斯顿，伊利诺伊州，1957年）；R. 布利：《1859～1964年美国公平人寿保险协会》（纽约，1967年）。【81】

它们提供给证券市场发挥作用所必需的资金；商业票据交换所交易的票据就是它们的票据；并且它们所具有的创造货币的能力使它们可以直接影响储蓄率。在金融部门，1840 年以后，特别是 1870 年以后的数年间商业银行的快速增长最为显著。在 19 世纪早期，要想得到商业银行的营业执照，要求必须得到立法机构法案的认可。① 然而，自由的银行业则于 1838 年被纽约和密歇根所采纳，到 1870 年时，几乎每个州都以某种形式引进了这样的机构。② 另外，1863 年后“国民银行法”（National Banking Act）对获得商业银行营业执照提供了另一条途径，并且最初对所有州银行票据征收的税几乎毁掉了非国民银行；加之支票账户的创新使商业银行有能力从 19 世纪 70 年 【64】代早期以来就开始与其他金融机构竞争（见表 25）。③ 虽然这些数据资料非常糟糕，但是也可以看出 1840 年大约有 1 000 家银行拥有 7.5 亿美元的资产，至 1860 年时，银行数目大约达到 1 500 家，并拥有 10 亿美元的资产。因此说其增长是比较快的。到 1875 年时，商业银行的资产翻了 3 倍，到 1898 年时，其资产又翻了 3 倍；等到了 1914 年时，其资产再次翻了 3 倍。

表 25　　1870 ~ 1910 年美国的商业银行

年　份	州银行		国民银行	
	数目	资产（百万美元）	数目	资产（百万美元）
1870	174[a]	149[a]	1 612	1 566
1880	650	882	2 076	2 035
1890	2 250	1 743	3 484	3 062
1900	4 659	2 625	3 732	4 944
1910	13 257	24 482	7 145	9 897

a　为估计值。
资料来源：人口统计司（Bureau of the Census）：《历史数据统计》（Historical Statistics），第 626 ~ 632 页。

最近约翰·詹姆斯提出商业银行的增长不仅在资本积累，而且在资本流动性的进步方面也起到了非常重要的作用。他发现银行数目与地区间利率差

① 对于这一法则当然也有两个例外，美国第一、第二银行也曾经经美国国会特别法案允许才得到其营业执照。【82】
② 哈蒙德：《美国银行与政治》。【83】
③ 保罗·B·特雷斯科特：《美国企业融资》（纽约，1963 年）；杜威：《美国金融史》；米尔顿·弗里德曼和安娜·施瓦茨：《1867 ~ 1960 年的美国货币史》（普林斯顿，1963 年）。【84】

别存在着密切的联系。①

总而言之，金融市场的发展、中介机构的增长与储蓄者对待虚拟资本态度的变化（及虚拟资本供给的变化），大概可以解释说明我们所观察的储蓄收入率增长的大部分原因，另外它们对储蓄形式和投资流量基本状况（包括产业和地理分布两方面）具有同等重要的影响，其中投资流量是指最终决定资本存量概况的流量。

1.8 结 论

我们看到19世纪美国发生了很大的变化。1800年它的边境线所包围的土地不足90万平方公里，人口仅略微超过500万，3/4的劳动人口从事农业生产。到1910年以前，它的人口已经超过了9 000万，这些人口居住的
【65】土地面积已扩展超过了300万平方公里。它的经济的转变也同样引人注目。在10个劳动力中，农业所占用的仅为3个，制造业——这一行业在19世纪初期几乎没有雇佣劳动力——则在4个劳动力中吸收大约1个。这个国家已经变成了农产品和制造业产品最大的生产商，大概也可以认为其在服务业领域的地位也是如此。在这个世纪行进的过程中，南北战争差点把这个国家从政治上分裂开来；西进运动则把其中未占领、未使用过的荒地的2/3变为经济上十分重要的生产基地；国内运输网的发展把整个国家联结为一个统一的大市场。贯穿于这种转变形成原因的一条主线是与投资有关的储蓄——即资本积累、流动和投资的过程。这篇文章的目的就在于描述储蓄和投资的过程及其与国家变化有关的情况。

这些资料（尽管它们都是粗糙的）不容置疑地显示出在19世纪后60年中，投资对收入的比率存在着十分明显的上升运动。这一增长对相对较高的人均收入水平和其增长率——这两方面是美国经济历史两大重要的特征——具有很大的贡献。高投资率的贡献主要是通过资本存量的增长率和资本存量的时间结构（这种结构很大程度上倾向于年限短的、具有较高生产力的资本）实现的。这一章的大部分都一直试图努力解释和分析投资率的增长。

在把投资明确界定以后，投资率的增长只不过是一个统计的人工产品，

① 约翰·A·詹姆斯：《1888～1911年国内货币市场的演进》，载于《经济史月刊》，XXXVI，1（1976年3月）。【85】

这是可行的。在这篇文章的大多处都采用标准的定义，这种界定不考虑重要的投资要素，它们的定义是以一种更宽泛的方式构思出来的。例如，生活耐用消费品的积累、人力资本投资和农场资本形成的一部分。然而有例证显示，对非传统投资要素的适当考虑不会改变我们的结论，即净投资率上升了，实事上，它也确实如此，即使这样会减缓并可能改变我们所观察的投资率增长时间的确定。因为生活耐用消费品的买卖和人力资本投资比资本存量中非传统要素的增长一直要显得快，它们包括在所估计的投资中，使得投资率的上升运动更加显著。然而其所包括的土地清理这部分在 19 世纪早期数十年间则减缓了这种上升趋势。

逻辑推理告诉我们，我们所观察的投资率的增长可能是源于投资部门，【66】或者是储蓄部门，或是二者兼而有之。从投资来看，它可能是由于：（1）对资本深化产业最终需求的组成变化；（2）倾向于资本技术的变化；（3）与土地和劳动力相比，使资本变得更便宜的相关要素价格的变化。从储蓄来看，其变化可能是由以下因素引起：（1）消费者、政府和公司企业部门的储蓄消费倾向的改变；（2）提高高储蓄额单位比例的储蓄部门的变化；（3）减少储蓄运送成本的机构性变化，或者是在没有增加储蓄者使用成本的情况下，提高储蓄者的表面收入。

在这些既定的理论考虑因素条件下，再来仔细研究这些例证并开始分离那些影响美国经济增长发展的主要因素。如果增长是最终需求变化的惟一的一个函数，那么我们就可以用对产业结构和部门资本—产出率有影响的资料来评估这个过程；而且，如果这样的变化很重要，那么我们就会期待在工业这个层次上资本浅化，因为公司对相对价格引发的变化会有所反应的。然而例证提示我们，资本—产出率的增长不是一个普遍性的运动，这一特征不仅表现在所界定的最广泛的部门（农业、制造业和服务业）中，而且也表现在组成这些部门的产业中。

然而部门间的比较使我们看到，最终需求的变化对所论述的投资增长有部分贡献。资本深化在这三大部门都发生了，而且在服务业部门更显著。此外，在这个部门内，其增长的大部分可归因于交通运输业和城市房屋住宅产业的日益增长的重要性。从理解这个发展变化过程的角度来看，注意这一情况是非常有用的，即上述两个产业都是源自工业化所导致需求增长的接受者。交通运输业的需求增长可以归因于由于专业化的提高而引起的变化，而对于城市房屋住宅的需求增长，则是由于工厂制度的广泛引进和制造业部门的增长所引起的人口聚集。

一本平常的历史读物或许引导人们得出这样的结论，即投资收入率增长的解释可以在技术变化过程中发现。无疑技术已经发生了变化。收割机和捡拾器在谷物收割中已经代替了劳动力；大型的钢铁工厂替代了打制锻造和土法熟铁炼炉；铁路已经使长距离运输足可以获利成为现实。技术变化确实发
【67】生了，但这些变化中多少仅仅是对相对价格变化的反应，多少是“纯粹”的变化却并不清楚。然而，资本深化运动的广泛使人们猜想，其中大部分变化就是前面提到的那几种。

其他例证也使“相对”价格的讨论显得特别有吸引力。19 世纪以一系列技术进步为其显著特征，它们大大减少了原材料的成本，而这对于资本品生产来说是其主要的投入。专业机器模具产业的发展降低了机器成本，并且有证据表明，在投资流量中生产耐用消费品的比例在增长，这并不令人吃惊。稍后一点，贝西默（Bessemer）炼钢法和开门钢炉的发展，大大降低了钢铁的价格，并且使在工厂和商业建筑结构中以钢铁代替木材成为可能。资本存量组成要素的相对价格在 19 世纪后期几十年中大幅度下降并不令人惊奇。也有证据显示，1860～1880 年初期一段时间，储蓄收入率开始上升。这样的提高应该导致投资品成本的利息要素下降，并更加有助于资本相对价格的下降。

需求方面的变化确实有助于我们解释国民收入中投资比例的增长，而同时也存在强烈的暗示，即供给方面的发展变化也具有同等的重要性。虽然我们没有直接观察消费者喜好的办法，但是间接的证据向我们提示，他们可能从消费转向储蓄。随着经济变得更加商业化，收入流量的临时性变动很可能会增加。这两方面都趋向于诱使消费者增加他们的收入中用于储蓄的部分。另外，城市日益增长的重要性也趋向于提高总的储蓄率。城市总是有相对比较高的储蓄者，但是在 19 世纪的进程中，它们的储蓄倾向似乎是随着它们扩充教育而提高的，下水管道、街道照明投资是它们传统资本形式的活动。最后，个人储蓄组成的一些变化似乎有助于储蓄率的提高。虽然有关该部门职业和部门所有者身份构成情况变化影响的例证含糊不清，但是人口年龄结构的变化却趋向于引起储蓄率的上升，同时，收入分配的变化也可能引起储蓄率的上升。

注意观察有多少可直接保证储蓄率变化的因素是与工业化过程有关的，
【68】的确是一件有趣的事情。无疑这些因素改变了消费者的喜好；城市的相对增长也与工业化过程有关；结构性因素对增加收入分配的不平等也产生了作用。

类似地，在金融市场，有助于储蓄率改变的机构性变化也在很大程度上

与工业化密切相关。对资金日益增长的需求被引向了一些新的、不同的地区，并且为了成功地积累资本和保持资本的流动性，各产业部门都极大地提高了有关报酬。其结果，大量金融机构被创建和引进，抵押银行和商业票据交换所使资金的流动超越了地理限制；储蓄银行和保险公司加速了储蓄，并使这些积累资金可以被工商企业得到；商业银行一方面促进了资本流动，另一方面——通过它们的强制性储蓄能力——加速了资本积累；正规的证券市场使投资具有了更高的流动性，并大大地拓宽了这些债务和股票工具交易的地理和行业范围。

这些中介机构部分降低了寻找成本和协商成本，同时，这两方面成本的降低增加了储蓄者的净收益，而且/或者减少了潜在投资者的净成本。这二者中的任何一方面都会引起储蓄率和投资的提高。它们在不同程度上，为那些储蓄者以投资各种有价证券替代惟　的投资形式来回避投资回报的波动提供了保险。最后，它们有时提高了流动性——不仅仅是债券股票比它们所代表的财产更具有市场性，而且从一个储蓄账户撤回资金通常总是比直接出售实际财产物件要容易得多。保险和更高的流动性使储蓄显得更安全一些，在储蓄者是风险回避者的条件下，它们一定会增加净（风险）回报，并且它们可能会提高储蓄率。由此看来，金融部门的发展——主要是朝着商业化和工业化的方向发展——可以解释说明投资收入率上升的大部分原因。【69】

第二章

美国：企业的演变①

2.1 引论：现代工商企业

大的工商企业已开始主导美国的生产、分销、运输、融资和服务。这些企业是美国快速工业化的产物和主要推动者。事实上，这些新的组织形式在非共产主义世界的城市和工业经济中扮演着主要角色。大型工商组织成为20世纪的标志。

现代工商企业较历史上其他任何经济组织采用更多的工人、经理、所有者、机器、材料和资金。由于其规模，它在气氛上具有非个人特点，组织上具有官僚特色。其经理、工人及所有者不可能彼此认识。其控制制度要求建立详细划分的办公等级体系，每一级都有其功能和责任。办公室之间的权利、责任和沟通渠道也要详细划分。明细账目及其他统计和财务数据通过这些渠道流动。通过统计数字来控制企业已成为基本的管理艺术。这些企业的

---

① 作者非常感谢艾尔弗雷德·P·斯隆基金会和哈佛大学工商管理研究生院的研究部所提供的

【503】帮助，它们的帮助使这项研究成为可能。【1】

经理在一个单一的行业，而且常常是在一个企业里成就他们的功名。他们很少是企业的所有者，因为在法律意义上几乎所有的公司都是“公有”公司，他们的股票被成千上万的持股者所有。在1963年最大的200家公司中，只有15.5%的公司由个人、家族或集团持有10%的股票。这些大量的持股人不可能管理他们复杂且常常是多行业经营的公司。尽管今天的公司是“公共”所有，但其所有人主要是私人，而非政府。从20世纪30年代的大危机后，联邦政府在美国经济的管理中发挥着很重要的作用：然而，政府只是间接地发挥作用，它通过使用货币和财政政策，以及成为大宗消费者和承包人来达到目的。由政府所有并经营的企业在美国经济中实属罕见。

大规模企业结构和功能的演变是现代工业经济运行、组织和实施的中心。就是在企业中——不管是公有的还是私有的——生产要素被结合，投入变为产出。本卷的引论章节指出了古典生产要素：土地（原材料或不可再生资【70】
本）、资本（由人或可再生资本创造的资产）和劳动力（愿意并能够投入到生产中的人口）。自从让—巴蒂斯特·萨伊（Jean-Baptiste Say）以来，经济学家把企业家的角色也考虑在内了。企业家把生产要素从投入转变为产出，冒着财务风险完成这一转变过程。最近企业家的概念已扩展为包括开始执行企业家功能的工商业单位或企业，而且开始重视企业家或企业在未来及现在商品和服务产出的生产要素配置中所扮演的角色，因此企业家或企业的决策不仅影响一个经济体现在的产出，而且也影响它未来的增长方向。

这样，在企业中创造了许多被经济学家称为“余值”（residual）的东西（在引论章中被定义为不能被投入的增长所解释的那部分产出）。企业的两种因素影响了这个部分：一种是组织设计，通过它生产要素被组合用于目前的产出，而未来产出的计划也在其中形成；另一种是负责把生产要素转变为商品和服务的人所拥有的培训、经验、技能和知识。

在19世纪后半期，当大公司开始代替私人企业家或合伙企业成为美国经济中主要的决策单位时，组织设计远远不仅仅是把机械设备安装在工厂、办公室或矿井，以及为工人规定遵循的程序。通过它，一个公司的许多分部或单位的日常活动被协调、控制、监督和评估，工厂和人事方面的长期投资被决定。组织设计的改进可以带来公司内各单位更充分地利用，资源配置更好地规划，从而提高企业目前和将来的生产率。

对企业的生产率来说，管理的质量较组织设计更重要。组织设计毕竟只是帮助人们负责执行日常运营活动，对长期投资决策负责。随着企业的增长，监督和计划的任务也增加了。负责这些事务的人成为全职经理，事实【71】

上，管理本身成为终身职业，而且越来越职业化，培训也耗时更长，常常包括正式的专业化教育。很快，不同类型的经理有了他们自己的职业协会和专业期刊。

组织设计和职业化的管理对企业的生产率以及经济的生产率日益重要，其基本原因是：随着不断地扩大，企业常常成为多单元的。企业通过增加新单元来进行扩张，增加工厂、购销部门、矿井、运输部门及实验室。企业的功能不再只是在单个的运营单元里进行生产要素的组合，而且要协调单元之间货物、信息和指示的流动，以使每一单元里由投入到产出的转化进行得更有效率。当一个企业变为多单元之后，资源的长期配置要求就各单元进行决策。这些单元从事不同类型功能的活动，处在不同的地理区域，生产不同类型的产品和服务。

在美国，现代多单元企业只是在1840年之后才出现的，那时新的生产和运输技术使生产和销售过程的速度、规模和规律性出现前所未有的增长。在新技术到来之前，几乎所有的企业都是小型企业，几乎所有的企业都由其所有者管理。一两个合伙人或几个持股人筹集资金、购买设备、雇用劳力，既做日常运营决策，又做长期投资决策。这些小型的私人合伙企业的运营几乎不需要正式的组织设计。他们很少需要一位拿薪水的经理人为他们服务，即使雇用了经理后，经理和所有人也有着密切的工作关系。这些小型个人企业在运营上类似于那些在西方存在了500多年、从事经济活动的企业。

虽然美国工商企业的规模和内部运行机制从美国建国伊始到19世纪40年代几乎没有什么变化，但在此期间其活动却日益专业化了。在那些年中，企业以亚当·斯密关于专业化和市场发展程度间关系的定义中所建议的方式进行演化。随着美国市场的扩展，企业日益专业化，从事单一功能的生产、销售、运输、财务或其他服务，经营单一产品或服务。1840年之前的企业演化可以被描述为一种机构的专业化。

【72】 19世纪40年代之后，这一过程基本上成为机构的整合过程——即几个单元活动的联合和整合。1850年之前，即使美国最大的企业也很少经营两到三个工厂、矿山、运输线路或购销办事处。可是到了1900年，许多美国公司已成为多单元公司，同时也成为多功能公司。单个企业已开始管理不只几个制造单元，而且还有许多销售、购买、采矿和运输单元。在20世纪，这些多功能企业开始通过进入新行业使产品线多样化，通过进入别的国家来扩大市场。现代企业成为了多行业企业和跨国企业。通过增加新单元、新功能、新产品、新地区市场进行扩张，不仅改变了美国公司的活动和结构，而

且改变了许多行业的结构以及国民经济的整体结构。

美国企业的演化可按年代分为三个主要时期。第一个时期，从18世纪末国民经济形成开始到19世纪40年代，在此期间，市场的扩展鼓励着企业的专业化。这种专业化反过来又帮助建立了美国的基础工商业机构。第二个时期，从1840年开始到第一次世界大战，新技术为运输、生产、销售过程带来了革命，促进了现代一体化多单元企业的兴起。第三个时期，从20世纪20年代到目前，多单元企业出现在几乎所有的经济部门。在制造业和销售业中，他们通过向新产品线和新海外市场的多样化发展继续增长。在此期间，大型的非个人化管理的企业开始在美国经济的绝大部分部门中占主导地位。

2.2　18世纪90年代到19世纪40年代传统企业的专业化

殖民时期的企业界是一个个人化的世界，产品数量较少，发展速度缓慢，家庭的作用十分重要。最常见的企业是家庭农庄。即使在1790年，3 930 000美国人中只有202 000人居住在2 500多个城镇或乡村里，2 881 000个工人中，有2 069 000个在农场里工作。只有在南方，由于庄稼
适于由奴隶耕作，才使主要作物的生产不再只是家庭的事。在家庭之外，数 【73】
量很少的制造业由店铺里的工匠来做。偶尔工匠会雇用一些学徒和短工，这些人通常被作为家庭的一分子来对待。伐木业继续充当开采土地的副产品，尽管在缅因州和北卡罗来纳州定期采伐原木以制作柱子、圆木、木桶和梯子。殖民地矿藏极少。在制造业或采矿业中较具规模的惟一的经济单位是“铁庄园”，在那里铁矿石被开采，木头做成木炭，铁矿炼成生铁。这些庄园因其农村设施、工作的季节性、使用契约性的仆人、偶尔也使用奴隶，使其与南方殖民地的大米和烟草种植园有许多相似之处。

这些生产单元的活动由商人联系在一起。他为他们推销产品，提供原材料、工具和装备。这种什么都经营的商人主导着整个经济。他通常居住在沿海的港口，出口、进口、零售和批发各种产品。他拥有为经常性顾客所购买的产品的所有权，为其他港口的商人充当代理，为他们寄售商品并收取固定的佣金。他处理融资、运输以及销售业务。他向庄园主、农场主和工匠提供长期贷款，使他们能开垦土地，改良设备；为转运中的粮食和制造品提供短

期贷款融资，和其他商人合作建造船只以运输这些货物，并和其他合伙人一起，作为这些船只的股东。作为合伙人或以自己的名义指示远方港口的船长、商船的商业事务负责人或他自己的代理、代表，告诉他们买卖什么及买卖多少。在所有这些活动中，他几乎认识其中所有的人。即使远在伦敦、西印度群岛或其他北美殖民地的代理也通常是他的亲戚或可信赖的朋友。

随着政治独立的来临，这种个人、家庭式的企业开始发生变化。与英国脱离关系破坏了旧的贸易模式，导致美国商人开辟新市场：波罗的海、地中海东部、中国和东印度群岛。人口持续地增长和向西快速扩展到肯塔基、田纳西和俄亥俄州，向北扩展到缅因州，以及从佐治亚州向西南方扩展，都扩大了国内市场。法国革命战争爆发后，对欧洲及西印度群岛的运输业再度繁
【74】荣。新的棉花贸易的迅速增长，可能是刺激和扩展美国经济活动并带来企业活动专业化及非个人化的最重要的因素。

2.2.1　市场的扩展和企业的专业化

即使没有棉花贸易的兴起，企业的专业化也会于最初的50年出现在美国。专业化已在纽约、费城和其他大城市的商品销售中出现，在这些城市中建立了越来越多集中于某几种商品的零售商店。在新英格兰的制造业和中部的部分地方，开始使用家庭或发放（putting-out）制度，并率先使用简单的机器。然而，新兴的大量棉花贸易是美国商业重新定向和扩展的基本原因。

在1786年之前，棉花并未在美国进行商业化种植，它实际上还是一种新作物。到1793年伊莱·惠特尼（Eli Whitney）申请了轧棉花机专利时，棉花的年出口量已达到55万磅；1800年达到2 000万磅，1807年达到6 600万磅；1810年（杰弗逊的禁运令在这一年取消）达到9 300万磅；1815年（1812年战争结束后）达到8 300万磅。棉花的出口值1815年为1 750万美元，1825年增加到3 700万美元，1840年达到6 400万美元。这些出口的数量和价值与较老的作物——烟草、大米和糖的平缓扩张形成生动的对比。例如烟草的出口在1815年为800万美元，1840年仅为1 000万美元。

棉花给南方的广大地区带来了商业化农业。由于气候和土壤的原因，南方不能种植较老的大宗产品。而且，南方棉花种植的西移要比小麦在北方的西移早约30年。棉花种植园为西部新定居点的农民提供了非常重要的*最初的*市场。那时由于运输设施的缺乏，把西部的谷物、生猪、威士忌、马匹和骡子运到东部或欧洲相当昂贵。

除了刺激专门生产一种主要作物的农业生产单元的扩张外，棉花还带来了商业的专业化。数量空前的棉花贸易促使纽约成为全国的领先城市，并使那种经营一切产品的传统商人衰落。从一开始棉花贸易就由专业化商人来经营，批发商并不拥有货物的所有权（除非他们想要投机），他们集中经营单【75】
一产品，因提供服务而收取固定的佣金。他们并不能控制由国际供求关系决定的浮动价格，因此倾向于不冒拥有货物所有权的风险。新人，而非原有的商人，从事这个新行业，以及设计新型企业。在纽约市，他们最初是英国纺织公司派来销售布和棉纱并安排购买原棉的代理。在棉花港口，尤其是新兴的内陆城市——如哥伦比亚（Columbia）、奥古斯塔（Augusta）、马可（Macon）、蒙哥马利（Montgomery）、杰克逊（Jackson）和南奇兹（Natchez）——南方人和数量多得惊人的新英格兰人成为种植园主的代理商，这些种植园主刚刚在亚拉巴马和佐治亚州肥沃的黑土地带及密西西比河腹地开垦了土地。

棉花代理商推销种植园主的作物，为他购买原料和设备，在他需要时为他提供贷款。在较大的城市中，贸易数量之大足以使得又一个活跃的新专家群体的产生——即不依附于任何个别客户，专门撮合棉花买卖并收取佣金的经纪人。到19世纪20年代，由经纪人、赚取佣金的商人（同时也充当货物承运人、保险商和融资商）及承运人组成的错综复杂的网络把棉花从内陆运到南方的港口，然后再运到纽约和欧洲。

对于南方的小规模棉花农场主和西部开始大量种植谷物的农场主来说，零售店店主是连接从内地到海岸环节的最初商人。他们对农场主起着代理人对大种植园主所起的相同作用：推销、购买和融资。不同之处在于乡村的零售店店主对其所购买的作物拥有所有权，对其从东部购买来卖给农民的货物也拥有所有权。

制造品、茶、咖啡、葡萄酒和其他来自东岸和欧洲的产品通过同样的网络流向南部和西部。经营这些产品的商人倾向于在收取佣金的情况下买卖商品，而不愿拥有商品的所有权。几乎所有的进口商和其他国内市场的供应商越来越集中在单一的专门产品线上，如织物、酒、五金、药品、杂货、珠宝或乐器。随着旧城市的增长和新城市的出现，经营同样产品线的专业零售商人数也在增加。

由于国际贸易的复杂性，进口商常常对商品拥有所有权。织物类商人也
在拍卖会上购买纺织品，这种拍卖始于1815年，当时英国人决定在美洲市【76】
场上倾销他们的剩余商品。这些商人和五金购买者、其他制造商一直使用拍

卖方法直到 19 世纪 30 年代，其中后两者使用拍卖方法较前者少。那些对其经营的货物拥有所有权的专业批发商被称为“jobber（批发商）”。直到铁路和电报产生以前，这种专业批发商的数目都相对很少，主要集中在纽约和费城。专业批发商和佣金代理人出售商品给他们自己城市里的零售商，有时也卖给南部和西部的佣金商人。他们最好的顾客是棉花代理商和乡村零售店店主，这些人每年定期来纽约两次为他们的顾客买货或为自己的商店进货。

日益增加的贸易额不仅导致货物销售的专业化，也导致运输的专业化。1790 年之后的几十年中，运输的最重要发展是公共承运人（common carriers）（接受发运到他们港口或办事处的任何货物的运输企业）的迅速崛起。公共承运人在 1815 年后越来越多地按固定的日程运作。1790 年之前，仅有的公共承运人仅限于少数的公共马车和运货车线路。他们的数量随着 19 世纪前半期许多收费路和其他公路的修建而增长。1812 年战争后，开通了连接纽约和利物浦以及其他主要欧美港口的定期班轮。这些最初的班轮开始于 1818 年，由发起纽约和南部之间棉花贸易的同一批英国公司代理人所开始。与此同时，蒸汽轮船航班也开始出现于密西西比河，之后又出现在东部的海湾、海峡和河流。到 19 世纪 20 年代，佣金代理人和专业批发商越来越多地使用新兴的专业化运输公司来把货物运进运出美国内地。只是在更遥远的海上贸易中——到亚洲、非洲和拉丁美洲的贸易，仍由各种货品都经营的商人来做，这些商人拥有自己的船只，来运输自己的货物，继续按传统方式运作。

金融业的专业化更快于运输业。在大革命之前，殖民地没有特许银行，也没有火险或海险的股份有限公司。1800 年之前建立了少数几家银行，1812 年战争爆发之前银行已为数颇多。这些早期的银行允许商人集中其资本，为他们提供存放资金的安全处所，并为他们提供更确定的长期资本和短期贷款来源，最后使发行票据成为可能，为他们提供了一种非常需要的流通中介。同样重要的是，新的金融机构允许商人把银行业务转给专业人士来
【77】做。这些银行的董事会确定贷款、贴现、储蓄的总体政策。起初，公司成员决定每一笔贷款，很快，全职拿薪、负责财务的高级银行职员和总裁开始自行发放贷款，并且承担这些金融交易中的所有例行的日常工作。

拿破仑战争结束后，随着商业进入新模式，银行的数量增长很快。1816 年美国共有 246 家银行，仅在那一年就有 38 家银行被定为特许银行。这一增长在 19 世纪 20 年代开始持平，在 20 年代余下的几年中银行数目保持在 300 家多一点的水平上。除了在 1816 年获得特许权的美国第二银行（the

Second Bank of the United States），这些银行的活动范围基本上限于本地，尽管其中许多南部和西部的银行在纽约或费城设有联络处。在尼古拉斯·比多（Nicholas Biddle）的有效管理之下，在全国各地拥有支行的第二银行集中为农作物，尤其是棉花的运输融资。但是随着它在1836年的转让，建立银行分支机构的实验结束了。其结果是，直到1913年形成联邦储备体系之前，美国一直没有一个有效的中央银行体系。

专业化保险公司的兴起类似于银行的产生。通过专业保险公司的资源集中，商人及其后的佣金代理人和专业运输公司能得到较低的保险费率。新公司的拿薪雇员——评估师和检验师——能集中精力在更多技术性和日常性的业务方面。第一家海险公司成立于1792年，到1800年有12家，1807年有40家。火险的发展稍为迟缓一些。直到1835年纽约的大火发生时，这类保险还只限于当地，规模很小，通常由海险公司来承保。在人寿保险领域，甚至大革命之前已存在一到两个公司，但发展十分缓慢。到19世纪40年代中期第一家共同人寿保险公司形成时，只有几个公司在运行。只是在美国开始迅速工业化和城市化之后，人寿保险才成为一个重要行业。

1790年之后的市场扩展影响到制造业，也影响到农业、贸易和金融业。为当地顾客生产订货的工匠们，开始通过为远方不认识的购买者生产产品而扩大了产出。产出增加通过三种方式来获得：工匠通过增加短工和学徒扩充劳动队伍；引进和扩展家庭或发放制度；使用机械。

第一种方式——扩充劳动队伍，被用在更讲究技艺和奢侈的行业。在建筑业中也很重要。甚至在1790年之前就已出现的发放制度，开始被用在制 【78】
作简单的家具、鞋、草帽、手套、花边和长筒袜等衣物中；用在拿亚麻编织帆布、床单和较细的亚麻制品中；以及用在棉花和羊毛织布中。在这些行业中，工匠或商人购得原材料，交给家庭来加工，安排把成品运到最近的城镇里的佣金商人或批发商那里。

与英国和欧洲大陆相比，美国更多地使用机械而不是靠发放制度或增加学徒来增加产出，以供应远方迅速增长的市场。这些机器许多来自英国，但许多新机器被聪明的美国修补者加以改进或发明。机械最早用在农作物的加工上。早在1785年，奥立弗·埃文斯（Oliver Evans）在德拉维尔（Delaware）的布兰迪威溪流（the Brandywine Creek）上建造了一家商业化的面粉厂。随着磨面业的中心从费城（Philadelphia）、威明顿（Wilmington）、巴尔的摩（Baltimore）和里士满（Richmond）附近的小溪向西移到罗切斯特（Rochester）和纽约西部的布法罗（Buffalo），面粉厂在数量和规模上都扩大了。在伐木业中机械也开始重要起来。该行业使用许多小的水力锯，在1815年之后增长很快，发展到有自己的专业批发商和零售商。机械也广泛应用在用木材制造产品方面，包括钟表、家具、磨制木器（镶板、壁炉、门等）、斧柄、锄头和其他工具、枪托、帽模和鞋楦头。在19世纪30年代，改良的熔炉和粗糙的金属加工机器促进了简单金属产品的生产，如锹、锄、犁、锯、斧和其他锋刃工具、炮筒、螺母、螺栓、钉子。然而，直到19世纪30年代后期和40年代运用新技术大量生产铁、铜和青铜后，金属制品才开始不论数量多少均由机械制造了。

非常值得强调的是，到19世纪40年代煤和蒸汽大规模使用时，美国的工厂和车间仍然是小规模的、家庭经营的，其中许多是季节性地经营。即使在19世纪30年代，资本在10万美元以上，雇用超过100人的企业仍极为罕见，资本在5万美元，雇用50个工人的企业已被认为很大了。那些对农作物进行加工的企业只在秋、冬季进行工作。伐木像大规模的肉类工业（仍然不是机械化操作）一样，是在冬季进行的。与此相同的还有钟表、家
【79】具、磨制木器和其他用机器制作的木制品的生产。鞋、帽及其他通过发放制度进行生产的产品也集中在冬季或农闲季节进行生产。在19世纪40年代之前，小工厂依靠来自附近农场的临时工，他们的工资多用实物而非现金支付。简单的机器大部分由木头制作，由水力带动，在工作时几乎不需要直接的、不间断的监督。

上述美国19世纪40年代之前制造业状况的一个主要的例外是纺织业。小型纺纱厂直到1807年扩展得仍很缓慢。第一个小型纺纱厂是塞缪尔·斯莱特（Samuel Slater）于1789年在罗得岛（Rhode Island）的波塔基特（Pawtucket）建立的。接着那一年颁布了杰弗逊禁运令。通过削减从英国的进口，使得小型纺纱厂的数量迅速增加。这些工厂类似于其他制造业中的工厂，尽管在资本和劳动力方面规模稍大一些。他们依靠从附近农庄里招募的人员，这些人的主要工作在工厂里，但依然用实物和现金混合支付工资。这些工厂生产的一些棉纱被发放到家庭进行编织。绝大部分棉纱通过由佣金商人和批发商组成的网络被卖到更远的市场。这种网络当时是为销售进口制成品而建立的。

纺织业根本的变化开始于弗朗西斯·坎伯特·劳维尔（Francis Cabot Lowell）在美国筹建的最初的水力织布机，并把它们与纺纱机结合起来，形成一个一体化的纺织工厂，该工厂建成于1815年，位于马萨诸塞州的沃尔瑟姆（Waltham），正好在波士顿西面。通过把许多纺纱机和织布机放在同

一个建筑里，以同样的能源作动力，劳维尔生产粗白布每码的成本大大降低。除了马萨诸塞州的斯普林菲尔德（Springfield）和马里兰州的哈珀斯费里（Harpers Ferry）的政府兵工厂外，——这是两个非常特殊的事例——这个一体化的棉花工厂是美国第一家真正的工厂。企业内的工作进行了系统的分工。300个固定工人从事着专业化的日常工作，定期地获得现金工资。

这种制造业的新形式要求的不只是技术革新。为了得到必要的劳动力，劳维尔发掘了一支尚未使用的劳动力——从新英格兰农场来的姑娘们，她们完成了学业，尚未结婚。为了保证不间断地生产布匹，劳维尔和他的合伙人建立了自己的机械车间和漂白作坊。为了得到足够的资金以建设工厂，购买空前数量的棉花，给庞大的劳力大军支付工资，他们组建了股份有限公司，最初的资本为60万美元，后来达到100万美元，它向一些波士顿家族出售了股票。他们通过现存的佣金网络推销产品，但是把所有的销售交给了一个【80】
代理商，这个代理商由于生意额庞大，只收取1%的佣金。

在一段时期内，水力织布机为较小的纺织厂带来了新的生机，尤其在罗得岛。这些制造商购买的纺车是马萨诸塞州和罗得岛制造的，每个售价不到100美元。但小工厂很少能雇用工人50人以上、使用5万美元资本，因此很难和大的一体化工厂竞争。劳维尔公司利润很高，即使在1819～1821年的萧条时期，半年利润率也在8%～13%之间，这使得工厂迅速扩大。1822年，和这位沃尔瑟姆的创新者合伙的人开始在北马萨诸塞州的梅里马克河（Merrimack River）河边建造以劳维尔命名的工业城。在19世纪20年代末，这个工业城里有十几个大型一体化工厂。其他新英格兰人很快追随波士顿同行的榜样，在梅里马克河和康涅迪格河（Connecticut）河边，以及缅因州、康涅迪格州和佛蒙特州的较小河流上修建了类似的工厂。很快，另一些工厂出现在纽约、新泽西和宾夕法尼亚。到19世纪40年代，这些工厂正在把小工厂赶出本行业。在19世纪20年代晚期和30年代，同样类型的工厂体系开始被应用到羊毛纺织业中，之后又用来生产像地毯、针织品和绳子等成品。

然而在19世纪40年代之前，这类工厂，由于其庞大的固定劳动力队伍，以及对一定规模的固定和流动资本的要求，主要继续集中在纺织业。财政部在1832年做出的关于东北地区10个工业化程度最强的州中主要制造企业的报告中，列出了105家资本在10万美元以上的制造企业。这些企业中，88家是纺织公司，12家是炼铁工厂（大部分是古老的“铁农庄”），剩余的5家公司生产钉子、铁圈、火器、玻璃、盐和水力设备。在报告中所列的雇工超过 250 人以上的 32 家公司中，30 家是纺织工厂（另两家一家为铁厂，一家为钉子和铁圈厂）。

只有低成本的煤和铁在美国普及后，工厂才在纺织业之外的其他行业中重要起来。在许多行业中，工厂的出现还要等到蒸汽动力大大改善了运输状况，降低了运输成本，使得市场扩大之后。同样重要的是，以蒸汽为动力的
【81】运输保证了原材料定期而稳定地运入工厂，以及成品定期而稳定地运出，这是保持昂贵的车间和设备不分寒暑地连续运作的最基本的要求。在制造业集中的地区，冬季的寒冰阻止了货物的大量运输，除非是在海边。纺织业中工厂出现得早于其他行业是因为纺织机械能用木头制作，用皮带驱动，而不是用铁齿轮；是因为生产能集中在单一廉价的产品上；是因为使用现存的水路和销售渠道，原棉能稳定地运进，成品布能稳定地运出。

直到 19 世纪 40 年代，美国工商企业的主导形式仍然是小企业，与欧洲自文艺复兴以来经营生产、销售、金融和运输的企业并无多少不同。然而，1790 年之后开始的日益增长的经济活动量大大地改变了美国经济的组织结构。它鼓励企业的专业化，从而带来美国新型工商企业的初步发展。它终止了以多功能的殖民地商人为主导的个人企业时代。棉花代理商、佣金商人、专业批发商、经纪人、共同承运经理人（包括定期班轮、蒸汽轮船和运河）、银行高级财务管理人、保险评估师和检验师、磨坊主、工厂财务总监和经理，这些人经常和他们个人并不认识的人打交道。日益增强的非个人化和专业化意味着商品的流动必须通过一个越来越长、越来越复杂的链条进行，这个链条由从原材料和半成品原料的生产者到制造商，然后到最终消费者这些经济单元组成。

当然这种流动还相对缓慢和间接，因风、水、冰、洪水的难以预测的变化，在经过从生产者到消费者道路上的许多专业单元时，这种流动进行得断断续续，并不稳定。没有一个机构或一群人试图指导或控制这一流动过程，这样的协调似乎由非个人的、看不见的市场供求力量来进行。与此相同的还有为未来生产、销售和运输而进行的资源的长期投资。由于市场力量的控制较宽松，也因为经济中的工商业单位较小，需要很少的资本投资，19 世纪
【82】30 年代美国经济的运行方式很类似于古典经济学家所描述的情况。

2.2.2　现代管理的先驱

由于企业很小，19 世纪 40 年代之前企业的专业化程度很低，几乎所有

的企业都由其所有者经营，没有企业需要仔细设计的内部组织、详细的统计数字、成本核算方式，而这些已成为现代企业的标志。商人——依然是经济中的主要经营者——不需要这类技术。事实上，因专门经营单一产品和发挥单一的作用，以及通过佣金收取报酬而非实际买卖货物，使得代理商企业的内部管理复杂程度远逊于他的前辈——多功能的殖民地商人。佣金代理人有较少的商品要保管。他不太操心使仓库里的东西保持流动性，像早期的殖民地商人一样，他发现500年前在意大利发展起来的簿记和会计方法足够用了。复式记账法显示出不同船只、不同商品、与其他商人进行的不同交易的赢利和亏损。这种账目只用来表现公司当前的盈亏，而从未被用作估算成本或精确评估过去经营在财务方面的成败。像斯图尔特·布鲁切（Stuart Bruchey）在描写19世纪早期的商人时所说的，"经验远不如新消息重要。"

对新的专业化金融机构（如银行和保险公司）来说，过去的经验很快变得和时事一样重要，但最初这只是带来了技术上的一些小革新。高级财务主管、银行总裁和评估师，是美国公司中最早的拿薪雇员，他们在调整已有的有关处理存款、贷款和票据事务，或收入保险费、支付索赔等账务时几乎没什么困难。早期的商业经验也有助于他们开始从临时董事会那里接管战略及日常性决策活动。

农场主、商店店主、磨坊主、定期蒸汽轮船的所有者、马车主或其他共同承运人，也没感觉到需要新的经营方法。会计和内部组织几乎依然仍是私人的个人安排。只有两个例外：在南部的种植园和东北部的纺织厂，劳动的内部细分化要求做出安排，以保证对次工作单元（sub-units）工作的定期监督和协调。

种植园中由全职的经理——监工——负责监督50～100个奴隶的日常工 【83】
作，但监工的任务几乎不需要采取系统管理的方式。对奴隶活动的协调，按照传统季节性经营模式内的简单日常程序进行，监工和种植园主很少费力去做详细的记账。庄园的账目通常由种植园主的代理人来记，而且是按常用的商人方式记账。这些账目几乎不能向种植园主或其代理人显示真正的成本、赢利或经营的效率。种植园作为古老的农业组织，对现代企业的发展根本没有影响。

从另一方面来说，纺织工厂是现代工业企业的真正先驱。然而，它只是新模式的先驱，而非开拓者。一个原因是管理企业的是商人，他们凭经验管理，而且墨守传统商业方式。另一个原因是技术和融资方面几乎没提出什么新问题。维持和运营纺织厂不要求技能和精确度，而这二者将很快在铁路和金属加工业中用到。木制机械和皮带传输设备很容易制造和修理，工作过程的所有部分都能在同一个工厂中进行。在大部分工厂中，原棉被储存在屋外，在一楼清洗后被放在木制烘筒上，进行梳棉；在二楼被纺成棉纱；在三楼被整理；在四楼被织成布；在五楼整理、测量并叠好以备发运。每层的监工或工头能很容易地随时监视他们所管部门的运作情况。工厂代理人（工厂经理）能自己接触到从一个部门到另一个部门的材料流动。

会计也很简单。尽管劳维尔和他的后继者们从一开始就很重视拥有大量可用的流动资金，但几乎所有的流动资金只用于两项：原棉和工资。其余的费用归结到一个单一账目中，这个账目有时包括占总成本一定百分比的磨损费。可是通常这样的折旧只是在特别好的年头才从赢利中拿出一部分。运营和会计方面的需要不会为纺织厂的经理们带来难题。

事实上，这些企业几乎不需要集中管理，因为企业的各个功能相当独立
【84】地进行。财务总监（董事会的全职代表，通常是一个居住在波士顿的商人）处理钱物。他不仅负责筹得流动和固定资本、借贷及支付红利，而且负责购买原棉。工厂代理人经营工厂，他居住在工厂所在的城镇，只负责管理工厂内的人事、机器和材料的运转。成品布由销售公司来推销，这个公司通常是一个彻底独立的企业。营销公司越来越承担着更多的功能，而不只限于在收取1%佣金的基础上让货物进入销售网络。它承担着营销的财务责任，为制造商处理保险和一些银行服务，充当重要的资本来源，决定工厂应生产商品的质量、类型和数量。在19世纪的绝大部分时期，生产、营销和财务等重要功能由不同的人来控制，这些人常常几周都相互见不到一次。功能的分开，以及财务和管理方面继续采用商业做法，意味着纺织工厂对现代管理技术的贡献很少。

因此，尽管1790年之后的半个世纪中，美国国内市场的增长带来了非个人化市场经济中专业化经济单位的兴起，但是市场的规模和技术的复杂程度都没有产生建立现代大规模企业的要求。尽管企业间的关系变得相当非个人化，但是企业内的关系依然保持着传统型的高度个人化。在1840年之前，只有纺织业中出现了现代的非个人化工厂，但即使最大的纺织公司也很少有现代企业的特点。

2.3 19世纪40年代到第一次世界大战期间现代企业的兴起

现代企业起源并初步成长于19世纪40年代和第一次世界大战之间。它的成长深受扩展中的市场和日益复杂的技术的影响。美国市场在1840年之后较之前增长得更为迅速。在19世纪40年代中，大批的欧洲移民开始抵达美国，而且移民潮在19世纪剩下的年头里还在继续。急剧增长的人口——从1840年的1 710万增加到1890年的6 310万——意味着绝大部分的可用农地在这一期间已被占用。与此同时，城市人口开始以大大快于农村人口的 【85】速度增长。就是在较高的人口增长率下，生产率还是达到了新的高度，因此人均收入还有购买力在1840年之后迅速增长。根据理查德·A·伊斯特林（Richard A. Easterlin）所说的，人均收入从1840年的65美元，增加到1880年的95美元，以及1900年的113美元。

在1840年之后的时期里，扩展中的市场已不再是美国企业演变的主要影响因素，而技术成为主要影响因素。增长中的市场鼓励那些把生产要素结合在一起的机构进行专业化，而新技术却导致许多专业化机构在整个企业内部的一体化。

新技术为运输、销售和生产过程带来了革命，从而大幅度地增加了产品和服务产出的速度和数量。新的速度和数量反过来又要求增加经理的数量，以计划和监督新的过程。经济活动速度的提高也要求制定新的组织程序和设计，以便更有效地使用数量增大了许多的原材料、人员和机器。

这些基本变化的核心是新的原动力——蒸汽——以及基础能源——煤——的使用。蒸汽在运输上的运用来得很猛然。美国人在把蒸汽船用在河流、湖泊和海湾方面是先锋。1830年，乔治·斯蒂芬森（George Stephenson）在英格兰的雨山（The Rain Hill）试验中结论性地证明了蒸汽机车可被用于陆上运输仅仅一年之后，美国人开始建造他们自己的机车和铁路。到1840年他们已修建了3 000英里长的轨道。然而，最初新铁路只是作为已有的水路运输的补充。只是到了19世纪40年代晚期和19世纪50年代，这种新的快速、定期、全天候的运输形式才开始在美国货物运输中掀起了一场革命。

新生产技术的采用来得较慢一些。自从18世纪70年代詹姆斯·瓦特（James Watt）的发明商业化之后，美国人已懂得使用蒸汽动力。他们知道焦炭长期以来被用在英国鼓风炉中。他们还知道在英国迅速传播的用于加工生铁的辗轧、搅炼技术，这一技术由亨利·考特（Henry Court）于18世纪80年代开发。在19世纪早期，他们还获悉英国在使用高温来大量生产糖、酒精和啤酒方面的革新。在同一时期，美国人［伊莱·惠特尼（Eli Whit-
【86】ney）是这一领域最著名的先锋人物］开始开发在装配、组装金属器具和机械中使用通用零部件的技术。除了这些使人印象深刻的技术进步外，19世纪40年代之前美国人在冶炼、金工和精炼业中，很少使用蒸汽动力，也很少使用采用煤的新生产方式。

延迟采用这些新技术的基本原因是东部缺乏煤炭——而东部是美国工业化程度最高的地区。在通往宾夕法尼亚州东部无烟煤田的运河于19世纪30年代早期竣工之前可用的煤炭只能来自弗吉尼亚州詹姆斯河（the James River）的小煤矿或新斯科舍（Nova Scotia）的低等级矿，或从英国用船运来。最初无烟煤矿的产出大部分被港口城市用于家庭取暖。之后在19世纪30年代晚期和40年代，无烟煤日益被用于制造业和运输业。在30年代，美国的现代制铁业在宾夕法尼亚东部开始了，通过使用耗煤的搅炼和辗轧技术，生铁被制成铁条和铁板。在接下来的十年中，无烟煤被用于生产生铁。在19世纪30年代晚期和40年代，把燃料用于产生蒸汽动力及用于燃料炉，第一次使大量生产刃具、金属工具和器具成为可能。之后在19世纪40年代晚期和50年代，铁和燃料的新来源使得在金属机械的生产中越来越多地使用通用零部件。同样也是在50年代，在制糖和其他蒸馏及精炼行业中开始采用超高温蒸汽及其他现代生产技术。

煤的使用使单个生产单位降低了成本，增加了产出。蒸汽很快取代了水力。40年代结束的时候，以蒸汽为动力的工厂依然很罕见。在20年中，美国制造业所使用的一半马力由蒸汽提供。到1900年，只有1/8的马力不是蒸汽产生的。美国的煤消费量大大增加了——从1850年的830万吨增加到1880年的7 930万吨，以及1900年的25 870万吨。

当煤炭这种新能源使商品的生产大大提高时，运输和交通的革命降低了运输的成本，提高了商品运输的速度。在19世纪50年代，铁路穿过了阿巴拉契亚山脉（the Appalachians），快速伸展到密西西比河流域（the Mississippi Valley）。到1860年，已铺了30 000英里长的铁轨，建立了密西西比河以东的基础铁路网。1869年铁路已铺到太平洋边。1875年，运行中的铁轨有74 000多英里，国家的基础陆上运输系统已建成。19世纪70年代经济萧条
【87】之后又开始的大规模建设大部分都是在填充已有的网络。只是在西部的部分

地区，新线路才继续开辟铁路运输的新区域。

当铁路向整个大陆挺进时，电报也一样。电报发明于 1844 年，1847 年开始投入商业使用。铁路管理者很快发现电报对保证火车安全高效的运行提供了难以估量的帮助。而电报的创办人认识到铁路提供了最方便的通行权。因为电报的建设较铁路容易和便宜，它首先于 1861 年建到了太平洋。那时 50 000 英里的电报线已在使用中。20 年后，根据 1880 年的普查，每年通过 291 000 英里的线路传送信息 31 703 000 条。电话于 19 世纪 80 年代商业化，最初只是作为电报的补充。直到 19 世纪 90 年代建立长途电话线路之前，电话几乎全部用于当地的通话。因此，在铁路通过加速邮件的传送改善通讯时，电报及随后的电话使得几乎能够同全国每个地方进行差不多同步的通讯。

这几种汇聚在一起的力量　　廉价的煤、蒸汽和铁的出现；随着新的铁路和电话网络的扩展，运输和通讯成本的降低和速度的加快；铁路保证了货物快速、定期、在任何季节按日程运送；增长的需求，反映了人口和人均收入的增加——所有这些促使工厂迅速扩展。人工厂有固定的劳动力、昂贵的机器和其他设备，依靠煤来得到动力和热能，很快代替了家庭、农场或小作坊、小工厂，成为美国基本的制造或加工单位。1880 年的普查报告说，在机械工业所雇用的 300 万工人中，至少 4/5 在工厂工作。在非机械的使用热能的行业——冶炼、铸造、蒸馏和精炼业，被工厂雇用的工人比例更高。

新工厂的运行要求密切注意内部组织以及经理的招募和训练，这在制造业中是第一次。商品在企业中的新速度和新流动，以及生产过程中日益细致的分工和日益复杂的技术，要求做周详的计划和规定，以保证机器设备及其操作者的稳定运作。然而，最复杂的新工厂的运行，也没有一小段铁路那么难。

到 19 世纪 50 年代，蒸汽和铁在交通上的使用已创造出当时世界上从来 【88】
没有过的庞大企业。在其后的 50 年中，铁路要针对比其他任何企业更多的财力、人力和设备进行协调和控制。没有哪个企业需要这样认真地分分秒秒的运行，也没有哪个企业需要这样巨大的资本支出。运营新的电报网络的企业其技术要求更多地集中控制，因此，蒸汽和铁的新商业用途（以及电报中的电力）不仅帮助美国的运输和通讯进行了变革，也导致了美国最初的现代工商企业的建立，即开始对许多专业化运作单元进行协调、监督、评估和计划。

在运输以及其后的制造业中管理这样的企业，需要从事经济活动的一类新人——全职拿薪的职业经理人。这些人很少是商人或工匠。他们是新型的商务人员，受过土木工程师或机械工程师的培训。这种训练最初在工作中进行，后来在学院或大学中进行。事实上，美国的第一批工程类学校是为满足这些新企业对职业工程师的需要而建立的。这些人也是美国最早成立自己职业协会的人群之一。其训练、其经验，以及其整个的生活方式和曾经营过前工业经济的商人们有很大的不同，他们采用的新商业技巧也不同于老一代商人们。

2.3.1 铁路——美国最初的大企业

由于铁路所遇到的大规模企业在管理和财务方面的所有问题，因此铁路高级管理人员被迫成为现代管理的先驱。从一开始，美国铁路的建设和运行就需要大笔的金钱和大量的雇员。到 19 世纪 50 年代中期，至少 15 个铁路公司拥有 500 万美元以上的固定资产。1851 ~ 1854 年间完工的连接东部和密西西比河谷四大地区间的铁路线，投资在 1 700 万 ~3 500 万美元之间。最大的制造业企业——老的一体化纺织工厂和新的一体化铁路工厂——资本很少超过 100 万美元。即使东西干线所使用的流动资本，每年也在 200 万 ~
【89】300 万美元，而纺织厂的年流动资本通常在 30 万 ~50 万美元之间。最后，铁路拥有 4 000 以上的雇员，从事着不同种类的工作，而纺织厂很少雇用超过 1 500 个工人，这些工人从事着相似的工作。

铁路的巨大资金需求有两个重要结果：一个是企业外部的，一个是企业内部的。19 世纪 50 年代，修建铁路需要的大笔资金导致专业化的投资银行公司在美国兴起，以及美国金融市场在华尔街的集中和机构化。到 1859 年为止，10 亿多美元的铁路投资中，7 亿多美元是 1850 年之后投入的。在此期间，证券的购买、销售和转让的现代方式产生了。还产生了投机买卖的标准模式，如使用卖权和买权，卖空以及抵押购买（buying on margin）。

今天所使用的金融工具，包括那些 19 世纪 90 年代和其后用于为工业公司融资的工具，也是在这一时期发展起来的。因为铁路必须依靠远方的投资人而不是本地的商人来获得资本，在筹集资金中，债券开始比股票更广泛地被用来筹资。铁路的创办者和居住在铁路沿线的人更喜欢通过持股保持一种表面上的控制；但东部和欧洲的投资者们认为债券是一种更安全的投资方式。一期、二期和三期抵押债券、收益债券和无抵押债券、甚至可转换债券都出现了，还出现了各种优先股。由于证券类型不同且数额巨大，因此一条颇具规模的铁路线的财务总监把所有的时间都用到了筹集和分配固定与流动资金上。他没时间像纺织厂的财务总监那样充当购买代理人。事实上，他还需要在他之下设一个高级官员来监督企业的内部交易。

这个官员——审计员——之所以出现，是因为铁路与纺织厂或制铁厂不同，有许多经手钱的雇员。在纺织厂，除了财务总监，惟一涉足财务交易的雇员是工厂代理人，他负责每周给雇工发薪水。而在铁路上，售票员、车站代理、货运和客运代理每天都收到钱，其中每一分都必须汇报。审计员办公室也帮助定价和核算成本。纺织厂生产一到两种产品，只购买一种原材料（其价格由国际市场决定），而铁路经营许多商品而且还得为他们定价。定价只是部分地决定于一些竞争者所定的费率，成本的确定也较在纺织厂里难得多，中间涉及更多的项目。固定成本的范围广得多，可变成本随不同线路 【90】
和设备而浮动，更难计算。折旧和废弃涉及数目大得多的资金。由于这些原因，现代成本会计在美国开始于铁路，而非早期的纺织厂或铁庄园。

大型铁路的运营比它的财务活动管理有更多的困难。工厂代理人能在半小时内亲自观察到他管辖的每个工人的活动，而大铁路的总主管人需要一周才能查点清他所负责的所有人员、设备、车场、转轨车站和建筑物（仓库、终点站、办公室、圆形机车修理房和修理车间）。其他运输业公司——他们经营公共马车、四轮运货马车、运河船只、河上或海岸边的蒸汽船——都不建造或维持自己的道路所有权；只有很少的收费路或运河作为运输企业的经营者，使用他们的道路所有权。然而铁路通常必须在一条距离几英里的轨道上运营自己的火车。他们的运营要求极其密切的监督，以防止撞车，还有一个更为复杂的问题，即在铁路线的两个方向上运送长途和短途货物时，保证稳定地使用机车、车厢和其他设备。

最初面临这些运营挑战的铁路是连接美国主要部分的最长的铁路线。只要铁路线较短，它们的管理就相对要简单。因此在 44 英里长的波士顿（Boston）和伍斯特（Worcester）铁路线上，火车每天要从每个终点站发三次车。在中间点，弗雷明汉（Framingham）安全会车后，每一列火车再继续向其终点进发，而无须担心撞车。一个主管人能亲自监督并协调经理们的工作。每个经理负责四个不同功能的活动之一：火车和货运及客运的运转、道路的维护，机车和全部车辆的维护，以及会计和财务。但是在 19 世纪 50 年代完工的更长的铁路上，管理变得更加困难。这些道路连接遥远的商业中心，如纽约和伊利湖港口（the Lake Erie ports）、费城（Philadelphia）和匹兹堡（Pittsburgh）、巴尔的摩（Baltimore）和惠灵（Wheeling）。

这些大铁路分成75～100英里的部分来修建，当新的部分投入运营后，它被赋予和原来的单元同样的功能结构。在19世纪50年代中期，好几条道路都是由三到五个分段组成，再使其运营一体化。为协调、控制并评估几个
【91】类似运行单元的工作，公司建立了中心办公室，由一名总主管人和负责铁路整体的四项功能活动的高级主管组成。因此，新的上层管理人员必须确定总部的职能官员和每个运营路段的职能官员的关系。他们必须指出具体的管理权是属于中央办公室还是按地区划分、按职能组织的运营路段。

19世纪50年代，纽约和伊利段的总主管人丹尼尔·C·麦卡勒姆（Daniel C. McCallum）和宾夕法尼亚段的总主管人及之后的总裁J. 埃德加·汤姆森（J. Edgar Thomson）通过区分线路和职员的职责解决了这个基础管理问题。分别让其所管铁路线路的总裁授权给总主管人，并通过总主管人管理每一个路段上负责运输的经理。这个经理现在行使路段主管的权利。线路主管方的经理被授权发布关于火车和运输（即货物和乘客）运转的命令，以及设备和路轨的紧急维护。其他功能部门（道路维护、设备维护和财务）的高级主管开始被任命为职员主管（见本章图3）。他们制定标准并评价、提拔、雇用及解雇他们部门的经理们，但他们不能发布关于人员和轨道流动方面的命令。线路高级管理人员命令维护人员何时何地完成工作，以及修理车间何时必须完成任务。用今天的术语来说，线路经理和人打交道，而功能或职员经理和物打交道。

通过明确线路和职员的关系，早期铁路的管理者们设计了一种组织模式、一种结构，其中详细划分了权、责和沟通的渠道。相互关系在组织图里列出来，这是此类方法在美国企业界的雏形。高层主管们很快制定出详细的每日、每周和每月报告，使之沿着这些沟通渠道向上流动，并向下传达各种各样的标准化命令和通知。几乎是马上，他们开始为管理目的而使用详细的运营信息流，这些运营信息对在几百英里的铁轨上协调和控制上百辆机车和上千节车厢的日常运营至关重要。早在19世纪50年代，他们也开始使用成本和其他统计信息来评估每一地区运营路段内经理的业绩。

在19世纪60年代，大型铁路管理者的注意力从组织设计转向了成本会
【92】计。很高的固定资本投资形成了这种挑战。大量的首期投资需要详细区分建设和运营账目，需要实际的折旧办法规定，以及根据运营中的火车和运载额评估成本的复杂方法。从19世纪40年代以来，经营铁路的人们强调了把当前运营费用包括到建设和资本账目中的危险性。到1859年，宾夕法尼亚铁路的高级管理人员已在计算铁轨、枕木和“运行中机器”的折旧。为了和

所产生的成本相符，宾夕法尼亚铁路建立了“应急和更新基金”。减下来的折旧资金被放在安全的投资里。然而，更常用的计算折旧的方法，是对当前运营账户征收更新费用，把他们看成是对因磨损而失掉的价值的恢复。这种“更新”计账法到19世纪70年代已成为铁路上通用的标准。

比完善资本账户更复杂的任务是计算运营费用。比起纺织厂或铁厂来说，铁路不仅有更多类型的账目要记，而且不管车间和设备是否被使用，许多成本是保持固定的。阿尔伯特·芬克（Albert Fink）——土木工程师、桥梁建筑师，后来担任路易斯维尔和纳什维尔铁路（the Louisville and Nashville Railroad）的总裁——在60年代晚期设计了一个公式来计算每吨英里的成本，涉及70个不同的账目。他认为其中的29项是固定成本，9项更近似于固定成本，2项更近似于可变成本。芬克和其他铁路管理人使用成本分析，来评价不同路段和部门的业绩，同时也作为确定费率的基础，这颇像麦卡勒姆（McCallum）此前所做的。

即使在基本成本算好之后，还有许多因素影响费率的制定。来自水路和其他铁路线的竞争有一些影响。费率也随所运货物类型的不同而不同。小、轻、值钱的货物可能费率较高；但较重的货物如煤、牛和小麦只能按低费率运输。返程的空车进一步影响费率结构，运货的规模也一样。大批货物的单位运价要低于小批货物。而且，几乎所有的“联运费率”都必须由沿路的各个线路合作决定，每一家所收的总费率的份额也要如此决定。到19世纪60年代，必须为上百种不同的货物确定费率，通常的做法是划分几种不同档次的费率等级。铁路还必须和很多托运人以及相互竞争、相互联系的道路代理人打交道。费率制定成了一项有高度技巧的工作。货运和客运代理人很快被放到一个单独的功能组织中去，即交通部门（见本章图3）。【93】

在19世纪60年代后期和70年代，交通部门的工作大大增加了。铁路里程的扩展意味着更大数量的货物运输，而且铁路开始接管以前由别的专业企业所从事的职能。19世纪40年代，快运公司形成了，以确保货物在许多新的铁路线和旧的蒸汽船、海运和运河线路上进行安全而快速的运输。到19世纪60年代，这些快运公司拥有自己的有明显标记的铁路车厢、运货马车和办事处网络。可是，在南北战争期间，大部分主要铁路开始收购这些运输公司，并很快将其活动纳入他们自己扩大了的交通部门。铁路本身，而非以前的专业运输公司，保证大部分产品从一个商业中心运到另一个商业中心。

这是通过在许多路段之间系统地交换货运车厢来做到的。到19世纪70

年代晚期，每一个大型铁路公司都有一个单独的办公室，这个办公室的惟一任务就是监督它的车厢在别的线路上的使用，以及其他线路的车厢使用它的轨道。这种组织上的安排，到 19 世纪 80 年代已臻于完善，允许车厢和货物在全国范围内自由和快速交流。

到 19 世纪 80 年代，新的全国性运输体系已基本完成。在南北战争刚结束后的几年内，终点城市内桥梁和铁轨的修建实际上把主要铁路连接起来了。在 19 世纪七八十年代，铁路管理人，通过行业和职业协会，开始实现设备和程序的标准化。标准化运动包括 1883 年采用标准时间和 1886 年最终转向使用标准轨距。但对新的全国性运输体系的有效运作来说，最重要的是公司之间的安排，这些安排允许车厢从一个商业中心运到国内任何地方的另一个商业中心，通过好几个铁路系统而无须转运。

阿尔伯特·菲什洛（Albert Fishlow）曾指出，美国铁路系统的生产率在 19 世纪后半期的增长速度快于其他任何经济部门。他把这些增长部分归因于技术改进（尤其是更重的机车、规模更大的备用车辆和重型钢轨），部分归因于由行业内协会进行的标准化，部分归因于由于公司和整个体系增长而
【94】带来的正常的规模经济和专业化。但他强调，这些只解释了从 1870 年到 1910 年生产率增长的一半原因。他认为劳动力不断增加的经验是产生其余增长的一个因素。菲什洛没有提到的另一个因素，是管理人员受了更多的培训，得到了更多的经验。这些管理人员协调车辆和货物的运转，以及组织设计和程序方面的发展，以保证设备在铁路企业之内和企业之间的连续稳定使用。生产率增长的一个结果是大大降低了运输成本。如菲什洛指出的，到 1910 年"实际的货运费率比 1849 年的水平降低了 80% 多，而实际客运价降低了 50%"。

尽管公司间的合作大大提高了运输速度，降低了商业中心之间的运输成本，但却不能保证铁路总有充足的运输量以弥补其运营成本和维持大量资本设备。在美国的主要干线完工之后，维持资产使用的压力使得通过削减运价来从竞争路段吸引业务成为一种不可抗拒的诱惑。这在经济萧条时期业务量下降的情况下尤为如此。对许多铁路来说，其偿付能力依靠全部运输量的连续流动。为保护他们自己免于货源的竞争，在 19 世纪 70 年代之间的萧条时期，铁路部门组织了非正式的、之后是正式的卡特尔，在相互竞争的公司间分配货运量和收入，其中最大最有影响的有南部铁路和蒸汽轮船协会（the Southern Railway and Steamship Association）以及东部干线协会（the Eastern Trunkline Association）。但这些协会以及其他地区性协会是用来处理货物和

资金的分配的，它们不能阻止削减费率和费率战。

卡特尔在19世纪80年代早期的失败迫使主要的铁路形成这样一种战略：建立扩展了的系统，以保证他们自己能进入本地区的主要商业中心。他们志在得到一位铁路总裁所称的“自给自足”的体系，在这种体系里，“每条铁路必须有自己的衣食父母”。通过购买、租用及建造新单元进行扩张的决策大大增加了在同一铁路上运营的路段。这一决策同时也要求增加巨额资本。其结果是金融家、尤其是投资银行家，开始加入铁路董事会，并在整体扩张战略中拥有发言权。对许多铁路来说，这样的扩张成为财务灾难。所产生的财务和管理重组在19世纪90年代由领先的投资银行家，如J. P. 摩根公司来进行，这进一步增加了金融家在美国铁路高层管理中的影响。【95】

在90年代的重组结束后，大约有25个大型铁路系统经营着全国2/3的里程，运送着人部分货物和乘客。几乎所有这些系统都在内陆和海岸之间运行，为数很少的几个没有出海口的内陆系统也和那些有出海口的系统结成紧密的联盟。1900年之后大铁路系统的地区界限基本保持原样，直到20世纪中期，那时铁路在技术上已开始落后了。

在管理其已大大扩展了的运输王国方面，新系统仍钟情于较大的管理单元，其结果是产生了两个新的中级和高级管理层。由总主管人所管的许多领域被合并到一个以总经理和其职员为首的组织中（见本章图3）。那些最大的系统有2~5个这样的区域性组织，区域性组织由管运营的副总裁和其职员进行监管。在宾夕法尼亚、伯灵顿（the Burlington）和圣·菲（the Santa Fe）等铁路上，总经理拥有的自主权和赢利责任与20世纪通用和杜邦等大型工业集团的部门经理程度相同。公司总部的总执行官主要集中于评价运营分支部门的业绩，为未来的运营分配资源。

经营新式通讯——电报和电话的大私有企业的经验与铁路有许多类似之处。许多电报公司涌现出来，由于几乎所有的信息是长途传送而非本地传送，这些企业在处理这些信息时进行合作十分必要。结果是企业合并很快出现了。到19世纪50年代晚期，电报投入商业使用10年后，6个地区性系统经营着几乎所有已建好的里程。到1866年，这些系统合并为一个大公司，即西部联盟（Western Union）。在其开始阶段，西部联盟已经经营着一个拥有2 500多家电报局的网络，而且还以每年500~1 000家电报局的速度增加。新合并后的企业通过一些地区性的局管理这个网络，地区局的经理负责监管运营单位组、维护和修理以及制定程序以保证信息在美国各地的城镇之间畅通无阻和稳定地传送。

电话在早年不同于电报，它主要用于在当地而非长途传送信息。在19世纪80年代，地方公司使用亚历山大·格雷厄姆·贝尔（Alexander Graham
【96】Bell）的专利和设备经营首批电话公司。90年代，随着地方公司开始互相连接以及专利过期，贝尔的股权通过美国电话电报公司（the American Telephone & Telegraph Company）继续对这些公司保持控制，该公司经营全国的长途业务。AT&T的运作很快通过一个按地区划分的管理结构——类似于西部联盟（Western Union）所使用的管理结构来进行管理。

新形式的运输、通讯企业从一开始就是通过多单元企业的形式运作的。这些企业因此开现代大企业之先河，他们通过提供快速、规范、大规模的运输与通讯扩展了美国商品和服务生产商的市场。铁路和电报所带来的运输成本的降低及运输数量的增加，首先促进了现代大规模销售和大规模生产新技术的兴起，随之而来的是把大规模生产和大规模销售结合起来的大工业企业。

2.3.2　大规模销售的兴起

在19世纪50年代和80年代之间，基本上以新式运输和通讯为基础，美国的销售业出现了革命。在一代人时间之内，现代类型的大规模销售企业代替了长期以来一直经营商品销售的商人。

到19世纪40年代，这些商人不仅开始专业化经营某类商品或产品，而且随着农场主们西移到密西西比河谷。伴随着国家在地理上的扩张，负责初级农产品和成品销售的中间人链条也在扩张。棉花和小麦从农场转到加工者手里，织物和五金产品从制造商到农场主，这中间经过了至少3~4个商人之手，他们每一个都居住在交通要塞上。

铁路和电报开始提供快速、可靠、全天候的运输和通讯后，中间人链条开始消失。佣金商人一夜之间被销售公司所代替。这些公司以自己的名义直接从农场主或制造商那里进行购买，直接销售给加工者或当地的零售商，或在某些情况下直接卖给最终消费者。

在农作物的销售中，佣金商人很快输给了农产品经营者。这些经营者在
【97】铁路终点购买玉米、小麦和棉花，储存并托运农产品，然后直接卖给加工者。为了给这些交易融资，经营者广泛地依靠谷物、棉花和其他交易所。这些交易所是在电报通讯的基础上于19世纪50年代和60年代形成的。

在制成品或加工品的销售中，提供整个商品线、全面服务的批发商

（他们和前辈一样专门经营同一类商品，如纺织品、五金、药品和杂货）开始直接从制造商那里购货，直接卖给当地的零售商。这些新的批发商是发展现代营销技术的先锋，这些营销技术包括有品牌、广告和使用广泛的销售队伍。在使用铁路之前，南部和西部的农村店主一年去东部城市两趟进货。1850 年之后，新的批发商派出销售人员，直接把货物运送给这些零售商。

现代的大规模零售商——百货商店、邮购商店和连锁店——逐渐代替批发商，也是在这一时期开始发展的。首先出现的是百货商店，它们是为满足增长中的城市市场需要而产生的。然后是邮购商店——如蒙哥马利·沃德（Montgomery Ward）和西尔斯·罗巴克（Sears Roebuck）——集中于农村市场。尽管 A&P 和伍尔沃思（Woolworth' s）连锁店到 19 世纪 80 年代已颇具规模，但是 1900 年之前几乎没形成什么别的零售连锁店。

所有新的大规模销售商拥有广泛的购买和销售组织。制成品的大分销商在美国东北部和欧洲的主要商业和制造业中心都有采购办事处。对每一类主要商品，这些企业都有一个采购人员，由他决定所付价格、购买商品的数量和规格，以及安排把货物运到负责销售那类商品的办事处或部门。这些负责销售或经营的办事处负责处理广告、实际卖货和把货物发到消费者那里等业务。对所有的经理来说，成功的业绩标准是营业额，或用他们的术语来说是"库存周转量"。在不提高差价或价格的情况下，增加库存周转量就意味着增加利润。这些新企业于是创造了一体化的购销网络，认真设计这个网络，以协调巨额货物通过新运输体系直接从加工生产者向零售商或最终消费者的流动。

这些分销过程的基本变化是纯粹的组织结构变化。新的大规模销售商很少需要新技术或其自身广泛的资本投入。他们重新组织分销过程，以更有效地利用运输和通讯的新方式。尽管类似于菲什洛在铁路上所取得的生产率增长的数据并不存在，然而很清楚，由一家企业所经营的贸易额大大增加了，【98】
空前的库存周转量使得高利润与低价格相伴成为可能。1840 年之前只有最大的商行才有超过 50 万美元的年销售额。1865 年，马歇尔·菲尔德（Marshall Field）在芝加哥建立纺织品和服装批发企业之后不久，企业的销售额就达到了 950 万美元。5 年后，在该企业增加了一些新的产品线并开始扩展到零售业之后，销售额增加到 1 720 万美元。到 1889 年，几乎很少扩展人员和资本设备，其销售额已超过 3 100 万美元。A. T. 司图尔特（A. T. Stewart）、约翰·沃纳梅克（John Wanamaker）以及纽约和费城的其他大销售商所达到的销售额更大。新的零售业巨头，包括菲尔德（Field）、司图尔特（Stew-

art)、沃纳梅克（Wanamaker)、梅西的斯特劳斯（the Strauses of Macy’s）以及西尔斯的罗森沃尔德（the Rosenwalds of Sears）很快名列美国的富翁之列。同时由于他们的价格如此之低，小的店主开始要求州政府，之后要求联邦政府通过立法以保护他们免遭这样的竞争。

新兴的大销售商的生意速度和数额大大地增加了，这不仅减少了货物实际销售过程中的单位成本，而且降低了为这一销售进行融资的成本。在1850年之前，棉花、谷物和其他初级农产品的贸易大部分以年利率为5%~7%的90天或120天票据承付。对货物拥有所有权的零售商通常需要半年到一年的贷款。另一方面，新兴的大销售商所形成的高额库存周转量，使他们能够得到大笔现金流，可用现款来支付新的库存商品，或至少在30天内付款。初级农产品经营者，通过使用交易所的套期保值体系，能以很小的成本为农产品的流动融资。大规模销售中的组织革命带来了低融资费用和高速度、大营业额，由此产生的节约量尚未计算出来；但似乎有把握设想，这些新型企业的组织设计和管理质量降低了销售成本，提高了美国货物销售过程中的生产率。

2.3.3　大规模生产的到来

大规模销售只需要组织上的革新，而大规模生产还要求新技术和对资本设备的大量投资。应该指出的是，大规模生产不只是工厂生产。大规模生产
【99】技术允许工厂连续或大批量生产，这样的生产方式使得生产材料在车间能快速“生产”。高生产量是大规模生产的基础，正如高库存周转率是大规模销售的基础一样。某一个车间或一套设备的产量越大，单位成本就越低，利润增加的可能性就越大。

高生产量可以通过几种方式得到和提高。机械设备可以加以改善并高速运转。能源的使用量可以增加。组织设计和管理程序可以加以调整和提高，以保证生产材料从车间内生产过程中的一部分到另一部分之间连续、稳定、规律地流动，以及更有效地使用设备和操作设备的工人。最后，工人和经理都能够更熟练地完成任务。除了最后一点，所有这些增加生产量（以及每单位投入的产出量）的方式，都会增加资本、生产资料、能源和经理相对于劳动力的比率。大规模生产过程因此具有资本密集、材料密集和管理人员密集的特点。

增加产量的可能性随着生产工艺技术的不同而不同。在机械化的结果只

是手工劳动被相当简单的机器所代替的行业中，提高产出速度和数量的潜力很低。在织布业、木材业、服装业、制鞋业、马具业、家具业、地板业，以及图书、期刊、杂志的印刷业中，情况就是这样。一旦基础机械完备了，受过更好训练的工人和经理就能提高车间的生产率，但增加产出的基本方法是增加更多的机器和更多的工人。使用这样的生产过程的行业一直是劳动密集型的（即工人对资本的比率较高），直到完全进入20世纪，它们依然采用类似早期梅里马克峡谷（Merrimack Valley）纺织工厂的工厂生产方式。组织上的一个变化是这些制造企业的所有活动开始集中在一个人或一个办公室的控制之下（见本章图1）。

与此形成对比的是，在精炼和蒸馏行业，现代的高速度、高产量、连续性或大批量的大规模生产技术来势非常迅猛。到1869年——钻探第一眼商业油井后10年，炼油业已几乎不需要人工劳动了。劳动力的任务大都是包装最终产品。对能源的使用更加精细，超高温蒸汽蒸馏技术和高温“裂变”技术进一步提高了产出的速度和数量。例如，到1870年，裂变使煤油的产【100】
出比一般蒸馏法多了20%。在提炼糖、棉籽油和蓖麻油中，在酿制啤酒中，在蒸馏威士忌、工业酒精、硫酸和其他化合物中，类似的革新也出现了。这些行业中的生产单位很快变得资本密集、能源密集、材料密集和管理人员密集化。在这些行业中，扩大车间规模有可能得到比劳动密集型机械行业大得多的规模经济。例如，当标准石油托拉斯（the Standard Oil Trust）在1883年重组其冶炼能力，把美国冶炼业产量的几乎2/5集中到了三个巨型冶炼企业中，单位成本从每桶1.5美分降低到0.5美分。而相对来说，把纺织品或鞋类全国产量的2/5集中到三个工厂是不可能的。

在其他行业中，特别是那些加工农产品的行业中，随着连续加工机械的发明和连续加工车间的设计，也达到了相当可以的生产量。在19世纪70年代晚期和80年代早期，这些革新出现在香烟制造，面粉、燕麦和其他谷物的磨制，汤类和奶类的听装，以及肥皂和照片胶卷的生产中。这些行业很快成为资本、材料和管理人员密集型的。然而，一旦当机械和车间的设计日臻完善，进一步增加生产力的潜力就很有限了。精炼和蒸馏业也是这样。

接下来是冶炼和铸造业，尤其是金属制造和金属加工业。设备的改进、更精细地使用能源、更好的组织设计提高了管理技能，这些方面都存在着极大的、持续性的提高产出速度的潜力。在金属制造业中，是通过整合单个车间内的几个操作，以提供通过这些方式来提高生产率的最大机会。在金属加工业中，通过把加工过程细分为更专业化的生产单位来创造这样的机会。正是在这些行业中，现代美国工厂管理被完善起来了。

在金属制造业中，生产率迅速提高的显著例子出现在一些工厂，在这些工厂中，综合使用高炉、滚轧机、精轧机来制造铁轨、绳索、钢板和支架。应用贝西默（Bessemer）转炉和平炉，通过使用大规模机械和精细地使用能源，大大地提高了产量。而且，正如亚历山大·J·霍利（Alexander
【101】J. Holly）——曾建造美国几乎所有新的贝西默转炉工厂的工程师——强调的，美国工厂的产量之所以高于英国，不只是因为改进了转炉和其他设备，也是因为周详的工厂布局。后者包括多达70个建筑物和30英里的内部铁道。霍利也指出，"当工厂的生产能力因更好的安排和更好的设施而获得提高时，更好的组织和更多的准备、勤奋和有技术知识的管理阶层是这些工厂全速运转的需要。"① 正如彼得·特明（Peter Temin）在关于19世纪最后几十年的论述中指出的：

> 钢铁制造的速度不断提高，而新的革新又不断被引进，进一步加速了这一过程。蒸汽及之后的电力代替了人类肌肉的扛举和搬运，工厂被调整到能快速处理钢铁而极少出现过度疲劳，人从工厂里消失了。在世纪之交，在日产钢3 000吨的工厂里工作的工人不到一打，而这些钢是1850年匹兹堡一个钢铁厂一年的产量。②

当钢铁和其他金属制造工厂变得资本和能源密集后，它们也提高了管理人员对工人的比例，因为工厂运转材料速度的提高和数量的增加，加强了对监督控制的需要。

新钢铁企业的组织设计和运作程序多半归功于铁路。铁路和钢铁业的联系一直很紧密。第一家贝西默铁轨工厂是由铁路出资的。钢铁业最大的企业家安德鲁·卡内基（Andrew Carnegie）接受职业训练时的职位是宾夕法尼亚铁路匹兹堡分段的部门负责人。那条铁路的主要负责人J. 埃德加·汤姆森（J. Edgar Thomson）和托马斯·斯科特（Thomas Scott）和卡内基一起融资建设了J. 埃德加·汤姆森工厂。这家工厂在匹兹堡附近，于1873年动工，是最大和最高效的早期贝西默工厂。

卡内基把一位有经验的职业经理人W. P. 希恩（W. P. Shinn）从宾夕法尼亚铁路带来作新工厂的总经理。希恩引进和调整了铁路的会计和成本核算

---

①《冶金评论》（Metallurgical Review），1877年12月，第332~333页。【2】

② 特明：《19世纪美国的钢铁业》（Iron and Steel in Nineteenth-Century America）（剑桥，马萨诸塞，1964年），第165页。【3】

技术，包括在机车车间使用的凭单系统。他的每日成本单和其他数据被用来决定成本和价格，评价部门业绩，订单被接受前必须仔细核算成本，每周和每月的总结报告被送交主要由部门负责人组成的公司管理委员会和卡内基本人。据公司的一位高级主管说："有关材料成本的最微不足道的细节出现在
逐日逐周的账目中，不久涉及的每个人都认识到了。人们感觉到，并且常常【102】
说，公司的眼睛总在通过账簿盯着他们。"① 而且，如特明指出的，卡内基使用账簿来评价所引进的技术革新对扩大产量和降低成本的作用。以卡内基为先锋，别人很快跟着效仿，不只是在钢铁业中这样，而且还扩展到铜、锌、玻璃和纸张的生产中。

然而，在金属加工业中，机械、组织设计和管理业绩的改进，为生产力带来了最大的改变。因为金属较之布匹、木头或皮革更难成形，也因为其硬度，使其能较其他材料被加工成误差更小、规格更精确的产品，所以，与使用机械制作木头、布匹和皮革制品相较，新的改进了的机械使得金属制品的生产速度与产出有了较大的提高。在19世纪50年代和80年代之间的主要革新出现在铣床、磨床、冲压床、车床以及其他切割和加工金属的设备。事实上，美国机床业在其最具创新的几年中的历史，基本上是为金属加工业提供设备的历史。这些创新不只包括机械设计，而且也包括金属合金的开发，这些合金改进了机床的切削锋刃，从而加速了机床的运转。

组织设计和管理技能对增加金属加工业的产量和生产率特别关键，因为其生产过程较之其他行业需要对劳动力进行更细的分工。这种细分增加了工厂的子部门数量，从而使得维持稳定生产这一管理任务更加困难。在那些通过组装可互换零件来大规模生产机械和其他产品的企业中，管理任务变得最困难。这些企业生产火器、锁具、闹钟、手表、缝纫机、打字机、现金收入记录机、收割机、脱粒机和其他复杂农业机械、电动机械以及抽水机和其他重型设备。这些企业也比其他制造业使用种类更多、数量更大的原材料和半成品材料。

在19世纪五六十年代，负责这些金属加工企业的人致力于改进他们的机械和车间设计。只是在19世纪70年代的萧条增加了削减成本的压力后，
他们才开始密切关注改进组织设计。车间和工厂管理的新式系统或"科学"【103】
方式的创新者们，几乎都是与金属加工业有关的机械工程师。事实上，"科

① 詹姆斯·H·布里奇（James H. Bridge）：《卡内基钢铁公司内部史》（The Inside History of the Carnegie Steel Company）（纽约，1903年），第85页。【4】

学管理”运动在美国的发展史可在美国机械工程师协会的会议活动中找到轨迹。该协会成立于1880年。在19世纪80年代中期，组织设计已成为协会首要关心的问题之一。在协会1886年的年会上，亨利·R·汤［Henry R. Towne，协会主席，也是耶鲁及汤锁具公司（the Yale & Towne Lock Company）的总裁］，在其题为“作为经济学家的工程师”的主席讲话中，敦促协会成员致力于车间管理和车间会计：

> 车间管理，包括组织、责任、报告、承包和计件系统等所有与车间及工厂行政管理有关的问题；车间会计包括计时和工资系统、核定单件产品或日工作量的成本、记账方式、各种费用账户的分配、利润的确定等所有进入会计系统和企业的制造部门相关以及决定与记录企业经营成果有关的问题。①

协会在其早期的会议中所讨论的改善车间管理和会计的技术之一是由票、卡组成的“车间订单”系统。这种方式首先在生产缝纫机的企业里得到了充分发展，这似乎是从铁路机车车间借用而来的。它要求工厂主管给每个订单一个号码和一套特定的卡和票。当订单传递到其管辖范围时，每个车间或分部门的工头在订单上和订单的每一项上记录所使用生产材料及劳动力的数量。票据的副联留在那个车间，主联和订单一起传到工厂的其余部门，后者提供了每个订单在所有部门的总成本，而通过前面副联的累积可以回顾某一个具体时期一个车间或部门所耗费的材料和人力。这些信息提供了按产品和生产过程划分的基本成本（人力和材料）的精确数据，这些信息也使得控制产品在工厂的流动，以及控制原材料和半成品材料的库存成为可能。最后，这些信息能让管理人员评价分部门及整个工厂的业绩。

为了使工人和工头们接受新的控制程序，汤在19世纪80年代末期提出了一个计划，通过这个计划，雇工和业主都从其后产生的生产率提高中受益
【104】了。通过这个计划，任何通过更有效地规划时间，更有效地使用原材料和机器，以及引进更好的设备所产生的成本降低，将由公司和工厂平等地共享，工人得到所节约成本的30%～40%，工头得到10%～20%。这个计划经另一个工程师弗雷德里克·哈尔西（Fredrick Halsey）作调整后，被用在一些美国金属加工工厂里。

麦德威尔钢铁公司（the Midvale Steel Company）——该公司生产种类繁

---

①《美国机械工程师协会学报》（Transactions of the American Society of Mechanical Engineers），VII，（1886年），第429～430页。【5】

多的机加工铸件和零件——的弗雷德里克·W·泰勒（Frederick W. Taylor）登台了。他早期曾在麦德威尔采用车间订单这一控制方式及其他系统方式来提高产出。1895年，他在机械工程师协会发表了一篇重要论文。在文中，他明确提出自己要改进汤和哈尔西的收入分配计划。首先，他提出，这些计划错误地根据过去的经验来核定成本和所产生的共享的成本节约。相反，成本和成本节约的核定应以标准时间和产出为基础。标准时间和产出将通过详细的工作分析和对所涉及工作的时间—动作研究来“科学”决定。其次，泰勒想在胡萝卜外再加上大棒。如果工人超过正常产量并削减成本，汤会奖励工人，而如果工人达不到规定标准的话，泰勒还会通过减薪来惩罚工人。

为了执行其计划，泰勒希望把车间工头一并撤掉。他建议组成一个计划部门来管理整个工厂，通过一些高度专业化的老板或“职能工头”来实现。计划部门将进行工作分析及时间—动作研究；它还要设立产出标准。在检查工厂收到的订单后，它将在其分析和信息的基础上规划目前订单的流动，确定工厂每个运行部门的日工作计划。此外，还将进一步完善车间订单控制体系，保持不断地检查“所有项目的成本，这些项目的制造有完整的费用分析和完整的每月相对成本和费用展示”。最后，它还要负责雇用和解雇。这种详细的、非个人化的整体控制让每个工人集中精力做一项高度专业化的日常任务。

泰勒的极端内部专业化在美国工业中较少成功。正如他的批评者很快指出的，这些建议不能指出生产材料流过每个部门甚至整个工厂时的权责。在经“科学管理”的推行者重新组织的工厂里，分部门继续由工头来管。这些工头仍然是杂家而非专家，他们呆在从总裁到总经理或主管的权力线上，【105】
继续负责他们所在单位的产量控制。计划办公室成为工厂经理的支柱（见本章图2）。新的职员办公室包括人事、会计、检验、电力和工厂工程、产品设计、方式、生产效率和订货等办公室。最后一个办公室通常负责规划生产材料在工厂的流动，而生产效率部门关心设计、人员的流动（以时间—动作研究为基础），以及确定工资率。

1900年之后金属加工业中生产率的显著提高归因于对机床上使用的金属的改进，以及使用更多的能源来运输生产过程中的材料。泰勒本人在1899年对加快生产速度起了很大作用，当时他和合伙人开发了高速钢，这是一种能允许以快得多的速度切割金属的合金。这种速度的加快，反过来又带来了车间管理措施的更为激进的重组。

十年之后，亨利·福特（Henry Ford）和一些亲密的合伙人致力于把电用到生产材料的运输中，这成为一项著名的革新。对首先产于1908年的福特T型车的巨大需求，使这些人集中精力改进工厂设计和专业化机械以推进生产的步伐，到1913年他们已完善了流动装配线。新的生产过程减少了生产一辆汽车的劳动时间，从1913年初的12小时8分钟降到了1914年春天的1小时33分钟。那时底特律的海兰德帕克工厂（the Highland Park plant）以每天1 000多辆的速度生产汽车。流动装配线半个世纪以来改进了机械和工厂设计的累积以及能源的应用，很快成为现代大规模生产的标志，并保持了下去。

所产生的新的生产速度、数量和效率使亨利·福特能制造世界上最便宜的汽车，支付世界上最高的工资，成为世界上最富有的人。事实上，那些最先使用新的大规模生产方式的企业，其所有者快速积聚了全国最多的财富。不只对福特、洛克菲勒（Rockefeller）和卡内基（Carnegie）来说如此，对杜克（Duke）、伊斯门（Eastman）、斯威夫特（Swift）、阿穆尔（Armour）、麦考密克（McCormick）、威斯汀豪斯（Westinghouse）、杜邦（the du Ponts）和其他人来说也一样。然而在所有的事例中，这些先驱企业都不只限于大规
【106】模生产。所有这些使其所有者富有的企业同时也是在其行业中最先把大规模生产和大规模销售结合起来的企业。

2.3.4　现代工业企业的到来

现代大型工业企业的显著特色正是它把大规模生产和大规模销售结合起来。这些大型一体化企业首先于19世纪80年代突然戏剧性地出现在美国。而直到那时为止，几乎所有的美国企业只从事单一的经济功能。它们或制造、或销售、或开采、或运输。但是到1900年，一小部分大型多功能一体化企业已开始主宰美国的许多主要行业。

在1880年之后的20年中，制造业者按两种不同途径扩大了规模。一组制造商发现现有的大规模经销者不能有效地分销和出售他们的高额产出，他们通过建立国内和国际的营销组织而扩大了规模，之后通过建立扩大的采购网络来进行后向整合。另一组制造商——那些发现现有市场渠道比较满意的企业——通过兼并来扩大。那些采取第二种途径的企业开始进行非正式的联合，之后形成更正式的卡特尔。之后他们把小的合作伙伴（通常是家庭企业）合并到一个单一的法人企业中，这个法人企业采取托拉斯或持股公司的形式。在接下来的步骤中，分公司的工厂被集中到一个单独的制造部门的控制之下。最后，合并后的企业开始建立大规模的销售和购买组织，开始着

手控制原材料和半成品的供应。每一种扩张途径都导致一些企业的形成，这些企业建立了管理网络来协调生产材料的流动——从原材料供应商通过生产过程到零售商，而且常常是到最终消费者。

那些最初把大规模生产和大规模销售结合起来的企业，即那些发现现有市场渠道不适合的企业，可分为三种类型。

第一种由半易腐的（semi-perishable）低价包装产品生产商组成。这些企业于19世纪70年代晚期和80年代早期设计并投产了高产的、机械的、连续加工的机器和工厂。这些企业包括香烟［杜克的美国烟草公司（Duke's American Tobacco）］、火柴［钻石火柴公司（Diamond Match）］、早餐粥［奎克燕麦公司（Quaker Oats）］、听装商品［坎贝尔（Campbell）、黑兹（Heinz）和波登公司（Borden）］、肥皂［宝洁公司（Procter & Gamble）］和照相设备［伊斯门·柯达公司（Eastman Kodak）］制造商。新的连 【107】
续加工机械使产量的大幅增长成为可能。例如，当波赛克（Bonsack）卷烟机在19世纪80年代晚期被完善后，40台机器就能满足当时的世界需求。之后，所有这些新的连续加工行业中的制造商们建立了广泛的、常常是世界范围的销售网络，来配合其生产能力。为了保证生产材料稳定地流入工厂，他们增加了大型采购网络。尽管他们继续使用批发商来处理实际的销售，但他们开始负责调度商品从工厂到批发商和大型零售商之间的流动。在销售中，他们更多地致力于广告，而非使用推销商。

第二类制造商通过建立国内、国际的分支销售机构来扩展。它们是新型机器的制造者，通过装配可互换零件来进行大规模生产，要求专业化的销售服务。这些服务包括销售演示、安装、售后服务和修理，以及消费信贷。这些企业生产缝纫机［胜家（Singer）］、复杂农业机械［麦考密克收割机（McCormick Harvester）、约翰·迪尔（John Deere）和J. I. 凯斯（J. I. Case）］，以及新发明的办公机器［雷明顿打字机（Remington Typewriter）和国家现金记账机（National Cash Register）］。在19世纪80年代，生产重型机械的公司［奥蒂斯电梯（Otis Elevator）、西部电气（Western Electric）、威斯汀豪斯（Westinghouse）、爱迪生通用电气（Edison General Electric）、巴布科克和威尔科克斯（Babcock & Wilcox）以及沃辛顿管道（Worthington Pump）］，建立了类似的全球营销组织，在其营销中，这些企业更多地依靠使用推销员而非广告。

同样在19世纪80年代的10年中，第三种类型的制造企业开始建立相对的一体化企业。不过这些企业是被迫这样做的，因为他们依靠大规模销售的新技术，而非大规模生产的新技术。当鲜肉的加工者［斯威夫特（Swift）、阿穆尔（Armour）、莫里斯（Morris）和卡达希（Cudahy）］开始用铁路的冷藏车厢来销售其产品时，他们不能再依靠现有的批发商了。他们必须形成一个由分支机构组成的全国性网络，这些分支机构拥有冷冻仓库和销售设施，之后他们建立了大型采购组织。在19世纪80年代进入全国市场的啤酒生产商［帕布斯特（Pabst）、施利茨（Schlitz）和安霍伊泽·布施（Anheuser Busch）］遵循着大体相同的发展模式。由于其产品的易腐性，比起香烟和肥皂制造者来说，这些生产者设计了更复杂和精密的技术，以保证从原材料购买、加工到零售或最终消费者的连续流动。

所有这三种通过建立广泛的销售和采购组织来扩大规模的企业有许多共
【108】同之处。他们都使用新的大规模生产技术；他们都把其生产集中在少数大工厂中；他们聚集在少数行业中（“两位数”行业组20、21、35和36——食品、烟草、机械和电子机械——按美国商业部的标准工业分类）。所有这些企业主宰了他们各自所在的较小（“四位数”）的行业。这些行业几乎从一开始就具有寡头垄断或垄断的性质，而从未具有传统意义上的竞争性。

这些最初的寡头垄断企业中相当多的企业也成为美国最初的多国公司。在把营销组织扩展到国外后，他们常常在外国建立制造设施，这主要是因为当地的关税和其他限制，之后他们开始用当地资源来供应这些企业，很快他们的海外活动就通过自主的、一体化的海外子公司来进行了。

最后，因为这些企业成功地把高产出量和高库存周转的优势相结合，使他们能够自我融资。高额生产和销售所产生的现金流为流动资本和固定资本提供了充足的资金，因此这些先锋企业很少去资本市场寻求资金。当需要补充资金时，他们可从当地的商业银行获得短期贷款。其结果是，这些企业的所有权保持在建立者、一些亲密合伙人和他们的家人手中。

那些采用第二种途径来扩大的企业，是发现现有渠道令人满意的制造商，他们之所以进行兼并，主要是因为暂时性的生产能力过剩。在19世纪70年代，制成品的价格下降得厉害。在许多不同的行业，对价格下降做出的反应是形成通过贸易协会运作的卡特尔。在19世纪80年代，一小部分使用大规模生产技术的精炼和蒸馏企业超越了卡特尔，把卡特尔的成员合并成一个多单元企业。这是最初的工业托拉斯，事实上几乎也是惟一的工业托拉斯。这些合并企业然后把制造设施集中到几个大型工厂，以便获得其技术性生产工艺所允许的规模经济。其始作俑者，标准石油公司（Standard Oil），在整顿其精炼能力后，开始通过购买或建设营销部门，以及获得和生产一些自有原材料来进行垂直合并。棉籽油、亚麻籽油和铅的托拉斯很快学习标准石油公司的榜样，其他两个托拉斯——糖和威士忌——满足于利用低成本、高产出的竞争优势。在新泽西控股公司法律于1889年通过之后，1893年之【109】
前许多合并企业出现在范围更广的行业中。

在19世纪90年代中期较萧条的几年后出现了美国历史上最重要的兼并运动，兼并出现在所有类型的行业中。一个原因是，萧条再一次提供了令人信服的例证，证明了维持卡特尔的困难性。另一个原因是，在《谢尔曼反托拉斯法》（the Sherman Anti-trust Act）于1890年通过后，联邦法庭的裁决似乎宣称卡特尔是非法的，而控股公司是合法的。还有一个原因是发起人和金融家认识到通过促进这样的兼并可以得到可观的利润。但兼并运动出现在世纪之交的最重要的原因是制造商想模仿那些成功的企业——它们在19世纪80年代对生产进行了合并，并把大规模生产和大规模销售结合在一起。

总之，制造商们很快明白，兼并很少成功，除非分公司实际上已把生产合并到一个单独的制造部门，并且实际上建立了全国性的营销和采购网络。那些继续使用持股公司作为维持早期卡特尔［如国家绳索（National Cordage）、国家盐业（National Salt）和美洲麦芽作坊（American Malting）］之方式的兼并案通常都是失败的。即使是那些进行了合并和垂直整合、并继续保持成功、主导其所在行业的企业，也只是因为他们能把大规模生产和大规模销售的优势相结合。当他们的生产具有资本密集、能源密集和管理密集型特点，并且使用大批量或连续加工技术时，这种情况才会出现，在某些情况下，其产品要求特殊的营销服务，如演示、安装、服务和维修，以及消费信贷。

这些成功条件存在于生产半易腐包装产品如糖、饼干、糖果、威士忌和其他蒸馏产品的行业中的兼并中，也存在于生产标准化但相对复杂机械的行业中，如制鞋机和印刷机（所有这些都处于同样的SCI组别——20和35组——通过内部增长来扩大规模）。他们也出现在石油、橡胶和爆炸物行业、某些化学行业（SCI组别28、29和31）和某些玻璃及造纸业（SCI组别26和32），这些行业使用连续或大批量生产技术。这些经过合并和整合的新企业很快主导了他们的行业，并开始加入美国早期的多国公司行列。【110】

因兼并和整合而产生的大规模企业在资本密集的钢铁和有色金属业（SCI组别33）中也取得了成功。在此，大规模生产要求详细安排和协调原材料向工厂及制成品向消费者的流动。但由此形成的组织跟那些从事更为标准化的大规模生产的产品的企业有所不同，他们的营销组织要小得多，而采购部门，尤其是原材料生产部门要大得多。当这些行业开始具有寡头垄断特征后，行业中主导企业不能像大规模生产和连续加工的金属行业中因兼并而产生的寡头垄断企业一样成为多国企业。

另一方面，在把大规模生产和大规模销售结合之后没有形成优势的一些行业，兼并较少成功。新的整合后的兼并企业没能在某些行业中扮演主要角色，在这些行业中，制造工艺是劳动密集型的，采用额外能源不一定能加快生产过程，销售很少需要特殊的营销服务，生产和销售的安排不是很重要。上述特征中的一种或多种出现在下述行业中：纺织、皮革、木材、衣服、帽子、鞋、马具、家具、马车制造和其他木材加工行业；雪茄和食物；不需要特殊安装、服务或信贷的简单金属装配产品和机械；专业化的机床和仪器；印刷和出版。在这些行业中，许多单元的增加、联合、整合不能提供低成本或消费者满意度提高等意义上的特殊竞争优势。在这些行业中，单一单元的企业——通过大规模营销商或制造商的代理进行销售——能继续成功地和大规模的一体化公司进行竞争。这些行业一直保持着高度的竞争性，直到进入20世纪。尽管《谢尔曼反托拉斯法》于1890年获得通过，但是它对全国首次大规模兼并运动的结果影响极小。技术和营销，而非法律限制，是决定企业规模和行业结构的关键因素。

2.3.5 组织建设

那些通过兼并而扩大的企业最后形成的组织设计，与那些通过建立自身
【111】营销和购买网络而扩大的企业相同。一体化企业的内部结构几乎在所有的例子中都是一个由职能部门组成的集中式结构（见本章图4）。然而两种不同的增长途径确实影响了随之而来的管理性质和规模，原因是两种途径带来了不同的财务和管理问题。

例如，兼并后的企业不能依靠目前的现金流来为其活动融资。因为在把其活动集中起来的过程中，兼并后的企业常常重组了美国主要行业中的大部门。旧工厂被关闭了，另一些被现代化了，新的工厂开设在能够利用变化中的市场和有供应优势的地方。这种重组需要大量资金，而且兼并本身需要外部资金，尤其是在一些加入合并的企业坚持用现金和证券来换取其股票的情况下，因此19世纪90年代的兼并案使工业企业破天荒第一次依靠华尔街和其他资本市场来获取资金。到第一次世界大战时，工业证券已变得几乎和铁路与政府证券一样易于被投资证券组合所接受了。

这样融资的一个结果是投资银行家开始加入新的工业公司的董事会。更

重要的是，股份所有权——已通过兼并过程而分散化了——变得更加分散化。与此同时，领薪的经理被雇用来运作新的部门，领薪的高级行政人员进入新的集中的公司办公室。因此，比起那些因内部扩张而增长的公司来说，因兼并而产生的公司拥有数量更多的中层和高层经理。在这些兼并后的公司中，所有权和经营权几乎从一开始就被分开了。这些公司可以被称为“经理型企业（managerial enterprises）”，以区别于那些内部增长的企业，后者的股票继续由企业家或一小部分建立企业的合伙人或其家人所持有。那些其所有者继续在高层管理决策尤其是长期投资决策中有发言权的大型企业，可被称为“企业家型企业（entrepreneurial enterprises）”。

对于那些由领薪管理人员领导的新型管理型企业，首要的和最紧迫的任务是建立用于管理合并后资产的组织设计。这种设计的目标是维持以及在可能时增加不同运作分部门的产出速度和数量，希望使整体的生产率高于各分部门分别获得的生产率。当美国橡胶公司（the United States Rubber Company）及其他合并案的组织者查尔斯·R·弗林特（Charles R. Flint），在 1899 【112】
年被要求描述“合并管理的利益”时，他回答说：

> 这个问题较难回答，因为内容很多，下边是主要部分：大批购买的原材料可以按较低的价格拿到；在各个工厂大规模专业化制造，可使专门的机械和工艺得到充分利用，从而降低成本；质量标准被提高和确定了；种类减少，最佳标准被采纳；那些拥有最好的装备和位置最有优势的企业，其运作继续优于条件差一点的企业。在当地发生罢工和火灾时，别处的工作在继续，因此避免了严重的损失；不再增加销售方式——一支较好的销售队伍代替了更多的销售人员；对分支店铺来说也一样；销售条款和条件变得更加统一，通过比较核发的信贷更安全；所持的存货总量大大减少，这样就节省了利率、保险、仓储和商店设施；更佳的管理技能使整体利益增长代替了局部利益增长；通过比较会计和比较管理实现了较大的优势……主要的结果是，市场价格低了许多……①

然而，合并的经济优势没有一种是自动产生的。这些优势的实现要求对内部组织和统计数据给予同样的关注，如十年前的第一条大型铁路的运行一

① 来自一个题为“工业稳定性的福音”（The Gospel of Industrial Steadiness）的发言，于 1899 年 5 月 25 日在波士顿发表，收编在詹姆斯·H·布里奇（James H. Bridge）的《托拉斯：它的书本》（The Trust：Its Book）（纽约，1902 年）中，第 87 ~ 88 页。【6】

现代工商企业的基本组织形式

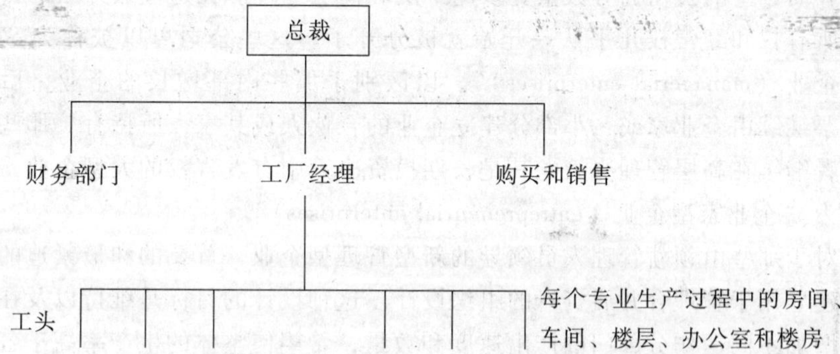

图 1　简单分工后的单一单元企业，19 世纪 40 年代后由采用简单技术的工厂使用

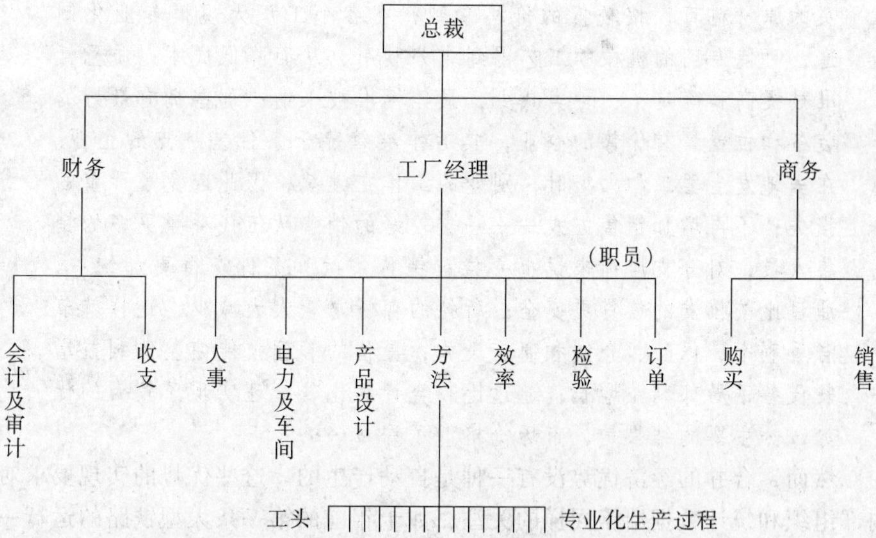

【113】 **图 2　简单分工后的单一单元企业，19 世纪 90 年代后由采用复杂技术的制造企业使用**

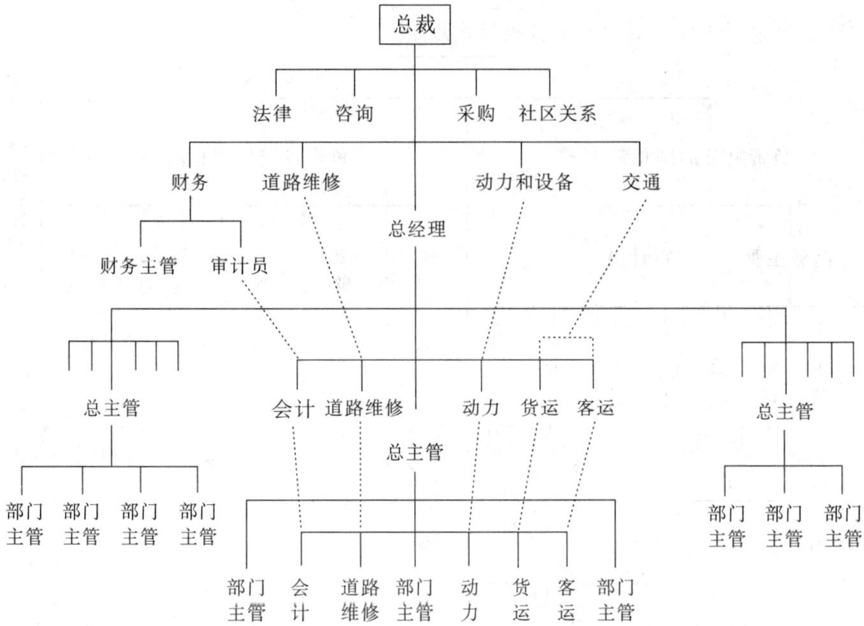

图 3　多单位企业（有行业及职员组织），19 世纪 70 年代后被铁路使用，在 20 世纪调整后由航空、大型公共汽车和卡车行业使用

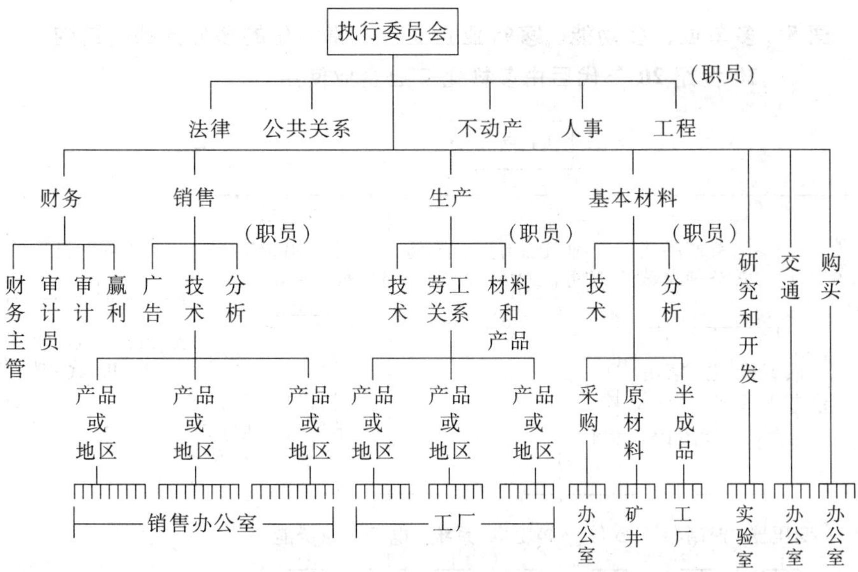

图 4　多部门、多功能企业：中央化的、功能部门化的结构，从 19 世纪 90 年代起由一体化的制造业公司使用

【114】

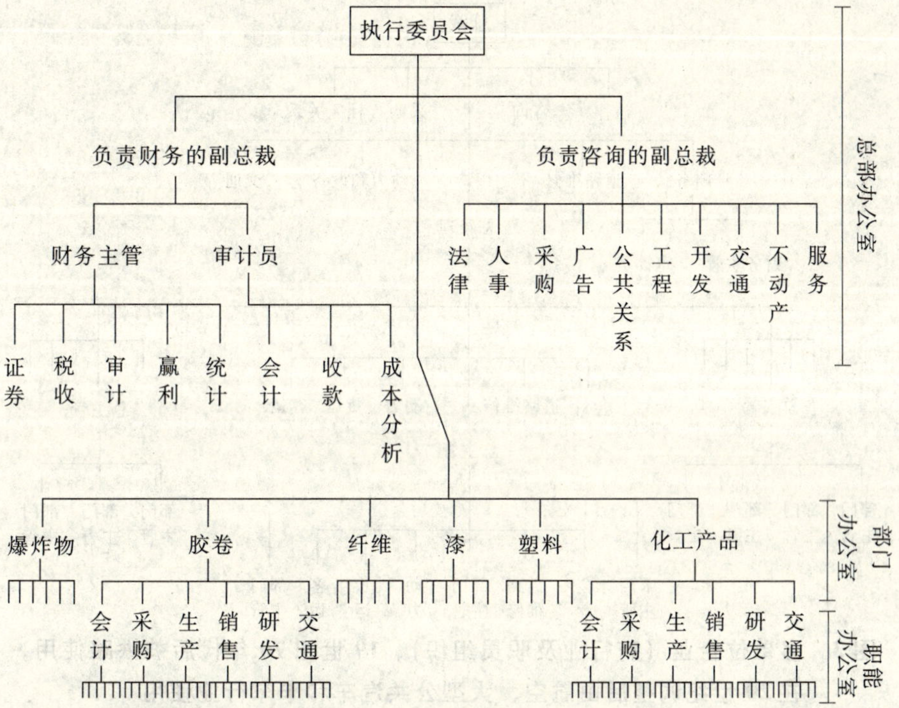

图 5　多单位、多功能、多行业企业：非集中化的多分支部门结构，20 世纪 20 年代后由多样化工业企业使用

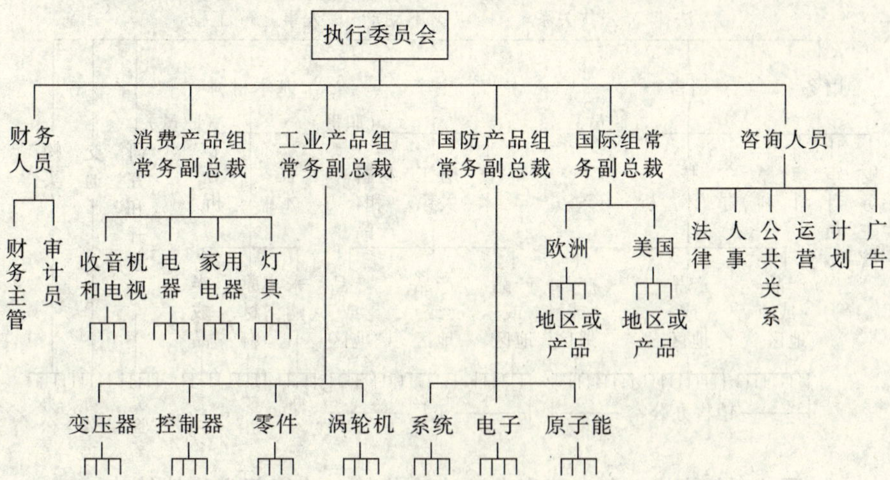

【115】

图 6　多单位、多功能、多行业、多国企业

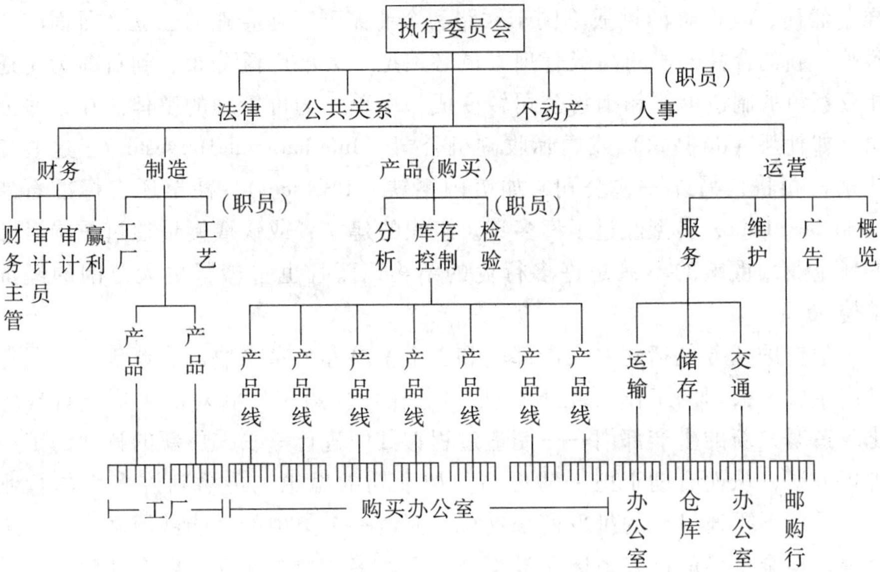

图 7　多单位、多功能的零售（邮购）企业：集中式的结构，被 20 世纪的大规模零售商采用。（19 世纪的结构基本相同，但职员较少、邮购公司很少涉足制造业，所有的零售企业都是以人为首，而非以委员会为首）

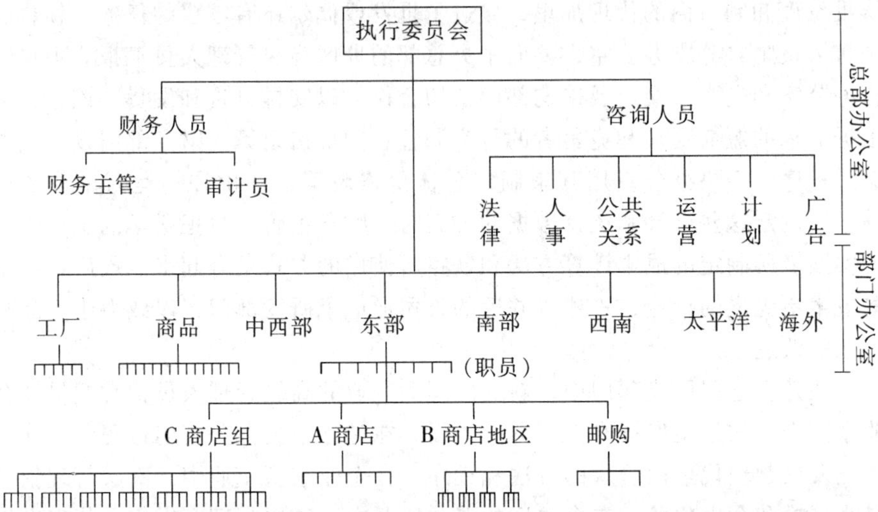

图 8　多单位、多功能、多地区的零售企业：非集中化的、多分支部门的结构，第二次世界大战后由大型大规模零售商使用

【116】

样。然而，其面临的挑战不同于铁路和企业家型工业企业的创立者所面临的挑战。新的合并公司的高级管理人员必须把一大堆广泛分布、到目前为止还相互竞争的制造单位和销售公司转变成一个单一的可管理的整体。在某些公司，如杜邦（du Pont）或国际收割机公司（International Harvester），这些变化来得很快，另外一些公司，如美国钢铁（US Steel），甚至还有标准石油（Standard Oil），转型经过了许多年。组织的建立者或快或慢地通过重构自己的新企业，重塑的不只是许多行业的结构，而且也重塑了更大范围的经济结构。

他们的任务包括建立功能部门和一个中央办公室来协调、评价、计划各部门及整个公司的工作（见本章图4）。在建立新工厂和对旧工厂进行现代化改造时，新的生产部门——制造过程在其中进行——采用新的科学的工厂管理方法，从而有助于把一些思想，如泰勒的思想，传播到许多美国行业中。采购不再通过小的批发商来进行，而由一个集中的采购部门来执行，从全国乃至全世界的许多地区大量买进。在许多公司中建立了两个部门——一个部门处理原材料的大量流动，另一个部门为公司的办公室和工厂购买少量其他供应品（尽管依然是大批量的），交通部门负责安排把原材料和半成品运入工厂，把成品从工厂运到分销点，而且常常要到达消费者手中。这些材料和产品常常用公司自有的轮船、铁路车皮和后来的卡车来运送。销售部门从批发商和制造商的代理那里，接过了批发或偶尔还有零售的任务。领薪的销售人员来自分支办公室，要向中央总部的地区高级管理人员汇报。中央销售办公室和生产、交通及采购部门密切合作，以安排订货和发货，该办公室根据需求的短期变动和竞争者的行为调整总的价格政策。财务部门设立成本会计程序，中央办公室用其来制定总体价格政策，评价许多运营单位的业绩。在制定这些会计和统计数据的方案时，财务主管人员把科学的工厂管理的实践者所制定的成本计算方法和铁路所使用的方式结合起来。最后，在一些技术更先进的行业，一些合并后的公司形成了研发部门，以致力于产品和
【117】工艺的改进。

在建立这些职能部门中，新的经理型企业的高级管理人员常常把早期企业家型企业的经验发扬光大。另一方面，在建立中央办公室的过程中，他们率先发展起现代全面管理的方法和程序。在企业家型企业中，高层管理依然是小规模和个人化的。在合并后的兼并企业中，高层管理变得集体化，做集体决策的过程日益系统化和合理化。高层管理集体，通常作为董事会的一个执行委员会，包括董事会的总裁和主席，以及职能部门的负责人。在杜邦、

伯利恒钢铁（Bethlehem Steel）和其他一些合并公司，领导每一个职能部门的副总裁负责总体的监督和计划，而部门的“主管”（不出席高层委员会）负责日常行政管理。

执行委员会评价、协调和计划各部门及整个公司的工作。评价变得相对日常化，并以财务部门的比较统计数据为基础。通过采用部门间合作的方法来安排企业不同部门之间的流动，使协调工作进一步系统化。长期计划和资源配置——包括熟练人员和资金及原材料——很快成为执行委员会最艰难的任务，耗去了委员会的大部分时间，在进行配置的过程中，委员会开始要求对行业内外的需求和技术进行长期预测。

在其评估和计划中，执行委员会的基本标准是投资赢利率。决定赢利率的公式变得更加复杂。在杜邦和其他大企业中，赢利率开始包括总资本周转率和销售收益率。“周转率”被定义为销售对现有工厂总体的本期投资及流动资金的比率，当周转率增大时，赢利率也增大。这个概念使得变化中的产出和存货周转的结果被纳入公司的基本统计和会计数据中。

在第一次世界大战之前，采用新式的中央化、职能部门化结构的现代工业企业不仅在制造业中日益完善，而且也被大型零售企业采用（见本章图7）。20世纪早期，百货商店、零售连锁店和邮购公司大大地扩展了他们的产品线、销量，以及销路的数量。某些企业还通过获得制造设施的控制权进 【118】
行后向整合。在所有的情况下，他们继续安排物流、设计产品、制定通过他们柜台和发货办事处的所有产品的价格和质量。

接着是战后1920~1921年的急剧衰退，这是自世纪之交的兼并运动以来，对工业产品需求的首次持续下降，突然暴露出新型管理控制的基本弱点，尤其是在那些其生产和销售过程需要大量的原材料和半成品存货的企业中。一些公司——那些推销易腐食品的公司，以及那些从一开始就通过电报通讯来协调货物在其购买、加工和销售单元之间流动的公司——在收缩产量上相对困难较少。但是这样的通讯不能保护电力、汽车和其他大规模生产机械的公司或一些使用大批量和连续加工生产的金属、化学和橡胶企业，甚至还有大规模的零售商。此处原材料和半成品必须在最终产品完成几周前，有时甚至是几个月前订货和安排运输。其结果是，战后的衰退导致存货迅速超额增加，使许多公司产生了急剧的临时性财务危机。

这种战后的存货危机导致通用汽车（General Moters）、通用电气（General Electric）、杜邦、西尔斯·罗巴克（Sears Roebuck）和其他公司把几乎所有的日常活动和仔细的需求预测紧密地结合起来。安排购买、生产、雇用、发运成品、甚至确定价格（因为价格依赖于单位成本，而单位成本反过来依赖于产出数量）逐渐开始以年度的需求预测为基础，而需求预测又定期根据实际销售报告进行调整。这些预测反过来又取决于国民收入的规模、商业周期状态、正常的季节性浮动和预期的市场份额。当产出、流量和定价根据短期预测确定时，未来生产的投资决策更系统化地与长期预测相联系。随着这些预测的发展，大型美国工商企业的内部构造实际上完成了。在20世纪20年代之后，生产单一行业产品的多功能企业内部的变化基本只限于对已有形式或程序的调整。

因此，到20世纪20年代，现代美国经济中商品和服务生产的机构性安排已经很明确了。在需要对高速、大量的生产和销售加以紧密运行控制，以降低成本、提高生产率的行业中，大型一体化企业控制了流动、数量和价
【119】格，而且这些行业对现代工业和城市经济的健康和增长极为重要。罗伯特·埃夫里特（Robert Averitt）在其《二元经济》（The Dual Economy）一书中使用七种标准定义了美国经济中41种主要行业：那些在传播技术进步、资本品生产和行业内依赖程度（即有高度的后向和前向联系）等方面居于领先地位的企业；那些对其他行业有很大的价格/成本影响和很大的工资确定影响的企业；那些在领先增长部门中的企业；以及充分就业的瓶颈行业。到1919年，美国的前100个最大的工业企业运行于38个行业中的34个中（三个电子行业还没有产生）。这些企业仅仅没有出现在两个机床行业和两个工具制造行业，而且，除了少数几个行业外，这些行业已变得集中化。另一方面，前100名企业极少在较老的行业中经营，这些行业加工天然纤维、木材、皮革或一些蔬菜产品，或进行简单的金属成形。在这些非集中性的行业中，小的制造商继续通过批发商或制造商的代理进行购销，但即使是在这些非集中的行业中，在经济中心中运作的大型企业在控制商品流动和定价方面起着日益重要的作用，这不仅是因为其在主要行业的主导地位，而且也因为他们与较小的单一功能、单一单元的企业进行买卖。

2.4 第一次世界大战后的现代工商企业

第一次世界大战后，大型一体化企业继续扩大规模和影响。它在生产和销售中的活动越来越分散。与此同时，这种形式在其他经济部门也用得越来越多。这种增长对某些基本过程和程序相对几乎没有影响，大型多功能企业

通过这些过程和程序来执行其把投入变成产出的职能。可是，这却对高层管理层处理其任务的方式（尤其是为未来产品和服务产出而投资于生产要素）有影响。

当大型企业在规模上扩张时，它给中央办公室增加了新的职员部门。20
世纪20年代需要大规模雇用职员，20世纪30年代需要和工会打交道，这 【120】
导致了劳工关系部门的设立。为和股东及范围更大的社区搞好关系，设立了公共和股东关系部。在那些拥有技术复杂的加工过程和产品的公司，研发部门的增长更重要。

2.4.1　企业在生产和销售方面的演变

可以预料到的是，第一次世界大战后企业演变方面的主要发展来源于变化中的技术和变化中的市场之间的相互作用。当国民收入和总需求在20世纪20年代晚期开始持平，之后在20世纪30年代大幅下降时，那些在研发中投入巨资的企业开始新的增长战略。他们使用其实验室把科学概念系统地用于为新市场开发新产品。产品多样化战略反过来导致采用新型的“非集中化”结构，由一体化的自主运行部门和总办公室组成。总办公室评价和计划各分部门以及公司总体的工作。

身处美国技术最先进行业中的大型一体化企业拥有最好的机会开始其新战略。它们变成多行业和多功能的企业。它们拥有必要的技术和管理技能；而且，它们的寡头垄断地位有助于其保持赢利，即使在大萧条时期。此外，正是因为这些公司积累了人力培训和设施方面的广泛资源，在老市场停止增长后，它们的高级管理人员比小企业的管理人员有更大的压力找到新的市场。

因此很自然，那些在研究和开发方面投入最大资源的企业，是首先多样化的企业，是通过采用连续性的多样化战略而增长最快的企业。1929年，在有组织的工业研究中，2/3的人员集中在5个行业：电力行业占31.6%，化学行业占18.1%，机械工业占6.6%，金属工业占6.6%，橡胶工业占5.9%。迈克尔·戈特（Michael Gort）在一个关于产品多样化的详细研究中指出，20世纪30年代，化学公司是主要的多样化者——即它们比其他行业
的企业增加了更多的新产品线，接下来按顺序是电力机械、运输机械、原生 【121】
金属和橡胶行业中的企业，而且这些多样化企业进入的行业（按顺序）为化学制品、机械、金属装配、电动机器、食物，以及石头—玻璃—黏土。这种相互交织的多样化类型一直持续到第二次世界大战之后。

单个公司的经历强调了戈特的更普遍的观点。在20世纪20年代，像杜邦、碳化物联盟（Union Carbide）、化学联盟（Allied Chemical）、赫库勒斯（Hercules）和蒙桑托（Monsanto）都转移到了新的行业，而且每个公司都是从其自身的特殊技术基础出发（例如，杜邦的基础是硝化棉化学、碳化物联盟的基础是碳化学）。在同一个年代，大型电气制造商——通用电气和威斯汀豪斯屋（Westinghouse），那时集中于制造光电设备——开始多样化生产，生产种类多样的家用电器，如收音机和X光设备。在20世纪30年代的大萧条期间，通用汽车开始制造和销售柴油机车、设备、拖拉机和飞机，其他汽车公司也在较低的程度上这样做了。原生金属的制造商，尤其是生产铜和铝的公司，转向生产厨房用具和家用器材。一些橡胶公司开始开发橡胶化工的潜力，另一些公司使用其销售网来销售种类繁多的产品，这些产品常常是别的公司制造的。也是在20世纪30年代，食品公司开始使用其营销设施来经营新产品，而且他们很快开始自己加工这些产品了。

这些同类的公司大部分开始采用新的非集中的结构来迎合新战略的需要。这种结构最初被杜邦公司的职业经理人加以完善，以计划、协调和评价一个多行业企业的活动业绩。这种结构的采用使从一个行业到另一个行业的转移容易了（见本章图5）。每个自主部门负责一个主要产品线在其生产和销售中所涉及的所有职能。这些部门的内部组织类似于那些大型的、一体化多功能企业的内部组织。一个部门的范围是由其服务的市场所划分的，各部门致力于保证采购、制造和营销部门之间的密切合作，他们继续整合大规模生产和大规模销售。总部办公室由一些高层管理人员和大量的咨询和财务人员组成，通常按功能划分。它定期地、连续地评价分部门的业绩，把市场份
【122】额的变化和投资赢利率作为进行评估的业绩标准。总部办公室更专注于长期计划，尤其是决定企业的资源如何在部门间配置，以及在什么功能、产品和地区企业应收缩或扩张其运作。总部办公室的人脱离了日常工作，因此他们有时间为公司做整体评估和计划——因此长期战略决定会少受短期运作的影响。

到第二次世界大战爆发时，多样化非集中的工业公司尽管为数不多，但已成为最有活力的现代工业企业形式。在制造业中，较老的一体化、中央化、功能部门化企业在一些行业中保持了主导地位，这些行业很少注重研发，在汽油、轮胎以及在一定程度上还有汽车等行业中，重头投资还被紧绑在单一的产品线上。在20世纪二三十年代，随着零售业中日杂、药品和其他消费产品连锁店的数量和类型的增加，旧的中央化企业不断扩张，其结果

是，旧式专业化批发商和零售商开始衰落。可是，新的单一功能的专业化公司出现在会计、劳工关系、公共关系和管理咨询等新专业领域。

2.4.2　企业在金融、运输和通讯领域最近的演变

变化中的市场和技术也带来了企业在金融、通讯、运输和其他服务部门等附属领域中的结构和功能方面的变化，正如在生产和销售领域中一样。

在金融领域，日益增加的活动量鼓励了现代官僚组织的扩展。在19世纪90年代早期，保险公司，尤其是那些专业搞寿险的公司，建立了覆盖全国的大型中央化组织；它们常常按地区细分，其结构像铁路和其他多单元、单功能的企业。银行因为其业务的地方性特征，在一段时间内相对较小。可是到第一次世界大战时，它们已开始扩张其活动，在其获得特许权的州里增加了分支机构。1900年，只有87家美国银行有分支机构。到1915年，增加到397家，1930年增加到741家。到20世纪30年代，许多银行已在外国有分支机构了。

对于那些经营较老的通讯网络，以及那些开始进入新的大规模娱乐和通讯 【123】
领域的公司，组织变化更多地来自技术创新而非市场扩张。到20世纪20年代为止，电力、电子和摄影方面的发展创造了两个崭新的行业——电影和收音机。大型现代企业首先很快出现了，因为电影制作很昂贵，而且技术复杂；分销在国际范围内进行，需要做仔细协调的安排和范围广泛的广告。技术标准化后，收音机遵循了电力设施行业的模式。大型多功能公司生产设备（包括大规模生产的接收机），小的地方公司经营广播。然而，在不同城市出现了提供同样服务的许多机构，这促进了广播连锁或网络的形成。出于同样的原因，在战前出现了一些数量的报纸连锁。最后，在建立已久的通讯网络的管理中，当长途电话使电报日益无人问津时，年轻的美国电报和电话公司（American Telegraph & Telephone）代替了老的西部联盟（Western Union）成为主导公司。

在运输领域，第一次世界大战后，内燃机开始打破铁路对全国旅客运输的控制，稍后还打破了其对货物运输的控制。到1940年，新的模式已崭露头角。在航空运输中，运作的精确性和运作的安全有效同样重要，如同在铁路中一样，一些大的、结构周密的公司开始主导航空线路。而卡车和公共汽车线路，对运行精确性的要求小得多，使用的设备也不太复杂，同时需要较少的资本；小公司甚至能在长途运输上与大公司进行有效地竞争。也是在20世纪二三十年代期间（因为技术和财务的原因），地方的电力设施被合并成多单元的地区性企业，并按与19世纪铁路几乎同样的方式来组织。

在许多部门中，首先是在生产和销售的中心部门，第二次世界大战使前一代的机构发展到了顶点，为现代工业企业的显著增长和战后经济本身的增长设立了舞台。

首先，战时对技术复杂的新产品的需求，如对合成橡胶、高辛烷汽油、雷达和电子反潜艇设施以及多种武器的需求，把科技知识汇集起来，导致科
【124】学在美国工业中的系统运用有了重大扩展；结果是石油、橡胶、金属和许多食品公司开发了新生产能力，生产种种化学和合成材料。大大小小的、老的或新的电力和无线电公司得到了许多电子产品的生产设施。

其次，调动经济的需要导致对管理程序和控制的积累及扩展，它们的运用依旧主要集中在那些领先的、技术先进的一体化企业中。在战争期间，小型单一功能、单一单元的企业（通常是较大公司的分包人）学会了预测、会计和存货控制等现代方式，而且战争带来了自从 1929 年以来的首次充分就业。1946 年早期国会通过《就业法案》（the Employment Act），使联邦政府承诺维持最大的就业率和可能的最大总需求，这就进一步保证了广大的国内大规模市场的持续性。这个支持大规模市场的承诺和工业技术的传播、管理技术知识的提高一起带来了战后的经济扩张，在这次扩张中，大型一体化和多样化工业企业具有最具战略优势的发展地位。

2.4.3　第二次世界大战后的趋势

战后美国工商企业的演变可以简单地总结为：事件发生的时间还相距太近，不能进行彻底的历史性评价。然而一些直接从早期经验发展而来的趋势可以被确定了。首先，市场和技术的变化鼓励大型企业继续增长，以使其扩展到现代工业城市经济的几乎所有领域。事实上，这些年标志着现代官僚企业的胜利。在联邦政府新承诺的帮助下，在战后的 20 年中总需求以稳健的速度增长着，国民生产总值（按固定价格计）从 1948 年的 3.099 亿美元增加到 1969 年的 7.225 亿美元。这种增长提供了一个大规模市场，比以前历史上所知的任何市场都大得多；地区市场变得像 19 世纪晚期的全国市场那么大。在技术方面，电子革命（包括自动化）、高速计算机、新型塑料的开发、人造纤维和合金，以及科学被不断系统地应用到工业中，这一切都深刻地影响了几乎美国经济的每个部门。

【125】在金融、零售以及许多消费者服务行业中，巨大的战后市场在刺激现代企业的扩展方面远比技术变化重要。新的电子机器使个人银行业和保险公司

工作速度和数量的大幅增加。在银行业中，更重要的是分支银行的不断扩展，主要市区、郊区和州范围内的许多小单位被合并成大型官僚企业。在食品零售业中，连锁店继续繁荣，新的杂货店和超市得到了普及。旅馆、饭店和其他服务行业的连锁数量增加了，规模扩大了。老式的大规模零售商——百货商店、连锁店以及邮购行——开始按地区进行分散化、分部门化（见本章图8)。随着这种连锁的大规模增长，比起战前来，战后单一单元的批发商、零售商、甚至还有旅馆和饭店衰落得很快。

另一方面，在制造业中，技术有最大的影响力。在现有的大规模生产行业中，自动化、计算机和新材料（如塑料）提高了生产速度、扩大了生产数量，而且使得高产量技术运用到了许多尚未采用这些技术的老行业中。因此，新技术鼓励一体化的多功能企业的扩展，也因此形成了纺织业、造纸业、玻璃业和一些金属装配业的寡头垄断特点。技术也改变了大众通讯和娱乐业，使电视取代电影和收音机成为最普及的大众媒体。由于巨额的资本要求和复杂的日程安排方面的需要，一些规模很大的电视广播连锁（绝大部分超越了广播连锁）很快主宰了该行业。在运输业，由早期技术革新带来的战前的一些趋势继续加强。航空公司规模扩大了，复杂程度增加了，但数量却没有增长。在用卡车运送货物方面，更多的大公司出现了，但大公司和小公司继续肩并肩地竞争。

比多单元、多功能企业的扩展更有意义的是战后多样化多行业企业的增长。技术对这些企业十分重要，日益致力于研究和开发，使越来越多的一体化企业采用通过多样化进行扩展的战略，也促使已经多样化的企业进入别的产品线。到20世纪60年代，化学制品、电力机械、橡胶、玻璃、纸张和运输工具等领域的几乎所有领先公司以及许多食品公司，在十多个行业中运营【126】
(标准工业分类定为“四位数”的行业)。大部分大型金属、石油和机械公司开始在这些行业的3～10个中运作。为了得到其新投资的最大赢利，到20世纪60年代，几乎所有这些公司都采用了多部门结构，由具有自主权的运营部门和具有评估、计划作用的总部办公室组成。

多部门结构在先进技术行业被广为接受的原因之一是它使得科技在开发新产品新工艺中的应用机制化了。这些组织的研究部门检验新产品的商业可行性，这些新产品或者由中央研究人员开发，或者由运营部门开发。总部办公室的高级管理人员，脱离了日常运行决策，决定新产品是否足够地使用了公司现存的设施，以及是否开发了足够的有用的新产品以保证其生产和销售。如果他们认为确实如此，而且潜在的市场类似于公司目前的市场，那么生产和销售将通过一个现有部门来负责。如果市场很不相同，那么将形成一个新部门。研究和开发的机制化使新的商业概念出现了——即产品周期的概念。在新产品从其最初的商业化到完全成熟的周期中，设计了一些战略以获得最大的回报。

多部门结构也使大型一体化企业更易于满足联邦政府对军事和先进科学硬件的需求，并且进入一个迅速增长的海外市场。在冷战期间，政府要求生产种类极多的武器，从航空母舰、导弹、潜艇到常规的枪炮和坦克，以及为原子能委员会（the Atomic Energy Commission）生产的核反应堆和为国家宇航局（the National Aeronautics and Space Administration）生产宇宙飞船的所有装置。为了处理与这些市场有关的业务，公司只是增加了负责原子能武器或总的政府业务的一个或几个分部门（见本章图 6）。

现代企业最近的演化中，比战后政府需求更有意义的是海外扩张。许多通过纵向一体化而扩大的美国公司在第一次世界大战前已成为多国公司（即它们在外国直接投资于工厂、设备和人员）。20 世纪 20 年代又有一些企业开始海外经营。大萧条和其后的战争使海外的扩张减速，事实上几乎停顿
【127】了。之后在 20 世纪 50 年代和 60 年代早期，尤其是在欧洲共同市场开放后，开始大规模地争夺外国市场。单是美国在欧洲的直接投资就从 1950 年的 17 亿美元增加到 1970 年的 245 亿美元。这种“美国挑战”的先锋是 200 家企业，这些企业的投资占了美国公司的海外直接投资的一半以上。这 200 家企业几乎都处于资本密集、技术先进的行业，而且已经采用了多部门的组织形式。

海外投资，反过来又对多样化企业的结构产生了影响。当一个公司最初开始转向海外时，它通常创立一个国际部门以监督和协调海外的活动，把海外的投资决策介绍给公司的高层管理人员。然而，当运营和投资决策越来越大、越来越复杂时，国际部门开始趋于消失。在产品部门较强的情况下，他们接手了那些已经在国内经营的国际业务。对于那些仍然主要集中在一个主导业务领域的企业，如石油、铜、某些食品和饮料（如可口可乐）的企业，运营部门开始按地理划分，每一个部门负责全球的一个主要地区。只有极少的多国公司形成了矩阵式的结构，海外经理向地区部门报告一些事务，向产品部门报告另一些事务。在所有的情况下，多部门的形式从以国内为基础扩展到以世界范围为基础，投资决策继续由总部办公室做出，生产的日常协调继续由部门处理。

在 20 世纪 60 年代，多样化、多部门企业的一个主要变化出现在美国工

商业舞台上，这就是联合大企业。联合大企业（Conglomerate）在其战略（也因此在其投资的性质上）和组织结构方面不同于多行业、多国家的企业。大型多样化的企业主要是通过直接投资于与其原来的产品线有关联的行业中的工厂和人员上增长的。它转移到那些在管理、技术、营销技巧和资源上能为其带来比较优势的市场。另一方面，联合大企业完全通过对现有公司的购买进行扩张，而非直接投资于其自身的工厂和人员，而且常常是在毫不相关的领域进行扩张。除了几个寻求多样化经营的大石油公司外，购买公司并不总是处于资本密集型、高技术、大规模生产、大规模销售的行业中，而是处于诸如纺织和海洋运输这样的行业中（在这些行业中，小企业保持着竞争力），或在那些为个别订单生产专业化产品的行业，如机床和国防、航【128】
天行业。那些第一个联合大企业的创造者开创不相关并购战略，是因为他们认识到自身的行业缺少继续增长的潜力，认识到多样化产品的价值，以及基于产品周期战略的价值。购买公司倾向于购买那些相对较小的企业，这些企业处于尚未被大的寡头所主导的行业中。因为这些小企业还未有完全彻底的经理制，在某些情况下购买公司能为其提供新的管理和运营技巧。

新的联合大企业的结构反映了他们的增长战略。他们的总部办公室很小，而被购买的运营单位拥有的自主权甚至比大型多样化公司的分部门还大。联合大企业的总部办公室的与众不同之处，不在于财务和法律人员的规模或综合管理人员的数量。事实上，许多联合大企业拥有比旧的多样化企业更多的综合管理人员，不同在于咨询人员的规模和功能。联合大企业没有设立采购、交通、研究和开发、销售、广告或生产的职员办公室。惟一的职员办公室是公司计划办公室（制定投资决策的战略），结果是联合大企业致力于对新行业和新市场的投资，比旧的大型多样化公司更专注于从现有的行业和市场中撤资；另一方面，联合大企业远不能有效地监督和评价其分部门，以及采取行动来改善分部门的运营业绩。由于联合大企业在复杂技术方面没有集中的研发设施或专业人员技能，所以它们不能把新的工艺和产品定期地、系统地引入经济中。联合大企业的经理几乎变成了纯粹的投资专家，可是他们和银行及共同基金的管理人不同，他们进行直接投资，并完全负责其管理，而不是像后两者那样进行间接的证券组合投资，并很少承担运营业绩方面的责任。

正如联合大企业的历史所显示的，最近的大企业的变化对投资战略形成的影响大于对短期日常运作的影响。一体化企业组织中（一个分支机构或一个公司）管理职能部门的技术继续改进，但没有从根本上改变。在另一方面，新的多样化企业和旧的垂直一体化企业已把其高层总部办公室的运作【129】

扩大化和系统化了。到20世纪50年代，几乎所有的大企业，不管是采用什么方法扩大规模的，都变成了经理制，管理和所有权分开了。在几乎所有的美国公司里，领薪的职业经理人（而非企业家或少数合伙人或他们的家人）做长期投资决策和短期运营决策，高层管理变成集体性行为。在许多财务和咨询人员的帮助下，高层集团日益集中于长期投资战略。

大公司的持续增长，尤其当其进入新行业和新地区时，在做出长期投资决策的过程中强化了三种潜在的趋势：第一种趋势是通过发展系统化程序，如资本预算和预测（以企业内外日益复杂化的信息为基础来进行）来使生产过程合理化。第二种趋势是使投资决策过程专业化，把这一任务交给脱离日常运营活动的高级管理人员。第三种趋势是私人工商企业不断扩大的投资决策范围。那些在1900年已在主要行业中做出上述决策的企业，到20世纪中期，在许多行业和许多国家中进行了大规模的直接投资。

在第一次世界大战后的几年中，大型官僚企业权力更大了。它控制了全国经济活动中日益扩大的份额，以及欧洲和世界其他地区工业生产中日益增长的部分。在1947年，美国最大的200家公司（许多尚未充分多样化或分部门化）占据了附加值的30%和总制造业资产的47.2%。1963年，在这些企业的绝大部分已采用新战略和新结构后，他们担负着41%的附加值和56.3%的资产。1968年，后一个数值增加到60.9%。这些企业巨人产生了迄今最大份额的资金，提供了绝大部分进行工业研究和开发的人员，这些人对经济增长起了很大的作用。同样，这些公司是政府在第二次世界大战期间所使用的主要承包商，在其后20年的冷战中也是如此。他们是在原子能和航天计划中起了关键作用的公司；他们也是把“美国挑战”带给欧洲和海
【130】外其他地区的企业。

2.5 结　论

美国私人工商企业从小型个人合伙企业演变到巨大的、非个人的、多行业的全球公司，这是对不断变化和扩张的市场，以及不断变化、日益复杂的技术所做出的组织上的反应。当工业革命不断发展所带来的新技术使得投入品的供应大大增加时，迅速扩大的市场继续维持着对产出的需求。为了处理被转变为产出的投入量的巨额增长，进行这种转变的企业必须密切注意其内部组织，必须得到许多全职经理的服务。否则，投入将不能以新技术和扩大

的市场所允许的速度及数量转变成产出。企业的规模和结构所产生的变化，不仅影响了单个生产单位的经营和生产率、还影响了美国经济整体的结构和业绩。

在美国企业的演变过程中，比起关税、税收、补贴、反托拉斯法和政府立法或法规来说，市场和技术一直起着较大的作用。只是自20世纪30年代以来，联邦政府才逐渐在美国经济的管理中扮演着重要角色；它基本上是这样做的，通过财政和货币政策，通过变成一个大顾客，通过提供研发奖金以鼓励技术的系统改进，承担维持总的市场需求的责任。

在宪法于1789年修正后的50年中，市场的扩展对企业演变的影响要大于技术革新。在19世纪早期，对农产品日益增长的需求，尤其是来自欧洲工业化地区的需求，促进了单个企业活动的专业化。这一机制性专业化过程导致了外部经济，这已被亚当·斯密之后的经济学家认识到了。事实上，这种专业化导致了各种基本类型的企业机构的形成，这些企业从事美国经济中产品和服务的生产、分销、运输和融资。直到19世纪40年代，对这些日益专业化的单位活动的协调，基本上是由供求关系来进行的，即市场的“看不见的手”。

在1840年之后的几十年中，技术在企业演变中的作用超过了市场的扩
大：事实上，技术本身开始扩大市场。新技术为运输、分销、生产和融资过 【131】
程带来了革命。在这样做的过程中，新技术基本上改变了工商企业的结构和功能。机构一体化而非机构专业化成为企业演变的中心。对总体生产和销售过程的中间单位的集中控制，有助于连续、稳定地使用每个单位内昂贵的新资本设备。对这些资本密集型设施来说，维持流动相当重要，因为如果产量增加，单位成本就会下降，如果产量下降，单位成本就会迅速上升。当工商企业开始通过增加和合并新单位而增长时，协调产品从一个专业化单位到另一个的流动，开始在许多部门由大型的、按地理位置延伸的官僚组织来执行。看得见的管理之手开始代替看不见的市场力量之手。

转变首先出现在运输和通讯部门。在铁路和电报被广泛使用后的30年中，相对很少的几家结构严谨的大型企业，拥有几十甚至上百个经理，协调火车、货物和信息在全国新的运输和通讯系统内的流动。当运输和通讯的速度以及数量增加后，一种新型的企业——大规模营销商——代替了几百年来一直负责货物分销的商人。新的大规模营销商使得货物销售的速度和数量得到了更大的增长。他们通过建立管理网络来协调货物从工厂和加工车间直接到零售商的流动，并逐渐流到最终消费者，而且也在较小的规模上，协调货

物从原材料供应商到制造商或加工商的流动。

运输和分销的速度及规律性的提高，成本的降低，促使了工厂在美国的迅速采用，导致了新的大规模生产过程的发展。这些新方式出现在这样的行业中：在这些行业中，能源的充分利用、劳动的进一步分工、机器的改良和良好的工厂设计使得产出的数量和速度显著提高。在那些生产技术允许高额产出、产品的标准化允许巨额营销的行业中，大规模生产过程和大规模销售
【132】过程结合在单个企业中。这样的企业建立了管理网络，来协调货物从原材料供应商通过生产过程到零售商或最终消费者的流动。

在第一次世界大战后，企业活动和结构的变化对为将来的生产而配置投入的影响多于对当前加工过程的影响，即对投资决策的影响多于对运行决策的影响。为了保证他们对人、材料和机器的巨大投资连续使用，以及其高度发达的技术和管理技能连续使用，大型企业开始——当对现有产品的需求持平时——多样化经营，进入新产品线，搬到新的地区。在这些多样化和全球化企业中，运营部门继续根据当前市场需求协调生产和销售过程，而总部办公室的高层管理人员致力于长期的资源配置和投资决策。这样，对未来和目前生产的决策在许多经济部门中由庞大的行政网络的负责人做出。这些决策的制定以对未来市场和技术变化的估计为基础，而不是像以前一样，依靠市场力量的看不见的手，后者以投资资本的价格，即不断变化的利率来表示。

美国企业的演变，是组织革命的一部分，而组织革命又是产业革命的基本组成部分。组织变化使得新技术的应用能够带来这样的情况：迅速增加的人口能增加人均国民收入。新的经济机构——大型的多单元工商企业的产生，以及新经济阶层——全职领薪经理的产生，使得生产速度和数量日益增长，而后者是维持迅速扩张的经济中的生产率和增长的根本。没有新的组织设计的发展，没有招募和培训新的人员来协调从投入到产出的转变，扩大市场的“外部经济”和大型企业的“内部经济”就不可能充分实现。新的经理制企业和新的经理阶层对实现新技术的潜力至关重要。组织革新和技术变
【133】化一样，对现代化的进程也很关键。

第三章

日本的资本形成①

3.1 引　　论

本章分析 19 世纪日本的资本投入与经济增长之间的关系。分析框架采用前言一章中已介绍过的索洛（Solow）和特明（Temin）模型，同时为以下两章［平恒次（Taira）与山村（Yamamura）② 撰写］关于劳动和企业的内容做铺垫。

对于投资在日本发展中作用的研究有必要限定一定的部门和一定的时间段。本章仅用了很少的篇幅来讨论农业，原因是这一部门从未大量接受过私人或公共资本。在日本，由投资引致的经济发展是与现代非农产业的发展密切相关的。这也意味着我们必须集中研究 20 世纪的历史，在这一阶段中，工厂、机器和企业的流动资金都达到了前所未有的规模。当然，我们也不会忽视明治时代关键的转型阶段，甚至德川统治之前的年份。但是，人们也应

---

① 本章的详细论述请见大川一司与亨利·罗索夫斯基的《日本经济的增长：在 20 世纪加速的趋势》（斯坦福，加利福尼亚，1973 年）。【1】

② 日本人名多为音译，因其姓名与读音的关系不是一对一的。——译者注

该注意 19 世纪晚期现代化的萌芽阶段和过去的 60 多年现代化的蓬勃发展阶段之间的显著区别。

还有一个限制性因素应该一开始就提到。我们将注意力放在资本的投入上——也就是平衡式（the equation）的投资方面，而不是储蓄方面。必要的资金如何从个人、银行、国家和外国人手中筹集仅仅作为分析的一个次要方面，这一问题其他学者已做了许多深入的研究。

最后，简略地介绍一下本章的组织结构。本章主要分为三个部分。我们首先讨论现代化之前日本经济的背景，着重于德川时代的某些趋势，这一阶段从 17 世纪早期直到 1868 年。这将给读者一个恰当的认识基础，以便对随后的历史发展做出判断。紧接着我们将分析明治时代的资本形成，这些分析主要集中在 19 世纪的后 30 年。由于此时经济具有综合的特征，因此这部分
【134】的分析超出了资本投入的范围。第三部分探讨 20 世纪的经济发展，分为两个部分。首先我们更深入地考察了有关投资的证据，其次试图解释投资在 20 世纪增长中的作用。

3.2　现代化之前的背景

在世界历史中没有一个国家像日本这样如此之快地崛起。100 多年之前，那些关心世界政治和经济事务的人对这个坐落在东亚偏僻角落的不引人注目的王国并没有多少兴趣。那时，欧洲强国占据了主要的舞台。美国作为世界强权的主要竞争者刚刚出现。在亚洲——如果把俄国作为欧洲国家的话——只有印度和中国较为知名，但这两个幅员辽阔的国家在国际事务中都没有强有力的发言权。印度是一个殖民地，中国仅仅因其人口和资源对那些有商业和殖民野心的国家有吸引力。这是一个世纪以前的情况。直到 20 世纪初，从很多方面来看，这种描述依然是符合实际的。

今天，情况完全不同了。欧洲的作用相当大程度上被削弱了，殖民主义成了过去的事情。俄国和美国占据着超级霸权的位置，中国仍是一个问号，大多数非洲和亚洲国家都独立了，但其中日本变化最大。现在日本已成为世界上有实力的工业强国，GNP 规模超过了除前苏联和美国以外的任何其他国家。日本造船业处于世界领头位置，同时钢产量居世界第二。整个世界都在消费日本的高档和高附加值产品——小汽车、照相机、计算机等。事实上，今天在所有经济活动及其所有层次上，日本都被认为是重要的竞争者，

取得这样骄人的成就日本只花费了远少于100年的时间。

日本的转型及现代化并不仅仅限于经济领域，这一点是不言自明的。人们不再称日本为偏远之地，也不会说这个国家与世界无关了。在现代生活的几乎所有方面，从互助保障安排（mutual security arrangement）到建筑和宗教，日本在世界上已占据了重要位置。这一点意义非凡。因为日本是一个亚【135】
洲国家，是一个非白种人的国家。直到现在日本仍是完成了现代化的非欧洲血统的惟一国家，那些试图从此中找到原因的人多得不计其数。

经济转型是现代日本史中最辉煌的一页。如同我们即将展示的，特别是过去的60多年，这种转型可以分解成不同的发展阶段或发展潮流——有突然的喷发以及随后的相对缓慢的增长阶段。最大的增长潮头开始于第二次世界大战后的破坏、重建和恢复。通常这次经济的快速增长被称为日本奇迹，开始于1952～1954年，1973年左右结束。但事实上，更早的经济迅速增长和发展时期也存在。在20世纪30年代，日本经济就曾以引人注目的速度增长着，但却被第二次世界大战打断了。同样地，日俄战争之后（1905年）到第一次世界大战结束之后（1918年）的一段时间也是非常快的发展阶段。随后是20世纪20年代相对较慢地增长。这三次潮头以及其间的增长描绘了一个类似的发展模式：增长是以对现代西方技术的更快速的吸收为基础的。在这个过程中，私人投资率的变化也非常关键。

但是，在日本现代经济发展中有一个关键的阶段并不适合于20世纪吸收西方技术基础上的经济发展模式，这一阶段是明治时代的经济增长——大约从19世纪60年代到日俄战争爆发。① 尽管我们并不主要地关注现代经济增长的最初阶段，但某些背景应搞清楚，以利于正确认识其后一些事件的历史地位。为了更好地理解20世纪早期以来的日本经济发展，有必要描述清楚那一时期有关的经济条件，以及创造这些条件的经济动力。简而言之，我们必须对明治历史甚至其前的历史作一个简单的回顾。

从何处开始？这种类型的回顾往往引诱人一直向前回溯，正如马克·布洛克曾经指出的，历史学家经常沉醉于根源之中。考虑到“公元1868年”或“明治一世”的重要性，这一问题可以更清楚些。一方面，在1868年之前，是德川传统的封建统治，从经济角度看，这一阶段很难把日本同亚洲其他落后国家区分开来。另一方面，1868年明治统治者的维新带来了现代化【136】

① 明治时代实际上开始于1868年，结束于1912年，但从经济学的角度来看，以王朝的起始与结束来划分是没有意义的。【2】

的开始。王朝统治者正式地领导一个新政府致力于经济发展和其他一些目标。这些描述并不一定正确，但是高度简练地概括了这一阶段的情况。不论是德川时代（1603 ~ 1868 年）的日本还是明治时代的日本都不能如此简单地划分。

日本由德川家族统治了 200 多年。从文化、经济和社会的角度看，这一时期是富裕的、多事的年头，要想用几个粗线条来充分回顾这一历史阶段是不可能的。但是，考虑到这一时期的经济增长，关于幕府统治有需要说明之处吗？答案是肯定的。因为尽管日本在这一时期经济上处在相对落后状态，但是它的条件——甚至在明治维新之前——也不能与那些经济及其他类型落后紧密相连的国家相提并论。① 这一条件是未来经济发展最重要的资产。

17、18 世纪日本的经济仍很落后。就是 19 世纪的大部分时期这种情况仍未有大的变化，甚至数量都很少并且质量也不高。首先，我们知道当时绝大多数人口属于人们所熟悉的亚洲类型的农民。他们的产出构成了总产品的主要部分。这些农民在小块的灌溉土地上耕作（平均面积不到 1 英亩）。这段时期的上半期大多数农民都在生存线上挣扎。地区之间生产技术有很大差别，西南部一般强于东北部。总的看来，很明显，农业技术是传统的，就生存的实际情况看，产出远远低于所应达到的水平。农民几乎没有利用什么资本设备。有机肥料的使用也被严格限制着（化学肥料还不为人所知）。科学活动如选种、确定合适的播种时间等几乎无人知道。双季庄稼也大大少于适宜的水平。概括而言，农业技术分为三种类型：生物的、化学的和机械的。德川时代已有了一些生物和化学方面的创新。重大的机械进步，如机器的使用直到第二次世界大战之后才出现。

这些判断要想引用确凿的数据来证明几乎是不可能的，但是合理的猜测
【137】仍不成问题。德川统治的晚期，即 19 世纪中期，大约 80% 的人被正式认定为农民。但那些在正式的阶级结构中被官方指定为农民的人并不一定从事农业生产，其中一些人从事手工业或贸易活动，并居住在城市中（经常是非法的）。但大多数农民主要还是从事土地的耕种，当然德川当局也希望这种状态保持下去，因为农业税收是其主要的收入来源。也许 80% 的数字夸大了这一时期日本乡村的真实情况，但即使把这个比例下降为 75% 或 70% 也不能改变社会的普通居住者是亚洲农民的事实。同时假定在这种类型的社会中人均收入水平——一个平均概念——是低的；当然，“低”意味着一个相

① 毋庸置疑，非洲的大多数国家和一些亚洲国家就是这样。【3】

对标准，引用确切的数字（经常用美元表示）只能引起混乱。按照西蒙·库兹涅兹（Simon Kuznets）的理论，我们仅仅能说——在其他条件一致的情况下——从事农业生产的人口占全部劳动人口的比例越高，人均收入水平越低。

当我们考察德川时代经济中非农业部门时，很明显，事实上其他事情还是公平的。非农业生产由手工业和服务业组成，手工业产品既美观又实用，服务业经常是复杂的。然而，这些部门并没有被工业革命解放生产力的力量所触动。除了极为特殊的情况，机械一般是不用的，生产单位很小，蒸汽动力还没有引进来。实质上，农业和非农业部门很相像：都使用劳动密集型的技术，生产力的任何提高都依赖于个体劳动者的技能。在生产函数中，固定资本仅是一个微不足道的因素。

关于德川时代的日本，除了人口统计和国际联系之外，再没有什么更多的信息。就国际联系而言，我们不得不考察著名的“闭关锁国”（*Sakoku*）法令。这一法案是1637年由德川时代的第三位幕府将军发布的，至于采取这种措施的原因今天仍不完全清楚。一些学者认为德川家光（Iemitsu）幕府将军害怕无权的武士们挑起内乱，因此闭关锁国以防这些异己力量获得外援，其他人则认为外部威胁是主要原因。按照这种说法，德川家光清楚来自西方扩张主义的威胁——剑随十字架而来，菲律宾和中国发生的情况都是这样。他担心下一个该轮到日本了。不论幕府将军的动机是什么，闭关锁国的措施被很认真地采用了。不允许任何日本人离开日本，如果有人这样做了并 【138】
且还回到日本，那么立刻处死。外国人也不允许访问或居住在日本。仅仅有两个小例外：荷兰人和中国人在长崎保留有相当有限的贸易权。但是，为了利用这些贸易权，荷兰人和中国人都像囚犯一样地居住在日本遥远的南方。这一法令发挥效力的时间长达200多年。直到19世纪60年代，当德川时代走过了辉煌的年代最终到了飘摇欲坠的时候，这个法令才废止。那时，封闭已成了根深蒂固的传统，到19世纪的下半叶，反对废止的呼声仍很强烈。然而，来自西方强国的外在压力不再能抵挡得住。舰长佩里（Perry）和他的船队用一种绝对正确的方式击中了要害。

这种长期自我强加的封闭造成了哪些后果？这一点很难清楚地追踪出来。很难相信“闭关锁国”仅仅产生了消极的影响，与君主制的欧洲隔离也许还有好处，被排除在一边或许能产生内在的国民力量。所有这些都是可能的，但从经济的观点来看，一个封闭的国家则是相对落后的必要条件——在17世纪，当封闭政策刚刚开始实行的时候，这一点并不明显，而到了 19 世纪开放之后，这一点就显而易见了。在这些年间，西方世界——确切地说，是英国——爆发了工业革命。从那时起，没有世界联系意味着只能获得次优的技术和组织，这一点今天仍是这样。

在明治维新之前日本的人口平衡同样值得关注。1920 年日本进行了第一次真正意义上的人口普查，但专家们更认可早期数字的可信度。19 世纪 60 年代，总人口约 3 000 万。而德川时代开始的时候，人口估计达到2 000 万到 2 500 万。这些数字反映了在引入现代医学和社会进步之前，欠发达地区人口自然增长率较低的特点。研究日本人口的学者指出了另外一个有意义的现象：17 世纪晚期或 18 世纪早期到 19 世纪 40 年代之间，大约 150 年，人口是稳定的，19 世纪 40 年代人口再次开始增长。人口稳定的原因并不十分清楚，但据说杀婴（*Mabiki*）是保持人口零增长率的重要方式。总之，我
【139】们认为此时的人口是整个经济的一个代表性变量，变化发生了，但速度太慢了。

直到今天，上述只是问题的一个方面。前面几页我们尽量避免用今天的许多落后国家或 19 世纪日本的一些远近邻居与德川时代的日本相混淆。尽管那时日本不能获得现代技术和最先进的科学进步，但日本却是一个充满活力的、先进的和有效的传统社会。在许多方面，日本比今天的非洲和拉美的很多国家还要先进。这一点值得特别关注。因为我们不可避免地将低水平的人均国民收入与较差的组织、腐败、懒散和营养不良联系起来，这样就描绘了一幅维新之前日本的错误画面。

有一些描述性的细节也许有所帮助。维新之前政府结构在中央和地方层次都是有效的。中央政府——首都和主要城市——在德川的直接控制之下。地方的权力掌握在德川诸侯的手中。整个国家被分成了大约 200 个领地或封地，每一个属于一个领主或“大名”。一个领主负责其领地上的事务，但同时也被中央政府严密监管着，理由充足的情况下他的权力就有可能被剥夺。作为对实施当地管理权的回报，大名有权获得其领地上发生的收入，最重要的方式是有特权征收一年一次的收成税，用这笔收入供养自己及侍从。德川政府经常被描述为“中央集权的封建主义”，这种说法是正确的。作为幕府将军，德川政府的领导是土地的总领主，他是最大的领主，他的收入和侍从超过了其他所有领主，同时，其他所有领主直接或间接的是德川的臣民。这便是封建主义中央集权的部分。

现代化之前日本的发展轨迹是与政府的中央集权特征相一致的。主要的交通干线纵横整个国家，按 19 世纪的标准，人员和货物的流动都是相当快

的。这里必须对轮流居留制度（*Sankin Kōtai*）多谈几句，因为这与道路的质量密切相关。按照这一法律，领主必须在国家的首都（江户，后改名东京）和本地首府之间轮换居住，但领主的妻子和孩子则必须一直留在首都。正常情况下，领主和贴身侍从在首都呆一年，在各自的藩府呆一年。这一规 【140】
定的含义很简单：把妻儿当作人质能督促领主们端正自己的行为，让他们经常不在本地则防止了产生一个本地的权力基础来对抗幕府的统治。人员的频繁流动［大名出行蔚为壮观，广重（Hiroshige）曾有过详尽的描述］无疑对与旅行相联系的产业——道路、旅馆、饭店等的发展做出了贡献。

政府和道路是能力和效率的诸多表现的一部分。日本人知道他们在做什么，尽管他们的努力受限于非常劳动密集型的技术，从德川时代的日常生活就可以看出这一点。房屋经过了很好地设计、施工，能够满足人们的需要。衣物也是这样，民族服装式样漂亮、功能齐全，设计上与人们日常做事的方式非常和谐。日本的烹饪也很独到，食物有营养、赏心悦目、比较清淡。这些都是人们很需要的日常生活。当然这并不是说，1850 年时普通的日本人都丰衣足食、居有其所了，可能这一点也不准确，但关键是满足这些需要的手段在这个传统社会中是存在的。事实上，即使有更多的选择，人们还是偏爱传统的方法。

为了完整地理解德川时代的生活，其他几点也应注意到：大城市中有充满活力的城市文化（东京、京都、大阪名列当时世界上最大的城市之中），较高的平均教育水平确保了大约 40% ~50% 的男了从某种正式的学校教育中获益；官方的阶级结构是武士、农民、商人，他们观念保守，但大部分的政府首脑都出自他们之中，具有武士和中上层农民的背景。这些方面都未经过详细的论证，但却引出了一个重要的假定：在德川时代的日本，经济和其他落后国家之间的差距相当大，这样就使得日本现代经济增长的前景更加辉煌。

3.3　明治维新及其后果

“维新”一词指的是 1868 年 1 月，最后的德川幕府将军将管理国家的权力和责任“自愿”地归还给了日本王室，特别是年轻的天皇明治。毋庸 【141】
置疑，这是日本历史上一个划时代的事件，可以与历史上其他的伟大时刻相提并论。维新是如此关键，以至于大量的书籍从社会、政治以及文化等各种角度对其进行了阐释和论述。就从现代化的研究来看（今天是很热门的一个话题），明治维新是最重要、最易举的例子之一。但我们的关注点则相当狭窄，我们仅仅描述出从19世纪60年代到世纪之交的经济走势作为必要的背景材料。

为什么明治维新会发生？为什么会发生在1868年？这些问题从未被认真地回答过。当代学者指出过这种政府更迭的许多原因：一种更新的外国威胁使得继续推行闭关锁国的政策不再可能了，这种威胁就是“现代化”；一些偏远领地的下层武士因为自己升级的机会相当渺茫，又希望获得权力和荣耀，从而产生了一些不满情绪；德川和其他领地花费不断增大，入不敷出，却又没有增加收入的良策，这样就造成了长期的经济萧条。所有这些及其他的解释都是有道理的，但却无助于我们更深入地理解这个问题。关键是在1868年明治天皇维新之后，日本的现代化——经济、政治和社会各个方面——至少是象征性地开始了。

尽管在学术界有一些争论和修正，但这个时代的主要特点却依然清楚明白。考虑到这个时期大约有30多年，我们最好将其分为两个阶段：一是转型时期，从1868年到大约1885年，二是从19世纪80年代中期开始到世纪之交的最初的现代经济增长。让我们依次考察这两个阶段。

转型时期是对外国接触所带来最初冲击的吸收时期，因此必然是较为混乱的，有许多错误的尝试。这些岁月的重要性更多地体现在其间政府进行了体制上的改革，而不是经济的快速增长（事实上，能够得到的资料很难得出19世纪80年代以前的总的经济增长率）。

让我们简略地看一下一些主要的改革，这样会使它们的重要性更为清晰。例如，1869~1871年之间，政府完全改革了旧的封建阶级结构。宫廷
【142】贵族、武士、农民、商人和贱人的官方划分被取消了，重构了两层次的新结构——小部分贵族和其他人。到1876年，政府成功地通过发给年金的办法使原先武士阶层的人全部退休，过去他们从德川或从其领地领取薪水。这一措施的费用大概是2亿多日元。在这一时期，新政府废除了过去对国内旅行的限制，对外来访问者开放了港口。最重要的是农业改革。新领导们在19世纪70年代大多数的时间内都在进行这一改革。土地正式属于农民（在封建时代，所有权掌握在国王的手中），但现在他们必须给中央和地方政府支付很高的土地税。这个税以土地的估价为基础来征收，而不是如过去那样在收成基础上征收，并且全国实行统一的税负标准。货币和银行改革也费时较多。在铸币体制中制定了法律，到19世纪80年代结束的时候，成功地组建

了一个中央银行（日本银行），并为快速增长的私人银行体系制定了规章。在这一时期，其他著名的公共部门活动也应提及，包括：建立示范工厂、聘请外国专家、向海外派留学生。所有这些描绘了一幅制度创新的生动画面。

在转型时期，日本经济经历了激烈的动荡。直到1876年，情况还相当平静，但从那以后，出现了严重的通货膨胀，一直持续到1881年；随后则是严重的通货紧缩，到1885年才结束。这些问题的原因是复杂的，但并不妨碍我们做进一步地考察。简短地说，在转型时期政府缺乏足够的收入来满足日常支出的需要。在19世纪70年代后半期，由于要支付武士们的养老金，又要平息萨摩藩（Satsuma）的叛乱，支出大大地增加了。政府和银行只好借助于印钞，结果导致了通货膨胀，除了农民之外谁也没得到好处。通货膨胀动摇了新领导的统治稳定性。政府收入，特别是与土地税有关的收入是稳定的，由于价格上升，其代表的实物不断减少。最后财政大臣松方（Matsukata）恢复了经济秩序，但却带来了4年严重的由官方造成的通货紧缩。①

日本的现代经济增长开始于19世纪80年代中期之后的一段时期。尽管人们不能认为到20世纪开始的时候日本已经完成了工业化，但是它却向着正确的方向采取了关键的步骤。通货紧缩之后的15年，日本经历了不间断 【143】
的现代产业发展时期。丝绸和棉纺是私人部门的主要成就，政府鼓励并完成了公路、铁路和其他公共建设。到1901年，工厂产出占到了国民生产净值的近10%，国内固定资本形成超过GNP的10%，出口也占到GNP的10%以上。1901年之前的几十年增长也基本是这样。

就我们研究的角度来看，最初经济增长中最显著的因素是机制问题。如前所述，我们发现它与20世纪相当不同。从维新以来，日本经济中就存在着许多不同的部门。通常，部门被分成传统部门和现代部门，有时我们加一个类别“混合”部门。这种分法不是创新，而是二元经济分析的方法。这些部门的特点众所周知，在许多国家都是这样。现代部门依赖于引进西方的技术和管理，使用了相对高的资本密集的生产手段。与此相反，传统部门则依赖于相对更多的当地技术和管理以及较低水平资本密集的生产。混合部门则处于两者之间，将现代技术与传统管理结合起来。亚洲农民使用手工工具耕种于小块土地就是传统部门的典型例子。大纺织厂使用机器并雇用工人就

---

① 参见亨利·罗索夫斯基：《1869～1885年日本向现代经济增长的转型》，载于亨利·罗索夫斯基：《两种体制的工业化》（纽约，1966年）。【4】

是现代部门的实例。

所有这些，发展经济学的学者都很熟悉，同样他们也公认现代经济增长是一个过程，在这一过程中传统的行事方式逐步地让位于现代手段，或许不太熟悉的是在日本的背景下现代和传统之间有着生动的区别。在那里传统部门经常有一种古怪的（至少对西方人而言）和异国情调的形象——人们只要想到奇妙的日本手工艺品和那些独特的服务就能理解这一点；因此这种两分法更容易辨认。但从经济分析的角度看，这些内容却使事情有了不同。

下面四个简单的命题应用于现代经济增长的最初阶段：

（1）由于缺乏资本的大量引入，再分配现存剩余的可能性也很有限，
【144】因此现代经济最初的建设和随后的发展依赖于传统经济的快速增长以及某种程度上混合经济的快速增长。

（2）传统经济能够快速增长。

（3）但是传统经济的增长潜力是有限的。当它的增长率开始下降的时候，大约在第一次世界大战时期，现代经济增长的最初阶段也就结束了。

（4）到了最初增长阶段结束的时候，现代经济对传统经济的依赖性大大地减少了，尽管没有完全地消失。

这些命题可以总结如下：最初经济现代化的机会依赖于农业的快速增长，因为他们制造了发展所需要的大部分剩余（公共收益、私人投资资金、外汇、劳动力）。但传统农业动摇的时候，一个不同的模型就发挥作用了。

这种对19世纪增长的纲要式描述并不是没有受到批评。主要问题都与明治时代传统农业的增长率有关。曾经一段时间，描述主要的经济趋势是容易的，如果不再是这样，那么原因就是有关明治时代的农业增长还存在着很多分歧。这里不是详细讨论这些争论的地方。这一问题在别的许多地方已经讨论过了，我们在这里需做的只是表明我们的结论。①

许多权威同意日本农业从19世纪70年代到20世纪初以每年1.7%的速率增长。有人认为应稍低一些（其中一些人认为应特别低），有人则认为应稍高一些，但1.7%似乎是一个可以接受的一般标准。如果这一速率大体是正确的，也就是说，明治时代经历了比德川时代快得多的增长，因为没有人认为在19世纪70年代之前有这么高的增长率。毋庸置疑，不论实际增长率是多少，德川时代的农业产出增长比明治时代的产出慢得多。

---

① 参见亨利·罗索夫斯基：《稻田地里的镛镛声》，载于《亚洲研究月刊》，XXVII，2（1968年）。这篇评论文章主要针对詹姆斯·中村的作品。【5】

很多因素都可以解释明治时代的日本农业产出的快速增长，其中最重要的是改进了的农业技术的发展和传播，这一方面是个体农民和其组织的功劳，另一方面是政府提倡和研究的结果。例如，这些活动改进了选种的方法，也促使了肥料的广泛合理地使用，地主积极性的提高也应考虑在内。在德川时代，农民支付很高的收成税，这个税每年都在变化，经常根据领主短【145】期的收支需要而定。因此，即使收成增加，也不能保证农民能留下多少。现在情况完全不同了。因为土地税由土地的价值来定，这样税额就可以保持相对稳定。促使农业增产的另一因素与现代化之前日本经济的地区结构有关。日本德川时代的农业经济，特别是生产率水平差别很大，土地的生产率有高有低，土质和地理上的差别只是部分原因，东北部比西南部更落后，维新提供了一个利用这些生产力差别的机会。在19世纪60年代之前，德川时代禁止转移技术诀窍和技术，但到了明治时代政府则有目的地推动有用的知识在整个国家的传播。

技术传播的类型限制了传播的可能性。技术进步带来的明治农业产出的增长是建立在增加劳动投入和对传统投入（如种子、肥料等）进行改进的基础之上。所有这些都是高度可分的，适合于小农生产。但这一过程不能无止境地进行下去。最后当这些方式都利用了之后，要保持进一步的增长就需要进行大规模的资本和土地变革，但这些变革直到第二次世界大战之后才开始进行和产生影响。因此，1914年之后不久，日本农业的增长就开始停滞了。①

为什么农业和其他处于相同位置的行业如此关键？当我们考虑现代经济增长的条件时我们就能看到原因。从本质上说，在绝大多数“舞者”还在从事传统部门生产时，这是一个“舞者给乐手付薪水”的问题。起先，他们的生产力水平很低，但通过提高生产力，他们积累了开始工业化的必要剩余。这样在传统技术条件下，不用在固定投资上大量花费即可实现工业化。

---

① 从1965年开始，一桥大学的一个研究小组出版了第13卷的历史统计数据：大川一司、篠原三代平与植村又次的《对1868年以来日本长期经济统计数据的估测》（它们也被称为“LTES”卷）；第11卷是研究农业问题的，见植村又次的《农业与林业》（特别是见第276页）。其他已出版的各卷是：第1卷：《国民收入》（1974年）；第2卷：《人口与劳动力》（1973年）；第3卷：《资本存量》（1965年）；第4卷：《资本形成》（1971年）；第6卷：《个人消费支出》（1967年）；第7卷：《公共支出》（1966年）；第8卷：《物价》（1965年）；第10卷：《采矿业与制造业》（1972年）；第12卷：《铁路与电力事业》（1965年）。（计划出版的还有储蓄与通货、纺织和地方经济统计。）

实际上本章使用的全部数据信息都是建立在那些卷的统计基础之上的。为方便不熟悉日语的读者，我们引用的数据大多是参考大川与罗索夫斯基的《日本经济的增长》（Japanese Economic Growth）——它分析并相当详细地描述了日语资料。【6】

当一小部分现代产业进行的再投资微不足道时，现代经济增长到底都需要哪些条件？这些条件怎样得到满足？第一，随着生活水平的提高，人口的增加，日本需要一个稳定增长的粮食供给。进口粮食相对昂贵，会分流生产
【146】性投资所需的资金。在最大程度上，农民们提供了增加了的粮食。第二，新政府用于社会支出、其他投资活动以及管理现代化的支出不断增加，势必要求政府收入的不断增长。在这里传统经济通过土地税和间接税收入发挥了关键的作用。第三，外汇对引进现代生产工具设备和外国专家非常重要。明治时代主要通过茶叶和丝绸的出口换取外汇，这两样产品都与传统农业密切相关。最后，日本经济需要实施劳动转移以便为现代部门的扩展提供劳动力。这些工人几乎完全来自乡村，这种转移并没有对农业产出的增长产生消极影响。

在明确了明治经济增长的机制之后，让我们进一步考察20世纪之前资本投入的特点。通过比较19世纪与20世纪的区别，我们可以较为容易地做到这一点。

到1900年，国内固定投资总额占总产品的比重可能达到了12%，这绝不是一个无足轻重的水平，① 但现代产业在经济中的比重则非常低。工厂产出占到国内净产值的8%，这里一个工厂定义为有5个或更多工人的生产场所，这时的工厂意味着也从事大量手工操作。我们知道，在1900年之前的30年，工厂产出增长很快，1885年的比例是4%，这一数字继续增长，到第二次世界大战之后达到了30%多。

在明治时代，这些工厂的产出经历了相当大的改变。在1868年，66%的总产出来自于食品加工和类似的活动，28%来自于纺织制造业（主要是丝绸产业）。到1905年，食品加工业的比例降到了39%，纺织业升到了38%，其中棉织业逐渐重要，化工、金属和机器业占了23%。但是，应说明的是这些行业中的典型企业规模都比较小。世纪之交，68%的食品加工行业的工人在少于50人的工厂里工作，在纺织业和重工业，这一比例分别是37%和43%。

我们看一下工业后来的发展就可以认识到变化的程度有多大。明治时代
【147】的工业产出主要来自食品加工和纺织业中的小工厂，而20世纪30年代之前主要的产出就都来自于重工业和较大规模的工厂。例如，在20世纪30年代结束的时候，化工、金属和机器业占了工业总产出的70%，并且这些产业

① 由于不能得到19世纪可靠的总产品的数据，所以这一数据很难更准确。【7】

中将近50%的工人在大工厂中工作。

日本明治时代的早期和有限的工业化是由特殊的资本形成类型支持的，可以描述如下：

（1）公共投资一般超过了私人生产性投资的水平。

（2）建设性投资要多于生产耐用设备的投资。

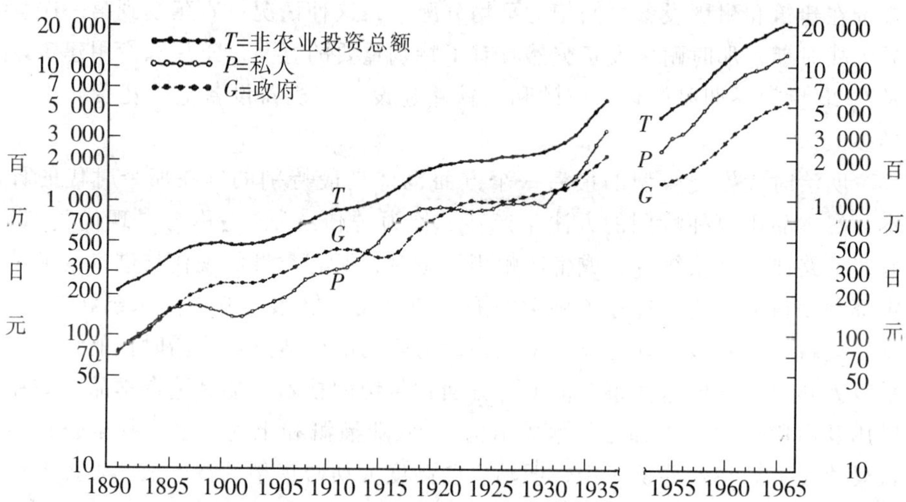

图9　国内固定投资总额（1934～1936年价格）

资料来源：大川和罗索夫斯基的《日本经济的增长》（*Japanese Economic Growth*），第32页。

（3）大多数投资代表了传统技术的运用，并不能体现进口技术的成就。

如图9所示，直到第一次世界大战时期，政府投资普遍高于私人部门的投资。这种情况是两种因素相互作用造成的。首先，政府积极增进公共收入的质量和数量；其次，政府也积极地增强日本的军事力量。事实上，在明治时代，公共工程（特别是铁路）和军事投资占了中央政府资本形成的一半以上。如果把与季节有关的自然灾害，如地震、台风等所引起的重建费用加 【148】 进去，政府用于公共工程和军事的费用就占了政府投资的70%以上。

政府在总投资中占大多数的另一个原因是由于私人产业绝对规模较小。图9指出，私人投资逐渐接近于公共部门投资，但在明治时代的大多数时间里，那些大量使用昂贵资本设备的产业仍然是幼稚产业，尽管其增长速率很高。

在这一阶段，特别是如果我们注意生产性投资的话，那么建筑是主要的国民投资形式。在20世纪的第一个十年这一归纳都是有效的。1911～1917年之间，在国内资本形成的构成中有一个重大的转折点。从那时起，私人生产设备吸引了最大比例的资源。

那一时期，在很大程度上，建筑的主导作用仅仅是公共投资的优先地位及其本质的体现。建设公路、修缮港口、建造政府大楼等，所有这些具有较高资本—产出率的建筑活动占了公共资本形成的2/3多。甚至在私人部门，投资在建筑和耐用设备之间相对平均分配了，这种情况一直延续到第一次世界大战时期，那时耐用设备突然具有了特别重要的意义。工厂和商用建筑以及在20世纪早期民族化之前的私人铁路建设，与机器设备上的花费几乎一样多。

明治时代投资类型的最后一个方面也许是最特别的。在那个时代的日本，资本品用两种特别的方法生产：一称为“传统”，一称为“现代”。当修建铁路或供水系统时，或生产耐用设备时，所有类型的现代与进口技术一定都利用得上。路基经过了科学的测量和分类，供水设施需要水泵和铁管，耐用设备意味着蒸汽动力及后来电力动力驱动的机器。在明治时代的日本几乎没人知道怎样做这些事。但另一方面，传统的技术也能制造资本品，如在民用及商用住宅（大部分是木质结构）、农业灌溉和土地开垦、甚至公路和桥梁建设上。在这些例子中，明治之前高度劳动密集型的技术依然发挥着作
【149】用，并支持着现代化进程。应该注意到，在那个时代的环境里，这些技术特别经济。他们使用容易获得的劳动、工具和技术，他们并不要求许多相对昂贵的资本或新技术。

按照这种分类，明治时代，大约1/2的资本品由传统技术制造。这是日本早期工业化中的独特之处，因为在明治之后的年代中，传统投资的比例大幅度地下降，同时，许多旧的生产方式被废弃了（比如在房屋和道路修造中）并引入了新方法。但是，在新旧交替的过程中，日本提供了“两条腿走路”［琼·罗宾逊（Joan Robinson）语］的好榜样。

也许我们现在能总结在19世纪最后1/3年代中的状况。最初的现代经济增长很大程度上建立在传统经济成就的基础之上。这是向工业化前进的第一步。现在到了迈第二步以及采取更大步骤的时候了，也许人们可以称其为这一步是向着半发展状态的一跳，这样我们就转而分析从1900年到现在的这一阶段。

3.4　20 世纪的日本：趋势加速经济学

3.4.1　投资的历史路径

我们在开始分析 20 世纪的经济时，首先来考察投资的数量方面的特征。主要来看看私人非农业资本形成的增长率（$\Delta I/I$）。① 把重点放在这一点上有许多理由。最重要的是，我们的目的是论证（在随后的部分）私人投资是 20 世纪快速经济增长的关键动态因素。其次，私人 $\Delta I/I$ 的增长轨迹很清楚。再次，私人 $\Delta I/I$ 的度量是直接的，比较容易，因此，在统计上比其他方法更精确。②

日本资本形成的数量分析的时间跨度将近 100 年，从现在追溯到 19 世纪 70 年代。在这样长的时期内，其特征非常稳定，即明显的上升趋势与波浪般的增长率运动相结合。投资波动或长期的摇摆由一个相对迅速的资本形成增长时期和随后许多年较慢的增长组成。【150】

从最长的时间范围来看，可以看到三个半的波动。第一个波动是直到 19 世纪 90 年代中期的非常高的增长率，以及随后的大约 6 年非常低的资本形成。如表 26 所示，第二个上扬基本上开始于日俄战争时期，在 1909 ~ 1912 年之间还略有反复，但这种增长贯穿了第一次世界大战期间。这一波动的后半部分投资增长率相对较低，并持续至整个 20 世纪 20 年代。然后，开始于 20 世纪 30 年代，一直持续到即将到来的战争，这是一段明显的猛烈投资时期。这被看作是“半个波动”，因为从 20 世纪 30 年代晚期到 50 年代早期，大约 15 年的时间，包括了第二次世界大战的破坏性影响、美军占领和日本经济的最初恢复阶段。用标准的经济分析来考察这一时间段意义不大，因为统计数字无法获得，大量的扭曲严重地阻碍了这些年形成长期的发展趋势。但是在第二次世界大战之后，

---

① 为精确起见，国内固定私人资本形成总量不包括民用建筑投资。【8】

② 总产品和资本存量法都存在一些统计上的问题。前者难以估计第三产业和手工业部门的产出，后者价值和折旧的问题也不好解决。【9】【504】

表 26　　私人非农业投资：以不变价格计算的年增长率　　单位：%

年份	增长率	年份	增长率	年份	增长率
1901	-7.2（T）	1918	8.9	1935	20.3
1902	2.7	1919	6.3	1936	31.4
1903	14.5	1920	-0.4	1937	20.2（P）
1904	9.8	1921	-2.5		
1905	12.0	1922	-8.5		
1906	9.7	1923	-9.5		
1907	14.0	1924	-9.8	1956	12.1（T）
1908	19.3	1925	-4.2	1957	15.1
1909	6.1	1926	1.2	1958	25.3
1910	5.4	1927	8.0	1959	26.4
1911	6.1	1928	-2.1	1960	18.6
1912	2.6	1929	-4.7	1961	17.6
1913	9.1	1930	-2.0	1962	18.3（P）
1914	18.9	1931	5.0（T）	1963	9.0
1915	24.0	1932	12.0	1964	6.0
1916	23.9	1933	11.4	1965	11.4
1917	19.3（P）	1934	13.9	1966	16.0

注：民用建筑不包括在内。增长率是在第二次世界大战前每 7 年的移动平均数基础上计算的。“不变价格”：指第二次世界大战前 1934～1936 年价格；第二次世界大战后 1960 年价格。

资料来源：大川一司和 H. 罗索夫斯基（H. Rosovsky）的《日本经济的增长》（斯坦福，加利福尼亚州，1973 年），第 33 页。

【151】熟悉的投资类型又出现了。在 20 世纪 50 年代及以后几年，私人投资以破记录的速度增长，随后一直到 1966 年我们的分析结束，这一增长率就慢得多了。

一般性地考察这些长期的投资波动是相当容易的一件事，但要选择确切的转折点（高潮和谷底）则较为复杂，也容易引起争议。对于 20 世纪，我们认为可以如下地划分：

	T	P	T
波动 I	1901	1917	1931
波动 II	1931	1937	
波动 III	1956	1962	1966

也许，其中的有些年份可以向前或向后一年，这都不影响我们的结论。无论如何，高潮（P）和谷底（T）以移动平均为基础，每一年份代表一组 7 年

（战前）或 5 年（战后）的中心点。应该明确，特别是考察了表 26 之后，在每一转折点前后（T 或 P），私人投资的年增长率在一段较长时期内保持着非常不同的水平。

但是，让我们来注意一下有关转折点选择的三个问题：

（1）我们的划分中，尽管私人资本形成的平滑增长 1909 ~ 1912 年有所波动，但 1901 ~ 1917 年仍有一个单独的上扬，如果第一次世界大战没有在 1910 ~ 1919 年之间强烈地推动企业家们的话——我们必须时刻记住这些用 7 年的移动平均平滑过的时间序列——那么完全有可能在 1909 ~ 1912 年发展成一个完全的下降。既然如此，我们宁愿把这一阶段看作包括一次小蹒跚的完整的一步前进。这种结论没有对或错，这基本上是一个偏好问题。

（2）战后的投资猛增开始于 1956 年。这一判断有些武断，且与第二次世界大战后的经济衰退有关。几乎所有权威都认为在 1952 ~ 1954 年前后日本经济恢复正常。盟军的占领结束了，大多数指标，如资本—产出率、就业、食品生产等逐渐显示出所希望的长期水平。我们接受这个日期，因为我们所进行的移动平均开始于 1956 年，这是所能获得的最早的资料。

（3）最后，再就 1966 年的转折点说两句。一个新的投资激增原本可能在那时开始；要么，可能最后希望把 1962 ~ 1966 年当作类似于 1909 ~ 1912
年的“蹒跚”期。不管怎样，资料对于做出一个长期的历史判断而言还是 【152】
太少了一些。

对于数据中的三次浪潮，第二个（1931 ~ 1937 年）和第三个（1956 ~ 1962 年）比第一个（1901 ~ 1917 年）更强烈一些。事实上，私人非农业投资年增长率的平均水平在连续的浪潮中每一次都比上一次更高一些。

我们应该注意公共和私人资本形成的关系。从图 9 中可以看出，这些投资类型变化的差距是与历史阶段相一致的：在上升时差距缩小，下降时差距加大。也就是说，不论什么时候日本经济处在较快地连续扩张时，私人投资都比公共投资扩张得更快；当经济收缩时，则是公共投资扩张得快。

3.4.2　投资构成的变化

尽管投资激增在日本经济增长中时常出现，但是它们的构成发生了变化，这反映出产业结构逐渐走向成熟。实际的证据在图 10 中可以看出。在图中私人资本形成分成了主要的产业组成：农业、制造业（包括采掘）、建筑、便利业及服务业。

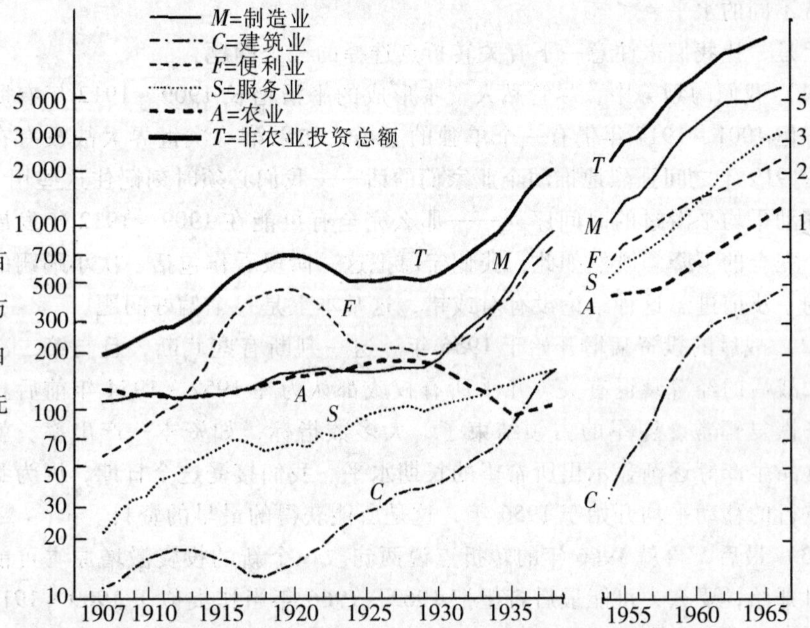

图 10　私人投资的构成（1934~1936 年价格）

【153】　资料来源：同表 27。

20 世纪的第一次投资激增大部分原因是由于私人便利业（facilitating industries）投资的快速增长，包括交通、通讯和公共设施。在 20 世纪开始的时候，总的非农业私人资本形成（以不变价格计算）平均大约为每年 2 亿日元（见表 27）。第一次世界大战结束时，这一数字上升到了每年平均 6 亿多日元。投资流量水平上升了约 4 亿日元，其中约 3.5 亿日元是投在了便利业上。

在第二个投资激增期间，领头的是制造业，其次是便利业。在 20 世纪 30 年代早期，私人资本形成平均每年 6 亿日元。在 30 年代结束的时候，每年的总数都在 18 亿日元左右。平均每年的流入增长了 12 亿日元，其中 8 亿日元来自于制造业，7 亿日元是在便利业。

战后投资激增（1956~1962 年）使得所有产业的资本形成水平都有了很大的提高：总水平、制造业和服务业增长了 3 倍，建筑业增长了 5 倍，便利业增长了 2 倍，所有这些都在 6 年中完成了。但是，当我们考虑了这些产

表 27　　以产业划分的平均私人非农业投资

（百万日元，1934 ~ 1936 年价格）

	制造	建筑	便利	服务[a]	总数
1907[b]	111	11	57	22	201
1917	135	13	402	69	619
1931	232	46	228	113	619
1937	820	143	682	161	1 806
1956	1 504	70	889	709	3 172
1962	4 830	336	1 680	2 065	8 911
1966	5 812	478	2 376	3 382	12 048

注：第二次世界大战之前的 7 年平均；第二次世界大战之后的 5 年平均。

a　不包括民用建筑。

b　产业部门的投资不能获得比 1907 年更远的资料。

资料来源：大川和罗索夫斯基的《日本经济的增长》，第 154 页。

业的权重时，制造业很显然比 30 年代发挥了更大的领导作用，它占了这些投资增加的将近 60%。而且，服务业的资本形成第 次成了一个关键因素，它的贡献（25%）高于便利业（14%）。① 【154】

尽管这些数据以产业来源区分了投资，但是它们同样能够很好地证实耐用设备与建筑相比，重要性不断提高。所有产业都参与了建筑活动，但是这种投资的比例比便利业更大，它代表了制造业支出的很小一部分。

最后，简要地考察一下在两次下降期间（1917 ~ 1931 年和 1962 ~ 1966 年）的投资构成变化。很清楚，被考察的各个时期是非常不同的。在前者，1917 ~ 1931 年，私人资本形成的平均流量在十多年的时间里保持不变。在后者，1962 ~ 1966 年，私人资本形成持续增长，尽管增长率较低。但是，也有显著的相同点。除了 1917 ~ 1931 年便利业的私人投资有所下降，所有产业继续增加其投资水平，但是却没有增长中的领头产业。与先前的浪潮相比，增长率不仅更低了，而且对各构成部分而言，更接近于类似的水平。

---

①　为判断哪种产业的增长最有助于 20 世纪投资的激增，应合理地研究每一产业的发展历程。遗憾的是，这种分析方法所需要的数据无法获得，惟一的例外是 1955 ~ 1961 年间。这期间，经济企划部提供的数据指出：制造业资本形成的年平均实际增长率为 34.4%，其他增长率如下：金属产品：50.4%；运输机械：44.4%；其他机械：49.4%；石油及煤产品：38.3%；化学产品：23.7%；陶瓷：25.7%；食品与烟草：20.1%；纺织：13.7%；其他（木材、纸浆与纸、印刷、皮革、橡胶）：20.1%。【10】

3.4.3 增长类型

1901～1966 年构成了一个历史单元，或者称之为“增长阶段”，① 因为在这一较长的阶段中，日本经济增长的某些重要特征一直保持着。换而言之，这一阶段建立了一种特定的增长模式，其主要特征我们必须要总结出来。

1. 在我们所考察的 60 多年中，总产品的趋势增长率是相当快的，如表 28 的平均每年增长率所示。② 这一扩张可以被描述为“非常快”，因为在建立了现代经济增长的长期数据体系的 15～20 个国家里，只有美国和加拿大（或许还有瑞典和前苏联）取得过这样大的成就。这样，在历史增长率的总的分布中，日本成就的保守估计也将使其置于前四名之中。

2. 表 28 中的数字也揭示出日本总产品的趋势增长率在分析区间内加快
【155】了。按照我们时间序列的区间划分，平均增长率在相比之下较快和不那么快的期间徘徊，但趋势增长率依然明显地不断增长着：20 世纪 30 年代的经济发展比在这一世纪的早期发展得更迅速，而最快的加速发展发生在第二次世界大战之后。

3. 1901～1966 年的 60 多年可以分成长度不等的几个部分。每个这样的部分代表了一个长期波动的上升或下降阶段。长期波动是日本增长的持久的特点，这一点在私人增长率和总资本形成上反映得特别显著。从 1901 年开始，有三个资本形成增长特别快的时期：1901～1917 年、1931～1937 年、1956～1962 年，这些时期就是投资激增或高涨时期。剩下的年份，1917～1931 年以及 1962～1966 年，投资增长慢了许多，是投资的下降时期。

① 这些观点最初由大川一司与亨利·罗索夫斯基提出，体现在他们的下列文章中：《日本经济增长的一个世纪》，载于 W. W. 洛克伍德编辑的《日本政府与经济企业》（普林斯顿，1965 年）；《从历史角度看战后日本经济的增长：第二次回顾》，载于克莱因与大川一司的《经济增长：自明治时代以来日本的经历》（纽黑文，康涅迪格州，1968 年）。【11】

② 形成这些增长率基础的 GDP 数据将来仍然要修正，特别是提到第三产业产品时。【12】

表 28　　GNP：长期波动中的平均年增长率

（以不变价格调整过）　　单位：%

	时　　期	GNP[a]
（1）	1897（高潮）~1901（谷底）	1.96
（2）	1901（谷底）~1917（高潮）	2.88
（2′）	1912~1917	4.56
（3）	1917（高潮）~1931（谷底）	2.75
（4）	1931（谷底）~1937（高潮）	5.71
（5）	1937（高潮）~1956（谷底）	1.83
（6）	1956（谷底）~1962（高潮）	10.72
（7）	1962~1969	11.91

注：所有序列在第二次世界大战之前用7年移动平均调整，在第二次世界大战之后用5年移动平均调整，除了1969年，这一年是用3年的中心平均数（centred average）表示的。战前的数据是按1934~1936年的价格。战后的数据第5和第6行是按1960年的价格，第7行是用总的缩减指数（Deflator）转换成1960年的价格。1937年（1934~1936年的价格）和1956年（1960年的价格）的价值用国民支出总值的总缩减指数联系在一起：这个缩减指数在1955年是321.6（1934~1936年为1）。

a　指在调整过序列中，连续的谷底和高潮之间的平均复合增长率。

资料来源：大川和罗索夫斯基的《日本经济的增长》，第25页。

4. 1901~1966年间，资本形成增长率和总产品的长期波动与其他一些反映经济成就的指标之间存在着某些系统性的联系。【156】

（1）从前面引用的数字我们已经知道资本形成比产出增长得更快。因此，在所考察的年份中，投资比率（I/Y）大幅度上升。但是，这一比率的上升与投资激增密切联系：当资本形成增长率大幅上升时，投资比率上升也很快；当资本形成增长趋缓时，I/Y 也保持相对地稳定，如表29所示。在下降时期，此时，急剧的下降可能被预计到，I/Y 的稳定性与公共和私人投资之间持续的“领导—被领导”关系有关。当扩张率在长期趋势线之上，私人投资比公共投资增长得更快。当产出增长低于趋势价值时，则存在相反的情况。这种情况在私人和公共投资不断变化的比例中可以观察到（见图9）。

表 29　　投资比率（I/Y）和有关指标　　单位：%

年份	I/Y：总计	I/Y：私人非农业	K/Y：私人非农业
1907	12.75	5.68	1.29
1917	16.46	11.78	1.39
1931	15.13	6.47	1.83
1937	20.53	12.00	1.74

续表

年份	I/Y：总计	I/Y：私人非农业	K/Y：私人非农业
1956	29.74	17.38	1.88
1962	36.42	23.66	1.59
1964	35.68	21.98	1.61

I：总的国内固定投资；Y：国内总产值；K：总的固定资本存量

注：调整过的序列。1907 年、1956 年和 1962 年是 5 年的移动平均数，1917 年、1931 年和 1937 年是 7 年的移动平均数。1964 年是 3 年平均数。

资料来源：大川和罗索夫斯基的《日本经济的增长》，第 47、148 页。

（2）总的国内储蓄与总产品的比值（S/Y）显示出与 I/Y 的发展基本上同样的类型。作为一种趋势，国内储蓄比例在 20 世纪上升幅度很大，而且增长的路径与投资比率的增长路径非常相似。当资本形成和产出增长率上升的时候，国内储蓄率也很快上升；反之，则储蓄率下降。表 30 中的数据说
【157】明了这一点。

表 30　　国内储蓄的构成　　单位：%

年份	毛的总比率[a]	净比率[b]	私人在总的国内储蓄中比例[c]
1908	15.6	7.9	23.7
1917	32.6	22.4	57.8
1924	15.6	5.3	-14.5
1931	15.7	6.7	24.5
1937	24.5	16.3	50.4
1956	27.7	20.4	47.6
1962	33.9	25.6	45.9
1966	36.0	26.7	48.3

注：调整过的序列。1908 年、1956 年、1962 年、1966 年是 5 年的移动平均数。1917 年、1924 年和 1931 年是 7 年的移动平均数。1937 年是 3 年的平均数。

a　国内储蓄/GNP。

b　净储蓄/NNP。

c　包括公司储蓄。

资料来源：大川和罗索夫斯基的《日本经济的增长》，第 167 页。

（3）长期波动与私人非农业资本—产出率（K/Y）之间的关系是比较复杂的。历史性的情况在表 29 中表现得很明显。这些运动将总的趋势与波动的不同影响结合起来。一个上升阶段或投资激增时期，K/Y 的价值一般都

下降了。但从趋势的角度看，K/Y 从 20 世纪开始到 20 世纪 30 年代的前半期逐渐增加。从那时直到 20 世纪 60 年代开始，K/Y 的价值普遍下降。

(4) 资本（α）和劳动（β）在相对收入中的比例趋势和波动联系也是系统化的。两个比例的趋势在 20 世纪相当稳定。例如，α 的价值在整个战前阶段在最低值——1924 年的 33.7% 和最高值——1917 年的 50.2% 之间波动。但是，在投资上升期，其特点是 α 上升了，β 下降了。在下降期，则是相反的情况。一个非常典型的例子是 1917 年扩张达到了顶点。从 20 世纪开始到那一年，α 稳定地从 40% 左右上升到 50% 以上。在 20 世纪 20 年代，当经济收缩的时候，α 的平均水平低于 35%。①

(5) K/Y 和 α 的变动也揭示了资本的预期收益率 r 的系统性变化。因为 $\alpha = Kr/Y$，在投资上升期，资本收益率必然趋于上升，因为资本占收入的比例上升时，K/Y 增长不快或下降。在投资下降期，相反的趋势一定存在。对于趋势价值，我们必须假定 r 是相对稳定的。【158】

5. 这一阶段的另一个增长特点是私人非初级部门生产的资本密集度（K/L）稳定地、不间断地上升。数据如下（以平均每年的增长率来衡量）：②

1908～1917 年	$G(K) - G(L) = 4.27\%$
1917～1931 年	3.25%
1931～1938 年	2.69%
1955～1961 年	4.67%
1962～1964 年	8.44%

如果不是因为 20 世纪 30 年代不寻常的低增长率，人们可能认为 $G(K/L)$ 显示了加速增长的趋势和与投资激增的紧密联系。事实上，毋庸置疑，$G(K/L)$ 1931～1938 年并没有上升，显然是由于异常的军费开支的沉重负担所导致的。如果把这些考虑进去，我们可以放心地假定资本密集度的年均增长率将远远地超过每年 4.5%。③

6. 我们已经总结了日本经济这一阶段的特点，也就是由一种特殊类型的二元经济所影响，称为“差异结构”。一个二元经济意味着两种部门的出现——一是传统，一是现代，它们以不同的方式、技术和动力运转。差异结构包括现代和传统部门的差距增加这样一个额外的特点，这一点可以由相对

① 参见大川和罗索夫斯基：《日本经济的增长》，基本统计表 18，第 328～329 页。【13】

② 同上引，表 3.1，第 47 页。【14】

③ 参见 K. 博尔丁和 N. 森：《军备支出对日本经济增长的影响》（油印，东京，1967 年）。【15】

的部分生产力（Y/L）和工资水平来方便地表示出来。作为一个现代部门的代表，制造业引入了资本密集度不断提高的生产方法。作为传统部门的代表，农业在当时保持着许多本土特征：生产单位小，劳动密集型生产等。20世纪这两个部门的相对差别如表 31 和表 32 所示。

从部分劳动生产力的角度来看，农业和非农业之间的差距在第二次世界大战前加剧了，在 1956 ~ 1964 年又一次加剧。这反映在农业与非农业工资比例的变化上。它保持了两个突出的水平：直到 20 世纪 20 年代农业工
【159】资——尽管很低——相对而言还可以让人接受。但是，从 20 世纪 30 年代开始，我们则可以容易地看到所谓的差异结构的影响。

表 31　有关年份的工资差别

年份	Wa/Wm（%）
1905	67.4
1910	68.3
1915	71.9
1919	83.3
1925	79.7
1931	48.9
1935	47.9
1939	71.3
1954	36.5
1960	40.4
1965	51.1

Wa：农业中男性日合同工人的工资；Wm：制造业中一般男性工人的工资。
注：调整过的序列。5 年移动平均数（除了 1965 年是 3 年移动平均数）。
资料来源：大川和罗索夫斯基的《日本经济的增长》，第 126 页。

表 32　1897 ~ 1937 年（日元，1934 ~ 1936 年价格）和 1956 ~ 1964 年（百日元，1960 年价格）有关年份的生产力差别

年份	Y/L 总体	Y/L 非农业	Y/L 农业
1897	231	464	120
1901	243	466	129
1917	404	711	171

续表

年份	Y/L 总体	Y/L 非农业	Y/L 农业
1931	534	863	199
1937	850	1 069	229
1956	2 480	3 293	1 155
1962	4 607	5 880	1 584
1964	5 044	6 846	1 695

L：劳动力；Y：产出［折价总值（gross of depreciation）］。

注：调整过的序列。以所列年为中心的5年平均数。

资料来源：大川和罗索夫斯基的《日本经济的增长》，第36页。

7. 最后，日本出口增长类型的两个特征应该提到。在整个考察期，出口的平均年增长率（以不变价格计）超过了GNP。这可以在表33中看出。表中出口在总需求中占了较大的份额，只是在第二次世界大战期间这一情况 【160】 略有打断。而且，在整个过程中，相对于国内价格，出口价格下降了。

表33　　出口：价格和占总需求的比例

年份	相对价格指数		出口/总需求（%）
	出口	一般消费价格	
1906	100.0	100.0	5.5
1912	69.5	120.5	7.7
1917	74.7	165.4	10.8
1924	70.6	250.0	—
1931	41.7	191.6	13.0
1938	43.5	249.8	17.0
1953	100.0	100.0	—
1955	86.3	105.1	9.4
1960	79.9	118.5	10.6
1965	57.9	149.1	12.6

注：原先的价格指数战前是3年的平均数，战后是每一年的指数。单个的价格指数由一般价格指数的比例表示，然后以1906年和1953年的比例数作为基数计算得出。

资料来源：大川和罗索夫斯基的《日本经济的增长》，第179、143页。

3.5 一种解释

前面我们已经明确了基本的史实，最后的任务则是对其进行解释。我们将重点主要放在20世纪日本现代经济增长中资本投入的重要性上，特别是将着重分析日本从1900年到现在的快速增长和所谓的趋势加速问题。这些是复杂的问题，即使用再长的篇幅也不可能深入地研究，但是这些问题获得了广泛关注，因此也不能忽视它们。

首先我们再一次审视私人投资中的波动。从正式的经济理论来看，这一点可以较容易地解释。让我们先来做四个行为上的假设（在标准经济理论的基础上）：

（1）私人投资是经济现代化的主要实现者，是新技术和大量进口技术
【161】的载体；

（2）私人投资水平由利润预期决定；

（3）简单的总生产函数 $G(Y) = G(R) + \alpha G(K) + \beta G(L)$ 可以描绘私人现代部门产出增长的主要趋势。$G(R)$（R 是残差）指技术和组织进步的增长率［如已知，这一生产函数假定技术进步是中性和不具体的（Disembodied）］；

（4）还存在一个个人储蓄函数 $S_t = A + bY_t + cY_{t-1}$，这简单地表明了储蓄比例依赖于一个固定项、收入水平和收入增长率。

历史记录显示上升和下降期的持续长短变化相当大，毋庸置疑，特别的现象如战争和变化着的国际政治、经济环境在决定某些转折点方面发挥了关键作用。但是，这些观察到的长期波动的确具有重要的共同特征。这些史实与我们的标准假设可以使我们做出一个正式的解释。

首先，我们以一个投资激增作为简单的和理论上的例子，然后，我们再转向一个略为复杂的、更贴近现实的情况。在简单的例子中，我们严格地保持生产函数的特点，其中 α 是不变的。在这个限制下，由于技术和组织进步与需求增加，K/Y 下降，导致资本收益率（r）上升。r 增加对私人现代产出意味着更大数额的资本形成以及转向更资本密集型的生产。经过一段时滞后，S/Y 也随之增加，这与先前假定的储蓄函数一致。

这个简单的例子只是为了说明技术进步和需求就能够产生投资激增。但这是一个太简单和不现实的公式。α 在上升期增加，这是由于两方面原因：

第一，技术进步可能不是中性的（如我们的长期生产函数假定），而倾向于资本，特别是在上升期；第二，劳动的部分生产力增加之后可能存在一个工资滞后。这两个原因增加了资本的收益率，强化了投资激增。

日本的技术变化偏向于哪个方向是最困难的实证问题。没有人能给出一个有根据的历史性的判断。人们可以继续从中立的角度来思考。同时，很清楚，在日本，工资滞后是存在的，特别是在早期的上升期，技术影响（通 【162】
过 K/Y）和滞后的工资提高了现代部门的资本收益率。两者同时出现，相互作用：这就是这个略复杂，但更实用的例子的本质。

滞后的工资或劳动的灵活供给与差异结构相关。我们简单地将劳动的灵活供给定义为现代工资的微小增加使得劳动力供给相对多地增加了。劳动供给是灵活的，因为日本经济以生产率存在差别为特点，不断增加的人口和现代部门相对较少的劳动需求额外地支持了这种灵活性。①

上升阶段的结束和随后的下降更难将其系统化，因为在记录中只有两次下降，每一次都是不同的外在因素强烈影响的，但共同的特点还是显露出来了。在上升阶段结束的时候，资本的预期收益率由于 K/Y 的增加而下降了，而 K/Y 的增加则是由于技术进步增长率的放慢导致的，这些都须在考虑特定历史环境的条件下来解释（应该承认，所有前文都是一种非常理想化和典型化的状态）。② 同时，随着可转移工人存量的减少，劳动供给的灵活性暂时将受到限制。所有这些因素结合起来降低了私人资本形成的增长，在下降期，$\Delta I/I$ 和 $G(R)$ 保持更低的平均水平，在某种程度上，政府活动有助于将总投资比例（I/Y）维持在新水平。一段时间之后，当 K/Y 因为技术或组织创新浪潮的到来而开始下降，另一个私人投资激增开始的时候，资本收益率会再次升高。③

我们现在触及问题的本质：私人资本形成增长率的长期波动与总产出趋势加快之间的关系。在上升期或投资激增期的情况已经描述过了：私人投资

---

① 这些需求量相对较小，可以由这一事实说明：直到第一次世界大战，农业雇佣劳动力的绝对规模保持稳定，战后开始减少，但是甚至到现在，日本仍然大约有 15% 的劳动力受雇于初级部门。【16】

② 显然，影响运作能力水平的市场状况会导致同样的结果。【17】

③ 然而，我们注意到不同持续期的时滞是会存在的。与这种明显的差异相联系，我们应做出三点说明：第一，我们的考察是建立在 5 年或 7 年的移动平均数上，因此，一个特定的转折点应被认为是在一个相当宽泛的几年时间范围内的；第二，这里的投资激增是从总量考虑的，但是它们开始于特定的行业，而且我们描述的机制尤其适用于领先的行业；第三，外在的因素——需求的变化、外国市场等——可能先于并为一次投资激增创造条件。【18】

的快速扩张，资本—产出率的下降（特别是在主要的扩张行业），① 与公共资本形成相反，私人投资比例上升。而且，每一次投资激增都以一系列可辨认的增长型行业为特点。在1901～1917年间，食品和纺织占了制造业增长的一半以上；在20世纪30年代，化学、金属和机械占了60%多，② 在20世纪50～60年代，制造业中主导行业是电子和汽车。

总而言之，所有这些因素为把投资激增看作是创新改变的阶段提供了可
【163】靠的假设，即在这一阶段技术和组织进步是以特别快的速度被引入进来的。根据先前使用过的生产函数的严格限制，显而易见这被残差不断变化的增长类型所证实。可度量的残差在投资激增期内常常增长得更快，但并不比在第二次世界大战之后增长得更快。③

生产函数的框架也指出了资本、残差和趋势加快之间的关系。20世纪私人现代部门稳定的“均衡”增长路径可以由公式 $G(R)=(1-\alpha)[G(K)-G(L)]$ 来描绘。这个均衡增长路径就是前面使用过的生产函数，在方程中 K/Y 和 α 都是不变的，这一点对趋势而言，也基本上是正确的。因此，在历史的长河中，我们能够有理由假定在残差的增长（技术和组织的进步）与资本密集度增长率之间存在着稳定的关系。当然，均衡增长路径也包括所有趋势增长的必要因素——如果（事实也是这样）K/Y 的增长率一直增长。但是关键问题仍然没有解决：为什么 K/Y 的较高的增长率与残差的较高增长率相联系呢？

$G(R)$ 与 $G(K/Y)$ 之间的关系并不能被解释成简单的因果关系。相反，为了获得这个关系的实证印象，要对它们复杂的相互作用进行推测。通过结论我们将提供有关这些相互作用的一些思索。

长期私人投资周期性的激增一定具有供给生产和需求的双重效应。在供给方面，投资激增导致更快的资本积累、更高水平的资本密集以及更多产出。我们可以合情合理地推断，新投资，作为日本所依赖的进口技术的载体，为 $G(R)$ 的提高做出了贡献。这就是最直接和简单的解释。

---

① 战后总的资本—产出率（K/Y）比以前任何一个时期下降得都快，这一点已经表明了。战后部门资本—产出率数据大多可以获得，数据显示制造业下降最为显著，以大约是整个经济平均值的9倍的速度下降（农业的资本—产出率实际上提高了）。在制造业中，机械、石油与化学部门下降得最为显著。【19】

② 参见Y. 盐谷：《工业发展的模式》，载于克莱因与大川一司的《经济增长》。【20】

③ 我们自己的研究指出：与19世纪30年代比较，第二次世界大战后，总的残差增长了4倍多。在制造业与便利业残差增长得最迅速。见大川和罗索夫斯基：《日本经济的增长》，第3～4章。
【505】在爱德华·F·丹尼森与威廉·K·陈的《日本经济为何增长地如此之快》（华盛顿，1976年）中也可以看到同样的观点。【21】

投资激增也影响了需求，因为我们可以假定产出增加提高了人均收入的增长率和收入水平，特别在一个失业是持续性特征的经济中，而且人均收入的增长率也影响了 $G(R)$。为了解释这种最后推断的原因，我们要求具有一种更广阔的经济过程的观点。

日本是西方技术的借鉴者，这是一个无可置疑的事实，而且在获取外国机械和技术诀窍方面，日本一般并不为合适项目的可获得性所限制。在一个跟进国家，总存在着空间来引入外国先进的东西，这就是为什么人们可以将【164】技术机会的增长率当作既定或者外在决定的原因。但是，对这个问题还有一个非常不同的地方。技术是在最发达国家发展起来的，它最适合于美国或西欧国家的要素禀赋和技术。几乎从定义看，这使得欠发达国家（如日本）的技术模仿成了一个最困难的任务，在那里，资本相对缺乏，劳动力相对充足。这样，尽管借贷具有多重机会，也存在着一系列限制性因素，这些因素我们称作“社会能力”水平——这些因素构成了一个国家进口或参与技术和组织进步过程的能力。

一个更高的人均收入增长率可以从两个主要方面增加社会能力。第一，将增进人力资本（更好的学校、改善的饮食等），因此，使劳动力更适合于使用先进方式进行工作。第二，提高人均收入将扩大市场，因此增加了发挥规模经济的可能性。①

这就是我们通过 $G(R)$ 和 $G(K/Y)$ 之间的相互作用所试图说明的。在这个简单的例子中，我们可以从 K 的增加移动到更高水平的 R。但 R 可以增加，因为收入增加了，这将导致一个更高水平的 K/L。

在这一章中，由于显而易见的原因，我们将研究集中于资本的作用。但人们不应该忽视制度发展的重要性，尤其是在提高日本引进生产技术数量的社会能力方面。每一次投资激增产生了新的制度，并扩大了这个过程。在1901～1917年之间产生了财阀和持续的就业。财阀类型的结合产生了早期持续利用与大规模世界营销相联系的经济优势。持续的就业导致了这样一种劳动力，这些劳动力没有动力去抵御劳动替代型的创新。在20世纪30年代，财阀和政府之间的联盟，主要是为了满足军事的需要，促进了靠公共资金补贴的重工业的发展。第二次世界大战之后，新产生的国际贸易和产业部

---

① 外贸增强了这一论证。出口的可能性显然提高了总需求的水平，改善了获得规模经济的机会。在供给方面，我们在出口价格相对长期的下降中所看到的事实是一个合适的、直接的或简单的解释。毕竟，自1900年以来，日本出口几乎全部由现代制造业产品——即从引进的技术中最为受益的那些产品——构成。【22】

与私人银行的新活动是推动美国和西德技术被快速吸收的关键因素。不可怀疑的是，这些制度都为社会能力水平的长久增长做出了贡献。我们相信这些进展是附加的，一个时代创造的进步并不会失去其在后来年份的有效性。日
【165】本所有这些在 20 世纪趋势加快的方方面面都值得详细研究。

第四章

工厂劳动和日本的工业革命①

4.1 引　　论

工业革命把传统社会转变成了一个工业社会。这一过程的主要推动力量是工厂体系，这一体系以传统社会闻所未闻的规模组织了资本和劳动，并建立在传统人难以理解的技术和行为基础上。通过传统社会组织的逻辑，按照传统人的看法，在工厂体系之下，一个典型工业场所的人的规模（human dimension）是不可思议的和惊人的。即大量工人（大大地超过了典型传统村落的人口）组织成了一个工厂，这里任务服从于技术决定的劳动分工，但同时绑在一起成了一个由管理所控制的相互依赖的框架。换而言之，工人被管理者分组管理，管理者从技术和市场中取得权力。这种新的社会结构，尽管受限于工厂，对传统人是利是弊很大程度上依赖于工业化的形式和速

① 作者希望感谢斯坦福大学东亚研究中心在财力上的支持，因为这使得本研究成为可能。【1】

度。最后传统人被转变为“工业人”，因为他摆脱了传统的表现和工作习惯，获得了新的个人品质，这些品质能使他在一个工业社会的阶级结构中理智地行动。这些同时发生的转变，社会的和个人的，经常充满了时滞和摩擦，这都要求国家促进性或规制性的干预。本章准备追索日本工业化过程的这些发展。它包括工厂体系的这些主要方面，如工厂雇用、训练、结构化和报酬，原则、规章的更新，产业关系的程序，以及使用国家权力来管理和解决工人与管理者之间的冲突。

从1868年的明治维新到第二次世界大战的70年，日本的工业化取得了实质性的进步，但是甚至在这一阶段结束的时候，日本至多是一个半工业化社会。由日本所发动的太平洋战争的失败显示出封建王朝返祖性、侵略性的落后本质及其制度化过程中不可控制的非理性。然而，日本向半工业社会的
【166】转型是一个具有重要意义的历史事实。尽管这种转型并不彻底，没有产生类似于19世纪欧洲自由化那样的效果，但它至少代表了一个或多或少独特的工业革命的例子，它作为一个非西方的传统社会试图吸收西方工业社会的影响，而不丧失其特有的民族特性或历史延续性。因为在独特的环境中日本参与了世界范围的工业主义的扩散；在独特的文化基础上，日本建立了自己的工业体系，所以日本工厂体系的扩展和工业劳动力的形成都创造了不为西方劳动史所知的许多独特的特点。

本章的主题限定于日本经济的工厂领域，在我们抽出工厂领域进行深入观察和分析之前，对日本经济增长做一个总体的考察是必要的。不像战后有惊人的经济增长率，平均年增长率大约为10%（1973年的石油短缺和随后的滞胀打断了这一过程），战前日本的经济增长是一个相当缓慢的事情。从对日本长期经济成就的最保守估计可以看出，在1887~1938年之间（是以所指年为中心的5年平均数），GNP（以不变价格计）总量每年增加3.16%，人均每年增加1.94%（不同的是人口增长率，为1.22%）。① 这些数字代表的经济增长速度处于中等水平，甚至与第二次世界大战之后欠发达国家的平均水平相比也是这样。但是，从历史角度看，日本的战前经济增长按照今天发达国家在可比的发展阶段所达到的标准，仍然是值得称道的。

当生产要素的增长被认为与总收入增长是一致的时候，日本战前增长速度处于中等水平的情况就显现出来了。在这同一时间段，1887~1938年，

① ELTES，I，《国民收入》，第16页。［ELTES是大川一司、篠原三代平与植村又次编辑的《1868年以来日本长期经济统计数据估测》（Estimates of Long-Term Economic Statistics of Japan since 1868）（东京，1966年~　）的英文缩写。］【2】

日本的劳动力以每年 0.8% 的增长率增长，同时其总资本存量的增长率是 3.6% ［不包括房产存量（residential stock）］或者 2.6%（包括房产存量）。① 在资本和劳动的增长率基础之上，在产出要素相对比例的假设之下——如 40% 是资本，60% 是劳动——能够计算出生产要素增长本身将带来 GNP 以每年 1.80%（不包括房产存量）或 1.40%（包括房产存量）的速度增长。② 这样 GNP 的总增长率（3.16%）比单纯由于生产要素的数量性 【167】 增长所可能达到的更高。这个“剩余的”的增长率，在所谓的相对比例的假设之下，达到总增长率 43%（不包括房产存量）或者 56%（包括房产存量）。不同的相对要素比例自然地产生不同的残差率值，但可以清楚的是在相对比例可想像的限制之内，残差将仍然是非常有意义的。残差的组成是一个复杂的事情，它代表了除了可以用一般的数量方式计量的劳动和资本增长之外的任何因素（取得报酬的就业人口数量和所有以不变价格计的资本品）。因此，这至少意味着日本社会经济改变的质量方面（对这些改变而言，“现代化”是一个便利的什么都包括的术语）比与资本积累和劳动力增长相联系的总的增加量更重要。这些质量改变必定包括经济结构的改变，如产业的相对扩展及各种商品和服务的市场扩大，以及在经济各个部门要素使用效率的增进。

现在，我们转向工厂部门的兴起和扩展。一般人们可以接受的是在 19 世纪 70 年代早期，多于 80% 的有报酬就业人口从事农业生产，少于 5% 的人口从事制造业。③ 工厂劳动力的比例是微不足道的。到 1940 年，农业的就业比例下降到了 50% 以下，使日本最终看起来成了一个非农业社会。同时，制造业的就业比例到 1940 年升到了 20% 以上，但只是在 20 世纪 30 年代，工厂才开始吸收 50% 多的制造业部门的就业。④ 即使这样：工厂通常被

---

① 从 ELTES，III，《资本存量》（Capital Stock）表 1（第 148 ~ 150 页）计算得出。由于写作时，ELTES，II，《人口与劳动力》（Population and the Labor Force）尚未得到，因此，本文中的劳动力增长率是从大川一司的《自 1878 年以来日本经济的增长率》（东京，1958 年），第 5 章第 2 部分计算得出的。【3】

② 计算公式如下：$G(Y) = aG(K) + (1-a)G(N) + G(R)$，它指出收入$(Y)$的增长率是资本$(K)$与劳动力$(L)$的加权增长率之和，其中权重分别是资本与劳动力的相对份额 a 与$(1-a)$。当$G(Y)$不等于两者之和时，残差增长率［$G(R)$］被用于平衡该公式。为全面研究日本的残差规模见大川一司和亨利·罗索夫斯基的《日本经济的增长》（斯坦福，加利福尼亚州，1973 年）。【4】

③ 亨利·罗索夫斯基：《1868 ~ 1885 年日本经济增长的过渡期》，载于亨利·罗索夫斯基：《两种体制的工业化》（纽约，1966 年），第 93 页。【5】

④ 利用 NRUS，X，第 154 ~ 165 页的表计算得出。［NRUS 是工人运动历史资料委员会的《日本工人运动历史资料》（Historical Materials on the Labor Movement in Japan）（东京，1959 年 ~ ）的日语缩写。］【6】

定义为一个制造业的生产场所，雇用5个或更多的工人。从事后来看，在战前的日本引入工厂体系作用相当有限，在70年的工业化的末期仅仅吸收了12%或13%的劳动力。尽管这一事实证明了工业化过程中非工厂制造发展的弹性和灵活性，以及除了制造业之外的所有部门的生产力，但是工厂劳动力的增长是显而易见的——从19世纪70年代的几千人到1940年的近400万人，大致地表明70年中工厂劳动力呈几千倍的增加。在这一阶段，工厂
【168】体系无情地进入日本经济是几个主要经济、政治和社会骚动的源泉，这些骚动从根本上动摇了日本社会，本章将对这些问题进行探讨。

方法上的问题应顺便地提一下。考虑到在整个战前阶段日本在工厂就业的劳动力只占整个劳动力的一小部分，人们可能会倾向于得出结论：日本对于它的现代部门本应处在“无限制的劳动力供给”状态［按照阿瑟·刘易斯（Arthur Lewis）的说法］，工厂劳动力的招募应该没有问题。几代经济学家都承认这些假定的企业家所具有的眼光、勇气和深思熟虑，如果日本的雇主的确具有这样的素质，毋庸置疑，他们就会成功地利用明治时代日本的人口和经济条件，通过提供恰当的工资和工作条件以确保自己无限制的劳动供给。但是，明治的雇主正如其他所有日本人一样，只是这个社会的传统落后之处的一部分，与雇用、训练、组织和劳动力留置相关的问题对他们而言与资本筹集、工厂建设和技术选择一样可怕。尽管资本是短缺的，但至少一旦他们获得了之后，资本的使用并没有什么问题。但是，雇用劳动力仅仅是劳动管理问题的开始，在这个意义上，劳动可能对技术、生产规模选择的合理性以及一般的经济增长率是一个严重的限制。对扩张的、经常的产出波动所要求的规模、技术和劳动力质量的合理控制只能在许多次的试错之后获得。为了给日本的工业部门创造一个扩张的、受约束的劳动力，由工人、雇主和整个社会所承受的巨大痛苦（以下部分将要提到），应作为对满不在乎地接受下列假设的一种警告，这一假设是当工业化在传统落后的背景下发生时，劳动力没有问题。

4.2 1850～1890年工厂劳动的前提条件

工厂就业扩张的一个前提是雇主和工人明白他们的关系是以劳动交换工资。借用波拉尼（Polanyi）的巧语，劳动和土地必须成为市场上可买可卖的“虚拟商品”。但把土地和劳动看作是与普通商品一样的交易是有悖于封

建社会的日本的社会组织和经济关系的，并且从封建主义到资本主义就业关系的变化是一个长期的和复杂的过程。尽管本章的主题是工厂劳动，但是在【169】农业中，先于日本工业化劳动力使用的改变是封建制度怎样向资本主义的资源配置和就业关系改变的一个有用的指标。

4.2.1 农业中从奴隶劳动力到工资劳动者

T. C. 史密斯（T. C. Smith）描述封建时代日本农村就业关系的发展是一个渐进的、主人与雇工之间契约放松的过程。对雇工（*hōkōnin*）而言，重新获得自由更容易了。史密斯在这一点上注意到了三种类型的雇工。“这三种类型中自由最少的是由其家庭无限期地送给他人以换取一笔借款。他实际上就是借款的抵押品，被强迫为贷款人工作而没有补偿，他的‘刑期’直到债务还清为止”。① 但是，债务对借款者的还款能力而言往往是太多了，这样雇工就没有机会重获自由。在史密斯的分类中第二种类型的雇工也是因为债务问题，但他的工资被加总起来以抵消债务，所以当实际偿还债务时，所还的数量要少于原先应到期的债务数。第三种类型的雇工是他的劳动和服务期都计算进去，这样到债务到期时，完全抵消债务。②

只要劳动服务是债务交易的一种补充，在工资劳动中的就业关系就只是一种遥远的可能。但是，商品农业的发展逐渐地改变了这种情况。工人们通常在就业期开始时就一次性地拿到了工资。但它的性质已经从债务转变成了部分地提前支付的工资。19 世纪早期已经在现实中出现了的日工（服务以天来计算）就是一个恰当的例子。大阪地区 1829 年的一张就业“合同”就规定，日工每月劳动 20 天，工作两年，并规定一定数额的货币是“立即支付的工资”。③ 合同是由雇工的父亲签订的，其上还有雇工自己（时年 33 岁）和其他两个保证人的名字。应强调的是，雇工并不是合同的主要一方，尽管合同的对象是他所提供的劳动。与合同一起生效的还有其父亲和担保人的宣誓书，声明如果雇工没有提供相应的服务，他们将送一个替代物或归还提前支取的工资。这一地区另一家庭的记录也表明，日工的数量随着【170】

① T. C. 史密斯：《现代日本农业的起源》（斯坦福，加利福尼亚，1959 年），第 112 页。【7】

② 同上，第 113～114 页。【8】

③ 古岛敏雄：《江户时代后期受雇用的劳动力》，载于市川隆正等：《封建社会崩溃时期受雇用的劳动力》（东京，1961 年），第 184 页。【9】【506】

1838～1868 年间农场工作的需要而不断地变化着。①

按照山方（Yamagata）行政长官关于主要农民家庭的记录，挣工资的雇工签约 3～12 个月，与史密斯的第二种类型类似的日工的记录早在 1777 年就出现了。但是 1824 年，与债务相联系的雇工就不再列出了。② 这些例子与前面诸段提到的，说明许多类型的雇工共同存在了很长一段时间，一种和另一种类型之间并没有太多的延续关系。但是，根据这些类型的重要性的变化，人们可以谈论封建时期就业关系的进化——即按照短工、无债务负担的雇工和最后日工的顺序，人数逐渐增多。

到 19 世纪 70 年代早期，日本农村居民的相当大的一个比例都依赖于日工（*hiyatoi*）。按照山方的记录，在村山（Murayama）地区的 6 个村子，这个比例升到了 12%。③ 对这一数据的仔细研究指出，在 19 世纪 70 年代早期，日工大多数是不再有足够多的土地耕种的农民，其中许多人已经完全失去了土地。④

1890 年在各个县对农业生产条件的考察清楚地说明，农业中的就业关系不再与对农村和城市产业而言的劳动市场的扩张无关了。⑤ 大阪调查中提到了四种类型的农业就业：日工、月工、半年工和长期工。前两种就业严格地依赖于忙季对劳动的需求。半年的就业适用于国内雇工（domestic servants）。长期就业，一般是 5～7 年，毋庸置疑是早些时候学徒的直接延续。但是，并没有证据表明学徒工人与债务有联系。⑥ 在乡村，畜牧业、养蚕业和其他副业有同样的劳动力竞争。纺织、缫丝和棉纺从农村吸收的女性数量不断增加。采矿、工业和建筑则吸引了农村中的大量男性。例如，邻近大阪的村子为大阪的城市工业输送了劳动力，取而代之的是在劳动力市场上通过中间人带来的日本其他地方的工人。这种劳动力的地理再分配并不是很自然
【171】地发生的。因此，在更富裕的农村地区，经常能听到劳动力短缺的抱怨。

4.2.2　纺织业中的劳动力

制造业中最古老的行业之一就是纺织业，它在整个封建时期是农民的重

① 古岛敏雄：《江户时代后期受雇用的劳动力》，载于市川隆正等：《封建社会崩溃时期受雇用的劳动力》（东京，1961 年），第 180～181 页。【10】

② 渡边信夫：《商业化农业中受雇用的劳动力》，载于市川等：《受雇用的劳动力》，第 54～57 页。【11】

③ 同上，第 81 页。【12】

④ 同上，第 80～103 页。【13】

⑤ NRUS，I，第 25～36 页。【14】

⑥ 同上，第 26～27 页。【15】

要副业。纺织业的关键人物是商人雇主（merchant-employer）（服装商），他分配任务给织布工以便于其在家工作。服装商承担其工厂中主要的准备工作和最后的加工工作，并且训练织布工使其能够在家中完成分配的工作。服装商也雇用成年的织布工，大多数是女人，在其工厂中的织机上工作。工厂体系的发展和纺织业中的工资劳动意味着直接雇用的成年纺织工的数量扩张了。在封建时期以及整个明治时代的大部分时间里，为服装商工作的人中，学徒和织布工一直被称作学徒（*hōkō*），工人被称作雇工（*hōkōnin*）。

在封建时代，农民家庭经常在服务合同中声明，提供一个雇工的原因是税务负担太重，做雇工是为了存钱付税。爱知（Aichi）县两个棉衣服装商手中的83份古老的就业合同的残余文本，一份1879年的合同和一份1884年的合同，表明雇工的确是因为这个原因才去做雇工的。① 这种税收负担，来源于封建主把农民束缚在土地上的愿望，但在1887年之后生效的合同中就不再提到了。典型的合同遵循着以封建雇佣关系为特征的格式，其中规定，服务的目的是学会怎样织布；雇主将一年两次提供布匹；如果雇工生病了，就业时间将顺延；而且，如果她在合同期满之前离开，雇工和她的家庭将归还工作期间的花费、训练费用、借款、本金和利息。劳务合同由雇工、她的父亲或监护人和几个担保人签署。

在栃木（Tochigi）县——一个主要的纺织中心——的纺织工厂，现存的1849～1866年94份劳务合同中，27份合同是由同样的工人又重订了的合同。② 合同表明，这些工人中的13位，每人都做了5年以上的小学徒，然后，又续签了一份或两份劳务期更短的合同，最后则作为纺织工被按件或按日雇用。几个年轻的长期雇工回家去完成由训练他们的服装商所分配的工 【172】
作。这里没有解释有多少其他雇工、年纪更大的熟练纺织工被这个服装商雇用，或者他训练的其他学徒去了哪里。也许这个服装商训练的许多学徒成了家庭织工或为其他服装商工作的雇工，同时他也使用现有的织工（由其他服装商训练）来作为自己的短期雇工。很明显，这一地区存在着一个类似于劳动力市场的地方。这94份合同中另一个有趣的特点是，她们的就业期间有很大不同。除了4个不清楚的例子，90份合同可以分成以下几类：37份是3年以上（其中15份是5～6年），35份少于3年（其中21份是1～2

① 林秀男：《明治时代后期爱知县西部的受雇用的劳动力》，载于市川等：《受雇用的劳动力》，第235～237页。【16】

② 市川隆正：《乡村工业中受雇用的劳动力》，载于市川等：《受雇用的劳动力》，第129～146页。【17】

年)，18 份是日工或计件工。许多织布工订立日工或计件工合同时都没有像其他雇工一样的借款，他们的工资也比那些人更高，但是这种雇工并不是一个挣工资的工人。在纺织业中，分配工作体系的罕见的力量长期以来抵制了织布工的完全的无产主义化，并且尽管把雇佣者叫作“雇工”的习惯在 19 世纪 80 年代趋于消失，但就业合同的条款却大体上保持基本不变。① 纺织产业中工厂体系的称呼直到 19 世纪 90 年代仍然保持不变。

4.2.3　生丝产业的劳动力市场

生丝生产是农业的一个分支。在封建时代，类似于工厂的基础设施在缫丝业中比在纺织业中更少。在明治维新之后，部分地由于政府的鼓励，生丝的工厂化生产有了显著的增加。由于向工厂化体系的快速转变，生丝产业的劳动力的招募第一次完全从招募雇工的传统步骤中解放出来，但是不久之后，由于劳动力市场的紧张，又恢复到了传统的招募方式。雇主们发现对其工人进行封建式的控制比遵循劳动力市场的规律更容易，获利更多。

19 世纪 70 年代的明治政府通过示范工厂引入西方技术来鼓励生丝生产的现代化。② 特别有影响的是富丘（Tomioka）的缫丝（silk filature）技术，就模仿了法国缫丝技术。在富丘工厂中所训练的操作工人后来又被日本其他
【173】地区的私人工厂雇用，开始操作新引入的缫丝机器。一家私人公司——斧组
（Ono-gumi）——于 1871 年在建于东京通雉（Tsukiji）的工厂中，已经进行了机器化程度不太高的意大利技术的实验，斧组也资助位于长野地区的丝织工厂采用这些技术。长野的丝产品制造者也是在富丘缫丝的优越性显示出来之后第一个尝试法国技术的。在 1893 年，3 000 多个雇用 10 个或更多工人的丝织工厂中，使用传统技术的将近 1/4。③ 这些数字没有概括丝织业的整个情形。因为非工厂的设施在这个产业中具有同样的重要性，尽管比在纺织产业中少一些。按照群马（Gunma）县三个相对先进的郡（*gun*）的资料（这三个郡技术上次于长野但远远高于使用日本技术的丝产品出产区的平均水平)，1890 年在 24 193 个缫丝设备中仅有 20 部“机器化”的缫丝机，而

---

① 市川隆正：《乡村工业中受雇用的劳动力》，载于市川等：《受雇用的劳动力》，第 151 页。【18】

② T. C. 史密斯：《日本的政治变化与工业发展：1868～1880 年的政府企业》（斯坦福，加利福尼亚，1955 年)，第 6 章。也见 NRUS，I，第 136～147 页。【19】

③ 隅谷三喜男：《日本有工资劳动力的历史追踪》（东京，1955 年)，第 156 页。【20】

且分配工作的体制是普遍存在的。① 这种结构在日本的生丝业中很有代表性。生丝业中这种广泛的非工厂的生产基础意味着大量对缫丝工作有经验的非工厂的工人可以供扩张的工厂利用。

在19世纪80年代，这些工人都是在当地招募的，按照一种特别的计件和计时相结合的方式来支付工资。② 但是缫丝的质量也很重要，因此，工资是按照所用蚕茧的数量和缫丝的质量分成几步报出的。但是，一旦一个工人被安排在一个标志其技术水平的某一步上，她就享受这一步上的工资，而不论工作数量如何，这一数量自然是天天不同的，这主要是由不受其控制的因素决定的。在19世纪80年代，个人身份的确认和工资级别的认定是日本工厂中工资管理的普遍特征。

与后来丝织业就业关系的发展相对照，有一个鲜明的特征是，19世纪80年代的丝织工厂中的工人都是当地人，而且多为已婚妇女。1890年之后广泛存在于纺织业工厂体系中的宿舍制度，在19世纪80年代并不存在。当需要住的离工厂近一些时，工人就自己找地方了。许多工人在雇用时就已是熟练工人，原因是她们在自己家里就进行缫丝活动。农村里从事养蚕业的妇女经常在购买其蚕茧的工厂里工作，由于工厂的缫丝方法还没有明显地优于家庭缫丝术，因此农户家庭也就没有送其妻子和孩子去工厂缫丝的迫切性，【174】
工厂就业实际上是第二职业。由于19世纪80年代生丝业的就业合同中未提到借款，因此可以认为雇主强迫工人的成分是很小的。一个工作日一般长达14小时，这是农民家庭正常的工作日长度，因此在工厂中工人也不反对这一点。然而，1886年山梨县（Yamanashi）的甲府（Kōfu）的雇主试图把工作日延长半个小时时，工人们认为这是不可接受的。几次自发的罢工不仅恢复了习惯的工作日，而且有些工厂把工作日缩短了半个小时。③ 生丝业的这种不固定的、松散的就业关系使人们认为一种自由的劳动力市场——对工人而言没有坏处——最终出现在了日本乡村。工人们与其家庭没有债务，她们以事先承诺的固定服务期作为就业的一个条件，她们可以在愿意的时候自由离开。这种劳动力市场对生丝业雇主是不利的，使他们烦恼，因为劳动力市场紧张时，他们不知道如何运作以扩大产量并获利。雇主的封建主义反应为日本就业关系的下一步发展提供了舞台。

---

① 从NRUS，I，第158~160页群马县的农业调查计算。【21】

② 隅谷三喜男：《日本有工资劳动力的历史追踪》，第152~174页；楫西光速等：《缫丝业工人史》（东京，1955年），第1章。【22】

③ 楫西光速等：《缫丝业工人史》，第36~44页；也见NRUS，I，第155~158页。【23】

4.2.4　金属制造与工程产业

与纺织业以女性劳动力为主不同，金属制造与工程产业中雇用的工人主要是熟练的成年男子。他们原来是传统的工匠，但是随着政府鼓励金属制造与工程产业的发展，他们被吸引到工厂就业。

1853 年佩里（Perry）船长访问之后，幕府与各藩主要通过其军事对西方的冲击做出反应。封建政府的这些军事与工业上的尝试遗留给了明治政府大量的资本资产与工厂。① 明治政府自己也增加了很多资本资产与工厂，但是由于经营上的失败，它被迫清理了全部的非军事企业，这造成了巨额的财政资金枯竭。到 1885 年时，这些企业大多出售给了私人。1893 年，富丘缫丝厂转让给三井时，清理全部完成了。然而，就金属制造与工程产业而言，
【175】在整个明治时代（1868～1912 年），在相同的生产线上，政府雇用的工人远多于私人工厂。

不像纺织业与缫丝业，由于技术与规模，这些政府工厂存在有两大问题。按照明治时代日本的标准，这些工厂规模巨大，产生了严重的管理问题，对此，政府用封建管理的传统技术应对。另一个问题更为严重，是要找到合适数量的熟练工人利用引进的技术工作。管理与技术问题可以用横须贺（Yokosuka）与长崎政府经营的造船厂的经历来解释。虽然 1884 年长崎造船厂移交给了三菱，但是这些问题并未因工厂所有权向私人所有转变而消失。②

横须贺造船厂由幕府于 1865 年开始建设，后由明治政府接管。最初那里有 45 名法国工程师与技师；到 1876 年时减少为 25 名，1885 年时减少到 1～2 名。这个造船厂的活动包括从冶铁到修建及装配铁船的全过程。工人们本质上是领薪金的劳动力，但是劳动力结构一直沿用封建模式。1868 年，那里有 53 位日本官员与办事员、705 位日本工人。官员与办事员都是武士，工人是工匠和普通劳动者。有 575 名工匠，其中的 65 名形成了特权核心（*kakae shokkō*），他们由 113 名正规工人（*jōyatoi*）与 397 名助手（*shokkō*

---

① 史密斯：《日本的政治变化与工业发展》，第 1 章。【24】

② 本部分的其他地方取材于间宏的《劳动管理史研究》（东京，1964 年）第 4 章；NRKN，I；NRUS，I，第 97～118 页。为分析、探讨政府所有的重工业中劳动状况，见隅谷的《工资劳动力的历史追踪》第 208～239 页和远藤正夫的《明治时代早期工人的状况》（东京，1960 年），第 43～95 页。［NRKN 是劳动力管理历史资料汇编协会的《劳动力管理编年史》（The Chronrcle of work-Force Management）（东京，1962 年）的日语缩写。］【25】

tetsudai）支持。此外，有54名普通劳动者。为使船下水并航行，还有76名工人组成的一个类似结构的小组。高级工匠与普通工匠之间的地位差别遵循着封建模式，少数工匠直接享有封建贵族的爵位，拥有控制所在城市手工业行会其他人的权利。起先，还没有日本工程师或技师。日本官员与办事员的惟一作用是管理工人，技术的组织与工作的监督则留给了法国人。技术本质上是传统的，或采用那时在日本可获得的技术，但是法国工程师把它们组织进了一个用现代技术（工具、机器、材料等）生产现代产品的相互联系的工序体系中。因此，摆在横须贺政府面前的问题是把这种特殊的现代技术的二重性与封建社会关系转变成一种有活力的体系，这种体系在社会上与技术上都是日本的。

虽然在相当大的程度上，传统的手工业者适应了现代造船厂的要求，但 【176】
是需要有能够理解现代技术并且在法国人离开后能够接管造船厂的日本工程师和技师。幕府开办了两所培训学校，分别用于培训工程师与技师。明治维新后这些学校停办了一段时间，后来又以新的名字重新开办。最初，工程师的候选人从东京与横滨的年轻武士中挑选；技师候选人从横滨或其附近的平民中挑选。1876年，“工程师学校”［现在称为正规学校（*seisoku gakkō*）］有37名学员；“技校”［现在称为非正规学校（*hensoku gakkō*）］有50多名学员。武士——平民的划分不再受尊重后，渴望“通过努力工作而出人头地”的年轻武士也进入了“技校”。武士的出现极大地刺激了平民学员，因此所有学员的成绩提高了许多。① 不能进入培训学校学习的普通工人在工作中向高级工人学习，他们是一种新型的学徒（称为 *minarai shokkō*——在工作中受训的人）。由于内部培训远不能满足要求，因此，许多工人是从劳动力市场雇用的。每月的15号是在工厂的大门口进行的雇用日。申请人必须至少15岁，按照他们的条件和每个车间劳动的需要，他们被分配到造船厂不同的车间。每个车间还要进行简单的测试以评判熟练工人的技能或新手的才能。每个车间在雇用、培训、指定、提升或让工人退职、解雇方面享有相当大的自主权。1872年，夏天的一个工作日是从早晨6:30到下午5:30，中间有1小时的午饭时间；冬天的一个工作日从早上7:00到下午5:00。除了几个传统的节日没有任何休息日。

雇用、培训和指定工人后，面临的一个问题是如何根据需要留用他们足

---

① 这些信息来自弗朗索瓦·L·韦尔尼（1837～1908年）的一份报告，他建造了横须贺造船厂并监督它直到1876年。见高桥国太郎：《外国雇员——援助服务》（东京，1968年），第119页。【26】

够长的时间。横须贺造船厂的就业关系本质上是“资本主义的”。甚至在1868年以前，工人们可以自愿地求职、自由地辞职，而不用担心封建式的惩罚。但是1868年后，由于新工厂的竞争，横须贺当局开始尝试挽留工人的办法。19世纪70年代末，横须贺的体力劳动者分为三类：正规工匠（*jōyatai*）、每日雇用的工匠（日工）（*hiyatoi shokkō*）和普通劳动者（*jōninsoku*）。被接受为“正规”劳动者的工人必须承诺呆够规定的年数（随年龄而变化），回报
【177】是某些舒适的条件。另外，正规工人免服兵役。19世纪80年代，横须贺当局又进一步做了些尝试，但是这些办法大多是改变工作的名称和与津贴、特权相关的操作手法。这些尝试的频繁性反映出横须贺管理资源丰富，同时反映出减少劳动力流动和稳定劳动力的困难。

然而，如果管理层不能够有效地利用劳动力的话，稳定的劳动力是没有意义的。明治时代，管理层大多忽视了工厂的日常工作业绩。有效的劳动力监督超出了他们的管理技术，因为明治时代日本的封建思想阻碍了管理层与工人的相互作用，除了命令与服从之外。这种地位的差别与交流的障碍产生的一个奇怪结果是，工人享有高度的自主权，他们聚集在自己选出的领导人周围，并形成了非正式的组织来组织和完成工作。横须贺造船厂当局不情愿地认识到这一现实，他们试图使各工人组织合作形成管理型结构。1882年，他们承认拥有的工厂监督权力很小，并且担心（没有确凿的证据）因缺乏监督而导致偷窃和其他浪费材料的行为，所以他们建议成立“工人组合”（*shokkō kumiai*），由从高级工人中任命的领导人领导。一个组合包括5~20名工人，每个车间的管理人根据指导组织他们的工人组成这样的组合，然后每个组合被鼓励通过集体的业绩来体现集体精神。每个组合工作不忙时，被希望能够同时帮助工作繁忙的组合。每个车间的组合领导人被要求每天碰头来讨论合作与互相帮助的范围，如果他们没有及早地指导其成员并将他们汇报给车间管理人以采取纠正措施，那么他们要对其成员的错误负责。

然而，没有证据表明工人组合曾以横须贺管理层期望的方式工作。非正式的工人组织已经存在，并且作为基本的运行单位起作用，而不需要管理层干涉他们的日常活动。通过使他们合作形成正式的组织，并试图通过任命领导人和制定规则来按某种方式塑造他们，横须贺管理层甚至可能破坏了工人在他们自己的安排下形成的非正式的控制和约束的有效性。例如，长崎造船厂（1884年移交给了三菱）劳动管理的开展不是以官方的横须贺造船厂的
【178】正式规则为特征的。直到1890年工作规则首次被详细阐述时，长崎的劳动管理才被坦白承认是由“‘手工业主（craft masters）’推动和拉动”的一种

制度。在长崎造船厂，手工业主［在管理结构中被正式地称为小头（*kogashira*），在工人中被非正式地称为师父（*oyakata*）］招募、培训、奖励、惩罚他们的工人。这种状况大致与横须贺相似，但是被任命管理造船厂的官僚主义的官员更多地关心组织的适当，而不是认真地完成工作。不过，有趣的是，专制的明治时代日本造船厂的官僚自己承认，为了冶铁业和造船业的日常工作，必须依靠他们鄙视的手工业者的智慧与自发的行为。

总而言之，引致劳动力市场出现的社会进程是由政府的努力——以为日本人的生活制定现代规则的方式——伴随着的。一个新的国家（虽然按当时的国际标准还很落后）最终随着 1889 年的《帝国宪法》（the Imperial Constitution）成立了，随后又产生了《民法》（Civil Code，1889 年）、《商法》（Commercial Code，1890 年，后来又做了较大的修改）和其他许多为资本主义制度制定的法律和法规。例如，《民法》通过宣布雇主与工人之间的关系是有关各方自由缔结的私人契约关系而构想了资本主义就业关系。因为想到在合同的掩盖下会产生最坏的事情（像受契约约束的劳动力或奴隶被装扮成是受一个自愿的契约约束的），所以《民法》禁止就业合同期限超过 5 年，这种情况显然使任何一方在提前 3 个月的通知下单方面解除契约成为可能。大多数情况下，任何一方提前相当于工资计算期与支付期的一半时间通知就可终止就业关系。紧急情况下，合同也可立即解决，但是受害方可以争辩“紧急情况”的合法性，并且因受害也可起诉另一方。

4.3　1890～1910 年的工厂劳动

19 世纪 80 年代后期与 90 年代，以棉纺织业为先导，私人部门的大规模的工厂生产迅速扩展。缫丝与丝织业的工厂规模也扩大了，但是扩大的程度不如棉纺织业。金属制造与工程产业的扩张快于棉纺织业，但是后者在工厂就业中仍占有优势（1890 年为 65%，1920 年为 55%）。第二次世界大战之前的几十年里，棉纺、金属制造与工程产业维持着大致稳定的就业比例【179】（大约为 70%）。大约直到 1920 年，劳动力市场的主要特征是棉纺织业劳动力短缺、金属制造与工程产业劳动管理落后。由于这些非常的状况，资本主义就业关系，不管是理想的还是现实的，都没有机会出现。

4.3.1　纺织业劳动力短缺

明治时代早年，明治政府通过直接投资和向企业提供优惠贷款鼓励棉纺织业的发展。那些棉纺厂一般很小，最多只有2 000个纱锭，并且通常利用水利操作。它们采用国内生产的棉花。然而，政府鼓励的这一时期在19世纪80年代初结束，因为过高的生产成本、原材料的不足和不规则以及营销的困难造成棉纺厂大面积的倒闭。这些棉纺厂也承受着管理上的困难，因为它们具有作为明治维新为丧失社会地位的人而创办的工厂的特征。但是失败是成功之母。涩泽荣一（Eiichi Shibusawa），明治时代最有名的“社团中心（community-centred）”企业家之一，到英国旅行，注意到大多数棉纺厂至少有10 000个纱锭，是日本一般工厂的5倍。于是他组成了大阪棉纺织公司，于1883年开始了日本历史上首次大规模的现代棉纺织工厂的经营。① 这个工厂最初有10 500个纱锭，几年中增加到60 000多个。它利用蒸汽动力，位于大阪市中心。1833年，它最初的劳动力不足300人，其中80%是妇女与女孩。到1891年时，大阪棉纺织公司雇用了近4 000名工人，其中3 000多是妇女与女孩。受到它成功的刺激，19世纪80年代末出现了许多新的工厂，不久棉纺织业多集中在大阪。

1887~1893年间，日本棉纺厂的数量从19家增至40家，工人人数从2 330人增至25 448人。通常人们不会把这种状况与雇主激烈的竞争劳动力联系在一起的。大的城市中心，像东京与大阪，可以很轻易地为这些棉纺厂提供所需数量的工人。但是一个棉纺厂开始经营时所需的平均工人人数是非
【180】常大的，匆忙间很难招募到几百名工人。更糟糕的是，新棉纺厂需要的工人是能够立刻操作机器的。在缺乏先进的劳动力培训情况下，劳动力的惟一来源是已有工厂雇用的工人。因此，每一家新棉纺厂一律从老一点儿的工厂“挖”工人，“挖”到的工人数足以使工厂开业和培训新工人。雇主为劳动力的竞争最终变得很普遍，每一家工厂，新的或老的，为了熟练工人，在任何可能的时候偷袭其他工厂，尽管它们同时也在培训着大量的工人。在这种状况下，工人们很快学会了让劳动力市场变得对他们自己有利。在大阪，纺织工人经常换工作，有时没有任何其他原因只是为了看一下不同的地方。严

---

① 衣川太一：《日本棉纺织业史》，第7卷本（东京，1937年），II，第12章。也见涩泽荣一：《工业先驱》，载于W. W. 洛克伍德：《日本政府与经济企业》（普林斯顿，1965年），第5章。【27】

重的劳动力短缺使雇主—工人的关系颠倒过来，雇主不得不跪下乞求帮助，而工人态度冷淡，仔细衡量着雇主的出价。①

19世纪90年代棉纺织业劳动力的流动率是非常高的。在许多工厂，劳动力每年100%～120%的雇用率或解雇率是很平常的。起初，劳动力的流动相当程度上是因为工人自主的工作流动性造成的。后来，劳动力市场中介逐渐成为一个成熟的行业时，劳动力的流动很大程度上是由中介人的策划引起的。但是，19世纪80年代与90年代初——在这种复杂现象出现之前，大体上，流动的劳动力市场对工人有利，而对雇主不利。不过人们普遍的观点是不愿接受作为现代生活的一个正常特征的工作的流动性。一位历史学家就政府鼓励时期棉纺织业的就业关系指出："工资低、就业期限长，工人们认为出于任何原因离开自己的工作都是莫大的耻辱。就业关系非常像封建时期的地主—侍从的关系。"② 十多年的时间里，传统的价值观在棉纺织工人中崩溃了。政府官员被劳动力市场的这一新情况吓坏了，按照他们的封建思想，他们把流动工人看作是"逃兵"。雇主们也在考虑尽可能多的办法来减少工人的流动。

雇主们的第一个反应是为工厂工人建立宿舍。在宿舍和工厂周围建立篱笆，并且日夜守护着大门，是防止工人流向其他雇主的一个简单的方法。以这种方式，工厂宿舍就不再是一种住宿的设施了，而具有了不同的特征。大河内一雄（Kazuo Okochi）说："女雇员在工厂宿舍住宿是一项规定，这使 【181】
得宿舍更像是监狱而不是一项福利设施。"③ 换句话说，宿舍是生产的人力资源要素的仓库。工厂一天24小时分两班（早班与晚班）倒着运行，每一班工作12小时。不过，哪里有缺勤的，工人们就要白天、黑夜地被机器束缚着，直到找到代班的人。宿舍房间的面积从10个榻榻米到12个榻榻米（每榻榻米等于3×6英寸），按照每榻榻米1个人或好的时候是3个榻榻米2个人的比率安排女工住宿。这就像是用草垫盖住未装修的西方公寓住宅的整个地板，按每个草垫一个人的比率安排住宿的人。在宿舍外面散步只授予忠实地、勤恳地工作的那些人，管理层不担心她们会离开。这一规则同样适用于星期日或假日外出。工厂的私人警察不断地在宿舍外面巡逻。当试图逃跑的人被发现时（虽然有严密的管辖，很多人还是成功地逃离了），她们就

---

① 藤林敬三：《明治时代中期日本棉纺织业工人的流动性》，载于隅谷等：《明治时代早期的劳动问题》，第137～176页。【28】

② 衣川太一：《日本棉纺织业史》，III，第179页。【29】

③ 大河内一雄：《现代日本的劳动》（东京，1958年），第15页。也见细井和喜藏：《女工悲惨史》（东京，1925年），第7、8章。【30】

要受到体罚：被拳打脚踢。犯罪者也被宿舍管理人的任意妄为折磨着，有时她们被剥光衣服，一丝不挂地带着描述她们罪行的记号绕着宿舍的大厅。宿舍管理人主要关心的是防止工人离开，确保工厂有最大的劳动流。也有一些公寓在与工厂的特殊合同下经营。公寓的所有者向寄宿者发放优惠贷款，并且与工厂管理层合作独占她们的收入。公寓的所有者中有很多是知名的黑社会组织的成员，他们毫无顾虑地策划着利用面临冷血的暴力而毫无防备的工厂工人。在迫使工人并密切注视工人动向方面，公寓所有者甚至比宿舍管理人更有效。

有三个因素要对把宿舍变成监狱负责：（1）固定的就业期限（3～5年）；（2）雇主对来自偏远地方的工人的偏爱；（3）劳动力市场中介人。

随着劳动力短缺变得更为严峻，大阪地区的雇主们于1892年同意采用各种措施管制雇主对劳动力的竞争，其中包括对纺织工人统一实行固定就业期限。到19世纪90年代末，除了几家工厂外，所有的工厂都强制工人一旦
【182】被雇用必须做出在该工厂工作3～5年的承诺。① 来自偏远地方的新工人，在他们知道是否适合工厂工作之前，在工厂—宿舍的复合管理下被“判处”服一段时间的劳役。

雇主偏爱来自偏远地方的工人是一项可以推测出的政策。大日本棉纺联合会在1898年有关本行业劳动力状况的报告中比较了雇用本地与偏远地方工人的好处和成本。② 可以观察到，来自偏远地方的工人比本地工人更能忍受工厂工作的苛刻，并且更容易接受就业期的规定。该报告指出，有50家工厂已经把它们的雇用范围扩大到方圆几百“里（*ri*）”（1“里”约等于4公里）。工人的名声也被仔细分析过。据说来自大阪——集中了4/5的棉纺厂——的工人懒惰、随心所欲、不能持久，并且满腹牢骚。相反，来自广岛的工人（可举的一个令人满意的例子）因其持久性而受到赞誉，虽然他们学习新技术一般很慢。大约有半数的工厂长期雇用来自广岛的工人，作为它们劳动力的主要来源之一。例如，金藤（Kanegafuchi）棉纺织公司的东京分厂，最初从大阪、爱知与新潟招募工人，但是到1894年时，它招募的工人集中在广岛。③

使工厂转变成监狱的第三个因素是雇主依靠劳动力市场中介人以获得来

---

① 横山源之助：《日本的低阶层社会》（东京，1898年）；隅谷：《有工资劳动力的历史追踪》，第196～202页；细井：《女工悲惨史》，第4章。【31】

② NRUS，I，第255～290页。【32】

【507】③ 同上引，第125～126页。【33】

自偏远地方的工人。① 中介人只对向工厂"出售"工人而带给他们的利润感兴趣，他们只需要观察到所招募的人有一点点想得到一份工厂工作的意愿，他们是不关心工人的利益的。他们用尽各种花招，包括公然撒谎，向农村妇女和少女讲述从事工厂工作的情况。由于农民重视并轻信劝说，而且急需钱，因此劳动力市场中介人把他们的注意力集中到了落后地区的没有城府的、贫穷的农民身上。少量的预付款和一些礼物、动听的语言、对未来工厂生活、工作、工资的憧憬很容易打动这些穷乡僻壤的穷苦居民。以过高的价格"买进"这些工人后，工厂就要尽可能地长时间地占有她们。宿舍监管人设法尽全力看管那些女工。就此而论，记住劳动力市场中介在日本一直是一种蓬勃发展的行业——如果不是可鄙的话——是有用的。大约在世纪之交，对男人的完全依赖是妇女的最高美德，而妇女独立做事则是让人厌恶
的，按照习惯，当妇女涉及商务合同——不管是出售财产还是就业时，男 【183】
人——父亲、兄弟、亲戚、朋友或者甚至是以可接受的借口接受的陌生人——应作为保证人。妇女社会地位低下体现在日本人生活的许多方面，她们除了作为家里的仆人，是没有地位的，在家里她们是妻子与母亲。少女和未婚的妇女被"卖到"（即提供长期服务以换取一笔贷款）妓院或从事家务。工厂女工的劳动力市场中介只是把妇女作为适合交易的物品而使她们处于极其低下地位的一种价值体系和社会组织的一个方面。

由于存在金钱的动机，所以任何有头脑和胆识的人都会成为一名劳动力市场中介人的。一家纺织厂的男雇员从其他工厂"挖"来工人，不久他们利用工人的技术给自己带来好处，成为一名独立的经营者。有时通过提供工人——这些工人是他们从以前的工厂中引诱来的，他们会在其他工厂得到更好的职位。在任何地方绑架女孩似乎成了一项全国运动。劳动力市场中介人甚至在火车站伏击女孩，并把她们转给不同的雇主，而不是让她们去其最初要去的地方。各城市中的惯犯、赌徒、老鸨和无赖自然是极为熟练的劳动力市场中介人。名声很坏的商行是他们的主要客户。他们也经营便宜的酒店和寄宿处。纺织厂也雇用这些黑社会来看守它们的宿舍和绑架其他工厂的工人。这些中介人看不出工厂就业与妓院服务之间的区别。他们的劳动力市场手段包括把女孩们从一个中介人转手给另一个中介人，导致了大规模的工厂

① 1900 年以前和 1900 年左右，这种特殊现象的状况见齐藤嘉四郎：La Protection Ouvriere au Japon（巴黎，1900 年）；厄纳斯特·福克斯韦尔的《日本的劳动保护》，载于《经济学月刊》，11（1901 年），第 106 ~ 124 页；《工厂劳动状况》，第 1 卷。其后的发展，见 NRUS，第 1 卷，第 290 ~ 297 页；细井：《女工悲惨史》，第 3 章。【34】

女工的等级制（degradation）。绑架发生在任何地方：商店、街角、操场和乡村广场。具有讽刺意味的是，日本的工业城市化进程最初带来的是恐惧支配着全国的妇女与少女。

因为不加区别地招募新工人，所以由劳动力市场中介人带到工厂的女孩中有许多不适合工厂工作。新工人中几乎有一半在头6个月中被退回；剩下的工人中约有一半未做满合同期；最后，最初招募的新工人中只有20%～30%的女工履行了合同。① 这些幸存者通常与同一雇主续约或成为纺织劳动力市场的正式参与者。世纪之交，一个棉纺厂典型的劳动力特征是80%为
【184】女工。这些女工中60%的年龄在20岁或20岁以下。② 虽然在不同的工厂中女工的最小年龄是不同的，但是在所有的女工中大约10%～20%的年龄为14岁或更小。有一半多的女工住在宿舍中，不过她们上下班是没有任何"自由的"。她们必须做出忠实工作一定时间的承诺才能成为宿舍成员，而且她们工资中的一小部分被扣除掉作为保证金。女工中有许多是寄宿处的寄宿者，在特殊的协议下，寄宿处继承了宿舍的功能。尽管如此，劳动力的流动依然很高。1900年，大阪附近的一家工厂上一年留下的工人有1 112名男工和4 524名女工。③ 但在这一年里，这家工厂解雇了1 877名男工，雇用了1 323名男工。女工的相应数据分别是5 824名和4 762名。没有那时这家工厂正常的宿舍人口数据，但是1900年发生的情况如下所示：

解雇：	400人
离开：	2 800人
因病解雇：	225人
死亡：	31人
总数：	3 456人

如果假设1900年初这家工厂的女工中60%是宿舍成员，那么可以说解雇的总人数超过了宿舍人口的30%。这家工厂的劳动流动率大约也是同样的。

上述数据显示的另一个有益点是每年宿舍人口的生病与死亡率是9%，仅死亡率就超过了1%。比较来看，1899年和1903年间，整个日本年龄在10～19岁的女工的死亡率在3.8‰和9.3‰之间变化。④ 1909年，在以作为

① 从上述棉纺织雇主协会的报告计算：NRUS，I，第259～260页。也见《工厂劳动状况》，I，第66～68页。【35】

② 《工厂劳动状况》，I，第5～18页。【36】

③ 同上引，第69页。【37】

④ 日本首相办公室：《日本帝国统计资料汇总》（东京，1928年），第23页。【38】

工厂工人来源而闻名的日本北方的六个县（包括新潟及其他县）中，有14 834人因工厂工作而迁出，有5 358人返回。后者中有1 233人（23%）已经生病，或者在她们回家后得了重病，或者在家中死于疾病。死亡人数占从工厂返家人数的5%。① 由于工厂工作对健康的危害在1900年应比1909年更大，所以我们应该对上述工厂宿舍的死亡人数再加上若干人数才能够更全面地描绘出这些工厂女工的命运。我们只知道这家工厂是某纺织公司的兵库分厂，或许它是金藤棉纺织公司的兵库分厂。金藤棉纺织公司是当时在劳动管理上最先进的纺织公司之一，那么其他公司的劳动条件一定更坏。的 【185】 确，1900年前有一种流行的观念，即工厂女工特别容易生病和死亡，在每天的生活中，死亡是工厂女工最熟悉的邻居。农业与商业部的官员采访的一位前工厂女工说，在她的工厂，她看到人们以每月1人的比率死于疾病或事故。② 问及另一位女工在她住的宿舍中有多少人死亡时，她说："相当多"。同时，工厂管理层没能用可以减轻工人的恐惧与悲痛的方式来对待死者。某纺织厂一位以前的女工一天夜里在暴风雨和黑暗的掩护下跳过了篱笆，她回忆到，她以前的雇主随便地埋葬死亡的工人带给她的恐惧使她勇敢地逃离了危险。不过那时，明治时代的日本，大多数人的生命是短暂的、悲惨的。1891～1913年间，出生时人们的估计寿命是45岁；10岁时人们的估计寿命只有48岁。③ 作为现代化的先驱，日本的工业化是一幅老百姓悲惨命运的浓缩画卷。

至于丝织业和缫丝业的劳动状况需要做简要说明。1890～1920年间，这些本土工业也分享着日本经济的全面扩张，雇用了一大部分工业劳动力。不过，大规模的工厂是很少的。最小的现代棉纺厂很容易排在它们最大的工厂中。另一方面，丝织业与缫丝业的工厂就业大于棉纺织业。1909年，棉纺织业有103 000名工人，而丝织业有155 000名工人，缫丝业有192 000名工人。④ 但是这些产业招募工人的区域不像棉纺织业那么广泛，它们多局限在所在县的城镇与乡村，有时扩展到邻县。⑤ 不过雇主对劳动力的竞争和从远方雇用工人带来的是劳动力市场中介和工厂宿舍的罪恶。缫丝业与丝织业

---

① 从说明《工厂法》制定必要性的官方报告的数据计算：NRUS，III，第209～219页。【39】

② 本段的这一情节和其他情节引自《工厂劳动状况》，III，第166～192页。其他事件见细井的《女工悲惨史》，第2章。【40】

③ 首相办公室：《日本帝国统计资料汇总》（东京，1928年），第23～24页。【41】

④ 日本商业与工业部：《工厂统计》，I（东京，1909年）。【42】

⑤ 《工厂劳动状况》，I，第177～188页和第240～268页。也见楫西光速等的《缫丝业工人史》，第2章。【43】

的劳动条件与宿舍设施比棉纺织业更差。但是缫丝厂冬季关门，合同每年在这个淡季签订。缫丝厂的工作日比棉纺织厂长，从12小时到17小时，不过工资稍高点。这里也有夜工，但是不像棉纺织厂那么普遍。世纪之交，长野
【186】县的205家工厂就业期限的统计指出，34%的工人工作时间为1年或不足1年，而29%的工人工作时间为3年或更长时间。① 大阪16家棉纺织厂同样的统计数据指出，48%的工人工作时间为1年或不足1年，21%的工人工作时间为3年或更长时间。② 因此，虽然每年签订就业合同而且工作条件不利，但是缫丝业比棉纺织业享有更高的工人滞留率。

19世纪90年代日本经济的“起飞”阶段的编织业，传统仍然支配着生活与工作。织物的总产出在增长，但是这主要是因为家庭作坊的增加和商人雇主营销网络的扩大。招募学徒的传统做法在很多编织厂继续使用。最初的贷款和做出稳定地工作几年的承诺仍然很普遍。通过劳动力市场中介人与未来的工人的父母之间的合同，中介人介入其中，合同授予他们为工人的利益而与雇主谈判的所有权利和义务。典型的合同是口头表述的，意思是工人无条件地服从其雇主。但是双方都知道语言只是修饰性的，因此从未有就合同发生诉讼的。③

4.3.2 金属制造与工程产业管理落后

直到第一次世界大战，日本的金属制造与工程产业仍处于萌芽状态。最迟在1909年，在政府所有的工厂中的就业多于私营企业的就业，不过，第一次世界大战期间，私人部门的发展改善了这种状况。因此，1920年私人部门就业超过了公营部门，就业比重为3∶1。明治时代除基础金属制造、重型机械和造船外，小规模的作坊在金属制造与工程产业中占主导地位。这些产业的工业革命很小，但却是一场社会革命——它为日本人的手工操作才能提供了出路，并且使传统手工业者的身份与特权消失了。明治政府废除了传统的手工业行会——它控制了手工业交易的途径，在进口消费品的刺激下，能够在家庭作坊制造或修理的商品种类增加了。在公众的心目中，这些傲慢
【187】的手工业者与所有这些国内工人被聚集在一起，而没有为他们特殊的技艺与传统留有余地。随着经济商业化的提高，传统手工业和新的手工贸易在商人

① 《工厂劳动状况》，I，第187页。【44】
② 同上引，第70页。【45】
③ 同上引，第244～268页。【46】

雇主的控制下进行。金属制造业工人（铁匠、铸工、刀匠、制模工、车工等）到工厂工作或者在转包合同协议下经营他们的作坊。他们中有些人把他们的作坊扩大成小规模的工厂，将工匠与学徒变成了雇工。因而，手工业界内部与外部的社会—经济力量共同促使传统手工业者的地位降低。①

传统的学徒制是一种过时的培训技术。学徒并不比家庭仆人好。主人通常缺乏正规教育，不能系统地向学徒说明他的手艺。只有少数主人欢迎他们的学徒受正规教育。学徒学习手艺的途径是观察手艺而不是读书。事实上，第二次世界大战前——尤其是1914年以前——手艺是一种类似于个人宗教信仰的秘传的技艺。客观的评价或解释被认为是庸俗的。经过多年的亲密关系和在生活与工作的各个方面的合作，手艺才由主人传授给学徒。思想一致是技术培训的基本原则，当然年轻人认为这种培训方式极为失败，学徒中人员缩减率非常高。值得注意的是，有些年轻人的确经受住了传统学徒制的失败与不安定时期，这些人和来自工厂学徒的工匠一起成为了定期为金属制造和工程产业提供熟练工人的一部分。他们中新的手工业主开始经营自己的作坊或者在工厂监督工人组合，于是又轮到他们培训下一代工匠。

在工厂，由于劳动管理普遍落后，直到第一次世界大战结束，技术培训都是不定期的。金属制造与工程产业能够受到培训的年轻人（他们有十几岁）从1890年以前不足工厂就业人数的10%，增加到第一次世界大战前夕的大约20%。② 这些年轻工人中很多是处在学习技术的过程中，但是在大多数工厂他们只是名义上的学徒［叫作小学徒（*miniaraisei*）或修业生（*shūgyōsei*）］。他们没有被教授正式的课程或者获取系统的技术所必需的工作日程。大约在1900年，工厂有两种类型的学徒；③ 一种是传统学徒的变形，这种类型是手工业主和他的工匠及学徒来工厂工作并继续作坊式的培 【188】
训；另一种培训形式是在工作中培训的变形，这种形式是年轻人在工匠中工作并作为他们的助手而从中获得技术。年轻工人没有被给予正规的教育，他们扫地、擦机器和工具、沏茶、为工匠跑腿。如果幸运的话，他们会从工匠那里获得片刻的指导。"手艺"这个概念趋于从工厂工作中消失。它被分解成一系列的特定工作，通过了解如何去做一样或另一样工作，一个工人就可以自称为工匠了。通过在这里学习一样工作，在那里学习另一样工作，机灵

① 横山源之助：《日本的低阶层社会》，第2部分；NRUS，II，第241～287页。【47】

② 从远藤正夫的《工人的状况》（19世纪80年代），第56～57页，《工厂劳动状况》，II，第5～7页（大约1900年）和商业与工业部的《工厂统计》（1914年）推算。【48】

③ 《工厂劳动状况》，II，第36～38页。【49】

的工人就能够学会整套“手艺”。

第一次世界大战以前日本工厂系统技术培训的缺乏反映了组织、维持、奖励和激发大量的工人在工厂里作为单独的个体的管理才能的不足。围绕这种僵局的一种简单办法是从外面招进各种工匠，在工厂里通过与他们签订的转包合同形成一种劳动力。日本造船厂尤其善于利用这种转包合同工人。采用这种分散的劳动管理是横须贺造船厂基于前述情况而正式实行的一种方法。这种方法是一种协议，在协议下，从工厂雇用的工人中按照年龄、服务期限、技术或能够使他们管理其他工人的素质任命每组工人的领导人；然后他们被授予了类似于雇主的广泛的权利，即在工厂管理层制定的大的指导方针下管理各组工人的权利与义务。每一组的自治程度在不同的工厂是不同的，这是第一次世界大战前日本工厂劳动管理的主要方法。

根据工厂劳动力需求的变化，每组领导人（他们有各种不同的称呼：小头、组长、助手等等）在一般限制范围内雇用、解雇和培训他的下属。管理层对劳动力的管理功能减少到记录工资的支付。就普通工人而言，每组领导人是事实上的雇主，被看作是父母亲，而工人把自己看作是子女。以这种方式，工厂中的这种角色结构与现行的社会模式及伦理观紧密地联系在一【189】起。工厂就像是一个大农村，由许多作坊组成，每一个作坊是一种以日本家庭的原则、思想和结构为支点的延伸了的家庭。从整个社会看，工厂师父（*oyakata*）的声望等同于作坊主或手工业主。一旦他的社会地位固定下来，他就成了为在工厂中找工作的工人联系的第一点。工厂细分成作坊，是与社会组织的一般形式相一致的，因此减少了工人对工厂巨大的规模、陌生的面孔和非人格化特征的恐惧与不安。一个工人是他的师父—徒弟（*oyakata-kokata*）组的一名成员，而不是工厂的雇员。不像现代的日本工厂，明治时代的工匠很少说工厂是他的雇主，提及工厂的名字也并不特别自豪。他自豪的是他的手艺和属于一个可尊敬的师父的圈子。明治时代熟练的金属制造工人的劳动力市场是像这样的一种社会组织，利用知名的师父的关系网，工人们在工厂间流动。① 任何一个工人期望的目标是使自己成为一位师父，有自己的作坊和徒弟。

明治时代，工匠的流动性很高，但是它很少是一种获得经济利益的策略，更多的是工匠生活的一种信仰或一个步骤。当个人直接的经验实际上是学习一门手艺的惟一方法时，一个有志气的工匠为了增长他对世界的了解和

① 隅谷三喜男：《日本工人运动史》（东京，1966 年），第 51 页。【50】

提高他的技术以便以后成为一名受人尊敬的师父，他必须广泛地出游。由于旅行被认为是一件时髦的事，所以很多工人出于一种信念而不是其他任何目的也进行旅行。然而，通过旅行，流动工人成为了技术传播的机构，因为他们在不同的地方广泛地接触技术和机会。因此，一般认为流动工人比那些与同一个雇主呆了很长时间的工人更熟练、更有知识。长崎造船厂的一份报告明确承认，广泛旅行的工人通常比造船厂培训与雇用的工人技术更熟练。①

明治时代，挣工资者的身份地位（Status）一般是暂时的。根据年龄与经验，一个人如果提升到工厂的监工职位，或者自己成为一个手工业主，随之社会地位也会提高。由于工厂劳动的这种不完全的无产阶级化，19 世纪末产生于金属制造工厂中的工会活动证明，这种工会活动完全不是挣工资者主要目的在于工作保障、工资提高或改善工作条件的一种活动。取消各种封
建行会的合法地位后，不久明治政府意识到自由的企业和职业的流动倾向于 【190】
导致对某些行业的过度竞争和产品质量的降低。因此 1885 年，明治政府开始鼓励行业协会的形成，这些行业协会遵循制定了一系列规定的官方指导，可以形成协会的行业明确限定为农业、工业或商业等可获利的行业。手工业协会，在行业协会的合法框架内组织，在建筑业尤其成功。它们管理着会员之间的个人竞争，努力保证令人满意的和统一的工资规模，监督工作质量和标准，促使会员道德的提高与教育的发展。② 由于这些也是工会从事的某些活动，所以，将手工业协会转变成手工业工会似乎是一件很容易的事。然而，事实证明这个过程不是那么简单。

最早尝试组织的一个手工业工会是同盟振兴协会（Dōmei Shinkō Gumi），由石川岛（Ishikawajima）造船厂、兵工厂和东京地区的其他公营与私营的工程产业雇用的工匠于 1889 年创立。除了开展工会的活动以外，同盟振兴协会希望积累资金建立它自己的合作工厂，为的是雇用它的会员和为手工业培训学徒。这最后一个希望由于不正确地管理资金而失败，工会本身也随后解体。③

日本劳动史上第一个真正的工会的是金属制造工人工会（Tekkō Kumiai），它在工会促进协会（Society for the Promotion of Trade Unions）的赞助

① NRKN，I，第 109 页。【51】

② NRUS，II，第 241 ~ 242 页。也见森田芳夫：《日本实业家协会》（东京，1926 年），第 25 ~ 35 页。【52】

③ 隅谷三喜男：《日本工人运动史》，第 18 页；山崎弁次：《日本消费者合作组织史》（东京，1932 年），第 18 页。【53】

下于 1897 年 12 月在东京组建。① 与以前的同盟振兴协会有关的很多工人加入了这个新的金属制造工人工会。这个新的工会最大的吸引力在于它的互助计划——对支付会费的会员发生工伤、疾病、死亡时支付救济金，还组织了合作商店。但是这个工会的活动还没有达到与任何一位雇主集体谈判这一点。3 年中它的失败是很显然的，它随着其互助计划的成功与失败而盛衰。它本意是要成为一个工会，但是在它表现出发展成工会的迹象以前却消失了。它失败的主要原因是工人们没有为工会的活动做准备。互助计划是工人们加入工会的一个诱因，但是他们想不支付费用而得到救济金。例如，虽然
【191】工会声称在它成立后 3 年 42 个工会支部会员超过了 5 000 人，达到顶峰，但是支付会费的会员仅占会员总数的 1/5。此外，治安骚乱不断，最终使日本国会于 1900 年急忙通过了《公共和平治安法》（Public Peace Police Law）。虽然像这样的工人组织没有被取缔——金属制造工人工会不是官方解散的——但是在《公共和平治安法》规定的法规下，这个工会的活动不能够再存在。1907 年后，没再听到过金属制造工人工会了。

金属制造工人工会的会员主要由处于监督职位的工匠和各个工厂中与他们关系密切的协会中的工匠构成。由于这一时期日本工厂中熟练工人短缺，自愿的工作流动性高，所以，对于大多数金属制造工人而言，工作保障不是一个问题。因此，其他国家建立和支持工人运动的主要因素，即工作保障，在明治时代的日本是没有的，而且工作日缩短——在其他国家早期阶段引起了一次社会运动——也不是日本工人运动的目的之一。大约在世纪之交，工作日从 10 小时到 12 小时，包括 30 分钟或不足 30 分钟的午饭时间，有时甚至还没有午饭时间。② 然而，就工作量而言存在着冲突的倾向。与明治时代早期横须贺和长崎的经历比较，到 1900 年时，任何地方的工作日都变得更长了，延长了至少 1 个小时。但是不像早期阶段，每月休息两天变得很平常了。有几家工厂，每月休息 3 天。在长崎造船厂和芝浦工程部，提出了按西方方式每周休息。同时，鉴于师父领导的工人组合的自治，毫无疑问工作强度被调整到了适合他们的水平。金属制造业的工资比城市或乡村的非熟练工人的工资高 50% ~80%。就金属制造工人的生活方式而言，他们的家庭经济困难，但是他们却十分重视手工操作技能的优秀和心灵的高尚，而瞧不起

① 该活动所涉及的人物见黑曼·库布林的《明治工人运动史的一个方面》（东京，1959 年）和他的《亚洲革命：方山千的生活》（普林斯顿，1964 年）。【54】

② 《工厂劳动状况》，II，第 14 页。【55】

斤斤计较金钱，如储蓄和支出计划。① 在这种状况下，工作和生活十分稳定，以至于金属制造工人工会更多地活跃在合作商店和互助组织上，而不是在工厂里为经济目的斗争。金属制造工人工会各分部建立了大约 30 家合作商店，它们中有很多独立于工会后仍很兴隆。

工会促进协会同样也热衷于各种形式的合作社的推广，除合作商店以外，该协会建议建立合作工厂、住房合作社与信用合作社。这些建议没有实 【192】
现，例外的是有一家合作工厂经历了一次辉煌而短暂的成功。该协会的一个附属机构——工业团体同盟会——一个令人误解的工人组织名称，正是一个恰当的例子。它是一个金属制造工人协会，从日本和福摩萨②很多地方的陆军与海军兵工厂吸收了 800 名会员。1900 年，同盟在东京的小石川（Koishikawa）建立了一家合作工厂，生产机器和工具。由于希望建立的是手工业主的合作企业，所以该工厂热衷于实施严格的学徒制。然而，受该工厂经营成功的鼓励，会员们撤出了他们最初的缴款，因为他们以为利润就可以确保该工厂的持续经营。于是 1906 年，该工厂终止了合作制，继续作为一家私营企业在同盟的关键人物的所有与管理下经营了很长时间。③

世纪之交在工会组织方面有另外一些不成功的尝试。工会运动失败的根本原因是熟练工人不把自己看作是挣工资阶层中的永久成员，即使在某一特定时期他们是为工资而工作的。他们为自己打算，设想未来能成为作坊主。自己经营，而不是受雇于别人的理想，对很多工人来说，都是可以达到的。如果工会把自己设计成手工业协会，那么早期的工会活动会进行得好一些。事实上，一位工会领导人——方山千（Sen Katayama）（1860～1933 年）谈起泥水匠和锯工协会时，把它们作为成功的工人组织的例子。④ 同时，师父在工厂中的特权与威望同工会活动的成功或失败无关，未受到任何损伤。有些师父的影响扩大到其他师父和他们的下手，这是工厂与社会中非正式的社会政治力量的结果。有权威的师父召集了其周围大量的追随者，并利用管理的被动以确保优先待遇（即更好的工作、加班费、签订转包合同等）。据报道，这些有影响的师父中的一些人来工作时带领着大量的随从，数目达数十

① 这与第二次世界大战后工人的储蓄倾向形成了鲜明的对比。参见《工厂劳动状况》，II，第 19～20 页。【56】

② 16 世纪葡萄牙殖民主义者对我国台湾地区的称呼。——译者注

③ 山崎弁次：《消费者合作组织史》，第 46～53 页。【57】

④ 见方山千：《旧的与新的劳动问题》，载于《远东》，1897 年 10 月（NRUS 重印，II，第 255～263 页）；《日本工人运动》（芝加哥，1918 年），第 1～2 章。【58】

人或数百人，这取决于工厂的规模。① 不属于有权力一组成员的工人承担着最差的工作，并且很少有机会获得较好的工作或较高的工资。偶尔，他们的
【193】不满爆发成争端、口角，甚至暴力冲突。这也表现在劳动力的快速流动、旷工率高、大量怠工和其他不满的行为。发生在中日甲午战争（1894～1895年）后的工业矛盾突然提高多少是因为这些普通工人不满某些师父的权利与特权。具有讽刺意味的是，工厂所有者——真正的雇主没有遭受这些不满，这应感谢师父这个保护层，因为师父面对并解决与工人的冲突。随着时间的推移，工厂生活变得和整个社会一样了。日俄战争（1904～1905年）之后，普通工人起来反对工厂的管理，作为师父的工人仅扮演着工人与管理层之间中介人的角色，管理层与工人之间的这些直接冲突反映出师父地位与权利以及劳动力管理的变化。② 这种变化将在下一部分考察。

回顾明治时代日本的工业情景，我们感到，就业调整与工业化出现的关系是一个困难、而且通常是很痛苦的历程。尽管很多日本人的看法相反，但是道德的传统——支撑着雇主绝对的但是不切实际的仁慈与权威，交换着雇员的良好品质和无条件的忠实——在大工厂是不可行的。但是雇主一般反对将建立在工资动机上的劳动力市场和职业选择的自由作为对传统日本人生活的有效替代。普遍的劳动力短缺加剧了他们保守的、对过去就业关系的渴望，产生了棉纺织工厂中残忍的暴君或金属制造与工程产业中典型的无能的封建贵族。传统独裁主义中暗含的危险意味着纺织厂女工的个人悲剧。虽然金属制造与工程产业中的手工业协会代表了传统生产方式与工业化的一种天真的、暂时的协调，但是它们在有效的技术进程中具有严重的滞后性。那时劳动力市场对工人有利，但是他们和雇主一样未被看作是一种市场行为。劳动力市场参与只是暂时的，及早退回到家庭生活或不受雇于别人是一种特色。呆在市场一定时间之后，工人们被认为是大大的失败，其社会地位被否认。在专制的明治时代的日本，穷人们没有投票权；工人们，只要他们依赖
【194】于工资，也没有机会赢得投票权。同时，工厂的就业关系陷入混乱、无效。

4.4 日本式管理的出现

除非双方能够读懂并理解合同条款，否则合同是无意义的；除非双方是

① 《工厂劳动状况》，III，第169～170页。【59】

② 见横山源之助在《新评论》中的报道，1910年9月（NRUS重印，III，第11～16页）。【60】

在平等的基础上协商合同条款，否则合同就是不平等的。除非工人是自由的，并且了解他与雇主达成的合同中规定或包含的权利与义务，否则工人就处于极为不利的地位，然而这些素质的培养主要依赖于教育。遗憾的是，人们必须意识到明治时代的工人缺乏使他们与其雇主同样的素质。虽然明治政府法律和规定的意思很容易转变成对民众的压迫，但是在就业关系的现代化上基本而平等的契约关系被意识到了，如《民法》所显示的那样。此外，明治政府做了与工业化和劳动力状况有关的其他事情，其中与这个问题最有关的两件事是普遍的初等教育和纠正雇主与工人之间权力不平等的措施。后者最终导致了 1911 年《工厂法》（Factory Law）及其有关法律和法规的形成。

明治政府使日本现代化的目标可以用两句口号概括："文明与启蒙"和"一个富裕的国家和强大的军队"。第一句口号易理解，获得了各阶层的支持或认可。第二句口号在当时产生了困难。资本主义和私人企业似乎具有突出的交付货物的能力以使国家富裕，但是强大的军队需要健壮、有才智的士兵。由于年轻人早年趋于过度工作，因此他们的身体健康状况非常差。工厂女工在有害于身心健康的环境下成长，以后，她们成为不幸的妻子与母亲，她们不能把自己的儿子抚养成为优秀的士兵。因此，"国家的富裕"与"军队的强大"之间存在着严重冲突，这一冲突只有在私人企业学会如何使利润最大化的同时加强工人的健康与才智的培养才能解决。明治政府对这一冲突的回答是《工厂法》，按照该法，企业诞生以来第一次被拒绝。企业领导人面临着政府方面不同寻常的强硬，于是他们改变策略，通过拖延立法、改善管理以希望避免立法的干预。但是当时企业发现，较大的产出与利润和较好的工作条件是不可调和的。由这一发现而产生了日本式的管理，这种管理【195】
的主要特征现在闻名于日本工厂的社会学中。①

4.4.1 初等教育

最初，明治政府对教育抱有巨大的幻想，② 其目标是短时间内普及教育。根据 1872 年制定的教育制度，日本整个国家被分成 8 个大学区，每个大学区又被分成 32 个中等教育学校区，每个中等教育学校区有 210 所小学。

---

① R. P. 多尔：《英国工厂与日本工厂》（柏克利，加利福尼亚，1973 年），第 3 部分。【61】

② 赫伯特·帕辛：《日本社会与教育》（纽约，1965 年），第 4 章。【62】 【508】

初等教育有两个周期，每个周期4年，其中第一个周期教育是义务的。中等教育也有两个周期，每个周期3年。最后14年的初等教育与中等教育以4年的大学教育结束。虽然未强调但是也可设立各种水平的特殊学校和技术学校——为那些不符合进入大学条件的人设立。从一开始这个庞大的计划就是一个巨大的失败。由于政府没有资金，所以初等教育的花费不得不在一定程度上由地方和上学的孩子的家庭负担。对于贫穷的农民来说，当孩子们能够在农场帮忙时，义务教育似乎是让他们到学校的一种鼓励措施。在日本一些较贫穷的地方，有多次骚乱反对义务教育，在那里数百幢学校建筑被捣毁。

最后，政府吸取教训，尝试实施更现实的教育原则与方法。19世纪七八十年代，教育政策不断变化。19世纪80年代的松方（Matsukata）通货紧缩减少了学校的就学率。1886年的新学校条例、1889年的《帝国宪法》（the Imperial Constitution）和1890年的《帝国教育公告》（the Imperial Rescript on Education）最终稳定了日本教育的目的与组织。19世纪90年代，日本经济的迅速扩张有助于减轻政府和普通家庭的教育负担。明治时代的第一个20年，日本的学校体制在职业和专业培训方面尤为缺乏。1892年开始的弥补措施是向职业学校提供政府补贴，并且根据1899年发布的职业与专业学校规定，弥补措施明确确立了。① 1907年，义务初等教育的期限延长到6年，而初等教育的第二个周期减少到了两年。

【196】 教育的扩展和受教育民众的出现是一个缓慢往往又令人沮丧的过程。明治时代仅完成了一部分。根据多尔（Dore）的研究，江户（Edo）时期末，学校就学率可能是男孩40%，女孩10%。② 考虑到江户时期学校就学率的长期增长，人们可以说江户时期末，识字的人至多是工作年龄人口的30%。明治时代，日本人口的教育水平增长缓慢，在其早期，甚至蹒跚增长。1910年，日本达到工作年龄的人口中只有41%的男性和23%的女性完成了初等或较高级的教育。③ 如果剩下的人口中的一半是"识字的"，那么1910年达到工作年龄的人口的识字率大约是70%。明治时代，人口的识字率从30%增长到70%似乎是一项了不起的成就，但是人口的素质使这个数量指标大

---

① 日本教育部：《义务教育的50年》（东京，1934年）；佐藤守等：《学徒制研究》（东京，1962年），第1部分。【63】

② R. P. 多尔：《德川时代日本的教育》（伦敦，1965年），第321页。【64】

③ 大川一司：《1905～1963年日本经济中的生产与分配》，载于《经济评论》，XIX，2（1968年4月），第136页。【65】

打折扣。①

令许多日本人痛苦的是，花在学校的时间或一般学习上的时间的教育效果被书面语言的困难抵减。② 西方历史学家通常用签自己名字的能力来判别是否识字，并且尝试着通过配偶签署的结婚合同来追索西方经济在工业化之前阶段的非文盲的发展。这种方便的判断是否识字的标准在日本是没有用的，因为书写代表人名的特殊符号并不意味着这个人理解日常生活中有效沟通所要求的所有文字。日语有两种形式，每种由 47 个语言符号（假名）组成，原则上它们能够被用于拼写任何日语单词。但是只有这些符号的知识，在日本文化中并不说明一个人能识字：甚至日报都会超出任何识字人的能力。明治时代整整 4 年的初等教育提供给人们运用有效沟通所需要的大量表意文字的能力是令人怀疑的，几百个符号可能是不够的。很多情况下，需要有数千个这样的符号。

因为从中国借入文化这一历史事实，无知在日本因一个比在其他国家更可怕的障碍而长久存在着。1894 年，痛心于日本工人运动的缺乏，最初的工会组织者之一高野房太郎（Fusataro Takano）指出无知是其主要原因。没有教育，工人缺乏谋求更好生活的动机。他推断，没有这种动机就没有工人运动。③ 几年后，他高兴而且惊讶地发现，他号召的组织达到了数千工人。
但是事实证明它只是一次短暂的胜利，因为几年后这次运动失败了。高野写 【197】
给工人号召他们组织起来的信——《给我的工人朋友们》——是漂亮的、鼓舞人心的，它用优美的日语撰写，不同于日语口语，就像莎士比亚剧作不同于现代英语一样。它运用了 5 000 多个不同的字（平假名与片假名），其中很多要求写 15 画之多。④ 今天的大学生大多受到简化字的教育，他们对从西方语言借来的字比对从汉语借来的字更熟悉，所以他们不能理解高野的信；1897 年的工人甚至是更无助了。因此工人运动不能吸引更多的工人和它失败的原因之一是书面日语的使用不便。于是，当警察镇压公众言论、示

---

① 细节见平恒次的《明治时代日本的教育与识字：一种解释》，载于《经济史研究》，VIII，4（1971 年 7 月），第 371 ~ 394 页。【66】

② 新渡户稻造：《日本》（纽约，1931 年），第 239 ~ 244 页。他在这种关系中提到的奇怪的事实是极有启发性的："与比他幸运的同胞——他们拥有良好的视力——相比，盲人能够被更好地教育；对他们来说：通过学会 47 个假名字母，利用点字法，他们就能够阅读以那种方式书写的历史、地理或其他东西；而有视力的人却不能阅读日报，除非他掌握了至少 2 000 个字。"（第 242 页）。至于对新兵进行的识字测试，见山本武利的《明治时代后期的识字测试》，一桥评论，LXI，3（1969 年 3 月），第 345 ~ 355 页。【67】

③ 高野的文章刊登在《美国联邦论者》，I，8（1894 年 10 月）期上（NRUS，第 1 卷重印，第 396 ~ 400 页）。【68】

④ NRUS，I，第 403 ~ 405 页。【69】

威游行、集体娱乐等活动时，工人几乎完全失去了对这些观点传播的控制。一方面，影响有效识字的障碍创造了一群极端的知识分子，他们垄断着理论；另一方面，创造了落后的民众，他们的社会价值与经济行为保持着传统，不可想像。工人的不满与挫折在各种各样的集体抗议中时有爆发；但是，能够将不满与抗议转变成持续的社会运动的理想、原则与逻辑在明治时代的日本工人中格外缺乏。

在这些情况下，1898 年在大阪的 6 家棉纺织厂中只有 15% 的男工与 8% 的女工完成了 4 年的义务初等教育是不令人奇怪的。在这些工厂中，未受教育的工人男工是 29%，女工是 42%。① 剩下的工人可以认为是“受到了一点教育”，这意味着虽然他们缺乏完整的初等教育，但是他们也不完全是文盲。那时，大阪工程产业工人表现出较高的教育水平，他们中 25% 毕业于小学或中学。② 长崎造船厂的工人受到了较好的教育，他们中几乎一半完成了初等教育或较高水平的教育。受教育最少的工人之一是水泥厂工人。在这些工厂中，有一家女工 100% 是文盲——甚至有“受到一点儿教育”，该工厂男工文盲总数达到了 80%。生丝厂工人类似于棉纺织厂工人，而编织厂（fabric）工人不如后者。玻璃与火柴厂（glass and match factories）是最恶劣的血汗工厂，它们利用最贫穷、极少受过教育的人口中的工人。

【198】虽然可悲，但是上面描述的工厂工人的素质并不比整个人口的素质差。1905 年，达到工作年龄的人口中只有 30% 的男性和 12% 的女性毕业于小学或中学。到了 1910 年，这一比例分别提高到 41% 和 23%，③ 这是变化相当快的 5 年。出于同样的原因，1900 年以前的年份总人口的正规教育水平应远比 1905 年差——也许跟前面提到的工厂工人一样差。与此不同，家庭部（Home Ministry）1912 年对东京 344 位工厂工人的一份研究显示，已婚的 312 位男工中几乎 75% 至少已完成了初等教育，而他们妻子中的 41% 也完成了初等教育。没有受教育的那些人中，男工只有 7%，他们妻子中有 33%。④ 因此，1912 年工人受到的教育远比 1900 年的工人好。

人们可能会推断：20 世纪头 10 年的工厂工人总体上比 19 世纪 90 年代的工厂工人更有知识、更自信。虽然知识在提高，但是明治时代末期工厂工

① 这一段中的数据，除非注明，都引自《工厂劳动状况》的各卷。【70】

② 根据大阪教育协会的一份调查：NRUS，X，第 170～171 页。【71】

③ 大川一司：《生产与分配》，第 136 页。【72】

④ 日本家庭事务部（Ministry of Home Affairs）：《关于穷人调查的统计摘要》（东京，1912 年）。也见 NRUS，III，第 85～101 页。【73】

人的观念仍然局限在消极的自我估价中。1912 年，前述的东京 344 位工厂工人中，说出于他们自己的偏好或意愿而成为工厂工人的只占被采访人数的10%。多种多样的非自愿的原因——这表明如果还有其他选择的话，人们是不会从事工厂工作的——占到说明成为工厂工人的动机或原因的 2/3。这些原因可以由像“失去了其他工作”、“被家庭贫穷逼迫”和“被父母和朋友说服”这样的回答来揭示。自信、体面与自豪在这些工人给出的答案中几乎看不到。第一次世界大战前夕，日本工人仍然没有养成欧洲工人的尖锐的阶级意识或美国工人的极端的个人主义。由于工人的被动，所以雇主处于特权地位，可以为公认的利润最大化目标尝试各种劳动管理办法。事实上，日俄战争（1904～1905 年）后，不断有大量的雇主开始这样的尝试以寻找更好的劳动管理方法。

4.4.2　棉纺织业①

雇主的难题就其本质来说很简单，即如何吸引和拥有生产所需要的劳动力的数量与质量，如何促使劳动力运用各种实现利润最大化的方法。当雇主注意到劳动管理的“技术诀窍”是相当易变的，并且要进行选择而不是固【199】定于单独的一套传统行为模式时，他们开始养成非常必要的分析与理性的世界观，这随后导致了劳动管理的提高。当然这样的世界观不是一夜就能产生的，它也依赖于教育。世纪之交后，日本企业的管理逐渐移交给新一代的实业家和管理人，他们在日本与国外受过高等教育。于是管理的现代化从上层开始并逐渐向工厂推广。

明治时代，对受过教育的人来说，最大并最具吸引力的雇主是行政机构。由于行政机构与私人企业之间工资差别大，所以私人企业对大学毕业生是没有吸引力的。1890 年以前，行政机构的吸引力程度特别高。中实川（Hikojiro Nakamigawa，1854～1901 年）是他那个时代受到过高等教育的人之一，他 1891 年进入三井时，开始了一场管理革命，以分享利润方式使公司领导人的工资增长了 1 倍，并按不同的程度完全提高了管理人员的工资。这次改革的结果是受教育的人进入了三井公司，这表明了这个不争的事实：工资越高，劳动力的供给越大、越好。一次改革引致了另一次改革。多年

---

① 数据与资料见平恒次的《日本经济发展与劳动力市场》（纽约，1970 年），第 5 章。此外，见间宏的《劳动力管理史研究》，第 3 章；NRKN，II，第 1 部分；NRUS，III，第 111～176 页。【74】

后，在拿薪金的管理人员中就公平薪金问题产生了紧张的局势。那时，公司领导人与部门或分公司领导人之间的收入差别发展到很大。这种差距的原因是净利润的 10% ~20% 以奖金形式分配给领导人，这是中实川改革的一个产物。20 世纪初期，池田繁益（Shigeaki Ikeda）（1867 ~ 1950 年，他后来升任三井财阀的最高职位）领导了一场抗议活动，反对给予年轻的行政人员很少的报酬。随后较为公平的工资支付产生了，这影响到三井商行更多人的利益。

一段时间后，随着拿薪金的管理人步入企业的管理层，下层职员逐渐意识到了对公平与理性的需求。1906 年，棉东次（Toyoji Wada，1861 ~ 1924 年，他曾经是中实川的副手之一）作为富士纺纱公司（Fuji Spinning Company）的常务董事，把公司领导人的奖金从通常的净利润的 15% 减少到 5%，用剩下的 10% 作为其他管理人、职员和工厂工人的奖金、养老金和补贴。在中实川的影响下成长的另一位企业领导人——本三次（Sanji Mutō，
【200】 1867 ~ 1934 年），成为了一位现代管理的福音传播者，通过金藤棉纺织公司他表明了自己的观点，他从 1894 年开始在该公司呆了 30 年。①

现在可以概括一下日俄战争（1904 ~ 1905 年）后在棉纺织厂进行尝试的例子。有三个相互联系的问题：旷工、劳动力流动与招募新员工。处理旷工问题的传统方法是把它归因于工人的懒惰，并依靠惩罚措施来解决。工厂宿舍尤其有助于管理的专制主义。难对付的工人被驱赶出去并受到体罚，他们应得的工资通常被没收。以后几年，日本纺织厂引以为豪的医疗设备因需要首次被用于检查装病的宿舍工人和在下班时间前提前结束其工作的工人。劳动现代化被打上了从惩罚向诱骗转变的烙印。

劳动管理改善的建设性方法中，第一步是查明并分析相关的资料。在希望做出对劳动力的组织与利用上有用的事情之前，管理层必须养成的首要习惯是研究与分析。在研究他们自己记录的基础上，一些棉纺织厂发现，每个月旷工数的上上下下与当时实行的工资计算方法有关。例如在大阪的一家纺纱厂，工作记录结束于每月的第 20 天，所得的当月工资结束于那一天，但工资在下月的第 5 天支付。每天的出勤记录显示，每月第 20 天后出勤率急剧下降，第 23 天达到最低，直到下月的第 5 天才参差不齐地提高，然后到第 9 天又急剧下降，之后出勤率稳定提高直到当月的第 20 天。因此，有些

---

① 这些管理现代化者的简短的传记回忆见平恒次的《1886 ~ 1916 年日本工业化期间工厂立法与管理现代化》，载于《商业史评论》，XLIV，1（1970 年春），第 84 ~ 109 页。【75】

工厂对一群特定的工人把每天都作为工资支付日，这样，由于出勤率伴随工资支付日，所以出勤率水平至少是稳定的、可预测的。更为流行的办法是在个人与集体的基础上支付各种奖金。除了正常的日工资外，工厂向整个月没有缺勤工作的个人或集体支付报酬。对于住在工厂宿舍的工人，奖金有时采用免除住宿费的形式。奖金的另一种形式是直接向工人的家庭支付额外的现金，希望工人的父母在鼓励其孩子养成正规的上班习惯上起作用。奖金也采用集体奖励的形式，其中一种形式是为表现好的工人集体改善宿舍设施，这【201】
样他们就能够分享集体努力成果带来的舒适程度的提高。

除了劳动力日常的不稳定性外，还存在着劳动力流动率高的问题。有些工厂，劳动力的流动是季节性的，劳动力的高峰期（3 月与 4 月）与低谷期（8 月）之间的差异相当于年平均的 30%。由于这种波动的规律性，所以一种对策是雇用两组工人，这样，当一组工人降低到工作要求的正常水平以下时，可以召进另一组工人来弥补缺口。临时工经常是从临近的县招募的。还有一些巧妙与细致的措施。一家大工厂雇用了许多 12～14 岁的女工，让她们住在宿舍中，在她们放学后的业余时间里教她们工厂工作，把她们作为补充工人以弥补因季节性或缺勤造成的空缺。出于同样的目的，一些工厂为拿薪金雇员的妻子与女儿讲授培训课。还有的一些减少劳动力流动的尝试是为有长期稳定工作记录的工人给予不同的报酬。这些报酬的形式是多种多样的，但是通常与服务期限有关，或按服务期限增加——如定期增加报酬、奖金、分享利润、公司付费的休养旅行、公司赞助的抽奖和公司为工人的储蓄提供资金。按照一个例子，最后一种方法以如下方式运作：工人被要求不时地把他工资的 10% 存起来，按年率 4.5% 的利率获得利息，稳定工作一年到年底，工人可获得等于其储蓄的本金及赚取的利息之和的 35% 的一笔额外收入。工人对被认可和声誉的渴望也被如宣传其优点这样的手段利用，比如，履行完一个合同期、做到不同寻常地节俭，就用储蓄或向工人父母汇款方式对工人予以表扬。

尽管棉纺织厂做了这些努力，但是服务期限并未得到非常好地改善。1915 年大阪工厂女工的统计资料指出，她们中的 48.5% 被雇用了不足 1 年，18.4% 被雇用了 3 年多。这种状况几乎与 15 年前该行业的状况是相同的。

为棉纺织厂招募劳动力是劳动管理中最困难的问题。以前描述的招募劳动力的问题因劳动力资源转向附近城镇的成年工人——通过提高工资以吸引他们——而解决，但是棉纺织厂并不把这看作是他们困难的一个主要解决办【202】
法。来自偏远的穷乡僻壤的女工是较受偏爱的，但是这个劳动力供给来源迅速减小，因为即使是最穷的农家也希望他们的女儿生存下来并成长为一位好妻子和好母亲。对于工厂女工来说，返回家乡时生病或无力维持其后半生是常见的，许多人死在远离家乡的地方。女工们在工厂就业期间无法学会为以后她们的家庭和社会角色做准备的东西是很寻常的。出于这个原因，地方社团一个接一个地加入了反对在工厂就业的无声抗议中。这就是棉纺织厂所熟知的招募地区劳动力的“逐渐枯竭”，这导致了招募费用支出的进一步提高。减轻工厂劳动力供给的一个明显的步骤是工厂宿舍内居住条件的改善。居住条件必须改善，这样就业期就将不再是工厂女工个人、文化发展中的一大漏洞了。大的棉纺织厂实施了这样的改革，配置了教育、娱乐和文化设施，工作时间缩短了，节假日增加了，允许女工们利用这新的舒适的环境。

还有劳动力市场中介的问题。在依靠中介人多年后，有些工厂开始设立人事部以实施招募、选择、雇用和培训工人的程序，并制定了依据健康、教育和才能条件的雇用标准指南。招募方法被算作是合理化劳动管理的一整套措施的第一步。一种新型的招募方法——大致上是不同的工厂有不同的方式——体现在所谓的“招募地区”观念上，在“招募地区”，工厂的常驻代表保持着个人与当地家庭的直接联系，并密切注视着当地人口的发展。根据“招募地区”人口的变化，工厂有意识地调整着它的劳动力要求，这样，几年服务期后，当老工人从工厂退出时，空缺就由从该地区招募的年轻工人弥补。当工厂发展要求有更多的工人，超过了该地区的劳动力供给时，工厂就采用对每个工人投入更多的资本来代替扩大招募地区，而这确实会引起与其他工厂之间的“殖民战争”。由于招募地区的保障依赖于雇员的工作、生活条件，因此工厂不断地努力以这样的方式——足以维持与招募地区人民的友
【203】好关系——改善着这些条件。于是，随之公共关系活动提高了。一般认为来自同一个地区的女工中有两个生病了，那么该地区就不再被作为招募地区了。鉴于地方的抵抗力量，棉纺织厂被迫制定了劳动管理的更好办法和工厂生活的更安全的方法。当然，人们不应对明治时代末棉纺织厂劳动管理的合理化程度太乐观。第一次世界大战引起日本空前繁荣时，19 世纪 90 年代的模式又回归到了棉纺织劳动力市场，利用 20 世纪 20 年代期间劳动力需求的相对稳定和持续的立法努力，在纺织业劳动力市场和就业关系中出现了一种可以忍受的秩序。

毫无疑问，1910 年后劳动力素质和纺织工人的文化水平大大提高了。值得一提的最著名的一个例子是一个普通工厂工人细井和喜藏（Wakizō Hosoi），于 1925 年出版的一本 400 页的书，标题是《女工悲惨史》。细井和

喜藏（1896～1925 年）生长于一个支离破碎的家庭，7 岁时失去了母亲，在读完小学以前就开始工作了。细井 12 岁开始做学徒织工，直到 1925 年他死（在《女工悲惨史》第一版出版后仅一个月）之前，他工作于不同棉纺织公司的纺织部门。由于他的工会活动，他失去了很多工作，但是他作为纺织工人和技工的技术确保了他一系列短暂的就业期，只要雇主没有在黑名单上发现他的名字。

《女工悲惨史》是对在棉纺织厂曾经尝试过的技术、管理、生活和工作的最全面的、可能的描述。作为一部包含有关日本工业中的一个重要行业的劳动状况详细信息的作品，《女工悲惨史》在劳动史名著——如横山源之助（Gennosuke Yokoyama）的《日本的低阶层社会》（1898 年）和农业与商业部编写的《工厂劳动状况》（1903 年）——的长河中占有一席之地。① 但是从今天的角度看，《女工悲惨史》不仅仅是一部名著。在它出版的年代，它是一部轰动一时的作品。它吸引了全国的注意力并引起了全国的良知，它对一个社会的文化财富和工厂生活进一步现代化的贡献是不可小视的。衰弱和悲伤的人在《女工悲惨史》中找到了一位理解的伙伴；勇敢与积极的人受到它的鼓舞，行动起来寻找社会的公正；富人与有权势的人被它提醒，他们控制的社会缺乏人性。由于《女工悲惨史》出版后不久细井去世了，所以本书的版税付给一个叫作“细井和喜藏的朋友”的协会，用于提高纺织工 【204】
人的劳动活动和社会工作。

4.4.3　金属制造与工程产业

金属制造与工程产业劳动管理合理化的第一项任务是把师父的功能转移给工厂，而把师父转变成第一线的监督人——类似于西方工厂的监工。这个过程有两个关键问题：（1）谁——是雇主还是师父——享有工人的忠心；（2）工人如何培训。师父与雇主之间对工人忠心的竞争是一场真正的权力斗争，当时爆发成了个人的对抗。大多数情况下，做出的折中方案非常像明治维新：就像封建地主把他们的人民移交给国王，师父放弃他们的工人，让工厂直接管理。但是以前地主的地位、特权与收入得到了保证，而师父被提供给了各种各样的生活舒适用品和诱因（inducement），如管理层中的一个

① 第二次世界大战后，这些名著重印时，由下列著名学者介绍或推荐：风早八十二推介了横山，土屋隆夫推介了《工厂劳动状况》，大河内一雄推介了细井。【76】

职位、永久的享有权、较高的工资和正规的提升。这种对比是颇有启发性的。明治维新首先不同于宫廷政变，它遍及整个日本社会，并且明治时代末开始触及工厂层。在日本社会的各阶层，社会—政治过程的逻辑惊人地相似。改革的主要工具通常是折中。在工厂，因技术与社会的原因使得折中不仅是被希望的而且是不可避免的。明治时代末期，在以日本社会—经济现代化为特征的阶段，在工人实际活动中，师父毕竟是惟一可利用来对工人进行有效管理的人。管理人和工程师受过大学教育并有显赫的家庭背景，他们很少知道如何与工人交往，工人是他们远离的较低阶层，教育程度低并对生活与工作有着不同的价值观。管理人和工程师有工厂工作的大致轮廓和基本的科学知识，但是他们缺乏对生产实际工作细节的技术或经验。由于管理层与工人之间的地位差别太大而不能没有中介人的沟通，因此像师父这样的人是必不可少的。①

把师父制度转变成雇主的直接管理的一场典型的日本机构改革发生在长
【205】崎造船厂。② 当时为不同水平的技能和职务设计了两种培训方式，到第一次世界大战时，这些培训方式被坚实地确立了，并且被有意识地看作是劳动管理现代化不可缺少的要素。一种方式是职业学校（三菱工业预备学校），对有初等教育或较高级教育的男孩提供3年的教育和培训。这个学校的毕业生被分配给造船厂的师父作助手。这些年轻的工人叫作修业生（*shūgyōsei*，学生工人），被要求参加培训学校4年多的正规培训课程，这之后因有多年的实践经验，他们被提升到师父的职位。第二种培训方式是学徒式的，叫作 *minaraikō*（在工作中培训）。年龄在12岁或12岁以上的年轻工人被安排到不同的车间和工人组合做不需要熟练技能的工作，同时接受某些技能的培训，学徒期是5年。这期间，每天学徒要花几个小时学习上述职业学校的正规课程。学徒期一满，这些年轻的工人就加入到了普通工人的行列。

三菱职业学校1899年成立，当时有42名学生。每年的入学率是不同的，但大多数时候保持低于200名学生，与计划容纳400多名学生的能力相悖。如果说在毕业生足以接管师父的职能之前，他们需要在修完全部培

---

① S. B. 莱文：《日本劳动力市场与劳资谈判》，载于W. W. 洛克伍德的《日本政府与经济企业》（普林斯顿，1965年），第14章。也见兵头孜龙的《对年功序列制的反映》，载于《日本劳动研究所月刊》VI，12（1964年12月）。最后，对日本重工业的行业关系史和劳动管理研究最全面的是兵藤钊的《日本工业关系的发展》（东京，1971年）。【77】

② 三菱持股公司的一份报告（1914年），NRUS，第3卷，第17~29、119~124页；NRKN，II，第16~19、166~169页。【78】

训课程的基础上，至少还要有 5 年多的实践经验，那么这种来源的新师父应开始出现于 1912 年。这表明替代传统的师父的过程是一场长期的战争。更糟的是，在受训过程的每一阶段，受训人员的缩减率是非常高的。每年只有 25% 的学生同意留在学校直到毕业。虽然 90% 多的毕业生去了长崎造船厂作为“学生工人”，但是在该计划的第一个 10 年间（1902 ~ 1912 年），有一半的人在 5 年内辞职了。因此，同意到职业学校的最初的一群学生，大约只有 1/10 最后达到了师父的水平。按照这个比率，20 世纪 20 年代中期，新的师父的数量应少于 200 人，而当时长崎工人有 12 000 人。到 1910 年，学徒达到长崎工人数的 15%。如果招募的学徒中有 1/5 一直呆到成为普通工人，并且如果人员没有进一步的缩减，那么在长崎应该花费 10 年的时间才能使内部培训的工人数达到工人总数的一半。但是由于对出游工匠的崇拜，学徒承诺率（commitment rate）是比较低的。当然，这些计算仅仅是启发式的，但是它们指出，开始于 20 世纪头 10 年的劳动现代化的尝试在 【206】 20 世纪 20 年代开始显露出一些成果，同时，传统的师父的数量依然庞大，并且继续在工厂的工人管理政策上起着关键作用。

仔细的研究可发现，长崎造船厂替代传统的师父的政策比前几段文字暗示的政策宽得多。职业学校的入学政策偏向于造船厂工人的孩子与亲戚，师父负责招募并选择学徒。1903 ~ 1912 年间，职业学校学生的 17% 与造船工人有关。由于师父的儿子与亲戚分享这种特权，所以当老的师父放弃他们的职位退休时，他们这样做大体上有利于他们的儿子与亲戚。通过一系列的机构改革，对人事管理的正式控制被集中起来时，师父仍然处于管理层与普通工人之间的关键地位上，在影响工人生活的所有事情上拥有推荐的权力。

1908 ~ 1910 年，在长崎造船厂其他机构改革相继出现了。废除了向师父转包工作的传统做法，制定并提高了雇用标准，采纳了计件工资与奖金工资制度，加强或新制定了对工人的伤、病、残废、死亡、失业、退休和其他的救济与援助计划。在管理层直接控制的工厂官僚机构框架内，保证了师父作为工厂雇员的适当作用。事实上，由于这种结构的规模与复杂性（sophistication）、工作规定的复杂、工资支付的微妙、对工人的刺激与利益的多样化以及生活与工作各方面的变化步伐，在转包协议下由师父领导的独立的工人组合是不能促使造船厂给工人最大化利益的。

长崎造船厂的例子在其他很多工厂中以不同的形式与程度重复着。概括来说，管理层对劳动力的直接控制向传统的师父的三个管理功能——培训、支付、工作的提供和收入的保障——转变。一位对明治时代日本的工业状况有经验的观察者注意到，1910 年，传统的师父从很多工程工厂中消失了，他们的位置由年轻的监管人接替，而所有的工人都在工厂的直接管理下。[①]
【207】在工厂很难独立拥有长崎那样的正式培训学校的地方，各工厂联合起来为他们工人的培训学校提供资金。[②] 最终，工厂发现了工资这个要素（挽留或失去他们的工人）的力量。第一次世界大战期间，在严峻的劳动力短缺条件下，大工厂快于市场提高了工资，改变了第一次世界大战前大工厂工资提高滞后于市场的趋势。[③] 但是，只是在 20 世纪 20 年代中期之后，大工厂的工资才开始表现出绝对地优于市场工资，在一定程度上这是由萧条加剧期间小工厂工资下降的压力造成的。至于收入保障，雇主们从金属制造工厂工会互助计划的普及中吸取了教训。同时，公共与私营研究逐渐找到了工厂工作对健康危害的证据，不少工厂冲突的根源在于工人们渴望更为安全的工作条件。[④] 因此，日俄战争后，工厂开始制定各种补偿与救济计划，而国家对工厂立法的制定只是一个时间问题。

4.4.4　工厂立法[⑤]

19 世纪 80 年代，政府不断地与工商业代表商议有关劳动的法律草案。一致意见是很难获得的，这些早期的努力被及时放弃了。不过，农业与商业部的工业司继续探索思想与方法的新渠道，并积累着有关工业与劳动状况的统计资料。1896 年，各县政府官员发出了工厂劳动的“保护与管理”立法的渴望。46 个县中有 20 个递交了它们的意见，有 15 个县大致赞成这个观点。随后，农业与商业部部长任命了一个委员会，该委员会由工业界和学术界的代表组成，讨论经济与工业问题，包括工厂立法问题。这个委员会叫作农工商高级委员会，它召开了三次会议来讨论工厂法问题。在该委员会的协

---

① 横山（1910 年），NRUS，III，第 12 页。【79】

② 例如东京县立职业学校由石川岛造船厂、芝浦工程厂及其他工厂共同利用（见间宏的《劳
【509】动力管理史研究》，第 458 页）。【80】

③ 尾高煌之助：《1898～1939 年北部九州工业区货币工资史》，载于《一桥经济学月刊》，VIII，2（1968 年 2 月）。【81】

④ 参见 NRUS，I，第 348～353 页东京炮工厂有关事故与健康危害的一份报告。【82】

⑤ 鲶泽岩雄：《现代日本劳动史》（檀香山，1966 年），第 3、4 章；日本国际贸易与工业部：《商业与工业政策史》，25 卷本（东京，1962 年），VIII；NRUS，III，第 178～256 页；风早八十二：《日本社会政策史》，2 卷本（东京，1951 年），I，第 3、4、5 章；R. P. 多尔：《现代化的一个特例：1882～1911 年日本的工厂立法》，载于《社会与历史比较研究》，XI，4（1969 年 10 月），第 443～450 页。【83】

商中，一份工厂法草案诞生了。但 1898 年的内阁危机破坏了该草案提交到国会的机会。

1910 年，工厂法草案提交到国会，但是政府自动地撤销了该法案。工厂法草案又被做了进一步的修改，并且新的草案的副本被送到了各个部、各县政府、商业与工业协会、纺织制造商协会、其他工业协会和社会政策协会 【208】
(Association for Social Policy) ——一家新近成立的学术组织。1910 年 3 月，依据帝国条令任命的一个特殊的委员会，叫作生产调查委员会，来检查这份工厂法草案。该委员会的草案被内阁会议认同，并于 1911 年递交给国会。下议院迅速审议了该法案，并在 1 个月内将做了某些修改的草案递交给了上议院。上议院在 3 个星期内通过了该法案。1911 年 3 月 20 日《工厂法》颁布，但是像日本以往战前立法程序一样，《工厂法》实施的日期该法律本身并未规定。

《工厂法》是一份有 25 个条款的短文件，规定了一套条款极少的就业标准，涉及雇用 15 个以上工人的制造工厂（后修改为涉及雇用 10 个以上工人的工厂）或使用对健康有害的工作程序的工厂。该法案禁止雇用 12 岁以下的工人，禁止让年龄在 12～15 岁之间的工人或女工（不管其年龄大小）一天工作 12 个多小时，禁止未成年人或妇女在晚上 10:00 至早上 4:00 之间工作。该法律要求未成年人与妇女至少每月有两个休息日，夜班工人每月至少有 4 个休息日，日工作时间超过 10 小时的地方，工人每天至少有 30 分钟的休息时间。该法律禁止雇用 15 岁以下的工人从事某些危险或难做的工作，有责任的工厂所有者要照顾残废工人和他们的家庭，违反该法律条款或不与工厂检查人员合作的工厂要被罚款。

由于一些关键问题的规定，所以《工厂法》依赖于使该法律贯彻的帝国条例，该条例最后于 1916 年 8 月发布并使《工厂法》于当年 9 月开始实施。条例详尽阐述了《工厂法》的条款。它规定了工资支付的频率与方法，但是工资数额的决定大体上留给了有关各方，由他们自由协商。每个工厂必须持有所雇用的工人的登记簿。工资以合法的货币形式至少每月一付。雇主保管工人存款时，事先必须取得县政府的同意。不允许有这样的就业合同：
这种合同要求工人因可能违反合同或对财产的破坏而提前补偿雇主。 【209】

与招募、雇用、解雇有关的问题在某种程度上也做了详细阐述。例如，雇用学龄年轻人的地方，雇主必须保证他们继续受教育；由雇主决定解雇的年轻工人和女雇员有了获得返家旅行费用的权利；此外，规定了雇用学徒的某些正式手续；雇主或招募者违反该法律和条例以及在招募工人中有欺诈行为要被罚款。有关《工厂法》贯彻实施的其他法规也同时发布，作为农业与商业部的行政规定。

遗憾的是，两个例外——工作小时数和晚上工作——被写进《工厂法》长达15年。第一个例外是针对第3条款的，该条款限制日工作小时为12小时。首相被许可允许某些行业把工作时间延长2个多小时。另一个例外更为重要，是针对第4条款的，该条款禁止年轻工人或女工上夜班。这些例外被授予生产程序要求连续工作的工厂以及工人以两班或多班倒形式组织的工厂。夜班工人在纺织业中较多。在该法律实施的头6年（1916～1922年）里，夜班工人在全部工人的15%～25%之间波动。在纺织业中，利用夜班例外条款是大工厂所关心的问题：小工厂没有那么多的工作去做。工作时间允许超过12小时的工厂工人数大约是该法律涉及的工厂的全部工人数的1‰。

现在可以来了解一下两次战争期间与劳动力市场和就业关系有关的其他国家行为。《工厂法》于1926年修改，一些重要的法律条款颁布了。1921年，《就业交换法》（Employment Exchange Law）颁布，并在全国几个地方设立了公共就业办公室，它们提供免费服务并资助找工作者的交通费，同时关注私人劳动力招募者的活动。第二年，《健康保险法》（Health Insurance Law）颁布，并于1927年实施。1923年，有关法律限制了工人和船员的最小年龄。这期间发布的行政法令中，从劳动力市场角度看最重要的是《管制劳动招募条例》（the Ordinance to Regulate Labour Recruitment）（1924年）和《管制私人劳动交换交易法》（the Rules to Regulate Private Labour Exchange Businesses）（1925年）。

【210】1926年修改的《工厂法》并没有改变使用女工做夜工的条款，该条款在3年后——1929年才做了修改。但是该法案增加了一个重要的创新——即由雇主先发出就业终止命令时，应提前两星期通知工人，在立即解雇工人的情况下，要支付给工人两星期的工资。应付给工人或其家庭的救济金都大大提高了。与健康保险计划重复的某些赔偿费完全转移给后者管理。由于与其他法规的协调，两次战争期间对《工厂法》某些条款继续做了些修改。1931年通过的《援助受伤工人法》（the Law to Aid Injured Workers）照顾了《工厂法》与《健康保险法》不涉及的工人，包括有民用工程、建筑、采石场、运输、船坞与货栈雇用的工人。这些行业是在复杂的转包协议基础上组织的，因此存在着如何确认雇主责任的技术困难，于是国家同意签署赔偿费支付协议，主要承包人要对其雇用的工人和他的转包人雇用的工人承担基本责任。1936年，《养老金与支付筹资法》（the Law for Funding Retirement Allowances and Payments）颁布，要求雇用50多名工人的工厂与矿山对退休或解雇的工人支付补贴。概括1926年前后《工厂法》提供给工人的非工资利益（non-wage benefits）可能是有用的。

	1916～1926年	1926～1940年
1. 对工伤的赔偿		
（1）医疗	设备或费用	设备或费用
（2）病假福利	日工资的50%，达3个月；此后为日工资的1/3	日工资的60%，达180天；此后为日工资的40%
（3）残废救济金		
a. 不能照顾自己	170天的工资	540天的工资
b. 不能工作	150天的工资	360天的工资
c. 不能做以前的工作	100天的工资	180天的工资
d. 暂时的，能够返回以前工作	30天的工资	40天的工资
（4）抚恤金	170天的工资	360天的工资
（5）丧葬费	10日元以上	30天的工资但不少于30日元
（6）3年医疗后终止医疗保险	170天工资	540天工资
2. 年轻工人、女工、残废工人的旅行费	强制的	强制的
3. 解雇补贴	不强制	强制的 【211】
4. 健康保险费	不强制	费用与雇员分担，支付3%的费用
5. 退休金	不强制	强制，部分在捐助基础上进行

20世纪30年代是日本真正工业化的时期。在制造业就业中，纺织业的比重从1930年的50%多下降到1940年的大约25%。这10年间，重工业与化学工业的比重从25%上升到55%。20世纪30年代社会政策与重工业工业化过程的一致产生了一种工业关系制度，这种制度在第二次世界大战后更全面地发展起来。但是，在任何时代，严格坚持法律最低标准的雇主是最无效率的。大工厂远比《工厂法》的上述讨论所暗示的那样更为“家长式”。

4.4.5 工人运动的影响[①]

工人运动对社会政策与劳动管理过程的影响从未被正式承认过，但是人们猜测两次战争之间政府与雇主使工业关系现代化，一定程度上是把它作为保持与工会距离的一种方法。1912 年铃木文治（Bunji Suzuki）（1885～1946 年）使工人运动小心谨慎地恢复了，第一次世界大战期间他的友爱会（Yūaikai）迅速扩大。1921 年，友爱会成为工会共同同盟。工会会员 1925 年达到 234 000 人，1930 年增加到 384 300 人，1936 年达到两次战争之间的顶峰 420 600 人。虽然工会会员从未超过日本全部有薪金的工人的 8%，但是它的分布在不同的行业是不同的——组织成工会的气、电行业有 80% 多，交通运输与通讯行业大约有 30%，金属制造与工程产业有 25% 多。[②] 在国际劳动组织的早年活动期间，日本政府拒绝承认工会选举及向国际劳工会议派出代表的权利。工人们坚决斗争，成功地保障了这项权利，并于 1924 年开始实施。尽管在国内工业关系中日本政府继续实施它对工会的非认可政策，但是它以日本工人代表参加的有关劳动标准的国际会议为荣——虽然是
【212】有选择的。

随着第一次世界大战的结束，日本工业界首次出现了大量失业。20 世纪 20～30 年代，工人抗议与罢工成为日本生活中的一个常见特征。整个日本社会以各种形式和活动表现出对民主、现代生活和思想自由的热情。在普遍要求的压力下，1925 年政府制定了全面的成年男子选举权法，使所有成年男子，富的与穷的，都能够投票。另一方面，政治领导人感到太多的民主对国家是不利的，因此通过 1926 年的《公共和平维持法》（Public Peace Maintenance Law）对共产主义者、无政府主义者以及某些教派的嫌疑犯进行制裁。同时，政府与雇主在工厂变得更为家长式。国家政治上对进步活动的镇压以及工厂提供的舒适条件逐渐使工人运动消失，1939～1940 年工人运动自动取消了，并把工人移交给 Sampō——国家主义的“为国家服务的运动”。开始于 1937 年的侵华战争，1941 年发展成整个太平洋战争，加之 1945 年的原子弹爆炸，导致日本帝国的崩溃。

---

① 详尽的细节见平恒次的《两次战争之间日本的劳动力市场、工会与雇主》，载于阿道夫·斯特姆萨与詹姆斯·G·斯科维尔编辑的《转型中的国际运动》（厄巴纳，伊利诺伊州，1973 年），第 149～177 页。【84】

② 用 NRUS，X，第 426～427 页的数据计算。【85】

4.5 结　　论

按照19世纪60年代的标准（当时佣人、劳动者与手工业者大都是文盲），20世纪30年代的工人是不可比的，他们受到了良好的教育并且更富有经验。除一小部分（1936年为4%）工人外，① 他们都完成了6年的初等教育，而且他们中有很多（男工的2/3和女工的1/3）至少又获得了两年的教育。同时，20世纪30年代日本工人的平均经济状况要比19世纪60年代的平均水平好3倍以上。不像19世纪60年代的平民，20世纪30年代的成年男子可以参加到政府中，虽然在很多事情上普遍选举权的有效性是成问题的。而且，与19世纪60年代的世袭地位制度不同，现代日本建立了无障碍的社会流动性，因为人们渴望更均等的机会分配。20世纪30年代中期，日本人还没有养成上帝或法律面前人人平等的意识，但是存在着天皇面前人人平等的朴素观念。作为天皇的臣民，日本人平等地参与政治活动，并以自己
的名义在法庭上获得公平的审判。但是由于缺乏个人自由的支持和人与人之 【213】
间交往的神圣，天皇面前人人平等很快转变成对天皇的毫无保留的忠心，并且人人如此。在一个发展的经济中，取代个人对幸福的追求，日本人把他们自己绑在一起，为了从未变成现实的更美好的未来共同经受磨炼与劳作。当日本人为第二次世界大战进行动员时，甚至职业选择的自由也被抹杀了，最后“个人主义的迹象全部消失在了为国家服务中”。因此，随着日本决定进入战争，日本工人史走完了整整一个轮回，从雇工（hōkō）到雇工——即
从奴役到奴役。 【214】

① 日本首相办公室：《关于劳动统计调查的报告》（东京，1936年）。【86】

第五章

日本的企业家、所有权与管理

5.1 引论

由于日本迅速、持续的成就以及开始很低的人均收入，因此日本工业化的进程是值得经济学家和经济史学家研究的一个课题。研究日本的西方学者数目不断增加，在战后近20年里，他们与日本同事协同工作，为我们提供了有关过去几百年里日本经济成就的大量数据。这些数据被多次检验，现在我们有极为有用的几种分析和更为精练的统计数据，这有利于与其他任何国家的统计数据进行比较。

这些有关日本的研究——类似于迪恩（Deane）与科尔（Cole）及其他英格兰人的研究——正在做，而对试图理解日本工业化的经济史学家来说另一组同样重要的问题相对受到忽视。我提到的这一组问题可以在“从历史的观点看企业与管理”的题目下做粗略的分类。更确切地讲，这是与日本工业化与现代化进程中企业家的成长、员工的招募和组成、所有权与控制以及工业企业管理相关的整个系列的问题。

过去的几年中，日本学者和西方学者把更多的注意力放在了这些问题上，但是，有关日本经济史这些方面的文献要么得不到、要么残缺不全，或者二者兼有。得不到这些文献多半是因为这个事实：文献只能在日本得到。对日本企业家和管理的研究残缺不全是因为每种研究依次只针对这些问题中一个问题的一个有限方面或者只是针对某一时期，而没有对所有这些相关问题提供一种历史性的分析和内在的分析。

日本工业化的这个方面受到相对忽视是不难解释的。毫无疑问，主要原因之一是大部分日本经济史学家是马克思主义者，他们对资本主义经济中企业家的作用或管理制度的演变不感兴趣。他们有他们的回答。第二次世界大战前，试图考察企业家与管理的西方学者，也许是无意识的，变成了马克思 【215】
主义观点的传播者，至多他们使日本文献更适合西方读者的口味，这很少有例外。

有两个重要因素趋于使这种不活跃的研究状态继续存在。一个因素是严重的语言障碍使西方学者最初的研究极为困难；而任何对有关日本企业家和管理制度的充分研究都需要广泛地使用日语资料。另一个因素是在分析日本企业家和管理上西方学者使用的基本方法。由于日本是亚洲惟一工业化的国家，所以西方学者要找出他认为的什么是这个国家独特的东西。早期的西方学者倾向于找出日本与中国及西方的区别。这种方法移植到日本文献上时，长期缺乏一种比较的观点，最终结果常常是说明性与描述性的，这与未定义过的“武士精神”和对儒家思想令人厌烦的强调相比，并未提供任何有用的东西。

第二次世界大战结束以后，这种令人不满意的事态迅速转变。日本和西方就企业家和管理制度的定性和定量研究经历了重大变化。同本来注重于对日本发展的各种定量分析的经济学家一起，经济史学家和对企业家与管理制度感兴趣的其他人开始为日本成功史的这些被忽视的方面提供了更富有研究性的、内在的比较分析。虽然大部分成就仍是日本人做出的，但是西方学者，尤其是在过去的 10 年中，在理解深度和分析水平上取得的成就也是值得关注的。

战前和战后的这些努力形成的是对日本工业企业的企业家、所有权、控制和日本管理制度的一种现在被广泛接受的观点——也许我们可以把它称为“正统派的”解释。实际上，这是被日本工业化与现代化的权威学者充分支持的一个主要论点，它对日本独一无二的成就提供了一系列有说服力的解释。

因此，本章的一个重要任务是以尽可能简洁的方式抓住“正统派学说”的突出原则。本章的各部分概括了某些基本论点，并且我希望这对非专门从
【216】事日本经济史研究的人有用。本章的一个同样重要的任务是试图提供新近对这种正统派学说修改的一些建议，这些反映了现在对已确定的解释提出一系列新的质疑，同时它们也指出了人们对与日本经济发展中企业家、所有权和控制有关的问题的兴趣不断提高。这些新建议涉及的范围从着重点的不同到对正统派学说提出明确挑战。随着这个领域研究的继续，这些新建议可能会被证明重点是不同的，并会使正统派学说的某些部分改写，或者会迫使正统派学说发生根本的改变。在处理像企业家和管理这样如此广泛而多方面的问题上，和在试图总结已经以日语和西方语言出现的大量文献观点上，不能希望本章覆盖这些观点的所有方面。例如，就管理制度和第二次世界大战后几年的讨论只是对需要充分讨论的问题的勾勒。①

在继续下文之前，应该指出的是“企业家”这个术语在本章的使用并不很确切。企业家是这样一群人，他们促成了生产商品的方法和方式的改变，这群人可以包括政府官员、企业领导人、银行家和在影响这样的变化上起作用的其他人。甚至当我提到像格申克隆（Gerschenkron）或熊彼特（Schumpeter）的那样著名的通用分析框架或一般经济理论时，我也以书面形式概括这些框架与理论，以使读者清晰地了解它们。

5.2 日本企业家的发展与构成

1868 年明治维新之后，政府立即开始通过建立示范工厂、雇用外国专家和给予各种形式的补助积极鼓励工业化。精力旺盛的、果断的私营企业家也出现了。到世纪之交，很显然日本已经成功地向工业化迈出了重要的第一步。谁提供了这最初的企业领导人，为什么？

第二次世界大战结束之前，试图回答这个问题的大量的文章与书籍（大多数是日语文章与书籍）出现了。答案——从这些文献中发展成为一个共同的标准——是这样一种论点：在解释日本企业家的构成与动机中，它强

① 面对很容易扩展成数倍于本章长度的主题，我着重选择英语文献未充分解决的以及非专门从事日本经济史研究的那些人感兴趣的那些方面。如文章中所描述的那样，本章的某些部分是简短的，只着重于日本独特的或有选择的重要方面。有兴趣的读者可看参考文献。

遵循西方用法，本章日本人名以姓氏出现。【1】

调了作为日本文化与历史遗产产物的日本企业家的独特性，强调了日本进入工业化较晚的重要意义。这一论点的实质概括如下。【217】

德川时期，武士与平民（由农民、商人、工匠组成）之间的等级差别是正式确定的，而且隔阂日益严峻。大体上，武士阶级的教育、抱负及世界观和平民阶级的教育、抱负及世界观截然不同。武士，德川社会的道德与政治的杰出人物，被灌输了儒家思想，儒家思想强调忠于职守、无私奉献给已确立的等级与权威。武士阶级的基本品德和义务是，不管分派给他们什么任务，为了整个国家的利益，他们都要发挥领导人的作用。相反，平民缺乏武士的美德，确切地说未要求他们具有武士的美德，他们服从纪律、节俭、生产——这是更适合他们的命中注定的美德。明治维新后武士的领导权没有立刻受到挑战，因为是幕府因 1868 年事件丢丑，而不是武士阶级。

因此，维新后武士使新政府上台，希望他们提供领导权。19 世纪中叶的国际形势只能加强武士的相对地位，因为为了阻挡外国强权对日本主权的可能侵略，日本急于“使国家富裕并建立一支强有力的军队。”这是基本的分析框架，例如对于土屋隆夫（Tsuchiya）这是足够的，他认为“至于日本”，武士成为企业家是“不可避免的。”①

战前日本的论文认为武士注定是领导，而商人——逻辑上企业家的争取者，如果欧洲史是标准的话——被希望遵循武士的领导并且这样做。② 商人阶层被认为被动、谨慎、保守。用桑瑟姆的话说，他们“太狭隘，在保护下发展，很少有例外，他们退缩成受雇用者，而低等与中等的雄心勃勃的武士成为了银行家、商人与制造商。”③ 此外，除他们不适合创新性的领导人外，商人们也被认为在财力上不能够担当企业家的角色，因为德川后期，他们被强迫贷款（forced loans）和整个经济的混乱摧毁。甚至最大的商行——三井商行也动摇了。因此，他们被认为既没有创新的领导能力也没有必要的资本去冒险创办现代工业。【218】

---

① 土屋隆夫就相关论题写了很多卷书，反复提到他的观点而几乎没有什么变化。他的一本书（我们从中摘录了上述的话）表达了他的观点（自 20 世纪 30 年代以来他扩展了他的论题），如下所示：

至于日本，封建武士或他们的儿子肩负着明治时代企业家领导人的角色。不像其他国家，日本资本主义的发展是由作为武士的官僚和武士出身的企业领导人引导的……因此，明治时代的企业家强烈地受到士魂商才（*shikon shōsai*）的半封建精神的激发。当然，这是不可避免的。【2】

② 乔治·B·桑瑟姆写道：“正是这些人（武士），而不是商人，奠定了资本主义结构的基础，同时创立了不同于西欧发达工业国家在有权势的货币阶层影响下实行的政治制度。”桑瑟姆：《西方世界与日本》（纽约，1951 年），第 110～111 页。【3】

③ 乔治·B·桑瑟姆：《日本：一个短暂的文明史》（纽约，1943 年），第 509 页。【4】

这是基本的前提，两代日本经济史学家整理了支持武士—企业家占主导地位的证据。它们提供了前武士作为官僚企业家、有创新的工业家和爱国的银行家的丰富材料。这些文献强调了政府提供资金的工业企业作为日本工业化的开路人的重要性。① 事实上，政府经营的企业扩大到多种行业，包括缫丝、造船、玻璃、水泥、制糖、纸业、印刷、造币、武器和采矿。

在建立现代银行业和棉纺织业中，武士官僚和武士企业家的例证对探索战前这些文献的主题是很有用的。这些文献作者把现代银行制度——走向工业化的重要一步——的建立几乎全部归功于武士官僚和武士银行家。战前文献的论点如下。政府首先表现出对向经济提供充足的信用的关心，在它存在的头几年里没有成功地设立商业司与贸易司。但是，在这些冒险尝试失败后，到 1872 年第一部《银行法》出台时，成功地创办了 4 家西方式银行，而且不久以后在 1876 年法律基础上，建立了 153 家银行。这头 4 家银行依赖于大商行提供的资本，但却是政府迫使这些不情愿的商行创办这些银行的。那 153 家银行——成为了日本现代银行业真正的基础，依赖于前武士的主动性和他们的资金——以抵偿债券（commutation bonds）形式提供，这是他们获得的对他们丧失的经济与社会特权的交换。

许多学者把棉纺织业作为政府企业的基本例证。为发展这个行业，政府创办并经营了示范工厂，这些工厂培训工人并引进新技术。政府也进口了 10 套纱锭，每套 2 000 个，并且按 10 年的赊销期把它们大多卖给了由武士转变成的企业家。政府的这些行为和提供的资助意味着政府承担了新行业的最初的风险，并在为该行业奠定基础中起着重要作用，到 19 世纪末，该行业领导着日本的工业化。

这些以及其他大量的政府—武士企业家的例证只形成了那个著名的观点，即日本经济的发展来自上层，这是“不可避免的”，这是由于日本社会
【219】经济的传统和他们很晚进入工业化。为证明这个观点，在这里用一定的篇幅来谈涩泽荣一，正如早期的学者们看到的那样，这对描述明治时代企业家的形象也许是必要的，因为战前的文献多次谈到他是明治时代企业家中的精英。

涩泽（1840～1931 年），一位富有农场主的儿子，德川时代末成为了一位低等级的武士，当时他进入最后一个幕府服务。他很快得到幕府将军的信

【510】 ① 这类文献中最早、最有影响的作品之一是蝈江保三的《日本资本主义的形成》（东京，1938 年）。蝈江的英文文章——《日本资本主义发展概览》，［载于《京都大学经济评论》，XI（1936 年）］和《明治时代早期的政府与工业》，［载于《京都大学经济评论》，XIV（1939 年）］也经常被西方作者引用。【5】

任，甚至1867年被挑选作为财务管理陪同幕府将军的兄弟到巴黎。幕府败落后，他发现在新的明治政府统治中同样容易提升。在作为军国主义与官僚政策的反对者离开职位之前，他得到了在财政部第二高的职位。

就其个人来说，涩泽在很多“现代”方面，即对西方、企业方面，都走在了前面。他是第一国民银行的一个关键发起人（1872年），并且是它的第一任行长。在他经营这家银行时，他劝告富有的商行建立了日本第一家大的西方式造纸厂，并且也在大阪棉纺织公司这个巨人企业——按当时的标准看——的建设中起关键作用，那家公司在随后的几年中领导了棉纺织业。他的成就给人留下深刻的印象。

在战前学者的眼中，涩泽的突出之处在于他对国家利益的不断关注——他为了增强日本经济而减少进口、增加出口所做的努力以及他在儒家思想教育基础上强调日本工业化的必要性中所起的作用。对于早期的经济史学家来说，他的大量作品与言论是可引用的名言和警句的源泉，那些经济史学家致力于找到支持“他是一个理想型企业家”这个观点的证据，以及支持他们的共同论点——日本快速成功　所需要的证据。涩泽一直希望提高企业领导人的社会地位，并且为了做到这一点，他要求这些人具有武士精神和“日本精神”，这些精神以诚实、公正、宽容、骑士精神和礼貌为荣。企业家的第一责任是对公众的，并且在履行这项义务时，日本企业杰出人物会得到本国人与西方人的尊敬的。简要言之，明治时代的企业家是“用算盘和《论语》”从事他们的业务的。①

这些战前学者——他们由涩泽看到了一个理想的企业家形象——的主要论点是很清楚的。政府按照提供社会总资本（例如，投资于电报与通讯设备上的资金）的积极计划，积极地引进西方技术、提供资助，并在其命令下用其他手段从上层促进日本经济的发展。政府由武士官僚操纵，他们承担 【220】
着维新之前的时代武士担任的领导角色。它为经济注入了活力，甚至它不得不推动不情愿的商行和平民。在工业化过程中，政府的主动是直接的和普遍的，现代银行也是由政府着手创立的，并因武士提供资金而成为可能。土屋隆夫搜集了明治时代主要的企业家名单，发现明治时代武士和武士精神主导

---

① 涩泽荣一：《论语与算盘》（东京，1928年），第304页。土屋隆夫关于涩泽的观点是他那个时代学者的代表，可以在他的《日本资本主义商业史研究》（东京，1954年）第189页中找到。约翰尼斯·赫希梅尔的《明治时代企业家的起源》（剑桥，马萨诸塞，1964年）第167～175页，和他的《工业先驱涩泽荣一》，［载于W. W. 洛克伍德编辑的《日本政府与经济企业》（普林斯顿，1965年）］第209～247页是很有用的，因为他充分利用了战前的日语文献。【6】

着日本工业化的努力。① 这个战前观点的主要优点是，依据日本的文化、历史和传统，它提出了日本发展迅速的一个独特解释。这也是一个普遍的观点，这个观点解释了为什么日本进入工业化晚是它迅速成功的一个重要原因，为什么日本是亚洲惟一能够完成这一成就的国家。于是，大约从1950年开始，日本企业家开始重新获得西方学者的注意。很自然，战前人们对日本作为一个成功的工业化案例的兴趣，应包括对她的企业家的研究。然而，对日本企业家的这些研究实质上是上述战前观点的一种提炼。对上述观点的提炼是采用熊彼特的分析框架，用比较的眼光和较高的学术标准来分析的。

战前作品在对日本企业家的观点上只有细微的差别，这是很明显的。一位作者称明治时代企业家"以社团为中心"（community-centered），并发现他们"介于有创新的、追求利润最大化的熊彼特式企业家与官僚之间"，他们的"动机是半部落式的（quasi-tribal），最终为了实现社团的目的；他们追求发展，与其说是为了私人利益（体现在个人财富的增加上），不如说是为了社会的利益。"② 几乎在10年后，另一位作者较直接地表达了相同的观点：

> 武士精神的一个重要特征是公众意识，对公众福利的关心和强烈的国家主义精神。这些观念是武士道传统与儒家哲学结合的产物。毫无疑问，这些精神推动那些有武士价值观的人在工业化的重要关头起来迎接民族的挑战。③

也许用英语所著的战后文献的一致观点由赫希梅尔做了最好的总结，就这个主题他写成了一本重要的书。他写道：

> 明治时代经历的独特在于武士被同等级的人降低了社会地位，
> 【221】他们极其渴望激活杰出人物阶层的最优秀的品质，并且成功地这样做了。因此，在古老的令人振奋的"武士精神"基础上，武士能够促使产生大量的企业活力，并最终提供了具有新的社会形象的企业杰出人物。④

明治时代的企业家被看作是具有武士精神的人，事实上赫希梅尔和其他战后学者发现，如战前的土屋隆夫发现的那样，前武士构成了明治时代企业领导人的主体部分。与土屋隆夫一样，赫希梅尔也发现涩泽荣一是明治时代

① 这是土屋隆夫的《日本资本主义商业史研究》的主要论点。【7】

② 古斯塔夫·兰尼斯：《日本发展中以社团为中心的企业家》，载于《企业家史研究》，XIII（1955年），第81页。【8】

③ 迈克尔·Y·约施农：《日本管理制度》（剑桥，马萨诸塞，1968年），第50页。【9】

④ 赫希梅尔：《企业家的起源》，第68页。【10】

企业家的优秀代表，因为“在他作为政府官员、银行家和工业家的生涯中和他的生活哲学中，我们发现了反映明治时代杰出人物的大部分基本特征。”①

企业家的社会出身和他们的动机的解释令这些战后学者满意，他们进一步发现（像战前学者发现的那样），在工业化进程中，武士政府在银行业与工业中起主导作用。战后学者对银行业的考察只是在强调武士在现代银行业建设中的角色的重要性上有所不同。这些战后学者，如下面的赫希梅尔的话所述，实质上重复了战前的观点，他们这样说：“武士蜂拥建立银行与富有的商行的态度形成鲜明的对比，后者被迫于1872年创立了头4家国民银行。相应地，在作为早期整个银行体系的资本提供者上，商行远远地落后于武士。”② 为支持他们的观点，战后学者常常引用下面数据，这些数据是1879年银行总资本中各阶层所占的比例：贵族与以前的大名（*Kazoku*）44.1%；武士31.9%；商人14.6%；农场主3.5%；工匠0.1%；其他5.6%。③ 论点很明确：为建立第一批成功的现代银行，贵族与武士提供了最初的四分之三的资本。

在讨论工业总体发展中，战后学者，尤其是十分依赖一个时代之前的日本人研究的那些西方学者，在强调政府与武士作用的重要性上沿用了战前的观点。他们的评价深入了，但是他们的观点仅仅是重述战前的文献和小心谨慎地引用、细加区别早期对政府和武士作用的评价。但是，如下面的例子所示，这些作品不过是从战前学者的观点这同一块衣料中裁下来的。T. C. 史密斯这样评价政府的作用： 【222】

> 政府工厂为私营企业起到了榜样作用，解决了技术困难与工厂组织的难题。但是同样地，如果不很重要的话，那么1878年后政府的资金支持是不会扩大到私营企业的。很显然，没有政府的这两种类型的帮助，私营资本是不会比它十年前更成功的。④

同样有代表性的是布朗芬布伦纳就工业化中武士的作用与商人的评价所

---

① 赫希梅尔：《企业家的起源》，第209页。【11】

② 同上，第58页。赫希梅尔广泛利用了日语文献，并就这一点又一次总结了战前日本人的观点。【12】

③ 例如，这组数据在加藤俊彦的《日本银行史》（东京，1957年）第33页和土屋隆夫的《地方银行简史》（东京，1961年）第27页引用。这组数据的最初来源是财政部（大藏省）的《银行司的第二份报告》（东京，1880年）第129页。【13】

④ 托马斯·C·斯密：《日本的政治变化与工业发展：1868～1880年的政府企业》（斯坦福，加利福尼亚州，1955年），第63页。不过，不像其他一些作者，斯密仔细地从这份评论中排除掉了缫丝业。【14】

表述的观点。像他之前的许多日本学者一样，他注意到“商行保守，一般不愿意进行创新或真正投资于生产（不同于贸易与金融），除非外国人或日本政府指明了道路。由于这个原因，明治时代初期他们被武士出身的有竞争力的企业家所超越。”① 战前文献的重复是很明显的。1931 年莫尔顿的说法在内容上稍有不同：

> 事实上，政府在很大程度上执行了企业家的作用。我们已经注意到，由于古老的传统和条件，明治时代初期日本没有有经验的企业家，实际上也没有资本的积累，在这种情况下，政府在为私营企业树立榜样以及为经济的发展提供需要的资本方面起着非常重要的作用。②

这种观点有多准确呢？我认为，这种观点的重新评价开始引起对其基本假设的质疑是正确的。这种新的修正观点还不能叫作相反的论点，但是整体上考虑最近对已有观点的挑战时，它们要求对明治时代企业家已有解释进行综合。

挑战来自多方面。新观点认为，实质上政府与武士的作用有点儿被过分强调了，严重曲解了明治时代日本企业家的本质；即新观点认为明治时代政府没有发起而只是以类似于在西欧国家工业化的相似阶段的方式支持了工业化的第一步。这也意味着一个必然的结果是，正是各种社会出身的企业家和资本家开始了日本的工业化。新观点的另一个优点是，它能够使我们评价明
【223】治政府在工业化的初级阶段——基础设施与机构的建设以促进工业化——执行政府通常作用的重要性。

支持明治时代企业家的“正统”观点的那些人，其理论隐含实际上是：(1) 明治时代主要的企业领导人几乎都是武士或准武士；(2) 由于“武士精神”的长期传统，武士阶级的价值观不同于其他阶层，这种精神受其教育与生活方式的培养与支持；分析结果，武士精神是为各自的封建贵族或为“国家的富强”而牺牲自我利益的能力；(3) 明治时代主要的企业家大多数都具有武士精神、商人的能力，并且以“社团为中心”。

但是更仔细地考察明治时代的企业家时，创立这种类型理论的危险是很明显的。强调或假设阶级区分的意义是正统派观点共同的、必然的弱点。从土屋隆夫到赫希梅尔的学者通常把那些企业家划分为“武士出身”，但是更

---

① 马丁·布朗芬布伦纳：《1853～1938 年日本经济发展的一些教训》，载于《太平洋事务》，XXXIV，1（1961 年春），第 14 页。【15】

② 哈罗德·G·莫尔顿：《日本经济与金融评价》（华盛顿，1931 年），第 337 页。【16】

为仔细地研究他们各自的传记可以发现他们的阶级出身至少是令人怀疑的，而且通常他们只是名义上的武士。这样的例子可以很容易地引用。安田善次郎，“银行家之王”，通常说是武士，但是他的教育和日常生活方式与农民没多少不同。① 岩崎弥太郎，三菱财阀②的创建者，来自农民—商人一代。他买了一个乡村武士头衔，这样他可以在地区官僚机构得到一份工作。③ 近藤廉平与丰川良平帮助岩崎弥太郎建立了三菱财阀，是他们那一代的主要实业家，他们是平民，后来成为了低级武士。前者是一位藩镇医生，被授予了准武士身份，后者是一位乡村武士的儿子，后成为了一位藩镇医生。④ 住友（Sumitomo）商行的主要管理人，广濑宰平，十一岁以来就做使童工作，据说“来自农场”，即他可能是农民，至多是乡村武士出身。⑤ 山野村理左卫门几乎独自重建了三井商行，据说“不知从哪里来”，孩童时就开始工作，土屋隆夫大胆提出他的观点，山野村理左卫门的父亲是一位无主人（masterless）的武士。⑥ 浅野总一郎，因其在水泥和造船行业的残忍行为而被称为“商业恶魔”，15 岁时在卖衣服，如果他是武士的话，当时他应该通过了 *genpuku* 仪式（标志着他长大成人）。⑦ 【224】

这些人和其他人，像平野富治、山边武郎和川边敬一郎，实际上是商人或至多是低级武士。⑧ 他们来自“非常贫穷的家庭，家里每个人只有一件和服”，⑨ 经过自觉地“废寝忘食”的工作，⑩ 他们成长为著名的企业家，并具备了从岩崎与安田身上可以发现的类似的品质。总之，这些人的传记表

---

① 对安田生活的详细描述见山村耕造的《（1868～1912 年）明治时代日本企业家的再检验》，载于《经济史评论》，第 2 辑，XXI，I（1968 年 4 月），第 144～158 页。【17】

② “财阀”的字面意思是金融集团。许多经济学家定义了这个词，下面是通常认为的战前财阀的三个特征：（1）半封建特征，即集中控制权在财阀家族，它通过颇有策略地安排婚姻和其他骑士—陪臣式的关系扩张其势力；（2）以持股公司、连锁董事会、互相持股方式缜密地、严格地控制附属公司中的关系；（3）商业信用形式的极大的融资权，这被用作在所有行业中扩张的中心杠杆。如将要显示的那样，直到第一次世界大战后，所有这些特征才都很明显地表现出来。为进一步探讨财阀的特征，见山村耕造的《战前的财阀与战后的财阀》，载于《亚洲研究月刊》，XXIII，4（1964 年 8 月），第 539～554 页。【18】

③ 对岩崎生活较全面地描述见山村耕造的《三菱的创立：日本商业史的一个案例研究》，载于《商业史评论》，XLI，2（1967 年夏），第 141～160 页。【19】

④ 须知吕和夫：《近藤廉平的生活与写作》（东京，1926 年）；宇崎熊吉：《丰川良平的生活》【511】（东京，1922 年）。【20】

⑤ 白柳秀光：《住友的故事》（东京，1931 年），第 183～187 页。【21】

⑥ 土屋隆夫：《日本资本主义商业史研究》，第 174 页。【22】

⑦ 土屋隆夫：《财阀创立者》（东京，1955 年），第 210 页。【23】

⑧ 这些人的传记可以在《诸藏元树与平野富治》（东京，1913 年）；东阳纺织公司：《东阳纺织公司的 70 年》（东京，1953 年）；土屋隆夫：《财阀创立者》，第 77～78 页中找到。【24】

⑨ 土屋隆夫：《财阀创立者》，第 78 页。【25】

⑩ 三谷：《详实的传记》，第 229 页。【26】

明，他们不是那种具有“武士精神”和儒家思想，并把自己奉献给伟大事业的武士。① 在这种背景下，值得注意的是最近的一份研究，它发现189位明治初期的企业家样本中3/4多来自平民阶层，这些平民—企业家大多数从上层经济与社会中产生。②

也许要做出的一个更为重要的一点是武士阶级与商人阶级之间的区别在正确性上是极为有问题的。正如人们通常注意到的那样，到德川末期，这种区别已变得不重要了。崛江观察到，“许多武士变为要通过赚取工资或交易来补充他们的收入”，③ 由比常彦写道，“德川末期，人们发现乡村中有思想、受教育的富农与小规模企业家类似于武士阶级，阶级的差别变得可以被忽略了。”④ 许多西方和日本的学者会同意这个观点的：到德川末期，阶级的区别变得“模糊”了，⑤ 这正如赫希梅尔所说。

重新评价流行观点的重要性在于这个事实：它鼓励不准确的历史史实评价，这反过来又用于支持正统派观点。参考以前对现代银行业发展的解释提供了问题的一个关键点。正如我们所见，许多学者长期坚持这个观点，日本现代银行业是在政府指导下由武士阶级发展起来的。这些资料也反复讲商人是在政府与武士阶级的劝说下才加入银行的建设的。近来，经验研究表明这样的观点是站不住脚的。⑥ 日本现代银行业的基础是1876年奠定的，当时修改了1872年《银行法》，首次允许营利性的银行经营。政府以前做的所有努力都失败了，但是一旦现代银行的营利性被确保，大量的银行迅速建立。仔细研究年度报告和银行史时，惟一可能得出的结论是：建立和经营这
【225】些银行开始于商人和富农——他们看到了一个营利机会，而不是武士阶

① 对比普遍持有的、尤其是日本学者持有的有关武士阶级的观点，洛克伍德做了如下阐述：

总体上比较日本武士和中国的学者官员阶层，并从中找出1868年后这两个国家的关键区别是不正确的。面对西方的挑战，像典型的中国官吏一样，许多武士是迟钝的、暧昧的。作为一个阶级，他们懒惰、无知、自大。一旦他们的等级特权被取消，他们中的大多数人就会陷入迷茫。

W. W. 洛克伍德：《日本对西方的回应：与中国比较》，载于《世界政治》，IX，1（1956年10月），第45～46页。【27】

② 詹姆斯·C·阿贝格伦与 Hiroshi Mannari：《现代日本领导人：社会出身与能动性》，载于《经济发展与文化变化》，IX（1960年10月），第109～134页。【28】

③ 崛江：《日本资本主义的形式》，第83页。【29】

④ 由比常彦：《关于J. 赫希梅尔提出的明治时代日本企业家的起源》，载于《日本商业史评论》，I（1966年），第105～106页。【30】

⑤ 赫希梅尔：《企业家的起源》，第47页。他确切的话是“德川时期最后十年，在教育、思想方式和经济活动方面做了许多，使得阶级的差别变得模糊了”。【31】

⑥ 这里和以后几段做出的论点是建立在山村耕造的《武士在日本现代银行业发展中的作用》，［《经济史月刊》，XXVII，2（1967年6月），第198～220页］以及这篇文章提到的近来日本的几份研究基础之上的。【32】

级——他们希望为日本现代化事业服务。

日本现代银行业的成功必须归功于武士阶级的观点是不能得到支持的。主要的"证据"——武士阶级提供了3/4的初始资本——是不充分的。事实是武士把他们获得的抵偿债券用于这些银行的建立是因为缺乏选择，而不是因为其他明确的原因。因此，武士参与新银行是被动的，而平民阶级是积极地参与到大多数新银行的，在获得经营执照中他们提供了必要的现金（初始资本的20%）并且以指导者与创始者的形式提供了企业家的活力。甚至名义上由武士作为大股东控制的银行，在这些银行建立几年后，大多转交到了平民手中。研究日本金融机构的休·T·帕特里克不同意以前的"以社团为中心"的企业家观点，他适当地总结了一个新观点，他写道，"主要是从关注利润的人开始，日本金融机构才诞生了。"①

强调政府与武士在发展工业中重要性的流行观点有多准确呢？人们常常提到的政府企业的例子能被事实与数据支持吗？让我们仔细研究几个案例——它们是最经常被引用的，在工业化早期阶段政府（因而也是武士）贡献的有效性的例子。

我们先从富丘（Tomioka）缫丝厂这个例子开始，这个缫丝厂是首批政府所有的、政府经营的工厂之一，而且也是被经常引用来作为明治政府的企业家角色的最好例证之一。尽管政府的目的——为工厂提供资金，帮助发展缫丝业——已被阐明，但是仔细的研究发现，如果人们看重这样的政府说明的表面价值，那么在解释政府的作用和商人的作用上就会被误导。记录表明这家工厂的官员不断地拒绝允许有志的企业家来看机器和工厂组织。例如，藤岛发现，"富丘缫丝厂不允许接近那些希望研究该工厂的机器从而可能复制机器的人"。② 现有的记录也指出，一家叫作Rokkō-sha的新组织的公司不得不向一位锅炉司炉工学习工厂锅炉的作业，而这又是通过一名缫丝工在工【226】厂厨子的帮助下进入该工厂才学到的。③

考虑到政府已宣布的目标，工厂官员的那些行为是令人迷惑的。但是当我们了解到"这些官僚更关注向内阁写漂亮的报告，这可能影响到他们自己的提升；并且他们经常不知道财务与技术问题"④ 时，这些行为也就不难

---

① 休·T·帕特里克：《1868～1914年的日本》，载于Rondo Cameron：《工业化早期的银行业：比较经济史研究》（纽约，1967年），第249页。【33】

② 藤岛敏夫：《工业史》（东京，1966年），第237页。他也写道："这些代表（长野县松代派出的代表）被拒绝允许参观工厂，来自大阪（也在长野县）的代表也遭遇到相同的情况。"【34】

③ 同上引，第236页。【35】

④ 冈田舜平：《明治早期的财政与货币政策》（东京，1964年），第250～251页。【36】

理解了。可以理解的是，他们害怕暴露自己的无能，这会阻碍他们提升的。事实上，根据速水兼曾做的一份研究，这家工厂有许多事要隐瞒，因为它没有达到其预期目标——作为“缫丝厂的典范”。官员们“为大量的蚕茧支付了很高的价格，因为他们没有讨价还价的技术；他们也被女工的高流动率所困扰，这导致了熟练雇员的短缺；并且也被工厂选址这个不明智的决定困扰。”①

速水发现富丘缫丝厂的业绩极差。把缫丝厂分为六类：利用西方机器的缫丝厂分为上等、一般、劣等，利用手工操作机器的缫丝厂分为上等、一般和劣等。速水发现，假定经营规模一定（每个工厂450名雇员每年工作288天），每日元蚕茧缫丝的产量最低的是富丘缫丝厂。富丘缫丝厂的产量是21.42文目（*momme*），而所有其他类别的工厂产量是36～42文目。每人每天的缫丝产值最低的也是富丘缫丝厂，稍低于利用手工操作机器的劣等工厂的17日元。非政府的、机器操作的工厂数据高达26日元。这家工厂按有450名雇员、每年工作288天的规模——这是根据富丘缫丝厂的技术要求而选择的——经营时，速水发现这家政府工厂每年损失55 268日元，而其他所有工厂创造的利润从486日元到12 214日元不等。②

更重要的是，“1878～1886年间缫丝机器的迅速增加是建立在木制机器基础上的，这不是从富丘模式仿造的。”③ 这个行业的发展是通过利用意大利模式和传统模式——手工操作或水力驱动的机器取得的，而不是通过富丘工厂利用的机械操作的法国模式取得的。意大利模式是由长野、福岛（Fukushima）与筑摩④县的小野商行引进和推广的，在这些县该行业发展最迅速。而且，藤岛注意到群马县为福岛的富丘工厂提供的学徒—雇员最多
【227】（总数3 472人中有708人），而群马县在该行业的发展上滞后。显然，经常宣称的期望从政府工厂得到的好处——培训未来的纺织工人（而他们可能又会在私人建立的工厂工作或建立更多的工厂）——在富丘缫丝厂的案例中并未得到。这使藤岛注意到“富丘缫丝厂与该行业发展之间的关系很小。”⑤

如前所述，政府从英格兰进口的十套机器设备——每套2 000个纱

---

① 冈田舜平：《明治早期的财政与货币政策》（东京，1964年），第253页。【37】

② 包括更为详细的信息和数据的一张表，同上引，第252页。【38】

③ 藤岛敏夫：《工业史》，第235页。【39】

④ 现在是福岛县的一部分。【40】

【512】⑤ 同上引，第236页。【41】

锭——在10年赊销的基础上于1880年出售给了10家私人企业，这被经常引用作为明治政府鼓励日本棉纺织业发展的例证。① 甚至在这个例证中，对记录的仔细研究揭示了许多学者未注意到或宁愿不知道的事实。10个企业中，有些在纱锭运作开始后不久就失败了，而另一些则处于挣扎状态。惟一成功的例子是伊藤传比智（Denhichi Itō），他从他的2 000个纱锭起步建立了一家领先的棉纺织公司。然而对他的传记和公司历史的研究，引起了我们对政府对他成功的重要性的怀疑。

伊藤具有独创性，并且是机械学的内行，长期以来对棉纺织业就有兴趣。② 他向堂兄说对棉纺织业感兴趣，并且他已听到了萨摩藩使用进口棉纺织“机器”的消息。1870年时他已下决心从事棉纺织业。在他的决定中有几个因素能够很容易地看到。第一，伊藤的Sake-kabu（指导做出目标的权利）被新政府取消了，他家乡的垄断开始受到不断竞争的威胁；第二，他堂兄表示愿意在资金上帮助他的新企业；最后，也许是最重要的，与目标受传统限制的领域相比，伊藤对这个行业的研究越多，就对这个行业的机械特征越着迷。人们可能（就像经常做的那样）引用伊藤的传记作者关于伊藤为什么进入棉纺织业的说法——“为阻止外国棉纺织品涌进”日本。③ 我确信对于读过伊藤传记的人来说，这种可能性类似于向美国西部早期定居者输入传播宗教自由美德的愿望。

以后的几年里，伊藤参观了堺纺织工厂（一家前萨摩藩工厂，被明治政府接管）。1875年他和堂兄设法弄到了一台手工操作的美国纺织机。他们研究了这台机器直到它被“完全毁坏”。到19世纪70年代末，伊藤开始设 【228】
计他的工厂，并且在寻找合适的机器，因为他已经有了资金来源，他自己的加上堂兄和其他亲戚的。正在此时，政府宣布了它的计划，在10年期赊销（没有利息）的基础上出售10套纱锭（每套2 000个纱锭）。伊藤立即申请，并且成功了，尽管有来自相同的三重县的一群武士的激烈竞争。他对该行业的长期兴趣足以征服通常偏向于需要新生活的武士的官员。然而，在这次成

① 例如，约翰·E·奥查德写道［在他的《日本的经济地位》（纽约，1930年），第93页］：
由于不满足于这个发展速度，政府于1879年开始更积极、更直接地鼓励纺织业。政府向国外发出了纺织机器的订单，并在爱知与枥木县建立了政府示范工厂，每个工厂有2 000个纱锭。在以后的五六年里，同样的工厂在广岛、奈良、兵库、冈山、三重、山梨、静冈、宫城、大阪和长崎建立。后来这些工厂移交给了私营企业，而且那些位置优越的工厂规模扩大了并成为今天大公司的核心。【42】

② 有关伊藤例子的主要来源是：衣川太一编辑的《德高望重的伊藤传比智》（东京，1936年）和东阳纺织公司：《70年》。【43】

③ 衣川太一：《德高望重的伊藤传比智》，第16页。【44】

功之后，他堂兄突然决定撤回对他的资金支持。虽然这个原因并不明确，但是从伊藤详细表述的愤慨中可知，他堂兄发现传统的纺织比冒险投资于外国机器更合他的心意。为弥补这个缺口，伊藤设法（相当的困难）劝说一些朋友提供资本。总共筹集了30 000日元，其中伊藤出了55%。

伊藤以后几年的生活是一个传记作者的美梦，但却是伊藤的噩梦。伊藤和他的儿子艰难地设计并监督着工厂的建设与安装。“这期间，伊藤生活艰难。他和雇员一起工作，他的家人也是如此，他经常废寝忘食。”① 技术与资金问题从一开始就困扰着伊藤。机器比预期的要大，工厂不得不重新设计，需要花费65 000日元，是最初预期的2倍多。这意味着，按最低经营费用是10 000日元，甚至未计算政府为纱锭的贷款22 146日元，伊藤已经深陷债务之中。他的房子不得不再次抵押，向朋友和亲戚的借款迅速增加；偶尔，他不得不卖掉家里的衣服来支付工资。

1883年纱锭开始运作，显然他的问题才刚刚开始。从有效利用投入、劳动力和辅助机器方面来看，2 000纱锭是不经济的。按一位政府官员的建议选择的河流位置只能产生预期动力的1/3，为补充动力的不足，伊藤不得不购买了一台25马力蒸汽机，花费了4 078日元，其中4 000日元是借的，78日元来自已有的少量营业基金。

因极度的失望，伊藤去世了。这是在1883年9月份，当时他正在给政府写一封信，他说“如果再允许100年，贷款才能偿还。”② 伊藤的儿子，也叫伊藤传比智，当时34岁，以后几年他继续经营该工厂但没有明显的成
【229】功。1886年，他罗列了造成他困难的四大原因：（1）初始资本要求远大于预测，并且从一开始就严重影响着经营的所有方面；（2）2 000纱锭是极为不经济的，因为它对劳动力、投入与辅助机器的有效利用是“不平衡”的，因此影响了产品的单位成本甚至产品的质量；（3）在进口纱锭的操作上极少能获得指导，操作不得不在成本极高的试错基础上进行；（4）因各种原因，水力的利用（由政府推荐）是一个错误，而且依政府官员的建议选择的位置不足以操作1 000个纱锭，甚至在水量供给最大的季节也是如此。③

因确信2 000个纱锭是无希望的，并且看到完全由私人融资并经营的大阪棉纺织公司成功的例子——1885年它的分红率是18%，伊藤的儿子决定

① 东阳纺织公司：《70年》，第49页。【45】

② 衣川太一：《德高望重的伊藤传比智》，第126页。伊藤写给政府的请求延期付款的六封信详细说明了他的困难：同上引，第91~134页。【46】

③ 同上引，第76~77页。【47】

把纱锭的数量增加到 10 000 个，这是大阪棉纺织公司的规模。为了达到目的，他需要 17 万日元，伊藤自己只能以实物资本和他濒临失败的工厂的存货形式提供资本；其余的资金他不得不依赖公众认购股份，但是鉴于伊藤工厂的业绩，没有人购买股份。幸运的是，该县县长知道伊藤的父亲，因其在该行业的长期奋斗，他把伊藤介绍给涩泽荣一，当时第一国民银行的行长。涩泽指示他在三重—— 伊藤工厂所在地的支行购买了一部分股份。这表现出了日本最大银行的信心，之后在很短的时间内剩余股份全部被公众认购。此后不久，资本总额增加到了 22 万日元，伊藤的三重棉纺织厂开始于 1886 年 11 月经营。从那时起，三重棉纺织公司的历史是不断成功的历史。1914 年之前它吞并了 7 家小公司，当时三重棉纺织公司兼并了大阪棉纺织公司，创立了巨型企业东阳棉纺织公司。兼并时，三重的实缴资本达到 7 768 450 日元，拥有 11 家工厂和 306 376 个纱锭。①

即使在政府信用的 10 个接受者的这个最成功的例子中，也很难得出政府为大三重棉纺织公司奠定了基础的结论，更不用说支持一些学者轻率得出的结论了——那 10 套、每套 2 000 个的纱锭成为了日本棉纺织业的基础。我们应该记得即使在伊藤的例子中，该公司成功只是在伊藤的儿子决定遵循成功的例子——完全私营的大阪棉纺织公司，完全放弃不经济的 2 000 纱锭的工厂、水力的利用与选址——所有这些都是政府推荐之后。在三重棉纺织 【230】
公司的成功中，主要因素是有关人物的顽强与推动以及以认购股份的形式获得的资本。如果强调政府贡献的重要性的话，人们应记得为了这份援助，伊藤支付了 55 000 日元，并经历了多年的苦苦挣扎。

除了缫丝业与棉纺织业中这些著名的并被经常引用的例证外，炼糖业中的铃木登三郎（Tōsaburō Suzuki）也是一个非常有启示的例子。由于我认为这个案例代表了明治时代许多这样的商人—企业家，他们成功地在一个“西方”行业中建立了一家公司，而没有一位有影响的银行家的帮助、没有外国专家的指导，并且没有来自政府的直接帮助，所以我将简述它的情况。②

---

①　东阳纺织公司：《70 年》，第 145 ~ 146 页。【48】

②　这部分的主要资料来源是：铃木五郎：《现代日本工业的一位先驱——铃木的传记》（东京，1956 年）；铃木五郎：《日本现代工业的一位先驱：我的父亲——铃木登三郎的生活》（东京，1939 年）；大日本制糖株式会社：《过去 25 年中日本精制糖公司的历史》（东京，1924 年）；大日本制糖株式会社：《日本精制糖公司的 65 年》（东京，1906 年）。头两个来源是有用的，虽然是由铃木的儿子写的，但是他有意识地努力保持一个客观的笔调。还有很多关于铃木和他的发明与政治生涯的短文。【49】

虽然是一个贫穷的糖果商人的养子，但是铃木不想“做一个小商人而终其一生”。用美国“迅速致富”意思的术语说，他是极有野心的。他经常寻找新的赚钱计划，他投机于茶叶，但是失败了，因为他资本微小。他孜孜不倦地工作在他的小糖果生意上，但是他不断被提醒，财富只能通过着手某些新的业务才可获得。虽然他还不知道新的业务是什么，但是他决定尽可能多地、尽可能快地储蓄。他认为大额资本是成功所必需的。在以后的五年里，他工作到几乎损坏他的健康的程度。努力的工作和极端地克己，使他的储蓄额从 260 日元增加到了 1 300 日元。

以后的五年中，他对被日本人称为冰糖或结晶糖的制造好奇心不断增强；这种兴趣深入到了使他投入了大量时间与精力。这是事情的一个自然发展进程，从他日常使用的红糖和劣质的“云雾状的”冰糖——当时大多从中国进口——开始。

铃木最初的努力是令人沮丧的。他寻找的结果是没有有关糖结晶的书籍。他发现只有四国（Shikoku）岛上的几个商人在生产“云雾状的”冰糖，采用传统的方法精炼。1877 年，日本实际上还不知道现代精炼技术，精制糖是从夏威夷、俄国与欧洲进口的。1878 年，政府从法国进口了第一批机器，但是它们没能生产出糖，虽然它们在北海道——那里生长着欧洲式甜菜——运转着。机器被不熟练的日本人操作时经常爆炸。政府一直尝试到 1883 年有两名
【231】德国专家来操作机器。私营公司，包括叫作 Hōraisha（穗来社）的一家公司，也从英国进口了机器并试图操作它们，但是所有的尝试都失败了。当看到这一点时，1887～1888 年铃木所做的没有报酬的努力是可以理解的。实际上，他试图在一个一直采用 1723 年以来就使用的方法的国家开办现代糖精制工厂，当时那里的第一批糖是从冲绳进口的蔗糖中提炼的。

从 1878 年到 1882 年，顶着家人对他的强烈反对，铃木不停地试验。由于他既没有培训过也没有科学知识，所以他的试验是在热量、持续时间与数量的多种组合下煮沸与冷却各种糖液体。他采用人骨灰作为催化剂，这是他误解了当地一位药剂师的建议，药剂师推荐使用一种催化剂。这种尝试没有产生冰糖，但它产生的臭气足以引起当地警方的注意。这时一个普通人会放弃的，但是铃木坚持着。

1883 年初，当时他正在东京的一所大学学习更多的催化剂的知识，冰糖偶然地生产出来了。经过一系列的幸运巧合，他的家人无意识地加热了一块他留在密闭箱中的糖溶液。然后在铃木不在的这段时间里，它冷却下来。这产生的冰糖数量很小，而且也不是完全纯的；但是铃木现在知道了结晶的

基本过程，他投入到了一系列新的试验中。后来的 11 个月里在他自己修建的熔炉里不断地改进产品及其纯度，1883 年他终于以足以赢利的成本生产出了纯冰糖。

东京的一位商人同意销售铃木的冰糖。从一开始生意就很兴隆，不久铃木希望扩大产量。他面临的问题是资金。他的储蓄花掉了，他的新设备的支出还未由他当前生意的利润分期支付，因此他动员周围的朋友，但却是徒劳的。他保证有 10% 的报酬却没能引起可能的投资者的兴趣，因为他们通过发放安全贷款可以赚得更多。悲观失望之时，铃木决定动员一位陌生人，一位退休的二手和服（Second-hand-kimono）交易人，他以财富著称，出乎铃木的意料，这位交易人同意借给他 2 000 日元。

铃木是这种类型的人：在第一步完成之前，他会不停地想着下一步。出于两个原因，他决定把业务安置在东京。第一个原因是通过减少到东京的运费和以较低的成本获得投入来增加销量和利润；第二个原因同样重要，就是他渴望按照西方的方法精制他的糖。此时铃木深信能成功地与从中国进口的 【232】
冰糖与红糖竞争，他现在想应对现代精制业本身。

这意味着他需要大量的资本来重新安置业务和着手糖精制业。铃木在劝说那位和服交易人再投资几千日元是没有困难的，因为他已经看到了他第一次投资的成果。至于其余资金，铃木动员了在东京的他的惟一代理机构，但是后者以先前私人甚至“政府”在糖精制业上都失败了为由，坦率地拒绝了他。这使铃木稍有些失望。他想把业务重新安置在东京，但是由于资金的缺乏而不得不放弃这个想法。用那位和服交易人提供的资金，铃木修建了第二个熔炉来扩大他的业务。虽然 1885 年的头 6 个月，铃木的净利润只是 3.5 日元，但是因为扩张费与利息到年底支付，所以 1885 年下半年显示他的净利润是 3 000 日元。1886 ~ 1887 年，铃木冰糖的销量增加了。年利润开始超过 10 000 日元，并且他完全消除了中国人的竞争。这两年中最大的问题是其他人不断地尝试仿效他的历程。

决定性的时刻于 1888 年 4 月到来了，当时强烈反对他计划的父亲去世了。因他积累和预计的收益，并因没有人反对迁走，所以铃木决定定居东京。他在东京的新工厂是 1889 年初完成的，而且证明比他预想的更有利可赚。新的熔炉消除了以前泥制炉子的所有缺点，比预想运行地好得多。因减少了运输与原材料费用，他的利润增加了。成功后，铃木开始专心于精制业。他整天工作在新的冰糖厂，晚上——经常到黎明——他阅读可获得的有关这个问题的所有科学著作。他拜访化学家与工程师，学习阅读原版书，大学生读给他的外国书籍他做了大量的笔记，此时他不希望因缺乏系统与科学的方法而浪费时光。

最后，在他开始新的大投资之前，铃木参观了北海道糖厂。这家工厂最初由政府创立，现在由一群前武士经营。铃木看到这里经营非常坏，几乎不可能赚钱；但是在那里，铃木坚定了他所学的东西，并且在心理上对他所看到的东西有了改进。随后，他开始建精制糖机器。为了做到这一点，他不得不建立一间他自己的机械工具车间，因为没有人能够生产他需要的东西。到
【233】1890 年 6 月，铃木成功地生产了日本第一批精制糖机器。成本是巨大的，花费了他成功的冰糖厂能够提供的所有储备金。以后的 10 个月里，铃木不得不改进机器以提高糖的产出率来达到赢利水平，这是于 1891 年 4 月完成的。现在铃木准备征服日本的精制糖市场，当时日本需求的糖 93% 是进口的。①

取代证明我希望做出这个观点的更多案例，让我再给出以下案例。人们经常提到的政府所有的玻璃厂实际上是作为一家私营企业开始经营的，而且只是在政府把这家工厂卖回给私营企业家之后才开始成功的。同时，仔细地阅读五卷册的巨型企业——大路纸业公司史我们会发现，是商人资本与企业家使这家公司成功的，尽管偶尔有来自政府官员的竞争与干预。甚至在造船、航运与电力业，也可以编辑出一长串的案例名单证实政府与武士阶级的贡献事实上被过度强调了，而失去了对商人资本和企业家作用的正确评价。

按照新的观点，以前的商人和其他非武士的人作为企业家与资本家在日本工业化过程中起的作用远比早先的看法认为的重要得多。对于持有长期观点的那些学者来说，这也许难以接受，这种困难是容易理解的。在强调政府与前武士阶级在日本迅速的工业化进程中履行着领导人职能的理论框架中，以前的商人因被认为缺乏动机而被贬低到极低的位置。这种理论框架很容易被许多日本学者接受，因为它提供给他们一种对日本迅速工业化（作为从上层“引致”发展的一种典型的案例）的简便解释，而且因为它迎合了对德川商人的行为与角色的一种简单的推断，他们被认为缺乏“高尚的理想”或“武士精神”。

① 赫希梅尔注意到“他决定生产精制糖，因为他在意所有的精制糖是进口的”（《企业家的起源》，第 267 页）。这是不加批判地接受铃木五郎的观点（在他的《日本现代工业的先驱》第 80 页中表述）。虽然 1899 年在他写的庆祝公司资本增加的小册子中，铃木表达了这样的观点，但是我倾向于认为这既是为了公众消费而写，也反映了他自己那时开始意识到的想法。1885 年当他开始筹划精制糖业时，他的目标，我认为，只是为他的冰糖获得国内廉价的生产原料，而且他确信他能够成功地挑战外国的竞争，正像他对付中国糖那样。（铃木登三郎：《论日本糖业》，1899 年 6 月 15 日在东方经济新闻发表，并再现于铃木五郎的《日本现代工业的先驱》，第 194 ~204 页）。【50】

如果我们没有被以往的理论所征服，那么意译凯恩斯的话，所有的事实必然适合于一个新的理论框架。上面我们研究的案例事实似乎表明兰德斯（Landes）是十分正确的，他这样写道：

> 在推动经济发展中，政府支出只是筹措与分配资金的几个工具之一。尤其是对于落后的国家，正如我们所见，它是与来自国外的资本输入紧密联系的，一者补充另一者。当我们就这一点来研究日本的经历时，我们很少感受到国家的贡献；人们对它期望较高，希 【234】
> 望它补偿外部资金的短缺。我们被私营企业占投资的较高比例所打动。①

而且，如兰德斯看到的，新的观点与罗索夫斯基（Rosovsky）的发现——政府负担了国内固定资本总额的重要份额——不是不一致的。相反，新的观点强调了罗索夫斯基的观点：明治最初几年是转型阶段，在这期间政府提供了经济迅速发展的环境；并且新观点支持了克劳科尔最近强调的政府作为经济发展所需的基础设施的建设者的作用。② 同行们的这些观点和日本"比欧洲更少地依赖于外国的技术、知识与企业"这样的评述开始流入新观点的框架中。当我们意识到重新评价这个亚洲成功故事的必要性时，为经济的迅速发展提供了持续力量的伊藤和铃木不必也不能被忽视。

新世纪开始时，随着棉纺织业的迅速扩张，企业家——现在逐渐包括迅速扩张中的大企业的经理一级（executive-level）的人员——的需求与供给经历了显著的变化。大的、更复杂的企业需要今天的公司总经理所要求的一系列的能力，而不是像岩崎与安田这样的商行成功的管理人或财阀创立者的素质。企业在新发展的大学与学院中寻找他们高水平的经理人与管理人。企业开始在校园中寻找他们的企业家人选反映了教育在日本的重要性。正如多尔、詹森与其他人所证明的，③ 在日本人中学习受到深切的关注，新出现的大学，尤其是几所名牌大学，现在被看作是最可能的来源。像官僚一样，企

---

① 戴维·S·兰德斯：《日本与欧洲工业化的比较》，载于W. W. 洛克伍德编辑的《日本政府与经济企业》，第101～102页。【51】

② 罗索夫斯基可能会认为"转型期间（1868～1885年）"政府的"机构改革与金融政策"要比政府"经营工厂、为某些行业提供资助、引进技术"等事实更具有长远的意义。亨利·罗索夫斯基：《1868～1885年日本经济增长的过渡期》，载于H. 罗索夫斯基的《两种体制的工业化》（纽约，1966年），第133页。也见悉尼·克劳科尔：《德川时期和日本为现代经济增长做的准备》，提交给 【513】
美洲历史协会1967年蒙特利尔会议的论文；休·T·帕特里克：《欠发达国家从日本经济增长的经历中吸取的教训》，载于《印度经济史学刊》，X，（1961年10月）。【52】

③ 罗纳德·P·多尔：《现代日本的能动性、公平性与个性化》，载于R.P. 多尔的《现代日本社会变化的特征》（普林斯顿，1967年）；马里厄斯·B·詹森：《德川与现代日本》，载于J.W. 霍尔编辑的《现代日本的早期机构史研究》（普林斯顿，1968年）。【53】

业自然依赖于这种能力的有效过滤。学习（大多是从书本学习）的能力，准确地说是一个在各方面都忙于学习的国家所需要的才能，但是在工业国家，学习的能力就是向西方学习的能力。依靠大学在那时几乎完成，因此多尔写道："本世纪的头十年，个人的机会不再是由他家庭的地位所决定，而是由与他父亲的职业、地位有关的收入及舒适生活决定，职业的流动方式变
【235】得不再与西方社会非常不同了。"① 这一事实不应被低估，因为它表明了为满足新时代的需求，日本人的迅速适应能力。

这种转变可以在三井商行看到。老式掌柜（主管人）的最后一人，三野村理左卫门，是一个商人的儿子，没有受过正规教育。② 在德川最传统的商业世界中他是精明的，他善于从处于分配财政资金位置的政治领导人那里获得优惠。因此在德川后期与明治早期的政治、经济动荡的年月，三野村的才能是三井商行最大的资产，这在明治维新前是绝对可靠的。但是新的工业时代，它更非人格化的、更复杂的要求超出了他的理解与能力。他死时，三井面临着许多困难；与三菱相比，它做出的一个正在建立的工业王国所需的转变太慢了；它的银行陷入了巨大的困境，主要是由于向高级政府官员发放了大量的极少抵押或没有抵押的贷款。

接替三野村在三井职位的中实川是新时代的产物。③ 他是庆应义塾大学的毕业生，曾在一所学院教书，并在英格兰生活了三年。他有进取心，他在三井的管理中注入了工业时代的经济合理性。他引起的暂时的冲突是能够被预期到的。让整个国家的佛教徒懊恼的是，他迫使东本愿寺，最大的寺庙之一，立即偿还它的逾期贷款，从而迫使该寺的主持发动了一场全国范围的布施活动以筹措资金。他下一步是要求对高级政府官员的贷款实行抵押，目的是按西方标准保持良好的银行业务。受到能干的人员（他们大多是大学毕业生）的支持，他得到了政府所有的富丘缫丝厂，成功地控制了大路纸业公司，并接管了金藤棉纺织公司。当中实川获得控制权时，甚至亏损的金藤都营利了，并且很快成为日本最有效率的工厂。

三井的转变是戏剧性的；但是在其他大多数企业中，同样也发生了从商人企业领导者向受大学教育的工业企业家的转变，不过不那么引人注目，而是渐进的。企业要生存与发展，就必须转型。对于在明治时代初期失败的每一家商行，像小野商行及许多大大小小的企业都成功地转型了。利用学院与

① 多尔：《现代日本的能动性、公平性与个性化》，第 114 页。【54】
② 土屋隆夫：《日本的政治商人》（东京，1956 年）。【55】
③ 《财阀创立者》；Hidemitsu Shiroyanagi：《中实川传》（东京，1950 年）。【56】

大学作为企业领导人来源的这种模式，随着日本工业化的继续逐渐更牢固地树立了。多尔写道：【236】

> 总而言之，这种趋势的存在（对学习的强调）是不难以资料证实的。在1915年的一个企业领导人名录中，只有15%上过大学，而在1955年的同样的名录中，这个数据是83%。在后一年里，样本中48%的人把他们全部的工作精力花费在有薪金的就业上，相比以前的样本中只有5%。①

在一份对日本杰出人物阶层内的流动性的研究中，阿贝格伦与万成广司发现20世纪50年代末高层企业领导人的“祖父大部分是以下两类人中的一类：来自城市的商人和来自乡村的小生意人与地主，他们的下一代人转变为了城市白领与企业领导人”。② 我们可以假设这些学者研究的那些人一般说来大约出生在1900年，也可以假设他们的父亲大约出生在1870年，而他们的祖父大约应出生在1840年。

把最近对日本企业家的进一步研究留在本章的最后一部分，这里我们可以用以下篇幅得出结论。由于支持正统派观点的文献之多，所以这里我不能争辩上述讨论和有限的证据就足以驳斥这种长期持有的观点。这部分的主要目的是提供那些观点与证据，以助于取得对日本企业家更全面、（我希望是）更准确的理解。至于某些案例，如伊藤与铃木的例子可能描述得太详细了，而表述政府与武士作用的观点可能太有说服力了。但是当试图抵消为正统派观点所列举的证据时，这些必然是会被理解的。

熟悉战前文献的人会很容易地想起五代友厚，一位武士，在很多领域中他成为了一位工业先驱；松田孝，一位前武士企业家，他是采矿业与国际贸易中的一位领导；以及其他的许多前武士企业家，包括中野吾一、正田平五郎与阿部泰三。③ 规模曾经巨大的第十五国民银行，它在为日本第一条私人所有的铁路融资中起到了重要作用，是由前大名与贵族建立的，他们提供了企业领导与资本。④ 政府对工业化做出重要贡献的一长串清单也能够很容易地编制。以前几代经济史学家搜集的证据和提出的观点与本章提供的证据一样不能被忽视，这是学术上的陈词滥调。

一位著名的英国历史学家写道，“事实毕竟不像是鱼贩子板上的鱼。它【237】

---

① 多尔：《现代日本的能动性、公平性与个性化》，第118页。【57】
② 阿贝格伦与万成广司：《现代日本领导人》，第120页。【58】
③ 赫希梅尔：《企业家的起源》，第246～286页。【59】
④ 帕特里克：《1868～1914年的日本》，第283页。【60】

们像是在广阔的、有时是不能接近的海洋中游泳的鱼；历史学家抓住的鱼部分将取决于机会，但是主要取决于选择抓鱼的海洋的位置和他选择使用的工具——那两个因素，当然取决于他想抓的鱼的种类。”① 我们抓的鱼似乎太适应我们紧紧持有的已有的分类方案了，但是当对海洋更彻底地搜寻时，一个新的分类方案就会得出，我确信，那时所有的鱼都将找到它们的位置，我们对海洋知识的了解从而也会增加。

5.3 所有权与控制

德川末期少数工业企业是由幕府或领主所有和经营的，大商行的广泛的商业活动全部由个别家庭控制。掌柜（主管人）（Bantō），通常管理着这些商行日常的事务，有时有势力的掌柜做出重要的企业决策。不过，作为一项规则，他们是被雇用的管理人。明治维新并没有立即改变这种方式。政府工厂由政府所有与经营，由武士转变成的官僚管理。商行的所有权与控制自然如以前那样，岩崎、安田、浅野、古川以及其他新兴的财阀全然由雄心勃勃的创立者所有与控制。实际上，确立 *kabushiki kaisha*（发行股票的公司法人——股份公司）的法律直到1890年才实施。

虽然现代意义上第一家具有股份资本的公司何时出现——事实上即使不是名义上的股份公司——日本经济史学家尚无统一看法，但是人们发现在维新的几年中，股份公司的一位先驱已经出现。② 主要是为了提供信贷和帮助从事国际贸易的贸易商行，1869年政府在股份资本基础上在港口城市建立了8家银行（*Kawase kaisha*）。“*Kawase kaisha*”字面意思是“票据交换公司”，但是这个意思是对英文单词“银行”的翻译，因为在日语中没有确切的同义词。银行具有“银行的特征并被授权发行它们自己的票据。”③ 这些银行的资本由富商、富农和货币兑换商（德川末期他们建立了大商行）与
【238】政府提供，其中政府提供的资金几乎和这些私人提供的资金一样多。政府过度的、不明智的控制与干预以及当时整体不利的经济状况使这些银行倒闭

---

① E. H. 卡尔：《什么是历史》（纽约，1967年），第26页。【61】

② 明治金融史编辑委员会：《明治金融史》，第15卷，（东京，1904～1905年），XII，第328页。【62】

③ 加藤：《日本银行史》，第18页。【63】

了，只剩下横滨一家。①

政府为他的工业企业提供资金，试建银行并制定银行业法案，而私营企业面临着获取充足的资本以运营企业这一困难任务，但所需资本太大了，是不能够由大多数企业家的个人资金来满足的。日本迅速工业化所需的资本如何获得呢？谁控制着企业呢？虽然这些问题必须附有划分历史时期时所需要的通常的条件，但是按三个时期来研究1868～1940年能够更好地回答它们。显然，为分析日本工业企业的所有权与控制的时期划分是十分明确的。

第一个时期可以认为是从明治维新到19世纪80年代，这是为现代经济发展做准备的一个时期，它一直持续到棉纺织业投资活动明显激增的前夕。私营工业企业，像精制糖业的铃木与棉纺织业的伊藤，大多是用企业家自己积累的资金和/或向他们的亲戚朋友借入资金开始创业的。大路纸业公司，后来发展成为该行业最大的公司，1873年开始创立时，资本由三井商行及其他许多商人共同提供。② 东京电灯公司1886年开始建设它的工厂，当时在努力筹措资本的四年后，它最终劝说64人投资了200 000日元。③ 也是在这些年中，想建成日本一家最大的造船公司的平野富治非常努力地积累了必要资本开办了一家船坞，并使它足够营利而获得一笔银行贷款。④ 正是这些年，工业先驱们的微小资本和大量决策为日本经济迅速发展的来临奠定了基础。

银行家们仍然在探索着新工业时代良好的银行业务经营的基础，还没有准备参与到工业融资中。研究银行记录和近年日本学者进行的实证研究可以看到，显然大多数银行资金倾向于流向农业与商业。⑤ 我同意帕特里克的观点："显然直到19世纪80年代末，大多数银行贷款是提供给国内贸易与外贸、农业与加工业的小规模生产单位和（在某种程度上）贫穷武士、农民消费（他们分别以年金券与土地作抵押）的"。⑥ 【239】

财阀，后来成为经济中的一支主导力量，当时还处于从财务困难中恢复

---

① 银行法第一章的部分内容如下："银行是为使国家富强的目的而建立。……当贷款在承诺的日期不能偿还时，政府应行使其权力。"政府指示银行为"国际贸易、茶叶的生长以及购买蚕茧"贷款，而所有这些贷款都是有风险的长期贷款。（加藤：《日本银行史》，第22页）【64】

② 大路纸业公司：《大路纸业公司史》，5卷本（东京，1957年），第1卷。【65】

③ 参见新田旨夫的《东京电灯公司的头50年》和该公司的《东京电灯公司史》（东京，1956年）。【66】

④ 因受篇幅的限制，本章不讨论平野这一有趣的案例。他那些吸引人的事情可见三谷的《详实的传记》、Arai Gensui的《东京石川岛造船厂的50年历史》（东京，1930年）和石川岛重工业公司的《石川岛重工业公司的108年历史》（东京，1961年）。【67】

⑤ 见山村：《武士的作用》。【68】

⑥ 帕特里克：《1868～1914年的日本》，第279页。【69】

的阶段，他们面临着强迫贷款与过去几十年的经济混乱，并忙于建立他们的资金实力。在新工业时代的黎明，他们仍然是商行。例如，如前所述，三井商行在三野村理左卫门的控制下。他的长处是培养政治领导人的良好愿望，而不是评价工业企业的赢利能力。在使三井商行被任命为新政府枢密顾问的“官方机构”这一有利可图的位置上三野村是成功的，并且他是那个世纪一位精明的投机者，他极好地利用了价格的波动。1875 年三井从它的政治保护人——井上薰，他进入了新内阁——那里买进了一家贸易公司，更名为三井贸易公司，它发展迅速。从销售一家政府采矿厂煤的合同中，以及从纺织品和西方进口的大量工业品等交易中，它赚取了巨额利润。①

1876 年，三井建立了自己的银行，资本为 200 万日元。这家银行完全由三井家族控制，它有 30 家位于全国各地的分行。从一开始，该银行就享受着给予其他三井企业的政治优惠，即它获得了大量的政府存款，并从税收征收服务——由各地分行提供给财政部——中受益。到 1882 年，该银行大到足以承受一场货币危机——由日本银行的建立引起，为此三井银行立即损失了 680 万日元的政府存款。

第二阶段，从 19 世纪 80 年代中期到第一次世界大战，从中可看到改变日本工业企业的所有权与控制方式的几个重大发展。最值得注意的是最大的商行现在资金实力雄厚，各自装备了茁壮成长的银行，向建立自己的工业王国迈出了第一步。从 19 世纪 80 年代初期开始，这些商行中最大的开始购进政府工厂。购进的这 20 家工业工厂与采矿厂证明是十分赚钱的。因此，它们成为促使这些财阀建立、购进并增强对工业企业资金控制的又一动力。第一次世界大战结束后，这些财阀的工业王国还没有接近它们应达到的程度，但是到新世纪的头十年后，它们成为了这个国家新的经济力量。1911 年，
【240】三井正式组建了一家持股公司，三井合名，对它的银行、贸易公司、采矿企业、房地产、货栈等实施严格的财务控制。大路纸业公司与其他许多企业也是同样的。1917 年三菱也建立了它的持股公司——三菱合资会社，增强对它的各企业的财务控制。②

① 文章这里及其他地方有关三井的讨论建立在以下资料来源基础上，除已提到的土屋隆夫那些作品（《日本的政治商人》、《商业史研究》和《财阀创立者》）外，还有：岩井良太郎：《三井与三菱的故事》（东京，1934 年）；三菱经济研究所：《三井、三菱、住友》（东京，1955 年）；和田秀吉的《三井财阀的故事》（东京，1937 年）；楫西光速的《政治商人》（东京，1963 年）；三井银行的《三井银行的 50 年历史》（东京，1926 年）；三井银行的《三井银行的 80 年历史》（东京，1957 年）。【70】

② 更全面的论述和有用的资料来源，见山村的《三菱财阀的建立》。【71】

这一时期，银行开始向工业企业发放长期和短期贷款，并且它们持有的工业股份增加了。不过，与长期持有的这种主张——在提供工业资本中，银行，尤其是大银行是一主要因素——相反，对统计资料的仔细研究揭示，这一时期作为个人股份的所有者和金融家，大银行的重要性被严重夸大了。这一点可以从几个方面显示。

首先利用以前引用的总和数据，我们发现1899～1902年，所有的普通银行以股份作抵押发放的贷款占每年发放的所有贷款的25%左右，若加上以债券作抵押发放的贷款，这个数据提高到大约30%。这些数据似乎显示了银行在工业融资中的重要性，但是更仔细的研究显示，这个第一印象是不可靠的。在一个更有意义的背景下，我们发现用股份作抵押发放的贷款占实缴股本总额的比例，1899年大约为22%，1900年为18%，1901年为12%，1902年为11%。不过这些百分比并未指出银行对工业融资的直接贡献程度。甚至假设用股份作抵押而发放的全部贷款都用于工业融资时，在我们能够把它们看作是银行对工业融资的直接贡献程度的一个指标之前，这些百分比必须大约减一半，因为这些贷款只有一半多点是用于工业企业的。不仅实缴股本总额的近一半是用于非工业企业的，而且银行倾向于偏好为其他银行、保险公司和老的商行融资。①

用非工业股份作抵押发放的贷款中部分流向了工业，银行以工业与非工业股份作抵押的直接投资总计为用股份作抵押的贷款的一半多点，这是正确的。但是从合计数中观察到，银行以贷款和直接投资方式对工业企业的直接融资是有限的。例如这一时期的银行记录显示，1899～1902年间这些银行发放的工业融资被限制在不超过工业实缴股本总额的15%的范围内——通常更少，而且这样一条限制银行贷款规模的命令不足以证明以前很多学者持【241】有的观点，虽然他们选择的阶段不同，但是实际上都认为“世纪之交时，银行是工业融资的主要来源。”

经常被使用的另一组数据是日本实业银行计算的。早期的学者经常引用这些数据来表明，到20世纪初时银行贷款是工业融资的主要来源。根据这些数据，“1897～1913年间提供给工业公司的总额2.47亿日元的工业资金的来源是银行贷款（占57.7%）、发行新股（占32.4%）、公司债券（占6.5%）和内部积累（占3.6%）。”② 我认为这些数据范围小，而且严重倾

① 东阳经济出版公司：《明治—大正时期国民经济的一份调查报告》（东京，1924年），第【514】12～13、36页；每年的实缴股本总数来源于统计司各年的《帝国统计年报》。【72】

② 日本实业银行：《日本实业银行的50年》（东京，1957年），第38页。【73】

向于过分强调银行贷款，这一点很容易看到。1897~1913年间，新发行的股票增加了大约7亿日元，这意味着实业银行数据的范围只是新发行股票的11%多一点。也就是说，该银行认为工业资金总额（2.47亿日元）的32.4%是以发行股票方式融资的，那么这样获得的资本是8 000万日元多一点，可这只是7亿日元的11.4%。显然，这些数据只包括发放给工业企业的全部银行贷款的一小部分。而且不管融资的范围和来源，内部积累占3.6%也是难以接受的，如后面所示。人们怀疑这些数据反映的是财阀内部融资，即资金从财阀银行流向财阀控制的公司。

从公司史与银行史来看，显然，最大的银行发放的长期贷款中很多投向了少数公司——它们与这些银行联系密切或者是银行家自己组织的公司。它们是采矿业、造船业及其他行业的财阀工业工厂，而且它们多是从以前的政府工厂建立的。与哀叹缺乏长期信贷的大量公司相比，在数量上，获得长期贷款的公司较少。实际上，最大的银行十分坦白地承认了这一事实。三井银行指出“700万日元的贷款”，或者说贷款总额的大约40%，投向了与该银行有“关联”的一些公司。1897~1898年衰退期间，该银行“尽可能地减少了对一般借款人的贷款”，大额贷款被限制在三井有直接利益的一些公司。① 这期间三菱银行遵循相同的业务实践，“只贷款给与三菱有关联的那些工厂”，而“所有的分行急剧减少了对一般（没有关系的）借款人的贷
【242】款。”② 少数财阀公司借款占长期贷款总额的百分比是很难弄清楚的。因此，可以稳妥地得出的一个结论是，大量工业企业享受任何数额的长期贷款是极为困难的。这是十分正确的，因为小银行很少愿意发放长期工业贷款。

银行参与工业融资不像人们长期认为的那么重要，在我们研究棉纺织业时，这一点能够显示出来。这个行业促进了日本第一次工业发展。大阪棉纺织公司，第一家大规模的公司（有10 500个纱锭），1882年用私人资本建立。这家公司通过增长与合并其他公司而成为巨型企业——东阳纺织公司，它是以出售数量不断增加的股票和利润再投资为它的发展融资的。银行贷款在它迅速扩张中起着重要作用的证据很少。这家公司1882年创立时资本为25 000日元；但第二年资本增加到280 000日元，它发展得这么好，当年宣布的红利率为6%。以后几年，这家公司逐渐增加其资本，到1888年达到了真正的大额资本——按当时的标准——120万日元，现金准备为124 600

① 三井银行：《三井银行的80年历史》，第405页。【74】

② 三菱银行：《三菱银行史》（东京，1954年），第90页。【75】

日元。1884～1888 年间红利率分别为 18%、11%、12%、30% 和 33%。毫无疑问这些红利率促使股东购买新发行的股票。到 1914 年，这家公司与三重棉纺织公司（伊藤传比智的公司）合并时，它有 13 009 225 日元的实缴股本和 8 124 242 日元的准备金。①

除了如金藤棉纺织公司（它被三井接管）等几家公司以外，这个行业总体上相对没有财阀的侵入并且不依靠银行，这一点可以从 1905 年该行业的数据中清楚地看到，这一年是日俄战争后的高度繁荣期。该行业总资产是 51 469 000 日元，实缴股本是 34 332 000 日元，内部准备金总额达到 11 598 000 日元。与此相对，各种类型的外部贷款总计 5 565 000 日元，因此，该行业贷款总额（短期与长期贷款）对总资产的比率是 0.11，比较而言，准备金总额对产权资本的比率是 0.34，准备金总额对总资产的比率是 0.23，内部准备金几乎是外部贷款额的 2 倍。②

在该行业扩张的背后，特别是鉴于银行没有突出地参与到像棉纺织业这样重要的行业中去，我们必须注意下面以前被忽视的数据。在世纪之交以前，公众参与股票的购买有相当地增长。日本股东的总数增加迅速，从 1886 年的 108 296 人增加到 1890 年的 244 585 人，随后到 1898 年末又急剧 【243】
增加到 684 070 人。当研究不同行业的这些数据时，我们发现“现代”工业的每个公司的股东平均数迅速提高，而其他类型行业的平均数明显下降。1893～1898 年间，每家公司的股东平均数如下：棉纺织业从 136 人增加到 457 人，铁路从 714 人增加到 1 040 人，造船从 4 人增加到 124 人，而养蚕业从 228 人减少到 28 人，外贸从 410 人减少到 45 人，土地开发从 361 人减少到 93 人。③

第三阶段，两次世界大战之间，我们发现日本工业企业所有权与控制经历了重大变化。其中最显著的是财阀银行对工业企业的财务控制和所有权迅速提高。生产与资本市场的集中继续以快速的步伐增长，相互持股与连锁董事会

---

① 东阳纺织公司：《70 年》，第 135～152 页。【76】

② 山田文雄：《日本棉纺织业的资本》，载于《东京大学经济论文集》VI，2（1962 年），第 147 页。【77】

③ 伊牟田利光：《明治时期股份有限公司的发展与股东的形成》，载大阪市政大学经济研究所的《明治时期经济的发展与它的领先机构》（大阪，1968 年）。该作者广泛利用工业与个人数据，提出了这种观点：融资方式应被划分为以下五种类型：（1）合伙制；（2）大多由亲戚提供资金；（3）大多由不参与管理的股东提供资金；（4）由管理层和股东这两类不同的人提供资金，但股东数量不大；（5）与（4）相同，但股东数量大。他较重要的（但仍不确定的）结论之一是“虽然程度不同，但是融资的基本方式接近于在发达西方国家公司企业的发展里程中可以看到的方式”（同上，第 141 页）。【78】

继续增加。也正是在这一时期，近一打的大大小小的持股公司都出现了。

第一次世界大战的爆发使日本工业力量羽翼丰满，从而深刻地改变着银行业务。最大的银行开始被称为财阀银行，它们开始向利用资本的行业如重工业、化学工业和公用事业的公司提供了大量的长期贷款。更重要的是，长期银行贷款的这些新的接受者不再像以前那样是与财阀密切关联的少数公司，它们或者是财阀资本（像大路纸业公司）建立的公司，或者是财阀集团在19世纪80年代初期从明治政府手中买进的工厂发展而成的财阀工业企业。可以说，20世纪20年代财阀银行成为了德国式的投资银行。

这种转变是可能的，因为到第一次世界大战结束时，以前依靠银行、与财阀关联的公司自给自足了，能为它们自己的发展融资；而20世纪20年代银行自身也成长壮大足以使这种转变在实践上成为可能。数据指出通过资本、存款与兼并数目的增加，在绝对数与相对数上，这些巨型银行实力迅速壮大。众所周知，20世纪20年代，在一系列银行挤兑后，存款人开始寻找这些巨型银行。

可以在许多公司史和合计银行数据中找到证实这些观点的事实。就有关银行贷款目标的上述一般观点，几份财阀关联公司的半年财务报告在指出这
【244】些公司融资方式的转变上很有用，它们表明迅速成长的财阀银行不再需要为自己的公司提供资金了。这些是“有代表性”的公司，选择它们来反映大正时代与昭和早期财阀公司的融资方式，同时它们是从37家主要的与财阀关联的公司中选出的，因为可以获得相应的数据。①

早在1907年，三井集团的芝浦机器—工具公司已停止从三井银行及其他银行借入长期资金，直到1934年，它也没有借入过长期贷款。1908年后在该公司的财务报告上也没有出现过任何短期贷款。第一次世界大战投资膨胀之前，该公司的资本从200万日元增加到1912年的500万日元，1920年又增加到2 000万日元。1916～1921年一直保持着20%的红利率，这使该公司能够很容易地出售它的股票，以达到扩张的目的。②

三井集团的大日本赛璐珞公司1921年停止借入短期贷款，1926年长期

---

① 数据从个别公司史——这些是自1962年以来作者可以获得的——和Yūshōdō缩微胶卷“1868～1945年1 000家公司的年度财务报告”（东京，1962年）获得。正如多数日本学者所认同的，20世纪20年代末，大约有85家公司是由财阀持股公司直接控制的，其中37家公司约占这些公司的44%。财阀子公司或财阀持股公司只在有限程度上控制的财阀附属公司，不包括在这85家直接的子公司中。【79】

② 数据来自Yūshōdō缩微胶卷；也见木村弥三一的《芝浦机器——工具业的65年历史》（东京，1940年）。【80】

贷款从其财务报告中消失。大正时代（1912 ~ 1925 年）该公司存在的长期贷款从未超过公司总资产的一个较小百分比。1921 ~ 1929 年该公司准备金对产权资本（实收股本）的比率从 5% 提高到了 35%，这期间股本从 1919 年的 1 250 万日元增加到了 1921 年的 1 亿日元。①

大正时代或昭和早期，三井采矿公司没有发行过债券。其资本从 1916 年的 2 000 万日元增加到 1918 年的 5 000 万日元，后来为给经济景气年份的扩张提供资金，1920 年其资本又增加到 1 亿日元。直到 1918 年，该公司的长期贷款都是由三井合名②发放的，但总额小，占总资产的 0.5% 左右。1919 ~ 1929 年，该公司只有六笔贷款，是由三井贸易公司发放的，作为对这家采矿公司出售给贸易公司的煤及其他化学副产品的延期贷款。不过来自贸易公司的这些贷款没有超过该公司总资产的 1.5%，而且到 1929 年时，该公司的准备金稳定增长到 1 200 万日元。③

甚至大路纸业公司，它曾从第一银行与三井等银行借款，但战后在融资上也变得相当独立了。1919 年后其短期贷款消失了，长期贷款总计不超过总资产的 10%，除了有一两次例外：1922 年长期贷款刚刚达到总资产的 10% 多，1927 年长期贷款为总资产的 23%。该公司的大多数外部资金是以 【245】
债券形式获得的，1916 年其发行的债券数额等于总资产的 23%，而在 20 世纪 20 年代大部分年份，这个数据在总资产的 18% ~26% 的范围内波动。不过与战前年份比较，该公司准备金对总资产的比例处于一个较高的水平（8% ~14%），而那时它只占总资产的一个较小的比例。准备金对产权资本的比例也提高了，1917 ~ 1929 年间，从 24% 提高到 44%。④

在三菱集团，三菱造船公司依赖于债券融资，1918 年相对于 3 000 万日元的实收资本，债券融资为 1 000 万日元。但其债券债务逐渐消失了，1927 年达到零。1919 年后该公司也没有过短期贷款，其长期贷款只有 1930 年一笔 50 万日元，而其准备金则从 1919 年 200 万日元增加到了 1930 年的 580 万日元。⑤ 三菱采矿公司的状况甚至更好。1918 年其资本为 5 000 万日元，1919 年后它未发行过债券，也未借取过长期贷款，而准备金则从 1918 年的

---

① 数据来自 Yūshōdō 缩微胶卷和大日本赛璐珞公司的《大日本赛璐珞公司史》(东京，1952 年)。【81】

② 三井合名持股公司（三井家族组建的一个法人实体）在 1919 年前拥有三井银行，不过随着 1919 年一部分银行股份的公开出售，合名持股公司受该银行的监督。【82】

③ 三井银行：《三井银行的 80 年历史》，第 210 ~ 211 页。【83】

④ Yūshōdō 缩微胶卷和大路纸业公司：《历史》，第 1 卷。【84】

⑤ Yūshōdō 缩微胶卷；三菱造船公司的《三菱造船公司史》（东京，1958 年）。【85】

30 万日元增加到了 1929 年的 320 万日元。①

大正时代与昭和早期，日清面粉加工公司一直无长期借款之忧；它只在 1922～1925 年间借入过资金，数额等于总资产的 4.2%。1930 年以前，未明确提到过该公司借入过短期贷款，它也没有发行过债券。其资本稳定地从 1914 年的 170 万日元增加到 1917 年的 400 万日元，1925 年又增加到 1 230 万日元。由于 1916 年后该公司的红利率一直保持在最低 15%之上，并且在战争爆发的高峰期高达 30%，因此出于扩张获得资本的目的，该公司在销售它的股票上是没有困难的。②

人们能够很容易地再举更多的例子来反映财阀关联公司的融资方式的变化。足以说明的是除这些公司之外，还有更多的财阀公司只是在非常有限的程度上依靠它们各自的财阀银行的长期贷款。事实上，研究的这些样本——三井、三菱、住友、浅野与古贺集团的 15 家公司，在整个 20 世纪 20 年代从未借取过长期贷款。可以很稳妥地得出结论：到 20 世纪 20 年代开始时，财阀关联公司融资有保障，它们需要来自其母银行的长期资本很少。③

研究银行的统计资料，我们能够证实财阀公司的融资独立性。如我们以
【246】三井银行为例（因该银行的有用信息是可以获得的），我们发现到 1930 年，其贷款总额只有 9.8%是贷给三井关联公司的。④ 虽然不能获得直接的证据，但是我们能够得出结论：其他所有银行实质上都发生着同一种情况。例如，住友银行发放给住友关联公司的贷款甚至更少，因为到 20 世纪 20 年代末，该集团的主要公司没有长期贷款。⑤

整个 20 世纪 20 年代，因过去的关系，财阀银行与家族对财阀公司的参与程度很高，虽然这些大公司能够很容易地向公众出售股票。至于附属公司，财阀对其产权资本的参与是有限的，但是这些公司的状况太好了足以能够使它们发行自己的股票，并且较少或者不需要财阀贷款。到 1928 年时，在同一财阀集团内财阀家族、银行与其他财阀公司的股份持有量很大。四大财阀的财阀持股公司与银行对控制的财阀公司提供的资金占其实收股本总额

---

① Yūshōdō 缩微胶卷；富本三郎：《三菱煤矿公司史》（东京，1961 年）。【86】

② Yūshōdō 缩微胶卷；日清面粉加工公司：《日清面粉加工公司史》（东京，1965 年）。【87】

【515】③ 这些公司是大日本水泥（浅野）、古贺采矿（古贺）、三井贸易公司、太平洋煤矿（三井）、北海苏打（三井）、三菱纸业、日清轮船（三菱）、明治精制糖（三菱）、住友铅矿、住友钢管、住友炼钢、藤仓电线（住友）与住友电线。【88】

④ 从三井银行的《80 年的历史》第 421～422 页包含的数据计算。【89】

⑤ 从 Yūshōdō 缩微胶卷上住友银行的数据计算。【90】

的百分比分别是：三井 90.2%、三菱 69.4%、住友 79.1%、安田 32.0%。如果加上属于同一财阀集团的其他财阀公司提供的资金，则占实收资本总额的百分比上述四家财阀分别为：三井 90.6%、三菱 77.6%、住友 80.5%、安田 48.0%。①

20 世纪 20 年代财阀银行向非财阀公司提供的长期资本的增长额能够很容易地显示出来。首先 20 世纪 20 年代，与长期贷款相比，债券是获得资本的一种更重要的手段。三菱经济研究所研究的 352 家最大的公司中，债券占总资本的 21%，长期贷款占 7%，股份资本占 56%，短期资本占 15%。该研究所研究的 22 个行业中，13 个行业更多地依赖于债券而不是长期贷款。1920 ~ 1925 年间，出售的债券总值 2 422 百万日元，其中只有 18.1% 是与财阀有关的公司的债券融资额，41.3% 是公用事业公司发行的债券融资额，20.7% 是电气铁路公司发行债券的融资额，这是财阀集团极小的两个行业。到 1930 年发行的债券总值是 2 927 百万日元，其中与财阀有关的公司只占 15.2%。发行债券的财阀公司是财阀小的子公司与附属公司，而不是大的财阀公司。②

需要指出的一点是，到 1929 年末，四大财阀银行持有全部未偿还债券的 27.1%。如果加上财阀集团的保险公司与信贷公司，债券持有量增加到总额的 29.1%。③ 在财阀银行中，1924 年持有债券占可转让债券的比率变 【247】
动范围是从三菱银行的 41.7% 到三井银行的 37.0%。④

如前所述，20 世纪 20 年代后半期财阀银行发放的长期贷款迅速增加。三井银行的长期贷款对总资产的比率从 1912 年的 0.24 提高到 1930 年底的 0.44。1919 ~ 1924 年间，这个比率稍有些低，但是上升的趋势却是明确无误的。1912 ~ 1930 年，长期贷款对贷款总额的比率稳定提高而没有明显地偏离这个趋势。三井银行的这些数据显示，1885 ~ 1905 年第一次“激增”期，明显地偏离了该银行的贷款任务。第一次“激增”期与第一次世界大

---

① 高桥国太郎与青山：《日本财阀研究》（东京，1938 年），第 162 页。【91】

② 从日本实业银行的《50 年历史》第 222 ~ 223 页和日本野村证券公司的《政府债券与公司债券的年度报告》（东京，1930 年）数据部分包含的数据计算。财阀公司是参照高桥龟吉的《日本财阀的剖析》（东京，1930 年）第 21 ~ 22、55 ~ 60、140 ~ 141 页和美浓部龙吉的《卡特尔、托拉斯与康采恩》2 卷本（东京，1931 年）第 2 卷判断的。本章“财阀控制的”、“财阀公司”和“财阀集团”的表述只用于这些情况下：它们可以很清楚地证明是同一的，即与财阀家族和银行的联系能够通过持股、连锁董事会或贷款的发放很容易地表现出来。1940 年以前的年份，这种识别是很直接的，因为财阀附属公司与子公司明显地依赖于财阀银行与其他财阀公司。【92】

③ 高桥龟吉：《日本财阀的剖析》，第 44 ~ 47 页。【93】

④ 来源于各家银行史和 Yūshōdō 缩微胶卷包含的数据。【94】

战之间，三菱银行的贷款业务表现出一次更为明显的变化。第一次世界大战期间，其长期贷款对总资产的比率迅速提高，整个20世纪20年代保持在一个相对较高的水平上，虽然从1917年0.65的最高峰逐渐下降。战争期间，其长期贷款对贷款总额的比率明显上升，并保持在一个高水平而没有明显的下降标记。同样也值得注意的是1912~1930年整个期间，三菱银行开始购买可流通证券（债券与股票），且数额不断增长，这与1912年之前所观察的情况形成鲜明的对比。三菱银行持有的三菱关联公司的股份小于其他任何财阀银行持有的各自集团内公司的股份。因此，三菱银行的流通证券对总资产与长期贷款对总资产的高比率反映了该银行增加了对非财阀公司的债券与股票的持有量。由于安田、住友与第一银行也同样表现出提高了长期贷款对总资产与总贷款的比率，因此，20世纪20年代财阀银行向非财阀公司发放贷款，并且数额不断增加的结论可以很好地确定了。①

20世纪20年代银行业逐渐由财阀银行统治，1919~1927年间财阀银行的绝对与相对地位有着重大变化是很明显的。那八年里，财阀银行存款总额的相对比例从25%增加到31%，或者说存款的绝对数额从5 700百万日元增加到9 000百万日元。贷款的市场份额实质上保持不变，但是这些贷款的总额从5 700百万日元增加到了8 200百万日元。当考虑到这些银行的实缴股本的相对份额从21.2%下降到19%这一事实时，这些发展就尤为重要了。
【248】评价财阀集团的资金实力的另一方法是，在1929年末八家财阀（包括银行、保险公司与信贷公司）占全部私营银行、保险公司与信贷公司的资本加存款加准备金的总额的45.7%。②

有几个重要因素有助于金融市场的这一迅速集中。这些因素之一是银行业在第一次世界大战后经历的零星的银行挤兑，以及因“地震票据”（earthquake bills）和银行作为“机关银行”（organ bank）的经营实践累积的弊病导致的1927年全国性的银行挤兑。“地震票据”是指因1923年地震

---

① 必要的数据与信息是从提到的那些银行史中获得的。这里区分长期贷款与短期贷款的方法（被日本学者所接受）被用于获得必要的比率。长期贷款是 *Kashitsukekin*（字面意思是“货币贷放”），是依据各种可转让工具发放的贷款之和。除长期贷款外，贷款总额包括票据贴现、通知贷款与透支（*tōza kashikoshi*，字面意思是“暂时贷出”）。虽然短期贷款展期和发放的某些不足一年的贷款（它们是依据可转让工具发放的）有各种困难，但是因这些困难而做出的调整是不会将这里观察到的比率改变几个百分点的。【95】

② 这八家财阀是三井、三菱、住友、安田、第一（即五大财阀，涉及29家银行、4家信贷公司、4家人寿保险公司和19家其他类型的保险公司）与川崎、山口、鸿池集团（涉及21家银行、3家信贷公司、7家人寿保险公司和6家其他类型的保险公司），最后三家财阀规模要小得多。见高桥龟吉：《日本财阀的剖析》，第39页。【96】

很多借款人不能偿付的票据，这些票据由日本银行向各银行担保。这些票据导致日本银行的货币政策自由受限，并且也束缚了银行的活动，因为为了给持有这些票据的银行发放贷款，银行不得不依赖于政府做出的拖后腿的政治决策。①

这一时期有很多日本银行是“机关银行”，它们是其特定客户的机关。这意味着银行经常被迫处于向它们的客户发放不良贷款的地步，这些客户大多是工业公司，它们面临着财务困难。由于银行受其客户所累，即已经向这些公司发放了大额贷款，那么它们的倒闭就意味着银行自己的结局，所以银行被迫进一步发放不良贷款。这样的业务实践能够并且的确导致了全国性的银行倒闭，如在处理铃木蔗糖贸易公司中，台湾银行的表现。②

银行的不稳定使许多储蓄者把他们的存款转向更大、设施更完善的银行。财阀银行在这些危机中生存下来，只是它们的分行偶然有倒闭的，因此，它们自然是这些被转移存款的主要受益人。这一时期，政府也渴望稳定金融市场，并积极地促进弱小（小的和/或地方）银行的兼并与联合。1924年财政部开始忙于一项积极的计划以减少各县的银行数目，并对兼并时资产的评估提供帮助，对新联合的银行帮助选择最合适的管理人。20世纪20年代这项计划被实施。财政部的“劝说”在很多情况下是极为有效的。③

引起银行业高度垄断结构的很重要的因素是最大的银行自己采取的积极的兼并与合并措施。一个典型的例子是安田银行。1923年安田银行合并了散布在该县的10家银行，创立了一个巨型银行。④ 吸收较小的地方银行，【249】
使它们成为其分行是那个时期较大的城市银行的普遍活动。

财阀资金实力的扩张一直持续了20世纪整个30年代，到1942年，四大财阀的财务控制的确扩大了。在金融业中，四大财阀占银行业、保险公司与信贷公司的实缴股本总额的49.7%；在工业中，这四大财阀拥有重工业实缴股本总额的32.4%和轻工业实缴股本总额的10.8%。此外，这四大财阀占公用事业、运输、房地产与贸易公司的实缴股本总额的12.9%。这四大财阀的持股公司总计直接占有上述各行业的实缴股本总额

---

① 详细描述见楫西光速等：《日本资本主义的衰落》，第1卷（东京，1960年），第185～190页。【97】

② 同上引，第157～161页。【98】

③ 楫西光速：《日本资本主义发展的修正史》（东京，1957年），第49～50页。【99】

④ 这次兼并的详细描述见安田银行：《安田银行的60年历史》（东京，1940年），第225～248页。【100】

的 24.5%。①

这些财阀持股公司行使的控制权远超出上述实缴股本百分比数据所表达的意义。它们对各行业部门控制的范围是通过其发放贷款的权力、利用连锁董事会和这些超大金融王国拥有的可自由支配的许多其他杠杆而扩大的。我们发现，到 1944 年日本国内发放的全部贷款的 74.9% 是由四大财阀银行发放的，② 并且每家财阀都在编织着一张精细的连锁董事会网，此时这些权力的范围就能够很容易地推测了。例如，三井独自掌握着近 200 家大公司的命运，在这些公司它任命了关键的执行人员。③

第一次世界大战结束后，日本各行业所有权与控制的集中进程变得显著了，20 世纪整个 20 年代与 30 年代，它以较快的速度继续着。有许多反映高度集中经济的指标，但是这里注意到以下一点就足够了，第二次世界大战结束时日本全部股东的 2.59%，或者说 40 000 多一点人，拥有已发行股份（outstanding shares）总额的 64% 多，而这些人中的不足 10%——确切地说是 3 762 个与财阀关联的人或者其他极为富有的人——拥有 2.16 亿股份或者说拥有已发行股份总额的 48.74%。④

我们关于第二次世界大战后年份的叙述可以做简短的概括，因为有大量的英文文献。⑤ 同盟国就日本各行业高度集中的所有权与控制，制定了一项范围广泛的政策——“经济民主化”以消除所谓的“不治的”财阀统治。持股公司被取缔；实质上是垄断的巨型公司被分解，取而代之的是两个以上
【250】的公司；前财阀银行所有权从财阀家族剥夺；财阀公司之间、财阀银行与财阀公司之间的相互持股被宣布为非法；财阀家族被迫通过一个委员会出售他们的股份，这些股份又被该委员会努力出售给公众；连锁董事会被禁止；大量的前财阀公司的官员被从这样的位置上肃清。

这是日本经济的所有权与控制方式的一场变革，被迫出售它们的股份，加上新制定的资本税与遗产税使财阀家族的实际财富减少到了这些政策实施前它们曾拥有的财富的大约 1/20。现在股份持有额的分布更广泛了，没有一家大公司或银行被少数人所有。很少有人拥有一家大公司或银行的总股份

① 持股公司清算委员会（Holding Company Liquidation Commission）：《日本财阀及其解体》2 卷本（东京，1962 年）第 2 卷（数据），第 469 页。【101】

② 同上引，第 63 页。【102】

③ 同上引，第 468～472 页。【103】

【516】④ 同上引，第 450～455 页。【104】

⑤ 关于战后时期的这一部分是建立在山村耕造的《战后日本的经济政策：发展与经济民主》（柏克利，加利福尼亚州，1967 年）基础之上的。【105】

的5%多，战争结束前很普通的大所有者不再存在了。

众所周知，随后朝鲜战争的政治影响开始冲淡这项彻底的经济民主化政策，而且1952年日本主权恢复后，日本政府开始扭转这些占领政策，因为它们有害于经济的迅速恢复与发展。这里不需要回顾每一步，但是到20世纪60年代中期，日本工业企业的所有权与控制方式的确不同于同盟国曾经试图建立的方式了。

回顾战后25年的历史，关于日本各行业的所有权与控制方式出现了几个突出点。最显著的一点是20世纪60年代中期的持股方式明显不同于战前。同盟国过去一度的想法——广泛地分散股份持有量，由几百万“小人物”持股——没有实现，持股方式出现了集中在数量不断减少的人手中的趋势。不过，与财阀公司的全盛期相比，今天股份持有方式基本上不同了，即近2 000万人民，或者说大约每5个日本人中有1个是股东。不像战前，现在已发行的2 000万股份中有1 100万是由持有1 000到5 000股的个人所有的。也就是说，与战前高度集中的股份所有权——集中在财阀集团与有限的个人手中相比，今天有大量的中产阶级股东。

对于这种变化，有些日本经济学家把它称为“持股革命”——引人注 【251】
目的例子能够很容易地找到。三菱重工业公司，曾经被三菱财阀所有并控制，现在有38万名股东。八幡（Yawata）钢铁公司，由政府与财阀集团共同所有的一家公司，现在被40万名股东所有。日立股份有限公司，一个经营多样化电子设备与机械的制造商，曾经不被任何财阀控制，有42万名股东。我们也发现，最大的银行的股份持有方式现在甚至比巨型公司更分散。这些银行的家族—信托（family-trust）所有权或控制完全消失了。今天，只有极少数最大的股东拥有全部已发行股份的3%多，甚至联合拥有这些银行大部分股票的法人通常只拥有全部已发行股份的1%～3%。

虽然股份持有方式分散了，并且战前闻名的财阀从经济中消失了，但是日本经济的所有权与控制方式到20世纪60年代中期时又在多个方面重新组合。的确，虽然新的集团不同于战前财阀控制的集团，但是它们也有很多相似之处。新的集团，通常叫作*keiretsu*（字面意思是“血统”）可以是垂直的，也可以是水平的。垂直的*keiretsu*通常是一家大公司拥有的较小公司的集团。这家大公司通常在这样一种行业：该行业要求有许多分包人或者附属公司——它们能够向母公司提供各种投入，或者依赖于母公司的产出。母公司通常是子公司的一个大股东和/或处于改变子公司上层执行机构的地位。母公司通常也能够保障子公司必要的贷款。1962年，日本公平交易委员会

（the Japan Fair Trade Commission）发现256家最大的公司平均每家有16家子公司，这些子公司是指至少10%的股份被母公司所有的公司。松下电器公司在这256家公司中名列前茅，它有193家子公司。

水平的 *keiretsu* 是大的前财阀关联公司跨行业的组合。这新的集团是松散的“利益集团的组织”，而不是由各个财阀信托与银行支配的紧密结合的组织。到20世纪60年代中期时，这些集团很容易识别。每个集团的总裁定期开会，每家公司都努力和集团内的其他公司有最大的交易，而不是与集团外的公司交易。从20世纪50年代初到1957年，集团内部相互持股增加了，
【252】不过对1965年的观察指出这一趋势平稳下来。三井集团的相互持股1951年是集团已发行股份总额的6.2%，1957年这个数据达到11.0%，不过1965年又下降到10%。三菱集团，这个数据1951年是1.3%，1957年是16.4%，1965年是17.0%。住友这三年的这个数据分别是7.0%、14.0%和19.0%。

鉴于战后日本经济的状况——大公司与小公司之间的工资差别，固定投资活动全面信贷短缺和日益复杂的技术要求，垂直的 *keiretsu* 在战后的迅速发展是不难理解的。毕竟转包公司与附属公司在发达的工业经济中是普遍的，日本也许不过是西方模式的重要翻版。

水平的 *keiretsu* 稍难解释。它们是历史渊源与经济合理化结合的产物。历史的渊源引导前财阀公司去寻找它们各自前财阀集团内的另一些公司。前三井公司倾向于从三井银行借款，同时这些公司在投资、技术开发、营销以及业务活动的其他方面进行合作。个人的联系与熟悉前财阀关联公司的好处起着和经济利益——属于每个集团可以得到的经济利益——一样重要的作用。

新的水平的 *keiretsu* 是一个松散的集团。不像战前的财阀集团，集团内的公司把自己的利益放在集团之先是可能的，而且很多公司就这样做了。公司可以并且经常与其他集团的公司做生意。例如，三井集团一家公司的银行贷款可以并且经常来自三菱或者住友银行。新的水平的 *keiretsu* 建立在过去同属一个财阀的基础之上，尽管如此，紧急的现状却能够并且确实引导新集团的一些成员去寻找别的联合或新的附属。许多经济学家从纯粹的经济学角度寻找这种新的水平集团的原因。然而，他们的努力是不会成功的，除非他们意识到，归根结底这些 *keiretsu* 是建立在日本的集团导向（group-orientation）基础上，各公司需要在一个集团内确认自己。财阀持股公司解体后，因为共同的血统，各公司为了共同的事业一起工作。一家公司可能为了他自

己的利益而忽视整个家庭（集团）的利益，但是与其他社会相比，这在日本是极其罕见的。同样，虽然把各公司绑在一起的严格的规则不再起作用了，但是一家三井 *keiretsu* 公司极不可能不顾集团的利益：为三井造船公司 【253】 工作的大多数工人，不管是蓝领还是白领，强调的是“三井”而不是“造船公司”。

战前有权有势、普遍的财阀消逝了，战后日本的所有权与控制权基本上是区别于战前的。同样的名字、同样的商标、甚至同样的高级职员以及新的 *keiretsu* 可能给人这样的印象：这种区别是不可靠的。但是我们知道区别是真实的。另一方面，在这些名字、商标和高级职员背后，我们发现了过去岁月的生动的痕迹。经济史学家能够设法领会历史的杰作，它使得战后日本的所有权与控制如此地日本化。这一发现并不同战前与战后之间这些方式的基本差别相矛盾，因为变化虽然是基本的，但却是在一个国家的文化与传统范围内发生的。

5.4 管理制度

作为历史学家，我们会问，日本管理制度最重要的特征是什么？随着日本工业化的进程它是如何演变的？如果人们想简短地阐明日本管理制度的主要特征的话，应选择两个最重要的问题：它们是工业的家长式作风和对集团协调与合作的强调，如在所谓的决策制定的 *rigin* 制度中所表现的。因此我们应依次讨论每一个问题，并且由于把这两个问题作为基本的建筑基石，所以我们还应从历史的角度研究日本管理制度的有关方面。

德川时期社会等级森严。那时手工业的学徒制是严格的，并且极为正式。每个学徒必须遵守长期的学徒制，期限通常长达近 10 年甚至 15 年。主人与学徒之间的关系被严格限定，而且极为个人化。主人对他的学徒本人行使着全面的权力，并希望得到他们完全的忠实与服从。作为交换，学徒获得手工业方面的培训，并且在他们开始作为新的主人时，获得完全的扶持与帮助。日本文学与民俗学提供了丰富的文献说明主人—学徒之间的关系像贵族—武士之间的关系一样绝对。

在德川商人发展起来的商行，它的设立是等级森严社会的另一个例 【254】 子。商行是在商行领导人周围建立的模仿亲戚关系的组织，商行领导人与其雇员之间的关系类似于主人与其学徒之间的关系。不过对于商行，存在主人—学徒关系中不存在的另一方面，① 即商行是一个实体，所有的人以它为荣，并尽全力维护它。对于设立完善的大商行——如三井或住友商行来说，管理它们各自商行的规则都被详细地编纂。这些规则规定了商行内部个人之间的关系、发展进度表，尤其是规定了领导人及其全体雇员的责任与义务。

这些例子代表了德川日本的等级森严的、集团为导向的社会结构。② 如在武士世界中，等级制度是建立在这样的原则基础上的：这个社会阶级的上等人有义务为下等人提供经济保障，作为交换，后者提供完全的忠实与服从。能力与进取心可以提高一个人的地位，但只能在一个阶级内实现，一个人的社会地位是由出身决定的，阶级之间的社会地位的交换实质上是不允许的，除非是在德川时期末，当时不再维持严格的阶级界限了。这是现代工业侵入的德川时代的日本世界。新的行业需要更大、更复杂的人类组织，德川的制度被迫使自己适应它。

但是，德川的制度只是不情愿地放弃的。明治时代的前20年左右，或者说在棉纺织业繁荣到来之前，我们发现了一段制度迷失方向的时期。在政治、经济混乱的年月，政府建立了示范工厂，从各平民阶层招募所需的劳动力，并依靠武士转变成的官僚管理工厂。虽然明治维新后阶级区别立刻被废除了，但是这几十年里它们依旧存在，保留了德川时代管理层与劳动力之间等级关系的很多东西。案例研究表明，政府工厂被管理就好像它们是属于一个封建贵族自己的似的。

开始出现的少数私营企业与政府工厂没有什么不同。私营企业必须关心利润，但是它们为适应新行业的要求而做出的调整太小、太少，还不能被看作是向现代工业管理实践迈出的第一步。确实，有些人，像岩崎，三菱财阀
【255】的创立者，采纳了大胆的现代政策，而武士转变的管理人努力地摸索着工业

---

① 岖江保三：《日本商业史中商行的问题》，载于《日本商业史评论》，II，1（1967年7月）是一篇有用的对商行概念再考察的文章。关于这一部分做出的许多观点（包括商行），所罗门·B·莱文的《劳动与劳资谈判》（载于W.W.洛克伍德编辑的《日本政府与经济企业》，第633~637页）是极好的。【106】

② 日本史的一位权威学者讲到："政治组织的这些历史的、最古老的、在很多方面也是最根深蒂固的制度根植于日本史的最早期，对此我们能够重建这种政治社会。我们称之为'家庭'制度，而不是用更平常的术语'家族'，它会引起太多的模棱两可的含义……日本政治传统中的家庭成分，虽然在文化与政治思想意识的变化下而改变，但是仍然形成了一个不变的、重要的成分，在各个方面连接着社会等级制度与权力结构。日本人通过在家庭背景下构想上等人与下等人关系的趋势是这种状况最好的例子。"

约翰·W·霍尔：《500~1700年日本政府与地方的权力：在Bizen省基础上的一份研究》（普林斯顿，1966年），第6~7页。【107】

管理中的做法，但是岩崎与他的同类仍然只是少数。①

19 世纪 80 年代初，政府，正如我们所见，出售了它大部分工厂，棉纺织业及其他行业私营企业的出现预示着日本第一次工业蓬勃发展期的到来。这是间宏所谓的“早期”②（‘primitive ’ period）的开始，它一直延续到第一次世界大战。这是在新引进的技术基础上工业产出迅速增长的年月；这也是自由放任主义的年月，这些年里新的企业家追逐着利润并利用着西方技术，而工人们则经受着几个时代以前英国工人的命运。

新的企业家面临的问题很多，获得所需类型的、数量充足的劳动力和找到必需的资本与技术同样重要。熟练工人——能够操作西方机器的人——极少，不熟练的和半熟练的工人必须被迫遵守令人厌倦的工厂工作纪律。新一代的管理人员——掌握或者愿意学习必要的管理技术与技能的人——必须找到。

总而言之，企业家从新成立的大学中得到了他们的管理人才，如第 1 部分所述。至于大量的不熟练的劳动力，农业部门的过剩劳动力和贫穷的、失业的低层武士被雇用。这些新的雇员——反映了他们过去的社会地位——是容易驾驭的，他们劳动时间长，工作与生活条件恶劣。管理层能够对他们行使最大的权力而约束很小。棉纺织业女工的悲惨境况与矿工的工作条件——当时的记者发现并不如监狱生活理想——是“早期”的特征。

大部分熟练工人和通常的半熟练工人是通过师父以现在熟悉的签合同方式雇用的。师父大多本人就是一位熟练工人，他有几个或者几百个徒弟——熟练工人，他们在师父的保护与指挥下工作。师父签订合同为企业提供他的徒弟，并发挥监工的作用。合同通常是在短期基础上签订的，并且工资是通过师父支付的。师徒制度是德川时期主人—学徒制度的翻版，在很多方面，师父与徒弟之间的关系同样是工业时代以前具有的。

第一次世界大战之前，日本管理人享受了一段自由处理它的雇员的时【256】期。没有社会立法（不久以后立法约束了管理的自由），雇主们追求利润，就像一个世纪以前的英国一样。由于明治维新摧毁了德川社会那些平衡、脆弱、或许是更人性的关系，因此不受保护的工人遭遇着新工业时代无个性特征的而且经常是无情的氛围。有关这时期棉纺织工人的令人震惊的生活纪实是转型时期的产物。

① 参见山村：《三菱财阀的建立》。【108】

② 间宏：《日本劳动管理研究》（东京，1964 年），第 15 页。在劳动管理与管理制度领域，这是自第二次世界大战结束以来最有用、最有价值的书。【109】

随着新宪法的产生和选举权的提高，第一部工厂法（1911 年工厂法）是意料之中的事了。工业企业——现在直接雇用其大多数工人，不再需要师徒制度作为它惟一的就业来源以满足对熟练工人迅速增长的需求了——反对该法案。雇主们认为该法案和其他任何西方式的工厂法律是不适合日本的，日本社会能够很好地运行，不是因为建立在非人格化的合同关系基础上，而是因为建立在更人性、更人格化与集体的关系基础上。虽然有些人认识到，对管理人权威的这些限制可能对资本的迅速积累和日本的国际竞争能力产生有害的影响，但是很多人认为——真诚地认为，如果他们的雄辩能够被认可的话——日本管理层能够更充分地完成这些预期的行动。

这是工业家长作风——“公司是一个家”——变得明确的时期。管理层在更多法律干预与左派思想的影响下，以及为了缓和人们对其第一次世界大战期间赚取的高额利润的批评，制定了许多福利与额外福利（fringe-benefit）计划。这种工业家长作风是为了缓和第一次世界大战后几年经济矛盾的尖锐与社会的不满。大正年间（1911～1925 年），因被 1918 年大米骚乱（rice riots）和 1922 年日本共产党成立打断，工业企业——特别是与财阀关联的巨型公司——认识到日本家庭传统的重要性，扩大了各种类型雇员津贴与福利计划的范围。

我们以前讲到今天三井造船公司的雇员把他们自己看作是与三井一致的，并且高度意识到自己属于三井集团，任何大公司的雇员也都是这样看待他们自己的公司的。第一次世界大战一直到现在，其间发生了许多事，最重要的是强大的、以政治为导向的工会的发展。尽管有这些变化，但是三井雇员认为自己与三井是一致的看法以及今天的水平的 *keiretsu* 的发展证实了这
【257】一事实，即管理层继续坚持强调“公司是家”的重要性已不完全是阻止已遭受到的政治与经济批评的无基础的花招了。人们不必误解资本主义经济的事实，认为温暖人心的话和赠送给待嫁女雇员小小的嫁妆是对较短的工作时间和较高的工资的替代。但是，如果忽视了日本历史与文化的传统，愤世嫉俗者就会误解日本管理层的意图与实践。

专家同意工业家长作风继续在日本实践着，达到了在西方经济中从未有过的程度。从 20 世纪第一个十年开始，家长作风的性质改变了，现在它少了些粗鲁、无礼——甚至辩解，但是它仍然看得见，日本人接受公司总裁每天的劝勉和为新雇员提供的义务野餐露营，就像他们的父母怀着感激之情接受他们总裁对雇员食堂泡菜味道的关心一样。这在过去和现在都是可能的，因为日本人强烈需要在集体中证实自己，在集体中他们会更有效地发挥作

用。对于大多数日本人来说，战后工会与活跃的政治团体活动不能替代公司内集体的认可，因为正是在工作上他们花费了大量的时间，他们需要成为合作成就的一部分。在招募未来的执行人员时，各公司似乎偏爱于来自某一大学的申请人而反对来自其他大学的申请人，这一事实也是各公司重视凝聚力与公司内的协调的一个指标——这样的政策有助于促进它的发展。至今，众所周知，有些公司偏向于东京大学，而另一些公司喜欢庆应义塾大学、一桥大学或其他名牌大学。

根植于日本文化的集体倾向的性质与程度在日本公司决策制定的 *ringi* 制度中能够更好地看到。“*ringi*” 是日语中最难以翻译的复合词之一；“*rin*” 意思是向高级人员提出建议得到他的批准，“*gi*” 意思是讨论或商议，因此，*ringi* 制度就是通过在集体内认可下属提出的建议的方式做出决策的制度。①

这种制度在德川幕府与其当地办事处有发展完善的基础，明治时期的官僚使其正规化，并广泛采用，在工业化之初，私营企业也采纳了这种方法。这种决策制定制度的典型程序是，一个部门内的职员在他们自己深入讨论后提出一项特定的建议，然后把该建议提交给该部门主管。部门主管在做出他的决策前，与可能会受到影响或者对该建议有兴趣的其他部门主管商议。如【258】果该建议的任何一部分被反对，那么该建议就会被反馈给该部门成员进行重新检验或者被否决掉。如果该建议被部门同意，那么它将被提交给更高一级的管理人——他们大多是在公司执行官员之下工作的司主管。如果建议被他们接受，就会被提交给执行董事会，如其同意，则提交给董事长做最后的批准。

当然这种方式会有些变化的。部门主管可能会提议一个建议应该是为解决特定的问题而准备的，或者在极少数情况下，一个司主管或者执行官员可能会提议部门主管拟订一项建议。不过在这样的情况下，这些提议实际上是命令，不会再下达给低层的，因为如果一项命令发出，那么发出命令的人将对建议负责。个人对一特定建议的责任及认同无论如何是必须避免的，因为如果建议被反对，那么对于各级管理人来说，威望的失去会导致最恶劣的社会耻辱；如果建议被接受，社会也不承认成功是属于个人的。

在日本社会背景下，这样的制度的吸引力是明显的。决策不是个人做出的，没有人因一项建议的失败或成功而受责备或赞扬，一切都是以集体的名

① 对 *ringi* 制度的全面分析可见山城章编辑的《*ringi* 管理与 *ringi* 制度》（东京，1966 年）。【110】

义做出的。因此，从第一步开始建议就受到无微不至的关注，这样，参与建议讨论的集体就能达成一致意见，当建议最终被同意实施时，它是整个公司的决策，希望所有的人都尽力以使建议完成它预期的目标。

这种制度的缺陷也是明显的。首先，它烦琐、冗长。创新的想法在讨论阶段会被压制，果敢的看法倾向于以一致意见做掩护，甚至在它们到达较高级别的执行人之前。当然，不能想像的是它忽略了一家公司内指挥的环节。高层决策制定者被迫陷入这种境地，他们在强烈的同意前提下看一项建议，他们极少接触事实或者必要的少数意见以抵消建议的影响力。很多公司总裁不愿冒失去威望的风险，在例行公事之后，倾向于接受所有的建议——日本人把这种实践活动叫作“*mekura-ban*”，字面意思是“瞎海豹（blind seal）”。大多数日本公司显然认为相对于这种制度的优点——决策制定的无个性化与一致性原则，这些缺陷大多数是可以忍受的代价。为了集团内的和
【259】谐，在日本这样的代价是不太高的。

上面描述的是 *ringi* 制度的一个现实的模式。虽然该制度的基本成分——一致意见、无个性化与协调——被小心地呵护着，但是不断有更多的公司开始对该模式进行重大改变，甚至在战前也经常如此。对经济、有时还有政治事件做出反应的时间现在必须比以前要短许多。政府对经济事务的日益参与，特别是以长期发展计划方式进行参与，使得企业需要有长期的计划。*ringi* 制度一般对短期政策的制定与问题的解决是足够的，但是对长期决策的制定则不够。在今天的工业经济中，决策必须迅速做出，长期与短期决策必须协调，如果二者都有效的话。

出于这些原因，大多数公司现在有专门从事长期计划的计划部门，决策制定逐渐被分散以提高自主权与决策的速度。但是这些创新没有取代 *ringi* 制度，而只是被嫁接在它上面，这是正确的。专门研究这种管理制度的学者注意到许多关键决策仍然是用 *ringi* 制度在一致性意见基础上做出的，而新近的创新，如计划部门和分散决策制定过程更多地被限于基本属于技术性质的问题。战后日本经历的反反复复突出表明日本管理方法的时期，与热衷采纳美国管理方法的时期相交替。但是结果，*ringi* 制度远未变得过时，最有可能的是，只要日本人重视他们公司生活中的一致性、无个性化与协调，那么这种制度仍然会被继续采用。

5.5 结　论

日本的工业化继续使经济学家与经济史学家着迷，因为它的迅速发展以及它是亚洲惟一的工业化国家。在过去的世纪中，很少有哪国经济在如此短的时间内实现了工业化。日本的现代化伴随着工业化进程，深刻地改变着社会。因此，人们现在和过去都努力来理解和解释它的成就是很自然的。这些努力产生了一系列的解释与观点——它们试图说明为什么这个亚洲国家如此迅速、成功地进行了工业化。

正统派是通过强调日本社会与历史的独特性以及它较晚进行工业化来解 【260】
释它工业化成功的。这种观点——无私奉献的官僚与企业家、前武士和受武士精神激发的那些人，自上而下地为工业化而奋斗，使日本这个后来者尽可能快地进入工业时代——被极有说服力地提出。在它近半个世纪的发展过程中，这种观点被加强和完善，因此日益难以否认它的正确性。

正统派持有的另一个观点是，银行最初是在政府—武士的倡议下建立的，起着工业融资家的重要作用，而且到 20 世纪初时，它们成为工业资本的主要提供者。长期以来，人们认为日本模式类似于 19 世纪的德国，德国也是作为后来者进行工业化的，它发现它需要以高度垄断的银行方式来调动资本。但是两个时代和两次世界大战之后，正统派观点显然面临着做出调整以适应一系列新挑战的必要。建议重新评价这个流行观点的学者通过更全面地研究统计资料以及由其他证据而获得的研究结果对它的解释与观点提出了质疑。这些挑战需要进一步地评价，不过它们不会再被忽视了，因为它们对这个公认的观点的基石提出了质疑。

在很多方面，对已有观点提出明显的质疑被长期延误了。在日本，压制学术研究自由的军国主义和有关明治维新与第二次世界大战经济性质的无用的方法论，或许拖延了对这些观点再检验与评估的自然过程。对西方人来说，日本长期是一个神奇的话题，只是在第二次世界大战后对它的全面研究才开始。但即使那时的研究也深深地带有早期日本研究的色彩，并且被可怕的语言障碍阻碍着。在这些情况下，日本人与西方人进行的以经验为方向的历史研究被推迟了。

因此，最近对已有观点的再检验并未使大多数日本经济史专家惊奇。当政府与武士的作用被贬低并被放在一个新的角度中研究，而且当平民的作用和他们的利润动机被给予合适的位置时，显然我们仅仅是证实了长期期望的结果。所以，如果继续对日本工业化进程的再评价能够真正证明：长期持有的这个观点现在必须从根本上经受一次重新评价，并且提出的新的解释将取
【261】代旧的观点，那么，人们会发现多尔有关日本现代化的话同样适用于日本的工业化：

> 总之，重要的是，日本老百姓不是微不足道的。日本的现代化不只是上层变化的事情。它是大多数人许多小动机的积累，这些人能够评价新的可能性、做出新的选择，或者至少允许他们自己在劝说下第一次去做过去从未做过的事情。①

对于一个成功工业化的经济，它要求来自民众的广泛努力。如果政府被迫试图推动民众，而民众依然消极、保守并抱着老办法，那么工业化、现代化是不可能实现的。

不过，由于部分前凯恩斯主义经济理论在后凯恩斯主义经济理论中找到了一个合适的位置，所以日本工业化的正统观点的某些方面能够并且必须在新的框架内被调整，新的框架是建立在坚实的持续研究的基础之上的。建立一套新的关于企业家、政府、银行的性质与作用以及管理的一致解释的任务必须是对它们的综合，而且必须努力这样做。

当这些任务成功地完成时，我们就能够更好地来解释日本迅速的工业化了。那时政府的作用能够被更准确地评价，各社会阶层的作用也能够以更有意义的眼光被看待。讲述日本经济发展的故事就不只是用涩泽与财阀的例子了，而是应更全面，包括铃木、伊藤、安田、岩崎、三野村与中实川。银行所起的作用和日本工业企业的所有权与控制方式的变化也能够用更详细的资料被更准确地评价与理解。如果进一步的研究支持了本章所表达的基本研究结果，那么真正的实业银行业只是在20世纪20年代开始的，而且日本早期的融资方式应类似于英国而不是德国。如果这种观点能够被确立的话，那么这在理解劳动密集型工业（尤其是棉纺织业，显然它大多依赖于股份资本和利润再投资而不是实业银行贷款）的发展上是一个重要的认识。这种新的角度，使更准确地评价一般所有权与控制的演变以及财阀经济的重要性成为可能。

【262】对于受益于旧观点与新观点而出现的一般框架，人们应该意识到产生于

① 罗纳德·P·多尔：《德川教育的遗产》，载于马里厄斯·B·詹森编辑的《日本对现代化态度的变化》（普林斯顿，1965年），第104页。【111】

这两种观点的关于日本企业家、所有权与控制和管理制度的一个最显著的论点。也就是，日本能够工业化是因为它能够使它的社会与文化适应于工业化的要求。认为早期的日本企业家在见解上基本上不是西方式的，因此他们不会现代化，而是依赖于“古老的令人振奋的武士精神”，这是错误的。日本的 *ringi* 制度不是西方的，因此得出它不是现代的结论是一个严重的错误。说新的 *keiretsu* 集团在西方找不到相对物，因此这些集团的出现只是战前经济组织形式的翻版，也是荒谬的。许多学者倾向于强调日本工业化的日本性或者着重于日本为实现工业化的西方化能力。为强调日本性而把现代化等同于西方化是过分强调了传统，而忽视了日本社会以自己的方式使自己现代化的能力。认为日本西方化并寻找西方模式的复制品是低估了日本现代化的广度与深度。

鉴于日本的历史、文化与传统，它的工业化任务是双重的，它必须用西方的技术生产商品，同时要改变它的社会以使它能够满足工业化的要求。社会的这种转变是在两个层次上进行的，一是形式上，二是本质上。形式的变化包括按西方模式编纂商业法、实施工厂法，在公司内设立计划部以及在同盟国要求下实施一系列法律。

但是本质上的转变实现得不太明显而且要持久得多。这种转变是深刻的。商行逐渐采用了新时代的人与人之间的关系，工业家长作风出现了。20 世纪 20 年代的工业家长作风十分不同于今天公司的教育与福利计划。但是商行依然存在。集体的认可、对合作与协调的强调、地位等级差别的不懈追求和对个人而不是法律关系的重视，所有这些都是商行转变中的特点。正如我们所见，战后日本企业的决策制定过程中 *ringi* 制度仍然继续和计算机一起使用。20 世纪 60 年代的 *keiretsu* 集团与战前的财阀相似，有些人甚至说它是财阀的复苏。但是不管是今天的 *ringi* 制度还是 *keiretsu* 集团，它们已不像从它们形式上看到的样子了。这些制度生动地变化着并且【263】没有维持它们曾经的样子。这些本质上的变化是日本现代化的过程，在我们能够得到对日本经济史更好地理解之前，认识到这一事实是极为关键的。

日本是一个现代国家，日本是一个亚洲国家，这是无可争议的。因此，我们能够得到的惟一的逻辑结论是日本以日本方式实现了现代化。设想由合成纤维制成的和服变成穿金属制和服的武士以及巨大的、极其复杂的化学工厂的景象。我们不需要想起和服服饰或者西方魔术的化学过程。日本经济像人造纤维和服一样是工业化的产物，但是伴随着它的现代化，并未使日本西方化到削弱它过去独特的历史、文化传统的地步。对于我们来说，这是日本经济史所有的魅力原因，这种在日本传统中现代化的能力是日本成功工业化
【264】的秘诀。

第六章

1890~1913 年俄国早期工业化的资本形成①

6.1 一般特征

经济史学家通常认为19世纪80年代末期到第一次世界大战这段时期是俄国工业化迅速发展的时期，认为在这段时期内俄国的经济和社会状况发生了一系列的结构性变化。这段时期的明显特征是人口快速增长和农业进步并存，其中农业进步表现为：农业耕种面积和农作物收成的增加，农产品商业化的增强，以及农业劳动力流动性的增长。人均社会资本伴随着这些变化也出现了快速的增长，其中主要的构成部分——铁路干线，也在外国资本的支持和俄国政府的补贴下得以修建完成。这同时也是一段城市化速度加快、市场经济扩张的时期。工业作为俄国经济增长最快的一个部门，在市场经济

① 作者感谢西蒙·库兹涅兹（Simon Kuznets）教授和已故的阿尔伯特·魏因施泰因（Albert Vainshtein）先生的帮助。唐兰道博士和埃米·奈特夫人慷慨地提供了他们的建议，并仔细检查了积累的大部分数据。本研究由全国科学基金会和芝加哥大学的赠款资助。【1】

的刺激下，资本存量的规模出现了迅速的增长。工业产出的增加也受益于工业劳动大军的形成——这些劳动力不仅在数量上有了增长，而且在生产技能上也有了提高。确切地讲，所有这些变化都不足以保证使俄国从一个落后的农业国转变成一个现代化的工业国家。尽管如此，在这一特殊时期还是取得了很大的进步，从而加快了俄罗斯工业化的步伐。

因此，本章研究的是阻碍俄罗斯工业化战车前行的主要因素——经济和社会力量。这项工作之所以困难有多种原因。第一，不仅必须在目前阶段放弃详细阐述前工业化时期那些令人着迷的问题，还要重新检验以前对工业化早期所做的一些假设和判断。第二，从 1890 年起，时间越是向前推移，统计资料就越难获得；而且时间越是向前，资料质量越不可靠。第三，即使在我们考察的时间段内，许多最常见的、传统上最为人们接受的指标，像国民生产总值（GNP）或国民收入，在俄国也不存在。这就形成了一个严重的缺憾，因为，这剥夺了一个分析者为了重构基本的经济关系而对一些重要的假设进行实证检验的可能性；并迫使他不得不依靠那些描述性的材料。而描述性的材料会使人容易得出自以为是的印象式的结论。所得出的结论常常看
【265】似合理，却有暗含重大错误的危险。

尽管本章主要考虑的重点放在私人经济部门中家庭和企业的资本形成和资金筹措上，但是，若把政府的政策置于分析和考虑之外，会使本章对俄国的经济发展形成一种“非历史”的分析倾向。均衡地、实事求是地看待资本形成过程中的国外、国内、私人和公共因素的作用会使得我们更透彻地理解本章所研究的工业化时期。

我们以对俄国经济状况在这段时期首末的一般综述来开始下文的分析。

在 1861 年，俄国废除了农奴制，把农奴从私有农奴主的手里解放了出来。俄罗斯也借此进入了（当时所谓的）文明世界。然而，俄国农业经济结构并没有随着农奴刚刚赋予的人身自由得以在一夜之间发生转变。俄国的贵族大土地所有者保留了他们的土地——在一些地方，可能甚至还扩大了手中土地的拥有量，其代价就是农奴耕种土地的减少——而且他们也因为分配给农奴土地而得到了丰厚的补偿。但最重要的是，土地是以村社的形式为农民集体所有的，土地所有权因此被排除在了土地市场之外。传统的三田轮作制得到了维持，集体组织的财务责任和补偿制度造成了农民的“难以流动性”。土地的分派过程几乎花了大约 20 年时间才彻底完成。在土地的分派过程中，农民承担了在地产上提供劳动服务的责任，而且要一直持续到他们（作为集体）最终得到土地的所有权。这一进程很缓慢，为大土地所有者提

供了充足的时间去适应雇佣劳动力市场的状况，去出售或租赁手头的一部分土地并在他们自己的地产上组织生产。由此导致的结果就是，一些大规模的农庄向市场导向转型，雇用农业劳动力进行生产。这些土地所有者靠向那些缺少土地的农民出租土地取得收入来维持农庄的生存。

在19世纪80年代，俄国的农业已不得不面对国外市场的挑战。当时世界谷物价格急剧下降，而谷物是俄国农产品出口的支柱——俄国农产品在世界市场的竞争力下降，紧随着国内农产品价格下降的是土地价格和谷物生产利润的下降。农业收入不能增加，农业部门的资本积累就下降，土地所有者和农民都避免对收入下降的农产品进行生产投资。这种状况一直持续了好些年。低迷的俄国农业状况需要寻求一个解决的办法。【266】

解决问题的办法因农业区域和农业生产者的类型、长期和短期效果的不同而有所差别。对于在俄罗斯中部非黑土地区耕作的农民，他们对农产品价格不断下降做出的反应就是通过开垦草地缩减休耕地来扩大谷物生产，从而破坏了长期以来他们赖以恢复土地肥力的三田轮作制度。这种做法还削弱了农民饲养家畜的基础，反过来又影响了土地的肥力并降低了他们的收入。这一地区的饲养经济，一直到后来国外和国内对家畜产品需求增加后，才重新恢复过来。

扩大现有的小麦耕种面积是东部和东南部地区的土地所有者以及农民的做法。但这种做法带来的也不是纯粹的福音，从长期看，它对该地区绵羊的养殖产生了不利的影响。在黑土地区的一些地方，农业调整的结果是迅速向产业作物转变，最突出的是糖用甜菜，尤其是在劳动力供给足以产生这种劳动密集型作物的地区。

农业问题从农业人口迅速增加这个角度来看，显得更为严重。因为这意味着人均收入因劳动力增加而减少，还意味着对土地的需求更多、更加普遍，要形成更多的农场，也就更缺少对土地的新投资。由此，在地产所有者和农民之间进行收成分配安排的情况变得更加普遍——这种方法可能是土地所有者对农业机械和耕畜进行投资的一种替代形式。这种安排，虽然节省了对地产进行农业投资的开销，但在长期内会对地产的资本含量产生不良的影响。如果农民自己的田地和大土地所有者的地产在谷物产量上有差别，那么收成分配安排可能就会对谷物生产的水平产生负面影响。因而，比如政府修建并补贴的铁路给谷物出口商提供一定比率的优惠措施，虽然可以相对提高俄国农产品在世界市场上的竞争地位（还会改善俄国的贸易平衡），但就像这段时期俄国政府采取的其他措施一样，它们只是起到了对当时经济问题的一种减缓作用，并没有抓住实际问题的关键。①

1891 年的干旱和随后 1892～1893 年的霍乱，在很多方面都可以称之为
【267】严重的灾难。但这也并未在政府方面引发什么重大的变革。只是到了 19 世纪 90 年代后半期，当世界市场谷物的价格开始自动回升之后，俄国农业人口的经济情况才开始改善。俄国的农业在一定意义上充满了活力，这点可以从市场经济的发展和农业生产日益商业化方面反映出来。

制造业的发展模式不同于农业。俄国政府从没有忘记克里米亚（Crimean）战争（1855～1856 年）的教训。在那场战争中，俄国被工业先进的西欧国家战胜，政府将失败的原因归之于落后的工业和交通运输网络。如果时间和修建一些战略性铁路，已经消除掉了 1855～1856 年的冲击，那么俄国在柏林议会（Berlin Congress）（1878 年）上就得到提醒，政治上的胜利不会光临工业落后的国家，即使这个国家有“庞大的军营”。这样，某些现实不断地提醒俄国政府工业化的紧迫性，然而政治上的惰性、对于财政以及内部社会问题的顾虑，使得政府没有采取果断的政策。支持已有庞大官僚组织的需要、军事开支引起预算吃紧、难以从赋税已沉重的国民中征集更多税收，和对城市无产阶级的恐惧，这些因素都使得政府难以全身心地致力于工业的扩张。除此之外，尽管一定的关税有利于维护俄国国内工业的发展，但是贵族抵制征收一定的关税，又使得政府的产业政策来回摇摆，没有成效。对工业投资的稳固性缺乏信任，以及缺乏经过训练的人员和有天赋的管理人员也是工业发展的障碍。

政府的货币政策，在通货膨胀（尤其是在战争期间，像 1877～1878 年间）和明显的通货紧缩之间摇摆不定，这加剧了经济周期的影响，却对稳定市场、刺激工业品需求几乎没有影响。这样，内部市场增长得很慢，俄国的工业不能有效地同外国的工业品进行竞争，尤其是资本品。在各产业中的例外——也是政府在其中扮演了活跃角色的——就是铁路设施。俄国的铁路是在外国资本和技术的帮助下建成的。它有重要的政治意义，以致政府决定俄罗斯要实现铁路主要投入（铁轨、全部的车辆、燃料等等）的自给。正是
【268】铁路产业的这种发展，后来加速了新工业地区在俄国南部的出现。在那里，依托当地的煤和铁矿石，集中了大量的冶金和机器制造业。在其他产业中，同时依靠国内资本投资和市场需求的私人部门，发展步伐相对较慢。纺织业，

① 也许有人会提到，尽管 1887 年的公社（革命）曾废除了农民的集体财务责任，这一措施 1893 年又重新实施，后来又重新制定。该措施并没有允许农民离开公社，成为独立的农场主。【2】

尤其是棉纺织业，充当着发展速度的调节者。

19 世纪 90 年代之前，工业企业在地理分布上通常很分散。许多是面向当地市场，而不是面向区域的或全国的市场。其中绝大多数的企业和在企业中工作的劳动力都处在乡下，而不是在城市。主要工业区的轮廓还只是刚刚显现。

一直到 1890～1913 年才完成工业企业在区域上的集中化，各地区之间以及地区内部实现了更高水平的专业化生产。逐渐密集的交通网络不仅将以冶金业为主的南部地区与靠近西伯利亚的波兰地区相连接（后者与前者存在竞争关系）；更为重要的是，还将南部地区与金属加工业和机械制造业产业集中的圣彼得堡连接了起来。以莫斯科和伏拉基米尔为主的中部地区发展成为纺织制造业的主要集中地，只有波兰德罗兹纺织中心可以与之相抗衡。作为燃料生产商，石油生产高度集中的地区（高加索的巴库油田）一直不得不在俄国国内众多的市场上与煤炭生产商进行竞争，但是直到第一次世界大战之前不久，它才开始面对来自格罗兹尼油田的竞争。

因而，1890 年左右的数年，标志着工业（较农业为甚）活动的加速和许多地区发展步伐的加快——劳动力增加，有形资产增长，生产的规模、品种和企业的组织结构增长，私人拥有的企业向公司或股份公司形式转化。

俄国经济 1890～1913 年这段时间多方面的发展是很难用简单的方式表达清楚的，而且选择使用一些数量指标来反映复杂的变动过程是一种不合情理的简化。所以，下面提供的数据基本上只是用来起说明性的作用。

表 34 给出了这段时期经济增长率的数据，从中可以看到俄国经济增长过程充满着活力。然而除此之外，就像表中代表经济活动的数量指标所指明的那样，还能看出整体经济中发生的一些结构变动。

总产出中商业生产部分所占比例的增长，是该时期最重要的一项变动。它之所以重要是因为农业部门和工业部门一样，也被包含在了这项变动之中。考虑人口规模的变动，贸易周转额（依照可获取的估计数据）增加了 【269】
123 个百分点，① 进入市场的农业产品占全部农产品的比例很可观。

俄国的农业从 19 世纪 80 年代和 90 年代早期的困难时期走出之后，市场销售量的增长开始超过农业总体产出的增长速度。产出中进入市场份额的

① 参见 S. G. 斯特鲁米林（S. G. Strumilin）的 *Statistiko-ekonomicheskie ocherki* 一书（莫斯科，1958 年），第 680 页。斯特鲁米林估算 1890 年国外贸易量是 40.33 亿卢布，1913 年是 117.54 亿卢布。【3】

表 34　　摘选的经济指标：1890 年与 1913 年

	1890 年	1913 年	变化率（%）
人口	117 787 000	161 723 000	37.3
城市人口	11 774 000	18 604 000	68.9
人均谷物产量[a]（1913 年的卢布）	20.60	27.88	35.3
人均工业总产值（1913 年的卢布）	19.16	42.91	124.0
人均贸易额（当年卢布）	34.24	72.68	122.66
人均出口量（当年卢布）	5.84	9.06	55.14
批发价格指数（1913 年为 100）	76.7	100.0	30.4
制造、采矿和铁路雇用的人数	1 682 100	3 844 000	128.5
铁路长度（公里）	30 596	70 990	132.0
流通中的人均货币（卢布）	7.88	13.88	76.1
国家预算中的人均支出（卢布）	8.97	20.92	133.2
人均政府担保债券（卢布）	50.14[b]	77.18	53.9

a　人均谷物产量由收获季节的规模而定，这在俄国变化很大。1913 年的收获季节是记录在案的最好的收获季节之一，1890 年的估算数仅仅是根据俄国 60 个地区的人均产量计算的。实际 5 年的平均谷物产量显示了一个较低的人均增长率。

b　是 1893 年 1 月 1 日的数据，而不是 1890 年的数据。

增加量不仅受到了国外需求的影响，也受到了由于国内城市人口增长而被刺激起来的国内生产需求的影响，还受到了地区专业化程度提高的影响，而这些地区的乡村人口在逐步增加。逐步增加的乡村人口的地区专业化的影响。一组特定的农业产品的出口①以人均计算增加了 41.1 个百分点。农业商品出口贸易表明农业产出中国内市场可交易份额下降，这段时期农业产出可交易份额的增加就显得更为重要。它之所以重要不仅是因为整个农业产出的收入中货币收入的比例上升了，而且因为它使得种植业和市场之间的联系纽带
【270】更紧密了，市场机制对农业生产者的影响更大了。在 19 世纪 80 年代后期至 1913 年这段时期，商品农业的增长引起并加强了农民内部的收入差别。虽然收入差别化的进程在一定程度上受到了制度安排（农民的村社、税收结构等）和农民周围环境的阻碍，但是，不管这些障碍带来的附加成本有多

【517】① 这一类包括了谷物、亚麻、大麻、油籽、鸡蛋、牛油和家畜。1890 年这些商品的出口占俄国出口总额的 70%，1913 年占 63.7%。【4】

大，这个进程本身是不可避免的。1906 ~ 1910 年间的斯托雷平改革扫除了上述一些制度上的阻碍，在此之后，农业商业化的进程和农民之间收入的差别得以迅速推进。

这段时期另一个重要的结构变化是工业和服务业部门在总体雇用和产出中所占的比例增长了。在矿场、制造厂和铁路工作的劳动力有了明显增长。在那些分支部门就业的劳动力从 1890 年的 1 682 000 人增加到了 1913 年的 3 844 000人，平均增长 128.5%。除了非农产业劳动力就业的数量增长外，最重要的是劳动力的流动性增加了。这反映了城市化的进展——人口从农村向城市地区迁移，而且大多是受到城市就业机会的驱使。①

虽然不能把大多数的城市人口增长描述为工业就业的影响，但工业化确实对劳动力向城市的流动和城市人口的增长产生了强烈的影响。②

俄罗斯学者和外国学者已经广泛地讨论过俄国在 1890 ~ 1913 年间工业生产的增长。按照雷蒙德 · 戈德史密斯重新估计的所谓“孔德拉季耶夫（Kondratiev）指数”，大型工业的物质产量在 1888 ~ 1913 年间的年增长率约为 5 个百分点，其中 1888 ~ 1900 年间的年增长率约为 7 个百分点，1900 ~ 1913 年间的年增长率约为 4 个百分点。③ 与其他大多数处于相似的工业化发展阶段的国家相比较，这种增长水平是不错的。工业生产的增长（大规模

---

① 1897 年的人口普查已经显示俄国有 46.5% 的城市人口是出生在他们所定居的城市之外的。31% 的城市人口出生在城市所处的地区之外的这一事实，为移民过程增添了一个明显的特征。参见中央统计委员会（Central Statistical Committee）的 *Obshchyi svod po imperii rezultatov razrabotki dannykh pervoi vseobshchei perepisi naseleniia*（圣彼得堡，1905 年）I，第 84 ~ 113 页。【5】

② 1890 ~ 1913 年，俄国欧洲部分的城市人口增长了 68.9%，从 1 101.3 万人增加到 1 860.4 万人，对 103 个地区（包括 40 个城市、63 个城镇和工业居住区）的抽样调查显示，城市中大工业就业的增长率远远超过城镇和工业居住区的就业增长率（1890 ~ 1914 年间为 162% 比 104%）。

关于城市人口的数据参见 V. 扎伊采夫（V. Zaitsev）所著的 Vlianie kolebanii urozhaev na estestvennoe dvizhenie naselenia，收录在 V. G. 格罗曼（V. G. Groman）主编的 *Vlianie neurozhaev na narodnoe khoziaistvo Rossii*，II（莫斯科，1927 年），第 53 页。有关 103 个地区工业就业的抽样数据参见 V. I. 克里莫夫（V. I. Klimov）的‘103 vazhnieishykh tsentra fabrichno-zavod-skoi promyshennosti evropeiskoi Rossii v 1900 – 1914’，收录在 Istoricheskaia Geografia 的 *Voprosy Geografii*，L（莫斯科，1960 年），第 209 ~ 210 页。【6】

③ 根据 N. D. 孔德拉季耶夫收集的基础数据，戈德史密斯（Goldsmith）利用各种方法分析了制造业和采矿业的平均年增长率（基础年是 1900 年）：

	1888 ~ 1900 年	1900 ~ 1913 年	1888 ~ 1913 年
孔德拉季耶夫几何平均	8.1	4.2	5.6
孔德拉季耶夫算术平均	7.2	4.4	5.3
加权平均			
估算加权	7.1	4.1	5.1
未调整加权	6.7	4.0	4.9

参见 R. 戈德史密斯：《沙俄 1860 ~ 1913 年间经济增长、经济发展和文化变革》，IX（1961 年），第 465 页。【7】

生产的工业）相对更广为人知，经济活动的一些其他特征大多被丢在了公众注意和学者研究的视界之外，因而应当予以提及。

出口的增长是经济活动的一个重要组成部分，俄国出口中的最大组成部分是农产品，因而它在一定程度上反映着农业生产商业化的增长。在缺乏主要的外国资本流入的情况下，为平衡国际贸易而制约了经济的发展。出口的增长不仅必须要维持一个国际贸易的余额，还要在当时对俄国不利的条件下
【271】实现俄国对外支付的平衡。实现这个任务是不容易的，因为要考虑政府支出模式。政府的支出主要放在了军事开支和维持公共秩序的成本，以及政府负债（在很大程度上是由政府采取的军事扩张政策带来的）的利息偿付上。大量的资金被花在了国外——不仅是政府支出还包括俄国公民的支出，这明显地增加了偿还外国债务的负担。于是，政府就努力刺激出口，并且通过高关税政策，抑制进口的增长。但是，出口的增长不足以提供政府和整个国家所需要的外币余额。于是，政府的财政政策就转向取得外国货币并为外国资本的流入提供便利。

俄国政府在 19 世纪 90 年代财政政策的主要成就就是引进了通货和黄金的兑换机制。俄国政府通过接受金本位制，努力要达到两项目标。第一，允许实际上的货币贬值，并通过防止币值的波动，以确保用外币衡量的俄国商品不会变得更贵。在外贸领域这起到了有益的稳定作用。第二，政府希望降低波动的币值对于预期的外国借款人和投资者的风险。通货可以兑换成黄金带来的是数年无情的黄金储备政策和与此相联的通货紧缩压力。政府要维持一个可以兑换的通货，如果没有一些部门负担进一步的成本是不会成功的，但维持金本位制有助于增加国外资金的流入。

俄国的货币政策是通货膨胀式的还是通货紧缩式的呢？这个问题，若没有进一步对货币和信贷的详细分析，是很难回答的。最合乎情理的一个答案是，俄国执行的货币政策不是一个持续的政策。在和平年代通货膨胀的压力逐渐积累时，俄国的财政部——通过国家银行——就会努力减少货币供给；在战争必需的开支或财政赤字很大时，印钞厂就会超时工作。由此，我们发现摇摆不定的货币扩张和紧缩政策，常常带来经济的波动。无疑，与其他国家相比，俄国经济在 19 世纪 90 年代确实没有从货币当局得到多大的帮助，在 1900 ~ 1908 年间经济相对停滞的时期，也没有采取什么更为积极的货币扩

张政策。① 然而，直到 20 世纪开始，俄国的银行还没有从政府中独立出来，【272】没能对可贷资金市场的需求负起更大的责任。在 19 世纪 90 年代期间，银行是如此紧密地和政府政策相联，希望它们消除因政府政策措施所导致的不平衡是不可能的。平衡的结果是，如果想用价格水平的变动作为货币政策的一个准绳，那么俄国价格水平的上升不会比英国 1890 ~ 1913 年同期的价格水平高很多。对于一个快速工业化的国家而言，这种水平是否最理想是一个有争议的话题，超出了本章论述的范围。

1890 ~ 1913 年这段时期的一个标志就是国家债务的大量上升。国家债务的两个组成部分（国外借款和国内借款）同时上升。国外借款不成比例的上升是由于黄金储备②的增长和为修建铁路融资的预算上升。③ 但要更好地理解国家债务在俄国经济中的作用，要通过衡量政府和政府担保的贷款及公债④的数量变化获得。自 1893 年以来贷款和公债的连续数据都是可以得到的。这些数据显示，贷款和公债从 1893 年 1 月的 60.9 亿卢布增加到了 1914 年的 127.45 亿卢布。在这期间，国家对外的总债务从 38.18 亿卢布增加到了 65.07 亿卢布。官方估计由俄国公民持有的债权，从 22.73 亿卢布增加到了 62.38 亿卢布。这样，俄国公民自己持有的债权占总债权的比例从 37.3% 增加到了 43.9%。

外国对俄国证券持有量的增加，一方面是由于它比西欧国家的债券收益要高，另一方面是基于政治上的考虑。法国和俄国签订的协约（友善谅解），使得法国成了俄国最大的贷款人。

就俄国本身而言，人均持有的政府或政府担保的债券增加了一倍，这显示出了经济本身内部资本积累的增长。金融中介机构，如储蓄银行和商业银行的参与虽然也很重要，但私人直接认购的数量也在持续上升。这样，这段时期俄国的资金市场逐步壮大。政府的债券、铁路债券和抵押债券在市场上

---

① 也许责备前人缺乏知识是不公平的，这种知识是后代付出了相对高的代价才得到的。【8】

② 国家银行的黄金储备增加了，从 1890 年 1 月的 4.75 亿卢布增长到 1898 年 1 月的 11.85 亿卢布，增幅高达 150%。【9】

③ 尽管在这一阶段大部分时期，大部分的铁路设备是由国内生产的，但是政府必须用外汇给铁路债券的国外持有者支付利息和担保的股息。作为给予私人公司铁路贷款的担保方，当私人公司出现亏损时，政府有义务偿还贷款。这一时期，铁路债券的总额增长了 100%，从 12 亿卢布增长到 24 亿卢布。【10】

④ 选择了一个特定的方法测量政府债务，因为政府债务的定义比国债更一致。基本上政府债务包括政府长期借款、铁路公司的债券和股份以及政府赞助的地产银行的债券。【11】

占主导地位。① 由此，我们可以得出这样的结论：总体上，政府政策是成功的，它引导居民储蓄投资到政府经济政策所关心的主要领域上，即建立了超
【273】前资本，并且支持了农业建设。

就是在这样的背景下，俄国的工业企业必须要同其他“安全”的证券投资形式来争夺发展所必需的资本。虽然圣彼得堡的主要银行都参与了工业融资，但可以流通的工业公司股票在19世纪90年代早期被投资大众认为是具有很大的投机性的。20世纪初的七八年之后，银行为工业的融资数量只是略有增加，直到第一次世界大战后的复苏和工业繁荣之后，银行家和投资者态度才开始变化。

基本上是在1909~1913年间，俄国工业企业的证券才在外国和本国的货币市场牢固地确立了自己的地位。② 工业企业在货币市场借款量的增长表现出了与政府借款相似的模式，即国外和国内市场同时增加，国内市场的比重超过国外市场。③

在对俄罗斯1890~1913年间经济简短的回顾中，忽略俄国铁路的发展不会有碍大局。然而，如果缺乏对这个问题的基本研究，就很难界定铁路在这段时期的作用。许多问题对于经济分析和历史衡量都是至关重要的，但是至今依然尚未探讨或回答过。19世纪90年代是一段前所未有的铁路网扩张期，它有助于农业的商业化进程，方便了劳动力的流动，为采矿和制造业做出了贡献，并且刺激了贸易。从我们的目的来看，只要说明如下情况就足够了，即铁路在提供就业和反复灌输科学技巧方面是重要的。铁路，基本上是在政府的引导下，吸收了很大比重的国外借款和国内投资。用政府政策的标准说，铁路交通在各产业中被给予最优先的地位，不仅由于经济原因也由于政治原因。在1890~1913年间，政府直接承担

---

① 表50（参见后面的统计附表）反映了政府担保债券随着时间的变化。政府担保债券包括国债、铁路债券以及贵族银行和农民银行的债券，贵族银行和农民银行是由政府担保的从事土地抵押的两个主要机构。【12】

② 一个有趣的现象是，俄国工业最大的部门——纺织业很大程度上依赖于通过它的股东和所
【518】有者进行国内融资，而不是从金融市场上借款。采矿业、冶金业以及其他很多属于制造业的部门主要依靠出售债券和从银行借款。

考虑到在交易所报价的债券数量，以及这些公司所代表的资金数额，可以将交易所按照下列顺序排列：（1）圣彼得堡，在我们研究期末，其规模是排名第二的交易所的两倍；（2）巴黎，在采矿业和冶金业方面占优势；（3）布鲁塞尔，着重集中在公共事业和当地的交通运输方面；（4）伦敦，主要是石油和采矿业；（5）柏林，制造业方面。【13】

③ 很难区别外资所有的工业资产和国内所有的工业资产。任何西方学者，如果将他的结论或者观点建立在第二手俄国资料上，那么他就是实际情况被歪曲了的受害者。解决这一问题的方法就是，在重新调查第一手资料的基础上，进行进一步的研究。【14】

了大量的铁路修建的成本，不再像以前过多地依赖在外国和本国货币市场上可以流通的铁路债券。①

不过，与 19 世纪 60 年代和 70 年代铁路建设的密集程度相比，1890~1913 年间的铁路修建在俄国资本的总体增长中的重要性下降了许多。在一定程度上，这是可以预料到的，从工业化的定义中就可以暗示出来。大量的 【274】
历史学家和经济学家对这段时期的研究都忘掉了这一点，这很容易理解。他们的注意力习惯性地集中在俄国经济的公有部门，因为他们确信俄国经济发展中最为积极的、唯我独尊的角色就是政府。不同意这个极端的观点，并不是就同意另一个观点，即 19 世纪 90 年代以及之后的俄罗斯进入了一个古典自由竞争的时期，或者说铁路不再对经济的发展起重要作用了。这只是暗示，除非把对铁路的认识放在同工业资本增长或农业资本变动对比的角度之下，否则我们关于这段时期实际比例关系的观念将依然是印象式的，或者说实际上是曲解的。

铁路和工业资本的对比尤其具有启发性。在这两种情况下，铁路是相当重要的，机械设备部分（或铁路上运行的全部车辆）也很重要。按照我们最基本的要求，不管资本存量的增加是用当期价格还是用不变价格表示，也不管假定的铁路的最低折旧率为多少，两者之间都是不可比的——即铁路在这段时期资本存量的增长没有超过工业资本存量的绝对增长。从一个比工业资本还要大的资本存量开始（大约两倍于工业的资本存量），铁路在 19 世纪 90 年代直到大约 1907~1908 年一个决定性的转折点出现为止，都一直在资本存量的累积中起着主导作用，余下的数年足以使铁路完成其在资本存量增长中所占比例的决定性转变。②

6.2 经验性结果

本章的目的不是重复前面对俄国经济成果的回顾，而是要探究资本形成的过程。为了使对资本形成的考察在将来某一天进行国际比较时可以理解，

① 例如，很多宏伟的铁路建设项目，诸如横穿西伯利亚的铁路，以及在亚洲的很多其他铁路，都是政府国库支付费用进行建设的。这并不排除政府从国外贷款再转移给铁路进行建设的可能性，但是很明显，这些资金至少形式上来自国家预算。【15】

② 在 1890~1913 年的 24 年间，有 10 年铁路资本价值的净变化超过了工业资本的变化量（以现价衡量）。【16】

我们采用了西蒙·库兹涅兹的方法。① 库兹涅兹对资本的定义是："是各种经济手段的总和，与人的概念不同，从法律上讲，在经济交易中可以处置，用于进行生产和取得收入"。本章也采用了这种定义。本章对资本形成的经
【275】验研究还很不全面；它甚至没有全面研究经济体系中的私人部门。然而除了有可能会低估设备的比重以外，有理由相信下面呈现出来的资本形成模式与整个资本存量的构成和增长模式相近。② 在得出结论的过程中，我们采用了俄国保险公司和政府保险机构的资料（在我们能够得到的时候），这是沿用了俄国统计学家阿尔伯特·魏因施泰因的做法。③ 下面经验分析的结果仅仅是对俄国资本形成进行更详细研究的一个开端。

6.2.1 农业中的资本

虽然政府采取了各种各样的政策刺激其他经济部门的投资，但农业部门的资本形成，就其规模而言，依然是一个重要的方面。

俄国的税收负担限制了资本形成的速度和范围，对于农民而言更是如此。一个很显著但从任何角度来说都不是最重要的例子就是，在农奴解放后的45年间，农民一直承担着支付土地赎金的负担。④

强加在农民头上的税收制度逐渐转变成了一种呈递减状态的间接税。缴纳间接税的商品包括酒、糖、煤油、烟草和火柴——所有这些都是农民日常

① 利用并分析所有关于俄国资本形成的资料，有助于与西蒙·库兹涅兹和他的同事所做的研究进行比较。西蒙·库兹涅兹的同事包括美国 NBER 的理查德·斯通（Richard Stone），英国的查尔斯·范斯坦（Charles Feinstein），日本的亨利·罗索夫斯基（Henry Rosovsky），德国的瓦尔特·霍夫曼（Walther Hoffmann）。【17】

② 将本研究中 1913 年股本的构成与阿尔伯特·魏因施泰因估算的 1913 年总股本（不包括土地）的构成进行比较，产生以下的结果：（1）建筑施工所占的比重是一致的；（2）设备和存货所占的相对比重有出入。本研究低估了设备的比重，这点容易理解，因为忽略了公共事业、铁路和政府所有的设施。为了进行比较，利用了阿尔伯特·L·魏因施泰因所著的 *Narodnoe bogatstvo i narodnokhoziaistvennoe nakoplenie predrevolutsionnoi Rossii*（莫斯科，1960 年）。【18】

③ 在很多例子中，保险数据覆盖的范围较大，比政府统计的公开刊物所提供数据的总和还要详细。除了特定的缺陷之外，保险数据有很多优点。不用考虑建筑物和设备的价值以及存货等级，保险数据反映的情况更接近于股本的实际利用率。它们反映资产的市场价值比其他估算方法更接近事实。为了估算工业所占用的资金和城市居民结构，更多地利用了保险数据。【19】

④ 在 1890 ~ 1906 年间，俄国农民为赎回付款支付了 14.373 亿卢布。在 1905 ~ 1906 年革命的压力下才终止了赎回付款，之前每次只有在农业政策发生巨大变化的时候才停止。【20】

生活所需。① 此外，茶叶的进口销售税很高。对纺织品和金属制品的高关税导致消费成本高，将农业的剩余资源引导向了其他经济部门。即使是在服务业领域，像铁路客运和商品航运，对农民的歧视性价格也有助于政府帮助其他的社会阶层。这样，政府的税收政策和歧视性价格影响了农民储蓄的“价值”，减少了他们原有的投资。

农业中资本品的投资，就庞大的人口数量而言，是有限的。因为农民的大量资金被用于购买土地了。

除了人口对于土地的压力外，流行的短期土地租赁条件明显不利于鼓励农民对租地进行投资。② 换句话说，农民认为土地的所有权是对土地进行投资的前提条件。除此之外，上升的土地价格和租金刺激了对土地的需求，导致了农民的购买欲望。所有这些因素结合起来，结果就是土地所有权从贵族向农民转移。根据可得到的资料，在 1890 ~ 1913 年间，贵族在欧俄（Euro- 【276】
pean Russia）的 45 个地区的土地拥有量下降了 35%，从 6 520 万俄顷，下降到了 4 220 万俄顷。③ 虽然不是所有的这些土地都转移到了农民手中，但是其中的大多数是被农民得到了，其中有的是通过个人的形式，有的是通过集体的形式（通过村社或地方的自愿联合体）。

把他们的储蓄和通过土地购买会带来的未来收入——与有限的从信贷市场获得资金的机会结合起来，我们可以看出：至少到 1906 ~ 1907 年，农民手中不会有多少剩余的资金可以用来在农业经营上投资。这样，虽然这段时期农民的储蓄出现了一定程度上的增长，但实际上对在短期内就能带来高回报的资本投资的增长没有做出什么贡献。

鉴于相对沉重的税收负担和相对大量的土地购买支付以及在耐用资产

---

① 魏因施泰因估算了 1912 年俄国欧洲部分 50 个区农民人口的支出分布情况。数据是具有启发性的，并且支持我们将重点放在税收的影响方面。通过将魏因施泰因的数据分组，我们得到了以下结果：（1）直接税 2.217 亿卢布；（2）对酒征收的消费税和关税支出合计为 4.566 亿卢布； 【519】
（3）支付土地租赁和土地购买，3.759 亿卢布。合计为 10.543 亿卢布，而估算的现金总收入只是 27.50 亿卢布。参见阿尔伯特·L·魏因施泰因所著 *Oblozhenie i platezhi krestianstva v dovoyennoe i revolutsionnoe vremia*（莫斯科，1924 年），第 148 页。【21】

② 有关农民出租土地的数据并不完整，也不确切。现有对土地出租估计的范围很广，从 1950 万俄顷到 4 880 万俄顷（1dessiatin = 1.0925 公顷）。19 世纪 90 年代农民租用的土地大约超过 3 000 万俄顷，1900 年后这个数字降低了，直到第一次世界大战前，这个数字一直维持在 2 500 万到 2 800 万俄顷之间。【22】

③ 1911 ~ 1913 年的数据并不精确，覆盖的范围也不清楚。所以，1913 年的数据是对 1912 年数据的估计，依据的是财政部 *Ezhegodnik Ministerstva Finansov za 1916 god*（彼得格勒，1917 年），第 409 页。

除了贵族向农民出售土地以外，政府也给农民出售了土地，数额大约为几百万俄顷。所以，尽管农民不是贵族土地的惟一买方，但是农民得到的土地总量大约是贵族净出售土地的总量。【23】

（如住宅）上的投资，农民对于其他形式的投资就有限了。这段时期的大部分时间，在家畜和耕畜、农业机械、灌溉和排水或在改进化肥以及各式各样能够带来更高产量的种子等方面的投资，应该被看作与土地购买和农田建设相互冲突的，而不是相互补充。毫无疑问，这些投资的替代选择在这段时期俄国农业的增长（模式）中扮演着重要角色，也有助于解释该国的落后状态。

为了与农业资本的传统分类方式一致，有必要把资本区分为：以可耕地为表现形式的资本，投入到农舍和农庄建筑物上的资本，投入到设备、机械、耕畜和生产性家畜上的资本。① 至于所涉及的土地，这个时期有关可耕地面积的资料彼此不一致；也没有可以连续反映土地资本形成的土地价格资料。因此，我们就把耕种面积的增加量近似地作为农业土地资本的增加量。②

谷物和土豆的耕种面积有两套官方数据：一套是关于1893～1913年间欧俄的50个地区的；另一套是关于1895～1913年间俄国的72个地区的。

根据第一套数据（在50个地区的），耕种面积是从1893年的6 230万俄顷增加到了1904年的7 240万俄顷和1913年的7 600万俄顷，或者说在1893～1913年之间耕种面积增加了22%。根据第二套数据（在72个地区
【277】的），耕种面积从1895年的7 290万俄顷增加到了1904年的8 670万俄顷和1913年的10 210万俄顷，或者说在1895～1913年之间土地面积增加了40.1%。对于整个俄罗斯的领土而言，耕种面积的增加看来要更大一些，估计在1895～1913年间大约增加了43%。种植庄稼的模式变化也是可以辨别的。

耕种面积的增长在很大程度上反映出小麦和大麦种植面积的增加。③ 因为这些庄稼的种植需要比黑麦和燕麦更好的土壤条件，所以做出如下假定是有道理的：随着耕地面积的扩大，庄稼种植模式发生了变化，这种变化包括了土地质量的改善，这样就使得土地资本数量增加了。

对1896～1913年间土地增加值进行基本计算，只以耕种面积的增加部

---

① 另外，根据本章对资本的定义，资本形成的计算里也必须包括了种子和饲料等存货的变化。【24】

② 除了官方关于可用土地的数据不完整以外，在农业统计领域的主要专家几乎一致认定，关于种植面积的官方数据至少低估了5%。由于没有发现关于这一成见的明确数据，这里接受了关于种植面积的官方数据。对土地中资本的详细分析还必须包括种植面积的变化，因为资本的年增长量毫无疑问要比官方数据大。【25】

③ 在俄国欧洲部分50个区所有增加的1 370万俄顷种植面积中，小麦和大麦占了1 000万俄顷；在俄国72个区所增加的2 920万俄顷种植面积中，占了2 040万俄顷。【26】

分为依据，用当期价格衡量是 8.7 亿卢布。① 虽然这个数字与农业资本的增加数相比很庞大，但上述研究的结果并未把土地价值和灌溉与排水设施的价值包含在内。所以这个估计只是起到说明的目的。

除了土地，住宅和建筑也构成了农业资本很大的一个组成部分。这部分的变动直接与农业单位数目的增长相关，而农业单位数目是人口增长和收入增长的函数。

由于当时土地的所有权是在农民和大地主之间进行分配的，尤其是类似长子继承制这种惯例做法与传统的继承权和所有权的概念背道而驰，② 所以在考虑农业人口增长时，几乎可以放弃关于农业经营生产单位增长的结论了。这样，由于农民具有优势，因此新形成的农户几乎完全集中在农民那一边。就像前面所指出的那样，大量农户的增加一方面以现有土地范围内农业生产的密集化为基础，另一方面以耕地面积扩大为基础。后一种方式是通过殖民地运动以及政府资助的迁移行动来实现的。当时政府鼓励从人口稠密的中部地区迁移到东南部地区、西伯利亚以及亚俄（Asiatic Russia）的大草原地带去。就是这种内部迁移行动缓解了欧俄人均可耕地面积的下降，并且有助于形成新的农户。

进一步的研究无疑会改进目前对农业单位数目的估计，但在估计农业结构中的资本存量时不会首先采用这个近似值。③ 【278】

按照我们的计算，农业住宅的资本存量的情况是，从 1890 年的 52.44 亿卢布增加到了 1913 年的 70.05 亿卢布，或者说在此期间增加了 33.6%——比农业人口的增加稍低一些。

农田建筑的增加幅度和农业住宅相近：④ 其价值从 25.95 亿卢布增加到 34.82 亿卢布，或者说增加了 34.2%，于是，农业建筑物总库存从 78.39 亿卢布增加到了 104.87 亿卢布，或者说增加了 33.8%。⑤ 鉴于俄国当时农业资金缺乏和各式各样对农业投资的阻碍，这样的规模依然会给人深刻的印象。

运输工具、其他农业设备和机械是农业资本的独立构成部分，它最重要

---

① 这个估算是依据土地改良占土地现价的 35% 的假设得来的。【27】

② 这个规律的惟一例外就是存在一种特殊合法的分类方式，它包括几百个不能再细分的大地产，这些地产不可分割的继承权得到承认并被保留下来。【28】

③ 资本估算的一个明显缺点是它的假设，即当建立新农场时，假设它会按照住宅和建筑物的一系列平均水平进行装备。当一个人只是模模糊糊地了解农村生活时，就会知道这个过程需要几年才能完成。所以，为了进行分析，在估计农业建筑物的股本变化时，3 年移动平均将比所说的逐年变化更现实一些。【29】

④ 在某种程度上，得到的结果是由于采取了与计算就业相同的假设。【30】

⑤ 见表 45（后面的统计附表）农业建筑物资本的增长。【31】

的特征是，与其他设备和农机相比，交通工具的资本比例相当高。

由于多种原因，交通运输设备（四轮的马拉车、雪橇等）对农业经济而言相当重要。由于在俄国某些地区流行条块耕种的方式，而在另外一些地区从农田到农庄房屋的距离又相当远，因此，无论是为了从事季节性农活，还是为了把待售农产品运到距离最近的市场上去，都需要交通运输工具。另外，对于一个交通运输网络稀疏的国家而言，非农业部门也需要交通运输服务，而农业人口所拥有的交通工具至少部分地满足了非农业部门的这种需求，同时也为农业人口提供了额外收入，农闲季节尤其如此。

由于当时还没有出现明显的替代物，因此交通工具资产的增长与新农场的形成和耕畜所有权紧密相关。因此，人们很容易假定非农业部门对这种服务的需求是稳定的，① 而农业部门的需求是上升的。也许并不十分引人注意，但农业机械和设备是农业资本的最重要组成部分。它至少包括以下四种类型：（1）由乡村农民或者当地工匠制造的农具；（2）农业设备和由小型工厂以及专门生产特定工具的手工作坊制造的农具；（3）由国内大型工业企业制造的农用设备和机械；（4）国外进口的农业机械和设备。与国内产
【279】品相比，大部分进口产品的技术更为先进。

在这段时期，农业资本中的农用设备和农机有一个主要特征，即国内生产的、进口的以及大批量生产的设备逐步替代了以前由小工厂、工匠和乡村手艺人所生产的原始设备。这是现代化生产方式进入俄国农业的表现之一，它不仅节约了劳动力，并且提高了耕种质量；它既影响了产量，又影响了农产品的成本结构。在农业机械的工业生产发源地，这一时期不仅是农机生产快速增长时期，同时也越来越多地使用俄国国内工业部门自己生产的机械来替代以前进口的设备，并且国产农机比例的增长幅度超过了进口设备。农业机械的不完全资料不能说明资本增量在地理上的分布以及在不同规模农场里的分布情况。这些不完全资料来自于铁路运输统计和 1910 年进行的惟一一次有关农业机械设备的普查。获得的资料显示出，收割机械比重很大，在生产商品化谷物的地区尤其如此（在欧俄的南部和东南部地区、在亚俄的大草原地区）。在耕种农具和播种农具方面，农业商品化的地区决定着前进的步伐，而进口谷物的非黑土地区紧随其后。当小户农民还处在从木犁向铁犁转换的过程中时，大型农场对复杂农具的需求还在增加。农业劳动力的成本

① 当铁路和水路运输减少了对畜力提供的陆地运输的需求时，进入商业渠道的商品增加量趋向于维持以前陆地运输的水平。【32】

上升是决定以机器代替人的一个决定性因素。资料明确显示，到这个时期末期，投入农业生产的机械设备才开始发挥作用。如果谷物生产的机械化进程很慢的话，从准备饲料到整个喂养过程，家畜生产的情况会更加恶化。除非农产品参与国际贸易或地区间贸易并执行统一标准（例如黄油、鸡蛋和一些肉制品），在这种情况下需要投入资金。一般而言，由于缺少可选择的就业机会，农户能够为生产家畜提供劳动力，这就缓解了家畜生产过程中资金紧张的局面。

在本研究所估计的农业资本构成中，家畜和耕畜是最令人迷惑并且最有争议的。这部分资本数据的变动之所以令人不解至少有如下原因：（1）【280】官方资料极其不准确，表现出来的变化方式不一致；（2）庄稼的资料表明谷物有所增长，但是却看不出用于饲料的谷物替代了食用性谷物；（3）家畜的商品化产量有所增长，给人的印象是农业中的家畜部门在扩大。除了这些矛盾之外，我们必须近似地描述出这一阶段家畜和耕畜的现状。通过分析以下现象有可能解决这个明显的矛盾：（1）俄国的家畜群直接受到频繁干旱的影响，干旱不仅影响食物来源，还会在很大程度上影响饲料供给，这样就会引起家畜规模的收缩，而且一般需要好多年才会恢复到干旱前的水平。除此之外，家畜群还持续地受到疾病的影响，这会降低在短期内家畜数目扩大的能力；（2）由于俄国农业的制度特征，它没有能力培育新的专业分工的家畜品种（例如，用奶牛代替肉牛），也因此不能像其他国家那样从专业化和生产率的提高中获得益处；（3）在这段时期的大部分时间内，家畜产品和谷物的价格差别尚不足以使资源成规模地转移到家畜业，使得家畜业能够明显地抵御天灾、畜疾和单位家畜生产率低的不利影响。

家畜商品化产量的增加除了国外需求和城市人口的增长原因以外，还可以通过俄国农民经济生产上的差别化进程来解释。大型的、面向市场进行生产的农场的产出增长了，差一些的农场的家畜消费量下降了。家畜生产的专业化区域的形成尚处于发育期。

耕畜的模式看来与家畜生产模式相近。虽然农场的数目增加了，虽然耕畜总数增长很慢，基本上是平衡的，但是耕畜所有权方面的差别还在扩大，耕畜地区间和区内差别也在扩大。

任何一个熟悉农业经济的人都会认识到牲畜对于农业生产者生产和消费的重要性。在一定程度上，牲畜就是一种形式的资产（就像工业部门的存货

【281】一样)，应该包含在农业部门使用的资本中。然而，到手的数据资料使得我们不可能把这个重要的资本项目包含在连续的年度估计数中。① 虽然如此，还是可以从一些分散的数据中归纳、总结出牲畜资产变化的一些特点，因为我们有最少谷物存货的数据，而该数据可以看作是农场为了维持牲畜生存所必须维持的最低水平存货。该存货量的一个最明显的特征是波动幅度大(波动基本上是收成规模的函数)。对四种主要的谷物而言，在俄国64个地区，同样是7月15日，存货在1897年的大约4.75亿卢布（1913年价格）和1908年的1.73亿卢布之间波动，平均3亿卢布。存货不同年度之间最大的变幅如下：1898年比上一年减少了1.8亿卢布，而1910年又比上年增加了1.17亿卢布。1897～1913年间，减少的年份平均每年减少1亿卢布，而增加年份则平均每年增加0.53亿卢布。农场耕畜的数量从长期看是下降的，这里不仅有天气状况的原因，还受到农业生产商品化发展以及交通运输设施改进的影响。以上观察是基于不完整的资料和农场最低水平存货量得出的，因此在有更精确数据的情况下，应该进一步修正。上述观察说明，将来有了关于农产品存货量变动的数据以后，必须相应地修正农业资本的估计值以及农业资本变化的情况。

农业部门资本存量在1890～1913年间的变动从表35可以表现出来。它总结了资本存量的主要构成部分。

表 35　对农业部门资本存量的估计

（1913年价格，百万卢布）

	1890年	1913年	增长量	增长率（%）
农场住宅	5 244.0	7 005.1	1 761.1	33.6
农场建筑物	2 594.6	3 481.8	887.2	34.2
生产性家畜	3 782.7	4 003.2	220.5	5.8
耕畜	2 719.3	2 872.8	153.5	5.6
交通设备	1 063.9	1 445.1	381.2	35.8
农具和机械	366.4	1 053.0	686.6	87.4
合计	15 770.9	19 861.0	4 090.1	25.9

① 数据仅对每年7月15日有效，例如是储存的最低水平，而不是年平均水平；其次，数据针
【520】对的仅是四种主要谷物，不包括其他产品；再有，数据范围是俄国64个区，1897年前的数据不在这一系列中。【33】

有趣的是，如果把农业资本总量中的住宅项扣除在外，把剩余的资本存量看作农业生产过程的投入，其增长率达到22.1%，同时资本存量剩余部【282】分的构成也不会发生巨大变化。最值得注意的变化是农业机械和设备的增加，而农场建筑物的增长减小了。这些部分的增长是以农场上家畜和耕畜比重的下降为代价的。就像随后的分析表明，农业（除了土地）在俄国非政府部门中所占的比重，在1890～1913年间是下降的。

在接下来的分析中，我们尝试着对农业（不包括土地、多年作物、灌溉工程和耕畜）中私人资本的变动做出估计。现有资料并不一定能保证可以估计资本形成过程中金融资产的数量。在知道农民人口的情况下，我们可以估计投入到农场建设的多数资本的形成，或者估计支出项（像税收、租金、支付、在储蓄银行的储蓄），但是，很难在缺乏可靠收入资料的条件下指出他们资本投资的来源。毫无疑问，一些农民的投资包含他们自身的大量劳动投入，这点使得更难估计他们的总投入了。

对于大农场主，情况就大相径庭了。例如，我们知道在1890～1913年间，他们大约从土地出售中得到了20亿卢布。同样是在这段时期，私人土地所有者（不包括农民）抵押债务增加了至少12.75亿卢布。但是，土地所有者债务的增加量与出售土地所得到的现金数量大大地超过了不动产资本数量的增加额。这样，我们就得出下面的假定：从土地出售和不动产抵押中得到的收益（或者说其中相当大的份额）被转移到了资本投资以外的其他领域（可能是农产品加工工业、城市的不动产或者是购买了政府债券或公司的股票）或者用作了消费支出。显然，不进行进一步研究，就不能解决这个问题。

6.2.2　建筑业中的资本

在俄国，就像在其他国家一样，工业化过程早期的一个明显特征是相当多的生产资本投入到了建筑上。把两种类型的建筑——住宅建筑和“参与”生产过程的建筑——区分开是有用的，在方法论上也是必要的。【283】

考虑到人口增长，就不奇怪为什么从数量上来讲，住宅建筑物在两类建筑物中更为重要。根据1890～1913年间建筑业资本存量的变动——从121.67亿卢布增加到了181.67亿卢布，或者说增长了49.3%——住宅建筑在增长中的份额是43.17亿卢布，生产建筑的份额是16.76亿卢布。

住宅建筑，虽然不直接参与生产过程，但是它会通过影响人口健康、支持劳动力流动等方面的作用，来影响长期的经济增长过程。除此之外，活跃的住宅建设有助于建筑业的发展，使原材料和工业制成品作为该产业的投入得到更有效的利用，并且还会为建筑领域的工人和企业家提供收入。它的第二个作用是增加了对公共设施的需求，而交通网络和其他服务产业在基础设施建设中十分重要，基础设施又是经济发展必不可缺的。

以 1913 年价格计算，住宅建筑增长的总数从 90.07 亿卢布增加到了 133.24 亿卢布，或者说增长了 47.9%，按照人均计算是 7.74%。这个总数包括 17.61 亿卢布的农村住宅增长，和 25.56 亿卢布的城市建筑增长。由此，城市住宅在全部建筑产业资本存量的总体增长中所占的比例为 59.2%。①

不能不提到城市建筑存量的增加要大于乡村的存量增加（67.9% 比 33.6%），但是人均城市住宅建筑的增加并没有超过人口的增长，乡村住宅建筑的存量也没能跟得上人口增加的步伐。资料还指出，城市人口的收入增加相对快于乡村地区，或者住宅的收入弹性在城市地区要大于乡村地区。

对生产用的建筑总存量增长的估计是，从 1890 年的 31.6 亿卢布增加到了 1913 年的 48.36 亿卢布，或者说增加了 53%。在总额为 16.76 亿卢布的增长中，有 8.97 亿卢布来自农场建筑，另有 7.89 亿卢布来自工业建筑。工
【284】业建筑增长的绝对量虽小于农场建筑，但增长速度却明显高于农场建筑。

总结俄国 1890 ~ 1913 年间私人所有建筑物资本的增长情况，农业建筑物和非农业建筑物的增速和比重有所不同。农场建筑从 78.39 亿卢布（1913 年价格）增加到了 104.87 亿卢布，或者说增加了 33.8%。同时非农场建筑从 43.28 亿卢布增加到了 76.73 亿卢布，或者说增加了 77.3%。这样在总量增加的 59.93 亿卢布中，非农场建筑物资本存量增长了 33.45 亿卢布，农场建筑物增长了 26.48 亿卢布，它们的相对比率是非农场建筑占 55.8%，农场建筑占 44.2%。②

用 1913 年价格表示的城市住宅建设的资本存量从 37.63 亿卢布增加到了 63.19 亿卢布，或者说增加了 67.9%。

---

① 有趣的是，根据 1897 年人口普查，建筑业劳动力只有 39.3% 居住在城市。为解释这一现象，除假设这些城市建筑劳动的生产率较高以外，也许还应该假定城市建设吸引了一部分的农村建筑工人。【34】

② 俄国的农业建筑和非农业建筑不是按照农村和城市的分布定义的，因为有相对很大一部分工业是分布在农村的。【35】

我们如何解释以资本体现的城市住宅业呢？一种解释是对城市住宅的需求增长了，这与城市人口的大量增加有关。惟一一个城市人口增长的数据是欧俄的 50 个省。① 资料显示，在 1890～1913 年间，人口增加了 68.9%。增长率不稳定，在这段时期的第一个十年，城市人口只增长了 22.4%。

如果为了得到人均增长速度，而利用城市人口数据来代表整个帝国的情况（可以得到 1897 年以及 1904 年以后各年的数据），我们会发现，在 1897～1913 年间，人均建筑资本仅增长了 4.97%。

除了城市人口的大量增长外，支撑对城市住宅强烈需求的证据可以由城市租金指数给出，指出这一点也很重要。在 19 世纪 90 年代期间，城市房屋租金的增加幅度高于其他消费者物价指数的增长幅度。对城市房屋的强大需求刺激了房屋和单元住宅的建设。

资本市场可得的资料表明，对房屋建筑需求的反应通常是有利的，就像由抵押贷款的需求变动所呈现出来的情况一样。这种抵押贷款在1890～1913 年间增加了 11.39 亿卢布。由购买城市不动产带来的长期债务在 1890～1901 年间增加了 5.83 亿卢布，从 4.84 亿卢布增加到了 10.67 亿卢布。其中，有 3.57 亿卢布是由土地抵押贷款银行提供的，另有 2.26 亿卢布是由城市信贷协会提供的。但是，与城市不动产抵押相比，政府的政策更倾向于支持土地抵押，所以后来对土地银行的经营进行了限制，规定只能提供长期贷款总额中的 1/3 给城市不动产抵押，限制了土地银行在城市的进一步发展。【285】由于这些实际状况，城市信贷合作社在城市住房的抵押贷款来源上扮演了主要角色。这对于城市不动产融资产生了许多不利影响。

资金在四个主要城市（圣彼得堡、莫斯科、敖德萨和华沙）的城市信用联合社中十分集中。尽管这四个城市在城市人口增长中所占份额很大，但是，它们在抵押资金中的份额却是不成比例地多出很多。由此可以看出，国家的许多中心城市在获得资本市场提供的资金方面都存在困难，不得不依靠其他形式的贷款或依靠当地的储蓄来提供房屋建筑所需资金。除此之外，在同政府主办并由政府控制的土地抵押贷款银行的竞争中，城市信贷合作社被迫在抵押贷款资金上支付更高的利息，这样反过来使得房屋建筑商和购买人要承担更高的抵押贷款成本。1901～1909 年间银行几乎没有直接为城市不动产提供新资金（净增长只有 1.36 亿卢布，从 10.67 亿卢布增加到了

① 俄国全国的相应资料显示，至少在 1897～1914 年间，全国城市人口的增长率要高于欧俄 50 个省的增长率。【36】

12.03 亿卢布)。1909~1913 年间，有 4.2 亿卢布流向了城市不动产抵押贷款，其中有 3.44 亿卢布是由城市信贷合作社提供的。经济活动的加速和城市人口的持续增长，是抵押贷款资金流向城市建筑业的基本动力。基于对大庄园所有者投资活动的研究，还有其他迹象表明，一部分的抵押贷款资金是由农业资产或出售土地资产的收入提供的，这些资金或直接或间接地进入了城市不动产市场。这样，土地抵押贷款的加入与城市人口储蓄增长相结合，可以帮助解释当时投入到城市住房中的资本上升了，而同期抵押资金并不足以支持这种增长速度之间的矛盾。①

6.2.3 工业资本

由于我们考察的是工业化早期阶段，因此反映工业资本规模和构成变化的数据是我们研究的重心。

【286】我们计算所使用的基本资料是火险公司关于工厂资产保值的报告。我们假定，报告中的数据代表了当时使用的实际资产的价值。②

与习惯方法一致，工业资本的计算包含的主要构成部分是，代表固定资本的两项（建筑和设备）加上第三项存货。

除了以当年价和不变价表示工业资本的发展模式之外，在这段时期工业资本构成的最有趣的特征是：存货（以当年价格计）在总资本构成中的比重是长期上升趋势，而固定资产的比重是下降趋势。尽管可以预见到建筑物在总资本中的比例可能会下降，但是设备比重的下降还是多少有些令人吃惊。当时维持较高比例的存货可能是受市场条件限制所致，因为交通运输网络不足，在供应和销售环节还存在着某些问题等。可以合理地做出如下假设，根据当时俄国的银行政策，用于投资到存货上的短期信贷要比用于投资到固定资产的长期信贷更为充裕。

要想从基本资料中获得工业资本融资的可靠信息是很困难的，即使在可以估计出工业资本的变动情况和构成情况下也是如此。经济学家和历史学家们常常试图从合股公司资本资料中得到工业资本融资的信息，并假定合股公

---

① 据我们所知，一个重要的遗漏是关于城市住房抵押资金的周转率。我们不知道城市抵押贷款的平均寿命。由于没有贷款资金周转率的资料，很难明确抵押贷款形成的投资资金的流程。【37】

② 由于火险不包括建筑物的地基部分，在涉及城市房屋和农村房屋的某些项时，必须估算地基的价值。基于同样的原因，表 48 和表 49（下面）中的数据就不足以反映投入矿山运营的资产，因为在火险中不包括矿山的价值。【38】

司报告中所宣称形成的主要资产与资本的净增加额相同。在我们的研究时期，个人企业向合股公司的转变过程一直没有中断过。但是我们没有1900年之前关于产权转变的资料。① 因此，使用工业公司资本的资料来替代工业企业总体，不仅会误解资本的构成，还会误解工业资本的增长模式。但是，有一些工业公司的行为特征可以概括为所有工业企业都会遵循的模式。其中之一就是已有企业增加了资本投资。假若我们接受通过合伙投资增加资本的资料，就出现了下面的结果。在1901~1913年间所有公司新增资本中，② 有23.5%是通过新设立的公司增加的，有26.3%是通过私人公司转化成合伙公司实现的，另外有50.2%是通过已经存在的（合伙）公司增加的。这样，在公司融资中最大的份额是公司本身发展的结果，也许是利用利润进行 【287】 投资，也许是通过举债进行投资增加资产。

按照目前所了解的资料，我们还不能描述大部分时期工业公司的借贷情况。③ 我们只能得到1908~1913年间工业公司可流通股票和债券的资料，它们反映的是第一次世界大战之前工业繁荣时期的状况。一个可能性很大的假定是，部分可流通股票和债券并没有到达公众的手中，而是依然被作为证券资产保留在了银行内部。这表明，在19世纪90年代和20世纪头10年早期，金融机构对于工业借款态度发生了变化。在那之前，银行大体上遵从大众的偏好，青睐于稳定、高回报、政府担保的贷款或抵押债券，而不愿意为工业提供长期的资金。这样在早期阶段，工业在募集资金方面遇到了相当大的困难；后来从银行借款才变得容易了些。除此之外，企业的内部积累在增加，加上当时利率的下降，这就为工业资本扩张投资提供了动力。

工业资本随时间的变化与俄国大规模生产模式的变动进行比较，在许多方面具有启迪作用。19世纪90年代，工业资本（1913年价格）的增长率上升得要比工业产出值（1913年价格）的增长率还要快，这就导致了资本—产出比的上升。在1909~1913年间，工业资本和工业生产都在以相对较高的速度增长。

1901~1908年期间，俄国经济处于一段衰退期。在此期间资本增长和产出增长之间的差距显示，工业生产的增长模式和增长率不能完全由劳动力

---

① 根据一套数据，在1901~1913年间，新建立股份公司的总资产15.259亿卢布中，8.073亿卢布是由于私人商号转变为公司所造成。其他文章提出了新成立公司现有资产在总资产中更高的比例。参见I.F. 金丁（I.F.Gindin）：*Russkie kommercheskie banki*（莫斯科，1948年），第450页。【39】

② 在总数中，包括了非工业公司，例如银行和贸易公司。【40】

③ 这只有在俄国和国外银行的档案文件对有兴趣的研究者公开时，才有可能做到。【41】

投入和资本投入来单独决定，还有部分原因在于技术进步——不仅包括技术引进，也包括当时俄国本土技术进步。

对比工业资本的增长模式和铁路资本（不在本章探讨范围之内）的增长模式，进行基本的分析后就可以得出——尽管会有一定的偏差——对工业资本规模更深的理解。在 1893～1912 年间，铁路资本存量增长最快的时间是 1897～1900 年和 1901～1904 年这两段时期（后一段时期的增长不是因为
【288】投资，而是因为前期投资滞后效应所致）。而工业资本在 1897～1900 年和 1909～1912 年这两段时期内增长率最高。很明显，工业资本和铁路资本的相互补充为 19 世纪 90 年代后半期广义上的工业化过程创造了有利的条件。在1901～1909 年间，这两个部门的资本形成模式出现分歧，除了二者的发展速度都有所下降以外，一定程度上还受到这段时期持续经济萧条的影响。

谈到工业资本和铁路资本发展的相对规模这一问题，资料显示，直到大约 1905～1906 年间，铁路资本的年增加量才超过工业资本的年增加量。但从 1908 年开始，工业资本的增长率把铁路远远抛在了后面，以至于到了这段时期的末期，铁路投资在俄国资本增长中的地位就已经下降到了辅助而不是决定性的地位了。

对于第一次世界大战前这段时期俄国工业资本的增长，任何一个对此研究有兴趣的人都不能也不该忽略政府在其中所起的作用。至少有三类政府活动应该被考虑在内。第一，在社会支出方面的直接和间接投资，明显的是在发展铁路运输网络方面的投资，这除了降低运输成本外，还成为工业产品需求的来源；第二，政府的关税政策为无数的俄国产业提供了保护伞；第三，直接的政府补贴和政府对各种工业公司提供的担保。所有这些，与政府用于保证工业稳定发展的政策一起，都是有利于工业资本增长的重要“环境”措施。通过与其他国家工业情况的对比可以看出，无论是企业的规模还是企业的平均资本，俄国在该阶段都是相对较高的。后一种现象是否是由规模经济带来的，至今尚在争论之中。但有一点是明显的，俄国经济在工业资本领域与其他工业更为发达的国家之间的差距要比在其他经济领域小得多。

6.3　概　　要

一些表格有助于我们简要地总结前面研究 1890～1913 年这段时期俄国资本形成过程的量化结果。

我们可以用表36汇集的资料得出按行业划分的资本数量。虽然资料显示出资本数量的增长率为48.7%，但还是有必要记住一点：俄国的人口在该时期增加了37.3%，这就使得人均资本的增长率降低了，仅仅是48.7%的很少一部分。表37说明了资本在农业部门和非农业部门之间分布——这种分布对于一个发展中国家的经济而言是至关重要的，——表37对此进行了说明。【289】

表36　　按行业划分的资本数量

（1913年价格，百万卢布）

	1890年	1913年	增长量
建筑	12 167	18 160	5 993
农业	7 932	9 374	1 442
制造业和采矿业	1 143	4 059	2 916
合计	21 242	31 593	10 351

表37　　资本数量在农业部门和非农业部门之间的分布

（1913年价格，百万卢布）

	1890年	1913年	增长量	增长率（%）
农业部门	15 771	19 861	4 090	25.6
非农业部门	5 471	11 732	6 261	114.4

最后，表38表现了把居民住宅建筑独立出来的情况。

表38　　农业、工业和住宅建筑业中的资本数量

（1913年价格，百万卢布）

	1890年	1913年	增长量	增长率（%）
农业	10 527	12 856	2 329	22.1
工业	1 709	5 413	3 704	216.7
居民建筑	9 006	13 324	4 318	47.9

6.4 附　言

既然我们主要是对经济中私人部门的资本进行了计算，那么必然遗漏了一些其他重要的资本领域，因此，对未能被包含在我们计算中的那部分资本

【290】再进行一些观察是应当的。其中我们的主要兴趣放在社会资本这一项上。对这个部分最好的估计可以从统计学家阿尔伯特·魏因施泰因的计算中得出。① 魏因施泰因提供了对1913年社会支出成本（1914年1月1日）的估计，如表39中所列。

表39　　1913年的社会资本构成

（百万卢布）

组成部分	价值合计	私人资产份额
公路	4 996	
水路运输	687	
道路	754	
交通合计	6 437	1 625
通讯	127	45
市政服务与设施	1 485	222
公共建筑[a]	680	
合计	8 729	1 892

a　不包括礼拜用房屋，它们的价值估计大约是10亿卢布。

该表显示，在俄国社会资本构成中，有68.37亿卢布，或者说是78.3%是属于公共部门的。实际上，公共部门所占的比例比这还要大，因为我们这里的计算没有包含农业中灌溉设施的公共部分（数量超过5亿卢布）和军事装置、设施与设备的价值（数量超过20亿卢布）。②

有什么其他关于俄国经济发展的资料能够支持或者否定本章所估计的资本数量吗？

不幸的是，很多时间段都没有GNP的数据，这就使得我们没有办法比较并检验前面我们所阐述的结果和发现。在大多数俄罗斯经济研究人员传阅并熟知的资料中，那些最接近GNP核心内容的是对农业生产的估计（以实物计算的）和对大规模生产的工业总产出所做的估计。这两项数
【291】据，代表着两个经济部门产出的不完全估计，很难用来检验资本的估计总量。③

---

① 魏因施泰因：*Narodnoe bogatstvo*。【42】

② 军队设施包括这些项，例如工厂、海军造船厂、建筑物和武器装备等，类似于民间部门的资产类型。【43】

③ 当通过工业资产、产出和劳动力投入（依据工人人数计算的）来估计工业生产的作用时，其他独立得到的数据就显示出了与有关工业总资产数据强烈的共线性。【44】

可能用于替代GNP指标的最接近宏观经济水平的数据，是由俄国统计学家V. E. 瓦尔扎尔（V. E. Varzar）建立的。这个指标就是用由既有农业又有工业的35种产品构成的一个一揽子总体消费指数。消费指数包含的商品品种包括了大多数最终消费品品种。① 对瓦尔扎尔指数（Varzar index）进一步分析就会发现，因为没有把中间品全部排除掉，它既包含了消费指数也包含了生产指数。

表40以简要的形式列出了V. E. 瓦尔扎尔计算的一揽子消费数量（1913年价格）的增加情况。这份资料表明人口增长（它可能也阻碍了资本累积的进程）制约了人均消费水平。业已公布的部分瓦尔扎尔指数（1887年、1900年和1910年的资料）表明，在1887～1900年间，指数所包含的农业和工业产品的增长率分别增长了13.9%和154.8%；而在1900～1910年间二者的增长率分别为28.3%和24.7%。

表40　　瓦尔扎尔消费增长指数

（1890年＝100）[a]

年　份	绝对增长率	人均增长率
1900	139.5	120.1
1910	177.3	128.9
1913	207.2	142.0

a　上表的数据依据下面数据而来：

年　份	绝对数量（百万卢布）	人均数量（卢布）
1890	4 279.9	45.58
1900	5 971.7	54.74
1910	7 589.9	58.75
1913	8 866.6	64.72

资料来源：P. P. 马斯洛（P. P. Maslow），*Kriticheskii analiz burzhuaznykh statisticheskich publikatsii*（莫斯科，1955年），第458～460页。

由此可以表明，1900年人均农产品的消费水平低于1887年的水平，直到1900年才恢复到1887年的消费水平；在1887～1900年间，农产品消费

① 对我们的研究目的而言，瓦尔扎尔指数（该指数从未完整地公开过）的一个明显缺点是它局限在1939年前的苏联领土内。瓦尔扎尔指数包括出口在内，基本假设是通过与国外商品交换进入最终消费。【45】

占总消费的比重出现了大幅度的下降，并在此之后的1900～1910年间一直
【292】保持在相同的水平。看来，这也与实物产量的资料一致。

瓦尔扎尔指数中包含了部分出口的农产品，从19世纪90年代后半期起，农产品出口的增长几乎从未间断。因而，农产品消费占国内总消费的比重有所下降，实际上，要比指数所反映的下降幅度还要大。尽管必须对该指数进行修正，以更准确地反映国内的消费情况，但是这样一个信息是很明显的：即在1887～1900年这段密集的工业化时期，消费从农产品转向了工业品，这点要比1900～1910年间更加明显。这样，瓦尔扎尔指数有助于强化我们得出这样的观察结果，即在总消费中工业品对农产品的替代是俄国工业化过程的一个伴随现象，而且甚至是工业化过程得以持续的一个前提条件。最起码根据我们掌握的资本增长的资料，瓦尔扎尔消费总量的增长要大大快于我们所期待的产出的增长。①

因此，需要探讨出现这种差距的原因。按照我们的观点，有三个基本原因应予考虑：第一个无疑是劳动力供给的增长；第二个可能也是最重要的一个因素就是技术进步，虽然很大一部分产量的增长要归功于技术进步，但它不会在资本的价格上完全反映出来；第三个因素是劳动力质量的改进，这一点还会进一步提及。只有把这三个方面对生产的影响全部考虑之后，我们才能判断瓦尔扎尔指数和我们所估计的资本形成数量之间的可比程度。从一个角度而言，两者都会导致这样一个争论：为什么最高的增长率不是出现在1910～1913年这段时期？在这段时期，两种方法得出的结果要比以前的结果更为一致。除了上述因素影响之外，还因为将当时资本的价格调整到了1913年的价格水平。

实物资产的资本形成与劳动力的教育水平和技术熟练度的提高既相互冲突也相互补充。②

由于缺少当时俄国详细的教育资料，因而只有像对于许多发展中国家一样，假定识字能力是教育和获得工作技能的起点。当时，农业劳动力的识字情况是：男性，1890年为22%，至1913年增加到了42%；同期，女性从12%增

① 较高增长率的部分原因是范围不同，因为瓦尔扎尔指数没有包含俄罗斯帝国的某些地区（波兰和波罗的海省），而在这一阶段这些地区的产出增长率低于瓦尔扎尔指数统计范围的增长率；但是，需要进行调整的只占增长率相对很小的一部分。【46】

② 后面第八章将进一步讨论教育和培训的问题。【47】

加到了25%。① 【293】

在这段时期，大量年轻士兵教育水平的相对快速的提高有助于加速农业经营的商品化进程以及采用先进的工作方法。在庄稼轮作中引进植物种植、进行灌溉和排水、采用更先进的耕作工具等——所有这些都有赖于交流能力的高低、对新机会的理解以及是否愿意付诸实践。最终，这些“现代化”的方法增加了收入，提高了教育程度。无疑，没有就学时间的增加，俄国的农民就不可能有那么狂热的动力去完成集体和个人活动的组织工作（如乡村的合作社和乡村信贷协会），尤其是在第一次世界大战前的数年中。这些组织工作需要识字的人；在农村产生这些组织的关键在于要有精明的商人、基本的管理技巧和一定的教育程度。我们可以根据这些迹象得出如下的结论：对乡村教育的公共投资和私人投资得到了高回报。

工厂工人的识字率也有相当程度的提高。欧俄男性工人的识字率从1897年的56.5%增加到了1913年的80%；同期女性工人的识字率从20%增加到了44%。② 通过对妇女教育进行投资，工厂劳动力的识字率有所提高。

识字率上升的重要渠道是提供基础教育的学校体系。从两个最大的小学教育网（教育部下属的小学教育网和罗马天主教堂下属的小学教育网）的入学率资料可以看出，当时的入学人数从1890年的228.3万人增加到了1913年的757万人，或者说几乎增长了232%——而当时全国总人数增加了37.3%（参见下面的表52）。虽然从整个国家来看，这个规模依然不大，但上述两个教育网的小学入学率还是从1890年的1.94%增加到了1913年的4.68%。

尽管没有俄国教育费用的确切资料，也不可能从实际的直接费用（不含收入）中得到估计值。按照斯特鲁米林的估计，1913年每个学生的教育成本在小学期间是21卢布，中学是116卢布，大学是261卢布。显然，我们应该把这些成本与当时一定的经济指标进行比较。比如，假定1913年俄国的人均GNP为110卢布左右的话，就得到一个表明教育费用的比例。 【294】

---

① 对农业劳动力男性识字能力的大约估计基于军队中服役新兵的识字率，该识字率从1890年的32%增长到1913年的68%；对女性劳动力而言，除了1897年的人口普查以外，还有农村地区女性入学的资料。【48】 【521】

② 1897年的数据依据的是人口普查；1913年的数据是对1918年工厂劳动力普查结果的估计。【49】

在小学教育上的投资大都是由国家（或者说中央政府和地方政府）通过对大众征税来承担的。与小学教育投资不同，中学教育投资主要是个人的投资决定，如同放弃了很大一部分收入一样。中学的入学人数从 1890 年的 13 万人增加到了 1913 年的 53. 58 万人，而且在这之中，女性入学人数的增长比例更大（女性的入学人数从 6 万人增加到了 30. 37 万人）。

这样，即使不考虑更高水平的教育使得技能有所提高，在这段时期内，俄国小学和中学教育的扩展对劳动力质量的提高和俄国经济的增长也做出了重要的贡献。

从表 41 中列出的 1897 年人口普查中白领工人的就业情况，我们可以更好地理解教育所产生的影响。有些可惜的是缺乏 1913 ~ 1914 年的对比资料。

表 41　　1897 年在非农业部门就业的白领工人数

分　类	就业人数（千人）
官员	151 345
军人	52 471
教育人员	172 842
工业、铁路、贸易和银行业	298 623
自由职业	52 825
合计	728 106

尽管如此，我们还是知道，俄国 1914 年的教师人数超过了 28 万人（在当前苏联境内，地理范围要小于当时帝国的领土）；医生的人数从 1905 年的 13 344 人增加到了 1913 年的 22 000 人；1897 年在俄国受雇的工程师总数为 4 010 人，到 1913 年，工程学校每年的毕业生人数就达到了 1 500 人左右。无疑，在类似的工业、交通运输、通讯和贸易等领域中，白领工人的数目在 1897 ~ 1913 年间出现了实质性的增长，就业的白领工人的受教育水平也伴随着人数的增长而有所提高。1913 年俄国的各种高等教育机构一年就有大约 13 万学生入学，单单这个事实就能够说明人力资本的增长情况，尤其是
【295】在第一次世界大战之前的这段时期。

统计附表表42～52

表42　私人资本总量的估计值

（1913年价格，百万卢布）

年份	合计	3年移动平均
1890	21 242.4	
1891	21 040.0	21 046.2
1892	20 856.2	20 949.3
1893	20 951.7	21 112.1
1894	21 528.3	21 483.5
1895	21 970.6	22 019.6
1896	22 559.8	22 597.3
1897	23 261.5	23 120.3
1898	23 539.6	23 558.2
1899	23 873.6	23 957.8
1900	24 460.3	24 560.4
1901	25 347.2	25 321.4
1902	26 156.7	25 950.1
1903	26 346.5	26 431.3
1904	26 790.7	26 848.9
1905	27 409.4	27 121.8
1906	27 165.3	27 306.5
1907	27 324.9	27 498.7
1908	27 985.9	28 085.1
1909	28 924.7	28 930.2
1910	29 880.1	29 760.6
1911	30 476.9	30 363.9
1912	30 734.7	30 934.9
1913	31 593.2	

【296】

表 43 **建筑业资本数量**

（1913 年价格，百万卢布）

年份	农村住宅	城市住宅	农村建筑物	工业建筑物	合计
1890	5 244.0	3 762.9	2 594.6	565.2	12 166.7
1891	5 309.6	3 807.4	2 631.0	563.0	12 311.0
1892	5 303.1	3 774.2	2 628.4	582.4	12 288.1
1893	5 351.5	3 731.9	2 652.1	608.7	12 344.2
1894	5 455.5	3 848.0	2 700.0	617.2	12 620.7
1895	5 538.7	3 958.6	2 738.9	655.4	12 891.0
1896	5 598.6	4 037.0	2 769.0	680.3	13 084.9
1897	5 712.0	4 200.1	2 821.1	743.5	13 476.7
1898	5 728.1	4 274.8	2 834.4	772.1	13 609.4
1899	5 784.0	4 259.3	2 863.9	830.0	13 737.2
1900	5 905.4	4 396.2	2 919.3	898.4	14 119.3
1901	5 951.1	4 753.4	2 944.8	928.2	14 577.5
1902	6 004.3	5 055.4	2 973.2	902.6	14 935.5
1903	6 110.3	5 204.7	3 006.0	896.9	15 217.9
1904	6 172.7	5 479.1	3 055.0	925.8	15 632.6
1905	6 240.6	5 762.1	3 089.5	998.7	16 090.9
1906	6 324.8	5 822.3	3 130.6	950.1	16 227.8
1907	6 360.1	5 890.1	3 152.5	961.8	16 364.5
1908	6 453.8	5 991.7	3 199.4	997.9	16 642.8
1909	6 534.6	6 312.3	3 242.1	1 026.4	17 116.4
1910	6 646.1	6 704.0	3 296.9	1 071.0	17 718.0
1911	6 818.6	6 628.3	3 360.5	1 182.0	17 989.4
1912	6 851.1	6 326.4	3 401.0	1 274.0	17 852.5
【297】 1913	7 005.1	6 319.1	3 481.8	1 353.7	18 159.7

表 44　　建筑业资本数量（3 年移动平均值）

（1913 年价格，百万卢布）

年　份	住宅合计	生产性用房合计	合　计
1891	9 067.1	3 188.2	12 255.3
1892	9 092.6	3 221.8	12 314.4
1893	9 154.4	3 262.9	12 417.3
1894	9 294.4	3 324.1	12 618.5
1895	9 478.5	3 386.9	12 865.4
1896	9 681.7	3 469.4	13 151.1
1897	9 850.2	3 540.0	13 390.3
1898	9 986.1	3 621.7	13 607.8
1899	10 115.9	3 706.1	13 822.0
1900	10 349.8	3 794.9	14 144.7
1901	10 688.6	3 855.5	14 544.1
1902	11 026.4	3 883.9	14 910.3
1903	11 342.2	3 919.8	15 262.0
1904	11 656.5	3 990.6	15 647.1
1905	11 933.9	4 049.9	15 983.8
1906	12 133.3	4 094.4	16 227.7
1907	12 280.9	4 130.8	16 411.7
1908	12 514.2	4 193.7	16 707.9
1909	12 880.8	4 278.3	17 159.1
1910	13 214.6	4 393.3	17 607.9
1911	13 324.8	4 528.5	17 853.3
1912	13 316.2	4 684.3	18 000.5

【298】

表 45　　农村建筑业的资本数量

（1913 年价格，百万卢布）

年　份	农村住宅	农村建筑物	农村建筑物合计
1890	5 244.0	2 594.6	7 838.6
1891	5 309.6	2 631.0	7 940.6
1892	5 330.1	2 628.4	7 931.5
1893	5 351.5	1 652.1	8 003.7
1894	5 455.5	2 700.0	8 155.5
1895	5 538.7	2 738.9	8 277.6
1896	5 598.6	2 769.0	8 367.6
1897	5 712.0	2 821.1	8 533.1
1898	5 728.1	2 834.4	8 562.5
1899	5 784.0	2 863.9	8 647.9
1900	5 905.4	2 919.3	8 824.8
1901	5 951.1	2 944.8	8 895.9
1902	6 004.3	2 973.2	8 977.5
1903	6 110.3	3 006.0	9 116.3
1904	6 172.7	3 055.0	9 227.7
1905	6 240.6	3 089.5	9 330.1
1906	6 324.8	3 130.6	9 455.4
1907	6 360.1	3 152.5	9 512.6
1908	6 453.8	3 199.4	9 653.2
1909	6 534.6	3 242.1	9 776.7
1910	6 646.1	3 296.9	9 943.0
1911	6 818.6	3 360.5	10 179.1
1912	6 851.1	3 401.0	10 252.0
【299】 1913	7 005.1	3 481.8	10 486.9

表 46　　农业资本数量（不含农业建筑业在内）

（1913 年价格，百万卢布）

年　份	机械设备	运输工具	农用牲畜	家　畜	合　计
1890	366.4	1 063.9	2 294.4	3 470.2	7 194.9
1891	375.4	1 085.2	2 038.7	3 298.1	6 797.4
1892	379.1	1 085.6	1 969.5	3 245.5	6 679.7
1893	387.0	1 094.9	1 975.0	3 230.6	6 687.5
1894	399.9	1 108.2	1 977.7	3 218.2	6 704.0
1895	421.0	1 120.7	2 024.2	3 297.8	6 863.7
1896	440.5	1 133.9	2 034.9	3 370.7	6 980.0
1897	456.9	1 148.6	2 071.4	3 433.1	7 110.0
1898	470.1	1 163.0	2 092.1	3 397.2	7 122.4
1899	487.6	1 177.7	2 148.9	3 439.9	7 254.1
1900	507.3	1 192.9	2 171.4	3 536.9	7 408.5
1901	525.6	1 208.0	2 209.9	3 495.4	7 438.9
1902	551.8	1 223.2	2 244.4	3 639.4	7 658.8
1903	584.4	1 238.4	2 232.2	3 597.6	7 652.6
1904	628.1	1 254.3	2 262.5	3 603.9	7 748.8
1905	657.0	1 269.8	2 257.0	3 536.2	7 720.0
1906	681.3	1 285.8	2 220.7	3 446.8	7 634.6
1907	701.3	1 302.3	2 207.8	3 377.4	7 588.8
1908	725.3	1 322.5	2 221.3	3 391.3	7 660.4
1909	773.6	1 344.4	2 292.6	3 464.0	7 874.6
1910	833.3	1 366.0	2 351.7	3 570.9	8 021.9
1911	903.7	1 394.2	2 345.0	3 572.4	8 215.3
1912	983.0	1 412.1	2 374.3	3 580.8	8 350.2
1913	1 053.0	1 445.1	2 429.3	3 710.8	8 638.2

【300】

表 47　　农业资本数量构成（3 年移动平均值）

（1913 年价格，百万卢布）

年　份	农村建筑物	运输工具	机械设备	农用牲畜	家　畜	合　计
1891	2 618.0	1 078.2	373.6	2 488.5	3 609.1	10 167.5
1892	2 637.2	1 088.6	380.5	2 359.3	3 496.7	9 962.3
1893	2 660.2	1 096.2	388.7	2 331.8	3 446.1	9 922.9
1894	2 697.0	1 107.9	402.6	2 298.0	3 458.2	9 963.8
1895	2 736.0	1 120.9	420.5	2 330.4	3 510.6	10 118.3
1896	2 776.3	1 344.4	439.5	2 367.3	3 590.9	10 308.3
1897	2 808.2	1 148.5	455.8	2 449.0	3 638.2	10 499.7
1898	2 839.8	1 163.1	471.5	2 485.7	3 668.8	10 628.9
1899	2 872.5	1 177.9	488.3	2 524.9	3 710.4	10 774.0
1900	2 909.3	1 192.9	506.8	2 571.4	3 751.2	10 931.6
1901	2 945.8	1 208.0	528.2	2 608.9	3 821.2	11 112.1
1902	2 974.7	1 223.2	553.9	2 633.2	3 844.7	11 229.7
1903	3 011.4	1 238.6	588.1	2 653.9	3 881.4	11 373.4
1904	3 050.2	1 254.2	623.2	2 659.0	3 847.8	11 434.3
1905	3 091.7	1 270.0	655.5	2 654.6	3 794.2	11 465.9
1906	3 124.2	1 286.0	679.9	2 633.4	3 714.1	11 437.5
1907	3 160.8	1 303.5	702.6	2 619.3	3 662.7	11 449.0
1908	3 198.0	1 323.1	733.4	2 647.9	3 671.6	11 573.9
1909	3 246.1	1 344.3	777.4	2 704.0	3 742.7	11 814.5
1910	3 299.8	1 368.2	836.9	2 753.0	3 806.5	12 064.4
1911	3 352.8	1 390.8	906.7	2 785.1	3 846.0	12 281.4
【301】 1912	3 414.4	1 417.1	979.9	2 816.8	3 898.8	12 527.0

表 48　　　　**工业资本数量**

（1913年价格，百万卢布）

年　份	建　筑	设　备	存　货	合　计
1890	565.2	598.0	545.3	1 708.6
1891	563.0	648.0	618.2	1 829.2
1892	582.4	676.2	638.6	1 897.1
1893	608.7	653.1	695.3	1 957.1
1894	617.2	772.2	858.8	2 248.2
1895	655.4	868.6	945.0	2 468.9
1896	680.3	886.4	982.8	2 549.5
1897	743.5	979.0	1 081.0	2 803.5
1898	772.1	1 025.9	1 160.3	2 958.3
1899	(830.0)	(1 057.9)	(1 174.1)	(3 062.0)
1900	898.4	1 090.5	1 188.5	3 177.4
1901	928.2	1 258.7	1 404.6	3 591.5
1902	902.6	1 417.2	1 473.3	3 793.1
1903	896.9	1 265.0	1 535.7	3 697.6
1904	925.8	1 209.9	1 520.8	3 656.5
1905	998.7	1 313.5	1 607.7	3 919.9
1906	950.1	1 166.2	1 473.4	3 589.7
1907	961.8	1 138.8	1 576.9	3 677.5
1908	997.9	1 283.4	1 737.7	4 019.0
1909	1 026.4	1 384.6	1 863.6	4 274.5
1910	1 071.0	1 348.0	1 992.1	4 411.1
1911	1 182.0	1 504.1	2 073.0	4 759.1
1912	1 274.0	1 675.4	2 153.6	5 103.0
1913	1 353.7	1 785.4	2 274.0	5 413.1

【302】

表 49　　工业资本数量（3 年移动平均值）

（1913 年价格，百万卢布）

年份	建筑	设备	存货	合计
1891	570.2	640.7	600.7	1 811.6
1892	584.7	659.1	650.7	1 894.5
1893	602.8	700.5	730.9	2 034.2
1894	627.1	764.6	733.0	2 124.8
1895	651.0	843.1	828.9	2 322.9
1896	693.1	912.0	902.9	2 508.0
1897	732.0	964.4	1 074.7	2 771.1
1898	781.9	1 021.0	1 138.4	2 941.3
1899	833.5	1 058.1	1 174.3	3 065.9
1900	885.5	1 135.7	1 255.7	3 277.0
1901	909.7	1 255.5	1 355.5	3 520.7
1902	909.2	1 313.6	1 471.2	3 694.0
1903	908.4	1 297.4	1 509.9	3 715.7
1904	940.5	1 262.8	1 554.7	3 758.0
1905	958.2	1 229.9	1 534.7	3 722.0
1906	970.2	1 208.9	1 552.7	3 729.0
1907	969.9	1 196.1	1 596.0	3 762.0
1908	995.4	1 268.9	1 726.1	3 990.4
1909	1 031.8	1 338.7	1 864.5	4 234.9
1910	1 093.1	1 412.2	1 976.2	4 481.6
1911	1 175.7	1 509.2	2 072.9	4 757.7
【303】 1912	1 269.9	1 655.0	2 166.9	5 091.7

表 50 之一*　　**1890 ~1914 年俄国货币存量**

（百万卢布）

年　份	国有银行						
	流通中货币				私人存款和往来账户		
1月1日	现钞	金子	银子	合计	存款	往来账户	合计
1890	928.4	—	—	—	161.1	63.5	224.6
1891	907.4	—	—	—	158.4	75.5	233.9
1892	1 054.8	—	—	—	148.4	83.4	231.8
1893	1 074.1	—	—	—	159.8	66.7	226.5
1894	1 071.9	—	—	—	135.3	72.0	207.3
1895	1 047.1	—	—	—	128.7	69.0	197.7
1896	1 055.3	—	—	—	117.6	68.2	185.8
1897	1 067.9	30.0	129.9	1 133.8	109.6	89.7	192.3
1898	901.0	147.8	78.9	1 127.7	91.8	114.0	205.8
1899	661.8	451.4	121.5	1 234.7	86.6	117.6	204.2
1900	491.2	641.3	145.3	1 277.8	83.3	112.3	195.6
1901	555.0	683.1	145.7	1 383.8	72.6	95.0	167.6
1902	542.4	694.2	140.3	1 376.9	68.3	115.6	183.9
1903	553.5	731.9	137.5	1 422.9	58.9	198.6	257.5
1904	578.4	774.3	133.2	1 485.4	52.7	178.3	231.0
1905	853.7	683.6	123.0	1 660.3	53.0	202.1	255.1
1906	1 207.5	837.8	133.4	2 178.7	59.5	204.3	263.8
1907	1 194.6	641.9	119.8	1 956.3	66.2	183.0	249.2
1908	1 154.7	622.4	119.6	1 896.7	64.1	167.0	231.1
1909	1 087.1	561.1	110.5	1 758.7	57.5	252.2	309.7
1910	1 173.8	580.9	112.5	1 867.2	55.9	217.8	273.7
1911	1 234.5	641.7	115.9	1 992.1	48.9	212.4	261.3
1912	1 326.5	655.8	117.6	2 099.9	38.6	219.7	258.3
1913	1 494.8	628.7	120.6	2 244.0	33.9	232.1	266.0
1914	1 664.7	494.2	122.7	2 281.6	28.5	234.6	263.1 【304 上】

* 表 50 在原著中为两张跨页表。为方便读者阅读以及鉴于出版的需要，此处改为四张小表，分别以表 50 之一、表 50 之二、表 50 之三、表 50 之四命名。

表 50 之二　　1890 ~ 1914 年俄国货币存量

（百万卢布）

年份 1月1日	合股银行 存款 活期	定期	小计	往来账户	合计	市政银行 存款	往来账户	合计	Mutal 信贷机构 存款	往来账户	合计
1890	11.0	88.6	99.6	130.5	230.1	—	—	—	—	—	—
1891	18.8	101.1	114.9	172.8	287.7	—	—	—	—	—	—
1892	16.9	112.8	127.7	191.8	319.5	—	—	—	—	—	—
1893	18.0	97.8	110.8	174.6	285.4	81.9	8.9	89.9	59.5	55.6	115.1
1894	11.4	91.4	102.8	165.0	267.8	78.0	8.7	86.7	57.8	46.1	103.9
1895	11.0	104.3	115.3	192.4	307.7	78.0	9.2	87.2	59.7	49.9	109.6
1896	12.1	121.5	133.6	171.6	305.2	78.8	8.4	87.2	66.4	48.9	115.3
1897	12.9	137.5	140.4	203.6	354.0	78.8	8.4	87.2	74.5	51.1	125.6
1898	13.1	155.3	168.4	279.7	448.1	78.8	10.0	88.8	82.5	61.2	143.7
1899	16.2	215.0	231.2	320.1	551.3	83.0	11.5	94.5	98.5	67.8	166.3
1900	13.0	227.6	245.6	302.3	547.9	84.0	13.0	97.0	99.9	68.2	168.1
1901	17.0	218.2	235.2	300.9	536.1	84.1	13.2	97.3	102.9	75.0	177.9
1902	15.4	214.5	229.9	315.0	544.9	84.0	14.0	98.0	104.8	75.0	179.8
1903	17.1	218.9	236.0	377.3	613.3	87.9	16.0	103.9	115.2	83.0	198.2
1904	18.2	246.4	264.6	457.5	722.1	88.2	18.4	106.6	113.6	100.0	213.6
1905	17.6	236.8	254.4	521.2	775.6	87.3	21.4	108.7	110.6	104.0	214.6
1906	14.1	200.1	214.2	457.2	671.4	84.3	24.1	108.4	98.0	92.0	190.0
1907	70.4	196.6	217.0	543.9	760.9	83.1	25.7	108.8	94.8	108.0	202.8
1908	21.8	218.0	239.8	578.3	818.1	82.6	26.8	111.4	111.1	117.8	228.9
1909	28.0	262.1	290.1	686.7	976.8	89.7	30.1	115.8	127.5	142.6	270.1
1910	24.8	309.2	334.0	928.2	1 262.2	88.3	40.0	128.3	147.6	181.9	329.5
1911	40.1	382.8	422.9	1 252.1	1 675.1	97.2	48.9	146.1	180.8	224.9	405.7
1912	50.3	478.6	528.9	1 288.4	1 817.3	110.2	55.8	166.0	220.7	266.6	487.3
1913	64.4	603.3	657.7	1 635.6	2 293.3	121.7	61.8	183.5	247.0	298.0	545.0
【305 上】 1914	69.6	683.3	752.9	1 786.1	2 539.0	130.1	68.2	198.3	268.0	327.3	395.3

表 50 之三　　1890 ~1914 年俄国货币存量

（百万卢布）

年份 1月1日	汇兑银行			其他	所有私人银行			所有私人银行与国有银行		
	存款	往来账户	合计		存款	往来账户	合计	存款	往来账户	合计
1890	—	—	—	—	—	—	—	—	—	—
1891	—	—	—	—	—	—	—	—	—	—
1892	—	—	—	—	—	—	—	—	—	—
1893	12.5	3.1	15.6	—	263.8	242.2	506.0	423.6	308.9	732.5
1894	11.1	2.5	13.6	—	249.7	222.3	472.0	385.0	294.3	679.3
1895	11.0	1.7	12.7	—	264.0	253.2	517.2	392.7	322.2	714.9
1896	13.6	2.2	15.8	—	292.4	231.1	523.5	410.0	299.3	709.3
1897	13.6	2.2	15.8	—	317.3	265.3	582.6	426.9	335.0	781.9
1898	19.1	3.8	19.9	—	345.8	354.7	704.5	437.6	468.7	910.3
1899	17.9	3.8	21.7	—	430.6	403.2	842.6	517.2	520.8	1 046.8
1900	17.7	3.6	21.3	—	447.2	387.1	849.7	530.5	499.4	1 045.3
1901	19.1	3.3	22.4	—	441.3	392.4	850.4	513.9	487.4	1 018.0
1902	20.5	4.7	25.2	3.9	439.2	405.7	872.1	507.5	524.3	1 056.0
1903	19.5	6.1	25.6	8.8	458.6	482.4	972.9	517.5	681.0	1 230.4
1904	19.6	5.9	25.5	15.4	486.0	581.8	1 105.1	538.7	760.1	1 336.1
1905	19.5	6.6	26.4	16.7	472.1	653.2	1 160.0	525.1	855.3	1 415.1
1906	18.0	6.2	24.2	24.2	414.5	579.5	1 048.7	474.0	783.8	1 312.5
1907	19.8	7.9	27.7	31.9	414.7	685.5	1 170.5	480.9	868.5	1 419.7
1908	18.0	8.0	26.0	37.3	453.5	731.0	1 235.8	517.6	898.0	1 466.9
1909	20.9	9.5	30.4	34.7	524.2	868.9	1 445.6	581.7	1 121.1	1 755.3
1910	22.8	9.4	32.2	54.7	592.7	1 159.5	1 851.5	648.6	1 377.3	2 125.2
1911	23.1	11.2	34.3	70.3	724.0	1 537.1	2 261.1	772.9	1 749.5	2 522.4
1912	24.2	11.5	35.7	51.3	884.0	1 622.3	2 506.3	922.6	1 842.0	2 764.6
1913	24.5	11.1	35.6	52.5	1 051.9	2 006.6	3 058.4	1 083.8	2 238.6	3 324.4
1914	22.7	9.2	31.9	99.3	1 173.7	2 190.8	3 364.5	1 202.2	2 425.4	3 627.6

【304 下】

表 50 之四 1890～1914 年俄国货币存量

（百万卢布）

年份 1月1日	货币流通（1） 流通货币	私人银行往来账户加存款总额	合计	货币流通（2） 国有银行存款与往来账户	合计	国有银行 储蓄机构存款	国库特殊资金与存款	国库往来账户	国库合计
1890	928.4	—	—	224.6	—	2.7	92.1	69.9	162.0
1891	907.4	—	—	233.9	—	3.7	135.9	63.7	199.6
1892	1 054.8	—	—	231.8	—	17.9	175.3	28.8	204.1
1893	1 074.1	506.0	1 580.1	226.5	1 806.6	52.4	108.6	39.1	167.7
1894	1 071.9	472.0	1 543.9	207.3	1 751.2	74.3	110.7	61.3	172.0
1895	1 047.7	517.2	1 564.9	197.7	1 762.6	50.7	154.6	176.6	331.2
1896	1 055.3	523.5	1 578.8	185.8	1 746.6	46.7	171.9	131.7	323.6
1897	1 133.8	582.6*	1 716.4	199.3	1 915.7	27.9	89.6	242.8	332.4
1898	1 127.7*	704.5	1 832.3	205.8	2 038.0	73.0	130.4	288.7	419.1
1899	1 234.7	842.6	2 077.3	204.2	2 281.5	8.3	141.4	330.2	471.3
1900	1 277.8	849.7	2 126.5	195.6	2 322.1	23.0	144.6	449.5	594.0
1901	1 383.8	850.4	2 234.2	167.6	2 401.8	23.9	146.2	333.6	479.8
1902	1 376.9	872.1	2 248.1	183.9	2 431.9	54.4	156.9	342.4	439.3
1903	1 422.9	972.9	2 395.8	257.5	2 653.3	114.5	167.1	186.9	354.0
1904	1 485.4	1 105.1*	2 590.5	231.0	2 821.5	69.7	179.2	374.5	353.6
1905	1 660.3	1 160.0	2 820.3	255.1	3 075.4	43.7	177.0	174.2	351.2
1906	2 178.7	1 048.7*	3 227.4	263.8	3 491.2	—	169.9	99.9	259.7
1907	1 956.3	1 170.5	3 126.8	249.2	3 375.0	36.6	202.8	98.3	301.2
1908	1 896.7	1 235.8*	3 132.5	231.1	3 353.6	51.3	206.0	151.4	357.4
1909	1 758.7	1 445.6	3 204.3	309.7	3 514.0	52.0	211.5	211.8	432.4
1910	1 867.2	1 851.5	3 718.7	273.7	3 992.4	37.7	252.8	174.2	427.2
1911	1 992.1	2 261.1	4 253.2	261.3	4 514.5	24.0	275.3	375.9	652.2
1912	2 099.9	2 506.3*	4 606.2	258.3	4 864.5	18.3	303.1	553.9	857.0
1913	2 244.0	3 058.4	5 302.4	266.0	5 568.4	15.1	344.6	528.4	572.9
【305 下】 1914	2 281.6	3 364.5	5 646.4*	263.1	5 909.2	13.9	343.3	607.9	951.8

注：加＊的表示原数据有误，此处由译者改为正确数据填入表内。以上数据在原著中分别为 387.6、1 227.7、1 305.1、1 048.2、3 235.8、2 306.3、3 646.1（依年份顺序）。——编者注

表 51　　**政府担保债券的国内持有量**

（名义价值，百万卢布）

日期（当年1月1日）	国有债券	铁路债券	贵族和农民银行	合　计
1893	1 735.2	346.6	190.9	2 272.7
1894	1 774.2	380.3	197.7	2 352.1
1895	1 877.9	419.4	215.3	2 512.6
1896	1 922.4	437.2	249.9	2 609.5
1897	2 046.4	407.3	314.8	2 768.5
1898	2 066.1	439.9	346.2	2 852.2
1899	2 121.1	457.0	359.6	2 937.7
1900	2 146.5	468.6	403.0	3 018.1
1901	2 223.7	555.6	433.2	3 212.0
1902	2 254.0	596.8	531.2	3 382.0
1903	2 259.2	554.2	620.9	3 434.3
1904	2 319.0	612.4	721.8	3 653.2
1905	2 457.4	668.9	786.0	3 912.3
1906	2 963.7	653.5	844.6	4 461.8
1907	3 100.5	301.8	936.6	4 738.9
1908	3 224.8	710.1	971.3	4 906.2
1909	3 347.4	726.0	1 078.0	5 151.4
1910	3 483.2	722.2	1 148.8	5 354.2
1911	3 516.0	755.5	1 233.3	5 504.8
1912	3 622.2	759.8	1 400.5	5 782.5
1913	3 583.5	767.0	1 676.3	6 026.8
1914	3 442.2	787.3	2 008.1	6 237.6 【306】

表 52　1890～1914 年教育部和希腊东正教教会学校所属小学的入学情况

年　份	学校数量	学生人数（千人）
1890	46 092	2 282. 6
1891	49 333	2 454. 5
1892	52 992	2 654. 7
1893	55 384	2 776. 1
1894	58 933	2 854. 3
1895	61 745	2 959. 5
1896	64 268	3 202. 1
1897	71 876	3 656. 7
1898	76 869	3 910. 2
1899	79 872	4 091. 6
1900	79 433	4 227. 1
1901	81 180	4 414. 7
1902	83 261	4 632. 9
1903	85 202	4 949. 4
1904	87 269	5 125. 7
1905	86 437	5 340. 7
1906	87 309	5 618. 0
1907	88 033	5 722. 4
1908	90 025	5 831. 9
1909	93 169	6 130. 5
1910	97 226	6 490. 8
1911	102 050	6 837. 2
1912	106 984	7 124. 4
1913	114 006	7 569. 9
【307】 1914	118 329	8 022. 0

第七章

俄国劳动力与工业化

7.1 引　论

本章所研究的“工业化”是指从手工制造转变为利用机械和机械动力制造为主的变化过程。它以“现代工业”的崛起为标志，相对流动资本而言，它吸引了越来越多的固定资本。它的典型形态是工厂制度，面临着对空间集中的劳动力进行招聘、培训和管理的问题，以及根据企业的特点及利润最大化的最终目标在企业之间配置资源的问题。

在很长的一段时期内，工业化在社会性质、劳动力构成、GNP 结构以及人均收入等方面的变化速度和方式都和个体经济不同。

在俄国，具有重要意义的“现代工业”是从 19 世纪 30 年代开始的，当时基本上局限在棉花—纺纱行业和甜菜—制糖行业。直到 1861 年农奴解放，那一年通常被视为现代俄国和传统俄国的分水岭，当时大约 85% 的糖和90%的棉线是在工厂由机械生产的。① 毫无疑问，这两个行业经历了1861年这个重要的时期，而其他行业只是或多或少地受到新的制造方法的影响：棉纺织业仍停留在手工阶段，特别是采矿业、冶金业和金属加工业仍停留在落后、传统的状态。只是到了19世纪80年代和90年代，才开始广泛地推广机械制造方法，俄国南部出现了现代的采矿地区和冶金地区。但是，即使到了1913年，尽管俄国已经成为欧洲第四大工业国家，尽管它拥有了绝大多数的工业部门，代表了“现代”制造业，包括起步阶段的本地航空工业在内，但是在社会结构、劳动力结构、GNP结构等方面仍然保留着工业化经济初期、最多不过是半工业化经济的特征。尽管参照欧洲19世纪和20世
【308】纪初的经验，俄国的年平均增长率很高，19世纪90年代与1910~1914年间的增长率比较而言也是最高的，但是工业增长并没有快到足以弥补其落后性的地步，也不能对庞大的农业部门产生明显的影响。

通常，农业的增长速度比工业慢。1860~1914年间②俄国农业平均年增长率不到2%，但是即使与种植业生产率较高的国家（例如日本）相比，这个数字也是相当可观的。种植业净增长率很低以及它在GNP中所占比重较大，削弱了较高的工业增长率对经济增长的影响。人口的增长也使得俄国人均收入在欧洲处于最低水平。

虽然俄国工业增长率很高，但是从地理分布来看，俄国工业发展并不均衡，并且明显地呈片状发展。在诸如巴库油田、波兰王国的皮奥特尔科沃、莫斯科省和圣彼得堡省等地区，人均工业产值和工人占总人口的比例都可以与当时先进国家的平均水平相比。事实上，与传统经济和半传统经济的广大地区相比，工业发展微不足道。

1908年，俄国平均人均工业产值不超过30卢布，或者说刚刚超过3英镑，工厂工人占全部人口的比例不超过1.43%。③ 但是，巴库省的人均工业产值是239卢布，莫斯科是212卢布，彼得库夫（Piotrkow）是172卢布，圣彼得堡是164卢布，而沃罗涅什不到10卢布，大部分地区仍低于5卢布。莫斯科省工人比例高达11%。只有三个地区，即包括圣彼得堡在内的波罗的海地区、包括莫斯科和弗拉基米尔（Vladimir）在内的中部工业地区和波

① M. K. 罗兹科娃（M. K. Rozhkova）编：*Ocherki ekonomicheskoy istorii Rossi pervoy poloviny XIX veka*（莫斯科，1959年），第178、182、196页。【1】

② R. W. 戈德史密斯（R. W. Goldsmith）：《沙皇俄国1860~1913年的经济发展》，载于《经济发展与文化变迁》，IX，2（1961年），第441~475页。【2】

③ Russia，Ministerstvo Finansov，*Vestnik Finansov*，*Torgovli i Promyshlennosti*（以后援引简称VF），1912年，no.23，第493页。【3】

兰王国的维斯图拉（Vistula）地区，它们的人均工业产值和工人比例高于全国的平均水平。就具备工作能力的人口而言（即 15 ~ 60 岁的人），1897 年人口普查时该类人口约占总人口的 48.5%，1900 年估计工人约占该类有工作能力人口的 3%，1913 年不超过 5%。[①] 在莫斯科省，工人占具备工作能力人口总数的 22%，超过了 1/5。另外，莫斯科省男性工人占有工作能力男性人口的 40% 左右。[②] 当然，不均衡发展和片状分布是发展中国家的特点，但是在俄国，落后地区的不发达状况十分严重，面积十分广阔，以至于少数 【309】
发达地区只能对全国产生轻微的影响。

7.2　“前工业”时代的产业工人[③]

7.2.1　17 世纪及以前

在俄国，尽管工业化（即现代工业大规模发展意义上的工业化）基本上是在 1914 年之前的 35 年间发展起来的，但是对产业劳动力（产业劳动力需要补充劳动力、进行技能培训和训练）所进行的任何研究都不能仅仅局限在这一阶段，即已经大量出现了机械化工业生产的阶段。也许该追溯到“前现代化”，又称作“前工业”的经济发展阶段，追溯到 17 世纪、18 世纪和 19 世纪建立制造业的阶段。大工厂，一般是指制造厂，在 17 世纪就已经存在，当时至少有 21 家。另据美国学者的近期研究显示，甚至有 57 家大工厂。另一项研究显示，彼得大帝时期大工厂有 118 家（或者 223 家），1804 年估计存在 1 200 家大工厂。[④]

---

① 同上，以及根据 V. E. 瓦尔扎尔编：*Statistika obrabatyvayushchey promyshlennosti za 1908 god*，共两部分（圣彼得堡，1912 年），第一部分；戈德史密斯，前引书。【4】

② VF，同上引，第 492 页。根据联合国国际劳工办公室《就业与经济发展》（日内瓦，1964 年）苏联一章，1913 年俄国就业中的工业比例是 9%，日本为 15%，美国 1910 年为 33%，1911 年英国为 51%（埃及的比例也比俄国高，为 11%）。【5】

③ C. 蒂莉（C. Tilly）和 R. 蒂莉（R. Tilly）合著：《20 世纪 70 年代欧洲经济史备忘录》，载于《经济史期刊》，第 31 卷第 1 期（1971 年 3 月），第 188 页及以后，采用“原始工业”一词来定义工厂前的工业时期，他们认为那些受过一些培训的工人在雇佣劳动力集中在工厂之前就开始接触到了工厂生活。在本章这一词同时指工厂前和机械化前的工厂工业时期。【6】

④ M. 兹洛特尼科夫（M. Zlotnikov）：‘Ot manufaktury k fabrike’，*Voprosy Istorii*，nos. 11 – 12（1946 年），第 31 ~ 48 页；J. T. 弗尔曼（J. T. Fuhrmann）：《资本主义在俄罗斯的起源》（芝加哥，1972 年），第 243 页。【7】

17世纪绝大多数大型制造厂坐落在人口密度比较大的地区，其主要特征是从城市人口和半城市人口中招聘雇佣工人。但是，这不是现代意义上的雇佣劳动力。有证据显示，临时劳动力被雇用来从事建筑、运输、港口装卸和河流拉纤等工作。其中有一些是支付现金，但是报酬的主要形式还是某些替代品，比如一块盐、一些谷物或者一块肉。在长期雇用熟练工人的地方，一小块花园，甚至一块可耕地也被当作是工人报酬的一部分。一般在食盐生产过程中会以食盐充当工资。在河流运输中，通常是将工作转包给合作社（即由一名长者负责的运输工协会），而不是直接雇用工人。①

当发生债务关系时，只要某人不能归还预付款，就必须或者自愿地成为合同雇佣工。尽管都知道合同规定债务会随着债务人或者债权人生命的终止而终止，但是事实上这种债务奴役不会随着农奴生命的结束而终止，而是延续给他的家人和后代。在农村地区，由于自然农业存在不确定性和风险性，
【310】再加上自16世纪初以来地税和国税增加的压力，这两个因素综合作用导致这种债务奴役成为普遍现象。②

俄国工厂需要大量的辅助性劳力来从事诸如砍伐、制炭、装载、托运以及为主要劳动力提供补给等工作。在冶金行业和金属加工行业尤其如此，这对火药、钾碱和玻璃的制造业也很重要。17世纪俄国工厂的创建者，荷兰人A. 维尼乌斯和F. 阿克玛，以及后来的俄国企业家，通过提供辅助服务代替应付税金的办法，使得皇室农民定居的村庄甚至是整个地区都依附于他们。尽管与后来采用这一方法保护劳动力相比，当时这种现象规模较小，但是这种情况早在1649年法规正式建立农奴制之前就出现了。这种情况通常达到了两个目的：一是考虑到军队和重商主义的合理需要，它为工业获取了劳动力；二是它确保了更可靠、更及时的税收收入，而这一点在地方政府负责征税时是做不到的。③

国外工匠和俄国工匠提供了熟练的劳动力，包括图拉的武器制造者，建设城堡和在沙皇工场里得到锻炼的、国家注册的铁匠和木匠。在工厂获得技

---

① E. I. 沼泽尔斯卡亚（E. I. Zaozerskaya）：*U istokov krupnogo proizvodstva v russkoy promyshlennosti XVI-XVII vekov*（莫斯科，1970年），第64、176页；M. 亚·沃尔科夫（M. Ya. Volkov）：'Khozyaystvo kuptsa Srednego Povolzhya I. A. Miklyayeva v kontse XVII—pervoy chetverti XVIII v.'，载于S. D. 斯卡兹金（S. D. Skazkin）编：*Problemy genezisa kapitalizma*（莫斯科，1970年），第230页。【8】

② 沼泽尔斯卡亚，前引书，第150～151页和第170页；沃尔科夫，前引书，第227页；N. I. 帕夫连科（N. I. Pavlenko）：*Razvitiye metallurgicheskoy promyshlennosti Rossii v pervoy plovine XVIII veka*（莫斯科，1953年），第354页。【9】

③ 弗尔曼，前引书，第75页；沼泽尔斯卡亚，前引书，第178页。【10】

能的工人从一处转移到另一处并把技能传授给他人。在农闲季节还雇用了部分农村劳动力,① 但规模并不是很大。

1649 年农奴制正式建立后似乎并没有对上述方式产生影响。工业对劳动力的需求仍然受到限制，各种流动人口足以充当临时劳动力。此外，在北方中部地主所有制并不典型的地区，工业的发展使得有可能从国家直接控制的皇室村庄得到“领地”劳动力。

7.2.2 从彼得大帝到农奴解放

彼得大帝时期，发展大型工厂的伟大计划极大地改变了招募和培训产业工人的规模和速度。由于距离现有人口中心比较远，并受交通线路的限制，乌拉尔的冶金企业联合会没能吸引到所需要的劳动力。彼得大帝的军队需要 【311】
大量的劳动力，建设圣彼得堡码头、圣彼得堡—莫斯科的公路以及运河也都需要大量的劳动力，尤其是男性劳动力。有部分男劳力来自罪犯、男妓、私生子、儿童、孤儿以及退休的士兵。②

彼得大帝的财政政策进一步增加了招募劳动力的难度，尤其是 1718 年实施征收人头税的政策以后就更难了。首先，与按照耕地征税不同，对每个人征收人头税产生了一个意外的结果，就是它鼓励扩大种植面积，进而刺激了对农业劳动力的需求；其次，税收体制得到完善，这使得农民即使处于村社之外也没有任何税收优势了，从而消灭了长期以来能够满足劳动力需求的来源。加强税收体系，使之考虑不定因素在内，彼得大帝削减了长期以来处于村社之外能够满足需求的劳动力来源。更重要的是，严格的税收使得土地所有者和掌管皇室村庄的政府机构比以前更热衷于监督“魂灵”的行踪(魂灵是纳税男性的专称)。1727 年开始要求地主负责征收人头税，所以他们成了代表国家的税务员和警察。由于他们同时还负责征税和招募新兵，所以村社，无论是农村村社还是城市村社，无论是在私人领地还是在皇室土地上，都急切地维持税收报表普查登记的应税人口。③

这样做的结果就是依赖强制性的劳动力。首先而且最重要的是，到工厂去的皇室农民成为彼得大帝时代大量工业企业最重要的、惟一的、有保证的

---

① 帕夫连科：*Razvitiye*，第 190～193 页；弗尔曼，前引书，第 23、45 页及以后。【11】

② 帕夫连科：*Razvitiye*，第 213 页及以后。【12】

③ N. I. 帕夫连科：‘O nekotorykh storonakh pervonachalnogo nakopleniya v Rossii’，*Istoricheskiye Zapisky*，LIV（1955 年），第 213 页。【13】

劳动力来源。在需要季节性劳动力的地方，可以找到不同类型的劳动力；但在需要全年正规劳动力的时候，依赖的还是皇室农民。1724 年，有男性皇室农民1 049 287人，他们是工厂劳动力的基本来源。① 另一个劳动力来源是“领地农民”，这是一个产生于1721 年的特殊群体，因为当时给予了非贵族购买拥有农奴的村庄用于“领地工厂”的特权。这个特权最终于1861 年终止，期间曾经有过暂停。

即使在所谓“自由雇佣劳动力”的个案中，雇主负责支付工人人头税的事实也在获得劳动力的过程中占据了重要的角色。有证据表明这种情况导致出现了虐待现象，因为它通过工人以雇主的名字进行人头税登记，进而剥夺了工人离开的自由。总之，在官僚主义的无序状态下，肆意妄为和缺乏尊重人权，使得很多“自由雇佣劳动力”成为了公司的强制性附属物。② 即使
【312】在政府也小心谨慎对待的外国专家身上也发生过这种情况。当然另外一方面，无序状况和违法行为能够并且也的确产生了反作用，它允许雇用逃奴，允许采取各种吸引劳动力的形式，尤其是以金钱和其他类似刺激手段诱惑劳动力，特别是熟练劳动力到私人工厂里去。

对于逃跑的农民，政府执行了一种矛盾的政策。当局并不愿意鼓励农民逃跑，因为这意味着中部地区应税人口和新兵来源会受到损失，但是当局却又急于操纵乌拉尔地区的工厂。因此，政府取了一个折中方案，如果乌拉尔的逃奴已经掌握了工业技术的话，就不必将他们交还给他们的主人。这其实是赋予了管理者所希望能够得到的全部自由度。

1736 年法令规定，熟练劳动力与辅助工人之间的区别在于是否“永远附属于”工厂（*vechno-otdannyye*）。直到 1807 年，在乌拉尔还有一部分来自皇室村庄的附属农民被转成了“永远附属于”工厂的工人，比例是每千人中占 58 人。一开始就存在着这种趋势，而产生这种趋势的主要原因是缺乏完全熟练的工人（“师傅”），他们希望流动，工厂之间对熟练工人的强烈

① P. N. 米尔犹科夫（P. N. Milyukov）：*Gossudarstvennoye khozyaystvo Rossii v pervoy chetverti XVIII stoletiya i reforma Petra Velikago*（圣彼得堡，1905 年），第 476 ~ 477 页；A. A. 基扎瓦特尔（A. A. Kizevetter）：*Posadskaya obshchina v Rossi XVIII st.*（莫斯科，1903 年），第 81 页；A. V. 波戈热夫（A. V. Pogozhev）：‘Votchinnyye fabriky i ikh fabrichnyye’，*Vestnik Yevropy*，VIII（1889 年），第 15 页及以后。【14】

② A. L. 夏皮罗（A. L. Shapiro）：‘K istorii krest’yanskikh promyslov i krest’yanskoy manufaktury
【522】v Rossii v XVIII v.’，*Istoricheskiye Zapisky*，XXXI（1950 年），第 147 页；帕夫连科，*Razvitiye*，第 351 ~ 353 页；V. G. 基曼（V. G. Geyman），*Manufakturnaya promyshlennost’ Peterburga petrovskogo vremeni*，（莫斯科和列宁格勒，1947 年），第 246、284 页。【15】

竞争导致了冲突和诉讼，并使得这类熟练工人的工资成本很高。①

工厂厂主抱怨需要花费 10 年的时间来摊销培训一个工人的费用，抱怨必须承担因该工人离去而产生的损失。通过提供较高的工资，私人业主经常成功地招聘到曾在国有工厂和国有矿业学校受训的熟练“师傅”，国有企业在这方面经常处于劣势。矿业委员会主席（*Gornaya Kollegya*）塔季希耶夫（Tatishchev）试图将工资等级标准化，从而防止熟练工人流失到私人业主那里。但是，私人业主一方面承认遵守对领地工人设定的最高限额工资和最低限额工资，另一方面坚持他们有权力根据合同给“自由”工人支付工资。在乌拉尔地区，私人公司的工资比国有工厂的工资高 25%。所以，乌拉尔企业家中著名的杰米多夫（Demidov）自夸，他每损失 1 个人，就能从国有工厂再招聘来 4 个熟练的师傅，② 这并不奇怪。

由于缺乏劳动力尤其是熟练劳动力，所以劳动力成本很昂贵。最容易的解决工匠稀缺和高工资的方法似乎就是围堵工匠，强迫他们按照当局制定的规则进行工作。

迟至 18 世纪 60 年代后期，即使因为农奴和皇室农民从村社中解放出来而使得可雇用劳动力日益增加，但是仍然很难获得常年劳动力。伊万·扎特 【313】
拉佩兹诺夫（Ivan Zatrapeznov）是来自雅罗斯拉夫（Yaroslav）纺织工业地区的工厂主，1764 年他抱怨雇用的工人“像河里的冰破碎一样快地逃到了农村和河港”。③ 工厂工人在夏季就变成了农场工人或者驳船运输工，所以工厂主必须尽力到人口众多的农村寻找廉价可靠的劳动力来源。

18 世纪基本上各种形式的强制性劳动力在起主要作用。冶金业，尤其是在乌拉尔地区和西西伯利亚地区，高压政治是成功的必要前提条件。因为有人定居的村庄离工厂很远，更有甚者，肥沃多产的土地上的居民不会“自愿地”受雇用而离开。1722 年，矿业委员会的主席冯·埃南（Von Hennin），从离工厂相当远的各定居点只能雇到 17 个男人。在该地区这种困难使得满足劳动力需求的难度更大了：根据 1734 年塔季希耶夫的资料，每个炉子需要 1 000 个工人和 6 个锻锤，其中需要 910 个工人负责提取铁矿石并运送到工厂以及切割、燃烧、燃料运输、石灰石的提取和运输等类似的工

---

① 帕夫连科：*Razvitiye*，第 231 页；罗兹科娃（Rozhkova）编：*Ocherki*，第 226 页；M. 图冈—巴拉诺夫斯基（M. Tugan-Baranovsky）：*Russkaya fabrika v proshlom i nastoyashchem*，第 6 项内容，由第 3 版重新出版（莫斯科和列宁格勒，1934 年），第 105 页及以后。【16】

② B. B. 卡芬豪斯（B. B. Kafengauz）：*Istoriya khozyaystva Demidovykh*（莫斯科，1950 年），第 204 页。【17】

③ 帕夫连科：‘O nekotorykh’，第 388 页。【18】

作。另外还需要大量的辅助人员给主要劳动力提供物资。国外对俄国铁制品日益增长的需求也是导致采取强制性劳动力的因素之一，因为劳动力的供应落后于铁制品市场的扩张速度。①

为了得到熟练劳动力，还可以采用输入国外劳动力以及将俄国人送出国，特别是到瑞典学习技术的途径。这种方法代价高、难度大，有时也很难达到预定目标。输入国外工人经常受到瑞典恶意的阻碍，瑞典拒绝他们过境。撒克逊人法庭也为俄国招募工人设置困难，因为法庭“不允许这些人返回”原驻地。新的工业部门在获得熟练工人方面也遇到了特殊的困难，就是十分依赖国外技术，制铜业即如此。1720 年，从国外输入了 29 名专家，但是其中绝大部分充当管理人员或者是做翻译了。②

许多得到高收入的外国人完全忽略了传授他们所掌握的技术，或者因嫉妒而保守他们的秘密，没有按照合同规定培训俄国人。尤其是在外国染匠师
【314】傅中存在这一趋势。另一方面，外国师傅也受到俄国人的憎恨，尤其是工厂主的憎恨，他们说政府坚持他们雇用外国专家的要求令人讨厌并且代价昂贵。③

首先，政府当局对外国专家有十分严格的规定和标准，必须按照合同规定雇用他们，同时要与具体工业部门的需求相一致，一旦目标达到就要中止合同。在安娜女皇时代，大量外国人在 1736～1738 年间流入俄国，据说他们追求各种快速致富的途径，并没有给经济带来好处。另外也引进了撒克逊工匠，据说俄国并不缺乏他们的技术。事实上有证据反驳这一论点，在这一阶段以及以后相当长的时间里，对国外技术的需求以及国外技术的贡献作用是毫无疑问的。苏联历史学家帕夫连科认为，到 18 世纪 30 年代，冶金业内有足够多的掌握了技术技能和管理才能的俄国人和俄国化的外国人。依据同一权威人士的看法，在沃洛涅茨的冶金业内，1720～1728 年间外国专家仅占全部劳动力的 3.5%。这说明工厂直接雇用的劳动力比例较高，④ 总数则因为雇用了大量的工人从事辅助性工作而夸大了。

---

① 帕夫连科：*Razvitiye*，第 190～204 页。【19】

② 帕夫连科：‘O nekotorykh’，第 204 页。【20】

③ I. S. 库鲁特森（I. S. Kurutsin）：‘Formirovaniye rabochey sily na tekstil’ nykh manufakturakh v XVIII v.’，*Istoricheskiye Zapisky*，V（1939 年），第 145 页；K. A. 帕日特诺夫（K. A. Pazhitnov）：*Ocherki istorii tekstil’ noy promyshlennosti dorevolyutsyonnoy Rossii*：*Khlopchatobumazhnaya*，*l’ nopenkovaya i sholkovaya promyshlennost*’［莫斯科，1958 年：以后援引为‘*Ocherki tekstil’ noy*（1958 年）’］，第 208 页。【21】

④ 帕夫连科：*Razvitiye*，第 195 页及以后；R. 波塔尔（R. Portal）：*L’ Oural au XVIIIe siècle*（巴黎，1950 年），第 83 页及以后。【22】

到18世纪30年代，矿业学校和学徒制度开始有助于熟练劳动力的供应。到1736年，有14所学校744名学生。尽管一开始建校的目的是吸收贵族和官员的孩子，但事实上招收的很多新生是平民。1/4～1/2的学生都是工人的孩子，他们一般会成为有技能的师傅，但是被迫“永远地”留在了工厂，贵族的孩子则进入管理层或者行政部门。①

从其他地区转移来的受过培训的工人和熟练工匠是熟练工人的另一个重要来源。18世纪初期在冶金业，来自图拉和卡希拉（Kashira）等中部冶金地区的专家在奥洛涅茨（Olonetz）和乌拉尔地区帮助建立新工厂。对乌拉尔而言，奥洛涅茨地区在18世纪20年代扮演了相同的角色。自18世纪30年代起，乌拉尔地区开始成为最先进技术的传播中心。由于冶金业管理集中化程度很高，所以有可能实现这种技术转移，并且总的来说很成功。②

技能最主要还是在工作过程中学到的。在国有冶金工厂，能够掌握所需技能的工人将会得到奖金。尽管私人工厂经常自夸有大量的熟练工人，【315】但是看来它们的技术人员、管理人员以及熟练工人都是在国有公司得到培训的。

来自各种渠道的劳动力供应总量能够满足该行业的需求。至少有一个历史学家认为在18世纪的头25年间，已经成功地解决了冶金业所需专家的供应问题。③ 事实上，在纺织业仍然存在劳动力供应的困难。尽管制造亚麻和布的工艺在俄国已经存在了很长时间，但是在彼得大帝时期引进了新纺织品的全部工艺。工作的复杂性意味着必须雇用大量人员，而且考虑到产品和工艺的新颖性，很难委托他们在厂外加工。在18世纪前半叶，小纺织厂的劳动力并不少于100人。由于在18世纪绝大部分时间内技术相对稳定，所以产量的增加主要依赖于工人数量的增加以及每个工人的技能、综合能力、集中力和准确性的提高。④

18世纪俄国工厂在提高劳动力质量方面并不成功，原因在于城市生活不发达。在叶卡捷琳娜二世统治末期的1796年，城市人口占4.1%，其中许多来自于刚刚占领或者被吞并的波罗的海领地和波兰领地。除了西部各省的行业协会已经有了一定的根基以外，城市工匠从未达到西欧已有的地位。彼得大帝将城市工匠地位低归结于俄国缺乏行业协会。彼得大帝之前的工匠

---

① 帕夫连科：*Razvitiye*，第203页及以后。【23】
② 同上，第190页及以后；库鲁特森，前引书，第144～145页。【24】
③ 帕夫连科：*Razvitiye*，第205页。【25】
④ 库鲁特森，前引书，第146页及以后。【26】

协会仅仅处于萌芽状态，并且被局限在一定的地区，这是因为在莫斯科时期才建立的绝大部分城镇——尤其是新开拓的城镇——带有更多的军事定居点和行政管理定居点的性质。参照西欧模式，彼得大帝 1721 年法令以及 1720～1723 年间的有关法令，规定了各行业（*tsekhi*）工匠协会的模式，包括有权经营自己商店的业主（*mastyera*）、熟练工人（*podmaster'ya*）和学徒（*uchenniki*）在内。每个行业都有一个选举出来的长者和社团大会为领导。该长者能够参加城镇的市政机构，拥有对有关工匠事务的顾问权力。

在每个行业内部，长者管理内部条例和标准，负责征税。最早行会的行政管理职能和代理政府的财政职能远远超过其协作职能，以至于俄国的行会
【316】永远没能成为真正的封闭式协会。它对成员既没有数量上的限制，也不强制本地全部工匠参加，它没有限制行业生产的产品，没有垄断工艺，同时它对质量、培训和资质的控制也是暂时的。

这是产品质量差的原因之一，质量差的证据还有很多。1740 年成立了一个特别委员会，调查制服布料质量差的原因。1744 年制造商委员会调查到，国外商人抱怨俄国帆布达不到所要求的强度和洁白度。监察员的报告揭示，在最大的几家亚麻厂中，其中一家的学徒没有掌握烧灰漂白的技术，需要将俄国的亚麻送到荷兰去漂白。1765 年制造业委员会主席沃尔科沃（Volkov）向女皇反映，不是只有一个工厂能够生产质量高的衣物。在亚麻生产方面，直到 1799 年，优质亚麻制品占全部产量的比例还是很小（8.8 万俄尺对 800 万俄尺的粗帆布，450 万俄尺粗织佛兰德布，以及 160 万俄尺以上的帆布）。①

事实上，俄国制造业产品质量低不仅仅是因为俄国工人数量不足和技术低下，而且也受需求的影响。彼得大帝时期建立的用于生产昂贵品种的丝绸工厂很快转向生产诸如丝带和方巾一类的便宜商品，特别是实施 1731 年关税税则以后，该关税的实施使得进口的外国丝绸更具有竞争力。在冶金业，外国对粗铁的需求以及国内需求量小也是金属制造没能发展成为主要冶金业中心的原因之一。

基本上可以这样说，18 世纪的俄国出现了这样一种类型的劳动力，他们最适合生产国内和国外都大量需要的初级产品和半制成品。俄国在相当短的时间内就成功地做到了这一点。事实上，大部分工业劳动力对生产率的影

① 库鲁特森，前引书，第 143 页；P. G. 柳博米罗夫（P. G. Lyubomirov）：*Ocherki po istorii russkoy promyshlennosti XVII, XVIII i nachala XIX veka*（莫斯科，1947 年），第 78～79 页。【27】

响并不比普遍较低的技术水平和市场特点更为重要。当然，如果没有国家的辛勤努力和强制要求，也不可能实现已经达到的实际生产规模。

彼得大帝经济措施的政策效果、尤其是决定俄国命运的经济措施的效果一直是知识分子和思想家争论的焦点。通过人为地扶持工厂以及强行推行特定的技术，彼得大帝破坏了或者扭曲了经济的有序发展。本项研究表明，通 【317】
过试图将诸如品质等特殊规定强加给这些行业以及让接受了国家补贴的工厂与其他工厂进行竞争，彼得大帝的措施损害了俄国的本土工业，即“乡村工业”（Kustar）或者季节性的农村工业。尽管存在着农民工业在某些地区衰落的实例，例如在阿琴格尔，彼得大帝的政策还是对农村的经济活动产生了积极的影响。① 彼得大帝及其后继者当权时期所建立的工厂，成为农村工匠的技能学校和技术传播中心，其中有一部分农村工匠自己成长为工厂的创建者，这类工厂被称为商人制造厂或者农民制造厂（*kupechcskaya* 或者 *krest' yanskaya manufaktura*）。彼得大帝时期的经济发展促进了区域专业化和市场的扩大。结果，人口开始稳定增长，并自1740年开始加速增长，而来自皇室农民和私人农奴的可雇用劳动力也有所增长。他们被称为“*otkhodniki*”或者非农场工人，允许他们以农场外收入（*pormysly*）支付租金。②

这种发展主要集中在农作物生长期短、土地贫乏、人口相对集中的地区，但连接这类地区的交通与市场条件比其他地区要好。由于这些因素，工厂和乡村工业在莫斯科和邻近省份发展起来，这些地区随后发展成为“中部工业地区”。该地区的农奴密集程度在全国最高，这说明在其他环境有利于工业成长的情况下，制度约束是无效的。③

除了农民努力经营生意以外，庄园主（*votchinnaya manufaktura*）也建立了工厂，并将工厂视为不动产附属物，是一种现金收入的补充来源，是使用自产农产品和利用不动产所属劳动力的一条途径，比如在生产酒、在制造布和亚麻，以及后来在制糖的过程中都是如此。俄法战争结束之后，谷物价格下跌，布制服的价格很高，拿破仑入侵时期建立的豪华城镇被摧毁或者遭

① K. 洛德任斯基（K. Lodyzhensky）：*Istoriya russkago tamozhennago tarifa*（圣彼得堡，1886年），第69页；A. 卡汉（A. Kahan）：《彼得大帝之后俄罗斯经济生活和政策的连续性》，载于《经济史期刊》，XXV，1（1965年3月）。【28】

② 罗兹科娃编：*Ocherki*，第174页及以后。【29】

③ V. V. 谢梅夫斯基（V. V. Semevsky）：*Krest' yane v tsarstvovaniye imperatritsy Yekateriny II*，第1卷（圣彼得堡，1903年），第584～585页；M. L. 泰勾保斯基（M. L. de Tegoborski）：《评俄罗斯生产率》，2卷本（伦敦，1855年），第1卷，第85页；V. 卡布赞（V. Kabuzan）：*Narodonaseleniye Rossii v XVIII-pervoy polovine XIX v.*（莫斯科，1963年），第123页；P. G. 柳博米罗夫编：*A. N. Radishchev*：*materialy i izsledovaniye*（莫斯科和列宁格勒，1936年），第196页。【30】

到清理，从而产生了大量的空闲家奴，种种这些都促进了1815年以后形成庄园工厂。在多数情况下，庄园工厂成为贵族土地所有者的主要收入来源，这个特征在1840年后乌克兰地区的制糖业中最为明显。

最初，只是那些为冲抵地租而工作的家奴和农奴受到雇用；后来在大多数情况下庄园工厂的工人都得到了工资，他们利用这些工资归还租金和支付
【318】税收。雇用的形式有很大不同。当地主建立工厂时，只利用家奴以及农场农奴，并把他们转移到工厂从事常年性的工作；后来家奴和农奴就成为了真正的、脱离了其他收入来源的无产阶级，并从孩童时期开始在曾雇用其双亲的工厂学技术。

V. A. 波戈热夫对俄国1903年的工厂劳动力进行了很有价值的统计研究。他认为农奴解放前，庄园工厂里产生了真正的、世代相传的工人，1861年后这些工人的后代继续在工厂里工作。对19世纪90年代特殊工厂劳动力的各种研究显示，在这些工厂里都有前工厂家奴的后代，他们甚至还出现在1910年农奴解放后消除了庄园工厂的地区。在1914年前的繁荣时期，当时环境再次对农村小工厂有利，雇主可以利用从前庄园工厂的潜在劳动力。①

从雇主的角度来看，尽管存在很多地主和村社把农民转让给工厂来偿还所欠地租、税收和债务的例子，但是还是可以自由雇用私人拥有的农奴和皇室农民。在这种情况下，由于缺少自由雇用的因素在内，工人并不比劳役工好多少。尽管1825年法律严禁这种做法，但是实际上这种情况仍在持续，工人家庭被说服代替地主或者村社去工作。②

由农奴建立并管理的企业的特征之一就是利用抵押劳动力（代役租工人）。18世纪后期开始出现成功的农奴企业家，他们创立了延续至1917年的工业王朝。这一阶段工业的崛起与19世纪前半叶工业发展截然不同，并且成功地超越了所有其他形式的工厂。尽管这些企业家自己本身就是农奴，但是他们经常以其地主的名义拥有整个村庄的农奴。而其他形式的工业企业

---

① A. V. 波戈热夫：*Uchot chislennosti i sostava rabochikh v Rossii: materialy po statistike truda*（圣彼得堡，1906年），第76、100页；K. A. 帕日特诺夫：*Ocherki po istorii tekstil' noy promyshlennosti dorevolyutsyonnoy Rossii: sherstyanaya promyshlennost'*［莫斯科，1955年：以后援引为'*Ocherki tekstil' noy*（1955年）'］，第83~86页；图冈—巴拉诺夫斯基，前引书，第87~91页。【31】

② E. I. 兹塞尔的儿子（E. I. Zisel' son）：'K voprosu o formirovanii promyshlennykh kadrov na predpriyatiyakh Peterburga v 1801-1861'，载于V. 亚·奥夫相金（V. Ya. Ovsyankin）编辑的*Istoriya rabochego klassa Leningrada*（列宁格勒，1962年），第15页；帕日特诺夫，*Ocherki tekstil' noy*（1955年），第92、112页。【32】

大多倾向于依赖代役租工人（*kabal' nyye*）、地主转让的其他农奴、1825 年后村社转让的用于清偿地租或者税收的农奴。事实上，农奴企业家成功的原因之一就是在事业开始初期就能够得到劳动力。

由于实行的是地租和税收的集体责任制，因此农奴企业家需要为村社中遭遇不幸的成员或没有远见的成员预付地租和税金。这使得他有权力要求这些债务人提供时间和劳动力。在村里，农奴企业家是最富有的人，是村收入和存款的主要源泉，他所享受的声望和公共权威，他对环境和代役租工人个【319】人品质的了解，以及他和他的家庭直接参与工作的行为（经常是与工人肩并肩地工作），都使得他能够尽可能地利用属于他的代役租工人，使之发挥其他雇员所不能发挥的生产率。

实际上尽管农奴企业家在得到劳动力方面有优先权，但是工业在生产效率和技术进步方面能够取得很大进展的原因还是在于，工业能够生产出满足日益增长所需的产品，这些产品与劳动力的类型并没有关系。观察 1790 ~ 1793 年间俄国的进口情况，就可以发现正是下面两个技术上现代化程度最高的产业为进口替代创造了最大的机会。制糖业和纺织品业占俄国进口总值的 22%。但是与棉花制造厂的工人主要来自“雇佣劳力”相反，糖厂的工人是庄园农奴，他们以工作代替劳务，这种安排与冶金业获得劳动力的方法一样。这些行业发展滞后的原因主要就是因为劳动力带有农奴性质。①

从 18 世纪最后 3 年开始，雇佣劳动力变得越来越重要，尤其是在制造业。尽管强制性劳动力在绝对数量上一直在增长，但是由于劳动力市场拓宽了，从而降低了对强制性劳动力的需求，对于位于城市附近的工厂尤其如此。这种劳动力市场的拓宽明显地发生在 1816 年，当时亚历山大一世废除了由彼得大帝推行的法律，也就是赋予工厂可以购买人口丰裕的村庄的权力，有证据说明在 19 年间仅仅有 6 起事件使用了这种权力。更有甚者，领地工厂所有者开始发现拥有固定劳动力是个值得怀疑的特权。他们不能根据市场需求和工作的需要而调整劳动力的规模和构成，他们被迫保留工人中的老人和病人，并且按照补贴价格给他们提供食品。由于工资较高的自由雇佣工人与领地工人一起工作，所以后者感到受到了虐待，经常产生不满情绪。绝大多数情况下，领地工人成为其主人准备放弃的包袱。根据 1840 年 6 月的一项法律，准许释放大量的领地工人。

---

① R. E. 泽尔尼克（R. E. Zelnik）：《沙皇俄国时期的劳动力与社会：1855 ~ 1870 年圣彼得堡地区的工厂工人》（加利福尼亚　斯坦福，1971 年），第 36 页；奥夫相金，前引书，第 15 页及以后；洛德任斯基，前引书，第 193 ~ 196 页。【33】

根据图冈—巴拉诺夫斯基（Tugan-Baranovsky）的研究，依据1840年法令，在被释放的14 441名领地工人中，大约有43%的工人选择做皇室农民，这说明他们并没有完全切断与农业的联系，或者他们还是希望待在皇室农庄【320】里以家庭工人的身份干活。在选择作为市民（*meshchane*）的8 000人中，绝大部分肯定已经失去了从事农业工作的习惯。图冈—巴拉诺夫斯基还说明有很大一部分领地工人已经变得完全依赖工资收入生活了，在他们获释后很长的时间内，他们没有土地，甚至也没有自己的房子。①

在废除农奴制前夕，制造业中仍然存在着52个领地工厂，主要在造纸业、海军制服业和晶体玻璃业，它们雇用了超过2.7万的男性工人。在采矿业和冶金业中，部分工厂还是存在领地工人的现象，各种形式的强制性劳动力仍然占了雇佣劳动力的70%，没有证据表明雇主面临着要求改变现状的压力。毫无疑问，位于农村边缘的工厂的情况有所不同。在这些制造业工厂中，强制性劳动力仅仅占总数的18%。②

根据M. 兹洛特尼科夫（M. Zlotnikov）对官方数据进行的重新计算，到1860年采矿业、冶金业和制造业中的工厂劳动力不到86万人，其中有56.5万人在制造业。根据兹洛特尼科夫的统计，他们被2 818个企业所雇用（不是统计中所说的14 388个单位）。兹洛特尼科夫采用的是列宁的标准，即建立一个工厂至少要雇用16个人。1804年劳动力总数约为22.5万人，到1825年是34万人。早期劳动力的75%是农奴，到1825年2/3是农奴，到1860年自由雇用的比例达到2/3。③

原始工业化时期与后来的发展阶段是什么关系呢？图冈—巴拉诺夫斯基、杰缅季耶夫（Dementyev）、舒尔茨—加耶维尔茨（Schultze-Gaevernitz）以及波戈热夫等权威人士都一致认为，18世纪和19世纪早期的工厂为现代化工厂铺平了道路。在1903年存在的工厂中，接近1/7的工厂是在1861年以前建立的，它们在1903年最大型公司中的比例最高。图冈—巴拉诺夫斯基将这些工厂视为“现代产业工人的技术学校”。④ 前面已经提到了前庄园

---

① 图冈—巴拉诺夫斯基，前引书，第108~110页；罗兹科娃编：*Ocherki*，第193~196页。【34】

② 帕日特诺夫，*Ocherki tekstil'noy*（1955年），第90页；罗兹科娃编：*Ocherki*，第215页；K. A. 帕日特诺夫：‘K voprosu o roli krepostnogo truda v doreformennoy promyshlennosti’，*Istoricheskiye Zapisky*，VII（1946年）。【35】

③ 兹洛特尼科夫，前引书，第31~48页。【36】

④ 波戈热夫，*Uchot*，表22，第75页；图冈—巴拉诺夫斯基，前引书，第45页；G. 冯·舒尔茨—加耶维尔茨：*Ocherki obshclhestvennago khozyaystva i ekonomicheskoy politiki Rossii*（圣彼得堡，1901年：1899年德国血统出身的迁移），第44页；波戈热夫：‘Votchinnye’；E. M. Dement'yev，*Fabrika*，
【523】*chto ona dayot naseleniyu i chto ona u uego beryot*（莫斯科，1897年），第46页。【37】

工厂和某些领地工厂在1861年后的劳动力中所扮演的角色。个别工厂档案的职工登记表中明显地表明，在乌拉尔地区的铁匠中，已经形成了好几代祖传的骨干工人了。①

更为重要的是，现代化前的工厂以间接的方式为农奴解放后的工厂储备了劳动力。图冈—巴拉诺夫斯基在其著名的研究中，描述了18世纪和19世纪早期的工厂在乡村工业内部促进技术扩散的方式，这些技术与原始农村手工 【321】
艺无关，但是正是它们的存在促进了工厂的发展。图冈—巴拉诺夫斯基认为"乡村工业是工厂和大型工场的合法产物"。② 家庭或者家庭工场为机械化工厂培养了企业家和工人，并通过生产链与机械化工厂建立了联系。

图冈—巴拉诺夫斯基认为乡村工业在19世纪第二个25年超过了工厂工业，有很多针对这个观点的批评。但是毫无疑问的是，剔除夸张因素以后，他正确地判断了农村工业可怕的竞争力，因为经营农村工业的固定费用非常低，管理费用很少，有能力顶住工资剧烈下降的压力。拥有这些优势，乡村工业能够抢夺工厂工业的生意，因为后者是在过度保护下成长的，其生产的产品质量与乡村工业生产的产品质量没有明显区别。实际情况是19世纪前半叶制造业产量增长的大部分主要来自小乡村工业和类乡村工业。到1850年，大型制造厂的产值仅是乡村工业的一半。③

另一方面，前现代化工厂的某些遗迹发挥了消极的作用。在面临新技术和新生产方式的情况下，利用现有工厂或其组织结构比重新建设工厂还困难。最重要的是，工人和雇主已经在这样一种环境中成长，在这个环境里，工厂生产被视为是给国家提供服务的一种方式，雇主视根据国家的指令供养劳动力为己任。

这种心理状态使得乌拉尔地区的工人呆在森林中自己的房子里，等待着冶金业按照法律给他们提供工作。根据1911年一家工厂巡视员的报告，纺织厂的工人也反映出了相同的情绪。④ 工人相信，政府出钱强迫雇主开办工厂并为工人提供临时住房。他们相信，雇主没有权力关闭工厂，如果工人生

---

① K. N. 塞尔波那（K. N. Serbona）：' Posluzhnyye spiski rabochikh Urala kak istorichesky istochik', *Problemy Istochnikovedeniya*, VII（1959年），第105～111页。【38】

② 图冈—巴拉诺夫斯基，前引书，第168页；帕日特诺夫，*Ocherki tekstil' noy*（1958年），第205～206页。【39】

③ W. L. 布莱克韦尔（W. L. Blackwell）：《1800～1860年俄国工业化的开端》（普林斯顿，1968年），第42页。【40】

④ S. 格沃兹杰夫（S. Gvozdev）：*Zapisky fabrichnago inspektora*（莫斯科，1911年），第215页；T. v. 劳厄（T. v. Laue）：《工厂里的俄国农民，1892～1904年》，载于《经济史期刊》，XXI（1961年），第67页。【41】

活得很不好，政府将会接管工厂。这种心理状态源自领地工厂的实际经验，19世纪90年代出生的那一代人们的记忆中还保留着领地工厂的记忆。在乌拉尔地区，直到1914年在某些工厂仍然保留着国家规定的一些固定权利，尽管这些固定权利已经经过了修订。

从马克思主义的观点来看，在前工业化时期被俄国工厂所雇用的人是工【322】厂工人，而不是无产阶级。初级产业生产者被剥夺所有权的过程——马克思主义理论的基本特征——可以说仅仅对部分工人产生了影响。此外，由于剥夺所有权并不是一个不可逆的过程，所以受影响的只是潜在的农业生产者和小业主。劳动者尽管经常“被迫作为商品出售，而他们只有在具有生命力时才能提供劳动力”，他同样也处于出卖商品的地位，在这种商品里，劳动者作为农业生产者和农村工人与“他的劳动力结合在一起”。

农奴解放前的工厂工人并不符合马克思主义的定义，即他是“自己本人及本身劳动力的自由主人”。① 从法律的观点来看，1861年以前俄国工厂大量的劳动力并不是他们本人的“自由主人”，尽管根据1835年5月24日法律，在合同过期之前，他们的主人不能再任意地召回他们。②

综上所述，1861年前后的发展存在着连贯性。很多情况下，工厂工人仍然是小业主，他们自己做主选择谋生或者补贴生活的手段。就像以前的农奴一样，他们受一定制度的限制，而这些制约源自于经济环境的压力，如同在农奴制度之下。

7.2.3 农奴解放后劳动力供应的发展

从工业化的角度看，农奴解放法令存在很多不足之处。尤其是法令中有关赎金和直接税赋的村社所有制和集体纳税义务的条款，极大地限制了农民的流动性，并且因此限制了提供给工业的劳动力。这并不是否认或贬低这些独立条款对农民获得自由的作用。但是生活自然会避过法律选择在更有利的条件下进行。我们已经看到即使是农奴制度也不能阻止给工厂工业提供劳动力，1804～1860年间工厂劳动力增长了5倍的事实就很明白地说明了这一点。那么，农奴解放法令颁布后劳动力供应的情况如何呢？

---

① 卡尔·马克思：《资本论》，第1卷（莫斯科，1965年），第168～169页。【42】

② “针对工厂业主和被雇用工人之间关系的法令”，in *Polnoye sobraniye zakonov Rossiykoy Imperii*, 2nd ser., vol. X, no. 8157, para. 10；N. S. 克尼亚皮那（N. S. Kinyapina）：*Politika russkogo samoderzhaviya v oblasti promyshlennosti*（莫斯科，1960年），第400页。【43】

虽然有关于土地村社所有制的规定，但是还是有一部分农民没有土地。他们也许只是占了有地农民数量的很小一部分，但是绝对量很大，所以对工业就业而言很重要。法令没有对如下一些人做出规定，包括家奴、退役的士兵、1861 年前靠每月生活费（*messyatsniki*）生活的无地农奴、来自部分庄园 【323】
工厂的农奴、没落贵族的农奴以及其他人。据估计，在法令颁布的第二天有 260 万男性农民没有土地，这一数字用来满足 1897 年制造业所需的劳动力绰绰有余。①

此外，与土地定期再分配的常见假设相反，土地村社所有制说明它已经自发地注意到了家庭结构、人口增长以及家庭解体的变化，许多村社根本就没有实施土地的再分配。到 1910 年，约 300 万家庭——占家庭总数的 1/4——得到了土地，这些土地自 1861 年以来就没有参与过再分配。②

在很多实施了土地分配的村社里，进行土地再分配时没有考虑实际的家庭数量。看来是根据解放前 1858 年最后一次人口普查的结果进行土地分配的，所以村社没有考虑到家庭数量的增加并进行调整，家庭数量增加的原因是因为年轻人结婚后增加了自主性，不再愿意服从家长的指挥。③

家庭的分裂往往导致两个较差的农场替代了一个有前途的农场，这也是必须依赖雇工的原因之一。如果这种分裂违背了原家长的意愿，那么就会迫使新家庭的家长在村子以外雇用雇工。而在没有分裂并逐步适应了新增人口的家庭，则产生了可耕种土地、劳动力供应以及家庭生活费需求之间的不平衡。

总的来说，不同地区的农民对待土地的态度也不同，这主要取决于土地质量、赎金的相对成本、日益增加的土地购买价格、土地租赁成本，以及在农业生产以外获得赚钱机会的可能性与安全性等一系列因素。一般而言，在土地质量较好、土地附加价值大、农民愿意在外从事全职职业的地区，很容易发现愿意接管赎金和赋税承诺并且愿意根据合同支付租金的承租人。在土地质量差、赎金昂贵的地区，很难找到愿意接管财务承诺的承租人，尤其是在那些土地面积有扩大趋势、来自庄园或者皇室可用于出租的土地越来越多

---

① P. 洛赫京（P. Lokhtin）：*Bezzemel' ny proletariat v Rossii*（莫斯科，1905 年），第 30 页。【44】

② A. E. 洛西茨基（A. E. Lositsky）：*Raspadeniye obshchiny*（圣彼得堡，1912 年），第 8 页及以后。【45】

③ V. E. 波斯尼科夫（V. E. Postnikov）：*Yuzhno-russkoye krest' yanskoye khozyaystvo*，第 2 版（莫斯科，1907 年），特别是第 2 章第 34 页及以后；S. Y. 盖耶斯勒（S. Y. Keysler）：'Sel' skaya obshchina i eya sovremennoye polozheniye'，*Vestnik Yevropy*，VII（1884 年）。【46】

【324】的地区更是如此。一个从事全职工作的农民能够放弃他的土地；村社负责处置被放弃的土地，并在村社成员之间分配与该土地有关的财务义务。但是，正如在其他地方所经常显示的那样，在村社以外长期拥有职业的农民还是愿意保留他们在村社的土地。很多人保留着家庭农场，这些农场由留在村里的其他家庭成员继续耕种。①

从本质上看，村社所有制和集体义务并不禁止向工业提供劳动力。那么其他影响劳动力供应的因素还有什么呢？促进劳动力供应的其他因素包括人口增长、家庭分裂、源于农奴解放的财务义务以及普遍的土地供应不足等等。抑制劳动力供应的因素包括农民农业扩张，这种扩张是由于开发老区、开拓新区、购买土地，以及销售产品而不是出卖劳动力所造成的；而大庄园对劳动力的雇用，个体工业及其对当地劳动力的雇用则进一步降低了提供雇佣劳动的可能性。此外还存在一些长期因素，它们与其说影响了劳动力的供应，不如说影响了劳动力供应的特点。俄国农业的季节性特征就是这样一种影响因素。除了最南端的边缘地带以外，在欧俄的大部分领土上农业季节仅仅能持续 5 个月，这就使得农民自有农场和庄园在农忙季节都需要大量的劳动力，而在一年里其余的 7 个月里能够提供大量的劳动力。俄国绝大部分农业生产的一致性以及多种经营的不发达特点都加强了农业的高度季节性特点。结果就导致了其他与耕种相结合的生产活动：即当地手工业生产以季节性为基础，最常见的就是乡村工业，流行的工作是用车运输、用猎鹰行猎、储藏和本地服务等。

迄今为止，在供应方已经实现了劳动力从农村地区的转移。从需求方来说包括下列影响因素，如当地非农业就业的可能性、工业就业增长的动力和速度、工业部门提供的工资水平和社会保险等。短期来看，经济活动的周期波动也能够影响劳动力从农村地区的转移。

在本书的后面章节会更详细地探讨这类因素。在这一阶段需要强调的重点是，自给农业和工薪劳动之间并不只是一个简单的选择问题。俄国农业具有双重性，同时包括庄园和农民。农民，在面临选择是为市场生产产品，还
【325】是为自营乡村工业生产产品，还是在农业内部或者非农业部门为工资而工作

① A. 维斯宁（A. Vesnin）：'Ob otmene krugovoy poruki', *Narodnoye Khozyaystvo*, VIII（1901 年），第 14 ~ 15 页；波斯尼科夫，前引书，第 2 章；A. M. 潘克拉托娃（A. M. Pankratova）：'Proletarizatsiya krest'yanstva i ego rol' v formirovanii promyshlennogo proletariata Rossii', *Istoricheskiye Zapisky*, LIV（1955 年），第 202 页；L. M. 伊万诺夫（L. M. Ivanov）：'Preyemstvennost' fabrichno-zavodskogo truda i formirovaniye proletariata v Rossii'，在伊万诺夫等著：*Rabochy klass i rabocheye dvizheniye v Rossii* 1861 - 1917（莫斯科，1966 年），第 88 页。【47】

时，倾向于随着相对的获利能力来回变动。毫无疑问，工薪劳动力在农业部门内外转移的趋势是形成稳定劳动力，尤其是工厂工业劳动力的最大障碍。纯粹的体制因素对此毫无办法。1906 年后农民的行为可以证明，“强制性”土地所有制并没有对绝大多数的农民产生有力的影响，当时通过斯托雷平（Stolypin）立法废除了强制性村社所有制，配额土地成为可以出售的商品。在两年之前，即 1903 年就废除了集体纳税义务。但是还是出现了土地所有者主动出售大量土地的现象。有不到 50 万的农民出售土地，但是也有几乎相同人数的无地者或者接近无地者愿意购买土地。还有一点并不是很清楚的是，那些卖地的人是否在别处又购买了土地，或者是移民到西伯利亚以获得土地。斯特鲁米林教授发现，在 1897 ~ 1917 年之间的 20 年里，农村所谓的无产阶级因素相对增长很少。即使在主要的工业地区，农民仍然购买了超过 50 万俄顷的土地，这占了全部欧俄地区农民购买土地新增所有权净值的 1/5。①

经济发展在全国范围内以一种经济因素所能影响的规模进行，正是这些经济因素而不是政府和企业的特殊行为，开始影响劳动力的形成。在这些主要经济因素中，迄今为止最重要的因素是人口增长。人口增长明显地揭示出，与其说它增加了全国劳动力的总供应，不如说是人口的增长加剧了地区间的差别。

粗略地说，从莫斯科以南画一条横线向北延伸的欧俄全部区域是向工业工厂、乡村工业以及其他非农业就业形式提供劳动力的主要来源。在农业生产率的当时水平上，该地区的农业经济不能继续再为绝大多数的农民人口提供生活资料了。

在这条线以南是由 13 个省组成的地区，在这里农业是绝大多数人口的生活来源；同样是在这里，人口的压力导致农场迅速增加，这些农场只有在丰收的时候才能满足其成员的生活需要。在歉收年份，甚至在 19 世纪 80 年代和 90 年代的丰收年份，许多农民也必须以当季节农工或者冬季的临时工和长工收入来维持生活。并不仅仅是生活需要促使该地区的农民依赖于农业 【326】
收入：在俄国东南部的西伯利亚大草原地区，有发展前途的年轻农场成员也会寻找其他收入，以便得到现金使得家族能够购买或者租赁更多的土地来扩大生产，满足市场需求。N. F. 鲁德涅夫估计，在这个地区大约有1/4的已达

① 计算依据为：N. P. 奥加诺夫斯基（N. P. Oganovsky）编：*Sel' skoye khozyaystvo Rossii v XX veke*（莫斯科，1923 年），第 60 页及以后；S. G. 斯特鲁米林：*Izbrannyye proizvedeniya* 5 卷本（莫斯科，1963 ~ 1965 年），III，第 306 页。【48】

工作年龄的农民出租自己作为农业劳力。①

在欧俄的东南部，由于俄国小麦的大量出口，当地的劳动力不足以应付对劳动力的季节性需求。所以该地区就从它北面人口拥挤的地区吸引流动的农业劳动力。在这个地区的某些省份，例如顿河地区、叶卡捷琳诺斯拉夫省和赫尔松，采矿业和冶金业中的工业就业人数迅速增加。结果就造成了对劳动力的激烈争夺，特别是在夏季，尤其是在采矿业中，趋向于利用诸如庄园劳动力等类型的劳动力。可以注意到，在雇用农业劳动力的绝大部分地区，工资主要是根据上一年的收成决定的，在上面提到的三个地区，工业对劳动力的需求竞争成为决定工资水平的一个新的影响因素。②

自 1724 年以来，全国人口一直持续增长，主要是因为人口出生率高以及新区持续不断地得到开拓，而这些地区的出生率高于平均水平。在1724～1796 年间，根据征收人头税的情况判断，欧俄的年均人口增长是 8.1‰。相对于 18 世纪而言，这是一个高增长率，与欧洲 5‰的增长率相比，这一数字也比较高。在 1796～1851 年间，增长率仅为 7‰，主要是因为 19 世纪 30 年代和 40 年代死亡率比较高，爆发了霍乱，农业也歉收，而当地的移民逃避登记人头税也是影响因素之一。在 1867～1897 年间，人口平均增长率是 13.9‰，到 1897～1916 年间达到 16.8‰。③

沙皇俄国的非欧俄地区比欧俄地区（包括芬兰和波兰）的人口增长要快。如果 1863 年的人口基数是 100 的话，到 1913 年全国的人口就是 222 人，欧俄地区就是 199.3 人。欧俄地区占全国的比例从 1861 年的 95.7% 降低到 1913 年的 78.4% 。④

亚俄地区人口增长的很大一部分是来自欧俄的移民，这些移民自 19 世纪 80 年代开始增多，到 1905～1910 年达到顶峰。自 19 世纪 80 年代，移民开始从人口稀少的地区集中转移到高加索地区和黑海地区的北部（有时称
【327】为新俄国），以及伏尔加河低谷地区。

---

① N. F. 鲁德涅夫（N. F. Rudnev）：'Promysly krest' yan v Yevropeyskoy Rossii'，*Sbornik Saratovskago Zemstva*，no. 6（Saratov，1894 年），第 190～191 页；A. N. 切林采夫（A. N. Chelintsev）：*Sel' skokhozyaystvennaya geografiya Rossii*（布拉格，1924 年），第 64～65 页。【49】

② S. 塞戈斯基（S. Sagorsky）：*Die Arbeiterfrage in der Südrussischen Landwirtschaft*（Munich，1908 年），第 142 页及以后；*VF*，1900，no. 35，第 428 页；*VF*，1904，no. 32，第 221 页及以后；*VF*，1910，no. 19，第 283 页；*VF*，1910，no. 36，第 419 页。【50】

③ 依据 A. G. 拉申（A. G. Rashin）：*Naseleniye Rossii za sto let*（1811－1913）*gg.*（莫斯科，1956 年）；*VF*，1904，no. 26；*VF*，1915，no. 7。【51】

④ 拉申，前引书；V. K. 亚聪斯基（V. K. Yatsunsky）：'Izmeneniya v razmeshchenii naseleniya Yevropeyskoy Rossii v 1724－1916 gg.'，in *Istoriya SSSR*，no. 1（1957 年），第 192～224 页。【52】

在 1861 ~ 1915 年间，总共有 550 万俄国人移民到了亚俄地区。大部分移民是希望能够扩大种植面积的农民。大量的移民来自人口密集的中部农业省份以及乌克兰的部分地区。1896 ~ 1910 年间，来自这些地区的移民超过全部移民的 3/4。①

但是，即使在最高峰时期，向外移民数量也不到人口自然增长数量的 1/4；平均不超过同期欧俄人口增长的 14%。当然，在人口密集的省份，例如波尔塔瓦、切尔尼戈夫（Chernigov）和哈尔科夫，向外移民造成了较大的影响，占人口自然增长的 37% ~ 51%。中部工业化省份的移民仅占全部向外移民的 1.8%，北方四省（包括圣彼得堡在内）的移民仅占全部到西伯利亚移民总量的 0.5%。这些数字说明，在农业生产领域以外存在就业机会的地区，移民没有很大的吸引力。此外在这些地区，可能是大规模非农业就业导致了人口的增长，而不是人口增长导致了大规模的非农业就业。②

尽管总人口的增长速度超过了农村人口，但对于一个正在进行工业化的国家而言，后者的增长仍然很明显。在 1863 ~ 1897 年间，农村人口增长了 43%；1897 ~ 1913 年间，又增长了 26%，当时相应的总人口增长分别是 51% 和 30%。即使对城市人口的保守估计进行校正，这种保守估计因区分农村工业定居点和大城市工业郊区而形成，农村人口的大量增加说明农业部门的人口转移并没有对人口数量造成重大影响，农村是劳动力的巨大蓄水池。③

不幸的是，除了 1897 年以外，没有官方统计的农业就业的数据。I. 切尔内绍夫（I. Chernyshev）曾利用 1897 年的人口普查数据起草公民选举法，并估计在总人口 125 640 000 人中，有不到 1/10 人口的收入来自工业，有 7/10 人口的收入来自农业。在 9 400 万农业人口中，有 8 800 万人从事种植业。在有工作能力的总人口中，农业人口占 72%。④

另外还没有关于农业劳动生产率的确切资料。估计在 1860 ~ 1913 年间，农业国民收入平均年增长率接近 2%，这个增长率的 50% 源自土地面积的扩

---

① 依据俄国 Narodny Kommissariyat Finansov SSSR 编：*Narodnoye i gosudarstvennoye khozyaystvo*（莫斯科，1923 年），第 17 页；切林采夫，前引书，第 73 ~ 75 页。【53】

② 切林采夫，同上；亚聪斯基：'Izmeneniya'，第 217 页；P. G. 雷德逊斯基（P. G. Ryndzyunsky）：'Krest' yansky otkhod i chislennost' sel' skogo naseleniya v 80ykh godakh XIX v.'，载于斯卡兹金编：*Problemy genezisa kapitalizma*，第 413 ~ 435 页。【54】

③ 拉申：*Naseleniye*，第 98 页。【55】

④ 波戈热夫：*Uchot*，第 8 页。【56】

【328】大，另50%源自产量的增加。① 我们也没有掌握关于农业劳动力人均产量的精确数据。即使有数据，下面这些影响因素也使得我们很难进行准确计算，这些因素包括农业劳动力的特点、女性和儿童劳动力的重要性、成年男性工人从事业余工作、难以准确区分农业生产活动与管理活动、商业活动和工业活动所雇用的劳动力数量和劳动时间等。雷蒙德·戈德史密斯（Raymond Goldsmith）估计，到1913年农业人口占总人口的2/3，农业收入占国民收入的45%。马尔科姆·法尔库斯（Malcolm Falkus）计算出农业在国民收入中的比例超过48%，如果包括林业、渔业和狩猎业的话，将占到55%。②

已经谈论了很多关于俄国农业中的隐蔽失业情况，以及很低的、甚至是负的农业劳动力的边际生产率。可以断言，在俄国，没有W.A.刘易斯（W.A.Lewis）在其所著的《经济发展与劳动力的无限制供应》一书中所假设的普遍变相失业情况。在某种意义上而言，存在着间歇性的变相失业，特别是男性劳动力，即家庭农场的个别成员在一年中的某些时候能够退出农业生产，而对农业产出没有影响。更精确地说，在俄国的很多地区存在着人口的不充分就业。不充分就业是指，相对于一年大部分时间的劳动力需求以及某些地区的全年劳动力需求而言，存在着劳动时间的过剩储备。有各种对农村过剩劳力的估计，从占沙皇俄国劳力总量的30%，到第一个五年计划开始时的38%~50%，变化很大，但是斯特鲁米林估计20年代末仅有800万~900万过剩农村劳力。考虑到全年劳动力的过剩情况，后一个数据可能最接近事实。③

由于农民发现从事农业生产或者乡村工业赚钱较之出卖劳动力更容易，所以经常会发现在劳动力市场出售的劳动时间其实少于劳动力过剩的数量。有时，在这两者之间存在着相互依赖的关系。当农民打算加入生产市场时，例如为了赚钱购买土地以及维持抵押还款的情况，就有必要参加劳动力市场

---

① 戈德史密斯，前引书。【57】

② 同上，M.法尔库斯：《俄国国民收入：重新评价》，载于《经济》，n.s.，XXXV，137（1968年2月），第527~533页；联合国，国际劳工办公室，前引书，USSR。【58】

③ 切林采夫，前引书，第64页及以后；T.沙宁（T.Shanin）：《农民在发展中社会，即1910年至1925年的俄罗斯中的政治社会地位：一个尴尬的阶层》（牛津，1972年），第93页；B.马库斯（B.Markus）：《苏联消除失业》，载于《国际劳工评论》，XXXIII（1935年），第356页；同时见J.S.威尔里兹（J.S.Wellisz）：《二元经济：隐性失业和剩余劳动力供应》，载于《经济》，第35卷，
【524】137（1968年2月），第22~25页；G.阿里吉（G.Arrighi）：《从历史的观点看劳动力供应：对罗得西亚的非洲农民的无产阶级化的研究》，载于《发展研究期刊》，VI，3（1970年4月），第203页及以后；W.A.刘易斯：《劳动力充分供应条件下的经济发展》，载于《曼彻斯特校刊》（1954年5月），由A.N.阿加瓦拉（A.N.Agarwala）和S.P.辛格（S.P.Singh）出版社再版，载于《欠发达的经济》（牛津，1958年）。【59】

出卖劳力。 【329】

7.3　工资性就业

7.3.1　农村雇佣劳动者

工资性就业与工厂劳动力的发展反映了各种因素对劳动力供应的综合影响。这些因素使得很难判断这一类人的人数和比例，即那些以工资收入作为生活惟一收入来源的人以及那些在家庭农场以外全年受雇的人。除了受巡查工厂的工人和矿工（逐步发展成为全年性的劳动力）、铁路工人以及城市工匠以外，大部分的资料来自农民所宣称的“交易收入”（*zarabotki ot promyslov*），通常这种收入被认为是对农场收入的补充。

拉申估计1860年雇佣劳动者的人数将近400万人，大约占欧俄地区总人口的6.5%。这一数据比较随意，因为它既包括那些将工资收入作为惟一或者主要生活收入来源的人，也包括那些将其作为补充收入或者季节性收入的人。此外，根据最狭义的定义，城市和农村工匠合计总数也只有80万人。总的来说，在这样一个社会，甚至到了1914年绝大多数人与有组织的工薪经济还没有产生关联，那么试图对1860年的雇佣劳动者进行分离就是有些值得怀疑了。① 但是这一数据有助于评估随着时间推移而发生变化的雇佣劳动者的数量，如下所示：②

1860年	3 960 000	（指数为100）
1897年	9 156 620	（指数为231）
1900年	10 375 080 （非农业）	（指数为262）
1913年	17 815 000	（指数为450）

① A. G. 拉申：*Formirovaniye rabochego klassa Rossii*（莫斯科，1958年），表51，第172页。【60】

② 同上，表50～51，第171～172页；N. A. Troynitsky（ed.），*Chislennost' i sostav rabochikh v Rossii na osnovanii dannykh pervoy vseobshchey perepisi naseleniya rossiyskoy imperii* 1897 *g.*（圣彼得堡，1906年）；波戈热夫：*Uchot*，第15页；以俄罗斯为基数，Ministerstvo Finansov，Departament okladnykh sborov［即非分配税收部门］编：*Materialy Vysochayshe uchrezhdyonnoy* 16 *noyabrya* 1901 *komissii po izsledovaniyu voprosa o dvizhenii s* 1861 *po* 1900 *g. blagosostoyaniya sel' skago naseleniya srednezemledel' cheskikh guberniy sravnitel' no s drugimi mestnostyami Yevropeyskoy Rossii*，第3卷（圣彼得堡，1903年）。【61】

与1860年的数据相比，1897年及以后的数据更可靠，但是在考虑全职雇佣、季节雇佣、临时雇佣和偶然雇佣时，仍然存在着相似的困难。1897年数据的基础是俄国第一次人口普查。但是，受过去经验的影响——将人口普查与征收新税种、（为征税而进行的）更严格的资产估价以及针对逃税的惩罚等联系起来——俄国农民拒绝完成人口普查表中第四项问题，或者并不给出正确答案，这个问题是关于收入来源的问题，而不是关于家庭农场的问
【330】题。最常见的答案是，家庭农场收入是生活惟一的收入来源。在欧俄7 000多万农民中，仅仅有1/15的人承认有补充收入，而该比例在有工作能力人口中要翻1倍，在成年男性中更高，因为妇女不太经常参加工作。在6个省份中，宣称有补充收入的人数是全国平均水平的两倍。

地方议会（*zemstva*）长期收集的资料显示，还是有很大比例的农村人口从其他来源而不是家庭农场取得收入的，尽管这个资料不完整，各省资料的可信度也不一样。利用地方议会的数据，N. F. 鲁德涅夫估计19世纪80年代，在欧俄总共50个省中的23个省的148个地区内，有55%的男性职业人口有补充收入。在赫尔松和陶瑞达（Taurida）等南方省份，这个比例低至20%，在这里农业的季节性远远低于全国平均水平，平均丰收程度较高，人口密度相对较低。在斯摩棱斯克这一比例高达91%，圣彼得堡为83%，莫斯科省为80%，这些地区土地质量相对较差，生长季节短，人口密度高。①

对上述相同各省面积略大的地区所进行的一项调查显示，在1890～1913年间，接近60%的已达就业年龄的男性从事的是非农业工作。现有数据表明平均每个家庭有1.77个非农业工人，最高的是莫斯科省，为2.62人，最常见的情况是每个家庭有1.60～1.90个工人。②

达到就业年龄的女性从事非农业工作的比例远远低于男性：在21个省大约占所调查非农业工人的1/5。女性劳动力从事非农业工作比例相对较低的主要原因在于，妇女要替代男性在农场工作。据报道，在弗拉基米尔省，超过81%的男性职业工人寻找非农业收入，妇女承担了那些专门由男性从

① 鲁德涅夫，前引书。【62】

② 依据Z. M. 斯瓦维茨基（Z. M. Svavitsky）以及N. A. 斯瓦维茨基（N. A. Svavitsky）：*Zemskiye podvornyye perepisy*，1880－1913，*pouyezdnyye itogi*（莫斯科，1926年），第308、374页。【63】

事的工作，如耕犁和轧草；家庭中的儿童和老人承担了其余的工作。①

农村人口既可以完全在当地找工作取得工薪收入，也可以通过移民来获得，有时在省内，有时到邻省，有时穿越全国。经常利用通行证统计数据来衡量农民离开土地寻找外来收入的程度。这并不是一个完美的方法，但是考虑到它的特点，可以认为它是观察寻找工作动向的至关重要的统计数据来源。如果我们采用一年或一年内颁发的通行证作为每年平均水平，就得到下【331】
列的增长率：②

1861～1870 年	指数为100
1871～1880 年	287
1881～1890 年	384
1891～1900 年	533
1901～1910 年	698

为“外出”找工作所颁发通行证数量的增长远远超过工资性就业的增长，也高于工厂就业的增长。在 1906～1910 年间，欧俄平均每年颁发的通行证达 9 399 400 个。这说明每 1 000 个居民中就颁发了 94 本通行证，
而 1891～1900 年间为每千人 83 本，1861～1870 年间为每千人 24 本。假【332】
如仅以有工作能力的工人为基础进行计算，那么领通行证的人数比例将会加倍；如果根据男性在职业人口中的比例衡量男性所领用的通行证，则该比例会更高。③

表 53 给出了三个基准时间点上雇佣劳动者在不同就业间的分布状况。主要数据来自拉申，仅进行过微小调整。列出 1917 年数据的目的并不是为了说明 1914 年战争期间就业转移，而主要是因为 1917 年的数据中包括一些拉申没有考虑到的分类项。

---

① Vladimirskoye Gubernskoye Zemstvo, Statistichesky Komitet, *Materialy dlya otsenki zemel' Vladimirskoy gubernii: Vladimirsky uyezd*, 3rd edn (Vladimir, 1912), p. 1; see also Sankt-Peterburgskoye Gubernskoye Zemstvo, Statistiko-ekonomicheskoye otdeleniye, *Materialy dlya otsenki zemel' S.-Peterburgskoy gubernii: Gdovsky uyezd*（圣彼得堡，1914 年），第 1、35～36 页。【64】

② 拉申：*Formirovaniye*，第 327 页。【65】

③ 同上，第 329、333 页；以非分配税收部门的资料为基础 *Materialy*...16 *noyabrya* 1901（参见注 61）。【66】

表 53　不同就业方式中工人的分布情况

分类	人数（千人） 1860 年	1913 年	1917 年	指数（1860 = 100） 1913 年	1917 年
1. 工业工人					
（a）工厂和矿场	860	3 100	3 643	360.5	423.6
（b）在自己家中就业，以及（a）中所不包括的农村和城市工业	800	3 000	3 500	375.0	437.5
工业合计	1 660	6 100	7 143	367.4	430.3
2. 建筑业	350	1 500	1 500	428.6	428.6
3. 运输					
（a）水运	500	500	1 857（a、b 合计）	100.0	363.4（a、b 合计）
（b）铁路	11	815		7 409.1	
运输合计（大概数）	511	1 315	1 857	257.3	363.4
4. 农业雇佣劳动者	700	4 500	5 000	642.8	714.3
5. 其他为取得工资收入而工作的人（城市非技术劳动力和日工，商业、饭馆和本地服务业的学徒）	800	4 065	4 465	508.1	558.1
非工业雇佣劳动力合计（2～5）	2 361	11 380	12 822	482.0	543.0
全部合计	4 021	17 480	19 965	434.7	496.5

帝国委员会对 1900 年的各种就业类型有不同的估计。他们认为农村工业和手工艺人的比例更大，即表 53 中的第 1 项 b 类。以帝国委员会的估计为基础，1900 年欧俄 50 个省的职业人口中，非农业就业情况如下：①

	百万人	百分比（%）
职业人口合计	44.6	—
非农业就业人口合计	10.4	23.3

其中：	百万人	百分比（%）	占总数百分比
工厂和矿场	1.9	18.2	4.4
乡村工业和手工艺人	4.6	44.2	10.3
其他非农业人口	3.7	35.5	8.3

① 基础同上，第 3 卷。【67】

农业雇佣人口在雇佣劳动者中的比例最高，除了1860年以外均占到总数的大约1/4。① 对这个国家而言，根据1897年的普查，总人口中有超过74%的人从事的是农业生产，同时在15岁及以上的人大约有72%，所以即使500万的雇佣劳动者也只是一个相对的小数目。无论如何，绝大多数农场是以家庭为生产单位，几乎完全依赖家庭内部的劳动力。

只有在某些地区，例如波罗的海、前波兰的一些地方以及新俄罗斯的某些庄园才全年雇用农业劳动力。在俄国中部，大庄园也只是雇用少量的临时劳动力，而且更多的带有仆役的性质；还雇用当地农民从事季节性的工作，并且以日工资的方式，或者以就某一项具体工作谈妥价钱的方式，或者以分享作物的方式，或者以抵减地租的方式支付工钱。一般以现金或者实物来预付工钱，并且要利用雇工自己的牲畜和农具。

出现这种雇用方式的部分原因是庄园主缺乏资金装备农场，更主要的原因还是在中部、西南部人口拥挤的农业地区，劳动力相对廉价。但是毫无疑问，这种方式降低了它对庄园农业生产率的影响力。产生这种雇用方式的另外一个因素是土地价格的提高，尽管实际上农民购买的土地数量急剧上升，但是土地价格的提高使得农民更难购买到土地或者租赁到土地。农业很强的季节性，以及单一作物的流行，使得农业更加依赖于并不经济的全年劳动力，即使是资金充足的庄园主也是如此。② 【333】

1897年人口普查显示只有270万农业劳动力。毫无疑问该数字被低估了。斯特鲁米林认为这个数字接近450万。1901年11月帝国委员会估计1900年农业劳动力大约是380万。如果斯特鲁米林是对的话，那就意味着，尽管俄国农业人口在1897~1917年的20年间增长了26%，但是农业中的雇佣劳动力仅仅增长了8%。斯特鲁米林将这种差异完全归结于更多地使用了农业机械。当然农业机械毫无疑问地确实起到了显著作用，同时其他因素也起到了一定的作用，包括个人自主经营的农民农业（相对于庄园农业）增长的贡献、贸易条件的改善，以及1900年后的好收成等，这些好收成增加

---

① 表53根据拉申：*Formirovaniye*，表51，第172页；L. S. 盖普能科（L. S. Gaponenko）：'Rabochy klass Rossii nakanune velikogo oktyabrya'，*Istoricheskiye Zapisky*，LXXIII（1969年），第43~44页。【68】

② B. V.：'K kharakteristike agrarnykh otnosheniy v yugo zapadnom kraye'，*Narodnoye Khozyaystvo*，1（1903年），第67~79页；Y. I. 沙季洛夫（Y. I. Shatilov）：'Odno iz batrachnykh khozyaystv sredney Rossii'，*Trudy imperatorskago Obshchestva Sel' skago Khozyaystva*，XVIII（莫斯科，1896年）；*Entsiklopedichesky slovar*，Brokhauz i Efron，II，第10~15页；*VF*，1910，第19期，第283页及以后，以及第36期，第419页。【69】

了农业省农民的收入。农民得到了更好的信贷条件，1906 年废除了土地赎金同样减轻了农民对农业雇佣劳动力的需求。还有，在人口最密集的地区，得到援助的移民在一定程度上也减轻了最穷困家庭所面临的压力。

看来可以肯定的是，在农业省，农民家庭成员依赖“外出”工作以及所有这类季节性的工作，并将其视为扶持农业经济的一种手段。在一个典型的农业省，例如库尔斯克，1910 年有 1/3 的雇佣劳动者从事农业工作；有 29% 从事临时性工作，例如挖掘、采石和运输；18% 的人作木工活和泥瓦工；5% 的人在矿场工作。另一方面在非农业省，例如夹在莫斯科和圣彼得堡之间的特维尔省，追求非农业收入的移民现象早在 18 世纪就很明显，1896 年有 12.8 万人领取了通行证，其中大约 50% 的人从事的是季节性的职业，而建筑业以占总数 39% 的比例位居第一。1897 年普查显示，建筑业以 13% 的比例成为非农业劳动力的第三大职业，紧随在纺织品加工业和金属加
【334】工业之后。在俄国，与气候状况有关的建筑业基本上属于夏季工作，它往往最需要来到城市的移民，也最容易受到经济周期的影响。①

某些研究者认为，盛行季节性收入或者短期收入解释了农民重视土地的原因，甚至在那些即使是最好的年景农场收入也不足以维持生计的地区，农场之外的季节性工作也不能提供全年所需的足够收入。“不可能仅仅靠工资收入维持生活的事实”，S. 维赫利亚耶夫（S. Vikhlayev）写道，“使得有一种强有力的关系将工人与土地捆绑到了一起”。盛行短期的农场外雇佣工作，其中绝大部分是季节性雇佣工作，这与其说是农民主动选择的结果，不如说是农民紧紧地抓住了就业的机会。相比其他就业形式而言，在建筑业、采石业、铁路建设、运输业和狩猎等行业就业的可能性更大，这导致他们在工资性就业中的比例较大。铁路运输也是一个快速增长的就业形式，在这个行业的工人甚至自 19 世纪 80 年代开始就享受到社会保障体系所带来的好处。铁路运输和交通业的工人毫无疑问地属于全年性的劳动力，比其他职业的劳动力拥有相对更长的劳动时间。②

不能完全准确地将工资收入区分为是来自当地工作或者是来自流动性工

---

① 依据 Troynitsky 编，前引书；切林采夫，前引书，第 62 页；波戈热夫：*Uchot*，第 30 页；A. A. 帕诺夫（A. A. Panov）编：*Dvizheniye rabochikh na zarabotki v* 1910*g.*：*stroitelnyye i dorozhnyye raboty*（圣彼得堡，1911 年），第 5 页。【70】

② P. 维赫利亚耶夫（P. Vikhlyayev）：‘Ustoychivost’ vnezemledel’cheskikh otkhozhe-promyslovykh zarabotkov sel’skago naseleniya v Rossii’，*Narodnoye Khozyaystvo*（1900），III（1900），第 78 ~ 80 页；拉申：*Formirovaniye*，第 117 页及以后；波戈热夫：*Uchot*，第 26 页；*VF*，1910，no. 13，第 578 ~ 579 页，no. 16，第 126 ~ 127 页。【71】

作。有些调查研究认为在其他省份工作是流动性工作，而有些调查研究则认为只要是在其他教区工作，哪怕是在其他村子工作就是流动性工作。但是，绝大多数研究认为在同一个地区范围内的工作就属于当地工作。如果考虑到每个地区的规模和范围，这种分类事实上低估了各种行业的流动性。自1894～1913年间，在15个省份受调查的300万工资收入者中，当地工人的比例是53.5%，其比例从沃洛格达省的79%到维捷布斯克省的27%。工业化和商业化越发达的地区，当地能够为加工业（例如木材和皮革业）提供的原材料越多，则当地就业的机会也就越多。具体到某一地区，其就业结构中流动因素的比重越大，妇女在非农业就业中的比重也就越低。①

7.3.2　乡村工业

在地方贸易中，乡村工业占有重要的地位。与本章其他地方相同，这里利用“kustar”这一术语来描述“小型的”、“农舍的”或者“家庭”型工
业。该术语特指的是典型的小规模家庭生产组织，它不是为特定的消费者而 【335】
是为市场从事生产活动，农民以此作为对主要农业生产活动的补充。当然也存在其他情况，包括有时会雇用外人与家庭成员共同工作，有时辅助收入超过农业收入，有时家庭中部分成员常年从事非农业工作，而不是仅仅在非农事季节才工作。

正是在这些成功的乡村工业中，18世纪末、19世纪初出现了俄国最伟大的企业家，例如莫洛佐夫（Morozovs）和戈拉乔夫（Grachevs）。一个独立自营的家庭企业，会亲自制定生产计划并进行销售；但是，考虑到他们的收入、其工作的辛苦程度以及其生活方式，有理由认为绝大多数的家庭企业还是雇用了专职工人。尽管有时对私人小型工厂也使用“kustar”这个词，但是只要不属于上述情况，就不是严格意义上的“kustar”。可能有时会碰到诸如“类kustar”矿场等名词。

乡村工业在有些地区集中发展起来，即农业季节特性明显的地区、土地质量相对贫乏的地区、有诸如木材、亚麻、大麻、羊毛和皮革等原材料的地区、最重要的是那些进入市场的机会较好的地区。由9个省组成的中部工业区（通常以此为参考）具备上面提到的所有条件，成为最重要的乡村工业

---

① *VF*，同上；切林采夫，前引书，第62页及以后；A. V. 普里列扎耶夫（A. V. Prilezhayev）：*Chto takoye kustarnoye proizvodstvo?*（圣彼得堡，1882年），第69～72页。【72】

区之一。在这里，工厂工业与现实农村工业相结合；同时，工厂工业通过新技术传播以及为家庭的生产活动创造机会而极大地刺激了农村工业，而家庭的生产活动又对工厂工业起到了补充的作用。

在最接近伏尔加和尼兹诺夫哥罗德（Nizhniy Novgorod）这两个首府及大型商业中心的地区，进入市场的机会大小决定乡村工业是否能够广泛发展。拥有木材资源决定了乡村商业在维亚特卡（Vyatka）、沃洛格达和尼兹诺夫哥罗德得以发展；临近铁矿和矿场鼓励了佩尔姆和图拉（Tula）乡村商业的发展；伏尔加地区的绵羊喂养业和家畜饲养业刺激了制革工人、毛皮加工工人、马具师以及制靴匠职业的发展。已经确认有超过 50 种的乡村商业类型，产品种类从农民大量使用的最简单、最简陋的物品到出口用的艺术品，甚至诸如温度计、气压计和天平秤等精密的工具等。据了解，有的村庄全村都从事某种职业。在中部省份，利用亚麻、大麻和羊毛进行的纤维加工
【336】业是最主要的行业。

家庭生产活动的吸引力在于它不需要与农业生产隔离开；它是一种老年人和年轻人都能够参与的家庭生产活动，因此增加了整个家庭全年的总产量。以生产木勺为例，根据每个家庭成员的年龄和能力分配一定的职责。最小的小孩负责根据尺寸挑选木头片，10～15 岁的孩子负责将木头片大致成型，成年男性负责用刀子和凿子将它们最终成型，女人和老人负责打磨和擦亮，女孩子负责画图案并上漆。这就是一个家庭的合作，它能够保持低成本，使得价格为穷人所接受，并且在面临竞争时，时常是面临来自工厂的竞争时有很大的灵活性和竞争能力。这也解释了为什么甚至在工厂工业较俄国其他地方要发达的莫斯科省，1896 年有 18.15 万个家庭企业（男人、女人和儿童），全年从事各种职业的收入大约为 1 150 万卢布，而同时工厂工人只有 40 463 人，年收入为 430 万卢布。甚至到了 1909 年，莫斯科省仍然有超过 36 万人在家庭企业工作，而只有 314 476 个工厂工人。①

平均而言，家庭企业工人的收入非常低，经常低于同行业工厂或者中等规模工场的工资，尽管有时家庭企业工人的收入会高于工厂同级的工人。A. A. 伊萨耶夫（A. A. Isayev）教授估计 19 世纪 80 年代家庭企业工人的平均

① V. 列维茨基（V. Levitsky）：‘Znacheniye kustarnykh promyslov v narodnom khozyaystve’，*Narodnoye Khozyaystvo*，VI（1902 年），第 34～48 页；‘Kustarnaya promyshlennost’，in *Entsiklopedichesky Slovar*，前引书，XXXIII，第 121～127 页；Russia，Ministerstvo Finansov，Departament torgovli i manufaktur，*Trudy kommissii po izsledovaniyu kustarnoy promyshlennosti v Rossii*，第 3 部分（圣彼得堡，1879～1882 年）；V. I. 科瓦列夫斯基（V. I. Kovalevsky）编：*Rossiya v kontse XIX v.*，第 512 页及以下；*VF*，1902，no. 7，第 269～276 页；*VF*，1911，no. 13，第 588 页及以下。【73】

周薪为 3 卢布。平均周薪在制钉业为 1.5 ~2 卢布，而在家具制造业为 7 ~8 卢布。在以雇用妇女为主的编织业和花边缝制行业，年收入在 25 ~30 卢布之间变动，最低可能会低至 12 ~15 卢布。其他行业年收入在 50 ~70 卢布之间，尽管有时能够达到 125 ~200 卢布，甚至 300 卢布。

通过与 1897 年平均工厂工资 185 卢布比较，以及与少于 16 个工人的工场工资的 167 卢布相比较，就可以解释乡村工业的吸引力和灵活性。此外，还应该记得，乡村工业多在收获季节以外的其他时间工作，总的来说，这些收入对应的工作时间最多是 7 个月，往往只有 4 个月，在有些情况下（例如羊毛梳理工作）仅仅是几周时间。但是另一方面，每天工作 15 ~16 个小时，或者在年度交易会之前经常通宵工作制造毛毯也是很常见的。①

在某些行业，特别是那些以巨型工厂为主的行业，乡村工业通过原料外 【337】
包制度与前者发生关联。尽管俄国工厂工业的技术有所进步，但是这种外包制度仍然显示出巨大的灵活性。它使得制造商有可能在不增加生产能力的情况下满足日益增长的需求。工厂经常接受乡村工业生产的编织品并进行染色和后处理，或者将缠绕和梳理的工作委托给家庭企业。最常见的是由特设的销售公司（*razdatochniye kontory*）担负起中间人的作用，它负责推销家庭企业生产的产品。

由于很多地区仍然缺少工厂，特别是生产生活消费品的工厂，所以乡村工业的灵活性和伸缩性就适应了这种状况；同时，那里通常还是技术落后的地区，所以不能将单位成本降低到足以将家庭企业赶出市场的程度。此外，即使技术先进的工厂也有高额的固定费用和巨大的管理费用，所以导致单位成本比小型工场高，只有当他们掌握了资金和原材料的时候才能赢得竞争。

乡村工业具有灵活性和适应性，随时可以满足工厂工业所不能满足的需要。当然它对不利因素的变化也很敏感，例如原材料和燃料价格的上升，以及影响农村市场的农产品价格的下降。比较起来，现代工业的发展并不总是会损害乡村工业，有时技术进步也会有助于乡村工业的发展，因为整个乡村工业村庄可以利用简单的动力工具、缝纫机以及后来发展起来的小型电站等等。来自工厂的竞争［一个远在里加的橡胶鞋生产厂足以毁灭伏尔加河畔阿尔扎马斯省（Arzamas）或者特维尔省基姆雷市（Kimry）的乡村工业制

---

① *Entsiklopedichesky Slovar*，援引上文；*VF*，1914，no. 42，第 76 页，及 no. 39，第 137 页；【525】
VF，1912，no. 24，第 575 ~576 页；P. G. 雷德逊斯基：*Krest' yanskaya promyshlennost' v poreformennoy Rossii*（60 - 80 - *ye gody XIX v.*）（莫斯科，1966 年），第 230 页及以后；科瓦列夫斯基前引书，第 516 页及以下。【74】

鞋人，假如后者不能迅速改为生产毛毡鞋的话；图拉油田的残余物就能置沃洛格达省或者阿尔什安加勒省的家庭焦油工业生产者于死地]，以及类似的困难导致乡村工业企业出现以下趋势：规模缩小；更加或者完全依赖家庭劳动力；利用家庭住房或者工棚而不是专门的工作间；工作时间更长；即使是很困难的旅途，也经常采取走路的方式，以便节省购买原材料的费用并寻找更有利于出售产品的市场；采取各种方式偿还债务和利息等。只有当所有其他手段都不成功的时候，乡村工业会寻找“另外的”（*na storone*）工作，最后可能是选择在工厂工作，但也不是直接到工厂去工作。他为了保持自己的独立性，可能会先试一试其他的工作。根据大部分调查者的调查，从事“流动性的工作”是最常见的到工厂工作的方法，通常以季节性工作为开端。①

【338】尽管各种农村人口源源不断地转移到工厂就业，但是在俄国工业化程度最高的地区，例如莫斯科省或者弗拉基米尔省，从农民家庭的预算来看，在一定程度上，大量潜在劳动力的非专业化程度仍然很明显，大量潜在的劳动力尚未加入到有组织的雇佣经济中去。下面是几个很有说服力的例子：在金属加工业盛行的扎哥尔省（Zagor），一个由两个强壮男性组成的家庭就能够成功有效地开办一个家庭工厂，19世纪90年代家庭收入的43%来自农场，另外43%来自运输收入，剩余的收入来自家庭中男性成员、女性成员以及老人和孩子等从事的其他小型半工业活动。在一个盛行鬃毛加工业的地区，一个仅有1名男性工人、16英亩土地和1匹马的家庭，收入的40%来自农场，22%的收入来自农业租赁和运输，25%的收入来自丈夫、妻子和孩子都参加的为时6个半月的鬃毛加工工作，13%来自临时性的工作收入。②

上述例子证明了H. 敏特（H. Myint）的观点，即仅仅将部门严格划分为一个传统的基本生存部门和一个现代的市场部门，并据此描述经济发展的趋势是不能反映事实的。至少对大部分人口而言，在家庭之间以及家庭内部，市场类型经济活动和基本生存经济活动之间的界限模糊并且有交叉。③

---

① 雷德逊斯基：*Krest' yanskaya*，第217页及以下；图冈—巴拉诺夫斯基，前引书，第396页及以下。【75】

② 特鲁迪·库米兹（Trudy komissii）（参见注释73），第39页及以下；*Entsiklopedichesky Slovar*，前引书，XXXIII，第123页。【76】

③ H. 敏特（H. Myint）：《欠发达经济的二元性和内部一体化》，*Banca nazionale del lavoro Quarterly Review*，no. 93（1970年，6月），第128～156页。【77】

7.3.3　城市手工业

通常“城市手工业”一词意味着非工厂工匠（城市工业）。它与农村手艺行业的不同之处不仅在于工作地点不同，而且在于它具有非季节性的特点。此外，它一般是生活的主要收入来源，而不是农业生产的补充。

1858年在欧洲俄国，包括熟练工人和学徒在内有355 508个工匠。其中，莫斯科省和圣彼得堡省占接近总数的1/4。①

19世纪50年代，市政工匠管理机构倾向于将自30年代开始迅速扩张的小工场列为城市手工业，在两个首府城市尤其如此。这与财政部的观点背道而驰，后者倾向于拓展“工厂”的概念，使之包括最广泛的生产个体在内。结果就是永远不能断然地划分城市手艺人工场与工厂之间的界限，所以就产生了令历史学家和统计学者困惑的难题。

由于以上种种原因，所以不能采取往常使用的区分城市手工业和小规模 【339】
工厂工业的标准。由于诸多的原因，包括学徒经常在师傅之间转移、移民高峰以及人员的普遍流动性等，所以难以准确地掌握熟练工人和学徒的数量，因此多数统计数据都低估了城市手工业的实际就业情况。

根据商业工业部所进行的调查，1910年俄国82个省有103 469个手工工场。由于这个调查主要是针对人口超过3万人的大城镇所进行的，所以实际情况毫无疑问地被低估了。在所有工场中，83%多是非常小的工场，仅雇用了2～4个人；有14%的工场雇用了5～15个人；雇用16～25个人的工场以及雇用超过25人的工场仅分别占工场总数的1.2%和0.9%。②

根据记录，通常不雇用帮手或者仅仅雇用一个人的手艺人人数达到110 642人。统计记录显示有89 324个学徒。主要是较大的工场雇用学徒，平均每两个工场雇用25个人；但是平均不到1个（0.8）工场雇用2～4个人。③

估计1913年城市手艺人总数在120万～250万人之间。这个数字明显低于农村工匠人数，反映出俄国城镇发展相对较薄弱，大多数城镇是行政和

---

① K. A. 帕日特诺夫：*Problema remeslennykh tsekhov v zakonodatel' stve russkogo absolutizma*（莫斯科，1952年），第99、103、110～112页；罗兹科娃编：*Ocherki*，第64～65页。【78】

② Russia，Tsentral' ny statistichesky komitet，*Yezhegodnik Rossii za* 1910 *g.*（圣彼得堡，1911年），第63页；*VF*，1916，no. 29，第99～100页；*VF*，1911，no. 14，第7页；波戈热夫：*Uchot*，第20、35页。【79】

③ 波戈热夫，同上。【80】

军事中心，而不是国家经济生活的带头人。另外，大部分农村手艺人仅仅是在某些季节被雇用。尽管彼得大帝和叶卡捷琳娜二世以及尼古拉一世统治时期的坎克林都曾经努力提高城市手艺人的质量，但是城市手艺人的质量并不高。因为一般人都比较贫穷，所以城市手工艺行业在满足普通人大量需求产品的方面不能与乡村工业竞争；同时，进口又可以很好地满足少量富人的高级嗜好。通过降低城市手工业行业的竞争力，政府的财政政策也抑制了城市手工业的发展。不顾来自城市的压力，以后的政府拒绝干涉农村制造业和商业。听起来似乎有些荒谬，在一个高度强制性政治体制和官僚体制下，一个特定的社会阶层在从事商业活动和工业活动时遇到的官方障碍比欧洲其他国家都要少，英国例外。这种政策对城市手工业发展的影响是有害的。①

城市手工业技术在以非俄罗斯族为主的某些地区很是成功，比如在波罗【340】的海地区，或者维斯图拉地区，或者在波兰影响下的地区，以及因法律限制土地所有权而致使大量犹太人聚集的城镇。城市手工业技术在农业季节特性不是很明显的南方也很成功，比如陶瑞达（Taurida）；城市手工业技术在俄国东南部也普遍很成功，这里有在叶卡捷琳娜二世和亚历山大一世时期定居的德国移民的后裔，他们在城市里发展着他们的技术。②

总而言之，按照习惯定义，城市手工业并没有构成俄国工业结构的重要组成部分。不管它曾经是如何地重要，随着大规模工厂工业的发展，除了在少数地区以外，城市手工业逐渐消失，成为了大型工厂工业的附属，或者在工厂工业欠发达部门中，用来补充小型工业。无论如何在某些领域，城市手工业仍然很重要：例如在大城市的奢侈品行业、时尚行业和精密度要求高的行业，在维修行业、更新行业、焊补行业、制造行业以及缝补行业里均是如此，这是因为人民普遍比较贫穷，期望能够购买并使用耐用消费品。

尽管区分农村和城市的小型手工业并不容易，但是有一点很清楚，农村手工业占决定性的主导地位。S. N. 普罗科波维奇在其关于 1900 年和 1913 年俄国国民收入的一个研究中估计，1900 年城市手工业的产值为 3.38 亿卢布，1913 年为 6.12 亿卢布，这个数字远远高于他对乡村工业的估计。但是当时，普罗科波维奇把绝大多数工场和小型工厂都归类于城市手工业，属于非机械行业；而乡村工业主要仅仅包括农村工人的季节性生产。综合考虑这两种工业形式，它们占劳动力的比重很大，占工业产值的比重也相当大。就

---

① 拉申：*Formirovaniye*，第 143 页。【81】

② V. 阿雷莫夫（V. Alymov）：'K voprosu o polozhenii truda v remeslennom proizvodstve'，*Narodnoye Khozyaystvo*，VI（1904 年），第 1~27 页。【82】

巨大的消费者市场而言，除纺织品以外，小型工业仍占主导地位。①

7.3.4　工厂和矿场的就业情况

由于现有资料不全，所以很难衡量俄国革命前工业劳动力的增长情况，也不容易对各年间的数据进行比较。起码是高估了大型工业企业的就业情况；另外还有一个困难，就是缺少对城市和农村手工业的可靠估计，因为直到 1917 年苏联计划经济体制开始之前，这些手工业都是俄国工业结构中的重要组成部分。俄国革命前，“工业”这个术语包括除农业、林业和建筑业以外的所有行业。它有四个主要组成部分。第一部分是工厂工业，包括所有 【341】
使用机械动力或者雇用了少量工人的工厂。关于“少量”这个词从来没有明确的定义。列宁认为将工厂与作坊区分开的雇工最少人数是 16 人。1897 年前，官方资料认定一个车间生产产值不少于 1 000 卢布就是工厂。1900 年的工业普查采用机械动力或者 16 名雇工或者其他标准来定义工厂。但是事实上，最低雇佣工人数要高一些。为便于统计，一般将“工厂工业”分为应纳消费税的行业（主要是酒精饮料、烟草、糖、酵母和火柴）以及大部分不需要缴纳消费税的行业，后者主要包括 1884 年开始实行工厂检查团制度的那些工厂。第二部分是采矿业，受国家矿产部的管理。城市手工业构成了第三部分。工业的第四部分，即农村手工业，在很大程度上是业余性质的，根本没有官方的统计。另外，通常在官方统计的劳动力资料中也不包括国有工厂。一般要通过经常性的调整对原始资料的可靠性进行修正，主要包括以下几个方面：受检查的工厂范围、工厂的不准确定义，以及不完全的、不规律的登记注册。尽管从头到尾都存在忽略小企业的趋势，但是由于雇主干预或者其他原因，有时相当大规模的企业也没有注册。有时不同省份为了政治原因也采取不同的标准，所以地区范围也不规范。例如，在西部省份，很多雇员都是犹太人，登记注册的是工匠性质的工场，而其他地方雇用 400 人的面包厂却被忽略不计了。波戈热夫估计 1902 年的官方数据漏计了9 000 个单位，计 17.5 万个工人。②

这些俄国统计数据的不足造成了一系列障碍，影响了对工业结构进行客观的研究；也使得人们广泛接受了普遍存在大工业企业这一观点。无论是

---

① S. N. 普罗科波维奇（S. N. Prokopovich）编：*Opyt ischisleniya narodnago dokhoda 50 guberniy Yevropeyskoy Rossii v 1900 ~ 1913 g.*（莫斯科，1918 年）。【83】

② 波戈热夫：*Uchot*，第 1 ~ 22 页。【84】

1897年进行的人口普查（这是第一次也是惟一一次不是为了税收目的而进行的人口普查）还是1887年和1897年的两次工业局部普查，以及1900年和1908年两次全面的工业普查，都没能摆脱这些不足。统计学家波戈热夫认为官方出版物低估了中小型企业的就业人数。他比较了两本企业目录，一本是由A. S. 苏沃林编辑、1901年在圣彼得堡出版的《1898～1900年俄国
【342】商业指南》（*Vsya Rossiya*），它列举了14.2万家公司，共计169.5万个工人，平均每家公司是12人；另一个是1900年的视察报告，列举了1.8万家公司，每个企业的平均人数是93.6人。① 有一个针对1908年工业普查的解释性说明，也有助于说明存在着忽略小企业的趋势。例如，1900年普查中记录了4 691家公司，其中有184 857个工人没能包括在1908年的普查数据中。而该数字占普查所记录工人总人数的23.5%。受经济性质影响，超过该数字的一半，即2 794家公司和153 068个工人是无效的。它们分别占1908年普查中工厂数量的13.9%和全体劳动力人数的7%。无论如何，它们被这次普查的组织者以没有意义和“非常小”的原因给剔除了，因为它们每个工厂的平均工人人数仅仅是55人，每个工人的产量仅仅是1 575卢布，而实际普查记录在案的每个工厂平均职工人数是112人，每个工人的产量是2 064卢布。类似以没有意义名义剔除的情况还包括：自1900年普查后免予进行工厂视察的445个公司，共计12 893个工人，平均每个工厂29人；以及1 452个工厂，共计18 896人，每个工厂平均人数13人，这些工厂因为规模小的原因而没有进行登记注册。②

考虑到行业间关于劳动力的定义不同，所以会导致产生更多的不同之处。有些包括白领职员在内；另外一些不包括辅助工人在内，因为他们与主要生产经营没有直接关系，或者不是定期雇用的。

统计数据使得很难研究生产率随时间推移而发生的变化，因为统计数据提供的是一年内一个特定工厂或者行业雇佣工人的平均数，而不是实际工作的人工小时数，或者是一年内实际工作的工人数量。在很多工厂，尤其是乌拉尔地区，有时采用每周3～4天的工作日，以避免在经济不景气的时候解雇工人。在乌拉尔，工人经常轮流工作两个星期。在中部工业地区，雇主不愿意解雇工人，尤其是在冬季没有替代就业方式的几个月里。最后一点，也是很重要的一点，以集团公司方式经营的最大型企业有采取多种经营方式的

① 波戈热夫：*Uchot*，第16页。【85】

② V. E. 瓦尔扎尔编：*Statistika*，第1章，第35页。【86】

趋势，这使得产生了更严重的统计问题。有时，比如在乌拉尔地区，管理层采用一种方式对由许多独立工厂（即乌拉尔—杰米多夫工厂区）组成的整个矿区进行管理，但是拒绝将劳动力、工资、燃料和原材料成本分配给每个工厂。很显然，这种信息使得根本不可能计算每个独立工厂的工人人数，并且导致工业统计中的工厂数量纯粹是有名无实的。① 【343】

这种情况并没有影响整个工业中的工人数量，只是误导了工业结构，即表现为每个工厂的工人人数和资源比实际情况更集中。再次强调，隐含工人集中化的俄国工业结构被误导了，这种误导不仅仅是因为小企业没有完全登记注册，还因为很多很小的企业被包括在大集团公司之内。隐含工人集中化的这个特点具有重要的政治含义。

在财政部自1900年开始搜集，并于1903年出版的工厂清单的基础上，A. V. 波戈热夫计算了自1861年至世纪交替期间，工厂形成以及工厂劳动力发展的情况。表54显示，1903年在欧俄50个省内，14 464个工业企业根据建成日期分布的情况。②

表54　　1903年工业公司的数量，根据建立日期分类

日　期	公司数量	比重（%）
1861年前	2 177	15.1
1861～1870年	1 285	8.9
1871～1880年	2 100	14.5
1881～1890年	3 036	21.0
1891～1900年	5 788	40.0
1901～1903年	78	0.5
合　计	14 464	100.0

本表给出了农奴解放后工业发展的一个非常简洁的情形。它显示出19世纪60年代只建立了很少的新公司。当时，第二产业的大量增长来自于乡村工业。在60年代以及其后的20年间，至少在运输、银行业、教育和法律等基础部门进行了大量的工作。此外，农奴制度的废除使得某些部门减少或者丧失了劳动力，而这些部门所在行业直到1860年仍然使用的是强制性劳力和农奴劳力。受到严重影响的是位于纯粹农业地区、由庄园主拥有的毛纺

① V. E. 瓦尔扎尔编：*Statistika*，第1章，第36页。【87】
② 波戈热夫：同上，第76～81页。【88】

织厂，比如坦波夫地区、辛比尔斯克地区、波尔塔瓦、沃罗涅什地区、奔萨（Penza）和乌克兰地区。

相同的情况还发生在那些领地工厂以及国有工厂中，前者没有根据1840年法律解散，后者1861年前以义务劳动力为主。除个别处理的情况
【344】外，自60年代后期开始解散军队和海军编制中的劳动力。乌拉尔地区的采矿业和冶金业受到严重影响，到1863年工人人数全面降低了大约25%（在国有企业大约为37%）。在彼尔姆省，雅科夫列夫继承人的工厂人数到1862年仅剩下9 352人，而它们在1861年前雇用了15 743人；杰米多夫工厂工人人数也从25 585人降至9 147人。在制造业，劳动力至少压缩了20万人，从1860年估计的56.5万人降至1863年的36.36万人。不过，这两个数字并不是绝对可比，因为1863年的数据没有包括酒、糖和烟草的生产工厂在内，它们拥有接近10万的工人。①

并不是所有工业人数的下降都是解放农奴的结果。许多长期在工厂工作的工人"收拾起他们节省的戈比"返回农村，要求得到划分给他们的土地，试图利用自己的技能成为独立的乡村工业业主。农奴解放正好发生在工业活动的下降周期，这推迟了那些仍然使用强制性劳动力的工厂对变化了的形势的适应性，它们很缓慢地引进了节省劳动力的技术，这使得农村工匠相应地很容易进入市场。此外伴随着农奴解放带来的剧变，是与美国内战有关的严重棉花短缺所导致的变化。按重量计算的棉花进口量仅占1860年进口量的1/3。棉花纺织业的工人数量从1860年的11.91万人降至1863年的5.81万人，直到1866年才恢复到1860年的水平。拉申声称，在制造业仅有4万人的减少可以直接归结于农奴解放对劳动力的影响。列宁计算出到1865年，制造业的劳动力是50.9万人，而在采矿业和冶金业中的劳动力人数是16.5万人，或者说合计为67.4万人。这仍然大大少于兹洛尼特科夫估计的1860年86万的劳动力人数。总的来说，人数的减少主要是因为采矿业和冶金业工人人数的降低，主要是因为前身为皇室农民的辅助工人人数降低了。在一定程度上，这是与铁路交通运输发展和工业内部技术进步相关的长期发展的开始。另外，在一定程度上，采矿业和冶金业劳动力的减少反映出记录方法的改变，特别是在乌拉尔地区。然而，60年代产量指标也显示出增长率很

① A. F. 雅科夫列夫（A. F. Yakovlev）：*Ekonomicheskiye krizisy v Rossii*（莫斯科，1955年），第85页；S. P. 西戈夫（S. P. Sigov）：*Ocherki po istorii gornozavodskoy promyshlennosti Urala*（斯维尔德洛夫斯克，1936年），第208页；K. A. 帕日特诺夫：*Ocherki tekstil' noy*（1955年），第125页及以后；科瓦列夫斯基，前引书，第289页。【89】

小，在某些部门工厂工业产量甚至是下降的。直到 1870 年，工厂和矿场的劳动力仍然比 1860 年的估计数低 7%。① 【345】

表 55　　1903 年的工厂工业：建立日期及按工厂规模分类　　单位：%

工人人数	建立年份						占全部工厂的比重
每个单位	1861 年前	1861 ~ 1870 年	1871 ~ 1880 年	1881 ~ 1890 年	1891 ~ 1900 年	1901 ~ 1903 年	1903 年
少于 50 人	56.6	63.3	64.5	70.9	75.2	79.5	68.9
50 ~ 99 人	13.2	13.9	15.9	13.7	13.4	15.4	13.8
100 ~ 499 人	20.7	16.3	14.4	12.4	9.7	5.1	13.2
500 ~ 999 人	5.5	3.9	3.3	1.9	1.3	—	2.6
1 000 人及以上	4.0	2.6	1.9	1.1	0.4	—	1.5
合　计	100.0	100.0	100.0	100.0	100.0	100.0	100.0

表 56　　1903 年的工厂工业：工厂规模及按成立日期分类　　单位：%

工人人数	每个单位工人人数					占全部工厂的比重
每个单位	少于 50 人	50 ~ 99 人	100 ~ 499 人	500 ~ 999 人	1 000 人及以上	1903 年
1861 年前	12.3	14.4	23.6	32.6	39.7	15.1
1861 ~ 1870 年	8.2	8.9	11.3	13.5	15.1	8.9
1871 ~ 1880 年	13.6	16.6	15.8	18.6	18.7	14.5
1881 ~ 1890 年	21.6	20.7	19.7	15.4	15.5	21.0
1891 ~ 1900 年	43.7	38.8	29.4	19.9	11.0	40.0
1901 ~ 1903 年	0.6	0.6	0.2	—	—	0.5
合　计	100.0	100.0	100.0	100.0	100.0	100.0

表 55 和表 56 中工厂形成的数据强调了 19 世纪 80 年代和 90 年代这两个关键性的 10 年，尤其是后者。在 20 世纪初的所有工厂中，有接近 2/3 的工厂是在这 20 年中建立的。有趣的是，1903 年近 70% 公司的劳动力人数低于 50 人，其中有超过 2/3 的小企业是在 19 世纪 80 年代和 90 年代之间建立的，而当时主要是俄国的工业技术改造时期和大型工业股份公司的形成时期。 【346】

① 拉申：*Formirovaniye*，第 8 ~ 9 页；图冈—巴拉诺夫斯基，前引书，第 239 ~ 245 页；帕日特诺夫：*Ocherki tekstil' noy*（1958 年），第 75 页及以后。【90】

1903 年大型企业的比例最高（大企业是指工人人数在 500 人以上的），该比例近似于农奴时代刚开始发展时的比例，这进一步证明了这两个时代的连续性；90 年代建立的工厂中有 75% 属于工厂人数少于 50 人的那个类别。①

尽管波戈热夫已经考虑到工厂视察总结报告中一般都没有包含小型企业在内，但是也没有证据说明他过分重视了小公司。实际上，他所研究的 1903 年 14 500 多家企业数量还不到官方统计数据记录的工厂和矿场数量的一半，这个统计是财政部针对整个帝国进行的，不包括芬兰在内（即 1887 年为 30 888 家，1893 年为 30 333 家，1897 年为 39 029 家，1900 年是24 460 家）。1900 年该总结报告说明，有将近 14 000 家的小企业没有包括在内。工厂视察团自 1903 年开始仅记录劳动力人数在 20 人及以上的企业，而 1903 年登记注册的企业数量是 16 173 家。②

1861 ~ 1900 年欧俄 50 个省份的工厂工人人数显示如下：③

1861 ~ 1870 年	797 649	（指数为 100）
1871 ~ 1880 年	945 597	（指数为 118.5）
1881 ~ 1890 年	1 160 771	（指数为 145.5）
1891 ~ 1900 年	1 637 595	（指数为 205.3）

在这 40 年间，欧俄工厂劳动力人数平均来说增长了 1 倍多；最明显的增长发生在 19 世纪 90 年代。以 1865 年为基准年，利用 34 个行业的数据，列宁计算认为到 1890 年劳动力增长了 70%。在他的计算中，主要的增长发生在 1865 ~ 1879 年间，尤其是在 19 世纪 70 年代。他的计算数字意味着 80 年代早期劳动力下降了大约 6.4%（这与我们关于工人返回农村的资料是一

【347】致的），而 80 年代后半期增长缓慢。④

帝国普查的官方数据显示如下（不包括芬兰在内）：⑤

1887 年	1 318 048	（指数为 100）
1893 年	1 582 904	（指数为 120.1）

① 波戈热夫：*Uchot*。【91】

② 同上；V. E. 瓦尔扎尔编：*Statisticheskiye svedeniya o fabrikakh i zavodakh, ne oblozhennykh aktsizom za* 1900 *god*（圣彼得堡，1903 年：由 Otdel promyshlennosti Ministerstva Finansov 出版），pp. x-xi.【92】

③ 同上。【93】

④ V. I. 列宁（V. I. Lenin）：*Razvitiye kapitalizma v Rossii*, in *Sochincniya*, III（莫斯科，1946 年），附录二。【94】

⑤ 瓦尔扎尔编：*Statisticheskiye svedeniya*, pp. x-xi；Russia, Ministerstvo Finansov, *Svod dannykh o fabrichno-zavodskoy promyshlennosti Rossii za* 1897 *god*（圣彼得堡，1900 年），*Vvedeniye.*【95】

1897 年　　2 098 262　　（指数为 159.2）
1900 年　　2 277 652　　（指数为 172.8）

根据帝国劳动力的相关数据（不包括波兰王国和芬兰在内），以 1887 年为基准年，1887 ~ 1900 年间劳动力的情况分别是：1895 年为 121，1900 年为 166.6。如果将 1865 年、1887 年劳动力的发展情况与上述列宁的数据进行比较就会发现，自 1887 年后 12 年内劳动力的发展速度与 1865 年后 21 年的发展速度相同。另一方面，农奴解放后 40 年间劳动力的发展远远低于 1804 ~ 1860 年间的发展，后者每年只有关于制造业的数据（来自制造业委员会）。在农奴解放前的 49 年间，制造业劳动力增长了 6 倍，而在农奴解放后的 40 年间，仅增长了两倍多。农奴解放前，在两个被称为“现代”的行业中劳动力的增长尤其引人注意。一个是棉纱业，劳动力从世纪初的8 000 人增加到 1860 年的 152 200 人；另一个是制糖业，从 108 个工人增加到 64 763人，所有这些都发生在农奴制度“约束”的背景之下，这种约束影响了俄国经济的发展。①

表 57　　1901 ~ 1914 年受视察工厂的劳动力

年　份	工人人数（千人）	指数（1901 年为 100）
1901	1 692.3	100
1902	1 691.4	100
1903	1 640.4	96.9
1904	1 684.3	99.5
1905	1 660.7	98.1
1906	1 684.6	99.5
1907	1 718.1	101.5
1908	1 768.7	104.5
1909	1 762.2	104.1
1910	1 793.4	106.0
1911	1 922.6	113.6
1912	2 024.2	119.6
1913	2 120.8	125.3
1914	2 282.1	134.9

① 计算基础：P. A. 赫罗莫夫（P. A. Khromov）：*Ekonomicheskoye razvitiye Rossii v XIX-XX vekakh*（莫斯科和列宁格勒，1950 年），第 27、31 ~ 32 页。【96】

表 57 显示了 1900 ~ 1914 年间受视察制造业工厂的劳动力数量（每年年初数）。① 在采矿业和冶金业（后者不包括辅助工人在内），劳动力从 1900 年的 506 500 人增长到 1913 年的 647 700 人，增长了 141 200 人，增长率为 27.9%。②

这些数据表明，劳动力增长的速度大大低于前 30 年（1887 ~ 1900 年），事实上，如果加上矿产部管理的工厂的劳动力在内的话，只占平均年增长率的一半。劳动力的增长主要是在这一时期最后的 4 年间，这与 1914 年前的经济繁荣有关，当时正值结束了因日俄战争失败和 1905 年革命而延续了将近 10 年的经济衰退和经济萧条。

如果把矿产部管理下的采矿业和冶金业中的劳动力以及其他一些类型的
【348】劳动力，诸如 1908 年工业普查中记录的采矿业中的辅助工人、作战部和海军部的工人等等加进来，得到如表 58 显示的 1913 年末的劳动力状况。③ 这个表里既不包括属于市政当局的工厂（工人人数不明），也不包括交通部的维修工场（有 85 400 个工人），拉申提供的大型工业工人约为 310 万人，该数字大概是准确的。④

表 58　1900 ~ 1913 年工业劳动力

工厂和矿场	工人数量（千人）		1900 ~ 1913 年的增长	
	1900 年	1913 年	增长量（千人）	增长率（%）
A. 受工厂视察	1 692.3	2 282.1	589.8	34.9
B. 受矿场视察	506.5	647.7	141.2	27.9
A 与 B 小计	2 198.8	2 929.8	731.0	33.2
C. B 项中未包括的、采矿业和冶金业中的辅助工人（1911 年）	—	72.0	—	—
D. 海军所属工厂劳动力（1908 年）	—	22.4	—	—
E. 作战部所属工厂劳动力（1908 年）	—	37.3	—	—
全部合计	—	3 061.5	—	—

① 依据 *Svod Otchotov Fabrichnykh Inspektorov* 的有关年份。【97】
② 拉申：*Formirovaniye*，第 61 页。【98】
③ 同上，第 62 ~ 63 页。【99】
④ 同上；瓦尔扎尔：*Statistika*。【100】

在20世纪初，大工厂拥有超过300万的工人人数，毫无疑问这可以说明一国的工业实力。但是这300万只占了全部劳动力很小的一部分。相对于 【349】
已经明确的总雇佣人数而言，工厂和矿场工人人数不足18%。尽管如此，将表58与表53（后者描绘了整个雇佣人口的发展情况，见原书第332页）进行比较，可以看出来一个欠发达国家的就业结构。

1860~1913年间，非工业雇佣劳动者增长的速度快于工业。与1860年相比，1913年雇佣劳动者的综合指数是434.7，工业雇佣劳动者的指数仅仅是367.4，而其他各种非工业劳动力的指数是482.0。如果不包括铁路工人在内（这是一个新的类别），那么指数最高的是农业劳动力（642.8），各种非熟练的临时劳动力、国内及类似的帮工（508.1）。如果仅仅考虑工厂工人的话，对应在工厂工作的每个男人或者女人而言，在小型非工厂工业、或者在与现代工业或多或少有关系的其他就业形式中就有6个被雇用的人。最后，仅观察工业劳动力就会发现，在1860~1913年间，工厂和矿场的劳动力增长速度比小工业［主要是乡村工业和手工工业（remeslo）］，还要缓慢。1913年，小工业（几乎全部在制造业内）在制造业雇佣劳动力总数中的比重大约是56%。到1914年，如果再加入由少于50人的企业雇用的约10%的工人的话，那么工业结构中小企业的劳动力比重大约就是66%。这个结论与对俄国工业结构的看法不一样。①

现代工业的发展可以轻易地说明非工业劳动力和小企业劳动力相对快速增长的原因。但这只是俄国发展的一个方面，并且还不是最重要的一个方面。另一个方面，也是最重要的方面，是农民家庭自给自足的影响力和货币经济的发展，货币经济不仅在新经济领域有所发展，其涉及的地理范围也有所扩大。西欧各国的情况与俄国不同，前者在市场经济已经建立之后才发生了工业革命，而俄国市场的发展是工业化过程的组
成部分。 【350】

① 依据拉申在《经济史期刊》，XXI，2（1961年6月）中的观点，第209~210页，G. V. 里姆林格尔（G. V. Rimlinger）也得出了相同的结论。在美国，在1859~1914年间，制造业的就业人数从130万上升到660万。在1909~1914年间，工厂视察员发现小型机械编制工场迅速膨胀，同时更小的作坊也有相对的增长。【101】

7.4 劳动力结构和分布的变化

7.4.1 行业分布

到目前为止，我们已经讨论了从农奴解放到1914年间工厂和矿场劳动力的发展历史，但是这并不能揭示劳动力的内部变化、劳动力的行业分布、劳动力的地区分布、劳动力的年龄构成和性别组成。个别行业劳动力的变化反映出其发展过程的多样性，这主要受生产周期、资本投资以及技术进步所带来的生产扩张或者经济收缩影响。

1854年，在制造业9 751家公司中，其产值为151.7百万卢布，劳动力超过46万人。其中，纺织业大约占公司数量的22%，占产值的一多半和劳动力的57%。棉纱业就占公司数量的8.5%（说明单个公司的规模相对较大），占产值的27%，占劳动力的26%。① 金属加工业占公司数量的7%，产值的9%，劳动力的14%。②

1865～1890年间，毛纺制衣加工业的劳动力减少了26%。制造业其他部门的劳动力增加了，增加最多的是制陶业和水泥行业（275%），其次是棉纱业和化学行业（180%）。毫无疑问，19世纪70年代后期的繁荣导致了劳动力的增长。V.P. 别佐布拉佐夫（V.P. Bezobrazov）记录到商品和劳动力价格很高，工厂急于试图扩大生产并招聘更多的劳动力等情况。1879年的秋天，为吸引劳动力，厂商将工资保持着夏季的水平。尤其值得一提的是棉纱行业的繁荣，提前一年就将所有的商品都卖光了。扎哈里·萨维奇·莫罗佐夫（Zakhary Savvich Morozov）1845年建立的工厂［波戈罗德斯克·格鲁克霍夫斯克（Bogorodsk Glukhovsk）棉纱机械纺织厂］，到1856年拥有劳动力465人，1871年达到2 269人，1884年达到8 500人。③

随着技术进步和经济调整，生产率产生了根本性的增长，毛纺织业中的

【526】① 依据Russia, Ministerstvo Finansov, Departament torgovli i manufaktur, *Itogi torgovli i promyshlennosti Rossii* 1825～1855 *gg.*（圣彼得堡，1896年），第47～50页。【102】

② 同上引。【103】

③ A.V. 波戈热夫，'Sanitarnoye izsledovaniye fabrichnykh zavedeniy Bogorodskago uyezda', *Sbornik statisticheskikh svedeniy po Moskosvskoy gubernii: otdel sanitarnoy statistiki*, III（莫斯科，1885年），第6页；V.P. 别佐布拉佐夫：*Narodnoye khozyaystvo Rossii: Moskovskaya tsentral' naya promyshlennaya oblast'*，3编本（圣彼得堡，1882年），第1编，第279、288～290页。【104】

劳动力减少了。棉纺织业更新了工作方式，开始以在工厂工作为主。1866年家庭工人占工厂总雇佣人数的70%，而到了1894～1895年间却不超过8%。19世纪80年代和90年代初是家庭纺织工人快速转移到工厂的时期。观察家观察到，在弗拉基米尔省的苏兹达（Suzdal），19世纪50年代全部人 【351】口，包括年轻人、老人、男人、女人和孩子在内，都从事纺织工作。到了1899年进行调查的时候，仍然从事手织工作的纺织工不超过2 000～3 000人，其中男性不超过100人。在某些村庄，甚至连一个手工纺织工都没有了。调查者认为，这种衰落的主要原因是手工织布无论是在价格方面还是质量方面，都不能和工厂机械织布机进行竞争。1869年当地人还认为一个手工纺织工能够很容易地从纺织一件衣服中挣得80戈比～1卢布。但是到1899年，其能够得到的钱最多是30～40戈比。即使在冬季对女工来说，这个报酬也不够多。这个报酬不足以补偿因为纺织而给家庭带来的不便之处：纺织时持续不断的嘈杂声、农舍里拥挤的空间，以及在织布机后面的角落里工作时所面对的潮气等。①

伊万诺沃地区是著名的农奴企业家的故乡，历史学家注意到1869～1895年间，伊万诺沃地区工厂的劳动力增加了，外包工的数量减少了；相应地，机械织布机的数量增加了接近9倍，而手工织布机减少了2/3。然而，在毛纺织业和亚麻纺织业，工厂工人替代家庭工人的过程甚至到了1914年还远未完成。即使在棉纺织业，到1908年至少还有2.1万个外包工。他们仅占棉纺织业工厂劳动力的4.2%，当时劳动力总数超过49.2万人。但是这2.1万人并不包括自营人员或者那些在小工场工作的人。②

不能肯定迫使手工纺织工退出了市场的原因究竟是机械织布机的竞争还是因为由关税引起纺线价格升高以及市场被少数强大的工场所支配的缘故。通过扣留纺线或者哄抬纺线价格以及拒绝接受赊购，能够降低自营纺织工和小作坊的竞争力，强迫他们按照大工场的条件进行生产。这种情况一直持续到1914年前的经济繁荣时期。在弗拉基米尔省，固定成本高的大公司发现农村小作坊抢走了他们的生意，后者由于工资成本和管理费用都比较低，所

---

① V. N. 瓦西里耶夫（V. N. Vasil' yev）：'Formirovaniye promyshlennogo proletariata Ivanovskoy oblasti'，*Voprosy Istorii*，no.6（1952年），第110页；拉申：*Formirovaniye*，第16～17页；帕日特诺夫，*Ocherki tekstil' noy*（1955年），第125页以下和表32，第140页。【105】

② 雅·P·加列林（Ya. P. Garelin）：*Gorod Ivanovo-Voznesensk, ili byvsheye selo Ivanovo i Voznesensky posad*，2卷本（Shuya，1884～1885年），II，第59～60、100～101页，依据瓦尔扎尔：*Statistika*，第24页；赫罗莫夫，前引书，第105～106页；帕日特诺夫：*Ocherki tekstil' noy*（1955年），第219页及以后；帕日特诺夫：*Ocherki tekstil' noy*（1958年），第276页。【106】

以提供的商品价格比工厂价格要低 20% ~25%。大公司就通过扣留纺线或者掌握赊购，强迫小生产者为他们工作。①

19 世纪 50 年代在金属加工业和机械制造业工厂的劳动力开始明显地快
【352】速增长，尤其是在圣彼得堡地区，因为爆发了克里米亚战争，要进行铁路建设并重新装备军队和准军事组织，而后者一直到 60 年代仍然在利用义务劳动力。1866 ~1897 年间，公司数量增长了 6 倍多，产值和登记在册的劳动力数量的增长率分别超过了 20 倍和 10 倍。然而，1878 年后关税的增加提高了原材料，尤其是铁和机械的价格，所以导致生产率的收益远远低于表面上看起来的数字。毫无疑问，这个行业创造了收益，并由国外资本、国外管理人员和技术人员所控制。这种主导力量之强，甚至使俄国机械工厂的所有者或者经理的名字看起来就像是直接取自伦敦的姓名簿一样。在工厂所有者的名单中，主要是盎格鲁—萨克森的姓氏，其间散布着俄国人的名字，尤其在圣彼得堡地区和波罗的海地区更是如此，莫斯科地区也一样。②

在采矿业和冶金业，包括采盐业在内，1865 年大约有 20 万个工人。到 1887 年，这个数字再次上升接近 40 万人。仅在铁矿业内，由于铁路建设，产出就增长了 3 倍。同期，铁路网总长度增长了 7 倍。1887 ~1900 年间，采矿业和冶金业的劳动力增长了 68%，低于工业的平均增长率。在南部俄国，外国人在那里建立了很多现代冶金工厂，冶金业劳动力在 1882 ~1900 年间增长了 12 倍。劳动力在 1896 年后的 3 年间增长特别快，超过 2 倍。在煤炭工业的劳动力增长了 3. 3 倍，但是仅在顿涅茨盆地（Donetz Basin），就增长了 4. 5 倍，1896 年后的增长最为显著。在石油工业，工人数量从 1883 年的 1 300 人增加到 1891 年的 25 200 人。③

这种变化的结果就导致南部俄国在冶金业劳动力中的比例从 1887 年的 12. 6% 上升到 1900 年的 26. 7%，而同时，乌拉尔地区冶金业的劳动力仅仅增长了 16. 7%，它在冶金业总劳动力中的比例从 1887 年接近 60% 降至 1900 年的 41%。④

---

① *VF*，1914，no. 24，第 575 页以下。【107】

② R. S. 利夫希茨（R. S. Livshits）：*Razmeshcheniye promyshlennosti v dorevolyutsyonnoy Rossii*（莫斯科，1955 年），第 104 ~106、180 页及以下；*Krenholmskaya manufaktura* 1857 –1907：*Istoricheskу ocherk*（圣彼得堡，1907 年），第 16 页以下。【108】

③ 以非分配税收部门的资料为基础，*Materialy…16 noyabrya*（参见注 61），第 3 卷；赫罗莫夫，前引书，第 204 页以下；波戈热夫：*Uchot*。【109】

④ 依据 I. 戈里维茨（I. Glivits）：*Zheleznaya promyshlennost' Rossii*（圣彼得堡，1911 年），*Prilozheniye*，第 7 ~8、12 ~13 页。【110】

表59给出了在考虑不同产业相对重要性的前提下，1897年和1908年的工业结构和就业结构。[①] 直到1914年，纺织业仍然占据领先地位。它占总产值的28%，占工业劳动力总数的30%。尽管19世纪90年代冶金业剧烈扩张，但是很显然，纺织业稳定地保持了它的相对位置。到1914年，食品和相关行业占总产值的22%，占劳动力的13%。这样，这两个与政府需【353】求和补贴无关、直接为消费者服务的行业占到了工业总产值的一半和劳动力的43%。[②] 采矿业和冶金业占工业总产值的1/7不足，如果在总产值中加入小企业（主要在制造业里）产出的话，前者的比重会更少。重工业产值比重相对较低，这与该行业投入的资金数量正好相反。到1914年，在投入到工业股份公司里的资金总数中，采矿业、冶金业、金属加工业和机械制造业占了多一半。[③]

表59　1897年和1908年不同行业的就业比例和产值比例　单位：%

	工人数量		总产值	
行业类型	1897年	1908年	1897年	1908年
纺织业	30.6	36.5	33.3	29.8
（棉纺织业）	—[a]	(22.7)	—[a]	(21.0)
食品业	12.2	17.1	22.8	33.9
采矿业和冶金业	25.9	24.5	13.9	16.4
金属商品和机械	10.2		10.9	
木材加工业	4.1	4.1	3.6	3.7
家畜制品业	3.1	2.8	4.7	3.5
制陶业（包括建筑材料）	6.8	n. a.	2.9	n. a.
化学工业	1.7	2.9	2.1	3.8
造纸业	2.2	3.9	1.6	2.8
其他	3.2	8.2	4.2	6.1
	100.0	100.0	100.0	100.0

a　1897年数据里没有棉纺织业单独的资料。

① 1897年数据来自 Ministerstvo Fiansov, *Svod dannykh*, 第21～31页；1908年数据来自瓦尔扎尔编：*Statistika*。【111】

② I. 金丁：'O nektorykh osobennostyakh ekonomicheskoy i sotsyal' noy struktury rossiyskogo kapitalizma v nachale XX v.' *Istoriya SSSR*, III（1966年），第48～49页；L. E. 舍佩廖夫（L. E. Shepelev），'Aktsyonernoye uchreditel' stvo v Rossii'，载于 M. P. 维亚特金（M. P. Vyatkin）编：*Iz istorii imperializma v Rossii*（莫斯科，列宁格勒，1959年），第152～153页。【112】

③ 保罗·格雷戈里（Paul Gregory）在《沙皇俄国时期的经济发展与结构变化：现代经济发展的案例》一文中得到了近似的结论，俄国GNP在部门间的构成与其他先进国家不同。该文刊登于《苏维埃研究》，XXIII（1972年），第431页。【113】

以工厂就业情况来衡量，只有圣彼得堡和里加地区的工业结构接近于较成熟经济的工业结构。在圣彼得堡，纺织业从 1852 年占劳动力的一半比例，降至 1897 年的 35%，最后到 1914 年下降到只有 1/5；而同时金属加工业的比例上升到 40%。圣彼得堡的机械产值占到全国机械产值的 1/3。在圣彼得堡，造纸业、印刷业和化学工业的就业比例也比整个国家的水平要高。① 在里加，1913 年雇用了接近 88 000 个工人，其中 1/3 在金属加工业、机械制
【354】造业和电力行业；17.5% 在橡胶制品业；11.3% 在纺织业。②

在 1900～1908 年间的经济萧条和衰退时期，为满足巨大的消费者市场的需求，工业仍然取得了一定的发展，这说明需要重新修订已经普遍被接受的关于经济萧条的定义。这是由于政府政策着重支持进一步发展重工业而导致农民贫困化的结果。实际上，衰退主要影响的是金属工业。八年里金属工业的产值仅仅增长了 14%，而同期 12 种主要工业的平均增长率是 50%，棉纤维制品的增长率是 68%，食品工业是 77%。③ 在战争前夕，机械制造业（包括军事组织在内）大约占劳动力的 14%，占工业总产值的 11%。1900～1912 年间，它们的增长率是 40%，这主要是受农用机械和造船业产出增长的影响。④

7.4.2 劳动力的地理分布

1913 年，在欧俄 50 个省的工厂和矿场雇用的、从事制造和采矿工作的劳动力达到 2 557 400 人。表 60 显示了从 1861 年到 1870 年，再到 1913 年间就业人数和地区分布的变化。

---

① 依据 J. H. 巴特尔（J. H. Bater）：《1850～1914 年圣彼得堡的工业布局》（非公开发表的博士论文，伦敦大学，1969 年），第 73 页。【114】

② 依据 S. 波恩斯坦—科甘（S. Bernshteyn-Kogan）：*Chislennost*, *sostav i polozheniye metallurgicheskikh rabochikh*, Trudy studentov ekonomicheskogo otdeleniya SPb. Politekhnicheskogo Instituta Imperatora Petra Velikago, no. 4（圣彼得堡，1910 年），第 28～29 页；利夫希茨，前引书，第 206 页；V. K. 亚聪斯基：'Znacheniye ekonomicheskikh svyazey s Rossiyey dlya khozyaystvennogo razvitiya gorodov Pribaltiki v epoku kapitalizma', *Istoricheskiye Zapisky*, XLV（1954 年），第 115、119 页。【115】

③ 瓦尔扎尔编：*Statistika*。【116】

④ A. 拉伐洛维奇（A. Raffalovich）编：《俄国的商业和贸易》（伦敦，1918 年），第 115 页；金丁，前引书。【117】

表 60　　1861～1913 年制造业和采矿业工人就业人数

地　区	1861～1870 年		1891～1900 年		1913 年	
	千人	%	千人	%	千人	%
莫斯科工业区	260.3	32.6	513.0	31.3	818.2	32.0
新俄罗斯	23.1	2.9	150.6	9.2	391.6	15.3
大湖区（Priozerny）	63.8	8.0	149.3	9.1	305.2	12.0
乌拉尔	121.3	15.2	285.8	17.5	261.5	10.2
中部农业区	110.0	13.8	169.7	[10.4][a]	191.4	7.5
波罗的海地区	20.0	2.5	55.6	3.4	143.9	5.6
西南部	66.9	8.4	92.1	5.6	142.5	5.6
小俄罗斯	57.0	7.2	56.3	3.4	103.0	4.0
伏尔加河下游	41.0	5.2	78.2	4.8	89.0	3.5
白俄罗斯	12.1	1.5	29.3	1.8	46.7	1.8
其他	22.2	2.8	56.7	3.5	64.4	2.5
合计	797.7	100.0	1 636.6	100.0	2 557.4	100.0

a　资料中是 16.4（参见第注 118）：可能是印刷的失误。

劳动力总数的 77% 集中在前 5 个地区。在研究的整个期间，莫斯科工业区一直保持着接近总劳动力 1/3 的相对比例。最引人注意的劳动力增长发生在新俄罗斯地区，这里由于采矿业和冶金业的快速发展（这两个行业吸收了该地区 79% 的劳动力），仅在叶卡捷琳诺斯拉夫省，工人的数量就从 1861～1870 年的 5 200人增加到 1891～1900 年的 64 300 人，再到 1913 年的 21.1 万人，增长率高达 40 倍。在顿河阿米地区（Don Army），这三个时期的劳动力人数分别是 1 500人、35 200 人和 91 700 人。① 【355】

产值和劳动力的比例都超过 75% 的机器制造业主要集中在三个地区，即圣彼得堡、中部工业区和如今的乌克兰地区。1912 年，该行业在全帝国的劳动力总人数大约是 175 000 人，产值超过 2.92 亿卢布。中部工业区第一，其次是圣彼得堡和乌克兰。由于没有考虑军队雇用的劳动力在内，所以圣彼得堡的水平可能被低估了。②

与总量相比，非欧俄地区的采矿业和冶金业占公司数量的 46%，占产值的 46.4%，占雇佣劳动力的 27.3%。③

① 拉申：*Formirovaniye*，第 192～193 页。【118】
② 依据利夫希茨，前引书，表 40，第 205 页脚注；引自上文第 263 页及以下。【119】
③ 同上，第 264 页，表 36。【120】

7.4.3 劳动力的性别构成和年龄构成

女性劳动力在工厂劳动力总数中的比例一直在1/4以内变动，主要是因为移民在工厂劳动力形成过程中占据很重要的地位，而女性迁移的灵活性又受到更多的限制。只有在一定领域，例如纤维加工业、制衣、烟草和橡胶工业中，女性的比例才会多一些。另外，相关的工厂立法也限制了雇用女工，1885年开始限制女性从事夜间劳动。这恰恰影响了那些女工比例高于平均水平的行业，例如纤维加工业，它的习惯做法是采用夜班制。1890年以后，采矿业和冶金业在劳动力中的比例增加了，而同时男性劳动力价格因周期性的经济低迷而降低，所以导致减少了雇用女工。1905年前，只有在经济繁荣劳动力短缺的情况下才会多雇用女性工人。19世纪80年代开始，由于机械织布机替代了手工织布机，从而使得纤维加工业增加了女工的比例。不同时期，女性工人在制造业中的比例显示如下：

1887年	24.4%	其中，38.3%在纤维加工业
1894～1895年	25.8%	40.1%
1900年	27.1%	44.3%
1914年	31.1%	56.2%

【356】 女工在所有工业工厂，包括采矿业和冶金业在内的比例如下所示：①

1897年	15.0%
1900年	18.0%
1914年	26.7%

1900年以后，在接受工厂视察的公司里女性工人人数如下：②

1901年	441 000	（指数为100）
1905年	457 900	（指数为103.8）
1910年	565 200	（指数为128.1）
1914年	723 900	（指数为164.1）

① 波戈热夫：*Uchot*，第83～84页；Russia，Ministerstvo Torgovli i Promyshlennosti，Otdel promyshlennosti，*Dannyye o prodolzhitel' nosti i raspredelenii rabochego vremeni v promyshlennykh predpriyatiyakh*，*podchinyonnykh nadzoru fabrichnoy i gornoy inspektsii v* 1913 *g.*（彼得格勒，1914年），第2页。【121】

② 相关年份来自 *Svod Otchotov Fabrichnykh Inspektorov*。【122】

这样，在接受视察的制造业公司里，女性人数的增长率远远超过总劳动力的增长率。到 1913 年，制造业中女性的比例达到了 31.1%。如果将接受矿场检查的军事组织考虑进来的话，这个比例就降低到了 26.7%。① 在军事组织里女性的比例仅仅是 3.8%。不过，女性现在受雇的行业范围更宽了，包括制糖业、烟草业、火柴生产业、玻璃生产业、水泥生产业、制砖业及金属工业。在与金属制品有关的行业，尤其是和工具及机械生产有关的行业，女性就业比例从 1901 年的 2.9% 上升到 1913 年的 5.9%，绝对数量从 7 000 人增加到接近 23 000 人。在女性就业比例达到 18% 的叶卡捷琳诺斯拉夫省，女性工人甚至从事铰链、环管、金属筛网和螺栓的生产。②

女工人数在纤维加工业继续增加，工厂检查员报告说女工正在替代已经退休和被辞退的男工。举例而言，1907 年男工数量仅增长了 0.85%，而女工增长了 9.25%。女性替代男性劳动力在棉纺织业最为常见。在 1902 ~ 1914 年间，女性在棉纺织业的人数从 19.5 万人增加到超过 31.8 万人，增长率达到 63.4%，占劳动力总数的比例也从 47.8% 上升到 56.2%。③

雇主重视女工，因为她们的"道德品质好"、"适应性更强，注意力更集中，以及更有节制（不喝酒或者不吸烟）"；她们被认为"更顺从，报酬要求得少"。有一个德国的观察家注意到，从 1904 年开始雇用更多的女性劳动力，因为当时部分男性被征召入伍参加日俄战争，而经济又开始复苏了。
革命开始时，人们发现女性很少热衷于参加骚乱和煽动活动。④ 【357】

因此，1905 年后就业有个明显的特征，就是优先考虑更"服从指挥"的劳动力，这个特点甚至决定了厂址的选择。随着日俄战争和革命的爆发，经济出现低迷，尤其是每天工作时间缩短了，新成立的工会要求得到更高的工资和其他特权等，这些都使得劳动力的成本增加了，所以雇主更需要通过雇用女工而降低劳动力成本，因为女性劳动力很便宜并且相对服从指挥。由于收成好，所以纺织业并没有像其他行业那样进入衰退期，农民需求有上升的趋势，所以能够比较容易地雇用到女工。这些行业的劳动力扩张只有通过雇用女工才得以进行下去。

到 1913 年，工厂工业有女工 80 万人。我们没有掌握到 1913 年女性劳

---

① 相关年份来自 *Svod Otchotov Fabrichnykh Inspektorov*，1913。【123】

② 依据 Ministerstvo Torgovli，*Dannyye...*（参见注 121）。【124】 【527】

③ *Svod Otchotov Fabrichnykh Inspektorov*，1907 年，vii-viii；同上，1913 年，pp. xliii – xliv；同上，1906 年，p. vii.【125】

④ 同上，1906 年，第 7 页；S. 库兹勒（S. Kochler）：*Die russische Industriearbeiterschaft von 1905 – 1917*，Osteuropa-Institut in Breslau（莱比锡，柏林 1921 年），第 25 页以下。【126】

动力占全国劳动力的比例。众所周知，在农民的农场，女性比例毫无疑问地超过了男性，尤其是在考虑平均全年劳动力的时候。在家庭服务、旅店服务和餐饮服务行业雇用女工的比例也大于在工厂工业中的比例。1897 年人口普查结果显示，在所有雇佣劳动者中，女工相对比例略低于 31%，而这个比例是女工在采矿业和冶金业比例的 2 倍还多。大部分女工受雇在家庭服务业（47.3%）以及农业中工作（接近 27%）。①

在两个大型城市，女工的相对比例并没有明显增长。在圣彼得堡，仅从 1881 年的 19% 增长到 1910 年的 20.3%，这个事实也反映了没有家庭的移民男性工人在劳动力中的比例。在莫斯科，女性在雇佣劳动者中的比例仅从 1882 年的 17.3% 增长到 1902 年的 19.2%，再到 1912 年的 21.6%。1913 年在铁路运输行业女工就业的比例低于 9%，尽管 1904 ~ 1914 年间绝对劳动力数量从 3.1 万增长到 3.9 万，但是这个比例却差不多保持没变。②

农业劳动力以年轻女性为主，多半是农民未出嫁的女儿。1898 年在赫尔松省，有超过 80% 的农业女性劳动者在 25 岁以下，其中，年龄在16 ~ 25 岁之间的占 74%。女性劳动力替代男性劳动力的原因在于她们相对廉价，
【358】并且更容易听从指挥。但是，在南部俄国西伯利亚草原一带更多地使用女性劳动力的最重要诱因在于越来越多地使用农业机械，这减少了对成年男性工人的雇用，或者干脆将他们赶走了。尤其是在脱粒环节，成年男性工人变得完全多余了。一个南方庄园主解释说在使用机械之前，偶然在某些季节雇用的工人都是男性，称作“完全劳动力”。“现在，我们自 5 月 9 日到 10 月 1 日期间经常雇用的每 30 个固定工中，只有 4 个是完全劳动力，其他的……都是半劳动力，女人和孩子。利用这些劳动力，我们能够完成除切割干草以外其他所有的夏季农活。”工人自己则抱怨说，“在引进收割机之前，我们

---

① 托迪尼斯基编，前引书，pp. vi – vii；B. P. 卡多姆采夫（B. P. Kadomtsev）：*Professyonal' ny i sotsyal' ny sostav naseleniya yevropeyskoy Rossii po dannym perepisi* 1897 *g.*（圣彼得堡，1909 年），第59 ~ 60 页；伯恩斯坦—科甘，前引书，第 32 页；*VF*，no. 26（1904 年），表 3；N. F. 库德里亚夫采夫（N. F. Kudryavtsev）：*Prishlyye sel' sko-khozyaystvennyye rabochiye na Nikolayevskoy yarmarke v m. Kakhovke v Tavricheskoy gubernii i sanitarny nadzor za nimi*（赫尔松，1896 年），II；A. 亚罗什科（A. Yaroshko）：*Rabochy vopros na yuge*：*Yego proshedsheye*，*nastoyashcheye i budushcheye*（莫斯科，1894 年），第 121 页。【127】

② 伯恩斯坦—科甘，前引书，第 83 ~ 85 页；Russia，Ministerstvo Vnutrennikh Del，Tsentral' ny statistichesky komitet，*Sankt-Peterburg no perepisi* 15 *dekabrya* 1890 *g.*，*Naseleniye*（圣彼得堡，1891 年），第 1 部；Ministerstvo Vnutrennikh Del…，*Sankt-Peterburg po perepisi naseleniya* 15 *dekabrya* 1900 *goda*，*Naseleniye*（圣彼得堡，1903 年），第 1 部；Ministerstvo Vnutrennikh Del…，*Petrograd po perepisi naseleniya* 15 *dekabrya* 1910 *g.*（彼得格勒，1914 年）；A. A. 丘普罗夫（A. A. Chuprov）编：*Rechi i stat'i*，4 部本（圣彼得堡，1908 年），第 1 部，第 193 页及以后。【128】

使用镰刀的工人是得到最多收入的人；现在按照以前一半的工资我们都找不到工作。如果从来没有发明这些收割机械的话……它们应该为那些饿死的人负责。”①

毫无疑问，这些关于机械替代男性劳动力的抱怨有些夸大其词了。尽管很明显增加了对机械的使用，尤其是自 1900 年谷物价格开始有所提高，又迎来了若干年的丰收，政府从 1906 年开始提供援助后，更多地使用了机械。但是总的来说在俄国，对仍然使用犁耕种的地区而言，机械化程度离先进的程度还差的很远。

与工厂相比，乡村工业雇用的女工更多。工厂视察团无权检查乡村工业作坊，所以乡村工业通常可以采用夜班或者更长的工作时间。更重要的原因是乡村工业工作能够提供更大的灵活性，例如季节性的工作，以及它能够给女性提供与其孩子一同工作的机会，而后者在工厂立法规定中是不被允许参加工作的。1897 ~1900 年间在弗拉基米尔省，女性在受调查的 49 000 个乡村工业工人中的比例是 45%，远远高于女性在该地区工厂中的比例。在纤维制品加工业，女性在乡村工业工人中的比例接近 70%。

更有趣的是，在乡村工业工人中，最低年龄段和最高年龄段的人群比例比较高，这有助于揭示工厂工业和乡村工业中劳动力的年龄结构。1898 ~1900 年间对莫斯科省的家庭所进行的大规模调查显示，有 75% ~81% 的女性工厂工人在 18 ~45 岁之间，对应年龄段女性在乡村工业女工中的比例仅为 65% ~66%。工厂劳动力中年龄段在 17 岁及以下的仅占 15% ~17%，而在乡村工业中则占 19% ~23%。最后，工厂劳动力中年龄段在 45 岁以上的 【359】
仅占 4.5% ~8%，而在乡村工业女工中占 11% ~16%。②

尽管并不是那么明显，但是在这两个行业的男性工人中同样存在这种差别。这种差别既说明乡村工业具有吸引力，另一方面也相对说明乡村工业赢利的原因。

比较起来，在 19 世纪上半叶，庄园主或者公社当局通过将“抵押”工人转移给工厂的方式来抵消它们的租金或者解除债务，这样做的结果就是雇用儿童劳动力。儿童在这类工人中占比较高的比例。受 1884 年沃兹涅先斯克（Voznessensk）骚乱事件的影响，对莫斯科省工厂的情况进行了一项

① 塞戈尔斯基，前引书，第 74 ~76 页。【129】

② P. A. 维赫利亚耶夫（P. A. Vikhlyayev）编：*Zemledel' cheskoye khozyaystvo i promysly krest' yanskago naseleniya: promysly*，第 2 部分（莫斯科，1908 年），第 644 页；P. 涅沃林（P. Nevolin）：*Kustarnaya promyshlennost' vo Vladimirskoy gubernii*（弗拉基米尔，1912 年），第 120 页。【130】

调查,该调查揭露出有3 000名儿童被雇用了，绝大多数都是抵押来的，其中有1 000名儿童从事的是夜班工作。这项调查使得1845年8月7日形成了一项禁止12岁以下的儿童从事夜班工作的法律，夜班工作界定的时间从午夜到凌晨6点。但是法典里从来没有包括这项法律，而儿童劳动力的问题也仍然没有得到控制。①

尽管如此，儿童劳动力的问题正如夜班劳动的问题一样，几乎一直在政府考虑的议事日程上。这个问题在60年代、70年代各种委员会的讨论会上都是重要的问题，有些是出于人道主义的考虑，有些是针对正在进行的教育改革，有些是受国外法规的影响。到19世纪80年代之前，一直没有实施管制儿童劳动力的法规，因为这个问题一般总是和夜班工作、工作时间长短以及政府干预劳工关系的可接受程度等问题联系在一起的。②

1882年6月、1884年和1885年的工厂立法开始明显地影响到俄国工厂工业中的儿童就业问题。该立法不允许12岁以下的儿童在工厂工作；将12~15岁儿童每天的工作时间限制在8小时，其中不超过4个小时得有一次休息；禁止12~15岁的儿童从事每晚9时至次日凌晨5时的夜班工作，禁止15~17岁的少年在棉纺织业、毛纺织业和亚麻纺织业从事夜班工作。③

但是在1885年以前，儿童劳动力就已经不再是劳动力大军中的重要组成部分了。1882~1883年，12岁以下儿童不超过劳动力总数的1.3%。在受调查的3 316家公司54万名工人中，12岁及以上的儿童占9.17%。在诸
【360】如印刷及相关行业中，儿童的比例接近18%，在纤维加工业中大约是13%。最广泛使用儿童劳动力的是火柴工厂、玻璃和水晶制品工厂以及羊毛纺线行业。④

实施儿童劳动法的结果就是雇主不仅解雇了大量不足12岁的儿童，而且解雇了年龄不到15岁的儿童。原因是多种多样的。很多雇主没有完全理解这条法律，在任何情况下都持怀疑态度并且希望不要被卷入其中。雇主害怕视察团会“带给工人什么想法”，并发现工人实际上本不存在的不满。很

① 泽尔尼克，前引书，第36~37页。【131】

② 同上引，第125页及以后。【132】

③ 拉伐洛维奇，前引书，第147页及以后；O. 戈贝尔（O. Goebel）：*Entwicklungsgang der russischen Industriearbeiter bis zur ersten Revolution*（1905），Osteuropa-Institut in Breslau（莱比锡、柏林，1920年），第14页及以下。【133】

④ E. 安德烈耶夫（E. Andreyev）：*Rabota maloletnikh v Rossii i v Zapadnoy Yevrope*（圣彼得堡，1884年），第160页；V. 尤·格森（V. Yu Gessen）：*Trud detey i podrostkov v fabrichnozavodskoy Rossii ot XVII veka do oktyabrskoy revolyutsii*（莫斯科，1927年），第1卷第50页及以下。【134】

多雇主担心要承担法律中让年轻工人受教育的雇主责任。附近没有地方学校或者教会学校的农村小工厂主特别感到不安，怕法律会因此要求他们建立一所学校。然而，最重要的是颁布法律的时间刚好与经济活动的不景气时间重合了，雇主以很低的价格就能找到足够的成年劳动力。弗拉基米尔地区的工厂视察团成员佩斯科夫博士发现，在他访问过的40家工厂中，不到15岁的年轻人数量从1883年的4 595人降至1885年的1 371人。同时，工人总数减少了2 302人。①

1894～1895年，12～15岁青少年的比例仅仅是1.87%，15～17岁的比例低于9%，合起来刚刚超过总数逾百万劳动力的10%。其中，青少年就业比例最高的是造纸业，其次是纤维加工业和矿物加工业，分别是17.4%、17.1%和15%。有接近一半的低于18岁的工人在纺织业工作。②

1900年后，在接受工厂视察团检查的工厂中少年工人的数量在18万左右变动。但是1910年后，伴随着1914年前的繁荣时期的到来，该数据有很大的增长。当时，劳动力中的少年数量增长到1901年的148.1%，这个增长率高于全体劳动力的增长率，但是低于女工的增长率。③

1913年接受检查的工厂里，低于18岁工人的比例是11.1%。如果考虑采矿业和冶金业，该比例降低到10.4%。从绝对数量来说，共有273 000个年轻工人，其中有39%是女孩，后者的比例超过了女性在全部劳动力中的比例。在纺织业和化工工业中，年轻女孩占全部少年工人的比例大约是60%。④

官方数据有些低估了就业的少年数量。无疑在某些小工厂必然出现这种情况，只要出现检查员，儿童就有可能被藏起来了。劳动检查员和外国专家 【361】都认为很多工人隐瞒了他们的真实年龄。农村委员会的长者通常在家庭通行证上记下父母所说的年龄，雇主只按照通行证上的年龄进行登记，即使站在他面前的少年看上去不可能是所宣称的年龄，雇主也不进行进一步的核查。由于存在很多这种类型的欺骗行为，所以检查员要求查看教区名单。教区教

---

① P.A. 佩斯科夫（P.A. Peskov）：*Fabrichny byt Vladimirskoy gubernii*：*otchot za* 1882 - 1883（圣彼得堡，1883年），第30页；雅·T·米克海洛夫斯基（Ya.T. Mikhaylovsky）：*O deyatel' nosti fabrichnoy inspektsii*：*otchot glavnago fabrichnago inspektora*（圣彼得堡，1886年），第76～77页；V.V. 斯维亚特洛夫斯基（V.V. Svyatlovsky）：*Kharkovsky fabrichny okrug*：*otchot za* 1885 *god*（圣彼得堡，1886年），第15页。【135】

② 波戈热夫：*Uchot*，第83～84页。【136】

③ 根据相关年份 *Svod Otchotov Fabrichnykh Inspektorov*。【137】

④ 根据 Ministerstvo Torgovli，*Dannyye*…（参见注121），xxxvii之后。【138】

士发现出具这种证明是一种很好的收入来源，所以收费很高。因此产生了许多原本属于姐姐、哥哥甚至陌生人的证明，尽管检查员怀疑年轻工人的真实年龄，但是他们也无能为力。但是，这类工人的数量似乎不是很大。①

总的来说，在乡村工业和小型工业中年轻工人的数量更多。对儿童劳动力的悲惨描述一般都是指发生在未接受检查的小工厂中。在那里，整个家庭夜以继日地工作，特别是在大节日之前。之所以从事这种令人疲乏的工作也许是因为他们希望，经过几个月紧张的工作之后，他们能够在公认的俄国大熔炉中“打个盹”。②

利用儿童劳动力因为下列原因相对受到限制：不带家属的移民工人的比例很高；存在从事某些工作的廉价成人劳动力，而这类工作在其他地方都是由儿童做的；需要长期学徒的复杂工业相对不够发达；大多数是需要体力和耐力的工作。

有证据表明，自工业刚开始发展的阶段起，儿童劳动力就从未超过劳动力总数的10%。绝大多数证据来自莫斯科省和弗拉基米尔省，而且主要集中在纺织业。这揭示出，是乡村工业工场，而不是工厂，经常成为工厂劳动力的预备学校。③

7.5　城市工人的农村血缘

7.5.1　来自农村的城市移民

前面描述了自彼得大帝时代起工业劳动力的发展历史，这与其发展过程的规模、发展的各个阶段、地理位置的变化以及工业布局的变化都有关联。这段历史也同样解释了为什么工业劳动力的重要来源(几乎是惟一的来源地)

---

① 佩斯科夫，前引书，第18页；格沃兹杰夫，前引书，第48、50页。【139】

② I. I. 扬茹尔（I. I. Yanzhul）：*Fabrichny byt Moskovskoy gubernii*：*otchot za* 1882－1883（圣彼得堡，1884年），第5页及以后；扬茹尔：‘Detsky i zhensky fabrichny trud v Anglii i Rossii’，*Otechestvennyye Zapisky*，nos. 2－4（1880年）；F. F. 埃里斯曼（F. F. Erisman）编：‘Sanitarnoye izsledovaniye fabrichnykh zavedeniy Moskovskago uyezda’，载于 *Sbornik statisticheskikh svedeniy po Moskovskoy gubernii*：*otdel sanitarnoy statistiki*，IV（莫斯科，1885年），第1部分，第288～289页。【140】

③ 埃里斯曼，前引书，第292页；格沃兹杰夫，前引书，第34页；依据 I. M. 科兹明内赫—兰宁（I. M. Koz' minykh-Lanin）：*Gramotnost' i zarabotki fabrichno-zavodskikh rabochikh Moskovskoy gubernii*［莫斯科，1912年：以后援引为‘*Gramotnost'*（1912）’］。【141】

是农村，为什么工业劳动力拥有农民的特点，并与农村社会保持着不断的联 【362】
系。农民出身以及与农村的联系是俄国劳动力很重要的一个特征，因此需要进行更详细的研究。

前面已经描述了俄国的经济发展，所以农村能够为工业提供最主要的劳动力来源并不奇怪。在考虑工业劳动力供应的潜在来源时，应该时刻牢记，在现代工业发展初期，城市生活相对并不发达，所以城市人口能够提供的劳动力数量十分有限，而且，当时城市工匠的地位十分低下，能够提供的技能也很有限。所以只有农村才能成为工厂工业劳动力的主要储备地。在农村，通常受过一定训练掌握一定技能的乡村工业工人，包括独立工作的工人、外包工作制的工人以及农村工场雇用的工人，都是劳动力供应的主要来源。

首先有一点必须牢记的是劳动力发展的时间间隔相对很短。估计工业的发展时间不超过30年，还超不过一代人的寿命。所以不可能指望在那么短的时间内，就能够成长起一代出身于工人阶级、拥有熟练技术和知识的产业工人。

尽管后来在少数大规模工业中心，特别是在圣彼得堡省的一些城市、莫斯科省的部分地区、甚至在波兰王国的罗兹市、彼得库夫以及索斯诺维茨(Sosnowice)，或者在里加，出现了一部分工厂的核心工人，他们的生活习惯和目标完全受工厂影响，但是他们还是经常被淹没在因工业扩张而从农村来的大量新增人口中了。

另外，尽管证据确凿，到1900年左右出现了一部分具有相当长工厂工作记录的工人，尽管还有很多工人的双亲也是工人，但是并不能很肯定在那种环境下，一个典型的俄国工人实际上是如何结束他的工人生涯的，或者说他的儿子是如何开始他的工人生涯的。有证据显示（见后），即使在工业化最发达的城市，通常是那些40～50岁的工人重新恢复了他们在农村的生活；他们的很多后代，即使是在工厂妇产科病房出生的，即使他们的母亲继续在工厂工作，仍然趋向于在农村度过他们的童年，多半是与爷爷在一起，一直
到他们15岁。 【363】

7.5.2 农村纽带

尽管逐渐形成了这样一种劳动力，他们一直主张到工厂参加就业，但是他们还是没能完全摆脱农村生活。不能肯定他们的主张更侧重于哪一方面，究竟是工业和工厂，还是农业和农村。另外，在某些地区，即研究劳动力发

展的历史学家证明工业就业很稳定、劳动力具有祖辈遗传特点的地区，工业的农村家庭特色，以及工业亲近农村家庭并与农村家庭保持联系仍然相当明显，这显然是一种矛盾。在众多的产业工人中，乌拉尔地区的工人仍然是同时拥有马匹和草地的乡下人，他们在翻晒干草的季节会离开工厂去乡下。同样地在中部工业地区，在弗拉基米尔省、科斯特罗马（Kostroma）省，甚至在莫斯科省，即使是高烟囱也掩盖不了工业聚居地的农村家庭氛围。

即使是年轻人，即使还有一个由家人打理的农场，城市里的工人也不会去一个可能会发生巨变的地方。另一方面，由于工厂工人聚集在郊区，农村人口不断涌入，这些都使得都市带有明显的非城市特点。

城市普查、1897年人口调查以及对个别工厂的研究提供了大量的证据，它们揭示出：一般在城市人口中，尤其是在就业人口中，农民——通常是移民来的农民——占压倒性的比例。1869年，圣彼得堡有31%的人是农民。6年间农民人数增长了接近30%。1881年，圣彼得堡农民移民的人数超过70%。普查显示，1890年和1900年城市外出生的人数比例超过68%，直到1910年才不到68%。① 1882年在莫斯科省，有74%的人是在城市外出生的。有接近1/5的人到普查时仅在城市住了1年；只有大约1/3的人到普查时已经在城市里住了5年了。1902年非城市出生人口比例仍然达到72.3%，1912年是68%。在莫斯科省所有外来人中，有接近2/3的人来自农村，同时城市里农民出身的人的比例从1902年的7.4%上升到1912年的10.1%。②

【364】 到19世纪90年代，农村移民不断涌入，自然人口一直是负增长，在城市居住不满一年的人口比例从1890年的14.3%增长到1910年的15.1%，而在城市居住时间长达10年以上的人口比例从43%下降到35%。在主要城

---

① 以整个俄国为基础，见 Ministerstvo Vnutrennikh Del, *Obshchy svod po imperii rezul' tatov razrabotki dannykh pervoy vseobshchey perepisi naseleniya*, *proizvedennoy* 28 *yanvarya* 1897，第1卷（圣彼得堡，1905年），第97～100页；尤·扬松（Yu. Yanson）：'Naseleniye Peterburga, ego ekonomichesky i
【528】 sotsyal' ny sostav po perepisi 1869g.'，*Vestnik Yevropy*, no. 10（1875年），第617页；Ministerstvo Vnutrennikh Del, Tsentral' ny statistichesky komitet, *Sankt-Peterburg po perepisi* 10 *dekabrya* 1869 *goda*（圣彼得堡，1872～1875年），第1卷，第110页；*idem*, *Sankt-Peterburg po perepisi*…1890，第36页；*idem*, *Sankt-Peterburg po perepisi*…1900，第32～33页；*idem*, *Petrograd po perepisi*…1910，第3页；A. S. 尼丰托夫（A. S. Nifontov），'Formirovaniye klassov burzhuaznogo obshchestva v russkom gorode'，*Istoricheskiye Zapisky*, LIV（1950年），第239页及以后。【142】

② 莫斯科：Gorodskaya Uprava, Statisticheskoye otdeleniye, *Perepis Moskvy* 1882 *g.*：*Naseleniye i zanyatiya*（莫斯科，1885年），第38～42页；莫斯科：Gorodskaya Uprava…, *Perepis Moskvy* 1902 *goda*, *Naseleniye*（莫斯科，1904年），第3、10页；Russia, Tsental' noye Statisticheskoye Upravleniye SSSR, *Statistichesky Yezhegodnik goroda Moskvy i Moskovskoy gubernii*（莫斯科，1927年），表14。【143】

市，还是有很多居住时间超过 5 年的农民，到 1910 年圣彼得堡有 14.2 万个农民已经住在那里超过 20 年了，到 1902 年莫斯科也有超过 9.5 万的农民在当地居住的时间超过了 20 年。① 其他工业城市的情况也相同。1903 年对巴库的普查显示，在石油业只有 5% 的工人是在巴库工业区出生的。1912 年在哈尔科夫（Kharkov）、巴库以及里加有超过 2/3 的城市居民来自农村。

敖德萨是俄国快速成长起来的城市之一，它的结构与其他城市有所不同。只有 54% 的居民是在农村出生的。事实上，敖德萨并不是一个工业中心，它拥有众多的手艺人以及在服务行业工作的工薪阶层，他们乐于与家庭居住在一起。可能拥有众多的犹太人也是导致敖德萨城市结构与众不同的因素之一。②

在城市工作的迁入人员比例高也反映在年龄结构中。在莫斯科省每千人中，10 岁及以下的只有 124 人，11 ~20 岁的有 221 人，21 ~30 岁的有 263 人。另外，15 ~50 岁年龄段的人远远超过不到 15 岁和大于 50 岁的人数。将欧洲城市的年龄结构（以每千人表示）与莫斯科省和圣彼得堡省进行比较，可以更加反映出俄国工业城市的特点，见下表：③

单位：人/千人

年龄段	中部欧洲	柏林	莫斯科	圣彼得堡
0 ~ 15	329	279	221	217
16 ~ 30	253	318	387	396
31 ~ 50	248	277	286	282
51 岁及以上	170	125	115	104

1897 年人口普查及其他个别工厂和行业的研究也证实了这个年龄结构。根据 1897 年人口普查，工厂工人中不到 15 岁的仅占 3.9%，接近 77% 的工人在 15 ~39 岁之间，其中在 20 ~39 岁之间的人为 55%，只有 19.3% 的工

① 根据 Ministerstvo Vnutrennikh Del…, *Petrograd po perepisi*…1910，表 14a 和表 15；莫斯科，Gorodskaya Uprava…, *Perepis Moskvy* 1902，第 11、63 页；拉申：*Naseleniye*，第 113、139 ~140、145、147 页；尼丰托夫，前引书，第 240 页及以后。【144】

② 根据 L. M. 伊万诺夫 ‘O soslovno-klassovoy strukture gorodov kapitalisticheskoy Rossii’，载于 L. M. 伊万诺夫编：*Problemy sotsyal' no-ekonomicheskoy istorii Rossii*（莫斯科，1971 年），第 327 页；巴库：Gorodskaya Uprava，Statisticheskoye otdeleniye，*Baku po perepisi 22 oktyabrya* 1903 *g.*，第 1 卷（巴库，1905 年），第 38 ~48 页；*idem*，*Perepis Baku* 1913 *goda*，III（巴库，1916 年），第 7 页。【145】

③ 丘普罗夫，前引书，第 193 页。【146】

人超过 40 岁。①

【365】 1902 年在莫斯科省，不到 15 岁的人只有 0.9%，20 岁以下的人占 20%，60% 的人在 20～39 岁之间，19% 的人超过 40 岁，只有 5% 的人超过 50 岁。②

在赞德尔具有代表性的纺织厂，到 19 世纪 90 年代后期在接近 1 600 个工人中，只有 3.4% 的工人超过了 50 岁，13% 的工人超过了 40 岁，71% 的工人小于 30 岁。超过 87% 的工人在 16～40 岁之间。在索莫夫省伏尔加河畔的一个金属和机械加工厂，1896 年接近 6 000 个工人中，78% 的工人在 16～35 岁之间，2/3 的工人在 21～35 岁之间。在这里，很多工厂要求工人必须有足够的体力，所以强调要年轻人。这一点在克里沃罗格地区（Krivoy Rog）的铁矿加工厂的年龄构成中也有所反映，有 74% 的工人在 21～30 岁之间，接近总数 90% 的工人在 18～30 岁之间，只有 11% 的工人超过了 30 岁。③

对 1900 年圣彼得堡省 13 个行业的调查显示出与上述年龄结构相同的模式，即一个两头小中间大的形状，有 60% 的工人在 20～40 岁之间，大约 20%～25% 的人小于 20 岁，大约 7.6%～16% 的人超过 40 岁。圣彼得堡省的数据比较明显，即使在那些人们原本认为年龄大的人会比较多的行业，即需要专业化程度较高、对体力要求较少的行业，它的年龄构成模式也与普遍模式相同。同样近似的还有莫斯科省的造纸业，1907 年的调查显示出相同的年龄构成模式。尽管人们原本认为造纸业更需要年龄大的人，但是调查显示出只有 1/8 的工人超过 40 岁，78.3% 的人小于 30 岁，只有 2.7% 的人超过 50 岁。④

对赞德尔工厂进行调查的 P. M. 绍斯塔科夫（P. M. Shostakov）⑤ 认为：劳动力的年龄构成反映了劳动力与农村和农场的紧密联系。它说明农村家庭的年轻人愿意早些参加工作，而 35 岁或 40 岁以上的工人愿意返回农村去接替那些因衰老或疾病而退休或者死亡的农村一家之长。莫斯科造纸工人的数

---

① *VF*，1904，no. 26，表 4～表 5，第 546～547 页。【147】

② 根据莫斯科：Gorodskaya Uprava…，*Perepis Moskvy* 1902，第 2～7 页。【148】

③ P. M. 绍斯塔科夫（P. M. Shestakov）：*Rabochiye na manufakture tovarishchestva 'Emil Tsindel' v Moskve: statisticheskoye izsledovaniye*（莫斯科，1900 年），第 21～22 页；A. P. ，'Rabochiye Sornovskikh zavodov'，*Narodnoye khozyaystvo*，IV（1902 年）第 92～93 页；拉申：*Formirovaniye*，第 286 页。【149】

④ 伯恩斯坦—科甘，前引书，第 161 页，附录一；A. 斯瓦维茨基（A. Svavitsky）和 V. 舍尔（V. Sher）：*Ocherk polozheniya rabochikh pechatnago dela v Moskve*（圣彼得堡，1909 年），第 14～15 页。【150】

⑤ 和原书注中的 P. M. Shestakov 应为同一人，疑排字误，见本页注③。——译者注

据也证实了这一点，在那里的某些造纸行业，市民出身的工人比例高于其他行业。根据莫斯科 1902 年普查结果，在造纸业和建筑业共有 12 100 个市民出身的工人，在排字工人中该比例达到 65%。在农民出身的工人中，超过 40 岁的工人仅占 10%，而市民出身的接近 18%。同样在小于 20 岁的年轻 【366】 印刷工人中，市民出身的比例较低，只有 8%，而来自农村的比例达到 13%。①

对年轻人和中青年人的重视也从一个侧面反映出俄国工人预期工作期短以及老年化较早的情况。但是，在农村、其他工薪行业以及乡村工业中，没有出现老年段劳动力比例急剧缩小的类似情况。将莫斯科省博戈罗茨克地区的格鲁克霍夫斯克（Glukhovsk）工厂的劳动力年龄结构与该地区全部人口的结构进行比较，显示出 9～40 岁年龄段的比例最为接近。该地区超过 40 岁的人口比例是 25.3%，而超过 40 岁的工人比例是 14.5%；超过 50 岁的人口比例是 15.2%，而工人比例则为 5.5%。②

由于年龄大的人愿意退休返回故乡度过余生，所以他们的人数相对较少。但是农村的吸引力并不是他们提前退休的惟一原因。毫无疑问，雇主愿意雇用一定年龄段的工人并在合同中有所规定，以及工厂管理机构要求招收新雇员也是原因之一。

另一个提前退休的原因就是老年工人的工资非常低，因为老年工人中半残疾或者退役的士兵很多，他们多是充当仓库保管员和门卫，收入很低。最后一个原因就是，老年人的文化程度远远低于平均水平。文化程度和工资收入并不存在很近的相关性，因为某些行业在决定工资水平时更重视体力而不是文化程度，同时在另一些行业，经验和从事同一工作的时间长短也比文化程度更值得雇主付出代价。但是总的来说，研究显示出文化程度和工资水平以及生产率之间高度相关。

提前退休回乡还有一个原因，即农村的农场基本上是老、弱、病人惟一有可能的保证。1903 年的法案只为受工伤的工人提供工作，还得证明工伤不是由于工人自己疏忽造成的。大公司和国有公司为受工伤的工人和病人提供了一定的保障措施，但是优惠条件中没有老年工人。工厂愿意给受伤的工人提供一笔一次性赔偿，然后将他们遣返回乡，同时也采取这种手段对付那

① 绍斯塔科夫，前引书，第 22 页；斯瓦维茨基与舍尔，前引书，第 15～16 页。【151】

② S. M. 博戈斯洛夫斯基（S. M. Bogoslovsky）：*Zabolevayemost' fabrichnykh rabochikh Bogorodsko-Glukhovskoy i Istominskoy manufaktur Bogorodskago uyezda za* 1896－1900 *gg.*（圣彼得堡，1901 年），第 29 页；同时见 *VF*，1910，no. 40，第 24 页及以下。【152】

【367】些被工厂认为是制造麻烦的工人。工人自己也愿意选择一次性的补偿方法。尽管工厂的工作很辛苦，生活条件也不好，但是大部分回乡的工人身心都还是完好的，并且能够重新开始他们在家庭农场的生活，同时年轻人又接替了他们在工厂的工作。①

不仅仅是年龄结构反映出达到就业年龄的男性从家庭涌入工业，性别结构以及婚姻状况也反映了这一点，即城市普查中家庭男性的比例也反映了这一点。1869 年在圣彼得堡总人口中，每千名男性对应 830 名女性。在农民中，每千名男性对应 454 名女性；随着农民参加工业就业，在该城市两个工业化程度最高的地区，男女比例降低到每千名对 250 名。在手工业中，性别比例几乎持平，而在其他行业（军队除外）倾向于女性。②

同样在 1882 年的莫斯科，每千名男性对应 740 名女性。性别结构和年龄结构显示出，男性一般刚过 10 岁就开始工作，一直到 50 岁；男女人数最大的差别在 20 ~ 25 岁之间，在这个年龄段男性几乎是女性的两倍。这也从一方面反映出农村家庭的年轻男性涌入城市，寻找工业就业机会或者类似的工作。在 50 ~ 55 岁之间，男女平衡；在超过 55 岁的年龄段，女性多于男性，有可能是因为女性寿命长，也有可能是由于农民出身的男性工人返乡的原因。

如果将农民从 1882 年莫斯科普查的数据中挑出来，男女性别比例向相反的方向发展，将有 1 040 名女性对 1 000 名男性。如果单看这部分农民的性别构成，将是 480 名女性对 1 000 名男性。如果根据职业划分，就会发现在所谓的“产业工薪收入者”中，只有 160 名女性对应 1 000 名男性。这与 1897 年帝国的工厂劳动力普查的性别结构相同，当时的比例是每 1 000 名男性工人对应 150 名女工人。③

农民出身的工人中男性比例很高，说明有大量的工人离开了他们的家庭。1897 年的普查显示出，整个帝国 60% 的工薪收入者没有家庭，圣彼得堡省的比例高达 86. 5%。拥有家庭（不是指一家之长）并与家庭生活在一
【368】起的人数比例仅仅为 25%，圣彼得堡省仅仅是 6. 8%。全国所有已婚的工薪收入者，只有 48% 与家庭生活在一起，圣彼得堡省的相应比例为 18. 8%。最后要说明的是，只有 24.9% 的一家之长和家庭生活在一起（圣彼得堡省

---

① S. 克勒，前引书，第 37 页及以下。【153】

② 依据丘普罗夫，前引书，第 193 页。1880 年巴黎和柏林该比例是每千名男性对应1 020名和1 060名女性；泽尔尼克，前引书，第 234 页。【154】

③ 丘普罗夫，前引书。【155】

为 8.2%)。①

下一个 10 年，或者说 1914 年之前的资料就没有前一阶段这么清楚了。1908 年和 1909 年对圣彼得堡省冶金业工人所做的调查显示出：达到普通俄国人结婚年龄的工人单独生活的比例非常高，而附属于家庭的比例非常低。1911 年在巴库的石油行业，共有从事全年性工作的工人 3.26 万人，其中超过 79% 的雇工在巴库没有家。既然无家的雇工仅占 23%（根据上下文，应是"有家的雇工不到 23%"——译者注)，所以没有家的雇工比例必然超过 79%。这说明与 1903 年相比，情况已经有所改善。当时对巴库城市以及郊区所做的普查显示，只有 9.4% 的石油提炼工人在巴库有家。到 1911 年该比例达到 20.4%。炼油工人的这一比例从 33.5% 上升到 49%。②

工人之所以经常不携带家眷，有部分原因是受城镇和工业聚集地的住房状况影响所致。在工厂的简易工棚，或者是地下室和阁楼的一角，拥挤着单身工人的木头简易床，有时还要轮流使用床铺，床铺过分陈旧而难以居住。这也再次证明农民出身的工人与家庭不常生活在一起。好公司的雇主开始给工人提供家庭住房，仍然是在简易工棚之中，但是为家庭竖起了隔断，或者有专门的房间，使得三四个家庭生活在一起。尽管最开明的雇主开始提供托儿所、学校和妇产科医院，但是还是没有儿童房间或者是独立厨房。在很多家庭工棚里，舒尔茨—加耶维尔茨发现了支撑房顶的支架，儿童就在通道里玩耍。③

为促进工人家庭一起生活，最令人满意的手段是为家庭提供专门的住房。这个问题得到了成功地解决，至少对部分工人而言是如此。在俄国南部的采矿业和金属加工业，雇主首先为办事员提供了住房，后来也为工人提供了住房。这使得在相当短的时间内为曾经是大草原的南部提供了可靠的劳动力来源。④

---

① 伯恩斯坦—科甘，前引书，第 53 页及以下。【156】

② Soyuz Rabochikh po Metallu, *Materialy ob ekonomicheskom polozhenii i professyonal' noy organizatsii peterburgskikh rabochikh po metallu*（圣彼得堡，1909 年：根据 1907 年 9 月 1 日和 1908 年 1 月 1 日的调查)，第 85 页及以下；Russia, Statisticheskoye Byuro Sovyeta S' yezda Neftepromyshlennikov, *Zarbotnaya plata sluzhaschikh i rabochikh bakinskago promyshlennago rayona*（巴库，1912 年)，第 11～13 页。【157】

③ 扬茹尔：*Fabrichny byt*，第 119 页及以下；舒尔茨—加耶维尔茨，前引书，第 120 页及以下；V. I. 米罗波利斯基（V. I. Miropol' sky)：*Voronezhsky fabrichny okrug-otchot za 1885 g.*（圣彼得堡，1886 年)，第 55 页及以下；A. V. 希德洛夫斯基（A. V. Shidlovsky)：*Kazansky fabrichny okrug: otchot za* 1885（圣彼得堡，1886 年)；斯维亚特洛夫斯基，前引书，第 120 页及以下；佩斯科夫，前引书，第 31 页及以下；克勒，前引书，第 30 页及以下。【158】

④ M. 洛维克（M. Lauwick)：*L' Industrie dans la Russie Méridionale: sa situation—son avenir*（布鲁塞尔和巴黎，1907 年)，第 146 页。【159】

中部俄国的很多公司也为工人提供了特殊的待遇。在圣彼得堡的圣盖力公司，曾经为600名工人提供了住房。1914年英国维克尔（Vickers）公司
【369】在伏尔加河畔的察里津（Tsaritsyn）设计了一个有家庭住房、花园和商店的工人聚集地。但是在大多数情况下雇主提供的仍然是简易工棚，这使得整个工业区看起来像是军队的宿营地。在有些地区，例如巴库，特别是东西伯利亚的采矿区，一直坚持给工人提供简单的住房。①

7.5.3　工厂工人与农村的关系

年龄、性别和家庭状况的分布情况都是间接证明，表明近代农民是工业劳动力的起源。不过，还是有大量关于农民起源的直接证据。一项对一个纺织厂自1881～1917年的研究显示，早在1881～1882年间，有接近60%的劳动力是农民出身，26.2%是市民（*meshchane*）。在1889～1990年间，农民在劳动力中的比例上升到80%。1914年战争前夕，农民占到93.4%。同期劳动力总数的增长率是8.5%，但是城市工人的增长率不超过2%。1900年拥有10年及以上工龄的工人只有9.5%。另一方面，1905年有5年以上工龄的工人比例接近28%，到1913年这一数字增长到48%。②

但是，于1915年出版了该公司业主家族史的作者认为，大约有一半的工人通过不间断地从农村公社当局取得通行证而与村庄保持着名义上的关系。这突出了一个重点，即当局通过法律或者私人财产对人口分类，这是对实际社会地位或者职业地位的错误理解，与法律规定不一致，而且影响的不仅仅是农民。③

更重要的事实是，工厂工人称他们自己是农民。也许L.M.伊万诺夫的想法是对的，即他们（工厂工人）这样说是受习惯影响，但是别人并不能停止猜测，这种“习惯影响”（采用伊万诺夫的原话）并不能反映工人的自

---

① 克勒，前引书，第32～33页。【160】

② M.K.罗兹科娃：‘Rabochiye Tryokhgornoy manufaktury vo vtoroy polovine XIX v.’，载于*Isto-*
【529】*riya proletariata SSSR*，no.1（莫斯科，1930年），第223、229页；M.K.罗兹科娃：‘Sostav rabochikh Tryokhgornoy manufaktury nakanune imperyalisticheskoy voyny’，出处同上，no.5（莫斯科，1931年），第103页。【161】

③ L.M.伊万诺夫：‘Preyemstvennost’ fabrichno-zavodskogo truda i formirovaniye proletariata v Rossii’，载于L.M.伊万诺夫：*Robochy klass i rabocheye dvizheniye v Rossii* 1861－1917（莫斯科，1966年），第80页。【162】

我认同，它不是一个指示器，能够说明农民或者工人各自相应的地位。①

1896 年，在赞德尔纺织厂只有不足 6% 的劳动力不是农民。只有 9% 的农民工人没有自己的土地，其中大部分是原来的家庭农奴、退役的士兵以及同类型的人，解放时他们没有得到土地。在没有土地的人中，有一半人在村子里有自己的房子和一小块花园，所以在最后统计中，只有大约 5% 的人与 【370】
村子没有财产上的联系（据了解，调研者没有土地购买的资料）。

在赞德尔纺织厂，只有 0.5% 拥有土地的工人放弃了他们的土地；14% 的工人将土地出租；大约 78% 的工人由家里人帮忙种地；超过 7% 的人雇用农工替他们种地。这证明了地方议会官员仔细观察农民的结果，即农民发现农庄成为他们的负担，他们很高兴摆脱这种负担。在赞德尔纺织厂，有超过 82% 的工人并不仅仅是如列宁所说的是“有土地的无产阶级”，他们并不是*被迫拥有*土地而是在土地上工作，尽管实际情况是多一半工厂主的父亲是工厂工人。②

在 1907 年莫斯科的城市印刷行业，有 65% 的工人出生在农村，有一半的工人仍然保持经营他们的农场。有超过一半农民出身的工人没有和家庭生活在一起，接近 90% 工人将收入寄回农村，每人接近 100 卢布，占其收入的 23%。尽管他们自己的家庭并不在农村，但是仍有超过 1/6 的工人在农村有土地和房屋，或者只有房屋和小花园。无论如何，仍然有接近 1/3 的工人寄钱给农村的亲戚。③

同年对圣彼得堡印刷工人的调查显示出，虽然不是与农业经济有直接联系，但是与农村保持着较松散却实实在在的联系。有超过一半的工人仍然维持着与村庄的联系，但是只有 1/5 的人由家里人帮忙经营农场；另外 1/5 拥有自己的土地和房屋；尽管不再在村子里有土地，但是仍然有 14% 的工人寄钱给农村的亲戚。④

另一方面，在赞德尔纺织厂，只有 12.6% 的工人夏季会离开工厂到农场工作。整个国家到 1900 年为止，在工人人数超过 50 人的工厂，只有不超过 9% 的工人离开工厂从事农业工作。在金属工业该比例低至 3%，在矿物

---

① L. M. 伊万诺夫：‘Preyemstvennost’ fabrichno-zavodskogo truda i formirovaniye proletariata v Rossii’，收入 L. M. 伊万诺夫：*Robochy klass i rabocheye dvizheniye v Rossii* 1861 – 1917（莫斯科，1966 年），第 80 页。【163】

② 绍斯塔科夫，前引书，第 19、25 ~ 27、37 ~ 39 页。【164】

③ 斯瓦维茨基与舍尔，前引书，第 8 ~ 9、45 页。【165】

④ 同上。【166】

加工行业该比例高至24%，在最大的棉花行业该比例只有5%。①

这些数据表明，到19世纪末，在规模较大的工厂、在更专业化、技术更先进的行业，已经出现了全年性的劳动力。但是假定工业结构中小型工厂比例一定，并从总体上考虑工业劳动力时，如苏维埃历史学家潘克拉托娃（Pankratova）1905年所评价的那样，工人仍然处于从农民到工人的转变阶段。西奥多·H·冯·劳伊（Theodore H. von Laue）更生动地表明
【371】了这一点：1900年左右，俄国工厂工人是一个处于工厂和农田之间的农民。② 从自我认同的角度出发，他可能更接近农村。对超过一半的劳动力而言，与家庭的联系不仅仅是法律上的联系或者是所有权方面的联系，劳动力依赖农庄是为生存留下的后路。工厂工作只是“同时”进行的工作，即“兼职从事的工作”，即使工厂产值很大，但是从本意和主观上它都仅仅局限于此而已。③

7.5.4　20世纪俄国工人与农村的联系

前面描述的是1900年左右的情况。它在1900～1904年间发生了变化。传统上认为1905～1906年是两个时期的分水岭，首先1905年无产阶级作为一种政治力量出现了；其次是斯托雷平的改革，这次改革通过解散强制公社以及使农民的土地市场化，而割断了被强加于工人和农村之间的联系。

这里并不探讨斯托雷平改革的政治问题，但是就改革对农村关系的影响而言，证据并不确凿。1906年改革到战争爆发之间的间隔很短，以至于改革的效果还没来得及体现。A. I. 秋梅涅夫研究了内务部的档案，指出在最接近工业化中心的省份，1906年后在出卖土地的农民中出现了工人。这很有道理，也是预料之中的结果。毫无疑问还有很多人与农村的联系是有名无实的；当这些人处于丘梅涅夫所提到的土地价值高的地区时，他们试图出售

---

① 绍斯塔科夫，前引书，第39页；波戈热夫：*Uchot*，第101页及第18章。【167】

② A. M. 潘克拉托娃：‘Rabochy klass i rabocheye dvizheniye nakanune revolyutsii 1905 g.’，载于M. N. 波克罗夫斯基编：1905：*Istoriya revolyutsyonnogo dvizheniya v otdel' nykh ocherkakh*（莫斯科和列宁格勒，1925年），第421页；Laue，见上述引文，第74页。【168】

③ 教授H. 克里斯（H. Kries）在OEDC出版物第13557号（巴黎，1961年）第26页认为，同挪威和爱尔兰一样，那些和农村保持紧密联系的工人很难适应工业生活；雇主说他们有旷工的倾向，更容易疲劳，在公司里一般难以和其他人打成一片；“工厂吸引他们加入消费者经济，而父系农场……却将他们留在自然经济中”。【169】

土地的行动是一种正确的、经济的判断。①

L. M. 伊万诺夫认为对俄国工厂工人与农村的关系以及他们的农民出身被过分夸大。1929 年苏维埃进行的一项调查，调查了 1914 年前不到 10% 的劳动力的状况。L. M. 伊万诺夫利用这次调查揭示出在 1905 年前，有 58% 的工厂工人出身于工人阶级家庭，也就是说他们至少是第二代工人，只有 37% 的工人出身于农民家庭。到 1906 ~ 1913 年间，工人阶级后代成为工人的比例增加到 59%，农民后代成为工人的比例降低到 35.4%。② 根据这项调查，没有迹象显示出 1905 年后发生了巨大的变化。但是，这项调查仅仅是抽样调查，而且是在政治上很敏感的时期实施的，当时拥有相当数量土地的农民被确认为富农，而每个乡村工业者都被确认为资本家。所以，工人在回答有关解放前他们的农场规模及父母状况等问题时，不太可能会给出真实的答案。 【372】

1918 年苏维埃政府进行了一项普查，涉及的工人人数不到 100 万人，不包括乌克兰和乌拉尔在内。这项普查显示出接近总数 1/3 的工人在解放前拥有土地；超过 1/5 的工人有家里人帮忙经营农场。由于这项普查是在秋季进行的，所以和农村联系较紧密的工人都可能已经离开了工厂和城市而到了农村。此外，当时正在积极地进行战时共产主义，城市供应不足，有可能的话人们都会离开城市前往农村。所以毫无疑问，拥有土地和农场的工人比例被低估了。③

尽管看起来斯托雷平的改革并没有引起劳动力起源和性质的巨大变化，但是 1900 ~ 1913 年间的确发生了重要的变化。世纪之交的经济萧条以及随后而来的长期经济衰退影响了劳动力的供给平衡。来自农村的新劳动力减少了，起码在 1910 年以前是如此。工业就业机会不稳定，这使得工厂更加严格审慎地对待那些视工厂就业为重要生活来源的人；同时由于收成较好、贸易条件有所改善以及政府"重视农村"政策的实施使得农村收入有所提高，这也阻止了临时工涌入城市。而雇主一方也更加谨慎地评估劳动力的潜力及其管理方法，以便发挥最大优势。

最迫切需要实施的是建立社会综合保障计划，减少工人对农村的依赖。尽管 1912 年《社会保障法案》规定，自 1913 年 1 月 1 日起，给所有接受视

---

① A. I. 丘梅涅夫（A. I. Tyumenev）：*Ot revolyutsii k revolyutsii*（列宁格勒，1925 年），第 204 ~ 205 页。【170】

② 伊万诺夫：'Preyenstvennost''，表 6，第 121 页；同时见 Russia，Uchonaya komissiya po izsledovaniyu istorii truda v Rossii，*Trud v SSSR*：*Spravochnik* 1926 ~ 1930（莫斯科，1930 年），第 28 ~ 29 页。【171】

③ 拉申：*Formirovaniye*，表 143，第 575 页。【172】

察公司的工人提供综合保险，但这还是远远不够的。该法案通过一个联合保险机构设立了一个集体险种，代替了以前雇主个人对意外事故所承担的责任。这是一个进步。过去，法律没有完全考虑赔偿费和养老金，个别宣称没有参加保险的公司竭尽所能拖延法律的裁决过程，所以尽管曾经允诺有赔偿，但是工人要么什么都得不到，要么就选择回到农村去。①

同年有关医疗基金的《医疗法案》，在某种程度上被认为是背离以前立
【373】法的一种退步，它淡化了医疗诊治。但是，该法案明确了未来的发展方向，因为它要求那些以前没有给工人提供健康服务的公司必须执行该规定。也就是说它将其制度化了。但是，还是没有针对非工伤的永久性残疾人的条款，也没有针对老年人和家属的必须履行的补偿计划。现有的国家或者公司补偿计划大概只能涵盖不到 1/3 的劳动力。由于这一点原因，加之俄国创造就业机会的能力很差，同时还受到经济萧条的影响，② 工人不得不继续依赖他们的农场，甚至他们的花园和房屋。

由于历史学家经常是从农村的视角来看待工业的劳动力供给这一问题，即仅仅考虑劳动力的供给，所以这一倾向也影响了对斯托雷平改革与工业就业之间关系的探讨。此外，历史学家也从体制的原因，即法律缺陷限制劳动力灵活性的角度探讨这一问题；或者从《农奴解放法案》给农民分配土地所有权的角度探讨这一问题。他们完全忽视了俄国农业经济自身的特点，而后者影响到劳动力的供应弹性，这些特点包括高度的季节性以及农业能够比工厂就业提供更多得到现金的渠道。无论政府政策如何，这些农业特点总是存在并发挥作用。另一方面，人口快速增长和农业低收入水平增加了农村对工厂劳动力的供给，这个供给超出了工厂能够接受的程度，并且不仅仅只在冬季才如此。维赫利亚耶夫（Vikhlyayev）认为，在农民之间流行短期、季节性和暂时的就业形式并不总是农民主动选择的结果，有时是劳动力市场人数众多的结果，而劳动力市场已经成为俄国城市或者工厂聚集地的特色。很多男人从事各种低工资非生产性的工作，工业中持续使用手工劳动以及劳动力密集型的技术，都说明劳动力供应过多；同样，与当时发展阶段相同的其他国家相比，妇女和儿童劳动力的比例相对较低也说明了这一问题。从工厂一方来看，还存在工资水平的问题。从雇主的角度出发，可能工资已经很

---

① 克勒，前引书，第 38 ~44 页。【173】

② 同上，M. K. 帕拉特（M. K. Palat）：《沙皇的劳动力政策》，载于《苏维埃研究》，no. 2（1973 年）；V. 雅 · 拉维里奇夫（V. Ya. Laverichev）：*Tsarism i rabochy vopros v Rossii* 1861 – 1917（莫斯科，1972 年），第 100 ~115、241 页及以下。【174】

高了（这一点以后说明），因为除了直接工资以外，雇主还要提供各种福利，这提高了劳动力成本在总成本中的比例，也明显增加了管理费用。另外，由于劳动生产率很低，单位劳动力成本并不比其他国家低。但是从工人 【374】
的角度出发，个人工资太低，不足以养活工人自己和他的家庭，也不足以补偿农场的收入。①

正是由于这些原因，直到1913年工厂工人还在工厂和农场之间摇摆不定。当1910年经济繁荣到来时（与19世纪90年代的繁荣不同，这时农业大丰收，谷物价格很高），一个大棉花加工厂的经理抱怨，工厂工人还是愿意在冰雪融化的时候回乡去，而他（不是农民）要因为自己不能回农场必须给家里人提供补偿。工厂工人在苏维埃政权刚开始很长的时间内不工作的事实，以及内战时期俄国城市几乎空巢的事实，都说明了经过几十年工业化的发展，在市民和农村之间依然存在着密切的联系。②

7.6　劳动力在工业中的适应性

7.6.1　适应问题

由于涌入大量的农民劳动力，这使得招收和组织真正具有经验的劳动力开始面临严峻的挑战。

在适应工厂工作的能力方面，乡村工业者强于农业种植者，后者在完全原始的农业中，活动范围受到自然环境的局限，而且总的说来，他们的个体经营和决策模式也与集体决策的传统模式一致。然而，俄国的农民不仅仅是原始的种植者。他们的能力必须多样化，必须同时会使用斧头、锤子和凿子；他们往往既是建造房子、茅屋的工匠，同时又是木工；他们必须砍树用作木料或燃料；他们还必须挖井、组装推车，或从事其他多种工作，这样才能从市场上换回他们所需要的各种用品。这种工作能力的多面性极大地提高了他们的劳动生产率。这同时也说明，在计算农村劳动力的失业率时，没有

---

① G. 阿里吉（G. Arrighi）（前引书，第223页）认为，参照非洲农民，“由于工人单独在外工作挣到的工资收入与其家庭的谋生手段收入有差别，因此较稳定的工人要求就这部分差异而得到一定的补偿”。【175】

② 帕日特诺夫：*Ocherki tekstil' noy*（1958年），第129页；*VF*，1915，no. 15。【176】

充分考虑非农业活动的机会成本。许多国外的观察家强调了这种工作能力的多面性和使用工具的技巧。德国作家奥托·戈贝尔甚至坚持，从这一点来看，农民出身的俄国工人比同样出身的德国工人能力要强。①

俄国农民缺乏的是持续、专注、系统化的工作能力和按照训练要求工作
【375】的能力。在传统的农业活动中，农民往往要在一年中大约5个月的时间里付出繁重的体力劳动，这使得俄国农民已经习惯了一种不规则的“休克”式的工作节奏。俄国的文学作品中充斥着关于这种收获时节的词汇，如“关键时刻”，如果说得更准确一些，应该叫“丰收季节”（*strada*），这个词同时蕴含着痛苦和激情。这种在一段有限时间内集中工作的能力，同样适用于与农业周期一致的工业生产中。大多数工业产品，在一年内也是由劳动力手工生产一次，并通过同样受季节影响的交通业运往市场。但是，铁路的开通、蒸汽的使用和电动机械的广泛采用要求工人能够在一年内自始至终地工作，而且要专注于一个或几个特定的操作，与他们的农业生产活动不同。需要一系列、有时要达数年之久的培训和锻炼才能使他们成为一个熟练工人。此外，要使他们专注工作、精确地使用复杂机械，从而生产出高质量的产成品，还需向他们传授许多东西。

另一方面，乡村工业者有机会在某一特定领域获取工作技能。他必须在集体中有计划地、独立地、逐步地完成自己的任务。他的工作过程中，仍然存在“休克”式的工作方式，比如，有时他的工作强度很大，有时甚至夜以继日地工作，这样才能使他的商品在年终或某些盛大节日前完工。如果他碰巧受雇于一家实行工作“外包制”的工厂，也许就不必如此紧张了。但即使如此，往往也需要一段时间的紧张劳动，然后才是比较轻松的工作时间。

7.6.2　集体招募和劳动就业

通常情况下，企业代理人或者转包商在农民居住地招募农民。早期，公社官员也积极参与这项工作。基辅工厂的劳动检查员在19世纪80年代的报告中说，“情况仍然如此，特别是榨糖厂的工人”。劳动合同是在公社政府的办公室里签订的。公社的长者签上名字，通常工人们也通过相互担保，来约束他们自己遵守合同。而在19世纪80年代这一做法是非法的。②

---

① 戈贝尔，前引书，第8页。【177】

② 诺维茨基，前引书，第24~25页；拉维里奇夫，前引书，第82页。【178】

这些经纪人或转包商要向工人们预付部分工钱，这样工人们才能履行他 【376】 们的承诺。他们还向工人们支付旅行费用，但通常少于坐火车的费用。这样做的目的只有一个：只有在工人们完全履行合同后才能得到返程车票的钱。从同一个地方来的工人通常是在一个长者的领导下组成一个非正式团队（*arteli*），而这些长者有时就是转包商。他自己即使不工作，也可以得到与其他团队成员一样的薪水。这些长者通常代表团队成员的利益。从同一个地方来的工人通常被作为一个团队安排住宿，住在由雇主临时搭建的简陋工棚里，伙食也是集体安排。长者（或者他指派的人）负责准备食物和做饭。①有时团队成员也组成一个工作团队，在这个团队中长者负责分工和委派任务。这种情况通常发生在煤矿和那些有特定时间限制的工作中。比如在榨糖厂，团队成员的长者负责登记和管理"工作簿"（在那些使用工作簿的地方）。在工作簿上，记载着工作的规则、纪律、每个工人的责任和所得。最后，长者还要负责分配工人们的净收入。②

很显然，在这些工作安排方式中，和农村的联系以及与外界的隔绝仍同以往一样严密。另一方面，团队也帮助工人们适应新的生活方式，训练也比其他任何方式都要温和。一个在顿涅茨盆地自我成长起来的工头相信，团队是组织工人在煤矿干活的极好方式。他对1906年以前的做法表示后悔。那时，作为一种规则，增募工人或者由公司的经纪人来完成，或者承包给私人转包商，而他们都是从不同的地方来招收工人。这位工头认为，那时纪律很差，在宿舍里有许多摩擦，生活松散，还有浪费现象，特别是按工作时间每周发薪，而不是按照工作量来计酬。这个工头相信，由来自同一地方的工人组成的团队，在一个受人尊敬的长者带领下，会更加节俭地生活，最后带回家的纯收入也要多得多。③

然而，在有些地区，由同一地方工人组成的团队正在变得支离破碎。这可能是因为工人的个人主义，也可能是因为长者的剥削。莫斯科工人检查员扬茹尔（Yanzhul）生动地描写了这些人如何牺牲工人们的利益去装满自己的口袋，如何为了私利霸占为团队购买食物或其他用品时而得的回扣，如何以高息向工人们放贷（这些钱并不是他们自己的），凡此种种，不一而足。当然，如果像 【377】 一些俄国的知识分子那样，将所有富于进取精神的个人和企业贬低为剥削

---

① 诺维茨基，前引书，第19页及以下。【179】

② E. 库鲁杜勃（E. Kolodub）：*Trud i zhizn' gornorabochikh na grushevskikh antratsitnykh rudnikakh*，第2版（莫斯科，1907年），第111～113页。【180】

③ 同上，第126页。【181】

者，未免有些过分。更符合事实的是，农民们，尤其是那些能读能写的年轻人，很快就会发现他们能够独立行事，而且生活得也更加富裕了。①

7.6.3 就业的持续性

当雇主们发现团队长者的权威在合同被撕毁时并没有起什么作用，而且农民没有偿还预收款就消失得无影无踪时，他们开始采用其他手段，在有些工厂和地区，雇主们甚至开始为工人家庭提供住宿和生活设施，这样就出现了一种新的生活和工作模式。此时，地方劳动力变得越来越重要。在这里，雇用独立于工作团队的个体劳动力开始变得普遍起来。然而，在俄国中部的大多数大型工厂里依然存在着由同一个地方来的劳动力所组成的大型团队。团队中长者在管理中的角色仍然很重要，从雇主们的观点来看，仍然可以加以利用。

在19世纪80年代，从最早的工厂检查员们及其琐细和啰唆的报告来判断，雇主们似乎更喜欢从外地引进劳动力，而不是在当地招募，因为外地劳动力更值得信赖。对外来工人而言（弗拉基米尔工厂检查员在1884年记录），数百英里之外的家人正在企盼着他们的工资，因此，他们不管什么样的条件都可以忍受，只要能够挣足他们回家的车旅费。②

大体上看，雇主们都是在冬季雇用当地劳动力。在夏季的顿河盆地煤矿区，即使形形色色的“乌合之众”都被列入招募之列，当地劳动力似乎仍显供应不足。转包商将集市上来自“赤脚”阶层的各色人等都集中起来，他们有退休军人，有懒汉，还有瞌睡虫等，转包商试图将他们装扮成打工一族。在整个19世纪80年代和90年代早期，在南部俄国的大草原地区，夏季的劳动力市场注定是一个卖方市场，这也可以解释为什么在那里许多工厂的资本密集度高。南部俄国的矿业和金属冶炼业委员会甚至建议，政府应当采取行政措施，将农民驱赶到这些地区定居，以促进这些地区的劳动力供给。后来的一个委员会希望政府在俄国中部每个主要的火车站组织劳动力市
【378】场，并且在莫斯科成立一个中央管理局，由这个管理局提供劳动供给信息，帮助工厂从人口拥挤的农业区招募劳动力。在1914年以前的繁荣期，这些地区的工厂利用地方政府（*zemstva*）作为信息渠道，通过这种渠道将就业

① 前引书，第109～111页。【182】
② 诺维茨基，前引书，第24页。【183】

机会告知农民。①

也许没有人怀疑，有些地区在招募工人方面会遇到一些特殊问题。然而，随着时间的流逝，问题就不再仅仅局限于劳动力短缺方面了，而是无组织劳动力所带来的严重后果。当煤矿和糖厂从相同的地区，如南部俄国的庄园和农场，吸引来相同类型劳动力的时候，出现了同样的问题。1886 年立法中有条规定禁止预付工资款，乌克兰的食糖供应者要求免受这一条款的约束并得到了批准。他们的理由是预付定金是保证糖厂按时开工和完工的惟一途径。他们声称，如果不能这样做，会毁坏糖料作物，在某种程度上，他们的处境跟农场主的处境是相似的，而后者也是利用预付定金来保证收获季节的劳动力供给。

保障夏季的劳动力供应和防止全年性劳动力的流动问题在合同的有关条款中也有所反映。雇主们制定了长期合同，在合同中他们对从 5 月到 9 月或 10 月期间离开的工人规定了很高的罚金。有些雇主还对在夏季坚持工作的工人提供奖金。几乎所有的雇主都给工人在冬季复活节合同到期之前离开的权利。有些合同规定，工人在夏季离开时必须提供替代劳动力。夏季的工资水平比冬季高。另一方面，雇主们在冬季解雇工人或降低工资水平也存在困难，因为这通常会冒导致工人（有时甚至是权威）“不满”的风险。如果一个工人在冬季被解雇，他不仅可能在其他地方找不到工作，通常还有可能找不到地方住。②

在大制造厂，工人都领到了个人工作手册。在工作手册里记载了工厂规章制度的摘要，合同的有关条款以及工人干的活和应得的工钱等内容。管理人员还在工厂商店的墙上张贴了内部纪律和安全规章。工人们必须花钱购买这种工作手册，如果不慎丢失，还必须花双倍的价钱来购买。如果碰巧换了工种或工作部门，他们还必须再花钱购买一本工作手册。根据雇主们的说法，对工作手册收费是为了吸引工人们对工作规章制度的重视。当裁定工人的操作失误时，或者当工人们抱怨管理人员的不公正对待时，他们往往忽略 【379】
了规章制度。合同往往做出明确规定，除非提交工作手册，否则不能提出官方诉讼或执行司法程序。③

广泛采用了实物工资支付制度。工人们收到分配手册，上面记载了食物

---

① 库鲁杜勃，前引书，第 42 页及以下；B. F. 勃兰特（B. F. Brandt）：*Torgovo-promyshlennyy krizis*，2 卷本（圣彼得堡，1902 年），第 1 卷，第 184 页及以下；拉维里奇夫，前引书，第 84 ~ 86 页。【184】

② 杰缅季耶夫：*Fabrika*，第 38 页。【185】

③ 佩斯科夫，前引书，第 67 页；诺维茨基，前引书，第 44 ~ 49 页。【186】

发放的数量和工人在工厂内或指定商店赊账的记录。食物和其他物品，无论是管理者提供的还是在与雇主们有关系的商店里购买的，按照惯例，价格都要比外面的市场高出10% ~20%。一些雇主向工厂巡视员解释说，商店实际上是对他们向工人预付定金的补偿。这种办法对于那些只在特定时期雇用工人而工人却能够在没有完成所需工作量之前就可以逃之夭夭的工厂更为适用，当预付定金高出月工资时尤其如此。而另一方面，工人们往往是将定金的一部分花在回家的路上。工作报酬通常是在每一个季度的最后，或者完成一定的工作量之后发放，他们平时没有现金。因此，他们并不总是吃掉全部配给的食物，而是拿一部分换取现金。然而，在基辅工厂区，配给的食物好像很多，那里每个工人每天都有1磅肉，在东正教的斋戒日，还有双份儿的鱼供应。①

在合同结束时支付工资的做法也导致产生了许多“偷窃”行为。在基辅工厂巡视员视察的一家工厂的400名工人中，有74人曾经在1个月内收到比月工资高的定金后逃匿。逃离的借口一般是要去向当局提出受到不公正对待或无理要求的申诉。雇主规定，如果工人们有什么不满，他们可以选派2~3个代表寻求解决，而不能离开工作岗位。在弗拉基米尔工厂区，管理人员扣留了工人们的部分工资作为担保。但由于许多理由，从工资中扣留的保证金比例太高，而且，就像预付定金一样，超出实际支付的工资，因而导致了工人对雇主的极大不满，而这种不满反过来又成为工人逃跑的一般理由。②

1900年以前，尽管在大多数技术先进的工业企业中都有全年性的劳动力，但实际工作天数仍然不固定。在1年中有名目繁多的节假日：成年人节、未成年人节、历史或宗教的节日或庆典活动，更不必说“神圣的”礼拜日等。从1878~1901年的这段时期内，对于科勒姆纳（Kolomna）机械制
【380】造厂来说，要计算1年中的工作日天数几乎是不可能的。其工作日天数从1879年的239天到1892年的271天，在整个19世纪90年代的其余年份里，基本稳定在261天左右。据波戈热夫估计，在1900年前后，整个国家工厂的工作天数平均大约为264天，这与1897年美国的马萨诸塞州的283.3天形成对比。但在不同行业中，工作天数也不同，化学工业是284天，金属制造业是261天，棉花加工业是256天。在个体企业中，工作天数在117~355

① 佩斯科夫，前引书，第102~111页；诺维茨基，前引书，第25页及以下。【187】

② 佩斯科夫，前引书，第67页；诺维茨基，前引书，第37页；扬茹尔，*Fabrichny byt*，第78~79、90~93、102、108页。【188】

天之间波动。①

1913 年俄国工厂年工作平均天数是 257.4 天。但是在 1913 年以前，众多节假日、庆典以及部分企业在夏季停工、罢工和工厂的动荡不安，都影响了工作年度的实际天数。以纤维加工厂来比较，波兰帝国的彼得库夫省的工作天数是 295 天，莫斯科和弗拉基米尔省是 282 天，科斯特罗马是 280 天。1900 年以前，圣彼得堡的工作天数已经比其他工业区长，部分原因是圣彼得堡企业限制晚间工作时间，并缩短了工作日的长度。②

然而在 1900 年以前，尽管工厂的烟囱在一年中有 3/4 时间是冒烟的，但由于劳动力的流动性，每个工人在工厂逗留的时间仍然很短。一个来自汉诺威的德国教授（他在 1904 ~ 1905 年参观过俄国的许多企业）看到，许多工厂的劳动力平均每年流动一次。他相信，工厂稳定的劳动力核心顶多只占所有劳动力的 1/10。他认为，劳动力的稳定程度取决于他进入工厂的年龄，也就是说，他开始工作的时候越年轻，他在该工厂劳动的时间就越长。劳动力的稳定程度还取决于他所从事的工作种类。他所从事的工种与机械的联系越紧密、对资历的要求越高，工人从一家工厂到另一家工厂或者从一个工作转移到另一个工作的可能性就越小。因此，劳动力流动率很高实际上反映出在 1905 年之前，没有资历的普通劳动力所占比例很大。③

企业雇主们企图通过与工人签订长期合同来提高工作的稳定性。然而，这使得劳动供给更加难以适应市场的短期需求，而且这种措施也不总是可行的。招募人数超过实际需要的工人人数，是工厂应对劳动力流动性高的另一种手段。采取这种措施也是考虑到工人实际报到人数不确定。为了防止工人离开，雇主们一般都要扣留他们的通行证和工作登记手册。但工人们则往往等不到发工【381】资，就放弃劳动报酬，撇开通行证，甚至连身份证明也不要就离开了。④

据戈贝尔估计，在他 1904 年访问过的圣彼得堡金属加工厂里，那些上一年离开的工人中，大约有 10% ~25% 的工人是在没有事先通知的情况下离开的。有 30% ~50% 的是提出“要求”或“互相协商”后离开的，10% ~45% 则是由于懒惰、游手好闲、工作做得太差、拒绝工作安排、酗酒等原因被开除的。剩下的有的应召入伍，有的则因疾病离开或死去。1903

---

① 波戈热夫：*Uchot*，第 113 页及表 47。【189】

② S. G. 斯特鲁米林：*Izbrannyye proizvedeniya*，III，第 367 页；*Svod Otchotov Fabrichnykh Inspektorov* for 1913。【190】

③ 戈贝尔，前引书，第 13 ~ 14 页。【191】【530】

④ 舒尔茨—加耶维尔茨，前引书，第 116 ~ 118 页。【192】

年金属加工厂的劳动力供应情况并不具有代表性，因为当时流传着战争的谣言，而这导致劳动力流动比平时还多。资料显示，个体种植园和工厂劳动力的稳定性比戈贝尔观察的结果要强。在赞德尔种植园，工人们呆在同一种植园的时间平均是5.4年。在巴库石油工厂（这里的流动性是较高的），劳动力的稳定核心人群，也就是那些工作了5年或更长时间的工人，约占22%。在索莫夫（Sormovo），工人们在同一工厂工作的平均年限是4年。①

1910年，也就是1914年前经济繁荣时期的第一年，工厂雇主们向工厂巡视员抱怨最多的是工厂里的旷工现象，而这种状况一直持续到1914年。但如果从罚金的比重来看，在圣彼得堡、莫斯科或华沙的工厂区里，旷工已经不再是大工厂主们所面临的主要问题。在1909年、1911年、1912年和1913年，因旷工而罚没的罚金只占所有罚金的15%，因违犯工作纪律扣收的罚金占了大约10%。罚金的主要部分，也就是75%～80%，是因为工作质量太差。但在其他工厂区和规模较小的工厂，因旷工和违犯工作纪律而产生的罚金仍占大部分，这说明在这些地区，劳动力在适应新环境方面仍有很长的路要走。②

7.6.4 工厂纪律（训练）

大体来讲，雇主们制定工作纪律主要是为了引起工人对工作时间的重视，防止他们无故离开工作岗位，并保证他们每天按时开始工作。为了防止工人在工作场所的入口处记录工作时间、而在实际工作开始之前浪费时间，雇主在工作车间的入口处安装了大门。工人们也被告知一些令人毛骨悚然的故事，在这些故事中，一些工人因为企图攀爬或跳过大门而遭受到巨大不幸。

工厂合同还规定，如果工人不能按合同规定的日期到达工厂，就要交纳
【382】罚金。考虑到路上可能的耽搁，合同甚至规定了工人从他们的村子出发的具体日期，以确保他们能按期到达。

工人因旷工而交纳的罚金通常是工资的2倍（有时甚至3倍）。其他罚金还包括针对工人拒绝从事某些工作、未经允许自行替代其他工人干活、“顶嘴”、不服从命令、粗野无礼、说谎、不道德行为、不良性格、放荡不

---

① 戈贝尔，前引书，第14页；绍斯塔科夫，前引书，第25页；A. P.，‘Rabochiye’，第90页；Statisticheskoye Byuro，*Zarabotnaya plata*。【193】

② *Svod Otchotov Fabrichnykh Inspektorov* for 1909，1910，1911，etc.【194】

羁、酗酒等行为，不一而足。在具体实践中，管理部门并不只是照章办事或收取罚金。在最好的企业中，将罚款收入用于工人福利，实行这种做法远早于法律的有关规定。①

偷窃是一种真正的恶行，而要对付这种恶行，正统的手段往往无济于事，于是一些雇主发起成立了“同事法庭”。在“同事法庭”上，窃贼往往逃脱不了众人的痛斥。经营者保持着一定的距离，真正的惩罚往往来自于工友们的义愤。这比罚款更有效。然而研究表明，直到1910年，即使在像圣彼得堡这样发达的地区，把窃贼赶出工厂仍是一种常见的方法。②

为了“驯服”以前手工织布的工人，让他们遵守工厂纪律，经营者面临着许多问题，这些都被清楚地反映在工厂的规则之中。“没有一个产业像纺织业，”弗拉基米尔的工厂巡视员佩斯科夫写道，“在这里，工人们被各种规定和纪律压得透不过气来（这些规定主要是针对工作的瑕疵），一旦违反就会被罚款或扣工资。”这些规则要求工人们照顾、保养机器和零部件、避免浪费；机器运行时不要擦拭、不要坐在机器上、不要在机器上打瞌睡、不要让机油沾到织物上、不要让织物碰到煤气灯等。③

雇主们也使用一些积极的方法促使工人向他们所期望的方向转变。在一些比较好的工厂里，为了鼓励工人的工作积极性，开始采取红利和奖金制度。定期合同工在回家时发给返程车费，如果他在合同到期后仍留在工厂而且没有重大过失的话，还会得到额外的红利。如果干了特别困难或紧急的工作，工人每月还会得到额外的报酬。对于某些特别的工作，超出了工作定额，工人也会得到奖励。在有些工厂里，全体团队成员年终都会得到规定数量的奖金。这些奖金对每个工人来说仅仅是1.5～5.5卢布，但对工厂来讲，则意味着数千卢布。

在弗拉基米尔区著名的尼科尔斯科（Nikol' sk）制造厂，如果工人遵守管理部门制定的工作规则，在合同规定的工作期限结束时，他们还会在工资的基础上得到10%的红利。莫罗佐夫发表了特别指导说明，其中指出在什么样 【383】
的情况下工人会放弃他们的红利而离开工厂。这些说明指出，当时的俄国，有一些开明的雇主，他们的做法比当时的工厂立法要超前一些，就下面这些问题给其他雇主提供了很好的启示，包括如何将农民转化成工厂劳动力、如

---

① 诺维茨基，前引书，第36～37页；佩斯科夫，前引书，第67～68页；扬茹尔：*Fabrichny byt*，第79～80页。【195】

② 诺维茨基，前引书，第36～37页；*Svod Otchotov Fabrichnykh Inspektorov* for 1910。【196】

③ 佩斯科夫，前引书，第68～71页。【197】

何使农民摆脱与农村的联系，如何培养农民的工作责任，使之优先于家庭和社会责任感等各种问题。很明显，对雇主而言，女工的家庭和社会责任感肯定强于工作责任感，因此法规专门要予以指导。然而，雇主们关心的不仅仅是将妇女作为员工，而是将其作为稳定劳动力市场的手段。舒尔茨—加耶维尔茨认为女性劳动力在真正的工厂劳动力的发展过程中扮演了重要的角色。在妻子和丈夫都在工业部门工作的情况下，他们对工厂的责任就更可能占据主导地位，尤其这种责任既增加了家庭收入又减少了务农时间。不幸的是，女性劳动力市场上没有关于妻子就业的数据，但是作为家庭成员的员工比例等间接信息表明，除在几个地区以外，（工厂劳动力的）发展还不是很快。①

莫罗佐夫的工厂法规关注了劳动力的另一个特征，即关心宗教、关心婚姻、施洗礼和葬礼酒席，这些都是农村生活的重要组成部分，不仅涉及家庭，还包括整个公社。农村生活中的宴会节日和其后的几天，都是不上班的重要原因。这些节日占用时间，进而占用了劳动力，同时因为在这种场合大量喝伏特加酒导致意外而浪费了材料、损失了工具和火力。

俄罗斯工厂劳动力管理的很多方面与其他处于工业化②早期阶段国家的行业纪律相似。但是俄罗斯雇主所面临的问题至少在两方面不同于英国和法国雇主所面临的问题：一是政府和社会对商业阶层的态度，另一个是与农村持续的纽带关系。

7.6.5 政府态度

在大多数工业化早期的国家，当然包括英国在内，雇主确信拥有维护自
【384】身利益的法律和机构；他也能够为自己而支持流行的中产阶级商业思潮。在俄国，尽管政府政策相互矛盾并缺乏决断力，但它更注意维护社会稳定和秩序，努力维持大多数人的忠诚，而不是纯粹地从经济角度出发，也不专门地维护雇主的利益。某种程度上这反映了商业阶层的弱点，也反映了公众的反资本主义思潮。对西欧式激进主义的畏惧使得政府采取了防卫性的态度，并通过控制工人来避免西欧式的阶层冲突。这注定倒霉的“警察社会主义”

① 佩斯科夫，前引书，第71～72页；舒尔茨—加耶维尔茨，前引书，第131～132页。【198】

② C. 克尔（C. Kerr）、J. T. 邓洛普（J. T. Dunlop）、F. H. 哈里森（F. H. Harrison）和C. A. 迈尔斯（C. A. Myers）：《工业主义与工业人：经济增长中的劳动力与管理问题》（Harmonds-worth，1973年），第227页及以下；S. 波拉德（S. Pollard）：《工业革命中的工厂纪律》，载于《经济史评论》，第2系列，XVI，2（1963年12月），第254～272页。【199】

制度无法奏效，并于 1905 年 1 月 9 日爆发的血腥星期天事件而宣告结束，该事件在由政府制定的所谓保障大多数人忠诚的目标方面打击了政府。

尽管罢工和工人组织在 1906 年之前一直是犯罪行为（因为它们在工业化早期时到处都有），俄罗斯雇主在相同的工业化阶段不能像西欧雇主那样，拥有行动自由和明确的公众与法律支持。格申克隆认为只要政府致力于工业化，社会是否普遍拥有共同的商业道德并不重要。然而，即使俄罗斯没有一个能够协调政策的内阁，政府对工业化政策中的劳动力政策意见也不一致，听起来最响亮并且最有影响力的是普遍的反资本主义的社会思潮以及对无序状态的恐惧。

沙皇主义者和苏联的劳工史学家已经深入研究了工厂检查员有时行使警察职能、或者服从于地方政府或内务部指令的现象。然而，对检查员来说，各种各样的政府压力会影响到他们在某一阶段做出有利于雇主的行为，他们大多数都具有反商业社会的思潮，并认为知识分子的当务之急是发展福利而不是谋求效率和增长。他们本能地对工人们报以同情，同时他们的意图、专业以及因利润驱动对贵族的厌恶和隐含的不信任，影响了他们和雇主的关系。这种不信任和蔑视体现在他们对待犹太人、外国管理者或单独一个公司里居于权威地位的外国人的态度上。俄罗斯人代替管理和技术监督岗位上外国人的动机很多，其中最重要的是，为确保得到相同的待遇并避免与工厂检查员的摩擦。政府政策 【385】
的最终结果既没有得到雇主的信任，也没有得到员工的信任。①

大多数俄罗斯劳工史学家总是从政治角度考虑工厂立法和劳动力政策。也就是说，认为相关立法和政策没能阻止工人参加十月革命。有些从福利角度出发。但是，无论成功与否，工厂法案和大多由雇主制定的各种各样条款，都远远领先于处于相同发展阶段的其他国家。从整体上说，无论第一个工厂检查员报告中所描述的早期工厂条件多么严酷，它们与已知工业化早期的其他地方相比，还是更有希望的。当法案过多时，俄罗斯雇主不得不小心行事并承担社会资金成本，因为法案预期社会资金成本主要来自雇主，而不

---

① I. 科·奥泽洛夫（I. Kh. Ozerov）：*Politika po rabochemu voprosu za posledniye gody*（莫斯科，1906 年），特别是第 4 章第 112 页及以下；拉维涅奇夫，前引书，特别是第 3 章第 117 页及以下；V. P. 别佐布拉佐夫：'Dnevnik, 1887g.'，*Russkaya Starina*，CLIV（1913 年），第 273 页；V. P. 别佐布拉佐夫：*Nablyudeniya i soobrazheniya otnositel' no novykh fabrichnykh uzakoneniy i fabrichnoy inspektsii*（圣彼得堡，1888 年），第 4～6 页和第 8～10 页；图冈—巴拉诺夫斯基，前引书，第 318～319 页。政府角色的明智对策（For an intelligent treatment of the government' s role），见 G. 文·里姆林格尔（G. von Rimlinger）：《早期俄国工业化中的独裁和工厂秩序》，载于《经济杂志》，XX（1960 年），第 67～92 页，特别是第 91～92 页。【200】

是州政府或者市政府。

7.6.6 农村纽带

劳动者的行为——他的稳定性和是否服从工业纪律——必然受到产业工人与其农村出生地之间联系的影响。这种联系使得他们在一定程度上独立。因此解雇他们的最终威慑力量不像是对没有土地的工人那样有效，事实上是微乎其微。在同一个地区存在劳动力竞争的情况下，只要雇主希望建立一支稳定的劳动力队伍，就必须谨慎地使用解雇这一威慑措施。

大多数公司接受这些农民劳动力的局限性，并适应他们的局限性。看来一直到1909年，管理者，甚至是国外的管理者才冷静地接受被迫关闭工厂、允许工人回家种地的结局。乌拉尔地区工厂的情形就是如此，美国国际收割机的代表参观了当地工厂并接受了这一局面。根据所提供的一份简洁的“说明这种特点的报告”，公司所有代表认同了这种情形。一个好的管理方式必须在发展过程中充分考虑农民的这个特点。

大多数的公司同意有必要在夏季的几个月中实施高工资，并试图将大量的劳动密集型工作集中在冬季的几个月里。这样产生了储存、利息高以及原
【386】材料成本增加等问题。这也许可以解释国际收割机公司提出的俄罗斯和美国的原材料成本之间差异达到20%的情况，当然关税、运输费用及其他因素也在这种差异中起了相当大的作用。①

7.7 教育的作用

7.7.1 工业劳动力的形成和文化

通常人们认为劳动力的形成、它适应工业就业的难易程度和速度，以及

① 《芝加哥国际收割机公司档案》（以下称为“IHA”），no.1238，B. A. 肯尼迪（B. A. Kennedy）的报告，1909年4月7日；W. 雷伊（W. Reay）致C.S. 芬克（C. S. Funk），1909年10月30日。我感谢E. C. 皮克林（E. C. Pickering）给我提供了这些文件的复本（参见她的《国际收割机公司在俄国：19世纪60年代~20世纪30年代外国在俄国企业的案例研究》未发表的博士论文，普林斯顿大学，1974年）。所有有关IHA公司的更多资料是由皮克林博士慷慨提供的。舒尔茨—加耶维尔茨，前引书，第137~138页。【201】

工业化自身的进程都需要相对较高的文化水平。为此社会学家和历史学家一直试图建立工业化程度和不断提高的文化水平之间的相关关系，并把文化当作一种工业化“起飞”① 的前提条件。那么人们会问，俄罗斯劳动力在这方面的进展情况如何呢？

整个研究期内俄国工人的文化水平一直在上升，1900 年之后尤其显著，主要反映在劳动力的文化水平和质量上。雇主对有文化的工人偏爱程度并不十分明显。劳动力中低年龄段的比例相对较高也许能够暗示存在这一偏好，尽管参考的原始资料强调了“训练有素的男孩”以及年轻工人更好的适应性和灵活性对工厂的好处，舒尔茨—加耶维尔茨认为受过教育的工人更加稳定，更不容易发生事故，浪费的物质和时间也少。②

试图检验文化和收入之间关联性的研究表明，除了以体力劳动为主的行业以外，两者之间有良好的相关性。1908 年科兹明内赫—兰宁在莫斯科省对 7 000 人进行的大规模研究表明，有文化工人的平均工资水平比没有文化工人的平均水平高 13%，但是他强调这种平均水平受年龄结构的强烈影响。也就是说，劳动力中识字率低的老年工人比例低。在机械制造业中有无文化的工人工资差别最高（为 23%）。巴库识字工人的平均工资差别为 12%。美国人中的差别高于此水平，其他民族工人的工资差别比俄罗斯人更高，这也许表明了相关因素不仅仅是简单的文化水平还有其他因素。似乎存在一些 【387】
证据表明，有文化的工人和没有文化的工人在被雇用的第一年的工资差别是相当高的，但是这种差别逐渐缩小，这表明了初始工资是根据文化水平③确定的。

在校时间长短和工资收入关系方面的研究只有一项，是 1895 年对机械制造业的三个工厂中的 1 500 名工人进行的。结论表明是正相关。也就是

---

① 参见 E. F. 丹尼森（E. F. Denison）：《为什么增长率不同》，（华盛顿，1957 年）；I. 阿德尔曼（I. Adelman）与 C. F. 莫里斯（C. F. Morris）：《社会、政治与经济发展》（巴尔的摩，马里兰州，1957 年）。另一方面，也有人认为，“不论如何筹集，资本都是一个关键的发展约束因素，没有它，教育只能培养出受过教育的失业者”。［载于《发展研究杂志》，VI，3（1970 年），对 D. 霍罗威茨（D. Horowitz）：《北半球与南半球以及国家之间经济发展的失衡》（1967 年）一书的评论］。【202】

② 舒尔茨—加耶维尔茨，前引书，第 137 ~ 138 页。【203】

③ L. L. 加夫里舍夫（L. L. Gavrishev）：O vliyanii obshchego obrazovaniya rabochikh na produktivnost' ikh truda'，载于 *Trudys' yezda deyateley po teknicheskomu i professyonal' nomu obrazovaniyu v Rossii* 1895 – 1896 *gg*，section 4（圣彼得堡，1898 年），第 133 ~ 142 页；加夫里舍夫：'Teknicheskoye obrazovaniye'，载于 *Trudy vserossiyskago torgovo-promyshlennago s' yezdo*，1896，*g. v. Nizhnem-Novgorode*，VI（圣彼得堡，1897 年），第 293 ~ 294 页；I. M. 科兹明内赫—兰宁（I. M. Koz' minykh-Lanin）：*Gramotnost' rabochikh fabrichno-zavodskoy promygshlennosti Moskovskoy gubernii*：（莫斯科，1911 年；下文简称 '*Gramotnost*'（1911）'），第 13 ~ 14 页；Statisticheskoye Byuro，*Zarabotnaya plata*，第 10 页。【204】

说，学习的过程越长，工资收入越高——1 年的非正式教育等于两年的学校教育。斯特鲁米林估计 4 年的学校教育可以提高工人的平均生产率达 40%。①

图冈—巴拉诺夫斯基认为地方自治组织和政府提供的教育设施满足了经济发展对相关文化的需求。按照他的观点，农民在某些季节向商业和其他就业方式的流动刺激了农民，使他们意识到有文化的好处。相同地区军队招募新兵所发行的通行证率和识字率之间也存在正相关。这在雅罗斯拉夫和特维尔省尤其明显。两个省都为圣彼得堡工厂②提供了大量的工人。

在图冈—巴拉诺夫斯基看来，获得文化也会反面影响乡村工业的劳动力供给，因为有文化的劳动力“倾向于在圣彼得堡更容易地挣钱”，那里还提供了其他的吸引力。我们所拥有的少量数据似乎表明这样一个观点：工厂工人比乡村工业者更有文化。然而 1898～1900 年间莫斯科 3 个地区之中只有一个地区的乡村工业者和工厂织布工的识字率有很大的差别（男性工人为 28%；女性工人差别很小）。③

实际上，工业工人从一开始就比其他人口更有文化，并且随着时间推移文化程度更高。1913 年俄罗斯全国的识字率不超过 30%，如果不包括 9 岁以下年龄段的人口，这个比率大约是 38%。这比 18 世纪中期的英国低很多。④ 只有 1897 年详细的识字率的合计数，因此不得不用其他时间的区域研究数据、城市人口的研究数据以及单个工厂的数据来填补这些空白。自从 1874 年军队改革之后，军队招募新兵一直有识字率，因此提供了一系列男性 20～24 岁的识字率数据。尽管苏联政府 1918 年冬天进行的工业普查不完
【388】整，漏掉了乌克兰和乌拉尔，但其却是可进行比较研究的惟一合计数据，尽管它包含了劳动力中的一小部分农民出身的工人。

表 61 给出了以 1897 年普查数据为基础的总人口的识字水平和一定人口类型的识字水平：⑤

---

① S. G. 斯特鲁米林：‘Khozyaystvennoye znacheniye narodnogo obrazovaniya’, *Planovoye Khozyaystvo*, 1924, nos. 9－10。【205】

② 图冈—巴拉诺夫斯基，前引书，第 397～398 页。【206】

③ 同上；Moskovskoye Gubernskoyc Zemstvo, Statistichesky otdel, *Moskovskaya guberniya po mestnomu obsledovaniyu* 1898－1900 *gg.*，第 5 卷：‘Promysly’（莫斯科，1901 年），第 656～657 页。【207】

④ N. S. 季马舍夫（N. S. Timashev）：《消灭文盲：1880～1940 年间的俄罗斯公共教育》，载于《俄罗斯评论》，no. 2（1942 年），第 82～83 页；L. 斯通（L. Stone）：《1640～1900 年英格兰的文化与教育》，载于《过去与现在》杂志 no. 42（1969 年），第 101 页。【208】

【531】⑤ 根据 Ministerstvo Vnutrennikh Del, *Obshchy Svod*, 第 1 卷，第 36～39 页。【209】

表 61　　1897 年的识字率

（占总数的百分比）

	总人口	男性	女性
总人口	21.1	29.3	13.1
城市	45.3	54.0	35.6
农村	17.4	25.2	9.8
工薪族[a]	40.2	47.2	25.8
工人[b]	53.6	57.8	28.4
工厂工人	50.3	56.5	21.3

a　所有工资收入的人，包括农业劳动者。

b　工业、运输业和商业的劳动者。

男性工人的识字率最高。在工厂工人中，印刷和贸易行业最高，其次是金属业工人，有 66.2% 的识字率。在纺织工业中只有 39%，因为纺织业中女性纺织工人比例高，而女性的识字率只有 12.2%。识字率最低的是煤矿工人（32%）和熔炼工（38%）。①

按年龄分组，识字率最高的年龄段是 13～39 岁，40 岁以上工人的识字率急剧下降。从总人口来看，识字率在较大的年龄段也是降低的，这种降低并不十分明显。②

截至 1897 年普查工作正在汇总时，俄国开始了工业起飞的高潮，这时距亚历山大二世改革、1864 年引入初等教育已有 30 年了。不幸的是，没有 1897 年前那段时期的合计数据，但是对特定工人或区域的研究表明识字率逐渐上升。

19 世纪 80 年代早期对莫斯科纺织工人的一项调查显示，只有 29% 的工人有文化，其中男性工人为 36.3%，女性工人只有 2.2%。棉纺工人的识字率最低，只有 21%。在纺织业的雕工和制图员中识字率达到 92%。1869 年圣彼得堡工人的识字率是 38%；到了 1897 年上升到了 63%。③ 莫斯科省的识字率低于莫斯科市：工厂工人男性平均 23.1%～33%，女性平均 5%。女性工人的识字率相对高于莫斯科市。④ 【389】

① 同上引；同时见 A. C. 拉申：'Gramotnost' i narodnoye obrazovaniye v Rossii v XIX i nachale XX v.'，*Istoricheskiye Zapisky*，XXXVII（1951 年），第 49 页；Rashin，*Naseleniye*，第 309～310 页。【210】

② Ministerstvo Vnutrennikh Del，*Obshchy Svod*，第 1 卷，第 44～47 页。【211】

③ 根据拉申：*Formirovaniye*，第 586～587 页。【212】

④ 同上引，第 588 页；E. M. 杰缅季耶夫：'Sanitarnoyc izsledovaniye fabrik i zavodov Kolomenskago uyezda'，载于 *Sbornik statisticheskikh svedeniy po Moskovskoy gubernii otdel sanitarnoy statistiki*，III（莫斯科，1885 年），第 76～77、123～124 页。【213】

到了19世纪中期，小学生和受初级、中级、高级教育的学生数目增长也相对放慢，以下的数字就很明显。同时以1865年和1895年的学生指数为100，每十年的增长指数如下：①

1865年指数		1895年指数	
1865	100		
1875	150		
1885	237		
1895	350	1895	100
1905	700	1905	200
1914	1 187	1914	339

同样，军队招募新兵的识字率也只有在1894年以后才快速增加，如下面每十年的数字所示：②

1874	21.4%
1884	25.5%
1894	37.8%
1904	55.5%
1913	67.8%

根据城市普查，两个主要城市的识字率也证实了这一趋势，见表62。③

表62　1869～1912年两个主要城市识字率　单位：%

	圣彼得堡（大于6岁）			莫斯科（大于5岁）	
	总平均	男性		总平均	男性
1869	59.5	66.3	1871	45.7	52.0
1881	64.4	71.8	1882	49.8	58.0
1890	64.8	74.3	1897	60.7	71.4
1900	70.5	79.7	1902	66.0	74.2
1910	76.6	86.3	1912	70.0	81.1

① 根据N. 汉斯（N. Hans）：《俄国教育政策史》（伦敦，1931年），第242页。【214】

② 拉申：'Gramotnost'，第45页；I. M. Bodganov, *Gramotnost' i obrazovaniye v dorevolyutsyonnoy Rossii i v SSSR*, *Istoriko-statisticheskiye ocherki*（莫斯科，1964年），第55～56页。【215】

③ G. 戈尔奥夫（G. Guroff）和S. F. 斯塔尔（S. F. Starr）：《对俄国1890～1914年间城市文化的一个注释》，载于*Jahrbücher für Geschichte Osteuropas*, n. s., XIX, 4（1971年12月），第525页。【216】

1908 年在莫斯科，15 ~ 25 岁年龄段的识字率达 95% ~ 97%，超过 40 岁的高年龄段为 80%，机械制造业全体工人的识字率为 84.6%。棉纺织工业的识字率仍然不到 50%，而男性达到了 72%。在这其中超过 45 岁的识字率水平显著下降，反映了最近的发展，还反映了农村出身与工业的联系以及 【390】
女性劳动者在其中的比重。1902 年工人整体识字率水平接近 70%，而妇女识字率却低于 20%。①

1918 年苏联政府对将近 100 万工人的调查表明平均识字率为 64%。识字率最高在印刷业（95%）和机械工厂（84%），最低的识字率在纺织厂（52.2%），这里女性工人占总数的 2/3。纺织厂男性工人的识字率也低于平均水平，但并不明显（76.4%，平均水平为 79.2%）。正如 1908 年莫斯科省的工人那样，识字率在纺织业最低，尤其是较大年龄的女性——而这种年龄差异在熔炼业并不明显。在女性工人中，15 ~ 19 岁有文化的女性为 63%，45 ~ 49 岁降低到了 11%，50 ~ 54 岁降低到了 8%，整体识字率为 37.5%。②

因此，根据 1897 年和 1918 年的数据，工厂工人的识字率发生了以下变化：

	1897 年	1918 年
总平均	50.3	64.0
男性	57.8	79.2
女性	21.3	44.2

1918 年大约 2/3 的工厂劳动力是有文化的，而在总人口中只有 38% ~ 39% 有文化。

可比较的行业在 1897 ~ 1918 年间的变化见表 63。并不清楚两个时期“机械、工具”分类所针对的行业是否相同。1897 年它主要指精密仪器、手表等，很可能机械制造等行业被放在了金属加工业里了。

工厂劳动力的识字率水平显著高于平均水平的事实说明：小学教育仅仅是沙皇帝国教育的一部分。事实上，在俄国 1885 ~ 1913 年发展最集中的时期，国民收入的年平均增长率达到 2.8%（迈克尔·卡泽尔提供），小学入学率仅有 2%。这远远低于其他国家在可比经济增长阶段的水平，也远远低 【391】
于工业化起飞所需的水平。③

---

① 科兹明内赫—兰宁：*Gramotnost'*，（1911 年），第 1 ~ 3 页。【217】

② 根据 Russia，Tsentral' noye Statisticheskoye Upravleniye SSSR，*Fabrichno-zavodskaya promyshlennost' v period* 1913 ~ 1918 *gg.*（莫斯科，1922 年），第 45 页以下。【218】

③ M. 卡泽尔（M. Kaser）：《沙皇时期和苏维埃时期经济发展中的教育》，载于 C. 阿布拉姆斯基（C. Abramsky）主编：《纪念 E. H. 卡尔文集》（伦敦，1974 年），第 245 页。【219】

表 63　　1897 年和 1918 年工厂工人的识字率

行业	总平均		男性		女性	
	1897 年	1918 年	1897 年	1918 年	1897 年	1918 年
煤矿	31.8	70.0	33.5	74.0	12.2	42.6
冶金	38.2		39.3		12.5	
金属加工业	66.2	76.5	66.8	81.4	32.1	50.0
机械、工具和仪器	82.9	83.6	85.1	86.7	57.9	59.0
木材加工	58.4	69.6	59.6	84.3	28.6	46.6
化学	49.7	70.0	55.8	78.7	30.3	54.7
饮食	49.7	66.0	52.6	75.0	28.9	48.3
印刷和联盟行业	82.6	94.7	87.4	96.6	44.2	89.4
纺织业	38.9		53.9		12.2	
棉纺		52.2		76.4		37.9
羊毛		52.2		68.2		37.1
亚麻		55.5		78.3		40.3

资料来源：1897 年的数据来源基于 N. A. 特隆尼斯基（N. A. Troynitsky）编：*Chislennost' i sostav rabochikh v Rossii na osnovanii dannykh pervoy vseobshchey perepisi naseleniya rossiyskoy imperii 1897 g.*（圣彼得堡，1906 年）；1918 年数据，俄罗斯 Tsentral' noye Statisticheskoye Upravleniye SSSR，*Fabrichno – zavodskaya promyshlennost' v period* 1913 – 1918 *gg*（莫斯科，1922 年）。

1915 年 1 月 1 日 8 ~ 11 岁的儿童中只有 49% 进入学校学习，而农村小学所有 7 ~ 14 岁的儿童入学的百分率如下：

1880 年	8.7%	（14.6% 的男孩）
1894 年	15.6%	（15.6%）
1911 年	23.8%	（33.3%）

另外，只有一小部分入学的儿童能够真正完成学业：1908 年农村和城市完成小学学业的比率只有 10.2%，教区学校为 10.5%。①

以上数据表明，工业工人受教育不同，要么是因为对教育的接受程度不同，要么是因为在农村得到学校教育的人很可能选择进入工厂，要么是因为工业就业需要起码的教育。工厂工人的识字率高还可能是因为他们相对于其他人口而言，有更好的机会进行成年教育。毫无疑问，所有这些因
【392】素都发挥了它们的作用，尽管不可能对它们的重要性进行排序。I. M. 科

① N. V. 契诃夫（N. V. Chekhov）：*Narodnoye obrazovaniye v Rossii s 6oykhgodov XIX v.*（莫斯科，1912 年），第 145、155 页。【220】

兹明内赫—兰宁指出，在1908年莫斯科省，父母本是工人的工人识字率平均为52.5%，而自身为第一代工人的工人识字率为39%。前一类工人中的男性识字率为80.5%，而第二类中男性识字率66.4%，女性识字率分别为34.4%和20.2%。①

对具体工厂的研究证实了工厂工人的识字率高。1902年在索莫夫的金属加工业和机械制造业，6 000名主要来自附近农村的工人平均识字率为62.4%，最高的是机械行业（77%），最低的（45%）是普通劳动者（*chorno - rabochiye*）。年龄在15～20岁的人中，识字率超过了75%，年龄在21～35岁的人中，识字率超过了60%，年龄在45～50岁的人中，识字率降低到41.6%，50岁以上的，识字率降到30%。②

在赞德尔，1895年秋天农民出身的工人的识字率是66%，低于工厂劳动力的平均水平（平均超过67%），但是却高于莫斯科省工厂所在地的平均水平（56%）。正如其他地方一样，识字率与年龄呈反向关系，40～45岁以上识字率陡然下降。相似地，接近1/4有文化的人获得是非正规教育，只有1/5的人真正完成了小学学业。③

比较来自不同省份的工人识字率，表明赞德尔工厂工人的识字率高于他们所来自省份的平均水平。1883～1884年对莫斯科省博戈罗茨克（Bogorodsk）区工人学习文化的渠道进行了调查。调查表明，36%的工人通过自学或者是通过非正式途径掌握文化；9.5%的工人在工厂学校里学会了读写；7%的工人在服军役期间学会了读写；9%的工人通过当地牧师学会了读写。这样，接受调查的工人中大约有60%是通过正式教育渠道以外的方式学会了读书和写字。④

要评价获得的文化质量很困难，因为文化水平是如何定义的，以及是否在任何情况下文化都意味着读书和写字的能力，这一点并不确定。在个别研究中，文化水平通常意味着完全的识字能力，因为调查者不怕麻烦，通常分别提供完全识字的数据和只有阅读能力的数据。在大规模研究中，比如在1897年的人口普查中，这个问题就变得更加不确定了。⑤ 【393】

---

① 科兹明内赫—兰宁：*Gramotnost'*（1911年），第13～14页。【221】

② A. P.，'Rabochiye'，第91页及以后；舍斯塔科夫，前引书，第14页以下和第60页。【222】

③ 绍斯塔科夫，上引书。【223】

④ 杰缅季耶夫，前引书，第3、76～77、123～124页；卡洛·M·奇波拉（Carlo M. Cipolla）：《西方的文化与发展》（巴尔的摩，马里兰州，1969年），第25～26页；佩斯科夫，前引书第32页。佩斯科夫指出了退休士兵在提供文化教育方面的作用。【224】

⑤ 戈尔奥夫，前引书，第223页。【225】

大多数研究揭示了这样一个事实：工人们为了利用更好的机会，愿意维持自身有用的文化水平。如果教育设施条件相同，不考虑写字的能力，农业人口的阅读能力有可能落后了。斯特鲁米林估计工厂工人的学校教育时间大概为 3 ~ 4 年。① 这种估计难以核查，但是考虑到大多数孩子进入工作时间相对较晚，工厂学校提供了业余教育和普通教育（通常是中级水平），这种估计也许是正确的。毋庸置疑的是在这段时间，劳动力中年龄较小的文化水平提高得非常快，在一些行业，这些年龄段几乎达到了 100%。女性最小年龄段增长得也很快（1918 年在棉纺工人 15 ~ 19 岁年龄组中为 65%），这也许是女性就业增加的原因之一，或者是结果之一。通过雇主愿意雇用妇女的理由来判断，后者的可能性更大。毫无疑问，有文化的女工数量的增加是由于小学中女孩入学比例相对于学生总数有所增加，如下所示：②

1880 年	21%
1896 年	24.2%
1906 年	29.2%
1911 年	32.1%

7.7.2　技术教育和培训

19 世纪 80 年代和 90 年代，从经济需求角度出发，俄国对普通教育与专业教育的利弊有许多争论。尽管有时政府政策自相矛盾，但总体上还是支持普通教育，并试图使雇主负责提供专业教育，高等教育除外。即使在普通教育受到关注的地方，在 19 世纪 80 年代和 90 年代讨论工厂立法的过程中，政府的某些部门也有相当大的压力，即促使年轻工人和童工的教育完全成为雇主的责任。后者坚持认为这是政府的责任。但实际上，最大型公司给青年工人提供的学校教育程度比较低，因为这些青年工人通常不能从中受益。而最大型公司提供给童工以及父母不在这家工厂工作的当地
【394】孩子的教育程度相对要高。早在 19 世纪 80 年代，第一位工厂检查员就观察到了这一特点。③

① 斯特鲁米林：'Dinamika oplaty promyshlennogo truda v Rossii za 1900 ~ 1914 gg', *Planovoye Khozyaystvo*, 1926 年，第 9 期。【226】

② 契诃夫，前引书，第 145 页。【227】

③ N. 安能斯基（N. Annensky）：'Voprosy truda na torgovo-promyshlennom s' yezde', *Russkoye Bogatstvo*, X（1896 年），第 190 页；见诺维茨基，前引书第 88 页及以下；佩斯科夫，前引书，第 27 ~ 37 页。【228】

整体上而言，正规科技教育相当好地迎合了俄国的需要。俄国农奴解放前工业化时期的一位学者 W. 布莱克韦尔认为，俄罗斯的大学和工程学校在政府的鼓励下，到 1860 年就能在主要应用科学技术的学科中提供最新的、综合性培训，但是这种科技的实践应用顶多是“局部的”。俄罗斯科技学会于 1866 年在圣彼得堡成立，随后在许多工业城市建立分部，致力于最先进技术的研究和推广，在这段时期它在批评落后技术和实践方面表现相当突出。俄罗斯的工程师在理论贡献和现代实践知识方面享有很高的声誉，但是，人们认为他们太偏重于抽象化的思考，在商业化上不太有效。①

到了 1912 ~ 1913 年，俄国拥有 661 家由工业贸易部赞助的从事商业和技术教育的机构，其中 12 所为高等教育机构。在这些教育机构里，圣彼得堡理工学院（1902 年成立）和华沙理工学院的采矿系名列前茅。这 12 所机构中，6 所专门从事技术教育。1912 ~ 1913 年高等技术和采矿学院的学生人数为 11 559 人，另外有 8 000 在高等商业学校。②

工厂劳动力比较感兴趣的是由工业贸易部赞助的中等和初等技术贸易学校。在 1912 ~ 1913 年间有 649 所学校，10.4 万名中小学生， 年之内增加了 13%。44 所学校专门从事工业设计培训，这种培训是 1903 年由财政部首次引入的。郡县议会（*Zemstva*）、市政当局、地方组织和工业公司被号召组织学校、模型研讨会、培训、博物馆和展览来提高大众的品位，教导工业绘图，试图克服俄罗斯式设计和模式的劣势。许多公司做出反应，并在工厂学校设立了专门的课堂，教授工业绘图和设计课程。③

在这些学校中，58 所是技术贸易学校，7 所是采矿学校，44 所是农村技工培训学校。建立后者的目的是为了提高乡村工业的工艺水平，所以与技
术和商业学校不同，它是由政府资助的。【395】

按照入学率来判断，技术教育增长了 4 倍，商业教育增长了 12 倍。然而大多数的学习是通过实践完成的。一个机械制造公司，比如胜家缝纫机厂，利用普通劳动力及从中培养起来的俄罗斯工头建立了自己的劳动力队伍。很明显，大多数行业都可以这么做。④

因为大多数培训是通过实践实现的，因此，技术人员获得较高技能的

---

① 布莱克韦尔，前引书，第 326 ~ 327 页。【229】

② *VF*，1903，no. 2，第 48 页；*VF*，1915，no. 12，第 549 ~ 551 页。【230】

③ 同上。【231】

④ 同上；Russia，Ministerstvo Torgovli i Promyshlennosti，Uchebny otdel，*Materialy po tekhnicheskomu i remeslennomu obrazovaniyu*（彼得格勒，1917 年），第 21 ~ 22 页；IHA，no. 1238，B. A. 肯尼迪（B. A. Kennedy）的报告，1909 年 4 月 17 日。【232】

能力以及取得熟练工头和中等技术人员及管理人员的可能性，具有不可估量的重要意义。不幸的是，他们的数量无法准确估计，因为不能轻易地将熟练外国工人和工头与雇用的其他外国员工分离。但毫无疑问，他们为数众多。在俄属波兰的法国胡塔班克娃公司（Huta Bankowa），1897 年全体工人和雇员中只有 4% 是法国人，1911 年这个比例下降到 2%。然而，外国工头的比例仍然很高，平均每 20 名俄国工头相应有 37 名法国工头。顿涅茨—尤里耶夫（Denets-Yur' yev）公司是一个完全归俄罗斯所有的企业，雇用的大部分是外国工头，因为没有具有合适资格的俄罗斯人。这就是 1900 年的情况。①

1913 年俄国远见钢铁公司（Providence）的 32 名工头中仍然有 23 名外国工头。据 1918 年的记录，在俄罗斯由法国出资的 23 家公司雇用了至少 328 名法国人，其中一些是管理人员和工程师。即每个公司 14 个法国人。德国的工程、化学和电子产品公司，这些主要是其本国公司的辅助公司，比起其他外国公司，更愿意完全使用德国工头。石油工业中，外国人员在管理阶层和工头中最突出。1909 年有 704 名外国人，或者说占总劳动力的 1.8%；47% 以上的外国人是工头，在管理岗位和公务员岗位分别占 22.4% 和 15.5%。②

另一方面，莫斯科地区的美国公司看起来似乎在培训俄罗斯人员成为工头和监督员方面相当成功。1909 年，俄国最成功的外国公司之一的胜家缝纫机厂和西屋气闸公司的管理者建议，“最好公司的监督员和工头能够说俄语，能够雇用有能力的俄国本地人的话就更好了”。提出这条建议部分原因
【396】是避免与当局发生不愉快。“如果官员们发现俄罗斯人占据大部分权威位置，工厂审查制度引起的麻烦会比较少。”但这并不是惟一的原因。威斯汀豪斯气闸公司曾经从美国引进了 20 名工头，结果证明是一个错误：低质量的工作造成了重大的损失；在他们“引进俄罗斯工头后，工人们的工作比在美国工头领导下改善了”。这家公司的高级技术人员也是俄罗斯人。两位

---

① O. 克里斯普（O. Crisp）：《1894～1914 联盟的金融方面》，伦敦大学未发表的博士论文，1954 年，第 211 页以下；洛维克（Lauwick），上引书，第 136～140 页；B. F. 布兰特：*Inostrannyye kapitaly: ikh vliyaniye na ekonomicheskoye razvitiye strany*，3 卷本（圣彼得堡，1898～1901 年），II，第 268～272 页；J. F. 弗拉泽（J. F. Fraser）：《今日俄国》（纽约，1916 年），第 183 页；J. P. 麦凯（J. P. McKay）：《利润先锋：1885～1913 年间的外国企业家与俄国工业化》（芝加哥和伦敦，1970 年），第 257 页及以下。【233】

② 克里斯普，前引书，第 212～213 页；Statisticheskoye Byuro，*Zarabotnaya plata*，第 8～9 页。也可参见 K. A. 帕日特诺夫：‘Razvitiye kamennougol' noy i metallurgicheskoy promyshlennosti na yuge Rossii，*Narodnoye Khozyaystvo*，1905，no. 3，第 34～35 页。【234】

受过俄罗斯教育的工程师已经接受了该公司在美国工厂的培训，一个是3个月，另一个是10个月。① 在莫斯科地区的胜家波多尔斯科（Singer Podolsk）工厂，所有的工头都是公司培训的俄罗斯人。刚开始时，他们有几个美国工头，只是训练俄罗斯人，他们在公司的时间不到6个月。所有劳动力都来自附近的农村，平均达到1 800 ~2 000人，除了一些从事缝纫机最后手工工序的人以外，其他完全是普通劳动力。胜家波多尔斯科工厂已经达到了"100%的美国制造效率"；其他部门在7年里也达到了75% ~80%的效率。同样，在柳贝尔茨气闸（Lyubertsy Air Brakes）工厂，"工人熟练快捷"但"组织得不太好"。②

美国人认为，只要有个"好的组织"，这不仅意味着日常管理要好，还意味着要有合适的策略，那么毫无疑问，俄国工人与其他国家的工人一样优秀和聪明。但是建立一个好的组织的成本是相当高的，它至少需要6年的良好管理才能使组织基本成型，更可能要用7 ~9年的时间。他们认为在准备时期，明智的做法是，先建立一条赢利的生产线，能够承担一定的损失，然后再逐步扩大厂房、增加产品种类，直到劳动力受到培训，并"尽快地具有了现代实践经验"。在俄国的美国公司有资金优势，事实上，他们关心的是可能会失去一些相对于俄罗斯公司的竞争优势，正如他们到处宣扬的那样，俄国政府给俄罗斯机械制造厂提供了低息贷款。③

如果这种基于"最好的美国经验"的策略适合俄国的话，人们又会说，19世纪90年代大多数在南部俄国的法国和比利时企业家刚开始是对高科技投资，随后才着手建立组织。如果有些"先行者"获得了可观的利润，那是受特殊环境影响所致，包括易于获取资金、政府担保需求（通常是以津贴的形式）、免设备的进口关税，以及19世纪90年代由铁路扩张计划所带 【397】
来的经济繁荣等。④ 总体而言，尽管俄罗斯南部因为人口密度低而使得劳动力的补充受到阻碍，但并不像熟练劳动力的问题那么具有争议。毫无疑问，19世纪90年代建立的公司，由于发展的步伐快，急于在繁荣时期赢利，急

---

① IHA，no. 208，罗伯特·沃克（Robert Walker）的报告，1903年4月23日；IHA，no. 1238（见上面注释232）；皮克林：《国际收割机公司在俄国》，第65 ~66页。【235】

② IHA，no. 1238，1909年7月22日的报告；肯尼迪致芬克，1909年8月17日。【236】

③ 同上；皮克林，前引书，第139页。【237】 【532】

④ O. 克里斯普：《麦凯的国歌》，前引文，载于《俄罗斯研究》（格拉斯哥），1972年7月；帕日特诺夫：'Razvitiye' 展示了未来的企业家如何事先请求政府帮助然后才筹集建设工厂的开办资本。因此，尼科波尔—马留皮尔（Nicopol-Maryupol）公司得到了横穿高加索的铁路输油线路的订单，并从美国进口了全部工厂设备。【238】

于得到政府的铁路设备订单并和其他公司竞争劳动力，出现了相当多的问题。当时，梅琴喜德菲尔（Merthyr Tydfil）的约翰·休斯已经经营新俄罗斯钢铁工厂20多年了，当1869年工厂刚成立时，他和他的威尔士侨民同胞（其中至少有70人是1896年才有的）艰苦奋斗了很多年。他在尤克斯伏卡（Yuxovka，即Hughesovka）的工厂区十分有名，已经集中了相当多的人口，这些人为19世纪80年代和90年代建立法国和比利时公司提供了熟练劳动力。①

圣彼得堡的管理和技术人员的供给总是高于平均水平，多半是外国人。这一状况有时会产生摩擦和怨恨。但也正因为如此，圣彼得堡的工厂工业成为了学校技能和先进科技与实践的过滤器。尽管在圣彼得堡的爱沙尼亚工人和芬兰工人相对于俄罗斯工人来讲不太顺从，雇用的成本也高，但由于他们通常教育水平较高而具有较好的学习技能。里加人的情况也是如此。一些劳动历史学家坚持认为：对西部地区（包括波兰）和土生土长的俄罗斯工人之间的生产率和可教育性的表面差异已经做了太多的研究，他们认为这种差异很大程度上是由于西部边境地区许多工业的城市特征所决定的。②

如果到1909年，许多处于发展较好地区的公司可以不使用外国人员，那么是因为这样一个事实：新公司可以利用由“先锋者”培训出来的员工技能。关于连续转移技术的程度可以由经常提到的赞德尔工厂的实际情况来说明，它的历史可以追溯到1825年，那时俄国纺织工厂雇用了许多来自阿尔萨斯的法国罪犯做染工，在19世纪90年代后期，仍然有些工人懂得法语却不懂俄文，尽管他们的名字是俄罗斯名字。在俄国南部，许多在责任岗位上的波兰工头和其他人将他们从波兰工业区里德国或者法国工头、经理人、
【398】工程师那里学来的技能进行了传播。③

然而，尽管有证据表明在工作中被培训的俄罗斯人代替了外国工头，但

---

① A. S. 艾丝拉文（A. S. Islavin）：‘Obzor kamennougol’ noy i zhelezodelatel’ noy promyshlennosti Donetskago kryazha’，*Gorny Zhurnal*，1875，nos. 1 – 3，第82页及以后；A. 利相斯基（A. Lisyansky）：‘Osnovaniye yuzovskogo zavoda’，*Istoriya SSSR*，no. 5（1964年），第150 ~ 159页；I. M. 鲁克姆斯卡亚（I. M. Lukomskaya）：‘Formirovaniye promyshlennogo proletariata Donbassa’，载于V. V. 阿尔特曼（V. V. Al’tman）编：*Iz istorii rabochego klassa i revolyutsyonnogo dvizheniya*（莫斯科，1958年），第290 ~ 307页；帕日特诺夫：‘Razvitiye’，第66页；布兰特：*Inostrannyye kapitaly*，II，第261 ~ 262页。【239】

② V. K. 亚聪斯基：‘Rol’ Peterburga v promyshlennom razvitii Rossii，*Voprosy Istorii*，no. 9（1954年），第95 ~ 105页；舒尔茨—加耶维尔茨，前引书，第202页；戈贝尔，前引书，第21页。【240】

③ 洛维克，前引书，第179页；克里斯普，前引书，第212页；麦凯，前引书，第190页及以下；帕日特诺夫：‘Razvitiye’，第35页。【241】

一直到 1914 年仍然在继续雇用外国人，甚至在建立已久的俄罗斯化工业，如棉织业，1913 年雇主们抱怨缺少具有专业化技术资格的工头，并抱怨这样一个事实：他们不得不接受具有普通中等教育的工人，并在车间里培训他们。同样，造船和军用装备项目在 1913 年前也因为缺少工头受到阻碍，只好到国外去寻找外国工头。①

总之，无论是通过正规教育渠道，还是通过与工头或是学者的接触获得技能都是狭窄的，而且通常得到的也不是最高水平的技能。当然，过错并不完全在劳动者这一方面。文化的传播和普通教育的普及毫无疑问地加快了学习的进程。

7.8　劳动生产率的变化

如上面的就业数据所示，有个事实削弱了按照每个工人的产出率衡量生产率的可信度：即每年就业数据并不总是真正反映整个一年雇佣工人的有效数字；生产率也受工作日长短变化的影响。因此每名工人在特定年份（尤其在经济衰退的年份）、特定地区、特定季节性行业里的产量数据低估了生产率的真正变化。

包括小工业在内的工业产出的年增长率在 1860 ~ 1913 年间提高了大约 5%，人均增长大约 3.5%，增长的最高点是在 19 世纪 90 年代和 1910 ~ 1913 年间。② 大致估计，采矿业和制造业的人均总产出（不考虑价格变化）在 19 世纪 60 年代早期到 1913 年间增长了 2.5 ~ 3 倍。可以得到 1887 ~ 1913 年以当年价格计算的人均总产值数据。4 个时间段的人均产出数据如下：③

1887 年	1 158 卢布
1897 年	1 441 卢布
1907 年	2 059 卢布
1913 年	2 291 卢布

① 帕日特诺夫：*Ocherki tekstil' noy*（1958 年），第 129 页；*VF*，1913，no. 40，第 10 页。【242】

② 戈德史密斯，前引书。【243】

③ Ministerstvo Finansov, *Svod dannykh*；*VF*，1900，no. 5，第 210 页及以下；瓦尔扎尔编：*Statistika*，第 4 页；V. E. 瓦尔扎尔和 L. B. 卡芬豪斯：'Dinamika fabrichno-zavodskoy promyshlennosti Rossii'，载于 S. C. 斯特鲁米林编：*Ocherki ekonomicheskoy istorii Rossii*（莫斯科，1960 年），附录 2。【244】

表64列出了劳动力、总产值和人均总产出的增长指数。由这些数据可
【399】以看出，劳动力数量增长了2.5倍，总产值增长了将近5倍，人均产出翻了一番。①

表64　1887～1913年劳动力、总产值和人均总产出的增长指数（当年价格）

（1887年=100）

年份	工人数量	总产值	人均总产出
1887	100	100	100
1888	104.8	110.0	105.7
1889	106.9	113.4	106.0
1890	107.6	112.8	105.7
1891	108.5	115.1	106.6
1892	112.3	122.1	108.8
1893	120.9	130.1	107.6
1894	120.2	135.4	113.2
1895	121.3	140.4	115.8
1896	137.0	175.3	127.9
1897	155.7	193.9	125.3
1898	158.6	208.9	131.6
1899	162.9	218.2	133.9
1900	166.6	228.7	137.3
1901	175.3	240.4	137.1
1902	172.3	243.2	141.1
1903	173.9	259.6	149.2
1904	173.8	278.7	160.2
1905	175.1	273.2	156.0
1906	179.0	298.2	166.4
1907	185.1	329.1	177.7
1908	191.4	328.7	171.6
1909	190.2	341.0	179.2
1910	200.1	388.5	194.1
1911	212.9	422.1	198.1
1912	222.2	461.0	207.4
1913	250.3	495.2	197.8

① 根据瓦尔扎尔和卡芬豪斯：'Dinamika'。【245】

如果以1900年为基年，我们会发现13年里劳动力增长了56.5%，以当年价格计算的总产值增长了116%，工人人均产出增长了43.3%。然而由于价格的攀升，实际上1900～1913年间实现的生产能力要少得多。表65给出了1900～1913年以当年价格计算的总产值指数、批发价格指数和实际的工人人均总产值。①

表65　　1900～1913年人均生产能力增长指数

（1900年=100）

年份	以当年价格计算的人均产值	批发价格指数	实际人均总产值
1900	100	100	100
1901	99.9	102.0	98.0
1902	102.7	103.5	99.9
1903	108.6	102.0	106.4
1904	116.6	104.9	110.0
1905	116.0	110.8	104.0
1906	121.1	119.2	101.5
1907	129.4	134.5	96.2
1908	124.9	135.3	81.2
1909	130.4	129.2	100.0
1910	141.2	123.6	114.3
1911	144.2	123.9	116.3
1912	150.9	132.9	113.5
1913	143.3	131.0	109.3

批发价格指数可能过分压低了实际产值，因为价格上升的大部分原因是 【400】
食物价格较高，同时工业价格较高（仅次于前），尤其在1910年以前。到1908年工业价格指数与1900年相比为110%。另外，这里使用的价格指数——是按照波德加金的指数重新计算的，波德加金将1913年作为基年——看起来包含了一些通货膨胀因素在内。N. K. 普罗科波维奇在研究俄罗斯国民收入的过程中，认为1913年的批发价格指数是1900年的128.7%：在此基础上1913年工人人均实际产出指数是1900年的111.3%。②

在个体工业中，1900～1908年间生产率最高的是食品工业，是1900年

① 根据M. E. 波德加金（M. E. Podtyagin）的趸售价格指数重新计算，引用于斯特鲁米林编：*Ocherki*，第115页。【246】

② 根据N. K. 普罗科波维奇（N. K. Prokopovich）编，前引书。【247】

工人人均产值的 145.4%，其次是纸张和印刷行业，为 1900 年工人人均产值的 136.8%，随后是棉纺和化学工业，为 1900 年工人人均产值的 132.6%。1900～1908 年以当年价格计算，工人人均产值最高的是食品工业，其次是化学和动物加工行业（即皮革、皮革制品等）；棉花加工业居第四，金属制造业居第五。①

在一些工业行业存在这样一个事实：实物形态的工人人均产值有所下

【401】降。石油工业就是一个典型的例子，尤其在 1900～1908 年间，这主要是由于石油提取的自然条件恶化，必要的劳动力支出更多了。1889 年提取 1 吨油需要 6 个小时，1903 年需要 9 个小时，1913 年需要 11 个小时。较好的技术设备只能部分弥补对更深的钻井的需求和喷井占总数比例下降的劣势。俄国石油工业的生产能力在 19 世纪 80～90 年代远远高出美国，但是在 1900 年以后就被远远地落在了后面。②

相同的情况发生在煤炭工业，尽管 1911 年相对于 1884 年的指数是 110.4%，但在 1899～1911 年间实物形态的工人人均产值还是略微下降了。主要的工业国家的工人人均产出的数值如下：

俄国	153 吨/每人
法国	203 吨/每人
英国	264 吨/每人
德国	287 吨/每人
美国	759 吨/每人

波兰的顿姆布罗娃（Dombrowa）和索斯诺维斯地区明显高于顿涅茨盆地，但是后者在总产出中权重较大使得全国平均水平下降了。③ 该行业采掘条件恶化，生产能力相对稳定。条件恶化是指越来越多的可得煤炭层枯竭了。另外，技术进步相当缓慢。斧头和铲子的采掘方式和季节性的劳动力仍然被广泛使用；现代化的科技主要应用于辅助工作中。④

类似地，采掘工业的其他部门的生产率也没有什么进步。在金矿采掘

① 根据瓦尔扎尔主编：*Statistika*，第 21 页。【248】

② P. A. 赫罗莫夫：*Ocherki ekonomiki perioda monopolisticheskogo kapitalizma*（莫斯科，1960 年），第 38 页及以后；*Narodnoye Khozyaystvo, v* 1913*g.*（圣彼得堡，1914 年），第 337～338 页；K.A. 帕日特诺夫：*Ocherki po istorii bakinskoy neftepererabatyvayushchey promyshlennosti*（莫斯科和列宁格勒，1940 年），第 139、162 页。【249】

③ 赫罗莫夫：*Ocherki ekonomiki*，第 45 页。【250】

④ A. N. 谢赫班（A. N. Shcherban）：*Istoriya tekhnicheskogo razvitoya ugol' noy promyshlennosti Donbassa*，2 卷本（基辅，1969 年），第 1 卷，第 72～73、99、103、106、110 页；帕日特诺夫：'Razvitiye'，第 45 页及以下，第 56 页及以下。【251】

业，实际上的人均实物产出没有增加。同样，自然条件是部分原因；另外使用没有技能的劳动者以及技术没有什么进步也是原因之一。直到1901年才开始使用掘进机，甚至到1913年还没有大范围地使用它。但是，在矿产能源的多数部门，设备的增长率远远高于劳动生产率的增长率。①

在冶金业，生产能力持续低于可利用水平，1901年、1904年和1908年分别低47%、39%和46%。甚至到了1914年前的繁荣时期，1911年和1912年生产能力也低于可利用水平，达37%和29%。② 1900～1909年间工人人均产出没有什么增长。然而考虑到整个时期，1863～1913年间的工人实物人均产出增加了4倍多，尽管俄国的人均生铁产量仍然远远落后于其他 【402】
工业国家，如下所示：③

俄国	205吨/每人
法国	239吨/每人
英国	356吨/每人
德国	404吨/每人
美国	811吨/每人

在棉纺工业中，1913年俄国每个工人的出口量是英国的一半，是美国的1/4。④ 对各国棉纺工业的产量进行比较有些困难，因为俄国主要生产低支棉纱和粗糙的窄幅纤维制品；另外，19世纪90年代俄国的棉纺工业是两班倒，每班为12小时，而在英国流行一班工作制，工作时间为9小时。尽管伊万诺夫的拉曼斯卡亚（Ramanskaya）生产模式是12小时的两班制，32号线的周生产量是42股，而同时只有9小时一班工作制的奥尔德姆（Oldham）的产量是40～50股（19世纪80年代后期）。⑤

舒尔茨—加耶维尔茨认为，俄国的劣质劳动力不可能利用大型机械，带有1 500个纺锭的自动走锭细纱机很少能得到充分利用。而在英国，带有2 000个纺锭的走锭细纱机是很常见的。据官方统计数字，俄国每1 000个纺锭占用16.6%的劳动力（包括辅助工人），而在英国只占用3%。然而根据舒尔茨—加耶维尔茨自己对莫斯科和弗拉基米尔的观察，每1 000个纺锭

---

① Russia, Sovet S'yezdov Predstaviteley Promyshlennosti i Torgovli, *Statistichesky Yezhegodnik na 1914 god*（彼得格勒，1914年），第181页；赫罗莫夫：*Ocherki ekonomiki*，第46页。【252】

② 帕日特诺夫：'Razvitiye'，第50页及以下；*VF*，1904，no. 16；*VF*，1910，no. 39；*VF*，1911，no. 12。【253】

③ 赫罗莫夫：*Ocherki ekonomiki*，第49页；*VF*，1913，no. 40。【254】

④ 依据赫罗莫夫，前引书，第58页；*VF*，1914，no. 14，第49页。【255】

⑤ 加耶维尔茨，前引书，第96页。【256】

占用不超过 10 ~ 12 人，在纳尔（Narva）的克伦霍尔姆（Krenholm）工厂是 6 人，高于德国水平。在 19 世纪 70 年代，克伦霍尔姆纺纱工厂的工人的平均产出是 402 卢布，而莫斯科是 146 卢布，弗拉基米尔是 141 卢布。①

在俄国较好的织布厂，每个自动走锭细纱机需要 4 ~ 6 名工人，而英国需要 2 ~ 3 名。人均产出同样处于劣势，只有英国的 1/2，该数据是从半成品产量得到的。在弗拉基米尔生产普通纤维的织布厂，情况好的工厂平均每个工人照看 0.8 台织布机，英国则每个工人照看 2.8 台织布机，通常是3 ~ 4 台。如果除去工厂里准备工序的工人，只考虑织工，俄国每名织工照看 2 台机器，而英国是 6 台。②

在俄国，即使是技术先进的棉纺厂，仍然有许多工作靠手工劳作，尤其
【403】是在准备和梳理工序上。同时，为完善有缺陷的产品，还要大量利用手工捡线头。反过来，之所以产生这样的局面，部分原因是劳动力质量低下；部分原因是由于生产者的无知——生产者从各种原料中选出最便宜的原料进行生产；部分原因是由于机器快速运转，工人工作时间太长所造成的。在弗拉基米尔的工厂中，原料的浪费程度达到了 40%，而德国为 20%，英国为 10%。但是在最先进的工厂，有缺陷的产品系数远远小于弗拉基米尔省的平均水平。弗拉基米尔的机器运转的比德国和瑞士快得多，几乎和奥尔德姆的一样快，这种情况适用于低支棉纱和粗纤维制品。但在精致纤维制造厂里，机器运转比西欧国家的慢。对高支棉纱而言，俄国劳动力的单位成本比英国高。在 19 世纪 80 年代及 90 年代早期，棉纺工业工人的平均工作日长度是 12 小时，莫斯科每只纺锭的日产出却只比博尔顿（Bolton）多一点，博尔顿的工作日是 9 小时，两者生产的线股数目相同。③

舒尔茨—加耶维尔茨认为俄国棉纺工业人均产值比较低的原因有两点：首先是检查员、监督员和控制员数量众多，他们使得经营费用增加了 21% ~ 23%；其次是由于俄国主要生产低支棉纱和粗糙的纤维制品，这导致最终产品的价值普遍较低，④ 这种类型的产品最能适应市场的性质和经济中各要素

---

① 上引书，第 97 页；Russia，Ministerstvo Finarssov，Departament torgovli i manufaktur，*The Industries of Russia*，J. M. 克劳福特（J. M. Crawford）主编：《俄罗斯的工业》（圣彼得堡，1893 年：为哥伦比亚世界博览会而出版，芝加哥），第 12 页。【257】

② 舒尔茨—加耶维尔茨，前引书，第 97 页及以下。【258】

③ 同上；《俄罗斯的工业》（参见注释 258），第 21 页。【259】

④ 舒尔茨—加耶维尔茨，前引书，第 100 页；Russia，Ministerstvo Torgovli i Promyshlennosti Otdel promyshletnnosti，*Statsitika bumagopryadil' nago i tkatskago proizvodstva za* 1900 – 1910 *gg.*（圣彼得堡，1911 年），第 10 页；*VF*，1915，no. 8. 【260】

的比例关系，即相对于劳动力成本而言，资金成本较高，至少在短期内可以用相对低的单位劳动成本生产出质量好的纤维。但是到1908年，在生产复杂精致的现代化产品的行业里，劳动力的质量就比其他行业更为重要，比如在莫斯科地区，由美国人所有的机械制造厂的劳动力生产率大约是美国的1/3。毫无疑问，与19世纪80年代和90年代相比，这是一个进步，虽然还达不到标准水平，但可能已经是最好的结果了。①

7.9　工资和收入

尽管俄国的人均工资收入较低，但劳动力的单位成本并不比任何一个发达国家低。工人人均产值低是原因之一；劳动力的固定成本和经营成本较高，比如提供工房和房屋、学校、医院，以及额外的监督和管理成本也是原因之一。【404】

虽然1908年工业在维护房屋、医疗补助、工人保险、学校维护和其他服务上的花费只有3 100万卢布，仅占总工资5.56亿卢布的5.58%，但是这个比率相对于大公司和俄国南部的冶金工业或巴库石油工业来讲，高出了很多。另外，这个数据也没有考虑分期支付的摊销成本。②

已经有人计算过，1895年棉纺工业为给工人提供住房而使得每个纺锭的固定费用增加了25%。1909年在巴库，石油工业提供的各种各样额外福利——主要是房屋、照明、取暖、用水以及提供给工人的饭汤——总共是每年家庭主要劳动力收入的37%，辅助劳动者收入的43.3%，带家庭的普通劳动者收入的43.3%。对应这三个类别中的单身职工，这些福利分别占到了28.2%、27%和32%。由于这些额外福利，有特殊技能的巴库工人的收入比莫斯科同样条件的工人高出许多，尽管比不上圣彼得堡金属制造业工人的收入（那些金属制造工人的收入是全国最高的）。在1904年俄国南部的冶金业，花费在工人身上的人均间接支出是现金收入的10%～15%。③

根据1908年的工业普查，除工资外，花在工人身上的平均支出是14卢

---

① IHA，no. 1238，“俄罗斯的制造业”（雷伊致芬克），1909年10月30日。【261】【533】

② 瓦尔扎尔主编：*Statistika*，第7页；洛维克，前引书，第148页；根据Statisticheskoye Byuro，*Zarabotnaya plata*，第136页及以下。【262】

③ 洛维克，前引书，第148页；舒尔茨—加耶维尔茨，前引书，第99页；Statisticheskoye Byuro，前引书，第136页以下。【263】

布，巴库是37.2卢布；棉纺和冶金工业平均为20卢布。1900~1908年间，在直接工资上升了20.5%的同时，工人福利费用的支出上升了63%。① 1913年雇主每年花费在学校维护、托儿所医院、电影院和类似机构的费用占公司货币工资的3.66%；工人保险、医疗服务、房屋和生活费使之又增加4.5%——合计是货币工资的8%。②

巴龙·哈克斯特豪森在19世纪40年代参观俄罗斯时，对俄罗斯的工资之高感到惊讶。他认为由于给低生产能力的俄罗斯工人提供津贴而使得俄罗斯的实际工资高于德国。当时人们以为高工资是由于农奴的存在而使劳动力供给缺乏弹性所致。舒尔茨—加耶维尔茨在1899年的文章中认为，巴龙·哈克斯特豪森对劳动力成本的估计在舒尔茨所处的时代仍然适用。他认为，如果只考虑名义工资，英国的平均工资比俄罗斯高3~5倍。但是俄罗斯单
【405】位产值的劳动力成本却仅比英国低一点，只有采用9小时工作日的莫斯科最大纺织厂的单位劳动力成本比较低。但是，莫斯科工厂的劳动力成本差别优势被用在劳动力身上的住宿、其他类似支出以及监督和管理成本给抵消了，因为俄罗斯的这些费用高于其他任何地方。③ 国际收割机公司认为这些额外费用是1909年劳动力成本的175%。④

从1900年才开始有工厂工人的名义工资合计数，并且只限于被处以罚款、受到监察的公司。虽然只有1/4受监察的公司记录了工资总额，但这些公司占用了1/2~3/4的劳动力。制造业中（华沙地区除外）以当年价格计算平均货币工资——货币工资和实际工资变化的指数——列于表66中。⑤ 1900~1913年间，平均工资增长了37.3%。这是一个工业衰退期，一直持续到1903年，随后是伴随着战争和革命而来的大萧条时期。由于罢工运动，1906年的名义工资有所上涨，但是由于价格上升——部分原因是工资上涨了，大部分原因是受贸易变化的影响——实际工资低于1900年的水平。1907年的罢工和金融危机影响了工业活动，使得实际工资有所下降，一直持续到1910年经济开始恢复。总而言之，除1901年和1902年以外，这段时期的实际工资并没有明显增长，并滞后于生产率的增长。⑥

---

① 瓦尔扎尔主编：*Statistika*，第6~7页。【264】

② 根据1914年*Svod Otchotov Fabrichnykh Inspektorvo*；斯特鲁米林：'Dinamika'。【265】

③ 巴龙·冯·哈克斯特豪森（Baron von Haxthausen）：《沙皇俄国、民众、机构与渠道》，2卷本（伦敦，1856年），第1卷，第147页；舒尔茨—加耶维尔茨，前引书，第119页及以下。【266】

④ 皮克林，前引书，第96页。【267】

⑤ 根据相关年份*Svod Otchotov Fabrichnykh Inspektorov*；斯特鲁米林：'Dinamika'。【268】

⑥ 斯特鲁米林，前引书，第165页。【269】

另一方面，这段时期许多女性劳动力和年轻劳动力代替了男性劳动力，这一点也压低了平均工资，尤其在纺织工业，纺织工业是雇佣劳动力最多的行业，纺织工业雇用女工是普遍现象。

斯特鲁米林对制糖业雇用的季节工人、女工和年轻工人的低工资水平进行了调整，平均成年男工的年工资收入如下（不包括华沙工厂区）：①

年　份	名义工资	实际工资
1900～1904	240.8 卢布	308.2 卢布
1905～1909	275.9 卢布	287.6 卢布
1910～1914	311.5 卢布	312.4 卢布

女工的平均工资大约是男性的一半。 【406】

圣彼得堡工厂区的工资水平在制造业最高，其次是华沙和哈尔科夫［苏联乌克兰东北部城市］工厂区。莫斯科在伏尔加河工厂区（包括乌拉尔）之后居第五。尽管这些地区的生活费用明显影响了工资水平，地区工资水平还受到工业的相对重要性、劳动力结构、每年工作时间长度等因素的影响。

表 66　制造业的平均货币工资

年份	以当年价格计算的平均工资（卢布）	平均工资指数（1900 年 = 100）	实际平均工资指数（1900 年 = 100）
1900	187.3	100	100
1901	196.0	104.6	102.5
1902	196.5	104.9	101.0
1903	203.5	108.6	106.4
1904	207.7	110.9	101.8
1905	199.0	106.2	95.8
1906	222.7	118.9	99.7
1907	233.1	124.5	92.4
1908	236.2	126.1	93.2
1909	228.5	122.0	94.2
1910	232.0	123.9	100.0
1911	241.5	128.9	104.0
1912	246.5	131.6	99.0
1913	257.2	137.3	104.8

① 斯特鲁米林，前引书，第 165 页。【270】

1913 年个体制造行业平均工资最高的是金属制造工人（1913 年为 417 卢布）。平均工资最低的是食品和烟草工业（169.4 卢布），倒数第二是纺织业（221.4 卢布）。在纺织业内，最低工资是亚麻、大麻、黄麻加工业。采矿和冶金业平均工资是每年 347 卢布，最高工资是钢铁工业（380 卢布），其次为石油工业（374 卢布），这些行业平均工资较高的部分原因是因为几乎雇用的都是处于盛年时期的成年男子。对一些行业的季节性因素进行调整后，斯特鲁米林计算 1913 年工厂和矿业的平均货币工资是 283 卢布——工作日长度为 257 天的情况下——表明平均日工资水平是 1 卢布 10 戈比。①

【407】 1900 年才开始有工厂工业的工资水平数，但是有圣彼得堡七类工人 1853～1910 年的日工资数据。也有同期圣彼得堡黑麦和面粉的价格数据。这样就有可能得到自农奴解放开始、考虑了面粉价格变动影响后的实际工资水平，并且能够评估废除农奴制 8 年以来的工资变化过程。②

如果 1853～1860 年平均工资和黑麦、面粉的价格为 100，我们得到每 10 年的指数变化列于表 67：

表 67　　1853～1910 年工资和面粉的价格指数

（1853～1860 年 =100）

年　份	七类工人的平均工资指数（1）	黑麦和面粉的平均价格指数（2）	实际工资指数（1:2）
1853～1860	100	100	100
1861～1870	110	131	84
1871～1880	115	144	80
1881～1890	129	145	89
1891～1900	151	137	110
1901～1910	175	163	107

圣彼得堡工资收入者能够购买的面粉数量在农奴解放后 20 年内显著下降——这一点在工人主要食物品种黑麦上表现更为明显。只有 19 世纪 90 年代该数字才有较大增长，其后 20 世纪的头 10 年又有所下降。在农奴解放前，一个非熟练工人的日工资可以分别买 33 磅黑麦和 21 磅面粉；20 世纪的头 10 年他可以分别买 34 磅黑麦和 23 磅面粉。变化不明显。

① *VF*，1915，no. 7.【271】

② 根据 A. 雷卡谢夫（A. Rykachev）：'Tseny na khlyeb i na trud v S. - Peterburge za 58 let' 撰写，载于 *VF*，1911，no. 3，utilizing the 'Vedomosti spravochnykh tsen v S. - Peterburge'。【272】

19 世纪 60 年代到 70 年代间名义工资增长相对缓慢，与劳动力和工业增长指数相吻合。19 世纪 90 年代的跳升很好地反映了那 10 年的经济繁荣，10 年间的平均工资增长幅度并不能完全反映 19 世纪 90 年代最后 3 年名义工资的上升。

在上述七类工人中，有五类与建筑行业有关（泥瓦匠、油漆工、木匠、细木工人、泥水匠），一类是锁匠，另一类是普通劳动者。其中，在 20 世纪头 10 年，只有泥水匠和木匠真正地增加了购买力（以面粉数量衡量），【408】
泥水匠增加了 19%，木匠增加了 14%。普通劳动者以当年价格表示的工资在农奴解放后的第一个十年有相当的增长，增长了 30%，接近七类工人的平均数。以当年价格表示的锁匠工资在 19 世纪 60 年代下降到了农奴解放前的 92%，这一情况或许可以解释图冈—巴拉诺夫斯基记录的大量有技能的工厂工人逃回农村的情形。① 19 世纪 70 年代锁匠的平均工资仍然是 19 世纪 50 年代的 95%。在 19 世纪 80 年代，普通劳动力的工资与 19 世纪 60 年代相比几乎没有什么增长；而其他行业，尤其是那些与建筑相关行业的工资却有一个实质性的上浮。但是除了木匠、细木工匠和泥水匠外，20 世纪头 10 年其他类别工人的货币工资指数低于平均水平。总体而言，建筑业是俄罗斯季节性行业，尽管该行业的工资是经济活动的指示器，但是它们也许并不具有代表性。

实际工资变化的特点是，两个不同阶段个体工资差别不像货币工资那样明显；另一个特点是普通劳动力的工资相对稳定，他们能够购买的面粉数量在两个不同阶段的波动也比其他类型小。

在俄罗斯史学中有一个当务之急，就是解决丰收与经济活动之间的关系问题。尽管听起来有些荒谬，对于大多数人口是农民的国家而言，粮食价格低反而对俄罗斯有利，这是因为大多数农民被迫在市场上购买食物。人们还认为，最好的组合是收成好和价格低，两者同时出现的年份被称为“农民的年份”。这种情况既有利于能够维持生活的农民，也有利于入不敷出的农民，而这两者占农民的大多数。另外他们还认为城市劳动者可以从黑麦收成好和价格低中获利，因为农村劳动力供给减少，这使得劳动力价格有所上升。

受 S. 维特委托，A. I. 丘普罗夫、A. S. 波斯尼科夫和 V. N. 格里戈里耶夫②进行了大规模的研究，利用的是 1883 ~ 1892 年莫斯科十类工人的数据，

---

① 图冈—巴拉诺夫斯基，前引书，第 332 页。【273】

② A. I. 丘普罗夫和 A. S. 波斯尼科夫主编：*Vliyaniye urozhayev i khlyebnykh tsen na nekotoryye storony russkago narodago khozyaystva*，2 卷本（圣彼得堡，1897 年）。【274】

重点结论是：1887～1889 年莫斯科工资陡然上升——即在两年好收成及其后一年里——随后三年工资都是下降的，并在 1892 年达到了最低点——紧
【409】随 1891 年饥荒和 1892 年的坏收成。舒尔茨—加耶维尔茨也强调了俄国在收成好的地方，农村劳动力供给减少造成粮食价格低而工资上升的矛盾情况。反之亦然。①

圣彼得堡的工资和价格变动数据没有证实这一观点。对圣彼得堡连续好收成年份和连续坏收成年份的日工资升降指标进行分析，会发现平均工资指数上升的情况多于下降的情况。只有在 1875～1876 年、1879～1880 年的连续坏收成年份中，日工资有相当大的下降。但在 1891～1892 年的饥荒和 1906～1908 三年的坏收成中没有发生这种情况。另一方面，1902～1903 年连续两个好收成也没能阻止 1904 年工资的下降。而 1904 年是一个缓冲的年份，就像 1870 年一样，当时是紧随 1869 年的好收成之后的、25 年以来最好的丰收年景，但是也没能阻止 1871 年工资的下降。②

如果不是使用所有劳动力的平均工资指数来考虑普通劳动者的工资变化，我们会发现坏收成和工资存在弱相关。非熟练劳动力在坏收成年的工资收入通常是增加而不是降低，但在坏收成年随后的几年里，非熟练劳动力的工资收入通常是降低而不是增加。这种情况下的相关关系不是一成不变的。例如 1889 年坏收成之后的 1890 年，非熟练劳动力的工资收入上升了；在 1875 年和 1879 年的坏年景之后工资也是上升的，尽管之后的 1876 年和 1880 年也是坏年景。③

格里戈里耶夫关于莫斯科的数据因为时间跨度太短而不十分明显，即使他的发现对于莫斯科来说是正确的，因为莫斯科的工业和农业的联系相当紧密，而在圣彼得堡观察到的粮食价格与工资的反向关系也不能证明该说法。圣彼得堡劳动力市场对收成波动的敏感性远不如莫斯科。

在战争年份，如 1854 年、1855 年、1877 年、1878 年和 1904 年，平均工资水平下降了，但是 1905 年由于革命的压力，名义工资陡然上升。工资和工业周期显著相关，这种相关在 1858 年时就已经很明显了，那年的工资指数达到了最低水平。这种相关性在 19 世纪 70 年代后半期持续存在，工资

① V. N. 格里戈里耶夫，同上，II，第 134 页；舒尔茨—加耶维尔茨：前引书，第 137 页。【275】

② 雷卡乔夫，前引书，第 205 页图；L. V. 霍茨基（L. V. Khodsky）：*Po povodu knigi 'Vliyaniye urozhaev i khlebnykh tsen na nekotoryye storony russkago narodnago khozyaystva'*（圣彼得堡，1897 年），第 25 页及以下。【276】

③ 同上引，第 206 页和第 201 页表 A。【277】

随着经济行为和产量而上下波动。最高工资的三次下降都与1878年、1886年和1900年的经济衰退同时发生。三次明显的工资上涨是与众所周知的经济繁荣年份（1878～1880年、1886～1890年、1897～1899年）同时出现的。① 【410】

图冈—巴拉诺夫斯基使用尼兹诺夫哥罗德集市的交易数据和英国出口的数据来说明俄国在农奴解放后的周期性变化。图冈—巴拉诺夫斯基使用的统计数据性质完全不同，圣彼得堡平均日工资下降幅度最大的年份与尼兹诺夫哥罗德集市交易量的最小值和英国出口的最小值是同时发生的。②

圣彼得堡以当年价格表示的非熟练工人和熟练锁匠的平均日工资如下：③

年　份	工资（戈比）	
	普通劳动力	锁匠
1853～1860	52	113
1861～1870	68	104
1871～1880	69	107
1881～1890	70	127
1891～1900	78	145
1901～1910	91	186

这些数据可以与1913年制造业和采矿业的110戈比、农业劳动者的82.5戈比相比较。④ 农业工资在1885～1900年间都保持在48戈比。据斯特鲁米林计算，农民实际日工资在这段时间增长了5%，1900～1913年间增长了20%，相比之下工业的工资只增加了5%。另一方面，农业收入主要是季节性的。⑤

如果我们假定圣彼得堡普通工人的工资等于一个工人的生活费用，那么1913年工厂工业的平均日工资与这个水平不相上下。这也解释了为什么大多数工人没有割断他们与农业的联系。即使我们假设1913年一个公司给工人的人均年花费（除工资外）为20卢布，这个水平也远远低于维持非农村家庭所需的费用。

---

① 同上引。【278】

② 图冈—巴拉诺夫斯基，前引书，第244页以下各段。【279】

③ 雷卡乔夫，前引书，第202页。【280】

④ 同上引，第178页。在国际收割机公司1909年从另外一个美国公司兼并的柳贝尔茨工厂中，平均日工资收入（不包括经理、部门主管和办公人员的）是120戈比，驻俄国的国际收割机公司的代表认为根据其“工作等级”而言这种工资水平很低，因为这是一家机械制造企业；参见皮克林，前引书，第85页。斯特鲁米林：*Izbrannyye, proizvedeniya* III，第277页。【281】

⑤ 同上引，第279页。【282】

N. K. 普罗科波维奇认为平均收入为200卢布的工人不能养活其家庭。
【411】收入400～600卢布的工人也只能养得起妻子，却不能在类似圣彼得堡的城市里抚养孩子，因为那里的房屋租金很高。S. 克勒指出，1910年柏林工薪阶层较好的住宿条件所需的费用大概是每年150～170卢布，而在圣彼得堡则是300卢布，据说1909年一个地下室的费用是75卢布。能够维持城市中一个家庭所需的工资大约是俄罗斯1905～1909年间平均工资的3倍。① 毫无疑问，工资反映了工人的相对生产率，它同时也解释了为什么工人将家庭从农村中搬出的比率相对较低。图冈—巴拉诺夫斯基认为这个问题是经济落后情况下的一个恶性循环：工厂的农民工人工资低是因为他们的生产率低，生产率低是因为他们没有完全投入到工厂工作中去，没有完全投入是因为他们无力承担这样做的后果。②

这里并不适合详细讨论工人的预算，上面提到住宿费用的目的是为了强调这样一个矛盾现象：雇主认为，考虑到资金、原材料、运输的成本较高，单位劳动成本并不比西欧低，这使得俄罗斯制造业的边际利润较低；而对工人而言，他们得到的工资却只是西欧平均水平的1/4～1/3。③

然而在制造业、金属加工业、纸张和印刷业以及冶金业中，有几类工人，他们的工资远高于平均水平。在大公司，再考虑到给工人及其家庭提供的各种福利，这使得靠工厂工作收入来维持工人及家庭生活更为可行了，尤其是当妻子或家庭成员也能参加就业时更是如此。对最大型公司（1907年，这些大型公司雇用的受视察工厂的工人总数占全部受视察工厂工人总数的80%）的分析表明，靠雇主提供房屋的家庭占劳动力的16%，另外的16%可能住在工厂附近，尽管不是雇主提供的房屋。④

这一问题本身表明，是否存在其他收入来源会影响平均工资水平。是工人的讨价还价能力更强了吗？还是工资里扣除了工人以农民身份取得的那一部分其他收入呢？这个问题只能暂时给个泛泛的解释，就是由于劳动力生产
【412】率低下，与农业的联系负面影响了平均工资水平；另一方面，由于劳动力的

---

① S. N. 普罗科波维奇（S. N. Prokopovich）：i poreformennaya fabrika'，载于A. K. 迪兹维勒戈夫等主编：*Velikaya reforma：obshchestvo i krest' yansky vopros i proshlom i nastoyeshchem*，VI（莫斯科，1911年），第171页；也可参见伯恩斯坦—科甘，前引书，第53页及以下，克勒，前引书，第23页。【283】

② 图冈—巴拉诺夫斯基，前引书，第350页。【284】

③ 同上引，第295～296页。【285】

④ 根据 *VF*，1910年，no.5，第216页撰写；*Svod Otchotov Fabrichnykh Inspektorov* for 1912。【286】

供应超过了需求，与农业的联系又正面影响了平均工资水平，因为一个很低的平均工资水平更适合于俄罗斯制造业高成本且存在销售问题的现状。

7.10　结　　论

尽管工业化过程存在着明显的间歇，如彼得大帝一世统治的18世纪前25年，维特管理的19世纪90年代以及1914年前的4年，但它整体上是一个缓慢的变化过程。在它的发展过程中，连续性非常强并占主导地位，相同的持续过程也体现在工业劳动力的形成方面。持续过程中最大的一个断裂点是18世纪中期，在欧俄中北部省份的农民中出现了一个劳动力市场，这个市场使得工业就业有可能逐渐从强制形式转变为自愿形式。

大体上而言，彼得大帝及其继任者使用强制性劳动力是惟一的手段，通过这个手段，在主体为农业经济的条件下，可以在短时间内为大规模工业生产提供大量的劳动力，这种大规模的工业生产是受军事需要和重商主义者的当务之急刺激而产生的。劳动力市场出现后，来自农业的劳动力不总是完全具有弹性，这种不足不是机构制约或是社会僵化所导致的。

影响劳动力从农村转移的主要因素，就供给而言，是农业的季节性很强，这一点使得就业形式可以轻易地与农业相结合，并且很难完全脱离农村；从需求上讲，工厂工业提供的工资不足以弥补为从农业中分离出来所做的努力。这一点有利于季节性农村产业的增长。还有一点需要说明，由于许多工业工厂的厂址在农村，纺织业尤其如此，这使得工业工厂往往建立在“以农村为中心的前现代化发展”的基础之上。①

另外一个影响劳动力转移的因素是工业工厂创造就业的能力相对低下，并且不能持续地提供就业机会。虽然农业劳动生产率并没有显著增加，虽然农业的劳动力投入随着种植面积的扩大而增加，虽然农民农业的权重相对于大型庄园而增加，虽然种植了更多的劳动力密集型农作物，但是由于人口增长和家庭户分离，农村中还是出现了不充分就业。这种不充分就业被定义为 【413】
“人时的剩余，即从可以使用的劳动时间减去必要劳动时间”，这样看来，

① T. C. 史密斯（T. C. Smith）：《前现代时期的经济增长：日本和西方》，载于《过去与现代》杂志，第60期（1973年8月），第127～181页。【287】

俄国许多地区一年中大部分时间里都存在着不充分就业。① 有的年份则全年都有不充分就业的情况。因此劳动力对工业的供给超出了需求。有时这一点在被描述为“隐性失业膨胀”的奇怪现象中表现得很明显。在周期性的经济转机中，对劳动力的需求上升，进入劳动力市场的农民数量增加得更快，这时表现为隐性失业与就业同时增加。②

到 1913 年，大约有不到 1/3 的工厂劳动力完全割断了与农村的联系，开始完全进入工业。由于不是所有的劳动力都完全进入了工业，影响结果之一就是劳动力生产率低下，大公司为了吸引和留住劳动力而增加了在房屋和各种社会保障措施上的支出，进而提高了单位劳动力的成本。

劳动力的特点也鼓励保留无须什么技能的手工工艺，作为机械化工艺的补充。另外，需求主要集中在粗糙低质的部件或是冶金工业的重工业品上，这种需求的性质和高的资金成本也促进了对手工工艺的保留。即使是有资金优势的雇主，主要是外国企业主，也试图在商业策略中实行一种双重机制：通过利用非熟练（通常是季节性劳动力）作为资金密集型工序的补充。

工业工厂的技术和组织管理所带来生产率常常被较高的固定费用和企业一般管理费用所抵消，因此，工场和个体工匠工业对于大规模工业而言就具备了一定的竞争力。这导致出现了一些大公司企图通过控制原材料或者贷款而将小公司赶出市场的趋势，这一趋势有利于形成能够将行业中所有工序结合在一起的大公司，它们有可能在更大规模的产量上分摊固定成本，降低中间环节的费用，但是也有可能导致庞大的高额管理费用。后果就是导致了工业结构的双重性，小工厂的坚忍不拔能够与工业巨人相竞争，甚至到 1913 年，小工厂的工人人数仍占制造业人数的大多数。③

尽管与一般意见不同，但是夸张一点地说，人们必须同意国际收割机公
【414】司经理的看法：“俄罗斯制造业的效益在全世界制造业中最低。”④ 原材料成本高、销售成本和融资成本高、资金成本高（并不能因为较低的单位人工成本而得到补偿）、管理费用高、受到限制的国内市场、有限的出口前景以

---

① R. 马勃罗（R Mabro）：《二元农业中的就业与工资》，载于《牛津经济论文》，n. s. XXIII, 3（1971 年 11 月），第 402 页；S. 扎克（S Zak）：*Promyshlenny kapitalizm v Rossii*（莫斯科，1908 年），第 66 ~71 页。【288】

② S. 什维安尼耶维兹（S. Swianiewicz）：《强制性劳动与经济发展》（牛津，1965 年），第 62 页。【289】

【534】③ 同上引。【290】

④ IHA，1225 号，肯尼迪致芬克，1910 年 2 月 24 日 ~3 月 6 日；皮克林，前引书，第 80 页。【291】

及外国高质低价产品的竞争都是俄国企业边际利润低下的原因。在这种条件下，只有非常大和非常小的公司才有可能生存。前者可以生存是因为它们能够在大规模产量中分摊成本、能够轻易地得到低于平均水平的资金和贷款、能够以更好的手段为劳动力提供保证、能够更大程度地控制市场；最小的公司能够生存是因为它们的成本结构很灵活、预期的利润较低、有较强的适应环境的能力。

俄国工业化逐渐侵蚀着基础生产部门，但是大多数人仍然没有被卷入一个有组织的工薪经济体制中去。按照敏特所说，大多数人仍然处于"经济活动的中间地带，经济专业化程度非常低，只利用部分时间和资源进行基础生产活动和取得现金收入的活动"。①

在1860～1913年间，非工业化就业比工业就业增长得快，在工业内部，工匠就业形式比工厂工业就业增长得快。由于最终产品粗糙、原材料成本比例很大，所以转移到工业领域的劳动力和资源的生产率并不高。1908年，原材料占制造业和采矿业净产值的58%，在棉纺业中占69%，而工资只占12%，只是在冶金和金属加工业中，工资部分超出了总产值的25%。②

1913年，占工作人口1/20的工厂劳动力创造了1/5～1/4的国民收入。而农业部门使用了2/3的人口，创造了45%～55%的国民收入。③ 从这个角度上讲，劳动力转移带来的生产率是非常直接的，将来从农业转到工业的潜在利益会更大。【415】

① 敏特，前引书。【292】
② 瓦尔扎尔主编：*Statistika*，第22页。【293】
③ 法尔库斯，前引书。【294】

第八章

俄国企业家

8.1　企业家还是管理者?

在俄国有记载的上千年经济史中，管制代替了企业家。而在过去的50年中，管制则从根本上消灭了企业家精神。国家不是企业家，因为这种功能只能由它的公民来行使：彼得大帝建立的控制框架和激励机制诱使自由人（和少数外国人）不断地采取新的方式从事经济活动。相比之下，斯大林体制不允许任何人偏离他本人或者他的下属所认定的激进路线。自第一个五年计划以来不允许个人自主进行经济决策——这是企业家的一个必要特征，但在此之前的25年里，每个公民都有权利成为一个企业家，即自主做出决策。事实上，在此前和此后的时期内，农场工人享受的自由远远少于其他人。早在1861年就已解放了农奴，但在100年的时间里，俄国仍然是一个农业社会；在20世纪之初城镇人口还不到人口总数的1/6，但到1961年两者正好相等，而直到1906年改革和1917年革命以前农民一直都受到约束。通过决定农民的生产方式，沙皇统治者和苏维埃政府都采取了他们所希望的动力机制。他们的一大功劳是利用差别对待方式使得某些部门实现了现代化，同时，在其他部门仍然维持传统的生产方式（或者通过压制一些阶级来鼓励另外一些阶级）。在苏维埃的统治下，控制是由那些本身受到监控的人来执行的。

除了那些离题较远的观点，例如代理者的判断力会影响到交易等观点，① 如今的苏维埃经济是在没有企业家的条件下进行管理的。确实，再没有比下面这句话更精辟的了："管制经济似乎是当前经济学很难解决的问题"。② 无论如何，这不是本章的主题，但是要分析千余年来对经济选择的限制，向非市场和没有企业家的体制的转变之路就具有了特别重要的意义。

在西欧和北美进行工业化革命的时候，农奴制度——在1649～1861年间是合法的并确实存在——将9/10的人口束缚在土地上，并成为了奴役劳动力。【416】只是在下个世纪很短的时期内——1906年和1932年是两个法律上的界标——农民才有权利拥有身份证，获得住在他所注册的农村以外的权利。居住约束，进而更大范围的职业约束，并没有随农奴制度的废除而废除；社会主义尊重并奖励被沙皇统治者和贵族所鄙视与剥削的劳动者。近来，苏维埃市民中没有人遭受到贫困、瘟疫或饥荒，而19世纪末以前这一直是普遍的现象。工人完成定额、经理完成计划都会受到奖励，这表明遵守规则受到表扬，违反规则受到处罚的社会秩序。游离在党派或者国家官员所规定的模式以外不仅不会受到鼓励，还会遭到禁止。《苏维埃宪法》第4款规定：

> "苏联的经济基础是社会主义经济制度和生产工具与手段的社会主义所有制，这是通过打破资本主义经济制度后坚实地建立起来的、废除生产手段的私有制并且消灭了人剥削人的制度。"

苏维埃奉行这样一种集权措施：即惩罚"投机者"、"寄生虫"和其他寻求不正当个人利益的人，通过计划和管制集中全国的资源。斯大林在其《苏联社会主义经济问题》（1952年）一文中阐述了约束和动员的目标："通过利用最先进的科学技术不断增加和完善社会主义生产。最大限度地满足全社会不断增长的物质和文化需要。"

俄国的历史也表明了19世纪90年代和随后的30年中农民的迁移率与西方形式的企业家精神之间存在着相关性。维特领导的俄国和列宁新经济政策领导下的苏维埃得以发展，都是因为它们承认市场是经济发展的条

---

① G. 格罗斯曼在（G. Grossman）在《黄金与权力：苏维埃指令性经济中的货币》中提到四个地区，那里存在着市场经济关系，载于H. 罗索夫斯基主编：《两种体制下的工业化》（纽约，1966年），第207页。【1】

② R. 坎贝尔（R. Campbell）：《经济管理理论》，同上引，第203页。【2】

件。尽管在维特时代主要工业是煤炭业和金属业，尽管列宁的指令性计划也着重于此，但他们的近期目标都是为个体消费者市场提供产品。布尔什维克推翻业主制度属于一场政治革命，它使得市场在俄罗斯暂时消失了（1919~1920 年），但是这种经济模式还是一直持续到了 1930 年。为了在集体化和第一个五年计划之间划一条线，我们必须强调 1917 年和 1930 年社会主义革命的不彻底性。可以在关于 20 世纪 60 年代中期的讨论中看到
【417】发生第三次巨变的可能性。这些讨论的主要内容是废除对农民的限制，并通过允许批发商进入国有企业中来改革斯大林的指令性经济。这些观点随即引发了农民的自由化，在某种意义上也导致了部分批发业务的自由化。苏联和国外的一些观察家们对这一问题进行了深入的研究，并将 20 世纪 70 年代的苏联管理者解释为：

> “更多的是需求导向的商人，而不是供给导向的生产工程师。基于一个类市场体制，发展综合性最优计划和管理的可能性开始被苏维埃的和西方的许多经济学者（包括本文的作者）所接受。它在理论上是可行的，在苏维埃体制中也是合理的。”①

匈牙利的经济学家概括了本国的发展历史，预期会出现下面这种可能性，即在计划经济下，中、小型生产者的市场关系是有可能“通过采取各种立法手段，将其决策整合进社会主义经济秩序中的”。②

融入苏维埃经济中的市场是一种处于少数寡头垄断阴影下的市场，因为历史悠久的工业部门大多是横向卡特尔，而卡特尔早在第一次世界大战前就已经出现了，并在列宁的新经济政策下演变成管理总局（*glavk*），随后在 1973 年变成了代表产品专业化利益集团的社会团体（*ob"edineniya*），而这些集团先被斯大林利用，后被赫鲁晓夫解散，最终由勃列日涅夫和柯西金（Kosygin）予以恢复。在维特统治的 10 年里，俄国最大程度地取消了对企业家的限制，但是仍然没有采取积极的措施建立企业家之间的竞争机制。企业家的反应就是在自由市场的约束下，于 1892 年建立起了第一个主要的卡特尔组织。同样，农民——由于自由颁发身份证（1894 年）的缘故——也可以无视上述约束和村社的限制。后来在 1932 年——即“一五”计划的最

---

① J. P. 哈尔特（J. P. Hardt）和 T. 弗兰克尔（T. Frankel）：《工业管理者》，载于 H. G. 斯基林（H. G. Skilling）和 F. 格里菲思（F. Griffiths）主编：《苏维埃政治体制下的利益团体》（普林斯顿，1971 年），第 171、191 页。【3】

② B. 奇科什—纳吉（B. Csikós-Nagy）：《社会主义经济政策》（伦敦，1973 年），第 75 页。【4】

后一年——结束了农民的自由移民和曾经存在但是并不完善的市场。

五年计划引入的经济机制侵蚀了已经存在了千年之久的、受到约束的企业家地位，但这种经济体制所依赖的规则并不是全新的，有些可以追溯到俄罗斯历史上曾经对企业家施加的约束。俄罗斯经济的商品化程度一直低于西欧，但是这一事实本身并不排除它追求建立企业家阶层的努力。一位很早就致力于研究这段历史的学者使用“企业家”一词来描述基本上还没有商品化的斯拉夫经济中的资本商人（capital dealer）。① 同时，另一位研究 5～10 【418】
世纪西欧商品交易的学者也得出以下结论：

> “并非所有的实物支付都是自然经济的特征，自然经济也可以与贸易并存。理解中世纪早期商业的关键不在于自然经济的广泛定义，相反也不在于货币经济，而是在于对具体贸易活动的耐心研究。应当高度重视远距离商业贸易，因为它要求投入相当多的资本，并且只能通过职业商人来实现。”②

职业特点和进行资金安排是俄罗斯客商的特色。这种客商出现在有历史记载的 10 世纪，我们的研究是从它们开始的（见下面第二部分）。专业化能力和以微不足道的资本从事冒险的意愿是马歇尔式企业家的标志，③ 也是 W. W. 罗斯托“起飞”概念中资本主义的本质。然而，客商（*gosti*）在基辅和君士坦丁堡之间进行交易所体现出来的功能，从马克思和希克斯的非企业家角度来看也是合适的。在农奴或封建社会，马克思发现商人（或商业）资本主义中所隐含的生产关系预示了资本主义生产方式。④ 对于希克斯而言，手工工业和贸易在经济上几乎难以区分⑤——乡村工业和小农的存在为客商提供了可供交易的商品——但是当商业中运用的固定资本比例超过流动资本时，就诞生了现代工业；这就是马克思所说的“资本的有机构成”，但这种进步的动力源自科学发现与技术进步，而不是来自日益加强的剥削。⑥

---

① 赫尔曼·奥宾（Herman Aubin）：《易北河东部的土地与日耳曼的东向殖民》，《剑桥经济史》，第 1 卷（即本丛书第 1 卷，以下类同。——译者注）（剑桥，1941 年），第 454 页；12 世纪，《一个企业家通过组织殖民地牟取利润的发展之路》。【5】

② 参见罗伯特·S·洛佩斯：《中世纪欧洲的贸易——南方》，《剑桥经济史》，第 2 卷（剑桥，1952 年），第 260 页。【6】

③ 特别参见艾尔弗雷德·马歇尔（Alfred Marshall）：《经济学原理》，C. W. 吉尔博（C. W. Guillebaud）第 9 版，2 卷本（伦敦，1961 年），I，附录 A. 第 745～747 页。【7】

④ 特别参见《商品资本转换、货币资本转变为商业资本以及借贷资本》，马克思：《资本论》，恩格斯主编。由 S. 穆尔（S. Moore）和 E. 埃夫林（E. Aveling）从第 3 版俄语翻译过来，第 3 卷（莫斯科，1961～1962 年），III，第 4 部分第 16 章。【8】

⑤ J. 希克斯（J. Hicks）：《经济史理论》（牛津，1969 年），第 141 页。【9】

⑥ 假设存在贸易网络和可替代资产（同上引，第 142～144 页）。【10】

这种论点足以说明客商的积累作用，希克斯的分析主要在三个组织方面与俄罗斯相关。首先，希克斯研究了“两种纯粹”的非市场经济，即“位于‘底层’的惯例经济和位于‘上层’的指令性经济。在汤因比（Toynbee）所说的‘挑战’的压力下，经济体系会向指令性的方向摆动，但缺乏这种挑战时，就会出现反作用”。① 在希克斯视为“规则和默契结构”的生产体系中，彼得大帝时代和苏维埃时代的俄罗斯都是由“上层”支配的。农奴制度的本质——或者说，在农奴解放后对大多数人口的职业约束——几乎完全消除了“底层”进行“决策的权利，即使在一个有限的范围内也是
【419】如此”。② 来自上层的约束能够避免来自下层的束缚：一项有关圣彼得堡工业化的研究得出这样的结论：实际经济收益很容易失去，以致不能提高 *obrok*（免役税）。③ 农奴企业家不得不耐心地与更强大的法律、社会和物质压力作斗争，这种压力比其他国家工业革命中工人或农民所遭受到的都要大。“上层”不得不通过规则加强对受约束大臣和官员动机的强制。当1930年之后又一次出现了管理创制的真空时，个人利益和公共动机之间相互作用，促成了指令的积累；这是因为，由于制定的规则与上述目标不一致，因而需要增加更多的规则，这些规则反过来又导致了新一轮规则的滥用，或者躲避规则以及反措施的出现。

其次，希克斯用就业的规律性来区分现代工薪阶层。“临时劳动是工业化前无产阶级的典型状态”。④ 相比较而言，俄国的城里人深受永久性就业之苦（疑为失业——译者注）。只有客商和两个“公会”（见旁码第426页）的成员能够改变城镇居住地或者职业，而且只有客商能够成为土地所有者。工匠“公会”和较低级的城市阶层必须承担集体税负，就像农奴承担贵族的税负那样。克里斯普将俄国16～18世纪的这种特征与希克斯的名言联系在一起：

> “在其他地方尚处于胚芽状态时，‘官僚税收国家’在俄国已经发展成熟了，这在欧洲是独一无二的。这是因为存在，或者说统治者宣称存在……持续的紧急状态，同时由于社会中市场和权力自治中心形成得很慢，所以国家难以放松管制并将某些职能交给自治主体。”⑤

---

① 希克斯：《经济史理论》，第21页。【11】

② 同上引，第10～11页。【12】

③ J. H. 巴特尔（J. H. Bater）：《圣彼得堡的工业化与变化》（伦敦，1976年），第67页。【13】

④ 希克斯：《经济史理论》，第155页。【14】

⑤ O. 克里斯普：《对1914年前俄国经济的研究》（伦敦，1976年），第10页。【15】

第三个组织特征是从农奴制度本身的纽带之中演变出来的。并不是只有希克斯看出来，它对将苏维埃劳动力保留在土地上一直到获得城市工作有着重大影响。卡莱茨基（Kalecki）称此为："将失业隐藏在农业大门之后"。这种对劳动力的控制在没有城市化的情况下容易实现。人们已经注意到城市居民相对于农民的比例很小，1900 年帝国（波兰除外）只有 14 个城市拥有的人口超过 100 000 人，① 当 4 100 万农奴在 1861 年获得解放时，全国只有 86 万名产业工人（包括波兰，波罗的海诸国），但其中有 52 万人是工厂农奴。② 【420】

有三个事例可以说明苏联式管理带有农奴制残余的特点：第一个是人事方面，当工人免费使用集体农庄、国营工厂、机构财产或产品时，这意味着在国家计划之下这些财产或材料可以以零价格供应，但在计划之外必须以较高的实物交换价格而获得。在此束缚下，贵族的森林、果园和牧场：

> "……通常被农奴认为是不值钱的东西（*res nullius*）……这一态度即使在改革后 50 年也没有改变。劳动者有大量的和可以充分利用的机会去进行欺骗，并躲避秩序和管制。在俄罗斯，用了很长的时间才消除了农奴出身的工业劳动力的这种态度，商人——工匠、小商人和工业家——的信仰和行为也没有什么不同。"③

另一个作者也明确地引用了一个相似的例子："对于其他人而言，马马虎虎的劳动习惯是在地主（*pomeshchik*）的田地中形成的。即使现在，俄罗斯的工厂仍然受到 *shturmovshchina* 困扰，在每一计划的末期疯狂加班以完成任务而在计划的前半部分却很随意和漠不关心。"④ 第三个事例体现在直接劳役（*Skvoznaya barshchina*，在这里，业主为农奴规定工作任务）和直接指标（*Skvoznoy pokazatel'*）之间的相似性上，因为在后一种情况下，由主管部确定的计划目标可以直接作为附属企业的工作目标。在每个事例中，都假设执行者完全没有独立性并且不允许越雷池一步。

本章的主题是最广泛意义上的贸易约束，同时有些内容概括了 1917 年

---

① 罗杰·波特尔（Roger Portal）：《俄国的工业化》，《剑桥经济史》，第 6 卷（剑桥，1965 年），第 826 页。【16】

② L. 沃林（L. Volin）：《俄国农业一个世纪》（剑桥，马萨诸塞，1970 年），第 21 页；沃林表明了为什么 1 900 万的"国王的农民"（或者"国家的农民"）类似于受贵族和帝国家族奴役的 2 200万农奴。【17】

③ 亚历山大·格申克隆：《土地政策与工业化》，载于《剑桥经济史》，第 4 卷，第 721 页。【18】

④ 波特尔：《俄国的工业化》，第 754 ~ 755 页。【19】

大革命后经济组织选择的局限性。但是作为简介，我们可以列出在过去几个世纪的漫长时间里阻碍企业家成长的五类约束因素：

首先，生产要素的所有制受到约束。“既定的地域”、土地要素和不可再生资源只能被世袭阶层和商人中的特权阶层所拥有。事实上，农奴制度开始以后，几乎无法得到自由的劳动力，而且长时期以来工厂农奴劳动力只能由指定的团体购买。至于以可再生资本形式存在的财产，彼得大帝往往授予政府管理人员和特权阶层。同样的原因影响了第二类限制——即对生产要素流动性的限制——但是另外还存在着将小农束缚在土地上以及将手工业者、商人束缚在工商区的合法约束。封建性的集体征税制度也限制了移民，因为
【421】收税人要防止纳税者流失，而纳税者反过来也害怕如果人员离开的话，人均赋税会更高。

如果金钱是另一种资源，那么第三种限制——金融方面的限制——就和前述内容有关，但是有两个妨碍生产性积累的因素必须要考虑到。以企业家身份获得自由的少数农奴不得不积累大量的财富去购买他们的人身自由，这些原本可以用于形成资本的资金却被用于农奴主本人和家庭的个人消费。在18世纪建立的原始银行大都捐给了同一类贵族，只是到19世纪下半期才出现了鼓励储蓄的金融制度（银行、合股公司和证券交易所）。对于风险承担的限制——第四类限制因素——在这些机构建立之前是相当大的。由于违约情况下缺少合法追索权，商业或财务责任上的不信任根深蒂固地存在于“上层”对经济活动的独裁管制中。①

最后，由于风险通常与创新联系在一起，我们必须注意到俄罗斯通过模仿和建立许多企业取得规模经济，而不是通过技术进步的做法。②

按本章从理论到记事结构的顺序，我们将在后面的两节中（8.2节和8.3节）探讨封建主义的开始阶段和结束阶段，尽管直到1906年斯托雷平改革之后，农场所有权、税收和人员流动性中仍然保留着封建主义的痕迹。即使不考虑关于俄罗斯和西欧封建主义之间相似性的争论，我们也应该注意到苏联历史学家对于这种分歧观点不同。马克思辩证法有力地说明了应该更注重一种生产关系向另外一种生产关系转变的条件，而不要拘泥于历史上的

---

① A. 格申克隆：《历史的连贯性与其他尝试》（剑桥，马萨诸塞，1968年），第130页，引用了俄罗斯的谚语“如果你不欺骗，你就不能卖东西。”【20】

② 对苏维埃历史阶段的研究表明，只有到了20世纪后半叶，“促进技术革新的能力”才真正
【535】显现出来。[见J. S. 伯利纳（J. S. Berliner）：《苏维埃工业的革新决策》（剑桥，马萨诸塞，1976年）p. xi]。【21】

转变年代。

梁士琴科的战前经典派只是将6世纪到8世纪的发展看作原始氏族被领土社会（Territorial society）所取代的时期。① 最早成立于1963年并且由戈卢布尼斯基领导的小组通过集体研究工作发现，在那个时期阶级的出现是“封建主义的前提条件”，② 而梁士琴科认为这种情况一直保留到9～10世纪。赫罗莫夫③与列宁在认为10世纪是封建主义的开端这一方面看法一致；④ 所有的人在以下两方面都是一致的：一是发现在封建主义之前没有一个明显的奴隶所有制时期，二是都试图反驳俄国革命前的历史学家，他们认为，与西欧的封建主义不同，中世纪是典型的俄国体制。⑤

梁士琴科认为“资本主义关系的萌芽”早在15世纪就出现，⑥ 尽管戈卢布尼斯基的著作将这个时间推后了两个世纪。⑦ 赫罗莫夫认为尽管在18世纪出现了重要的转折点，但是不可能准确地确定俄国资本主义产生的时间。⑧ 图冈—巴拉诺夫斯基承认后一时间是“工业资本主义”产生的时间，但是他强调了在前彼得时期商业资本主义的作用。⑨ 赫罗莫夫则将工业资本主义推迟到了19世纪中期，而戈卢布尼斯基小组认为这个时期是从“垄断 【422】

---

① P. I. 梁士琴科（P. I. Lyashchenko）：*Istoriya narodnogo khozyaistva SSSR*，第1版（莫斯科，1939年）与第3版，2卷本（莫斯科，1952年），第3～4章。以后俄国部分参考书目都指的是第2版（1947～1948年）或者第3版（完成于1956年，在苏联时期作者死后出版），引用为“Lyashchenko，*Istoriya*，第2版”或者“…*Istoriya*，第3版”。L. M. 赫尔曼（L. M. Herman）［《1917革命前的俄国国民经济史》（纽约，1949年），从俄语第1版而来］的翻译稿以后引用为“梁士琴科：《历史》，第1版”。【22】

② I. S. 戈卢布尼斯基（I. S. Golubnichy）、A. 波格列宾斯基（A. Pogrebinsky）和 I. N. 舍米亚金（I. N. Shemyakin）：*Ekonomicheskaya istoriya SSSR*，第1版（莫斯科，1963年）和第2版（莫斯科，1967年），第2章（这两版从此之后被引用为“Golubnichy *et al.*，*Ekonomicheskaya istoriya*，第1版”和“…*istoriya*，第2版”。）【23】

③ P. A. 赫罗莫夫（P. A. Khromov）：*Ekonomicheskoe razvitie Rossii*（莫斯科，1967年），第42页。该书以后被引用为‘Khromov，*Ekonomischeskoe razvitie*（1967）’，以区别于 *Ekonomicheskoe razvitie Rossii v XIX ~ XX vekakh*（莫斯科，1950年），后者被引用为‘Khromov，*Ekonomicheskoe razvitie*（1950）’。【24】

④ 列宁开创性的学术研究是 *Razvitie kapitalizma v Rossii*（圣彼得堡，1899年），但是他在他的辩论文章《“人民的朋友”是什么，他们如何与社会民主作斗争?》中反映出了封建制度的起源问题。【25】

⑤ 参见赫罗莫夫“引言”部分，*Ekonomicheskoe razvitie*（1967年），以及梁士琴科：《历史》，第1版，第5章（第2版中去掉了这部分争论）。【26】

⑥ 梁士琴科：*Istoriya*，第2版，第125页（不在第1版中）。【27】

⑦ 戈卢布尼斯基等：*Ekonomicheskaya istoriya*，第1版，第64页；第2版，第72、76页。【28】

⑧ *Ekonomicheskoe razvitie*（1967），第278页。【29】

⑨ M. 图冈—巴拉诺夫斯基，*Russkaya fabrika v proshlom i nastoyashchem*，I：*Istoricheskoe razvitie russkoy fabriki v XIX veke*，第3版（莫斯科，1926年），第17页。A 由 A. 莱文（A. Levin）和 C. 莱文（C. Levin）翻译，G. 格罗斯曼指导［《19世纪俄国工厂》（霍姆伍德，Ill.，1970年）］，在本章收集资料的之后出现的，由于没有列出，因此要参考俄文原文。【30】

前资本主义”向垄断资本主义演变的分界线。赫罗莫夫将20世纪初的头10年看作是垄断资本主义，在戈卢布尼斯基看来则是“帝国主义”（列宁的“资本主义的最高阶段”）。

如果说企业家必然与资本主义或前资本主义社会相联系，那么，本章内容涉及的时间跨度不会超过一个世纪。如前所述，在俄国封建主义制度下，商人和政府官员所发挥的作用足以使我们合理地断言，早在一千年以前俄罗斯就出现了企业家。

8.2　前彼得大帝时代的俄国对企业兴起的限制

8.2.1　合作组织和投资

俄罗斯最早的企业家——客商（*gosti*）——历史上最早出现于基辅伊戈尔（Igor）王子与拜占庭帝国所签订的条约中（944年）。他们可以归类为商人，因为他们带着别人的商品卖给“希腊人”，而不是卖给穿过黑海来贩卖赃物的匪首。他们在经济组织中的作用主要有三个特征。首先，雅科夫采夫斯基认为基辅的外国商人是处理被劫掠赃物和农奴劳力的中间商，并不发挥市场赋予的功能。① 然而，事实显示这似乎是自由交易，因为基辅普遍存在着手工艺人（*remeslo*），而这明显区别于农村中的乡村工业（*kustar'*）。赫罗莫夫②认为这些手工艺人早在8世纪就已经存在，而雷巴科夫③认为它们至少在11世纪已经出现。第二个特征，条约的内容详细而且成熟，这是客商谈判技巧精熟的证据。有一份商业条款甚至为了限制拜占庭丝绸④出口而对俄罗斯施加进口配额，这是对基辅人禁运谈判的让步。⑤ 最

---

① V. N. 雅科夫采夫斯基（V. N. Yakovtsevsky）：*Kupechesky, kapital v feodal' no-krepostnicheskoi Rossii*（莫斯科，1953年），第19页。【31】

② 赫罗莫夫：*Ekonomicheskoe, razvitie*（1967），第117~118页；根据H. 皮雷纳（H. Pirenne）对西方国家8世纪的城市经济的看法，赫罗莫夫的观点有些夸张，*Histoire économique de l' Occident médiéval*（布鲁日，1951年），第192~196页。【32】

③ B. A. 雷巴科夫（B. A. Rybakov）：*Remeslo drevnei Rusi*（莫斯科，1948年），第517~518页。【33】

④ 条款的原文带有评论，见I. 索兰（I. Sorlin）：‘Les Traités de Byzance avec la Russie au Xe siècle’，*Cahiers du. Monde Russe et Soviétique*，II，4（1961年），第446~475页。【34】

⑤ 有关拜占庭对丝绸的限制，见史蒂文·朗西曼（Steven Runciman）：《剑桥经济史》，第2卷，第94页。【35】

后一个特征是某些权威人士不承认外贸限制了国内自然经济，因为“统治阶级可以通过经济中的强制手段，例如贡品（*dan'*）、强迫苦役（*barshchi-* 【423】
na）、免役税（*obrok*）——也就是说通过对直接生产过程进行封建剥削”而获得所有的贸易物资。① 但是他们忽视了交换经济中的进口活动。一些客商根据他们的进口来源地——斯德丁集团（*Setichniki*），即与斯德丁（*Stettin*）进行贸易的人——而组成了利益集团，而同时，外国人则将自己的商品带到自己地盘，并在那里收购货物——即诺夫哥罗德的高戈兰斯基（*Gotlandsky*）客栈，② 或是莫斯科那些为萨克森人、瑞典人和希腊人服务的客栈。

“*gosti*”的字面意思——“客商”——并不意味着早期俄国经济中企业家的国籍，而是指它们的外部性。后来一些外国人被吸收为“客商”，在将他们作为一个阶级对待的几个世纪中，它是俄国的一个阶层，但是并不放弃原国籍。另外，他们自身之间的关系阐明了俄国商人的第二个特征，③ 即倾向于平等合作而不是合并成一个公司。当代的作者提出了这样的观点：“国家采取手段，是俄国和苏维埃经济发展的主要特征，因为企业和其他组织缺乏改变的动机。俄国的地方自治危及了已有的相互信任，而不是前瞻性的合作。”④ 在西欧，根据罗马法描述的土地所有制显示出与俄国财产权截然不同的性质：

> “正如 *tovarishch*（同志）和 *tovarishchestvo*（集体）的共同词源 *tovar*——即商品或物品一样，即使在血亲关系中不动产的所有权也不确定。村社……仅仅是根据需求变化和社区家庭的能力定期重新划分土地的工具。居住在林区的人因为远离其他社区可以自给自足，但这种相对邻区的独立性使得他们不关心可能通过与其他村社交换而获得的利益。”⑤

在俄罗斯社会进行决策和执行的党派精神（*partiinost'*）中，有重视

---

① 戈卢布尼斯基：*Ekonomicheskaya istoriya*，第35页（两个版本中都引用了相同的原文）。【36】

② 迈克尔·波斯坦（Michael Postan）在《剑桥经济史》第2卷，第225～226页，描述了彼特霍夫（Peterhof）公会。【37】

③ “*Delo*”在俄文中相当于法文的“*affaires*”并不能表明私人的商业。在20世纪60年代经济转移运动的高潮时，苏联 *Ekonomicheskaya gazeta* 周刊推出一个称为“*Delovoi klub*”的定期特色栏目，促进国有企业之间的“类似于商业”的交易活动。【38】

④ M. 卡泽尔：《苏维埃经济》（伦敦和纽约，1970年），第47页。【39】

⑤ 同上引，第47～49页。中世纪的俄罗斯土地所有制的依据是占有和使用，见 R. E. F. 史密 【536】
斯（R. E. F. Smith）：《俄罗斯部分》，《剑桥经济史》，第2卷（剑桥，1966年），第538～539、546～547页。【40】

sobornost'（共同掌权）的传统：欢迎那些通过独立商业职能将自己区分开的人，但不是变成陌生人，这一点在读到“客商”一词时会产生误解。

客商是这样一种企业家，他们没有意愿和能力通过工业企业、利用积累的财富获得利润（这种精神被霍布森看作是现在资本主义的五个必要条件
【424】之一），① 他们也不是熊彼特创新意义上的企业家。② 他们是长期独立在俄罗斯社会中进行集体固定投资、并享有完全产权的企业家。

当时客栈（*gostiny dvor*）除了对资本形成发挥作用以外，另外还有重要意义：它几乎一成不变的是一个二层或者三层的矩形石头建筑（那里木材多，而采石场少）；在阿琴格尔（Archangel）有三个矩形客栈。当时，客栈是科斯特罗马、弗拉基米尔、卡鲁加（Kaluga）、泰勃夫（Tambov）、雅罗斯拉夫、佩斯科夫、车尔尼戈夫和其他城镇的主要建筑物；1790年建成的莫斯科大客栈可以直接追溯到12世纪。在内部，它们是成倍增加的单个仓库。③ 与此相反，西欧资本家通过建立更大的实体进行扩张，而俄罗斯的冒险家仅仅是复制已有的实体：许多俄罗斯早期的工厂不过是棉纺工业的殖民地。只有在上层的某些人——彼得大帝、维特或者斯大林——能够识别某些机遇、创造市场并稳定地建立新的生产结构。

流动资本被投资于商店或者运输途中的商品存货上。需要很好的组织才能将这些物资送至千里之外的客栈或者直接运到港口（阿琴格尔）或集市（诺夫哥罗德）。满足了这些需要后剩余的资金通过拥有土地重新投入到其他生产性资产中。在彼得大帝继位之前，拥有人口密集的土地，而不是沙皇授予的有偿（*pomest'e*）服务④和世袭财产（*votchina*），可以提供一定的经济自由和社会政治地位，这点对取得企业家身份尤其重要。斯特罗戈诺夫家族

---

① J. 霍布森（J. Hobson）：《现代资本主义革命》（伦敦，1949年），第2、22~23页，特别在Hume（论文，II，第57页）中强调了“*homo oeconomicus*”的定义。【41】

② J. A. 熊彼特（J. A. Schumpeter）：《经济发展理论》（剑桥，马萨诸塞，1934年），第84、89页。【42】

③ 甚至现在的西方和俄罗斯企业家之间也存在一些差异，莫斯科两个重要超市最为典型——这两家超市现在由国家经营，但在19世纪20世纪之交由私人建立。TsUM是作为缪尔和米里利斯建立起来的，是典型的英国所有制，意味着它是一体化的维多利亚时代商业中心，这是“金融资本对零售业渗透的一种形式”。见 *Bol' shaya sovetskaya entsiklopediya*，第2版（莫斯科，1949~1958年），XLIV，第236页［以下为‘*BSE2*’；第1版（莫斯科，1926~1949年）和第3版（莫斯科，1970~　）分别引用为‘*BSE1*’和‘*BSE3*’］。另一方面，GUM是一种上千个个体商店的集合，这些商店位于三个两层的拱廊之间——革命前称为“高级店”，在1953年作为商店重新开放。对 *gostiny dvor* 的简要叙述见 *BSE2*，XII，第281页。相关的内容见原著正文第426~428页，早期主要的商业群体的研究见J. 考夫曼—罗沙尔（J. Kaufmann-Rochard）：*Origines d' une bourgeoisie russe, XVIe et XVIIe siècles*（巴黎，1969年），第43~49页。【43】

④ 这种人口被分为“服务者”（*sluzhilye lyudi*）和“土地劳动者”（*zemskie lyudi*）两级。【44】

是这一团体中典型的例子，特别是在开发西伯利亚商业和16世纪以来的殖民活动方面尤其如此。1572年获得拥有私人军队（*druzhina*）的权力后，他们和伏尔加河鞑靼人（尤其是Ermak）联合，共同探险、开发穿越西伯利亚的水路运输线路、水陆联合运输线路以便进行定期贸易。① 当时斯特罗戈诺夫客商被允许使用父姓，② *imenitye lyudi*（字面意思为“有名字的人”）表明凯瑟琳大帝将商人视为 *imenitiye grazhdane*（意为“高贵的市民”）。根据1785年法令，进入这个团体要受到限制，例如，只有资金数额超过10万卢布的银行家和超过5万卢布的工厂主才可进入。它也欢迎自由职业者，这些自由职业者在1807年商人被吸收进“商人行会”（*gil'denskoe kupechestvo*）之后保持了这种地位。③ 【425】

8.2.2　商品化初期的集团分类

有充分理由说明，引入国外形式行会的时间与法国大革命发生的时间相同，那是行会在那里即将过时的最后时期。与西欧经济组织相比，俄国在时间上相对落后，这是受13～15世纪鞑靼人的压制所造成的；每一位俄罗斯历史学家都强调了在鞑靼人统治下经济滞后的情形。

“鞑靼束缚”通过财政税收（现在俄罗斯的许多项名词都起源于此）④ 给企业家留下了烙印。这些税负形式促进了当地生产者和贸易者阶层组成集体纳税团体，同时也促进了商业化。这两种趋势在莫斯科人公的独裁统治下继续发展，直到被迫接受农奴制度之后，才中止了货币化经济的进程［1649年的犹罗泽尼法（*Ulozhenie*）最有影响］。

在农奴制度下，村社（*mir*）既有外部功能（纳税）又有内部功能（资

---

① 斯特罗戈诺夫（Strogonovs）的简单历史见 *Entsiklopedichesky slovar'*（圣彼得堡和莫斯科，1890～1907年），LXII，第803～805页（之后被引用为‘Brokgauz’，来自它主要出版者的名字）；按照他们的权利称为 *imenitye lyudi*，参见上引，XXIV，第947页。*BSE1* 中的目录，LIII，第45页，在16世纪开始将他们作为盐商，但是在 *BSE2* 目录中是不太全面的。【45】

② 在莫斯科社会只有两个最高的阶层——沙俄特权贵族（boyars）和 *okol' nichie*，有将他们的名字加上 *vich* 的权利，尽管到17世纪末源自教父的姓和名已经是上流社会中一种礼貌的形式：B. O. 昂比冈（B. O. Unbegaun）：《俄国的姓氏》（牛津，1972年），第12页。这种用法在当今的俄罗斯人中，实际上是在全体苏联公民中，是很普遍的。【46】

③ 布罗克豪斯（Brokgauz），XVIII，第523页。【47】

④ 指的是词源学的重要性，G. 惠勒（G. Wheeler）：《苏维埃亚洲穆斯林中的种族问题》（伦敦，1960年），观察到俄国人“从与蒙古人做朋友和蒙古的政府机构中获得了很大的利润”（p. I）。现在的作者（《苏维埃经济学》，第94页）从在苏联的“非量化”的指令经济中发现了沙皇的税收传统。【48】

源分配），① 但是由于村庄本身是动产，所以这两种作用都还不是企业家的职能。对于农业以外的行业，授权直接关系到财产所有权的合法性。由于只有贵族和某些客商能够拥有农奴主的身份，因此对企业家而言，1721 年彼得大帝允许“贵族和商人”为工厂而购买农民的法令就显得极其重要。直到那时非农业利润才真正地得以利用并进入流通资本（马克思的“商业资本”）；产生和分配这些利润的阶层包括两个本质上具有连续性的团体——商人（*kupecheskie*）和工商区（*posadskie sotni*），以及两个暂时的阶层——合伙（*skladnichestva*）和团队。

“商人公会”（*kupecheskie sotni*）② 由三个层次的人组成，其中客商明显优于其他两个层次，即客商公会（*gostinaya sotnya*）和呢绒公会（*sukonnaya sotnya*）。③ 在莫斯科的那些商人［最早的是莫斯科公会（*Moskovskoe sto*）］，就像那些在诺夫哥罗德的商人一样，常因他们贸易目的地或发源地相同而走到一起，例如，与近东④进行贸易的苏罗扎尼（*Surozhane*）以及与西欧进行贸易的苏科尼基（*Sukonniki*）。进入公会的门槛是通过收费控制的：与商业同业公会商人进行贸易的伊万诺夫斯克公会（*Ivanovskoe sto*），被命名为“圣约翰公会”，因为每个进入该公会的商人（或寻求进入许可的成员的儿子）必须向圣约翰教堂捐献 5 块银卢布；相比之下，相同城市中的客商公会（*gostinaya sokha*）⑤ 的成员要资助 1 名士兵。在小城
【426】市中这种地域上的关联就不太明显了。

工商区公会（*posadskie sotni*）中集中了居住在俄国城郊工商区（*posad*）的手工艺人［指熟练的城市手工业者（*remeslennik*），不包括旁码第 423 页提到的地位低微的农村工匠（*kustar'*）］，通过组织或其亲戚注册的工商区

---

① 主要是对于土地重新分配（*peredel*）也包括现有的供给的重新分配。用一个单词“*perezhech*”代表了俄国每年分配的木柴，指“燃烧更多的家庭燃料定额”。【49】

② 集合性的词“*sotnya*”（现在限于 100 个卢布的意思）最初是军队中在“*sotnik*”（百夫长）领导下的 100 个人的连。个体的商业群体中的“*sto*”是标准“一百”的术语。“*sotnya*”也用在领土单位中（参看英文中的一百）以及 14 ~ 19 世纪加利西亚和 Volhynia 地区国王的农奴：见 V. D. 格列科夫（V. D. Grekov）：*Krest' yanie na Rusi s drevneishikh vremen do XVII veka*，第 2 版（莫斯科，1952 ~ 1954 年），I，第 360 ~ 361 页。【50】

③ *Sukonnoe rylo*（来自“*sukmo*”，“cloth”）并不限于布料商，尽管这是它的源由。上百个参考文献的目录附录在百科全书的条目里：*Gost*，*BSE*2，XII，第 282 页和 *BSE*3，VII，第 150 页；*Sotni*，
【537】*BSE*2，第 133 页；*Surozhane*，*BSE*2，XLI，第 312 页（以及 L，第 134 页）。【51】

④ 因为来自 Surozh（现在是 Sudak）和 Kafa（Feodosiya）的成员；见戈卢布尼斯基等人，*Ekonomicheskaya istoriya*，第 2 版，第 49 ~ 50 页。【52】

⑤ 字面上讲，“商人的犁”，但是在这里犁是对税务划分的衡量。考夫曼—罗沙尔：《起源》，第 76 ~ 78 页。【53】

纳税人（*posadskie lyudi*）不能离开城镇，以避免税务负担转移到其他人身上。① 尽管法律上禁止公会成员移居到其他城镇，② 自有土地或农奴土地，公会成员（*sotnya*）的经营范围仍然比那些贫穷的制鞋者、摊贩和工商区（*posad*）的工匠要大，后者集中在街道（*ulitsa*）上，或是聚在一起（*ryad*），或是在进行贸易（*tsekh*）的小船上。③ 就像中世纪那样，一条街道往往由一个行业的人占领，并从中产生带有垄断性质的行会。④ 在城镇工商区之外，⑤ 只有在位于国有郊区和农村的工商集镇（*slobody*）⑥ 的那些客商有自我管理的自由，那里也出现了贸易合作。⑦ 利用国家专制主义来控制地区垄断，"恐怖伊万"曾在诺夫哥罗德建立了一个工商集镇（*slobody*），并给予免税 5 年的优惠条件，以控制该地区已有公司的势力。从公会角度而言，他们更关注如何排挤外国人。他们通过将内地和港口阿琴格尔、阿斯特拉华（Astrakhan）之间的贸易控制在本国人手中，⑧ 而在商业领域获得了巨大的成功。与西欧和中欧的行会相比，俄罗斯的客商公会（*sotni*）和行业公会都没有发展成为专业的组织（例如培训学徒工、准入限制和积累资金）。它们没能发展成为有组织的实体，它们注重团体外部活动，表现为起草请愿书、组织公众活动、推崇提供赞助的人［例如，莫斯科金属制造业中的 SS. 科斯马斯（SS. Cosmas）和达米扬（Damian）］、在固定的教

---

① 关于重新获得移民工商区的方法，同上，第 71 页；在 1658 年，他们在 *ukaz* 形成了不利于自己目的的比例，对这样的难民施加了资金的惩罚：A. 勒鲁瓦—博利厄：*L' Empire des tsars et les russes*，第 3 卷（巴黎，1881 ~ 1889 年）第 294 页。【54】

② 实施强制移民可能有利于统治者的利益：自诺夫哥罗德（Novgorod）归属于莫斯科后，它的移民是最多的，这是因政治需要而发生的，旨在消灭城市里相对于"宗教势力"（*sofiyskaya storona*）而言的"商人势力"（*torgovaya storona*）。见 J. 芬内尔（J. Fennell）：《1304 ~ 1369 年间：莫斯科城的出现》（伦敦，1968 年），第 249 页。【55】

③ 尽管标准的词典中"*tsekh*"的历史用法译为"行会"或者"公司"，这种琐碎的分组本质可通过它的词源"*tsekhovshchina*"，"narrow professionalism"体现出来。【56】

④ 莫斯科的 *Serebryany ryad*（银匠）是这个城市的垄断阶层，甚至在克里姆林宫也有它的控制权（考夫曼—罗沙尔：《起源》，第 78 页）。在 17 世纪末莫斯科有 100 个专业化的 *ryady*，并且在其他的大多数的城镇有十几个［戈卢布尼斯基等人：*Ekonomicheskaya istoriya*（1967 年），第 75 页］。【57】

⑤ *posad* 本身最初是在城墙外的，并且准确的相对应于中世纪的 *forisburgus* 或 *faubourg*（见皮雷纳：*Histoire économique*，第 194 页）。【58】

⑥ "免除"或者"特权"（*svobodny*，"free"）；见 A. 埃克（A. Eck）：*Le Moyen Age russe*（巴黎，1933 年），第 568 页。【59】

⑦ 图拉的军械士，例如来自杰米多夫和乌拉尔的铁匠；见考夫曼—罗沙尔：《起源》，第 79 页及以下。【60】

⑧ 见 M. 多布（M. Dobb）：《对资本主义发展的研究》（伦敦，1946 年），第 96 ~ 97 页。【61】

堂集会等。① 谢尔盖耶维奇在分析他们给当局的请愿书时，发现了莫斯科公会（*sotni*）② 面临巨大的垄断压力，而图冈—巴拉诺夫斯基认为他们为商业资本主义做出了重要贡献，并且认为1667年新贸易法规（*Novotorgovy Ustav*）——应客商（*gosti*）、公会（*sotni*）和较大的工商集镇（*slobody*）的请愿而颁布的——“充满了自由贸易的精神”。③ 他们很少利用公民的特许权，因为这会危及资本主义制度。④ 当20世纪初建立了西方形式的工业协会时，莫斯科的公会对圣彼得堡公会所坚持的持续“请愿”态度进行了批评（见旁码第479页）。这个昙花一现的团体持有明显的资本主义优先的态度。虽然在后来两个世纪里鲜有此例，但早在13世纪末就有了关于合伙
【427】（*skladichestvo*）的记录，不过随后两个世纪这种现象就很少见了。⑤ 这种“合伙”资金既适用于单次航行也可以用于重复性的项目，它常常与商业冒险者的“互助会”（*bratchina*）有关系。组织“集资”的重要特维尔商人阿范纳斯·尼克汀（Afanasi Nikitin）的口述得以保留下来，但是在17世纪后就再也没有提到相同的行会了。另一方面，团队一直保留到现在。它曾经是并且现在仍然是劳动者的自身组织，包括过去伏尔加的船工（*burlaki*），如今的集体农庄的农民、淘金的流动人口或者伐木工人。

8.2.3　彼得改革前夕的经济组织

17世纪所建立的这些团体的缺点是：规模小、⑥ 生产与销售职能相分离。18世纪的一位德国旅行家评论，“除了在大城市，俄国的工匠不接受订

① 源引于*BSE*2，XLVI，第586页；“*teskh*”在1722年后使用作为由保罗一世引入（1799年）的中途失败的行会运动的单位，在资本主义和苏联时期是工厂管理的最低层的管理单位（译为“车间”）。赫罗莫夫：*Ekonomicheskoe razvitie*（1967），第131页，强调了在蒙古入侵前在俄罗斯自发建立的机构，但是他发现在周边地区行会更为普遍（波兰、外高加索、中亚和西部俄罗斯）。【62】

② V.I. 谢尔盖耶维奇（V.I. Sergeevich）：*Russkaya yuridicheskaya drevnost'*，I（圣彼得堡，1890年）。【63】

③ 图冈—巴拉诺夫斯基：*Russkaya fabrika*，II.【64】

④ W. 特罗伊厄（W. Treue）：*Wirtschaftsgeschichte der Neuzeit*，1700－1760（斯图加特，1962年），第262页，评价到一些俄罗斯的城市采用马格德堡（Magdeburg）城市权利后缺乏发展，证明了德国的谚语“城市的空气使人自由”是错误的。【65】

⑤ *BSE*2，XXXIX，第232页，引用V.E. 塞罗切科夫斯基（V.E. Syroechkovsky）：*Gosti-surozhane*（莫斯科与列宁格勒，1935年）。【66】

⑥ 在他们的第一版中，戈卢布尼斯基等人大胆提出了一个精确的估计——*gosti*中平均每个分组中有30个商人，*gostinaya sotnya* 158人（*Ekonomicheskaya istoriya*，第1版，第74～75页）；在他们的第2版中，提出了前者为15～30个商人，*gostinaya*和*sukonnaya sotni*有100～150人（第2版，第76页）。在*skladnichestvo*中的数目“不超过4个”（*BSE*2，XXXIX，第232页）。【67】

购的工作。他们生产一切可销售的东西——包括鞋子、拖鞋、靴子、外衣和其他外套、皮毛外衣、床、地毯、桌子等，简而言之，包括一切物品。这些工匠将货物按照固定价格全部卖给商人，再由商人从商店出售”。① 图冈—巴拉诺夫斯基引用了前人所提出的一些表面理由来解释这种职能分离的原因②——人口稀少且城市中人口不多、完全偏好贸易。然而应当注意三个更主要的事实：首先，持续存在作为交易场所的集市；其次，外国人进入贸易领域而非生产领域；最后，难以缩小农奴身份和自由身份间的界限，其中手工业者是农奴，而商人可以获得自由。

迟至 19 世纪，集市的数量通常超过 6 000 家，并且其中有一些是全国性的。据估计，交易总额的 1/4 是在尼兹诺夫哥罗德［如今的高尔基(Gorky)］成交的，只是在 1929 年苏维埃计划体制开始时才关闭了这个市场。③ 与早在 12 世纪西欧的集市就已经不仅仅是地区性市场相反，亚马卡（*Yarmarka*，俄罗斯对集市的称谓）在俄罗斯只是到了 16 世纪才变得重要起来。这种集市限制了贸易商进入生产领域，同样也限制了工匠进入商业领域；流动的手工业者④在更大的范围内受到中世纪遗迹的影响。

尽管集市在陆地贸易上占绝对的优势，许多海上运输却掌握在外国人手
中。雅科夫采夫斯基认为，俄国之所以缺少商人舰队是因为，1649 年取消 【428】
了没能迫使外国人退出该市场的俄国公司⑤的特权。但是他补充到，贵族喜

---

① H. 施托希（H. Storch）：*Historisch-statistisches Gemälde des russischen Reiches am Ende des achtzehnten Jahrhunderts*，8 卷本（里加，1797 ~ 1803 年），第 3 卷，第 178 页。这里所提的“商人”是 *sk-*
upshchiki，它（由考夫曼—罗沙尔定义的，《起源》，第 278 页）主要指价格指定者同时也是“原材 【538】
料的供给者，也是实行外包制的企业家”。这一术语也包括批发商但是不同于 *zakazchik*，即预订单的客户。施托希、科尔萨克和科斯托马罗夫（见下面）的这种译文和完整的文献源自图冈—巴拉诺夫斯基的 Levin 版本，*Russkaya fabrika*；就像俄国和英国的很多同时代人一样（参见尤罗夫斯基或皮古），图冈—巴拉诺夫斯基很少给出完整的参考文献。【68】

② 他引用的是 A. K. 科尔萨克：*O formakh promyshlennosti voobshche i o znachenii domashnego proizvodstva v zapadnoi Evrope i Rossii*（莫斯科，1861 年），和 N. I. 科斯托马罗夫（N. I. Kostomarov）：*Ocherki torgovli Moskovskogo gosudarstva v XVI i XVII stoletiyakh*（圣彼得堡，1862 年）。【69】

③ *BSE*2，XXIX，第 594 页；参考文献见同上引，XLIX，第 643 页，但是它忽视了 P. A. 奥斯特罗乌霍夫（P. A. Ostroukhov）的著作，无疑是因为他移民到了布拉格；考夫曼—罗沙尔：《起源》，第 48 ~ 49 页。【70】

④ 同上引，第 254 页。【71】

⑤ 1554 年“恐怖伊万”所给予的一些商业特权在 1570 年被取消了，俄国商人阻止完全恢复特权。在导致 1649 年驱逐事件发生的政治起因中，是公司自己卷入了 1612 年的波兰—瑞典的阴谋和英国 1649 年的弑君罪（见原书第 448 页）。【72】

欢让外国人将农奴劳动力①所生产的农产品卖到国外去，因为在像沃特加和乌发（Ufa）这样的城镇，商人们的政治地位远高于 *pomeshchiki*（在南方这个阶层最重要）。此外，俄国从事海外贸易的商人常常与外国人合作以分享高额的利润。② 只是到了1681年，才有第一位外国人进入了国内生产领域，即扎哈里亚斯·保尔森（Zacharias Paulsen），他得到了沙皇阿列克谢·罗曼诺夫（Alexei Romanov）授予的特权，建立了一个丝绸和天鹅绒工厂，后来工厂被国家接管了。③

从16世纪开始直到1861年，对于占人口大多数的农奴阶级而言，法律排除了他们进入自治组织的机会和权利。他们传统上属于团队（*artel'*）这个组织，该组织平等合作、自发形成，以分担义务和分享报酬。④

尽管有争议，但也许可以认为，就像农村分为不同集团一样，城市分为集团代表了俄罗斯人的天然合作性而不是反对外部人——就像中世纪的公司一样——但它只是为了互相支持。另外，他们忍让并接受了逆境，因为他们分布均匀。

农奴自发形成组织反映了农奴制⑤本身的自给自足偏好。但是它没有说明西欧和东欧之间农民和地主关系的不同。桑菲尔德解释了希克斯的分析，即在极端贸易条件下，西方地主对劳动力和土地比率下降的反应是：

"面对财产被毁坏的可能性和生命危险，地主会和农民做一笔

---

① 雅科夫采夫斯基：《商人资本》，第19页，认为由免役税逐步取代 *corvée* 并不影响贵族的态度，但是赫罗莫夫却紧紧追随列宁［*Sochenenie*，第4版（莫斯科，1941～1967年，英文版，1960～1970年），I，第496页］认为地主的利润随着免役税的转换而增加。尤其在由家庭户（作为 *tyaglo*）支付，而不是由社区支付时尤其如此，后者增加了手工艺品对农产品的数量。同时季节性的非生产性活动（*otkhozhye*）也增加了；这些，正如O. 希姆金（O. Shimkin）所示［《沙皇俄国与苏维埃俄国的企业家》，载于《企业家历史研究》，II（1949年），第24～34页］，为农奴企业家的发展铺平了道路。【73】

② 雅科夫采夫斯基，《商人资本》，第20页。【74】

③ J. 库利舍尔（J. Kulischer）：'Die kapitalistischen Unternehmer in Russland (insbesondere die Bauern als Unternehmer) in den Anfangsstadien des Kapitalismus'，*Archiv für Sozialwissenschaft und Sozialpolitik*，LXV（1931年），第309～355页，认为在外国实业家方面，罗曼诺夫王朝建立者的主张优于彼得大帝。【75】

④ 希姆金：《企业家》，看起来只有他自己相信农奴团队培养了发展企业家的必要的经验。【76】

⑤ A. 格申克隆不承认废除农奴制的"历史不可避免性"。他指出（《剑桥经济史》，第6卷，第707页），尽管自由劳动力的生产效率高于农奴，但是除非这种差距十分大，大到足以使农奴主发现雇用工人比其免费的劳动力（农奴）所得到的利润还要多，否则作用不大。这就解释了在这一部分内容中，为什么愿意使用免费的劳动力（"农奴手工业者"），而不是从外面购买劳动力。自给自足加强了这一趋势，考夫曼—罗沙尔在《起源》中第25页援引了16世纪 *Domostroi*［法语译版，M. E. 迪谢纳（巴黎，1910年），第93、98页］，这一趋势也因俄国人乐意自己干活而很少从外面购买劳动力而得到加强（勒鲁瓦—博利厄，*L'Empire*，I，第291～292页）。【77】

交易，在处理劳动力时会给后者更多的自由……当相同情况发生在东欧时，面对同样的威胁和风险，地主通过理性判断，会拒绝任何有利于农民的妥协。——很简单，因为他们无力负担其他的方式。”①

希克斯的理论假定东欧地主在极端的情况下，不得不“在买主垄断和完全消灭之间进行选择，因此他着手建立了一个全新的政治和社会体制，巩固了它作为劳动力惟一购买者的权力。”② 俄罗斯贵族的这种买主垄断地位也因货币经济的衰退而得到了发展——正如希克斯所指出的——当暴发黑死 【429】
病，劳动力—土地比率有所下降时，“西欧的大多数地方，甚至在14世纪，相对于农奴制的开放程度，农业的商业化已经很成功了。”③ 与此同时，在匈牙利，④ 到15世纪末已经取得了相当程度的农村货币化，匈牙利的农民佃户是主要代表人物，佃户大约一半的租金和应缴款都是以现金支付的，在俄罗斯的代表人物则是出卖自己工艺品的世袭手工业者（*votchinny remeslennik*）。⑤ 16世纪后期，每个国家地主的政治势力都通过*corvée*⑥比率的急剧增加而扭转了这一趋势。虽然在匈牙利还有更深层次的原因——即土耳其的占领以及农民反对剩余地区的军事化——那时候不仅这些国家存在农村地区市场经济的衰退问题，波兰和东德也一样存在类似问题。在俄罗斯，导致这种趋势的另外一个原因可能是农民愿意结合起来，不是为了一个积极的目标，而是为了一个消极的目标，即均摊损失。

中世纪行会没能扎根终究失败的原因在于：利用的是俄罗斯的平等集体主义——正如在讨论共同掌权（*sobornost'*）时提出的那样，不是出于自我利益的合作。彼得大帝时代之前的行会（*teskh*，来自德语“*Zeche*”的单词，意为不多于一“队”或“连”）并不是后来引入*tsunft*的先驱者，后者（*tsunft*）是完全基于德国的行会（“*Zunft*”）所建立的模式。诺夫哥罗德的经济

---

① A. 肖恩菲尔德（A. Shonfield）：《回顾过去》（希克斯的：《经济史学说》中的观点），1972年10月，第37页。【78】

② 同上引，第38页。【79】

③ 希克斯：《经济史学说》，第112页。参见对该比率在黑死病过后的英国、实施农奴制度的 【539】
俄国和战前美国南部的比较数据：E. 多马（E. Domar）：《农奴制度或者农奴制的起因：一种假说》，载于《经济史期刊》，XXX（1970年），第18～32页。【80】

④ L. 毛考伊（L. Makkai）：‘Die Hauptzüge der wirtschatlich-sozialen Entwicklung Ungarns im 15－17 Jahrhundert’，*Studia Historica*，no. 53（布达佩斯，1953年），第38～46页。【81】

⑤ 赫罗莫夫：*Ekonomieskoe razvitie*，第120页；格列科夫：*Krest'yanie na Rusi*，II，第127页。【82】

⑥ 梁士琴科：《历史》，第1版，第186页；*Istoriya*，第3版，第232、244页。【83】

史学家尼基京斯基（Nikitinsky）确认该城“从来没有任何西欧行会的痕迹”，① 该观点也适用于同期②的其他城市。苏维埃时期第一流的经济史学家得出的结论是：“手工业行会在西欧兴旺发展时，在莫斯科没有取得任何进步”，尽管帕日特诺夫发现论据不足。③ 起码有一位历史学家宣布行会是受贸易约束的，④ 但是人们普遍认为，他们协调行动来对付农奴手工业者，目的是为了自身的免役税，或者是为了行业巨头。⑤

在东部农民进入农奴制和西部农民获得自由身份之前，就可以发现非农业组织中的东西分化：分界线是1238年鞑靼人占领的苏兹达（1169年首都从基辅搬迁到那里）、弗拉基米尔和莫斯科。

在此之前，受贸易限制，城镇中的组织没有什么重要性。⑥ 人们希望与
【430】西部的城市化一起发展。基辅在1240年被鞑靼人占领时，已经成为“世界上最大的贸易中心之一”，⑦ “与当时的意大利城并驾齐驱”，⑧ “一个北方的拉文纳（意大利东北部港市，或译为腊万纳。——译者注）”。⑨

这种发展被鞑靼人的突然入侵所中止。奥尔加·克里斯普观察到，“俄罗斯变回了一种最原始的状态，农业……商业……人口……明显下降……，后果是残酷地集中寻找财富以保障安全……从16世纪到18世纪，俄罗斯经常处于紧急状态”，⑩ 即使到莫斯科“已经掌握了俄国土地”的时代，也一直持续着动荡的局面，到动乱年代（1584～1613年），再到斯捷潘·拉辛起义，离彼得大帝开始执政只有10年。“距离和互相残杀的内战使得贸易因为不稳定而变得十分珍贵，对那些从事贸易的人给予尊重，……但是战争的恶劣条

---

① A. I. 尼基京斯基（A. I. Nikitinsky）：《大诺夫戈罗德时期经济史》（莫斯科，1893年），第84页。【84】

② N. D. 雷奇科夫（N. D. Rychkov）：《论俄国与西欧的公司》，《俄罗斯公报》，XVII（1862年）；N. 斯捷潘诺夫（N. Stepanov）：*Sravnitel' no-istorichesky ocherk organizatsii remeslennoi promyshlennosti v Rossii i zapadnoevropeiskikh gosudarstvakh*（基辅，1864年）；I. I. 第亚金（I. I. Dityatin）：*Ustroistvo i upravlenie gorodov Rossii*，I（圣彼得堡，1875年）；科尔萨克（Korsak）：*O farmakh* III. 【85】

③ 梁士琴科：《历史》，第1版，第208页；*Istoriya*，第3版，I，第263页；K. A. 帕日特诺夫（K. A. Pazhitnov）：*Problema remeslennykh tsekhov v zakonodatel' stve russkogo absolutizma*（莫斯科，1952年），第169页。【86】

④ V. 列什科夫（V. Leshkov）：《俄罗斯民族和国家》（莫斯科，1958年）。【87】

⑤ 赫罗莫夫，《经济发展》（1967年），第129～130页，整理了自己的结论和革命前M. 多夫纳尔—扎波尔斯基（M. Dovnar-Zapol' sky）与T. 叶菲缅科（T. Efimenko）以及后来M. 季霍米罗夫（M. Tikhomirov）、K. 谢尔宾纳（K. Serbina）、S. 尤什科夫（S. Yushkov）和B. 雷巴科夫（B. Rybakov）的结论。【88】

⑥ 同上引，第131页。【89】

⑦ 梁士琴科：《历史》，第1版，第99页。【90】

⑧ B. A. 雷巴科夫：*Remeslo drevney Rusi*，第330页。【91】

⑨ 勒鲁瓦—博利厄：*L' Empire*，I，第215页。【92】

⑩ 克里斯普：《俄国经济研究》，第9页。【93】

件……使经济衰退了”；勒鲁瓦—博利厄的结论是，没有人“配得上被称作资产阶级”。[①]

考夫曼—罗沙尔认为，在彼得时代之前，不是没有资产阶级，他们仅占0.5%。雅科夫采夫斯基认为，到一个世纪后的1766年，包括农奴商人在内的资产阶级占2.5%。斯特罗戈诺夫（Strogonov）发现俄罗斯的公司与同时代的欧洲公司一样复杂，勒鲁瓦—博利厄引用了这一观点，并发现17世纪，在许多受本国资产阶级控制的复杂企业里，“工厂主（继续密切视察公司的状况，甚至在需要的时候亲自指导）可以支配经理、代办人、相关人员和管理人员，这些人在任何需要的时候都会为他服务，负责监督客栈、集中商品并进行运输”。[②]

梁士琴科[③]和卡芬豪斯[④]认为，俄国的资本主义主要是从17世纪中期开始的，那时至少有30多个工厂。1650年，莫斯科的印刷厂雇用了165人，在索利卡姆斯克（Solikamsk）的斯特罗戈诺夫和潘克拉特夫的碳酸钾和盐厂雇用了4 000人。图拉有很多军工厂，卡达谢夫（Kadashev）的纺织工厂于1614年成立。卡芬豪斯和斯特鲁米林[⑤]都发现，这里有些工厂雇用了劳动力而不是农奴，因此毫无疑问，可以认为他们是资本家。雅科夫采夫斯基相信，对马克思主义而言，彼得大帝前的商人资本说明还有产生资本主义的其他条件，即大商人剥削小生产者以及间接生产方式的建立（及转让）。[⑥]苏维埃其他的经济史学家认为，直到19世纪初，才出现这种资本主义关系。[⑦] 但是对于彼得大帝的统治是俄罗斯经济组织的转折点这一看法，大家 【431】
都毫无异议。

---

① 勒鲁瓦—博利厄：*L' Empire*，I，第294～295页。【94】

② 同上引，第254页。【95】

③ 梁士琴科：《历史》，第1版，第283页。【96】

④ B. B. 卡芬豪斯：《俄国资本主义起源中的一些问题》，载于V. V. 马夫罗金主编（V. V. Mavrodin）：*Voprosy genezisa kapitalizma v Rossii*（列宁格勒，1960年），第7～11页。【97】

⑤ S. G. 斯特鲁米林：*Ocherki ekonomicheskoi istorii Rossii*（莫斯科，1960年），第226～313页。【98】

⑥ 雅科夫采夫斯基：*Kupechesky kapital*，第182页。参考了马克思的“商人”资本；他继续研究（第20章）得出结论：俄国商人的资本主义与亚洲式的生产模式无关。恩格斯（在他去世后版本的注释中）评论道：“俄国已经积极地努力发展自己的资本主义生产”（《资本论》，III，第329页）。【99】

⑦ 雅科夫采夫斯基：*Kupechesky kapital*，追随列宁的观点，*Sochenenie*，第4版，I，第461页（《*Narodism* 的经济内涵》）和III，第151页（《俄国资本主义的发展》）。【100】

8.3 来自彼得大帝的推动力①

实际情况是，通过彼得大帝的改革，企业家的缺乏及其受到的约束有所改观。本章一开始就指出，这个制度是通过它的官员及其所制定的规则和动机体现出来的。将注意力集中到企业环境的创造者或规则的执行者这群人身上，便于比较彼得大帝和斯大林统治下政府干预的区别，以及两者在维护各自利益集团社会地位方面的区别。在描述彼得大帝改革后涌现出的各类企业家阶层时，可以与五年计划所促进的管人技巧再进行对照比较。

集团分析最好遵循松巴特的方法，② 他将西欧分为七个层次。在社会地位的排序中，很明显“王室”排在第一，接下来是贵族（*adelige Grundherren*）③ 和资产阶级（*bürger*）。第四位是革新者（*Gründer Projektemacher*），可以说是非主流（‘*vom Himmel gefallen*’），他们在国内和海外从事野心勃勃的计划，并以不正当的方式聚敛金银和财富，从事金融投机活动。在法国，咨询者（*donneurs d' avis*）或处理大量事务的人（*brasseurs d' affaires*）为数众多，法国人认为某些疯狂的计划起源于沙皇时代，例如穿越西伯利亚到白令海峡的铁路。松巴特非常强调宗教异教徒的作用，就像韦伯看重加尔文教派的 *Berufsethik* 的作用一样。尽管韦伯对欧洲以外的一些宗教教别进行了比较，但只是很简单地涉及了俄罗斯的旧教徒，④ 而格申克隆⑤很重视这些人的重要性。犹太人的地位处于宗教异教徒和外国人之间，他们依次被划分成企业家、个体户以及集体移民。

略加补充（农奴企业家，当时特殊的一群人）和扩大范围（官员阶层和贵族），我们就可以将俄国企业家划入上述类型，但这可能是根据企业家出身所做的重新分类：首先是这个国家的创造者，即改革者沙皇本身（沙皇

---

① 非常感谢米兰·豪尼尔博士（Dr Milan Hauner）对 8.3 节和 8.4 节的协助。【101】

② W. 松巴特（W. Sombart）：*Der moderne Kapitalismus*，3 卷本（慕尼黑，1919 年），I ~ II，第 55 章。【102】

③ 他观察到这些人与俄罗斯的发展相关（同上引，第 864 页）。【103】

④ M. 韦伯（M. Weber）：*Wirtschaft und Gesellschaft*，2 卷本（蒂宾根，1956 年），I，第 292 页。《新教伦理与资本主义精神》，T. 帕森斯（T. Parsons）译稿（纽约，1957 年），第 39、189 ~ 190 页。【104】

⑤ A. 格申克隆：《欧洲经验在俄国的应用》，（剑桥，1970 年），第 9 ~ 61 页；见下面，第 452 ~ 453 页。【105】

Preobrazovatel'），他是行政管理和技术的创新者［曾在赞丹（Zaandam）和 【432】
德特福德（Deptford）学习造船技术］，以及他的官员（国有工厂、造船厂和铁路的管理者）；其次是本国的企业家、商人以及农奴；再次是宗教异教徒（文化不同者）——（17世纪俄国）的宗教分裂主义者（*raskol' niki*）、阉割教派的人、犹太人、鞑靼人和（后来的）亚美尼亚人；最后是外国人，其中有些被同化了，以及其他人，后来常指被放逐的人。

8.3.1　国有部门的激励和控制

就像其他同类的领导人一样，彼得大帝希望在他有生之年把俄国发展成为一个综合国力、军事和外交都很强大的国家。由于资源基本上被用于非经济目的，所以经济发展没能达到商业化时代的程度。积累迅速增长，使得经济在短期内增长迅速；但是微观经济并没有赢利，宏观经济也没有达到贸易顺差。鲜有几个国家工厂是为生产消费产品而建立的，不像法国的皇室制造厂那样，用来生产瓷器、织棉和家具等；很多商人是作为实现沙皇意愿的工具而参与经济活动的，不是作为寻求工业和商业利润的独立实体。20万名强壮的常备军和150艘舰船不仅确保了对工业产品的需求，而且也把表决权放到了民事和军事官僚机构的手里，这一机构的行动受法律监控，而与变化莫测的商业环境无关。

由国家官员经营或特许的工厂要根据国家官员制定的计划进行生产。资源分配的决定权掌握在官僚机构的手里，包括资金的分配比例（成立新工厂或将现有工厂转为私有）和经费开支（补贴和产品结构等）。企业的经营受一般规章和个人动机的联合控制。彼得大帝的微观经济决策①模式的基础是1722年建立的等级表（*Tabel' o rangakh*），所有的14个阶层都得到了终身贵族地位；第8层及以上更高阶层的成员被授权继承贵族地位；公民、军人和为宫廷服务的人被单独排列（*chiny*）。贵族地位的提升是促使人们为国家服务的有效措施，类似苏联共产党组织（*nomenklatura*）安排的官阶提升
方式，或者类似于资本主义社会中的税后报酬。 【433】

然而，在市场规则下，它对并不通过就业获得报酬而是无法挣取收入的人开放，从乞丐到食利者。在自给自足的自然经济中，彼得大帝在实践中不

① 彼得模式不同于斯大林模式之处在于，后者使用了与某种激励措施相结合的具体指令（指令性经济中的每一个命令必须告诉接受者），例如当实现一个具体的计划目标时，要付给苏联企业
的管理者红利。【106】 【540】

能根除所有的无所事事的食利阶层（*oblomovshchina*）。① 但原则上，沙皇要求所有的人（不仅是农奴）都要给国家提供服务。责任是均等的，即农奴对贵族有责任，贵族对国家也有责任，但是早在1762年就停止了贵族应该提供服务的责任，② 1785年免除了贵族的个人税收，而农民阶级都还承担着这两种义务。虽然当时已经没用了，但是该服务标准一直到1900年还是正式生效的，其中从第14阶层到第8阶层，每个阶层服务满3年就会自动向上提升；最高的四个阶层仍然按照沙皇的意志来任命。③

可以将彼得大帝确立的官僚机构定义为“机械式的”而非“有机的”，④ 正好与韦伯所宣称的“这样的官僚机构是一个精密工具，可以由完全不同的利益来控制——纯政治的、纯经济的或是其他类型的”进行对比。⑤ 尽管“专业官僚”和统治者⑥之间存在冲突，但是统治者的官僚概念来自于革新的动机。彼得大帝曾经在国外学习（将“我是学生中的一员，寻求那些可以教导我的人”作为他的座右铭），⑦ 他从阿姆斯特丹回来时带来了1 000名技术人员，⑧ 而且彼得大帝本人制定了他的工程项目的具体细节，从新学校的课程，到开发泥煤和钾碱的步骤。在他的领导下，官僚机构只是“机械化”地遵循指令，并进行监管。它在自身的革新方面不是“有机的”。正如统治者期望的那样，大多是由外国人（见旁码第455页）担负起引进技术创新的使命，而且部分原因可以从后彼得大帝时代招募的政府人员类型中找到：

> “重要的是，国家的民事管理，甚至在较高的层次上，也是由专门从事这种职业的人组成的，他们很少有其他主要收入来源。这些公务员的能力、效率和诚实度毫无疑问非常低，因此必须严格控

---

① 非劳动性所得使得懒惰的生活成为可能，像贡恰罗夫（Goncharov）的小说《奥甫洛莫夫》（*Oblomov*）中描述的那样。【107】

② 1773～1774年起义的主要原因是意识到了不平等。有三种观点，见N. 杜布罗温（N. Dubrovin）：*Pugachev i ego soobshchniki*，3卷本（圣彼得堡，1884年）；A. 盖森诺维奇（A. Gaissinovitch）：*La Révolte de Pougatchev*（巴黎，1938年）；*Pugachevshchina*，3卷本（莫斯科和列宁格勒，1926～1931年）。【108】

③ 索尔仁尼琴在《一九一四年八月》中多次提到这种自动引发的无效率的重复，说明作者在比较苏联的官僚主义。【109】

④ 这些术语来自T. 伯恩斯（T. Burns）和G. M. 斯托克（G. M. Stalker）：《创新管理》（伦敦，1961年），这段中大部分遵循它的思想。【110】

⑤ 来自马克思·韦伯：《社会学短文》，由H. M. 加思（H. M. Garth）和C. 赖特·米尔斯（C. Wright Mills）编辑（纽约，1958年），第231页。【111】

⑥ 同上引，第238页。【112】

⑦ B. 佩尔斯（B. Pares）：《俄国的一段历史》，第5版（伦敦，1962年：1926年第1版），第226页。【113】

⑧ 特罗伊厄，*Wirtschaftsgeschichte*，第265页。【114】

制它以完成任务。”①

拉耶夫注意到“政府规定了严格的生产标准，该政策的负面作用是，它动摇甚至摧毁了某些重要行业（在某些情况下），而这些行业可能是发展
新工业的坚固基础”。② 某种程度上这种过度调节阻碍了企业家，它预示了 【434】
在斯大林的五年计划（见旁码492页）中将完全排除企业家。

来自“上层”（沙皇的指令）或“外部”的（外国人）技术规定反映出，至少在国家工厂（*kazennye fabriki*）存在管理控制和财务动机之间的根本性分歧，但是它也与针对私有企业的政策相关。③ 彼得政府也有某些重商主义的态度，但是没有特别关注积极的贸易平衡：即需要利用外汇收入为移居的技工支付工资，或者贿赂瑞典战争中的盟军，而不是用于最终产品的竞争性进口（当然也不是用于进口俄国本身就出口的初级原料）。国有企业所面临的赢利压力自这1/4世纪也开始变弱了，国内购买者也没有施加什么压力。大部分产品销售给了国家官员；到1750年，军需订单给了75个金属工厂，军服生产交给了50家纺织厂其中“只有三流丝绸厂是为私人消费生产的”。④ 银行业发展得很慢，而且也不成功：直到1864年才成立第一家联合银行，没有现成的贴现率影响官员的投资决策，国家贷款只是一小部分资金来源。实际上，彼得大帝的所有经济决策都与政府有关，采取的都是实物形式而不是货币形式。也就是说，通过保证需求、经理人的供给以及农奴劳动力的劳动，建立特定的工厂并调动现有的资源。与法国（“财政是计划的仆人”）和苏联（“预算追随计划”）不同，在20世纪后半叶，计划部门采用了实物形式优于财政形式的计划。虽然斯大林取消货币化经济仍然是一个有

① W. M. 平特（W. M. Pinter）：《19世纪早期俄国官僚主义的社会特点》，载于《斯拉夫回顾》，XXIX，3（1970年9月），第443页。同时参见D. M. 罗尼（D. M. Rowney）：《从组织论的观点，对俄国内务部进行研究》，载R. 卡内特（R. Kanet）主编的《行为革命与共产主义研究》（纽约，1970年），与D. I. 施茨卡什维里（D. I. Shindzikashvili）：*Ministerstvo Vnutrennikh Del tsarskoi Rossii v period imperializma-Struktura, funktsii, reaktsionaia sushchnost' i sviaz' s drugimi ministerstvami*（鄂木斯克，1974年）。【115】

② M. 拉耶夫（M. Raeff）：《沙皇俄国：从彼得大帝一世到尼古拉一世》，载于R. 奥蒂（R. Auty）和D. 奥博连斯基（D. Obolensky）编辑的《俄国研究指南，第1部分：俄国史简介》（剑桥，1976年），第153页。【116】

③ 在1725年彼得死亡时，俄国有336家工业企业，其中43%是国有的［E. I. 扎奥斯卡亚：*Manufaktura pre Petre I*（莫斯科，1947年），第9～10页］；还有223个是在他统治的时期建立的。（图冈—巴拉诺夫斯基：*Russkaya fabrika*，第15页）。【117】

④ *Istoriya SSSR s drevneyshikh vremen do nashikh dnei*，12卷本，进行中（莫斯科，1966～；以下引用为‘*Istoriya SSSR*’），III，第196～199页。【118】

争议的问题，① 但他的管理手段和财政控制与彼得大帝（当然不同于法国粮食补给部门的计划）的相似之处可以回溯到他们对军事目标的共同关注，沙皇

> “能够组织任何事物；但他将军事需要置于任何事务之前。读他的信件，人们会发现，没有什么才华横溢或者超出寻常的言辞，只是一个绝对的指令，很简洁，在思维中没有任何迟疑。彼得大帝根本不是一个理论家，只是一个幸运儿；他的每个行为都是受需求
> 【435】支配的，他将所有的精力都投入了军事组织中，他强大的意志同样影响军事准备的每个细节……改革，就像彼得大帝的任何活动一样，都源自军事需要。”②

朗格对苏维埃体系的精辟定义是“*sui generis*（自生的）一种战争经济”，这句话同样可以用于彼得时代。在中央政府层次上，彼得大帝重新（随意地）建立了传统的政府部门，作为组织基础，并将权力授予各个部门的高级官员 *kollegiya*（内设部门的做法同样也被斯大林的人民代表委员会所采用）。证实各部门是否遵守规定措施的权力掌握在财政部手中（*Institut fiskalov*），③ 它的上面是总监察员（*Ober-fiskal*），直接对 9 人议会或部长委员会负责。

这种建立于 1721 ~ 1722 年的经济部门模式表明对统一财政的背离，因为负责收入的经济委员会（*Kamer-kollegiya*）与负责支出的控制委员会（*Shtats-kontor-kollegiya*）相互分离。经济委员会（*Kommerts-kollegiya*）负责对外贸易，*Berg-kollegiya* 负责采矿业，制造业委员会负责其他行业。④ 这些名称不仅表面上像德国词，而且实际上也来自德国人的灵感；他们在全国范围内绝对忠诚地为沙皇服务，同他们并行的是枢密大臣（*Tainaya Kantselariya*），“他的任务是调查企图反对彼得大帝的每一个人”。⑤

尽管城市自治委员会是地方管理组织的一部分，但是直到 1721 年，才允许大资产阶级（*grande bourgeoisie*）加入（要通过地方行政官，大资产阶

① 格罗斯曼（《黄金与权力》，第 231 ~ 236 页）和当代作者（《苏维埃经济学》，第 4 ~ 6 章）都提到了在“古典式”苏联废止使用通货的重要性。但是 E. 埃姆斯（E. Ames）在《计划经济学说》中［载于 W. 贡佩尔（W. Gumpel）和 D. 克泽（D. Keese）主编的 *Probleme des Industrialismus in Ost und West*（奥尔腾，1973 年），第 15 ~ 44 页］，从财政角度进行了分析。【119】

② 佩尔斯：《俄国史》，第 229、240 页。【120】

③ 一些苏联的历史学家使用与这些机构相同的词汇即“核实”（“*kontrol*”），现在是指苏联国家控制部（*Istoriya SSSR*，III，第 230 页；但是赫罗莫夫在 *Ekonomicheskoe razvitie*（1967）第 261 页中避免使用这个词）。【121】

④ *Istoriya SSSR*，III，第 231 ~ 234 页。【122】

⑤ 同上引，第 234 页。【123】

级由“重要的、高贵的和有才华的人”组成)，① 直到1826年才在中央层次设立了相同的机构，创建了制造商委员会。这个委员会更多地在工业科技和专利方面向政府提供咨询，而不是整体的经济政策，② 财政部并不支持该委员会承担经济政策咨询职能，直到1810年国务委员会中建立了国家经济部以后情况才有所改观。可以说苏维埃的经济组织在第一个五年计划的一开始就控制在中央政府手中，这一点在亚历山大一世的时代就有所预示了。1803年建立的财政部不得不与其他部门分享权力，包括国库部、制造部、内务部的国内贸易部，正如在苏维埃新经济政策下受到宏观经济管理部门的审查［国家综合计划委员会（Gosplan）和最高经济委员会（Vesenkha）］一样。在这两种政府机构中，关系到绝大多数人的生计的部门，即亚历山大时期的国家经济部（后来称 【436】
作“农业部”）和苏维埃政府的农业人民委员会都没有什么政治力量。国家综合计划委员会花费了19年时间建立了它的统治地位，③ 而亚历山大的财政部花费了18年的时间，在1821年吸收合并了国库和制造部。

8.3.2 金融和人力资源的动员

尽管金融在彼得大帝政府中处于从属作用，但不能因此而减少对沙皇改革者创建支持工业化的财政结构的尊重。尽管可以获得并利用西方经验，征税和支配收入对于一个“机械化”的官僚机构而言，远较吸引私人储蓄并进行以获利为目的的投资更为容易。来自税收的资本支出分为三种形式：建造国家官员经营的工厂［如圣彼得堡的阿德米拉蒂（Admiralty）造船厂④］；建造工厂出售给私有业主（如涅维扬斯克金属制造厂，该工厂于1700年为杰米多夫而建立在乌拉尔地区）；作为无息贷款贷给工业公司［如莫斯科的萨扎尼（*Sukonny*）客栈，它由14个来自城市的商人组成，以及在圣彼得堡、辛比尔斯克和塞尔普科夫（Serpukhov）的公司等⑤］。1710年起草了第

---

① *Istorinya SSSR*，III，第233页。【124】

② 见*BSE*2，XXX，9；W. L. 布莱克韦尔：《俄国工业化的开始：1800～1860》，I（普林斯顿，1968年），第150～154页。后者对国有经济的描述为“主要是信息收集和建议的实体……没有执行能力”（第151页），可以用于20世纪30年代前的国家综合计划委员会。【125】

③ 1917年12月在最高经济委员会（Vesenkha）中建立了国家计划部，并于1921年2月（如同国家计划委员会那样）转变成为劳动和安全委员会（STO）；最高经济委员会在1932年1月结束，而STO在1937年4月终止。【126】 【541】

④ 有3 440名雇员，它是重要的军需品和海军工厂的最大的单位，这些工厂超过了7 800人（斯特鲁米林：*Ocherki*，第354～357页）。【127】

⑤ 参见*Istoriya SSSR*，III，第204页的例子。【128】

一个预算，① 彼得大帝去世（1725 年）不久，制造部（1727～1729 年）统一了给工厂建设提供信贷的条件。

税务评估的迅速扩大和政府贷款的飞快增长②取代了企业家在为生产性资产筹资方面③的主动性。彼得大帝统治期间，税收增长了 5 倍，新增的赋税不仅包括第一次人口普查后（于 1718 年进行第 1 次修正，于 1724 年完成）④ 的常规人头税［*podushnaya podat'*，或者称“魂灵税（soul tax）”］、盐税，也包括针对各种各样活动的赋税，这些活动包括：留胡子（主要在贵族西方化的过程中）、销售橡木棺材或者黄瓜、养蜂和磨刀磨斧头等。⑤ 税收迅速增加的部分原因在于在税收过程中利用了企业家才能。*Pribil' shchik* 或者包税人在欧洲并不是新鲜事物，彼得大帝广泛地采用了这种方式。其缺点是很多收入转移到了私人消费，有人估算国库只得到了 30% 的收入。⑥

进入国库的税收用于国家的直接投资以及对私人资本形成的补贴。对国
【437】家扶持的投资银行的补助来得很慢。

> “俄罗斯银行业的历史，从 18 世纪 50 年代开始组织银行到 19 世纪 60 年代都不那么让人感到欢欣鼓舞，它是各种政府组织和政府经营的小型银行机构的兴衰史。这些机构的主要活动是为土地抵押或者农奴劳动力提供长期贷款。借贷者不得不遵循官僚机构的监督和各种各样的规定。”⑦

在彼得大帝统治下，国库的赠款或者贷款直接通过各种委员会（*Kollegiya*）给了企业，就像 1918～1921 年的“战时共产主义”那样，资金由人民委员会的财政部门直接划拨给了管理总局（*glavki*）（主要的国有化工业管理部门）。彼得大帝之后的女继任者，认为这样的资金由特定的国家政府机构——即被称为“银行”的机构来划拨更有效率，尽管他们不同于当时

① 参见特罗伊厄：*Wirtschaftsgeschichte*，第 260 页。【129】

② S. 雅·博罗瓦（S. Ya. Borovoy）：《国家的债务作为俄罗斯原始积累的源泉》，载于马夫罗金（Mavrodin）主编：*Voprosy genezisa kapitalizma*，第 217～228 页。【130】

③ 尤其见 F. 波利扬斯基（F. Polyansky）：*Pervonachal' noe nakoplenie kapitala v Rossii*（莫斯科，1958 年）；A. 格申克隆：《历史长河中的经济倒退》（剑桥，马萨诸塞州，1962 年），第 91～106 页。【131】

④ 1897 年第一次彻底的人口普查之前，有 10 处这样的“修订”，最后一次在 1859 年。其中，通过将农奴定义为可出售的资产，而表明了国家带有企业家的职能。【132】

⑤ 见梁士琴科：《历史》，第 1 版，第 269 页；戈卢布尼斯基等：*Ekonomicheskaya istoriya*，第 2 版，第 120 页。【133】

⑥ 赫罗莫夫：*Ekonomicheskoe razvitie*（1967），第 260～261 页。【134】

⑦ O. 克里斯普：《1860～1914 年：俄罗斯》，载于 R. 卡梅伦（R. Cameron）主编：《早期工业化阶段的银行业》（牛津，1967 年），第 169、186、189 页。【135】

在西方兴起的资本主义银行。

伊丽莎白女王政府于1754年建立了贵族（*Dvoryansky*）贷款银行和商人（*Kupechesky*）贷款银行（*Zaemnye Banki*），完全由国家资金资助；前者主要用于保释贵族（他们经常既不偿还贷款又不为所谓的“贷款”提供服务），而后者仅在1年内就用光了全部资金。每年都要补充更多的政府资金，① 前者于1786年进行了清算，后者在1782年进行了清算。实践证明，前者的后继银行在资本形成方面同样没有效率，即从国家贷款银行（*Gosudarstvenny Zaemny Bank*）借款的土地借款人“认为贷款实际上是不用偿还的一种赠款”，② 但是阿斯特拉罕（Astrakhan）的一家外贸银行（*Astrakhansky Bank*，1764～1821年）比其他银行都成功；圣彼得堡的第三大国有贴现银行仅存在了很短的时间。叶卡捷琳娜大帝通过颁布著名的1767年指令，明确承认需要成立商业银行，其重要性可以由波特金（Potemkin）的城镇计划中包括一家银行以便为新获得的乌克兰和叶卡捷林娜斯拉夫（现在的Dnieproperovsk）筹资一事体现出来：1797年，叶卡捷琳娜大帝去世后几个月，政府建立了许多地方贴现办公室，以便“努力使俄国商人独立于外国放贷者”。③ 加维认为：

> “对分配短期信贷的控制——在早些时候直接通过官方银行进行，后来由于国有银行建立了主导地位，由于财政部行使监督和指导私有银行信贷活动的权利，最终导致所有短期信贷都集中在苏维埃独家银行。”④ 【438】

亚历山大时期的经济改革者——斯佩兰斯基（Speransky）在授权给第一商业银行（如此命名）之前，在1817年帝国信贷机构高级委员会中统一了政府投资的控制权。这个商业银行首先在委员会中启用了商人。对私有银行的相同倾向反映在允许商人进入制造业委员会。到1894年，最高委员会一直是俄罗斯银行业系统的控制者。

---

① 1770年后在贵族银行也存在一些数量不大的储蓄。见C. 加维（C. Garvy）：《沙皇时期与苏联时期的银行业》，载于《经济史期刊》，XXII，（1972年），第875页，他广泛参考了对沙皇银行的研究，第873～874页。自从1722年开始接收来自贵族的小额储蓄，此后 *Prikazy obshestvennogo prizreniya*（公共信托机构）开始接收其他人的储蓄。同上引，第875页。【136】

② 同上引，第876页。【137】

③ 同上引。【138】

④ 同上引，第874页。加维对苏联度量标准的参考是针对1930年的信贷改革，这项改革禁止银行体系外的所有商业信贷；术语“垄断银行”是他新造的词汇，——在他《东欧的货币、银行与信贷》（纽约，1966年）中——是指在财政部保护下的专业化国有银行网络。【139】

在农奴制条件下，国家拥有自己的人力资源，即皇室农奴，① 说明在劳动力流动的社会里必须通过税收来控制资源。国家提供的资金和人力对于开发乌拉尔地区尤其重要。② 在佩尔姆（Perm）地区的9个矿区雇用了25 000名农奴，开发叶卡捷琳堡［Ekaterinburg，现在的斯维尔德洛夫斯克（Sverdlorsk）］，需要2个鼓风炉、3个冶炼厂、1个铸造厂、1个海军大炮和锚的生产厂、管理大楼、仓库、1个技术学校以及维持农奴秩序的1个要塞。彼得时代的乌拉尔地区，有两个人可以看作是代表官僚机构的企业家，即荷兰人赫宁和俄罗斯人塔季谢夫。后者认识到旧教徒（见旁码第452～453页）作为工人和监督者的才智。③ 但是沙皇死后，控制性的管理职位就成了闲职，可由朝臣和冒险家担任。在18世纪后半叶，乌拉尔工业在私人企业家的领导下经历了再生过程，他们没能对现代化进行投资，而这是抵销其远离消费中心的高额运输费用的必要条件。

监狱里的囚犯也被分派到国家工厂或者私人工厂④工作。利用国家的代理机构征收训练学徒，并强制他们在主人的工厂中工作相当长的一段时间（例如，根据1720年对塔梅斯工厂的法令，要当7年学徒和3年熟练工人）。苏联在1940～1953年实行了强制学徒制度，大学生毕业后在强制岗位上服务两年的制度至今仍然有效。

通过1721年法令，国家授权“贵族和商人”可以购买农奴并用来在工业企业和矿场工作，⑤ 这个授权十分重要。尽管苏维埃历史学家指责这是“非进步的，完全非资本主义”⑥ 或者“资本主义制造业退化到了农奴制”，⑦ 但它仍然为商人阶级从事大规模企业开创了道路，也为贵族在远离
【439】不动产的非农业雇佣形式下利用农奴劳动力开创了道路。以这种形式建立起来的工厂开始被称作“领地工厂”（*posessionnaya*），这一名称直到19世纪早期才成为合法称呼。一些作者将它们和下面描绘的那些工厂混淆在一起，

---

① 梁士琴科：《历史》，第1版，第292页；图冈—巴拉诺夫斯基：*Russkaya fabrika*，第16页。【140】

② 在彼得和叶卡捷琳娜领导下的兴盛时期和两者之间的停滞时期。布莱克韦尔：《工业化开始》，第19～22页；斯特鲁米林：*Ocherki*，第331～344、335～336页和R. 波塔尔：*L'Oural au XVIIIe siècle*（巴黎，1950年），第306～315页。【141】

③ 布莱克韦尔：《工业化开始》，第21页。【142】

④ 因此在1719年，给予了图尔恰尼诺夫（Turchaninov）纺织厂（见原文第441页）雇用“在莫斯科和其他一些省份做错事需受惩罚的妇女和姑娘”的权利（图冈—巴拉诺夫斯基：*Russkaya fabrika*，列文译，第16～17页）【143】

⑤ 法令引用同上引，第83页。【144】

⑥ 梁士琴科：《历史》，第1版，第294页；*Istoriya*，第2版，第392页。【145】

⑦ *Istoriya SSSR*，III，第207页。【146】

那些工厂不得不将部分产出缴纳给国家作为后者提供农奴的报酬。①

8.3.3 私人动机作为补充

“义务工厂”（*obyazannaya fabrika*）符合1721年法令，它利用个人动机的方式与两个世纪后的苏维埃相同。私有制下，需要“义务式”和“领地式”私有或者国有企业来完成一定的产量，并以固定价格上缴给国家，任何剩余可以根据所有者自定价格②自由处理。领地工厂的所有者不仅享受免除某些国家服务、税收和关税的特权，而且更重要的是可以从国王那里定期购买一定的农奴。与产出和投入相比，他们对国家的义务绝不像看起来那么满意。到1810年，内务部直接指定义务工厂的产量和质量；1840年之前专门用于领地工厂（1861年前仍占主导地位）的农奴劳动力主要从事季节性工作，一年中在工厂工作200天，其余的100多天被分配在国王的土地上从事土地劳动。③

以农奴为劳动力的工业（18世纪末乌拉尔的劳动力仍然有97%是农奴）④也出现在近来斯大林的强迫劳动营中。⑤乌拉尔是在矿业指挥官（*gorny nachal' nik*）的准军事行动中发展起来的，他是工头和警官的结合体，拥有特遣军队而不是职工名册。在19世纪的头10年，要求改善状况的农奴请愿者或者被当场扼杀，或者被丢进鼓风炉，⑥不服从命令的话，可能还会受到鞭笞的惩罚。⑦

考虑到劳动力和订单的可靠性，投入购买领地式或者义务式企业的资本

---

① 图冈—巴拉诺夫斯基（*Russkaya fabrika*，第83页）批评了L. N. 尼斯洛维奇（L. N. Nisselovich），*Istoriya zavodsko-fabrichnogo zakonodatel' stva Rossiskoi Imperii*（圣彼得堡，1883年），II，第52页。【147】

② 在苏联的计划体制下这条原则只适用于生产次要的消费品，有同样的措施来保留计划利润。另外，这个原则是苏联集体农场采购的合法基础。【148】

③ 农民一出生就确定了农村居民身份，他们没有（参见原文第417页和第467页的注释）允许住在城镇里的内部通行证（呆在城镇的最长期限是3天），需要居民大会的同意才能放弃身份，【542】
必须在集体土地或集体牧场从事最低限度的工作（通常为150天）。由于上述种种原因，一直到1976年，苏联集体农场的强制性采购限额与有保证的劳动力之间一直没有关系。【149】

④ M. A. 戈尔洛夫斯基（M. A. Gorlovsky）和A. N. 皮亚特尼茨基（A. N. Pyatnitsky）：*Iz istorii rabochego dvizhenia na Urale*（斯维尔德洛夫斯克，1954年），第39、55页（被引用于布莱克韦尔：《工业化的开始》，第158页）。【150】

⑤ 当然这些比例被颠倒。S. 什维安尼耶维兹（S. Swianiewicz）［《强迫劳动力与经济发展》（伦敦，1965年），第39页］表明1939年强迫劳动力的比例是8%。但是这一特点在本卷的有关劳动力的部分体现得更加明显。【151】

⑥ 库利施：‘Die kapitalistischen Unternehmer’，第320页；也见布莱克韦尔，前引书。【152】

⑦ A. M. 潘克拉托娃 in *Rabochee dvizhenie v Rossii v XIX veke*（莫斯科，1955年）I，第1部分，第106页（被引用于布莱克韦尔，前引书，第159页）。【153】

风险并不大；同时为工厂提供了技术。需要说明的是，当时投资于乌拉尔工业的企业家数量很少，主要集中在五大家族［古宾（Gubins）和雅科夫列夫（Yakovlevs），他们的位次排在杰米多夫（Demidovs）的后面，杰米多夫
【440】在1760年雇用了3万名农奴］：他们拥有56个公司。前面已经提到过，杰米多夫从图拉的利润中积累了资金，买进了乌拉尔矿区。古宾用在莫斯科做商人时赚的钱从国家那里购买了6家乌拉尔的工厂，并把它们合并一个工厂。

1723年通令将出售国有企业的权利授权给个人或者公司，无论是商人、贵族还是外国人，这个通令可以看作是彼得大帝向各个阶级开放贸易的顶峰，其中士兵除外，同时也是新采用的重商主义的一个组成部分。① 然而，1714年禁止将煤矿转让给私人的法律仍然有效，但是后来有记录说明有一些贵族违反了这条法律。在安娜女皇（1730～1740年）的统治下，作为煤矿总督的申贝尔格（Shemberg）伯爵非法出租煤矿，与女皇和她的宠臣拜伦（Biron）共同分享能够带来巨额利润的垄断特权。安娜死后，他出逃了（拜伦被绑架到西伯利亚），并给国库留下了37万卢布的未偿债务。

要归纳总结安娜统治时期的投机行为和强取行为是错误的，佩尔斯称安娜的统治为“所有时期中最黑暗的时期……对整个国家而言，宫廷的花费比彼得大帝时期高了5倍多……国家到处都充斥着罚款项目，并收取高昂的重税。”② 这些经验最终使叶卡捷琳娜女皇放弃了给予个人垄断的授权。

18世纪前半叶重要的投资者不是贵族或者国家，而是商人。图冈—巴拉诺夫斯基认为商人资本是在俄罗斯形成大规模工业资本的基础，但是如果没有国家的基础设施和组织措施，他们也不可能做到这一点。③ 他从公布的企业名单中得出以下结论：某些国内商人、贵族和非农奴的平民（*raznochintsy*）创立了必要的资本。外国的贡献是技术而不是资本（见旁码第455页，外国所有者直到1785年还仍然是无诉讼行为能力的人）。图冈—巴拉诺夫斯基列出了少数几种属于外国人所有的工厂，通常是小企业或者外国人持有少数股权。④

甚至在普遍授权之前，一些国家工厂就转移到了个人所有者那里：1711年，商人图尔恰尼诺夫（Turchaninov）和岑巴尔什科夫（Tsymbal' shchikov）

---

① M. E. 法尔库斯：《俄国的工业化：1700～1914年》（伦敦，1972年），第21～22页，将这种变化追溯到18世纪20年代，表明国内消费品产品的增加和1724年强大的保护关税。【154】

② 佩尔斯：《俄国历史》，第263～264页。【155】

③ 图冈—巴拉诺夫斯基，*Russkaya fabrika*，第17～20页。【156】

④ 同上引，梁士琴科的分析（《历史》，第1版，第292～293页）遵从他的观点。【157】

从外交部（*Posol' sky prikaz*）那里接管了一个管线厂和它的农奴工人。① 与此相类似，1720 年羊毛和帆布厂也被转让了。最大的受益者其实是一个外国人塔梅斯（在莫斯科有 443 台织布机和 890 名工人，在雅罗斯拉夫有 172 台织布机和 180 名工人），但是他只持有公司资本的 1/10，其他的合伙人是俄国商人。三个俄罗斯贵族——阿甫拉克辛伯爵（Apraksin）、谢夫罗夫 【441】（Shefirov）伯爵和托尔斯泰（Tolstoy）伯爵——得到了所有的丝绸厂，但是他们很快就被迫允许商人进入工厂，后来又强迫他们完全退出。

尽管俄罗斯主流经济史学家认为，商业资本家是后彼得时期②的主要企业家和金融家，库利施却争辩说，国家利息甚至到了 1723 年之后还保持不变：他称新企业家为“看管者”（*Inhaber*）而不是所有者（*Eigentümer*），尽管使他们自己经营工厂，而且这些工厂在转让的时候是不赢利的。的确，在这个过程中，有一些人破产了，而且，为了保证生产的连续性，工厂由财政部收回。③ 像库利施一样，法尔库斯也强调“一些大型的企业实际上更像国内手工业者的殖民地，为一个单一雇主工作，而不是为大型工厂工作”，④ 这些特征在“领地式”和“庄园式”的工厂中看起来尤其如此。

后一类工厂（世袭领地，*votchinnaya*）和手工业部门是那些在彼得时代的工业化中没有享受到特殊优惠的工厂。庄园的产品，即农奴工匠，早在 15 世纪就开始在市场上进行买卖了（见旁码第 430 页），但是只是到了彼得大帝去世之后，贵族领地上的工业企业才开始雇用农奴劳动力。18 世纪后半叶是贵族企业的黄金时代，所涉及的工业活动主要是生产消费品。舒瓦洛夫家族（Shuvalovs）、沃龙佐夫家族（Vorontsovs）、阿甫拉克辛家族和切尔内绍夫家族建立了酿酒厂，卖酒是当时最赢利的垄断行业之一，由贵族在 1765 年获得特权。1769 年他们拥有 46% 的织布厂，主要生产军用制服所需的布料，1809 年他们拥有 98 个此类工厂中的 74 个。波特金公主拥有羊毛厂，该厂在 1825 年雇用了 9 000 个农奴。后来贵族在领地上建立了炼糖厂，利用当地甜菜产糖。在这里雇用农奴的经验，促使一些贵族进一步离开家乡，进入了重工业行业。在乌拉尔地区，伯爵沃龙佐夫、车尔尼雪夫、扎古

---

① 新的所有者被授予雇用熟练的本国和外国人员的权利，“对他们的劳动支付公平的工资”；对于自由劳动力和农奴劳动力的各自份额的争议，见格申克隆：《欧洲经验在俄国的实践》，第 78 页。【158】

② 参见，图冈—巴拉诺夫斯基：《俄罗斯工厂》，第 19 ~ 20、23 页；梁士琴科：《历史》，第 1 版，第 293 页。【159】

③ 库利施：‘Die kapitalistischen Unternehmer’，第 309 ~ 311 页。【160】

④ 法尔库斯：《俄国工业化》，第 24 页。【161】

辛斯基和古里耶夫购买了 4 个煤矿和铁厂。到了 18 世纪末，贵族操纵了 71 家私有金属冶炼厂中的 23 家。这种趋势导致的后果是，对领地工厂的约束仅对那些非贵族所有的工厂有效，尽管领地的农奴从商人那里转到贵族那里，地位不变，并没有变成世袭（*votchinnye*）农奴。[①]

【442】贵族的工业活动得到 1762 年彼得三世和叶卡捷琳娜二世法令的鼓励，据此，为工厂劳动购买有地或无地的农奴成为贵族的专有权，第二年将这项权利扩大给了外国人。1773 年的一份政府报告发现，在 328 家工厂中，贵族有 66 家，外国人有 46 家。但是在已经知道产量的 305 家工厂中，贵族所有的 57 家工厂占了产量的将近 1/3。

1762 年后贵族对为工厂工作的农奴的垄断——尽管并不完全［平民（*raznochintsy*），即其他阶级的人以及外国人也可以购买农奴］——当然只是他们从软弱的彼得三世那里得到的众多特权中的一项。在 1762 年 6 月彼得三世被他的妻子推翻前 4 个月，他授予贵族发表公告的权利；凯瑟琳掌权 6 个星期内，就确认了前夫保留农奴所有权的做法，两年后又禁止教会通过农奴牟取收益（农奴因此成为“经济的小农”），延续了彼得三世把教堂领地还俗的做法；1762～1763 年收回了“授予制造商”（*ukaznye fabrikantov*）的特权，目的是为了让贵族进入该行业。通过颁布法令剥夺农奴签署期票的权利（1761 年），对于农奴企业家（见下）来说是一个特别的打击，因为银行刚刚在 4 年前开始使用这样的票据；1765 年后，所有者有权放逐农奴去做苦工，两年后法律不允许农奴抱怨他们的主人，这些使得所有者从免役税农奴身上榨取的利润总体上是增加了。

随着普加乔夫起义和残酷的镇压（1773～1775 年），当时政治状况与经济政策的自由化形成了对比。图冈—巴拉诺夫斯基引用了贵族提交给叶卡捷琳娜要求限制商人工厂自由雇用劳动力的记录：它强迫商人生产的商品要“和国外制造的一样好”[②] 并给贵族的免役税农奴付更高的工资。

在农奴制下，这种庄园制造业体制提供了一些好处：自己供给大量的原材料（亚麻、大麻、羊毛、皮革、稻谷）、工具和劳动力，劳动力是不必用钱估算的。制造业通常只在漫长的冬天进行经营，这样将夏季的时间留出来

---

① 图冈—巴拉诺夫斯基：*Russkaya fabrika*，第 31 页；库利施：‘Die kapitalistischen Unternehmer’，*passim*；布莱克韦尔，前引书，第 25～27、198～209 页；梁士琴科：《历史》，第 1 版，第 215～216 页；N. I. 帕夫连科：《论 17、18 世纪贵族革命的问题》，载于马夫罗金主编：*Voprosy genezisa kapitalizma*，第 54～75 页；A. 卡汉：《俄国“西方化”的代价：18 世纪的贵族与经济》，载于《斯拉夫回顾》，XXV（1966 年），第 55 页。【162】

② 图冈—巴拉诺夫斯基：*Russkaya fabrika*，列文译，第 25 页。【163】

从事田间劳动。这里根本不存在工资的问题，因为领地上的农民是强迫劳役。

另一方面，庄园工业得到了短期扩张，并在贵族强有力的保护下发展起来，它强迫非贵族企业雇用自由劳动者，从而种下了自身衰落的种子，因为从长远看，自由劳动力的生产率更高。大多数的农奴劳动力完全不适合于熟 【443】练工种，由于没有工资，所以产生了过度的劳动密集；农奴逃跑和起义是非常频繁的。结果贵族既没能得到先进的生产形式，以便获得所需的新技术和原料（即继续使用羊毛而不使用进口的棉花），也没有取得企业家的经验（这种经验可以鼓励他们进入私有企业）：很明显，在早期俄罗斯联合公司的投资者名单上没有他们的名字。

庄园企业也从另一方面走向了自我毁灭。贵族需要金钱支付为维持舒适的西化生活而日益增加的账单，虽然对他们的保护增加了收入，但因为奢侈的消费和增加的债务利息，[①] 他们的生产性投资还是不足。这种情况可以从尤苏波夫家族（Yusupovs）那里获得例证，他在1806年拥有198个村庄，包括9 034平方英里的庄园，这里生活着17 239名农奴。这个大规模的农业—工业综合体的管理需要莫斯科和圣彼得堡两个管理中心和多个地方部门。检查员在这两个中心和地区部门之间穿梭，其中尤苏波夫在乌克兰控制的企业是“一个拥有2 320位居民，并且还有商店、仓库、工厂、兵营、管理大楼、客栈和医院的城镇”。[②] 尤苏波夫25%～30%的收入来自经营庄园工厂的活动，主要是为国家订单生产的布厂和面向市场的丝绸厂。但是这个家族个人的支出比维持庄园还要高，1831年N. B. 尤苏波夫死后，一半的农奴被抵押了出去，他还欠下了250万卢布的债务。

舍列梅捷夫家族（Sheremetevs）是除了沙皇以外最大的地主，他们没有为工业化而做出努力。在农奴解放前，D. N. 舍列梅捷夫的年收入是70.2万卢布（1859年），其中只有1.84万的收入来自产品销售（包括农产品）。他和他的父亲训练农奴表演歌剧，而不愿将农奴送进工厂。他们的收入主要来自农奴企业，他们允许农奴挣得收入来偿付免役税，1859年这种偿付达到了58.9万卢布。[③]

---

① 主要研究成果有：M. 孔菲诺（M. Confino），*Domaines et seigneurs en Russie vers la fin du XVIIIe siècle*（巴黎，1963年），杰罗姆·布卢姆（Jerome Blum）：《9世纪到19世纪间的俄国地主和农民》（普林斯顿，1961年）。【164】

② 布莱克韦尔：《俄国工业化》，第203～204页，引用A. N. 纳索诺夫（A. N. Nasonov）：《19世纪俄国庄园农奴史》，*Izvestiya Akademii Nauk SSSR*，1926，ser. VI，第504页。【165】

③ 布莱克韦尔，前引书，第202页。【166】

8.3.4　农奴企业家

尽管以人均水平计（1859 年每位农奴 3 卢布），舍列梅捷夫的免役税不【444】值一提，但正是这个原则，使得俄国社会中出现了一类特别的资本主义因素，即农奴企业家。

在屠格涅夫（Turgenev）时期，农民对庄园工业就像对"瘟疫"一样害怕。显然，庄园工业没有对真正的生产提供必要的刺激。农民中最悲惨的一类是"奴役工人"（*kabalnye rabochie*），他们被土地所有者借给工厂或者受雇于国有工厂，而土地所有者则直接收取固定费用。① 他们是从贵族所拥有的农奴中招募的，不以免役税为基础，而这种免役税能够为农奴提供某种流动性和激励机制。农奴的法律地位是他们获得企业家身份的最大障碍。1730 年法律禁止农奴获得财产，次年又不许他们参与订立合约。从 1761 年起，如果没有主人的书面同意，农奴就不能签署期票。② 农奴的主人可以在任何时候废除合同，而农奴的商业伙伴就要承担后面的交易。尽管最终法律规定农奴主人不能为了将农奴送进军队或者驱逐到西伯利亚，而将农奴和其商业分离开来，但是面对农奴主人的其他任意干涉，农奴还是没有得到保护。

从 18 世纪中期开始，由于吞并了新的领土并强迫前王室农民和自由农民成为农奴，俄国的农民人口，尤其是农奴人口开始增加。按照第五次修订（1794～1796 年）的统计结果，有记录的农奴人口达到 990 万，而人口总数为 3 600 万；这之后的情况如表 68 所示，虽然人口总数迅速增加，但农奴人数几乎一直保持不变。

舍列梅捷夫家族的免役税主要来自农奴企业家。伊万诺沃（Ivanovo）的纺织工厂，目前（作者著书时。——译者注）仍然是苏联最大的生产企业，它当时的情况是这样的：在 1789 年，有 188 个农奴车间（使用了"*izba*"和茅屋这两个词汇）和 20 个较大工厂进行纺织印染。

---

① 图冈—巴拉诺夫斯基：*Russkaya fabrika*，第 78 页。【167】

② 见于一些讨论中，参见 P. 斯特鲁韦（P. Struve）：*Krepostnoye khozyaistvo*（圣彼得堡，1913 年），第 74～112 页。I. V. 斯捷潘诺夫（I. V. Stepanov）：《17 世纪伏尔加地区的工人》，I. G. 舒利加：《18 世纪下半叶乌克兰左岸地区贸易的发展》，均载于马夫罗金主编：*Voprosygenezisa kapitalizma*，第 90～109 页和第 157～169 页。H. 罗索夫斯基（H. Rosovsky）：《俄罗斯的农奴企业家》，载于《企业家历史探索》，VI，4（1953～1954 年），第 210 页及以后。G. P. G. 辛茨海默（G. P. G. Sinzheimer）：'Les Industries kustar'：Un Châpitre de la révolution industrielle en Russie'，*Cahiers du Monde Russe et Soviétique*，VIII，2（1967 年）。主要参见梁士琴科：《历史》，第 1 版，第 296 页。【168】

另外，农奴企业家比庄园工厂更容易引进新技术。当莫斯科的竞争者被1812 年大火毁掉之后，伊万诺沃地区的工厂进入了繁荣发展的时期，农奴企业家利用这些利润进行投资，例如，投资于珍妮纺纱机。尽管第一台珍妮纺纱机是在 1798 年圣彼得堡的一个国有工厂引进的，但它的第一个使用者伊万诺沃地区的戈拉乔夫（Grachev）却是一个农奴。① 18 世纪后半叶，皇室农奴也进入工业之中，出现在莫斯科的皮革厂（Zaitsev）、缝纫用品制造厂（Kusnetsov）和亚麻织布厂。在圣彼得堡，舍列梅捷夫的一个农奴在涅 【445】
夫斯基大街经营的一个水果市场，资金额达到 300 万卢布。在圣彼得堡迅速

表 68　1722～1897 年的俄国人口[a]　单位：百万

	原有地区	新兼并地区	总人口	农村人口		农奴人口	
				百万	百分比	百万	百分比
第一次修订 1722	14	—	14	13.5	96.4	—	—
第三次修订 1762	19	—	19	14.5[b]	—	7.6	52.4[c]
第五次修订 1796	29	7	36	34.7	96.4	20.0	55.5
第七次修订 1815	30.5	14.5	45	43.3	96.2	20.8	46.2
第九次修订 1851	39	28	67	63.6	95.0	21.7	31.5
第十次修订 1859	45	29	74	69.8	94.3	22.7	30.7
第一次普查 1897	65	64	129	112.7	87.4	0.0	0.0

a　包括波兰、波罗的海诸国和芬兰的人口。
b　只有俄罗斯和西伯利业。
c　仅在农村中。
资料来源：梁士琴科。 【446】

扩张的建筑工业中，农民承包商尤为突出。萨瓦·雅科夫列夫和萨瓦·莫罗佐夫是俄罗斯“自学成才”的企业家模范，他们都是缴纳免役税的农奴。前者来到圣彼得堡时“口袋里只有半个卢布和父母的祝福”，他后来获得解放，并于 1762 年成为贵族。在那个世纪末，他在圣彼得堡的工厂雇用了3 000名工人。后来，他购买了乌拉尔地区的 22 家煤矿企业。② 莫罗佐夫于1797 年在莫斯科开了一家丝带车间，到 1820 年时他雇用了 40 个工人，拥

① 戈拉乔夫在 1795 年支付给舍列梅捷夫 13 万卢布买来他的自由。此前和此后的革新见罗索夫斯基：《农奴企业家》，第 219 页及以后；图冈—巴拉诺夫斯基：《俄罗斯工厂》，第80～87 页。【169】 【543】

② 梁士琴科：*Istoriya*，第 2 版，II，第 19 页；罗索夫斯基：《农奴企业家》；布莱克韦尔：《工业化的开始》，第 205～212 页。【170】

有20台织布机。他支付1.7万卢布赎回了自由，并加入了商人行会。他利用严格的关税保护政策，在德国出生的俄国大企业家——路德维希·克诺普（Ludwig Knop）的帮助下于1822年开了一家织棉厂。莫罗佐夫家族获得了最新式的英国织布机，并走私到俄国，尽管当时英国禁止出口（该禁令一直持续到1842年）。到19世纪40年代，他的儿子雇用了2 500多人，拥有9台流水发动机、24台机械织布机和456台手工织布机，每年总产值达到190万卢布。加列林（Garelin）是伊万诺沃地区的白棉布制造者，尽管在伊万诺沃拥有第三大工厂（1817年有1 407名工人），但他直到1828年才从舍列梅捷夫那里买回了自由。其他莫斯科纺织企业中的农奴企业家有：阿列克谢耶夫（Alekseev）、奈德诺夫（Naidenov）、科诺瓦洛夫（Konovalov）和普罗霍罗夫（Prokhorov）。科诺瓦洛夫兄弟在莫斯科丝绸商人中十分著名，福明（Fomin）、诺索夫（Nosov）兄弟、格里戈里耶夫（Grigor'ev）和乌什科夫（Ushkov）在其他工业或者商业领域也同样出色。① 这些人的个人经历表明，当贵族用“你们很聪明”（“Enrichissez-vous!”）这样的话［后来布哈林（Bukharin）也使用了这一词］来鼓励他们的农奴企业家发挥其才能时，他们从未停止将农奴看作是会下金蛋的鹅；他们鲜少同意解放农奴，尽管农奴已经提供了大量的金钱。为了掩盖受束缚的地位，农奴会使用假名字来购买房屋或其他东西，这样就给他们的主人造成了麻烦。尽管1848年法律允许农奴以自己的名义买卖土地（仍然要征得主人的书面同意），这样的机会要么只对大宗土地买卖有影响，要么便是大多农民对此法律一无所知而没有加以利用。

8.3.5　商人组织

商人阶层处于农奴和贵族之间，他们的责任和特权有时类似于那两个主
【447】要的阶层，有时又与他们不同。因此有些商人被划为客商，允许他们拥有土地财产权，而其他人则被划为工商区的纳税人（*posadskie lyudi*），并受到类似农奴方式的束缚。它们的组织直到彼得大帝和叶卡捷琳娜时期才获得了合法地位，但是早在17世纪中期，他们作为一个群体已经有足够的影响力，曾迫使政府撤销了英属俄国公司（1649年）的特权。撤销其特权也是沙皇

---

① 图冈—巴拉诺夫斯基：*Russkaya fabrika*，第81页；罗索夫斯基：《农奴企业家》；布莱克韦尔，同上，第205～212页，梁士琴科：*Istoriya*，第2版，II，第442页；V. T. 比尔（V. T. Bill）：《被遗忘的阶层：1900年前的俄罗斯资产阶级》（纽约，1959年），第15～35页。【171】

阿列克谢·米哈伊尔诺维奇（Alexei Mikhailovich）的一个政治目标，以表示对1月份英国议会的弑君罪的不满；“它也是俄国商人争取得到市场并努力鼓励发展商人阶级的结果。”① 雅科夫采夫斯基发现，由于商人不够强大、无法取代贵族占领贸易领域（见旁码第455页），因而不能继续采取行动以得到更好的效果；还有部分原因是因为他们没有商业舰队。②

彼得大帝看起来更关心使其臣民的经济活动规律化、系统化，而不是促进这种经济活动，这些臣民是指不受贵族控制的人（即土地所有者和农奴）。对于他选定的组织形式，即中世纪的行会和垄断，他既向西方学习，也借鉴以前的经验。叶卡捷琳娜女皇在致力于发展行会时，采取了亚当·斯密的建议，取消了垄断，她于1767年颁布的训令（*Nakaz*）就是受了后来发表的《国富论》的启发。

首席地方行政官于1721年颁布、次年依据法令实施的规章，要求所有商业或者工业城镇（*posady*）的“常住”居民均须加入两个行会中的一个。第一个行会是适用于大规模商人和自由职业者的（内科医生、药剂师、金匠和画家等），第二个是属于小贸易者和工匠的。这些词都是德语词汇：“小商人行会（*gil'diya*）”按照职业被分成 *tsunfty*，它的来历前面已经提到过（见旁码第430页）。“非正式的”（*neregularnye*）自由收入者（即 *chernorabochie*）、“黑色（应税）劳动力”和“寻找就业的人”（*obretayushchiesya v naimakh*）都不能加入行会。③ 这些行会的成立及其存在都要向圣彼得堡报告，但是没有采取任何努力使这些行会活跃起来。第一类行会中的三个“等级”仅仅根据所有权进行分类（其中“*stat'ya*”一词现用于海军），没有涉及任何的“资产”（*soslovie*）；从第二次修订（1743～1747年）中可以衡量出第二类行会只是在概念上存在，据说它在圣彼德堡有709名成员，在莫斯科只有117名成员。

对于手工业者，行会仍然是一个有名无实的机构。1799年，保罗一世颁布了一项关于劳动者的社团法典（*Ustav o tsekhakh*），三个社团中只有第 【448】
一类曾经创建过，即有关工匠的；另外一个是关于服务业的（佣人、洗衣、

---

① 雅科夫采夫斯基：*Kupechesky kapital*，第19页。【172】

② 由于这个显著的原因，也允许英国人继续在阿琴格尔进行贸易，但是不能在其他的任何地方。它是这个国家惟一的海港，并在1653年时的营业额达到了106万卢布，按照1900年的购买力大约1 800万金卢布（*Istoriya SSSR*，III，第26页）。【173】

③ 梁士琴科，*Istoriya*，第2版，第397页。*BSE*3，VI，第521页指出，1719年康莫茨—孔里加（*Kommerts-kollegia*）首次正式使用“*gil' diya*”。也见 P. G. 雷恩逊斯基（P. G. Ryndzyunsky）：*Gorodskoe grazhdanstvo doreformnennoi Rossii*（莫斯科，1958年）。【174】

制衣），第三个是关于普通劳动者的。叶卡捷琳娜 1785 年的手工业法规（*Remeslennoe polpzhenie*）是范围更宽的城市法规（*Gorodovoe polozhenie*）的一部分，禁止没有加入城镇中适当行会的熟练手工业者工作（如果已经建立了该行会）；提供培训是中世纪行会惟一的真正任务，学徒期满的人要提供 3~5 年的服务，但是既没有自我监督（在学徒期满的人中）也没有对工作方法进行控制。

对于商人和后来的资本家而言，关键的时期是 1775 年，当时的商人阶级宣言宣布工业企业对所有人开放，废除垄断，从而打开了通往企业家的通路，这不是针对某个人，而是针对公正的、有资金基础的候选人。

对于地位低于前两组的店主和城市中产阶级（*meshchanstvo*①，这个词汇不仅用于整个的低中产阶级，包括小官员，而且还用于普通市民和被知识分子批评的低俗的人），对他们没有规定最少资产额。有三个最低标准来限定加入行会的人员：第一个行会的成员是那些拥有 1 万卢布以上资产的人（已经说明，很快引进了更高的分类）；第二个行会的成员是那些拥有 1 000 卢布以上的人；第三个行会的成员是那些拥有 500 卢布以上的人。给予他们的权利包括累进税减免和免除军役，但变化很多。因此到 19 世纪中期（通货膨胀使得财产限额到达了 1.5 万卢布），第一个行会的成员可以在帝国的任何地方从事国外贸易和批发业务，在他自己的家乡可以从事零售业务，可以拥有商店、银行、保险公司和大工厂；第二个行会的成员可以在俄国的任何地方从事国内的批发业务和国外的非金融交易；第三个行会（1851 年占三个行会成员的 90%）可以从事小规模的商业和工业。②

在建立行会和废除个人垄断的前夕，只有 2% 的莫斯科商人拥有工业企业，但是到 1850 年，第一个行会 90% 的成员、第二个行会 59% 的成员和第三个行会 10% 的成员拥有工业资产。③ 早在 1821 年，圣彼得堡工厂的一半就为商人所有；1843 年，圣彼得堡第三个行会的一半以上成员已经在城市
【449】中产阶级中涌现出来。④ 布莱克威尔列举贸易资金转为工业资金，但是没有可靠的证据，部分原因是由于在这一时代，从事银行业和制造业的人和从事

---

① 布莱克韦尔（《工业化的开始》，第 104 页）引用了 1785 年的《城市法规》将 *meshchanstvo* 定义为“中等类型的人”。【175】

② 同上引，第 102 页。【176】

③ 1765 年和 1849~1850 年的数据（雅科夫采夫斯基，《商人资本》，第 172 页）。【177】

④ A. 科帕涅夫（A. Kopanev）：*Naselenie Peterburga v pervoi polivine XIX veka*（莫斯科，列宁格勒，1957 年），第 110~113 页。【178】

商业贸易的人一样，都毫无差别地使用一个词汇——商人（“*kupets*”）。① 根据马克思主义的进化理论，这些转变可以被看作从商业资本主义向资本主义的进化，或者被看作从劳动优势到资本优势的转变。1842 年取消了影响商业资本和工业资本更深层次结合的法律障碍，这时工厂被允许在集市上开展零售业务，可以在他们所在地以外的其他城市经营，同时叶卡捷琳娜所鼓励的商业机遇仍处于开放状态：上等阶层于 1807 年被允许加入三家行会中的任何一家；随着 1810～1812 年一系列法规的出台，出现了一类所谓的“商业化农民”；1818 年农民被允许建立工厂。1811 年（法律）的第六次人口统计修订本表明，俄罗斯的城市人口基本在两类人中等分，一类是城市商人（*kupechestvo-meshchanstvo*，占 42.5%），另一类是农民（占 37.6%，其中还包括一些低层的社会群体），另外还有 1/5（占 19.9%）是上层阶级和其他特权阶级。② 然而，自由化的步伐对于特权等级和两个高级行会的成员来说是过快了。1816～1822 年，行会中新注册的人数减少了 1/4。与此同时，作为商业化农民阶层而注册的人数同比例上升。1824 年，财政部对行会体系出台了一些补充条款，该条款对第三行会和城市中产阶级又增加了一些税收，更加严格地规定了各个领域商业化农民所必须承担的职责，并且提高了后者的税收。这些规划也在城市中产阶级中引入了区别条款：上层（商人）可以从事小额的贸易、餐饮业或者建立工业，并且可以雇用工人达到 8 人；而下层（*posadskie*）最多只能雇用 3 人，而且，正像布莱克韦尔所说，“严禁从事户外叫卖”。③ 1818 年，外国人被阻止加入任何行会。

在那一年，如果坎克林没有提出解放农奴的计划，使农民成为经营者，他的影响将被一致看作是一种倒退。法尔库斯称之为“本性保守，而且只关心财政问题”。他对国家支持工业项目的计划表示怀疑，同时在 19 世纪 30 年代，交通部长托尔（Tol'）反对引进铁路。④ 坎克林将铁路称为“本世纪最有害的疾病”，⑤ 并且拖延到 1839 年才实施 1810 年的斯佩兰斯基财政计划，用银卢布代替了已贬值的纸币（*assignatsiya*）。当他 1844 年退休时，距离彼得大帝向他的瑞士伙伴描述俄国需要迫切发展工业、贸易和海军已有 【450】

---

① 布莱克韦尔：《工业化的开始》，第 196 页；例如“*kuplya*”，只能为“买”的意思。【179】

② *Istoriya SSSR*，IV，第 52～54 页。【180】

③ 布莱克韦尔，前引书，第 104 页；也见 *Istoriya SSSR*，IV，第 54 页。【181】

④ 法尔库斯：《俄国工业化》，第 36 页。不考虑他对经济动态的狭义的观点，佩尔斯（《俄国史》，第 369 页）赞扬“诚实的”坎克林“具有广泛的管理经验，并是国家资源的监督员”。【182】

⑤ 被引用于 *BSE2*，XX，第 10 页。【183】

一个半世纪了。①

8.3.6 垄断的授予

私人部门很早就能从国家强加的垄断或者垄断性价格管制中解放出来。叶卡捷琳娜的第590号政府文件（1767年对其“训令”的第二次补充）体现出信奉亚当·斯密主义：“不管在什么条件下，都应该避免垄断；也就是说，特权在企业或其他商品中均应被取消”。② 此前，刚从格拉斯哥（Glasgow）大学回来的谢苗·杰斯尼茨基（Semyon Desnitsky）提出，“在俄国应确立立法、司法和执法的权威”。③ 这些话是俄国的学生从亚当·斯密1762～1763年的论著中摘录的，并最终出现在1776年《国富论》一书中（第二卷，五册）。④

叶卡捷琳娜执政的第一步，就是建立私人特权公司以取代彼得大帝时期建立的垄断外贸公司。彼得大帝在世最后一年建立的西班牙贸易公司（强迫指定俄国商人参与）很快衰落了，随后女皇伊丽莎白领导下的三个国家公司也衰落了。君士坦丁堡的俄国商业公司（1757年）、对波斯的贸易公司（1758年）、在布哈拉（Bukhara）和希瓦（Khiva）的商业公司（1760年）都被授予垄断权，但是在当地的反对下，1762年三个公司最终都解体了。外国私人公司和国内批发贸易因此得到无息贷款的鼓励。在此基础上，1763年建立了地中海贸易公司，紧接着1766年在尼基诺夫哥罗德、1772年在沃罗涅什建立了谷物贸易公司。更晚一些，白海贸易公司于1803年兼并了一个当地的手工业产品组织。

大多数的私人公司都被赋予了一定的特权。叶卡捷琳娜就任期间授予贵族垄断工业农奴的特权（见旁码第443页），这表明她对斯密主义经济学也
【451】只是三心二意的。但是，她的政府没有恢复重商主义，而重商主义是私人制

---

① F. V. 斯皮里多诺娃（F. V. Spiridonova）：*Ekonomicheskaya politika i ekonomicheskie vzglady Petra I*（莫斯科，1952年），第63页。【184】

② *Nakaz Ekaterina Vtoroy*（圣彼得堡，1893年），第186页；佩尔斯（《俄国史》，第283页）将她说明中的250篇文章归功于孟德斯鸠（Montesquieu）的《法律精神》，100篇归功于贝卡里亚（Beccaria）的《犯罪与惩罚》。【185】

③ 在 *Yuridicheskie proizvedeniya progressivnykh russkikh mysliteley: vtoraya polovina XVIII veka* 中再版，S. A. 波克罗夫斯基主编（莫斯科，1959年），第140页。【186】

④ A. H. 布朗（A. H. Brown）沿用杰斯尼茨基和他的门生伊凡·特列季亚科夫（Ivan Tret' yakov）的线性假设和其他假设所做《亚当·斯密的第一个俄国追随者》，载于T. 威尔逊（T. Wilson）主编：《亚当·斯密：评论文章》（牛津，1974年）。关于斯密将权力垄断与价格固定化（与李嘉图的垄断供应不变相对应）联系起来（指俄国的情况），参见M. 鲍利（M. Bowley）：《对1870年前经济学说史的研究》（伦敦，1973年），第158～161页。【187】

造业主曾迫使安娜·伊万诺夫娜（1730～1740年）女皇抛弃的政策。

1734～1736年在乌拉尔，经营者和政府间为起草钢铁业经营法规展开讨论，被卡亨视为俄国企业家两个新特征的证据。首先，在“后彼得”时代，企业家和政府之间的对话变得越来越频繁，这就有可能改变、融合企业和政府代表的一些观点，并可以描绘、区分双方各自观点的差异。① 其次，私人企业在法规设计上的立场代表着参与者，至少是钢铁生产者的观点，使他们在现实利益和潜在经济力量方面的意识有相对较高层次的觉醒。② 从商人转变而来的钢铁业主的比例正在快速提高，在1701～1730年间，37%的人新加入到大规模开采铜矿、铁矿及其冶炼的行列中来，其中只有一个不是商人，尽管从那时到1760年，有19家新工厂是由上层阶级建立的，而另外的48家则是由商人建立的。③ 他们成功地抵制了下面这项规定，即不许私人铁厂厂主担任政府为控制质量和财政而建立的冶炼厂的负责人（*shikhtmeister*）。他们拒绝给政府提供正规的高质量金属（用于军事和出口需要），因为这将迫使他们廉价销售产品。在共同努力下，他们拒绝了官方的定价，重新确认了他们在1719年赢得的授权，使他们能够自己选择确定产品系列组合。④

8.3.7 作为宗教异教徒出路的企业家身份

钢铁业主受资本家自身利益的驱使，抵制政府进一步介入，而其他企业家也表示拒绝政府干预其发展计划。

东正教教堂和帝国权威间的紧密联系，以及后者对革命的确认决定了这样一种氛围，即在19世纪早期的俄国，异教徒被从地位、权利及特权的“阳光大道”上驱逐出去。如同在军事和民事领域一样，大多数职业对他们是封闭的，因此，在这样一个农业社会里，异教徒的主要精力转向经济，尤其是商业领域。⑤ 这里提到的异教徒主要是犹太人，其次是在1666年主张

---

① A. 卡亨：《彼得大帝时期俄国经济活动和经济政策的连贯性》，载于《经济史期刊》，XXV，I（1965年3月），第82页。【188】

② A. 卡亨：《1734～1736年间俄国钢铁行业提出的一项重商主义法典》，载于《企业家历史探索》，第2系列，II，2（1965年冬），第85页。【189】

③ N. I. 帕夫连科：*Razvitie metallurgicheskoi promyshlennosti Rossii v pervoi polovine XVIII veka*（莫斯科，1953年），第483页，被卡亨引用，见前引书。【190】

④ 假定的“收费主人”的角色，由工厂雇用但是由国家提名，与苏联企业中的首席会计师有些相似。这个指导委员领导下惟一的成员由监督部门任命，正是这个原因，他的职能是监督关系到国家利益的账户。【191】 【544】

⑤ 布莱克韦尔：《工业化的开始》，第236页。【192】

【452】教会、宗教分立论的旧教信仰者。这两种人都被从早期的工业化中心排除出去。旧教信仰者居住在驱逐区或被流放，直到叶卡捷琳娜允许他们回到城镇。犹太人则被限制在灰色聚集区（已被帝国作为波兰的一部分而吞并），①直到后一世纪的中期。② 作为企业家，他们都有各自的主要领域。格申克隆选择了旧教信徒的案例，“通过研究一个由于不同意加尔文（Calvin）和加尔文教派神学家（Calvinist theologists）的教义、为逃避宗教劝导而从西部迁移来的地区，来检验神学家的教义与经济行为之间的看似有道理的因果联系。”③ 布莱克韦尔把企业的重要性归因于他们的资本积累，尤其是19世纪早期纺织工业的发展。“这里主要的信仰——大的教会分立学说的组织及其存在方式，看上去非常适合于工业资本的积累，对于业主和工人而言，诱因相似，莫斯科底层的社会阶级和周围的家庭组合成了一个劳动力市场。”④由于与教会防卫性的隔离而养成了习惯，这些习惯包括节约、诚实、相互依靠、工业化和繁荣，这些都成为企业的基础。同时，文化教养也促进了商品的交易。在主张财产联合和禁止继承分裂的人中，储蓄的倾向远远高于实际收入水平，时间较长的组织则选择投资于现代技术⑤来增加资本回报，⑥ 有教主的团体则需要为其提供基金并送牧师出国，同时，这些组织均需要贿赂或者付钱给以前的代表以及没有同情心的、烦人的官员。

> “企业的这些行为带来的财富远远超出了维系这个集团所需要的、至少是所使用的财富，而这幸运地给企业带来上百万的积累。这一事实表明动机和实际主张之间的关系很复杂。但是，可以说，实际主张并不仅仅是对浅陋的唯物主义利益和欲望的初步解读。”⑦

然而，来自旧教信徒的原动力在农奴解放前并未超出工业化的进程。企业家被传统的生活方式吸引，并且把自己融入了普通的商业社会。

---

① 关于土生土长的犹太人的经济角色所知不多，古代和中世纪的移民主要是移向高加索和中亚地区（这些地区在19世纪时附属大帝国）。【193】

② 犹太人的“第一行会”在规定外的交易到1859年才被允许。【194】

③ 格申克隆：《欧洲经验在俄国的实践》，II。【195】

④ 布莱克韦尔，前引书，第212页，取材于他的文章《19世纪早期莫斯科的旧教徒和私人工业企业的出现》，载于《斯拉夫回顾》，XXIV（1965年），第407～424页。也见比尔（Bill）：《被遗忘的阶级》，第81～108页，以及*BSE*1，LII，第718～723页。【196】

⑤ 旧教徒在俄罗斯的革新包括：提花织布机（Rogozhin），巴库（Kokorev）的钻井和莫洛佐夫的棉纺机（见上面第446页）。【197】

⑥ 费奥多尔·古奇科夫（Fedor Guchkov）在普列奥布拉任斯基（Preobrazhensky）旧教徒社区建立了毛纺厂，并使之成为俄罗斯最大的一家。他的后代将这种行为视为楷模：他的一个曾孙是莫斯科的市长，另一个是十月党的首领，第三届杜马的主席，1917年临时政府的战争部部长。【198】

⑦ 格申克隆：《欧洲经验在俄国的实践》，第36页。【199】

狂热的阉割派（经常建立并废弃家庭）采用分立主义的手段从事各种各样的赚钱活动，走私、放高利贷和淘金。他们奉行所谓共享劳动力和财富的宗旨，在亚历山大一世统治的时代，这个派系有过短暂的好时光，但到世纪中叶时绝大部分被来自欧俄的警察所消灭。当大部分撤到西伯利亚的幸存者被苏维埃当局解散的时候，1930 年“阉割派审判”中的三个被告已经成了百万富翁。涌向罗马尼亚的那些人则有着比较谦逊的特性——选择了计程车这个行业——他们在 10 年后也解体了。【453】

亚历山大一世对犹太人的政策相对比较宽松，尽管这也许主要是怕新获得的西部领土被颠覆，想要通过此举去除一些不利因素。在他去世后的三年里，犹太人在俄属波兰拥有了 75 家毛纺厂，而在相邻的沃海尼亚（Volhynia）州，一个名叫约瑟夫·伯恩斯坦（Joseph Bernstein）的犹太人独自拥有 12 家工厂和雇工 740 人。在 19 世纪 40 年代，伊斯拉埃尔·布罗茨基（Israel Brodsky）帮助发展乌克兰的炼糖工业，他从德国进口设备和技术；到了 1872 年，1/4 得到快速发展的炼糖工业掌握在犹太人手中。同时，灰色聚集地的犹太人发展了银行业，广泛地支持了乌克兰工业的发展。1849 年在伯德切夫（Berdichev）有 8 家犹太人开设的银行。银行家赫尔曼·爱泼斯坦（Herman Epstein）成为了第一批帝国铁路企业家之一。然而，正如已经提到过的，并没有放松对犹太人的经济限制，直到农奴解放前夕，在灰色聚集地仍然存在顽固的反犹主义（在 1905 年达到顶点）势力，并大大削弱了犹太企业家的范围。大多数的幸存者流落到极端贫困的犹太人街或者背井离乡。①

8.3.8　外国企业家

事实上，因为全部的犹太人口都被帝国吞并（犹太人聚集地、高加索地区、中亚），在从事企业活动方面有理由赋予他们与外国人相同的待遇，以此作为同化的手段。松巴特把这看作是“犹太人作为新居民所扮演的角色。他们必须集中精力获得一个稳固的立足点，他们的经济活动也必须围绕此目的而进行”。② 然而事实反映出，绝大多数在沙皇俄国定居的外国人难

① 参见 S. W. 巴龙（S. W. Baron）：《沙皇时期与苏联时期的俄罗斯犹太人》（纽约，1964 年）；布莱克韦尔在讨论中指出，松巴特除了只是简要提及以外（第 333 页），没有涉及俄罗斯的这一问题。参见《犹太人与现代资本主义》［由 M. 爱泼斯坦（M. Epstein）（纽约，1913 年）从 *Die Juden und das Wirtschaftsleben*（莱比锡，1911 年）翻译而来］。【200】

② 松巴特：《犹太人》，第 176 页。【201】

以融入农业领域，① 特别是叶卡捷琳娜吸引进来的德国定居者，以及为逃避【454】土耳其的镇压来避难的塞尔维亚人。18 世纪被吞并的波罗的海诸国的统治阶级是有势力的德国人，他们在工业和手工业以及专业化制造业方面影响广大，起初是在彼得堡，后来遍布整个帝国。1632 年古斯塔夫斯·阿道弗斯（Gustavus Adolphus）建立了塔库［Tartu（Dorpat）］德语学校，该校后来被关闭了近一个世纪，亚历山大一世于 1802 年重新开办，并且成为西方科技和教育广泛传播的中心。

但是，进入俄国的外国资本主义企业不是来长期定居的。许多被逐出国外的没落者（有英国人、法国人、美国人）在不同的时代先后来到俄国谋生，但当局势恶化时，他们随时准备离开，正如十月革命以后没有一个丹麦人留下一样。这一潮流始于汉斯迪克·彼得霍夫（Hanseatic Peterhof），而且驱逐穆斯科维（Muscovy）公司并没有大规模减少俄国市场上的外国参与者，这很重要。正如我们前面（见旁码第 429 页）已经指出的那样，贵族为了免遭本地商人取代而进行抗争。这些本地商人同贵族们进行交易，甚至许多商人愿意与外国人合作经营、分享收益。② 彼得大帝保证企业破产时，商人们能够保住他们的工业财产，以此确保本地商人阶级的企业安全。③

为彼得大帝的国营工厂提供技术的外国技术员很少进入管理层并达到可以称为企业家的地位，因为法律规定他们不能建立和管理企业，这种状况一直延续到叶卡捷琳娜 1785 年颁布城市法才结束。苏维埃历史学家过去倾向于轻视外国人在彼得大帝工业化进程中的地位，④ 而且布莱克韦尔认为，

---

① 见 R. P. 巴特利特（R. P. Bartlett）对 A. A. 克劳斯（A. A. Klaus）的“简介”，*Nashi kolonii: opyt i materialy po istorii i statistike inostrannoy kolonizatsi v Rossii*（圣彼得堡，1869；剑桥，马萨诸塞，1972 年再版）；《叶卡捷琳娜二世时期俄罗斯的国外定居者》，载于《新西兰斯拉夫期刊》，新系列，I，I（1974 年），第 1 ~ 22 页。克劳斯的权威译文［由 J. 特夫斯（J. Toews）译］附有原文，出版名为：*Unsere Kolonien: Studien und Materialen zur Geschichte und Statistik der ausländischen Kolonisation in Russland*（敖德萨，1887 年）；这一主题的首次研究是 F. 马特伊（F. Matthäi）开展的，见 *Die deutsche Ansiedlungen in Russland: Ihre Geschichte und ihre volkswirtschaftlicher Bedeutung für die Vergangenheit und Zukunft*（莱比锡，1866 年）。【202】

② 雅科夫采夫斯基：*Kupechesky kapital*，第 19 ~ 20 页。【203】

③ S. 布兰克（S. Blanc）：《彼得大帝的经济政策》，载于 W. L. 布莱克韦尔主编：《从彼得大帝到斯大林时期的俄国经济发展》（纽约，1974 年），第 33 页［从 *Cahiers du Monde Russe et Soviétique* 翻译而来，III（1962 年），第 122 ~ 139 页］。【204】

④ E. g. 戈卢布尼斯基等：*Ekonomicheskaya istoriya*，在他们的第 2 版中，删除了冗长的对国家性质的科技的保护，这些出现在第 1 版第 100 ~ 101 页中（第 1 版的第 7 章和第 2 版中的第 6 章）。有关俄罗斯改革前的科技见 A. 瓦塞尼奇（A. Vucinich）：《俄罗斯文化中的科技：1860 年前的历史》（斯坦福，加利福尼亚，1963 年），V. V. 丹尼列夫斯基（V. V. Danilevsky）：*Rusakaya tekhnika*（第 2 版，列宁格勒，1948 年）以及 V. S. 弗金斯基（V. S. Verginsky）：*Tvortsy novoi tekhniki v krepostnoy Rossii*（莫斯科，1957 年）。【205】

“要是没有彼得大帝的这些改革，在他统治时期，尽管俄国的科学技术不会在颇具包容性的俄国文化中自发地成长起来，但是可以根据沙皇的法令和意愿而进行人为的创造”。①

叶卡捷琳娜给予外国企业的授权大部分被保罗一世废除，他限制外国人进入莫斯科和彼得堡。他的儿子亚历山大要求外国人作为外商进入该城（1807 年），允许外国人有半永久居住权并最终获得公民地位，或者作为“客商”。而这些“非完全公民”只能在沿海或边境城镇注册，并且对其超过 5 万卢布的财产征税，但允许他们雇用工人和管理工厂。1824 年，法令禁止他们与农民进行贸易，并且不允许他们与第二行会以下的城市人口进行贸易。两年以后这种情况有所放松，允许外国工厂在第二和第三行会登记，【455】期限为 10 年，并不必须成为俄国人，10 年以后如果他不愿继续经营，必须卖掉企业。警察的监督、官僚的困扰及沉重的税负降低了俄国对外国人的吸引力。对外国人的这些限制直到 1860 年 6 月才被取消，叶卡捷琳娜给予他们的特权得到了恢复。

到 1850 年，至少有 6 万名外国人（一半以上是德国人）在彼得堡注册，占城市人口的 1/10。外国人（其中大多数具有双重身份）支配了 19 世纪前半叶的俄国对外贸易，但他们并不将利润投资于俄国工业，因此，俄国工业仍然被俄国人所主宰。正像下面所提到的，外国企业希望直接进入俄国制造业，主要与新技术的引进有关。据估计，在农奴解放之前，合资企业中外国人的股份约占了企业股份的 14%。

形成鲜明对照的是，国外以贷款形式向俄国政府提供的资金举足轻重。在 1798 ~ 1864 年间，有 20 多笔贷款流向俄国，总计约 9 200 万卢布，但是仅有一小部分被用作商业用途。虽然不是直接贷款，但铁路贷款还算是商业贷款。在 1849 年的圣彼得堡到莫斯科的铁路建设项目中，几家主要为俄国服务的外国银行——伦敦巴林银行和阿姆斯特丹霍普公司——联合提供了 550 万英镑的贷款。巴林银行、霍普公司与佩雷尔（péreire）兄弟（巴黎信贷经营协会的创立者）以及奥廷格领导的一个巴黎协会合作战胜了罗思柴尔德家族（Rothschilds），于 1856 年建立了俄国铁路公司（Grande Société des Chemins de Fer Russes）；罗思柴尔德家族自己在这段时期仅提供了两项贷款（1822 年的 4 300 万卢布和 1862 年的 1 500 万卢布）。德国银行家门德尔松（Mendelssohn）和布莱西罗德（Bleichröder）也参与了对铁路项目的广

① 布莱克韦尔：《工业化的开始》，第 29 页。【206】

泛资助。另一方面，霍普公司的两笔贷款（1831 年和 1832 年，每笔 2 000 万卢布）似乎被用于镇压波兰起义。

受合资公司法案的影响，加速了国内资本运动和外国资金的进入，该法案于 1836 年 12 月 6 日得到皇室的许可。

> “法定的最低标准是发展合资公司的必要条件。但是，影响这些机构效率的有效途径还掌握在政府手中，简单地说，就是 1836 年的立法。”①

【456】在 1869 年财政部的第一本年鉴中，只列出了 28 家合资公司，这包括在 1799 ~ 1868 年间建立的所有企业（包括合并的和终止营业的）。② 这是一个衡量变化步伐的尺度。正如在 1874 年新出版的第五期年鉴中人们所看到的，1869 ~ 1873 年间成立了 554 家企业。在 1836 年法规的约束下，到 1856 年有 74 家公司建立，总计资本份额 6 560 万卢布，其中 5 家（资本额 370 万卢布）从未开业，另有 22 家（资本额 1 690 万卢布）被清算。③

在彼得大帝的计划中，引进外国企业更主要的是学习其先进技术而不是需要其资金；但是，不久以后这种目的合二为一，风险资本及管理与技术革新相结合。1753 年，英国人张伯伦（Chamberlain）和库金斯（Cuzzins）在俄国彼得堡附近建立了第一家棉织和棉布厂。由于政府对他们所做出的让步，他们需承担的风险很小。也就是说，他们在棉纺品生产方面被赋予垄断权，在关税保护、进口免税权方面享有优惠政策，获得 300 个正式农奴和 3 万卢布的贷款。梁士琴科认为在 1822 年贸易保护主义以前，再也不曾有人能够获得如此的特权。④ 查理斯·贝尔德，一个苏格兰人，最初是从卡伦（Carron）工厂作为工程师来到俄国的，目的是为了在俄国建造现代化的铸造厂。不久，查理斯·贝尔德就依靠个人的努力建成了一个工厂，从近代城市观察的情况来看，该厂是当时为数不多的私人企业之一。⑤ 查理斯·贝尔德与一个名叫摩根的威尔士男子一起，制造了俄国第一台蒸汽动力机厂和其他蒸汽设备。当 1815 年他的蒸汽船在俄国问世时，他获得了从龙斯塔特（Kronstadt）到圣彼得堡航线的 10 年垄断经营权。在他儿子弗朗西斯的领导下，贝尔德发动机厂成为俄国规模最大的发动机厂，年产值

---

① L. E. 舍佩廖夫（L. E. Shepelev）：*Aktsionernye kompanii v Rossii*（列宁格勒，1973 年），第 55 页。【207】

【545】② 这个单子用三年的时间起草完，部门的记录也很混淆（同上，第 59 页）。【208】

③ 同上，第 63 页。【209】

④ 梁士琴科：《历史》，第 1 版，第 334 页。【210】

⑤ 巴特尔，圣彼得堡，第 48 页。【211】

（1860 年）达到 50 万卢布。1883 年，法国人菲利普·亨利·吉拉尔（Philippe Henri Girard）在华沙郊区建立了一个商业化的亚麻厂。同年，德国人路易斯·盖尔（Louis Geyer）在罗兹（Łódź）附近建立第一家蒸汽机动力的棉纺厂。①

英国输出机器的禁令（这一限制直到 1842 年）也把该国排除在对俄国的渗透之外，尽管德国人路德维希·克诺普——根据舒尔茨—加耶维尔茨的说法，② 他与约翰·D·洛克菲勒和理查德·阿克莱特一起——秘密进口这些机器并在俄国建立起他的工业帝国。取消禁令后，大量的技术和管理人员从英国涌入俄国。布莱克韦尔列举了 19 世纪 40 年代圣彼得堡的 5 个纺织工业企业家和改革者，3 个工程师和 7 个莫斯科的工程师为例。20 世纪中叶以前，俄国首都资本最雄厚的 3 个工厂都是外资企业，它们的所有者分别是瑞典人（诺贝尔）、巴伐利亚人（利希腾贝格亲王，尼古拉一世的女婿）和美国人 【457】
（哈里森和怀南兄弟）。利希腾贝格（Lichtenberg，一个科学家和资深技术总监）是一个巴伐利亚人。他们中间更典型的要数德国企业家，他们主要来自汉斯迪克港，他们从贸易领域转向工业领域（主要是纺织业和炼糖工业），如布兰特、克诺普和路德维希·施蒂格利茨（Ludwig Stieglitz）等。路德维希·施蒂格利茨在 1827 年建立了俄国第一家保险公司，后来发展成俄国卓越的商业银行。他的儿子亚历山大成为 1860 年建立的俄国中央银行行长。③

最后，那些具有本地人和外国人双重性的人所具有的原动力在波兰得到了确认。波兰的经济制度一直是准治外法权体制，在这一体制下，波兰的“议会王国”一直延续到 1830 年。帝国当局允许波兰国王自己制定经济制度，包括关税保护。事实上，关税保护的目的本来是促进发展同俄帝国的经

---

① 在布莱克韦尔对国外企业家所做的出色调查中（《工业化的开始》，第 250 页），有路易斯·盖弗（Louis Gaver）的名字，但似乎应该是盖尔（Geyer）［参见 S. 凯涅维奇（S. Kieniewicz）和 W. 库拉（W. Kula）主编的 *Historia Polski*（华沙，1956 年），II，第二部分，第 571 页（第 83 章，由 J. 杰德里克撰写）］。尽管在‘Die wirtschaftliche Entwicklung Russlands’一文中［该文载于 G. 卡特科夫（G. Katkov）等人编辑的 *Russlands Aufbruch ins 20. Jahrhundert*（奥尔腾，1970 年），第 89～103 页中］，他被称为法国的 K. C. 塔尔海姆（K. C. Thalheim）。该项研究还调查了 19 世纪上半叶的技术创新与资本流入的情况（称盖尔为撒克逊人盖尔）。【212】

② G. 冯·舒尔茨—加耶维尔茨：*Volkswirtschaftliche Studien aus Russland*（莱比锡，1899 年），被引用于布莱克威尔：《工业化的开始》，第 241 页。【213】

③ 斯特鲁米林：*Ocherki*，第 434～446 页；图冈—巴拉诺夫斯基：*Russkaya fabrika*，第 55～56 页；布莱克韦尔，前引书，第 241～261 页，他主要取材于 B. 伊什差尼恩（B. Ishchanian）：*Die ausländischen Elemente in der russischen Volkswirtschaft*（柏林，1913 年）；E. 安布格尔（E. Amburger）：*Die Anwerbung ausländischer Fachkräfte für die Wirtschaf Russlands vom 15. bis in das 19. Jahrhundert*（威斯巴登，1968 年）。【214】

济关系，同时减少同普鲁士和奥地利帝国的往来。贸易的影响很显著。1823年波兰21%的出口都是对奥地利的，但在1830年对奥地利的出口仅为1%。1821~1829年，波兰出口到俄帝国的净额增长了74%，1829年有2/5的精良纺织产品出口到俄帝国。① 这说明发生了一个很大的变化：在19世纪20年代，波兰的部分领土已向普鲁士和奥地利屈服，波兰人、犹太人和一些德国纺织业者开始向更具波兰帝国制度特色的地区转移，并在罗兹地区定居。② 他们主要的血统是前波兰西里西亚（该地区在俄国统治下），他们对这个地区的出口贸易受到限制："俄国1821年关税实际上是禁止进口外国纺织品"。③ 由于议会王国以补贴支持工业化，这使得1820年相当于贸易总额66%的贸易赤字在1830年基本达到了收支平衡。④

在1830年镇压波兰起义后，随之而来的是1831年俄国和波兰之间的关税壁垒，这导致了许多纺织厂转移到了波兰人和犹太人聚居的比亚韦斯托克（Białystok）镇，该镇恰巧处于俄国的关税范围之内。⑤

自19世纪40年代中期开始的10年，是罗兹工业快速发展的时期：国家的棉纱产量在1845~1851年提高了3.5倍，其中40%是从盖尔织厂生产
【458】的。按长度计算的50%，按产值计算的70%的棉布产量来自罗兹地区。但是，尽管这一时期纺纱和印染工业的机械化已经相当普遍，但只有三家主要的（外国企业家开办的）织布厂实现了机械化，他们分别是：雅兹盖尔（*viz.* Geyer，1839年），克鲁舍［Krusche，在帕比亚尼采（Pabianice），1849年］和K. 沙伊布勒（K. Scheibler，1857~1858年）。⑥

俄国在克里米亚半岛战争中失败后，作为巩固经济的一项措施，废止了对前波兰王国制成品的关税，结果这并没有伤害到罗兹和比亚韦斯托克的工业家。事实上，他们很快达成了瓜分俄国和波兰市场的协议。这种做

---

① 凯涅维奇和库拉主编：*Historia Polski*，II，第2部分，第51~53页［第45章，G. 米塞洛娃（G. Missalowa）］；A. 耶杰尔斯基（A. Jezierski）：*Handel zagraniczny królestwa polskiego* 1815 - 1914（华沙，1967年），第34、37页。【215】

② 非常接近但是却没有受控于华沙市；克拉科夫（Cracow）的保守成员反对工业化（第二次世界大战后，建立Nowa Huta钢铁厂是对这个城市进行无产阶级革命化的一种尝试）。【216】

③ 凯涅维奇和库拉主编：*Historia Polski*，II，第2部分，第270~271页［第61章，W. 杜鲁勃斯基（W. Dlugoborski）撰写］。【217】

④ 同上引。【218】

⑤ 对于1829~1834年间纺织工厂的广泛的参考文献由G. 米塞洛娃（G. Missalowa）提供，'Les Crises dans l' industrie textile au royaume de Pologne à l' époque de la révolution industrielle '，*Studia Historiae Oeconomicae*，no. 8（波兹南，1973年），第286~287页。【219】

⑥ 同上引，第297~299页。"贸易资本主义"就是"商业资本主义"（见原文第419页）。【220】

法不久就发展到了莫斯科。莫斯科的克诺普在另外一个方面进行了改革，他与俄国土耳喀斯坦地区的棉花种植者订立合同：他有个关于食品、种子和设备的发展基金计划，该计划被恰亚诺夫描述为“资本主义生产关系进入家庭的第一步”。① 他举这个例子来证明，把资本主义制度引入农业，绝不需要在雇工基础上建立的大型资本化的生产组织。从工业资本主义的发展看，农业显示出半自然的存在状态，并且从属于贸易资本主义。② 由于这种关系在俄属欧洲农村的发展，农奴制度不得不废除。也正是由于这个原因（还有其他原因），1861 年农奴制度的废除成为俄国发展历史上重要的转折点。

8.4　国家领导和国家经营的资本主义

8.4.1　市场创造问题

彼得大帝时代进行工业化的动力来自战争的需要。由于克里米亚战争的失败，工业资料稳定的供给停止了。从此以后，国防部的重要性得到了前所未有的重视。③ 从低效率的生产者那里进行军事采购，是俄国经济落后于充满活力的西方资本主义的根源。崇尚西化的人在 1861 年达到了他们的首要目标：以解放农奴为核心的大改革。但从本质上看取消限制的政策还是消极的，并没有伴之以积极措施以建立竞争性市场。

有证据表明，20 世纪的到来并未为俄国带来一个自由的市场机制，而小规模小农业主制、部分资本主义的大规模工业和占主导地位的垄断却是潜在稳定的。非农业劳动力市场是 1861 ~ 1905 年转变过程中的一个重要组成要素。农奴制度的废除、允许获准离开土地的农奴自由选择工作，为俄国提 【459】
供了最丰富的劳动力资源；通过在需求来临之前改进基础设施，俄国政府打开并稳定了一个具有极大物理和金融重要性的市场。政府为建设铁路提供了

---

① A. V. 恰亚诺夫（A. V. Chayanov）：《农民经济理论》，由 D. 索纳（D. Thorner）和 B. 凯尔布莱（B. Kerblay）、R. E. F. 史密斯（R. E. F. Smith）翻译并编辑（霍姆伍德，Ill.，1966 年），第 258 页。【221】

② 同上引，第 257 页。【222】

③ D. A. 米柳京（D. A. Milyutin）：《1856 年持续军事活动的危害》（见 *Istoriya SSSR*，IV，第 561 ~ 562 页）。【223】

最低回报率的保证，鼓励了国内外资本流入，以发展交通事业，开采矿产资源。这一度引来了许多企业家，这些人原来对抗而不是服从政府的限制性政策。早期代表铁路王国的各种各样的偏执狂，向比较冷静的在金融市场和公共财政领域呼风唤雨的公司董事们屈服了。但是，交易所绝不是雨后春笋般兴起的股份公司的活动中心；相反，这些股份公司往往是靠新型的商业银行贷款成长起来的。在社会总资本中，风险投资比例过小正好促进了卡特尔（企业联盟）的发展，而这被政府认为是1900年经济大萧条的解毒剂。卡特尔当然有助于加强国内企业家的控制，他们在20世纪初年逐渐取代了外国人所发挥的作用。

8.4.2 人力资源市场和空间

农奴制废除前夕，工业劳动力包括在国家工厂中的38.6万名皇家农奴，在矿厂中的23万名农奴，领地中的51.9万名农奴和庄园中的5.9万名私人农奴。这些农奴，无论是农村工匠还是公司职员，甚至是大公司职员，如果完全依靠自己，就很容易被自己的所有者召回。招募和管理工人的方法基本是一致的——进行胁迫和迫害，而不是协商和利用激励机制。尽管1906年以前，对于农奴有一些集体支付免役税和居住地的限制，劳动力市场还是在1861年建立起来。① 正如沙皇解释的那样，改革是自上而下的，而不是自下而上的，但所有的苏维埃历史学家都认为这是工业资本主义和农业大发展的先决条件。② 正如列宁所说，虽然改革以前小农正在自行分裂，小农正在分裂为农村资产阶级和农业无产阶级，③ 但原始的资本主义仍受到严重束缚。1861年以前，雇主，即国营企业的雇主或私人业主，已经习惯于雇用部分劳动力，但是当他们面对人力资源流动能使他们的劳动力离开、并去寻求更高报酬工作的现实时，他们不得不仔细考虑是否用资本代替劳动力。总之，他
【460】们不得不学会成为资本家。

一小部分正在发展壮大的知识分子反对政府拥有直接控制生产进程的权

---

① 见G.V. 里姆林格尔：《1861～1917年俄国劳动力市场的扩展》，载于《经济史期刊》，XXI（1961年）；在其《俄国早期工业化中的独裁与工业秩序》中［载于《经济史期刊》，第20期（1960年）］，尤其在第67～68页，他引起了对农奴制遗留问题的注意，使得解放后的工人们呼吁政府来对付雇主，而不是直接对抗雇主。【224】

② 戈卢布尼斯基：*Ekonomicheskaya istoriya*，第1版，第196页；赫罗莫夫：*Ekonomicheskoe razvitie*（1967），第321页。【225】

③ *Razvitie kapitalizma v Rossii*（《工作》，第5版，III，第128页）。【226】

力，如同他们反对社会经济生活中警察和地方官员的权力一样。1857 年赫尔岑（Herzen）将国营经济等同于“拥有铁路和电报的成吉思汗国（Ghengis Khan）”。政府在军事失败后放弃了它在经济管理中奉行的彼得主义，这暴露了它在提供服务和发展工业方面的混乱，也表明它渴望培育一个能使政府活动与独立企业相协调的市场。

正如前面讨论彼得战略时所展现的那样，由于缺乏统一、稳定的市场需求（这种需求在西方决定了资本的分配），国家必须努力弥补这一不足。外国企业的投资对于鼓励市场是有益处的，尤其是对手工业和传统的交易市场作用更大。我们已经谈及生产者和分配者已开始分离并且导致交易盛行（见旁码第 428 页），① 但是这两方面仍然值得进一步予以强调。在前面有关中世纪的内容已经提到，全俄有 6 000 个集市，它们实际上是资本主义专业化商品交易所的对应物，抑制了稳定的、有规律的批发贸易。批发贸易和零售交易都受到了阻碍，阻力来自于顽固存在的大规模的食品部门和简单消费品部门（都远离几个大的中心），还有被分割的规模不大的城市工商业。由小农自给自足所导致的现金作物和食品销售而形成的需求易于受地区、时间和季节波动的影响，而这又受气候变化的制约。迟至 1891 ~ 1892 年末时，农产品市场和交通运输业仍很不发达，以至于尽管在某些地方有剩余产品贸易，同时其他地区却由于遭受饥荒而饿殍遍野。②

这一阶段也是俄帝国领土最为广阔的时期。吞并波兰、培育纺织业以及在土耳喀斯坦发展资本主义生产关系，都具有重要意义；但 19 世纪下半期吞并的国土都是未经开垦的处女地：从掠自中国的远东领土、夺自格鲁吉亚酋长的斯凡尼提亚（Svanetia）山脉（都是在 1858 年取得的）到帕米尔边境地区（1895 年），都是如此。

8.4.3　国家的基础设施

在地球表面 1/6 的土地上实现一体化和相互联系的巨大潜力，既能满足国家的军事需要和政治需要，又有助于实现国内的经济目标。因此，铁路建

---

① 许多对国家的经济能力感到悲哀的学者倾向于由农民企业和手工业企业组成的非一体化体制来代替。这种亲斯拉夫化的或者平民化的观点当然受到“西化者”的反对，他们希望在资本市场中实现非集权化。【227】

② 这次饥荒——沙皇时期的最后一次——对于经济体制改革的辩论有着重要的意义。托尔斯泰赞同救济工作（作为平民党），受到普列汉诺夫的谴责，他打着马克思的旗帜——“较差就意味着较好”——认为，农民的赤贫促成了革命。【228】 【546】

【461】设（1851年贯通的莫斯科到圣彼得堡铁路）成为政府主要关心的问题。铁路能够紧密联系市场、支持出口和前线，并分散人口。一个更广泛扩散的经济不仅是开发农场和遥远矿产资源的需要，而且也可以避免工人因过分集中而采取革命或其他手段，从而缓解对国家统治的威胁。建设穿越西伯利亚和奥伦堡（Orenburg）以及塔什干的铁路，使原来一些偏远的地方出现了零星的小农定居点。距离城市越远，农民越是更少地使用传统的货车，而更多地通过火车来运送货物到城市和集市，这既为资金筹集提供了广大的空间，也扩大了出口。农产品贸易运输方式的转变本身促进了资本主义的发展，采购、推销和出口获得了大量投资以应付日益增长的产量和日益广阔的市场。此外，出现了新的交通设施，打破了旧商人对河流的垄断控制。日益发展的铁路也促进了对黑海和波罗的海诸国的出口。

国家对交通线的支持并不是新鲜事。彼得大帝曾让戈苏达列娃·多罗加（*Gosudareva doroga*）在1702年修建了白海到奥涅加间的铁路，并通过修建维萨—沃罗霍克（Vyshy Volochok）运河使波罗的海与里海—伏尔加河（Caspian-Volga）水道连接起来。俄国政府给私人铁路公司投资的资本提供利润担保，这早就是英国以外欧洲各国的标准做法。俄国财政部长维特伯爵（从彼得政府到斯大林政府，对俄国经济体系影响最大的人物）的最主要的政策观点就是：无论是通过财政手段，还是政府直接控制，政府必须控制铁路，使其成为工业和贸易的工具。① 于是，让铁路连接城市以满足政治需要，与从集中遍布工业区的铁路网中获取高额利润两种目标之间便产生了矛盾（顿巴斯或波罗的海诸国的铁路）。用财政资金支持第比利斯—埃里温（Tiflis-Erevan）和基斯洛沃茨克—塔什干（Kislovodsk-Tashkent）铁路，显然不是出于经济目的，这同19世纪早期支持格鲁吉亚军事公路（Georgian Military Highway）一样，是出于政治和军事目的。

毋须重申，政府和政府控股的铁路设施支持了大规模工业和私人企业的发展，这可以在19世纪后半叶得到证明。② 它“向后连锁带动了”煤炭、钢铁和制造业的工业革命，通过建设超前于需求的货物运输网“向前
【462】连锁”统一并稳定了消费品市场。政府也致力于改进通讯领域。有必要发

① T. K. 冯·劳厄（T. K. von Laue）：*Sergei Witte and the Industrialization of Russia*（纽约，1963年），第192页。【229】

② 波特尔：《剑桥经济史》，第6卷，第812～819页。这些铁路本身就是企业家的学校，甚至是经济政府的学校［维什尼格拉斯基（Vishnegradsky）和维特都努力通过铁路来为财政部工作］。【230】

展通讯，使之成为市场的信息系统和行动信号。邮局被重组（1858 年发行第一枚邮票），电讯网络开始启动。内务部于 1858 年建立了中央统计委员会，它的前身（始于 1811 年）隶属于警务部的统计处，它所提供的文件明显带有政治倾向。甚至在 1863 年统计委员会成立后，各省统计委员会的统计数据仍然受到了目光短浅的政府和地方警察的影响。因此，省长的年度报告中不得不包括地区土地量、粮食产量、人口和其他统计数据。但由于他们是警察出身，这些数据被证明是不全面或不充分的，① 而新当选的地方政权（1864 年）不得不建立自己的统计机构。1897 年进行了第一次人口普查，到 19 世纪末时政府年度统计摘要看上去与西欧的十分相像。私人出版公司丰富了商业名录和广告业。在经济规模与西方相当的城镇建立起类似的表述和内容标准之前，这些数据至少在莫斯科、圣彼得堡和敖德萨起了一定的作用。

8.4.4 铁路巨头

贯穿莫斯科和圣彼得堡的尼古拉耶夫斯克亚（Nikolaevskaya）铁路是由政府投资修建的，但由于它的建设成本非常高，工期（1843 ~ 1851 年）一再推迟，这致使政府在 1870 年后鼓励私人进行投资。1862 ~ 1878 年在列乌杰尔（Reutern）出任财政部长期间，铁路投机十分猖獗。令人闻所未闻的是，投资铁路的受益人不是那些具有投资天分的企业家。例如，P. G. 杰尔维兹（P. G. Derviz）之所以获得了铁路的建设特许权，是由于他是列乌杰尔的老同学，他于 1868 年 42 岁时就退休了，因为仅仅几年他就获得了巨额财富，足够他后半生过奢侈的生活。萨穆埃尔·波利亚科夫（Samuel Polyakov）是一个鲜明的对比，他是一个勤奋工作的犹太企业家，原本是赫阿尔科夫的一个邮递员，他只花了一半的成本，用了 4 年时间，就修建了科兹洛夫—罗斯托夫（Kozlov-Rostov）和库尔斯克—塔甘罗格（Kursk-Taganrog）两条铁路，而且这两条铁路都比圣彼得堡—莫斯科线长，将粮食集中产地和地中海连接了起来。为了发展教育和慈善事业，他捐赠了许多财富。德国人卡尔·冯·

---

① 因此 M. V. 普图哈（M. V. Ptukha）［*Ocherki po istorii statistiki v SSSR*，2 卷本（莫斯科，1955 年和 1959 年），II，第 5 页］强调了产生（1845 年）独立数据收集者的重要性，如俄罗斯地理协会和大学里的统计研究所；E. A. 马什金（E. A. Mashikhin）和 V. M. 西姆切拉（V. M. Simchera）［《俄国、苏联和美国的统计年鉴史》，载于 T. V. 里亚布什金等人主编：*Ocherki*，*po istorii statistiki SSSR*（莫斯科，1972 年），第 120 页］认为，*Statistichesky vremmenik*：*Rossiskoi imperii*（1866）是第一本年鉴。【231】

梅克（Karl von Meck）因为修建莫斯科—科兹洛夫（Moscow-Kozlov）铁路
【463】而名噪一时。他英年早逝后，他的妻子娜杰日达（Nadezhda）成为俄国艺术家赞助者，并且资助了作曲家柴科夫斯基。

伊万·S·布利奥赫（Ivan S. Bliokh）献身铁路建设20年，曾主持了运粮要道波罗的海—乌克兰的铁路及敖德萨—布列斯特铁路的建设。白手起家的布利奥赫是一个出类拔萃的犹太企业家，他没有受过正规学校教育，起初只是一个小小的铁路承包商，当他的铁路事业步入辉煌时，他却毅然抽身，进入德国大学学习。后来他回到俄国，成功的婚姻使他有幸步入上层社会并开始信仰基督教，创办了西南铁路公司，他的两名雇员维什涅格拉茨基（Vyshnegradsky）和维特后来成了财政部长。在布利奥赫事业的巅峰时期，他决定自己的后半生做一名学者，并写了一本书《铁路在俄国经济生活中的影响》（1878 年），书中关于盎格鲁—萨克森（Anglo-Saxon）的文献与阿德米拉尔·马汉（Admiral Mahan）的见解吻合。在布利奥赫最后的岁月里，他成为了一位和平主义者和慈善家。他于1901年去世。

萨瓦·马蒙托夫（Savva Mamontov）是另一种类型的企业家。他出身于一个富裕的酒商家庭（1850 年酒业曾控制在私人手中），后来成为典型的俄国企业家。在事业成功后，他将后半生用于非商业的活动和休闲。1885 年，马蒙托夫在莫斯科建立了一家私人歌剧院以支持像莫索斯基（Mussorgsky）、里姆斯基—科尔萨科夫（Rimsky-Korsakov）和柴可夫斯基这样的作曲家，他还资助了费奥多尔·查亚平（Fedor Chalyapin）。作为一名铁路建设者，马蒙托夫建设了连接首都和雅罗斯拉夫尔、沃洛格达和阿琴格尔的交通网络，但是他在 1900 ~ 1903 年的经济危机中破产，后来由于挪用政府贷款用于雕塑和歌剧集的写作而入狱。

在财政部长本格（Bunge，1881 ~ 1886 年）的领导下，政府恢复了作为工业化的主要推动者的地位。财政部不仅关注资本回报，还开始购买铁路的股票，以致到 1912 年，有 67% 的铁路线路成为国有。1900 年投资铁路的资本总计达 47 亿卢布，其中，政府提供了 35 亿 ~ 36 亿卢布。1890 ~ 1900 年间，财政部每年提供 1.2 亿卢布，外国人提供 3.41 亿卢布，其余资本来自各种各样的国内贷款机构。1901 年元旦，储蓄银行存款达 7.52 亿卢
【464】布，其中 6.37 亿是有价证券，其中 37% 的有价证券是政府直接用于铁路建

设的。①

8.4.5　金融体制的形成

正如政府所预料的，铁路建设也带动了国内外的资本流入其他领域。本书上卷中已经强调了通过资本市场化解企业风险的必要性，② 也提到了诸如保护风险投资回报和分散风险的方法。1864 年 11 月的司法改革创立了经济活动的法律框架，这只是现代化的一部分。③ 1885 年政府重新加强司法控制违背了这一趋势，但也至少使商业企业能够在法律体系中公平、灵活、迅速、可预见地处理现代商业关系和机构。④

市场对长期契约的易得性和保护有助于动员国内储蓄（股票被认为是没有截止日期的契约）。1851 ~ 1860 年，来自国外的资金 1.78 亿卢布（其中单 Grande Société de Chemins de Fer Russes 就提供了 1 亿卢布）流向铁路股份公司，而在接下来的 10 年铁路公司又筹资 7 亿卢布，其中大部分来自国内。

现代金融机构出现于 19 世纪 60 年代：拥有发钞权的中央银行于 1860 年建立，第一家私人商业银行 1864 年建立，国家银行 1894 年被授权发行工业债券。1875 年，5 家主要银行的资产总额达 2.47 亿卢布，在圣彼得堡有 25 家银行，在莫斯科有 5 家。1914 年，5 大银行的资产达到 22.55 亿卢布，在首都有 567 家银行，在莫斯科有 153 家。⑤ 互助信贷联盟和合作社银行如雨后春笋般出现——1875 年，有 84 家互助信贷机构和 235 家合作社银行，它们拥有的金融资产总额从 1861 年的 16 亿卢布（几乎都是国债，股票只占 5%）增加到 1876 年的将近 50 亿卢布，增幅最大的主要是铁路股票和农业银行的抵押债券。⑥ 1883 年农民土地银行的建立以及 1895 年颁布的《储蓄银行法》促进了小额储蓄稳步增长。⑦

---

① 梁士琴科：*Istoriya*，俄罗斯，第 1 版（见前面注释 22），II，第 159 ~ 160 页；布莱克韦尔：《工业化的开始》，第 270 ~ 311 页；*Istoriya SSSR*，V，第 310 ~ 322 页。【232】

② 《剑桥经济史》，第 6 卷，第 803、813 页。【233】

③ 正如最近一篇论文题目所反映的那样，既分析了改革，又描述了相对空白的状况：W. G. 瓦格纳（W. G. Wagner）：《19 世纪末期沙皇的法律政策：矛盾研究》，载于《斯拉夫与东欧回顾》，LIV，（1976 年 7 月），第 371 ~ 392 页。【234】

④ 同上引，第 393 页。【235】

⑤ *BSE2*，IV，第 194 页。【236】

⑥ *Istoriya SSSR*，V，第 144 页。【237】

⑦ 冯 · 劳厄：《谢尔盖 · 维特》，第 96 页。相对于 1892 年的 110 万个账号（2.39 亿卢布），到 1900 年有 480 万个账号（8.61 亿 卢布）。同上引，第 174 页。【238】

与改革精神一致的1836年股份公司法修订版也缓慢出现。财政部于1861年2~4月间就准备好了草案，但是历经5年时间才得到其他部和私人【465】事务大臣的认可。又花了4年才获得司法部长的同意，于1870年2月17日由帝国公告发布。① 经纪人与承包法在1874年获得批准，建立了适合工业化市场经济的公平机制。

圣彼得堡证券交易所于1703年成立，自1816年以来十分繁荣。但是在19世纪前半叶，俄国只有这一家证券交易所，到1914年俄国有115家商品和股票交易所。根据圣彼得堡证券交易所的统计，股票市值20亿卢布。圣彼得堡证券交易委员会和其他地区委员会在1870年发展成为半官方机构，成为促进财政部和主要私人投资者之间关系的代表机构，② 税收体制也趋于现代化，尽管达不到当时西欧的标准。这一进程从税制改革和国家预算统一开始，随后本格取消了人头税（1885年），但是他和维特都没能引入所得税，这直到1916年才作为战争期间的措施出台；维特是部长会议主席，他在1906年4月呈交杜马的一份计划中提到了所得税制度，但在沙皇读这份草案之前，他就被解职了。③

维特也没能废除集体纳税义务。向村民征收免役税以及对居住控制的保持也在村社和工商区的古老传统下进一步加强，这两种做法都是为了使税负均等化并更有保障。当维特担任财政部长时，部长会议主席本格成功地放宽了对允许居住在纳税村庄以外的人发放居民身份证的法规。从1894年起，即使拖欠税收，也可以签发5年有效期身份证（而不是1年）。④ 农民移民必须得到户主的同意，如果有欠债还必须得到村社的同意，这项限制直到1906年斯托雷平改革时才被取消。⑤ 维特承认，是否能成功实施建立在个人农场基础上的改革，对于俄国经济发展是十分必要的。⑥ 在1898年给尼古拉二世的一封信中，他进一步主张农业资本主义

---

① 舍佩廖夫：*Aktsionernye kompanii*，第99~107页。【239】

② 圣彼得堡紧急委员会成立于1816年。莫斯科紧急委员会成立于1837年（*BSE*2，III，第381页）。【240】

③ G. A. 霍斯金（G. A. Hosking）：《俄国组织结构的试验：1907~1914年的政府与杜马》（剑桥，1973年），第18页；H. D. 梅林格（H. D. Mehlinger）和J. M. 汤普森（J. M. Thompson）：《1905年革命中的维特伯爵与沙皇政府》（布卢明顿，印第安纳，1972年），第314~316页。【241】

④ 然而支付税务的集体责任却被完全废除了。【242】

⑤ 关于1894年和1906年的签证法，见《剑桥经济史》，第6卷，第754、787~788页。【243】

⑥ 被冯·劳厄引用，见《谢尔盖·维特》，第223页。在他1905年革命后的1906年的项目草案中描绘出来（参见霍斯金《俄国组织机构的试验》，第18页。【244】

化，反对多种特权，包括地区长官、[①] 警察、医生助理（由地方议会付费，因而成为其在当地的代理人）、小行政区（*volost*，乡行政区）的长者和及大地主（*barin*）。[②] 乡村首脑负责给内务部征税，并受财政部监督。[③] 于是，1899 年收税的工作便由村社转移到了乡村首脑手中，但是改革需要 【466】 从无休止的强迫转向征取赋税，而且仅有的让步是允许小村庄的个人承担纳税责任。[④]

如果没有 1905 年的革命，丝毫不会放松对 19 世纪 90 年代农民移民的限制。苏维埃历史学家所谓的斯托雷平反动以及他的其他改革或是“大转弯”，[⑤] 在农民的所有权消失两个半世纪之后又唤起了农民作为所有权人的意识，“反动”一词很好地表现了斯托雷平政策忽视农民进行农业改革的革命要求。1917 年列宁著名的“土地法令”才满足了农民这一愿望。从1906 年到1930 年斯大林的集体化，小农场仍是农业的主要形式。1930 年以后，农民再次被集中起来进入集体农庄、禁止移民并集体承担向国家纳税的义务。1932 年后，集体农庄成员只有得到农庄委员会的同意才能离开集体农庄。[⑥] 1933～1958 年间[⑦]，农产品按名义价格强制征收（以后按成本价格由国家购买），这与村社时期政策相似。

如果要用一句话区分 20 世纪前 30 年及其后的制度，那么可以说前者是小农场，后者是大的卡特尔组织。农民开始利用强制共产主义提供的机会发展小规模的资本主义，而工业资本家将其自治权与国内、偶尔也包括国际的辛迪加结合起来。1917 年十月革命以后，农民在自愿的基础上复活了村社组织或其他形式的合作组织，而在工业方面，则由资本主义卡特尔向社会主义公有制过渡。

---

① 经常可以看到格申克隆将“*zemsky nachal' nik*”译为“土地资本”（《剑桥经济史》，第 6 卷）。【245】

② 冯·劳厄：《谢尔盖·维特》，第 174 页。【246】

③ 维特批评了那些发布给农民的相互冲突的指令，60 年后，在另一个背景下，出现了同样的情况。当时，赫鲁晓夫（Khrushchev）为废除机械拖拉机站（1958 年）进行辩护，因为机械拖拉机站的领导机关与当地的政府（*raiispolkom*）都是集体农场的主人——*khozyain*。【247】

④ 格申克隆，《剑桥经济史》，第 6 卷，第 783 页。【248】

⑤ 同上引。【249】

⑥ 农民们在 1946 年允许自由移动。【250】

⑦ 详见沃林：《俄国农业的一个世纪》，第 242 页和第 382 页。【251】

8.4.6 金融资本

梁士琴科认为，“大的联合资本尤其是外国资本”的本质就是垄断。① 本书前面的作者尝试着得出这样一个结论：卡特尔将生产保持在当时条件应该达到的水平以下，因为在金融上他们部分地依赖于外国资本的支持。在波塔尔看来，卡特尔化本身使得它们越来越依赖银行融资。②

显然，这一章我们不是在评价企业家的实际决策。但是，国内企业与银
【467】行和外国投资者，尤其是外国银行合作的程度，是俄国资本主义发展并最终解体的主要因素。据瓦纳格估计（见表 69），1913 年 75% 的俄国煤矿公司从银行获得贷款，其中 75.8% 来自法比银行（Franco-Belgian），10.5% 来自法德银行（Framo-German），13.4% 来自德国银行，0.3% 来自英国银行；该情况与波兰地区的煤矿业类似。

表 69　1913 年银行对合资煤矿公司的投资　单位：百万卢布

	俄国	波兰地区
法国银行	113.3[a]	7.3
法德银行	15.8	9.8
德国银行	20.0	11.9
英国银行	0.5	—
总资本	199.3	39.6

a　包括法比银行（Franco-Belgian）。

资料来源：N. 瓦纳格：*Finansovy kapital v Rossii*（莫斯科，1925 年）。

格申克隆在一个著名的假设中，把银行系统的投资作用确定为工业发展过程中的许多替代物之一，这与马克思和罗斯托关于标准“先决条件”的解释不一致。企业家能力的不足，可以通过增加工厂的单位规模、分割企业功能（投资银行是“在经济作用方面与蒸汽机相当的强有力的发明”）或是
【468】进口来弥补。③

① 梁士琴科：*Istoriya*，第 2 版，第 675 页。【252】

【547】② 《剑桥经济史》，第 6 卷，分别在第 851 页和第 849 页。【253】

③ 格申克隆：《企业家的现代化》，载于《历史延续性与其他尝试》，第 128 ~ 139 页。他（见《远古的批判：一个回答》，载于《苏维埃研究》，XXV（1973 年），第 182 ~ 184 页）反对奥列金娜将投资银行视为代替品的批评［I. N. 奥列金娜（I. N. Olegina）：《A. 格申克隆处理资本主义和社会主义现代化》，*Istoriya SSSR*，no. 2（1971 年，尤其在第 188 ~ 189 页）］。【254】

表 70 **1873 年合资银行的分布**

（储蓄额百万卢布以上）

银行		
彼德格勒地区		
SPB 贴现与信贷银行	193	
SPB 国际商业银行	192	
SPB 伏尔加—卡马银行	119	
SPB 私人商业银行	112	
SPB 华沙商业银行分支机构	69	
俄国对外贸易银行	0	
总　计		684
莫斯科地区		
莫斯科商人银行	129	
莫斯科贴现银行	127	
莫斯科伏尔加—卡马银行	93	
莫斯科商业信贷银行	44	
莫斯科贸易银行	40	
莫斯科工业银行	11	
总　计		443
南部地区		
奥德萨商业银行	132	
基辅私人银行	41	
亚速—顿河银行[a]	39	
哈尔科夫贸易银行	15	
基辅工业银行[a]	15	
尼古拉耶夫银行	12	
第比利斯商业银行	10	
基什尼奥夫银行	8	
叶卡捷琳诺斯拉夫银行	8	
克列缅丘格商业银行[a]	5	
总　计		304
东部中心地区		
伏尔加—卡马银行[a]	140	
辛比尔斯克贸易银行	15	
奥廖尔商业银行	8	
尼兹诺夫哥罗德商人银行	7	
科斯特罗马商业银行	3	

续表

梁赞贸易银行	2	
总　计		175
西部地区		
华沙商业银行	25	
里加（Riga）商业银行[a]	12	
华沙信贷银行	9	
雷瓦尔商业银行	7	
维尔诺私人银行[a]	7	
喀琅施塔得商业银行	2	
罗兹银行	1	
总　计		63
银行总数		1 670

a　有分支机构。

【469】 资料来源：《俄罗斯对外出口统计》第 2 系列，第 4 期，第 146 ~ 155 页。

在国内资本流动方面，格申克隆比较了莫斯科和圣彼得堡的区别。① 莫斯科的银行多由纺织企业家建立，成立于 1856 年的莫斯科商人银行就是全国最大的银行之一（见表 70，这同样说明在发展前夕，银行系统受到限制），在该银行的 50 个大股东中，包括像巴拉诺夫（Baranov）、巴德金（Bardygin）、巴赫鲁申（Bakhrushin）、普罗霍罗夫（Prokhorov）和亚昆奇科夫（Yakunchikov）这样的大实业家。它的主要竞争对手莫斯科贴现银行的股东有阿布里科索夫（Abrikosov）、巴赫鲁申、古奇科夫（Guchkov）、卡尔津（Karzinkin）、克诺普和莫罗佐夫；同时克诺普、卡尔津、孔申（Konshin）、普罗霍罗夫和内德诺夫（Naidenov）在莫斯科贸易银行也拥有股份。银行的 9 个月期的短期信贷业务也有了很大发展，由于流动资本对固定资本比例高且偿还期限短，因此纺织业和炼糖业尤其受到莫斯科银行界的青睐。

但是也有许多特例。敢于冒险的银行家拉扎尔·S·波利亚科夫（Lazar S. Polyakov，铁路巨头 S. S. 波利亚科夫的兄弟）于 19 世纪 90 年代抽回了

① 莫斯科企业家通过“本地”出身和当地化在全俄罗斯反对依附于外国的方式和投资，在圣彼得堡受到青睐。见 J. D. 怀特：《莫斯科、圣彼得堡和俄国的工业企业家》，载于《苏维埃研究》，XXIV（1973 年），第 414 ~ 415 页。【255】

70 年代投资于铁路的大笔资金，用于广泛投机项目及国外投资，主要是建筑业、铁路、电车等。在 1900 ~ 1903 年的经济危机期间，萨瓦·马蒙托夫破产了，国家监察员发现在波利亚科夫的财务上有 3 400 万卢布的巨额赤字，但由于布莱克·亨德雷德（Black Hundreds）领导的反犹太主义运动的爆发，政府没有援助他，结果这家银行被国家银行接管。波利亚科夫退休后去了巴黎，1914 年去世，留下了 3 030 万卢布的债务。巴黎银行协会（Banque de l' Union Parisienne）持有的少数股后来变成了多数股（1914 年早期），但是该银行于 1917 年重新由俄国人控制，由莫斯科金融家斯塔赫夫（Stakheev）负责。私人持股只延续到该年年底银行国家化之前。一个比较成功的、由国内投资银行提供资本支持的案例来自里亚布申斯基（Ryabushinshy）兄弟和 N. A. 弗托罗夫（N. A. Vtorov）支持的金融集团公司。里亚布申斯基先是于 1802 年在莫斯科开了一家小商店，1846 年开了一家工厂；1887 年他的继承人拥有一家资本 240 万卢布的纺织公司（到 1914 年 500 万卢布）；1900 年他们收购了哈尔科夫（Kharkov）农业银行，1902 年开设了自己的银行，有原始资本 500 万卢布；1903 ~ 1911 年间，他们把信贷规模从 3 360 万卢布扩大到 14.23 亿卢布，1912 年他们成立的莫斯科银行上市了，拥有原始资本 2 000 万卢布。除了里亚布申斯基外，银行的主要股东还包括富有的莫斯科纺织业主巴德金、莫罗佐夫、卡尔津、科诺瓦洛夫（Konovalov）、克列斯托夫尼科夫（Krestovnikov）、特列季亚科夫（Tretyakov）和其他人。里亚布申斯基兄弟进而投资食品业、玻璃制造业、亚麻 【470】
布业和印刷业。1916 年，他建立了一家汽车厂。同年，N. A. 弗托罗夫取得了亚速—顿河（Azov-Don）银行和容克公司银行（Yunker & Co. Bank）的控股权，他与 N. A. 弗托罗夫兄弟及德国博高（Bogau）公司合作，吞并了莫斯科的许多公司，而由德国博高公司控制的米德(Med')集团 1913 年占全俄铜产量的 94%。

圣彼得堡银行遵循了格申克隆的长期投资模式，主要投资于采矿业和金属制造业，但投资对象须提供非债券的抵押品。它在长期投资中发挥的作用使其与财政部的合作更加紧密。① 在经济危机来临之际，政府银行以财政管

---

① 见克里斯普：《1860 ~ 1914 年的俄罗斯》，第 7 章；梁士琴科：《历史》，第 1 版，第 475 ~ 478 页；P. N. 斯托扬斯基（P. N. Stopyansky）：*Zhizn' i byt Peterhurgskoy fabriki* 1704 – 1914（列宁格勒，1925 年）；I. 赫·奥泽罗夫（I. Kh. Ozerov）：*Ekonomicheskaya Rossiya i ee finansovaya politika na iskhode XIX i v nachale XX veka*（圣彼得堡，1905 年）；赫罗莫夫：*Ekonomicheskoe razvitie*（1950），第 2 章。*BSE*2，XXVIII，第 373 页说明了莫斯科 3 个银行接受了财政部的支持，但是这也许可以视为衰退时期后的补救活动。【256】

理者的身份帮助它。另外，1899 年经济衰退时，许多外国投资者抽回了资金，而国家银行却为它补充短期资金。在这种情况下，1908 年后，外国投资者增加了对俄国银行的贷款。到 1916 年，外国股东在 10 家大合资银行的 4.2 亿卢布资产中占 45%。[①] 外资资本的流入无疑支持了银行业的发展。（见表 71），银行平均资本的增长和小银行重要性的降低足以证明大型卡特尔依赖于大型银行。

表 71　1900～1912 年俄国银行资本分布　单位：%

	1900 年	1912 年
990 万卢布以上	30	24
0.1 亿～0.199 亿卢布	6	11
0.2 亿～0.299 亿卢布	2	4
0.3 亿卢布以上	0	7

资料来源：梁士琴科：《历史》第 1 版，第 704 页。

8.4.7　外国的侵入

格申克隆说："没有什么比 19 世纪 80 年代到第一次世界大战期间，俄国企业发生的观念、态度和标准的转变更使人惊讶的了。一个惊人的现代化进
【471】 程几乎在所有的领域展开，其力量一下子迸发出来。"[②] 19 世纪的最后 10 年，股份公司的数量从 1889 年的 504 家上升到 1899 年的 1 181 家，资本总额达到了 17.37 亿卢布。1870 年投资额仅为 2 700 万卢布的外国股东在 1900 年投资额达到了 9.11 亿卢布。[③] 根据新股份公司的数据（见表 72），外国公司只占资金的 1/3；由于受到其后经济衰退的影响，直到 1911～1912 年外国注册公司才达到 19 世纪末的水平。冶金、机械和化学工业受到的影响最为严重。根据麦凯的研究，[④] 在此次经济衰退期间（大约是在 1908 年以后），俄国银行成为支持国内股份公司的主导力量，而国内的股份公司同时也在向国外输出资本和股份。最近对一家在英国成立的俄国公司进行的清算，为人们提供了了解投

① 克里斯普（《1860～1914 年的俄罗斯》，第 226 页）进行的计算，数据来自 P. V. 奥尔（P. V. Ol'）：*Inostrannye kapitaly v Rossii*（彼得格勒，1922 年），第 146～255 页。【257】

② 格申克隆：《企业家的现代化》。【258】

③ 梁士琴科：《历史》，第 1 版，第 160 页（见下表 73）。【259】

④ J. P. 麦凯：《利润先锋：国外企业家与俄国的工业化，1885～1913 年》（芝加哥，1970 年），第 384 页。【260】

资者的机会。① 在121个股东中，7个是在英国成立的俄国公司，13个是其他公司［包括庞大的斯科罗霍德（Skorokhod）机械制鞋生产公司］，7个是合作伙伴，2个是遗产继承人，其余的是个人，它们都有俄国姓氏。简言之，对外国企业家的最终评价是：他们加强并促进了模仿，而且导致了他们自身的相对衰落。②

表72　　1899～1913年俄国的新合资公司

年份	公司总数（家）	外国公司总数（家）	外国公司资本总额（百万卢布）
1899	325	69	363
1900	202	40	251
1901	135	23	108
1902	78	13	73
1903	76	15	68
1904	94	13	119
1905	75	10	72
1906	115	10	105
1907	131	12	156
1908	120	12	113
1909	131	15	109
1910	198	17	224
1911	262	40	321
1912	342	20	402
1913	372	29	545

资料来源：梁士琴科，《历史》，第1版，第655、661、713页。

维特1899年在给沙皇提供的秘密备忘录里记载：

“根据财政部的观点，外国资本的蜂拥而至，是我们的工业能够为国家迅速提供足够且廉价的物资供给的惟一途径。每一次资本大 【472】量涌入的新浪潮，都会降低国内垄断商们所习惯的超额利润水平，迫使他们通过技术改进寻求适当利润，这也导致了价格的下降。”③

---

① 《泰晤士报》（伦敦），1969年5月14日第14版。【261】

② 麦凯：《先锋》，第385页。【262】

③ *Materinly po istorii SSSR*，VI *Dokumenty po istorii monopolisticheskogo kapitalizma v Rossii*（莫斯科，1959年），第173～195页［冯·劳厄译：《现代历史期刊》，第26卷（1954年），第60～75页］。【263】

维特不仅希望促进资金供给——这种供给既包括国外的证券投资，也包括国外资金认购政府债券——还希望通过直接投资促进企业家的成长，这些企业家“必须是受过教育的，能够转换观念的，并能鼓舞产生已失去的活力”。①

观念输入的程度难以量化。正如麦凯所指出的，并不是所有在俄罗斯成立的外国公司都是外国人所有的，尽管这些公司代表了维特所寻求的直接投资（见表72）。很难区分外国人（见表73第一行）是通过控股还是通过管理来行使其企业家职能的。②

表73　1897年外国人在俄国股份公司中持有股份和公司债券情况

单位：百万1897年金卢布

年份	外国人		外国资本总和	发行资本总额	外国资本持有份额（%）
	持股	债券			
1860	10	—	10	—	—
1870	27	—	27	—	—
1880	92	6	98	—	—
1890	186	29	215	734	25
1900	762	149	911	2 030	37
1910	1 126	232	1 358	2 983	38
1914	1 856	269	2 125	4 311	43

资料来源：（1）麦凯：《先锋》，第26~27页，引自P. V. 奥利（P. V. Ol）：*Inostrannye kapitaly v narodnom khozyaistve dovoennoi Rossii*（列宁格勒，1925年），第12~13页；

（2）L. 雅·伊万托夫（L. Ya. Eventov）：*Inostrannye kapitaly v russkom promyshlennosti*（莫斯科，1931年），第17页。

通过刺激或资助对基础设施的投资，维特为私人企业家提供了广泛的投资机会。到1901年，2/3的铁路为政府拥有，但是，“预算中只有极少一部分用于直接发展工业部门”。③ 国家偶尔承担了挽救濒危企业的职能，即利用“红十字干预法”：包括前面已经提到的波利亚科夫灾难，同一时期的科
【473】奇（Kerch）冶金公司和早些时候的普季罗夫（Putilov）工厂也曾得到救助。

① 被麦凯引用，前引书，第19页。【264】

② 见同上引，第30~31页。【265】

③ A. 卡亨：《俄国工业化与政府政策》，载于《经济史期刊》，第27卷（1967年），第466页。赫罗莫夫：《经济发展》（1950），第498~503页，说明公共设施在铁路建筑物上份额较小。【266】

麦凯观察到，政府“不愿意承担将公司尽快归还给私人企业的任务”。① 因此，政府向外国人提供了两项风险转换激励：首先是在经济衰退时交通和通讯设施不会被撤走，② 其次是愿意限制重要私人企业倒闭对经济的乘数效应。

总之，麦凯发现外国企业对俄国经济有四方面的贡献：③ 第一，他们提供或者动员了资本，如果没有他们，就不会有这么多的可用资本：在1881～1913年间工业公司大概1/2的新投资来自国外；第二，尽管程度不能精确估计，但是他们动员了国内的资本投向国外；第三，他们引进了远比俄国企业所使用的技术更为先进的技术，尤其是在采矿业、金属和冶金业及电子仪器业和化工业，而引进先进技术是外资引进战略的核心部分：在这些领域，他们使成本降到了西欧的水平；第四，他们对本国企业家态度的转变有所贡献，尤其在利润再投资、④ 工人培训及降低对犹太人和波兰人作为管理人员的准入限制方面。

外国企业在提升非俄国人进入管理层方面与俄国人一视同仁，这从影响非俄罗斯人在俄国经济中发挥作用的相互矛盾的政治趋势中可以清楚地看出来。一方面，波兰人和犹太人渴望在旧波兰和立陶宛王国以外的经济生活中实现自己的价值。另一方面，圣彼得堡政府很容易在俄国强势集团的压力下，将工业控制政策俄国化：即限制犹太企业家、德国企业家和任何在前沿领域或政治敏感地区经营的外国企业家，但是对其他企业家并无针对性限制（例如，下面将提到邀请丹麦企业家的例子）。

在镇压1863年起义之后，波兰的俄国化，包括取消波兰国会、在学校里禁止教波兰语等，被某些波兰爱国者所谓的“对俄国实行殖民地化”——即通过经济实力的加强而提高波兰的影响——的政策所抵消。这一目标实际上与促进波兰新兴工业和专业阶层进入正在成长的、在关税保护之下俄国市场的目标是一致的。波兰技术人员的热心行动只是为在沙俄帝国中争取一种不同于苏格兰人在大英帝国中那样的地位。⑤ 在德国企业家和资 【474】
本的帮助下——它们发现俄国的商业和人力情况类似德国——波兰工业化的基础在19世纪扩张迅速。而且，边境地区的邻近性，为它们在帝国关境内

① 《先锋》，第8页。【267】
② 邮局实施了有计划的亏损。【268】
③ 《先锋》，第380～383页。【269】
④ 参见俄罗斯领导者利用利润的各种方法（第463、470页及以后）。【270】
⑤ 佩尔斯：《俄罗斯历史》，第466页。【271】

提供了一个非常有吸引力的投资地。在19世纪上半叶纺织工业发展时（见旁码第457页），采矿业和金属制造工业也在西里西亚边界地区达布罗瓦（Dabrowa）和索斯诺维茨建立了。早在19世纪20年代，波兰财政部长杜鲁奇—鲁贝克（Drucki-Lubecki）的工作就拉开了序幕，但是主要发展还是在德国公司普拉特尔（Plater）、雷纳尔（Renar）和唐纳斯马克（Donnersmarck）的管理下发生的，① 而且波兰已经拥有了自己的投资银行体系（主要是由犹太金融家所开创的）。波兰银行始于1828年，而且，如表70中所示，当最大的华沙银行在圣彼得堡成立时（而且是该地区惟一的省级银行），华沙还没有一家圣彼得堡银行。如表70（1873年）所示，当时两家银行的周转资金相同，圣彼得堡银行是4.14亿卢布，华沙银行是5.21亿卢布，但是3年后后者的周转资金几乎达到了前者的3倍（后者是6.68亿卢布，前者是2.34亿卢布）。② 19世纪末，随着俄国竞争日趋激烈和波兰对银行业需求的增加，竞争地位发生了逆转：1900年圣彼得堡银行在华沙的营业额达到了11.05亿卢布（其中1895年后它在波兰开设的各分支机构的资金为4.23亿卢布），而华沙银行在俄国首都的营业额只有3.07亿卢布。③

银行是乌克兰金属制造业重要的资金提供者，但波兰企业家在其他两个领域更为重要：一是在中亚的棉花种植、轧棉、纺纱各环节之间确立合约关系；二是在深入新领土的西伯利亚大铁路沿线发展起来的各种产业。除了明显的经济原因以外，斯托雷平时期政府鼓励在新的交通运输线附近发展工商业还有政治方面的考虑，即抑制这些地区成为无产者革命中心的工业基础。为此目的，斯托雷平——其政策就是镇压革命和维特官僚机构拟定的改革方案——恢复了地方经济事务委员会［1903年由内务部长普列韦（Pleve）建立］。④ 农业改革完成后，斯托雷平通过本地的工业化，完成了对西伯利亚地区农场的培育。

与此同时，俄国工业利益集团发挥了相反的影响，特别是在波兰的金属部门尤其如此。20世纪头10年的新卡特尔，Prodamet 和 Prodvagon 在金

① 除了在西里西亚的采矿业和冶金业有很多德国和其他西欧国家的公司以外，在高加索的石油业还有法国、德国、意大利、奥地利人投入的资金，在纺织业有法国和比利时人的投资，在电力和电车工业有德国、瑞士和西班牙人的投资［I. 伊赫纳托维奇（I. Ihnatowicz），载于 B. 津塔拉（B. Zientara）、A. 毛察克（A. Maczak）、I. 伊赫纳托维奇和 Z. 兰道合著：*Dzieje gospodarcze Polski do 1939*（华沙，1965年），第450页］。【272】

② Z. 兰道（Z. Landau）与 J. 托马谢夫斯基（J. Tomaszewski）：*Bank Handlowy iv Warszawie S. A.*：*Historia i rozwój*，1870－1970（华沙，1970年），第33页。【273】

③ 同上引，第37页。【274】

④ 霍斯金：《俄国组织机构的试验》，第160～244页。【275】

属制造业和重型机械制造业中占据很大比重。然而，尽管高度集中，情况也不过是寡头垄断，因为波兰生产集团的数量从来没有少于 7 个。① 【475】

19 世纪后半叶，在俄国南部炼糖厂的迅速发展中，波兰和乌克兰企业家的作用举足轻重，但是，犹太人在这些部门的巨大金融和管理贡献主要限于旧的普罗诺夫—立陶宛边疆，尤其是 1881 年后，当时禁止犹太人定居在灰色聚集地之外。1886 年，许多犹太人在种族歧视政策下被解除了司法职务或者被逐出政府高职或专业职务。臭名昭著的纽莫鲁斯·克芬塞斯（*numerus causus*）将犹太人在本地大学的入学率限制在 10% 以下，将他们在圣彼得堡和莫斯科大学的入学率限制在 5% 以下（在尼古拉一世时甚至更低）。尽管第一和第二行会的犹太商人可以居住在灰色聚集地之外，但是根据 1891 年颁布的诸多管理办法，仍有犹太商人被驱逐出莫斯科。

将犹太人排除在俄国的经济扩张过程之外，不仅剥夺了本土以外犹太企业家的才能，而且伤害了许多新一代犹太人的俄国化感情。本来，自他们决定不支持 1863 年的波兰起义起，他们的感情已经俄国化了。② 东亚公司（旨在推进对朝鲜的开发）的创始人伯佐布拉佐夫是典型的俄国企业家，他公开宣称他的利益是“真正俄国人的”而不是“谢尔盖·于勒维奇所称的那些作为我们在满洲的标准代理人的犹太人和波兰人”。③

在许多地区，限制外国公司平等地位的种种举措的背后是相应的排外情绪，尽管带着一些虚伪的军事面纱。地方政府对外国资本和犹太资本设置了许多障碍。俄国化是最关心的一点，因此要求外国公民在俄国公司董事会中不能占据多数。④

---

① 最近有许多关于波兰这段时期的研究：W. 鲁辛斯基（W. Rusiński）：*Rozwój gospodarczy ziem polskich*（华沙，1963 年），第 238 ~ 346 页；B. 巴耶尔（B. Bajer）：*Przemysł włokienniczy na ziemach polskich od początku XIX wieku do* 1939 *roku*（罗兹，1958 年）；*Ekonomika górnictwa i hutnictwa w królestwie polskim* 1840 – 1910，W. 库拉主编，2 卷本（华沙，1959 年和 1961 年）；L. 武卡谢维奇（L. Łukasiewicz）：*Przewiot techniczny w przemyste królestwa polskiego* 1857 – 1886（华沙，1963 年）；I. 伊赫纳托维奇：*Przemysł Łódski w latach* 1860 – 1900（华沙，1965 年），第 76 ~ 87 页；I. 皮耶扎克—帕沃夫斯基（I. Pietrzak-Pawłowski）：*Królestwo polskie w poczatkach imperializmu* 1900 – 1905（华沙，1955 年），第 186 ~ 212 页；I. 科斯特罗维卡（I. Kostrowicka）、Z. 兰道和 J. 托马谢夫斯基：*Historia gospodarcza Polski XIX i XX wieku*（华沙，1966 年），第 3 部分。【276】 【548】

② 参见诸多著作：巴龙：《俄国的犹太人》；S. M. 杜勃诺（S. M. Dubnow）：《俄国与波兰犹太人的历史》，2 卷本（费城，1916 年和 1920 年）；犹·格森（Yu Gessen）：*Istoriya yevreiskogo naroda v Rossii*，2 卷本（列宁格勒，1925 年和 1927 年）；以及 L. 格林伯格（L. Greenberg）：《在俄国的犹太人》，2 卷本（纽黑文，康涅狄格，1944 年和 1951 年）。【277】

③ B. A. 罗曼诺夫（B. A. Romanov）：*Rossia v Mandzhurii*（莫斯科，1955 年），第 273 页，被冯·劳厄引用（《谢尔盖·维特》，第 245 页）。【278】

④ 见冯·劳厄，前引书，第 181 ~ 187 页。【279】

值得注意的是，由警察联合会安排的1903年罢工就是直接抵制外国公司的。莫斯科警署首脑为政府支持的商会制定了爱国计划，5万名工人、农民和他们的家庭成员参与了这一群众性“爱国示威”。①

第一次世界大战前夕，反德氛围和爱国感情在俄国化的压力中起了很大作用。1913年齐夫关于被德国企业同化的论点在*Torgove-promyshlennaya gazeta*和*Vestnik finansov*杂志上登载，而在第一次世界大战中该文又作为一
【476】本书出版。② 第一次世界大战后他准备接受德国资本并且宣称：提供金融和流放服务可以与俄国利益共存，他所寻求的是两者的结合点，特别是企业家。尤其是他很关注在其他国家注册的德国公司的主要股份情况（比如，在比利时的公司拥有电车），并对其在P.V.奥利革命后的价值进行了谨慎评估。③ 齐夫还反对俄国扩大对德国而不是对英国和奥匈帝国的铁矿出口。④在同时代的一篇论文中，玛格丽特·米勒使用了齐夫所估计的数字：第一次世界大战前25年间从各国流向私营部门的资本额为1.5亿英镑，但他也注意到其他更高的数字，其中一个是J.M.凯恩斯给出的数字，为10亿～15亿英镑（相同的25年间），包括外国人持有的俄国公债。⑤ 当这个差异巨大的估数被公布后，齐夫的夸大之处是可以理解的。

丹麦人流入俄国的故事是一个典型案例，它与德国人欢迎外国企业形成鲜明对比：这种截然不同的态度当然部分归因于政治因素，丹麦由于1866年将施勒斯维希—荷尔斯泰因（Schleswig-Holstein）割给了俾斯麦德国而获得同情，而且它对俄国的对外政策以及国内寡头事业的影响不大。北方电信公司（Store Nordisk Telegrafselskab）获得了铺设第一条电话线到尼古拉耶夫

---

① S. 加莱（S. Galai）：《1900～1905年俄国的自由运动》（剑桥，1973年），第182～184页，他也引用了大量其他人对*Zubatovshchina*的分析。【280】

② V.S. 齐夫（V.S. Ziv）：*Inostrannye kapitaly v russkikh aksioniernykh predpriyatiyakh*，I：*Germanskie kapitaly*（彼得格勒，1915年），第1～9页。【281】

③ *Inostrannye kapitaly v Rossii*和*Inostrannye kapitaly v narodnom khozyaistve*。【282】

④ 齐夫：*Inostrannye kapitaly*，第36～57页。最近重新就德国经济对苏联和东德的影响程度进行了研究：B.V. 安阿尼奇（B.V. Ananich）：*Rossiya i mezhdunarodny kapital* 1897－1914：*ocherki istorii finansovykh otnoshenii*（列宁格勒，1970年）；J. 马伊（J. Mai）：*Dos deutsche Kapital in Russland*，1850－1894（东柏林，1970年）。其他的关于东德的研究涉及此问题的是J. 内措尔德（J. Nötzold）：《第一次世界大战前夕俄国的农业问题与工业化》，*Saeculum*，XVII（1966年），第170～192页；内措尔德：*Wirtschaftspolitische Alternativen der Entwicklung Russlands in der Äre Witte und Stolypin*（东柏林，1966年）。【283】

⑤ M. 米勒（M. Miller）：《1905～1914年俄国的经济发展》（伦敦，1926年；第2版，1967年），第121页；她在《曼彻斯特商业附录：重建欧洲》第4期（1922年7月27日）中援引了凯恩斯的文章，第5期中没有重新摘取引用，见《J.M. 凯恩斯论文集》，第4卷（伦敦，1972年），第59～75页；但在《和平的经济代价》（同上，第22页）一文中，俄国对其他同盟国的债务是7.66亿英镑。【284】

斯克（1869年）的授权，之后线路又延伸到符拉迪沃斯托克（Vladivostok）。在西伯利亚的开发过程中，斯比科公司（Det Sibirske Kompagni）和丹麦—西伯利亚出口公司（Dansk-Sibirsk Exportselskab）雇用了许多丹麦人，1895年俄国政府请丹麦人在西伯利亚建立奶油工业。①

威尔士钢铁厂厂长约翰·休斯的角色非常重要。他从科丘别伊（Kochubei）王子手中接管了在南乌克兰的采矿权，保证顿巴斯铁矿在1870年炼出铁，而且他把俄国南部的冶金业的利益看得同自己公司经营成功同样重要。他鼓励其他企业家南迁，到他去世时，新俄公司是那个地区诸多冶金公司中惟一一家活跃的公司。②

8.4.8 卡特尔作为第二政府

1900年的工商业萧条激发了工业卡特尔化趋势，其起源可以追溯到10 【477】
年前。1892年，在政府的允许下建立了石油辛迪加，之后于1895年，政府同样将糖厂的市场共享协议转化为国家注册的卡特尔。政府还部分地仿照法国烟草专卖局（*régie de tabacs*）和普鲁士许可农场酿造制度成立了一家垄断机构。③ 维特“无视国有和私营企业间的冲突，只要它们在效率最高的领域内运作就足够了”。④ 他试图通过组织联合经济委员会，进行讨论——例如1896年经济会议——以协调两者的活动，并鼓励成立全国性和地方性的制造商、商人和官员协会。他在给沙皇的秘密备忘录里写道：“这是一个目标明确的计划，……一个经过仔细计划的体制”。⑤ 他的政府把经济衰退当作一种借口，宣称他们没有设置任何障碍，而工业可以通过自身努力去寻找解决现有困难的出路。⑥

梁士琴科的观点（见旁码第467页）在很大程度上受到了列宁关于资本集中分析的影响，可以用卡特尔化是为了获取某种外部经济好处的观点来

---

① 19世纪的后半叶，大约8 000丹麦人移民到了俄罗斯，但是在1897年人口普查时，只有1 478人承认自己是丹麦人。S. Å. 克里斯坦森（S. Å. Christensen）、L. P. 波尔森—汉森（L. P. Poulsen-Hansen）、B. 伦内（B. Renne）和M. 唐戈德（M. Tangaard）：*Dendansk emigration til Russland* 1875－1914（哥本哈根，1970年）。【285】

② J. N. 韦斯特伍德（J. N. Westwood）：《约翰·休斯与俄国的冶金》，载于《经济史回顾》，第2系列，XVII，3（1965年），第569页。【286】

③ 1894年在4个省份建立了这种组织，1914年底前在其他省份也建立了这种组织。有关这些卡特尔，见米勒：前引书，第237～240页。【287】

④ R. 黑尔（R. Hare）：《改革与革命中俄国名人描述》（伦敦，1959年），第306页。【288】

⑤ 见冯·劳厄：《谢尔盖·维特》，第93～94、182页。【289】

⑥ 同上引，第677页。【290】

补充。由于在工业化的初始阶段，俄国有尚未开发的资源优势，俄国企业发现了外部经济的重要性。此外，这些企业喜欢从西方引进最先进的技术——20 世纪初，俄国钢铁制造业在世界处于领先地位——并且将这些技术应用于更大的企业之中。唐·巴辛（Don Basin）就吹嘘他拥有世界上最大的冶金工厂。这种内部规模经济和通过联合获得外部经济之间的不一致发挥了特殊的作用。管理总局——革命后的卡特尔，更加适合将外部经济内部化，其原因在于工厂的行政人员都是有威望的工程人员，他们正在取代那些有商业头脑的管理者和经营者。忽略经济组织内部的交换价值，管理总局的官员们更有必要成为一个可以保证接近外部经济规模的管理机构。苏维埃的中央计划体制可以视为一种使各种经济活动内部化的一种尝试，而这种尝试的失败是由于其“脆弱的规模”。① 列宁认为资本主义的经济危机源于无计划。他评价普列汉诺夫起草的 1902 年第一预定草案（被称为“在社会主义生产进程中
【478】应用计划组织”）时说，那些形式的组织将来也许可以通过信托来实现。②

我们提到过，在 19 世纪即将结束的时候，在石油业和制糖业已经形成了一些松散的卡塔尔组织。水泥业（1901 年）和冶金业（1902 年）更加紧密的企业联合较早时期在波兰出现了。③ 1892 年石油辛迪加被限于从事出口贸易，并由政府负责和标准石油公司争夺外国市场。巴库油田一部分交由鞑靼人和亚美尼亚人组成的本土小工厂开采，另一部分交由诺贝尔兄弟领导的大公司共同开采。紧密控制国内市场生产的第一步是，建立生产商协会内部的协商制度，后来巴库石油实业家会议随之诞生。旨在控制煤田和矿山的同名组织在南部俄国、乌拉尔地区和“波兰区”也建立起来了。Prodamet（铁制品辛迪加）是第一个联合销售机构，在 1908 年它控制了约 70% 的全国产量。三联销售（1902 年）和销售车厢（Prodvagon，1904 年）这两个销售代理机构因特定的金属产品而建立起来，分别适用于管道和铁轨，后者垄断着几乎 97% 的供给。顿涅茨煤炭联合组织（1906 年）控制着盆地煤炭产量的 75%，却是被外国人——主要是法国人和比利时人——所控制。在随后的两年里，规模较小的企业垄断组织也建立起来。乌拉尔矿石和金属产品协会（1904 年）、农机制造者协会（1907 年）集中了各自行业 3/4 的产量。在冶

---

① A. 诺夫（A. Nove）：《内部经济》，载于《经济期刊》，LXX，280（1960 年 12 月），第 852 页。【291】

② 列宁：《文集》，第 4 版，英文版（莫斯科，1961 年），第 6 卷，分别在第 21 页和第 54 页。【292】

③ 见 Z. 普斯图拉（Z. Pustula）：*Początki kapitalu monopolistycznego w przemyste hutniczometalowym królestwa polskiego* 1882 – 1900（华沙，1968 年）；详见库拉主编：*Ekonomike górnicitwa*。【293】

金业，钢铁实业家咨询办公室，建立了一个较高层次的政策协商会，讨论有关冶金业的政策。相反，作为对于罗兹棉花辛迪加的反应，莫斯科厂商建立了棉花制造商协会，但它从未囊括大多数中心地区的织布厂。毛制品公司随后于1910年成立，1912年成立了一个亚麻制造商协会。

这种协商组织体系的最上层是贸易和工业代表协会（1906年），它是工业组织对政府的发言人。① 根据当时的评论，它的作用是通过圣彼得堡工业家与大臣们的长期私下联系“同僵化的政府机构进行长期接触，而商业化工业代表处本身也成了一种工业管理机构”。② 莫斯科利益集团最终建立了（在1917年临时政府领导下）它们自己的相应机构——泛俄工商联盟（*Vserossisky* 【479】
soynz torgovli i promyshlennosti）。对于圣彼得堡代表大会是否从莫斯科实业家那里得到更多的支持有不同的看法。③

每一个城市都有两个地方性实业家协会，即工厂主协会（*Obshchestvo fabrikantov i zavodshchikov*）和早已设立的商业贸易委员会，尽管后者代表传统的莫斯科商人（*kupechestvo*）而前者则更符合富人的利益，但二者共同组成了代表大会。在圣彼得堡，只有工厂主协会服从代表大会的领导，而商业贸易委员会则保持中立。④

工厂主协会在其他地区也拥有相应组织，它们使企业家得到了社会的认可。而两个世纪以前由于没有此类组织，按照格申克隆的观点，就需要一个国家机构来作为替代品。⑤

第一次世界大战期间，公众对企业家的认可程度达到了最高点，当时企

---

① 工业的卡特尔化和从“工业”资本主义到“金融”资本主义的转变引起了俄罗斯经济史学家的关注。著名的有：E. L. 格拉诺夫斯基（E. L. Granovsky）：《垄断资本主义与俄罗斯》（列宁格勒，1929年）；A. 芬恩—埃纳托夫斯基（A. Finn-Enatoevsky）：*Sovremennoe khozyaistvo Rossii*（圣彼得 【549】
堡，1911年）；雅·I·利夫申（Ya. I. Livshin）：*Monopalii v ekonomike*（莫斯科，1961年）；G. 齐佩罗维奇（G. Tsyperovich）：*Sindikaty i tresty v Rossii*，第1版（彼得格勒，1918年）；N. 瓦纳格（N. Vanag）：*Finansovy kapital v Rossii*（莫斯科，1925年）；N. 瓦纳格和S. 托姆辛斯基（S. Tomsinsky）：*Ekonomicheskoe razvitie Rossii*，I：*Epakha promyshlennogo kapitalizma*，and II：*Epokha finansogo kapitalizma*（莫斯科和列宁格勒，1928年和1930年）；S. S. 扎克（S. S. Zak）：*Promyshlenny kapitalizm v Rossii*（莫斯科，1908年），辛迪加有历史记录，A. L. 楚克尔尼克（A. L. Tsukernik）：*Sindikat ‘Prodamet’*：*istoriko-ekonomrichesky ocherk* 1902－1914（莫斯科，1959年），也有大量的工厂的记录，这些记录有助于说明它们和中心销售机构的关系。梁士琴科：《历史》，第1版，第677～685页中有一个概括的调查。【294】

② V. 亚·拉夫里切夫（V. Ya. Lavrichev）：《全苏贸易工业联盟》，*Istoricheskie zapiski*，LXX（1961年），第38页，被怀特引用于《莫斯科、圣彼得堡和俄国的工业企业家》中，第416页。【295】

③ 如怀特所称，同上引，但是受到R. A. 鲁萨在《苏联工业》中的反对，载于《苏联研究》，XXIV（1973年），第423～424页。【296】

④ 同上引，第422～423页。【297】

⑤ 格申克隆：《企业家的现代化》，载于《历史》，第128～139页。【298】

业家组织事实上已接管了战时经济的管理工作。战争的前8个月，政府和公众采取了一项被称为“照常营业”的政策。但是，1915年4月加利西亚战役的失败和敌人向俄国领土的进犯证明了俄国在工业和物资供给体系上的弱点。一个叫做城市联合会的经济组织（即城市和商业的代言人）举行了一系列的磋商，提出了一个新的口号，即“工业动员”，呼吁反对国防部在军火采购中的松弛和腐败。政府的第一个反应是建立一个包括杜马成员在内的战时供应委员会，在国防部总指挥的领导下工作。但这并不够，地方自治组织联合会认为战争“已超出了政府力量之外，我们必须动员全俄一切可以动员的力量，使其成为一个军事化组织”。①

这样，战时供应协调特别委员会取代了原委员会（1915年6月），对沙皇负责，但是它又被俄国杜马给否决了，并建立了一个四方特别委员会，分别从属于战争、贸易与工业、农业和交通等四个关键部。在该委员会存在的两年间，尽管杜马试图协调战时经济，但这四个委员会一直在“一种松散的形式下运转，彼此相互独立”。②

【480】 最高会议将这些事情纳入自己考虑的范围，1915年5月在彼得格勒开会时成立了自己的中央战时工业委员会：它包括19个部，其中14个是针对独立工业部门的，另外的5个负责协调工作。由于人们怀疑彼得格勒工业家会垄断战争采购合同，一个相应的莫斯科委员会被吸收进入了或者如鲁萨（Roosa）所宣称的，接管了中央战争工业委员会；中央委员会在年底已经有了28个省级委员会和74个市级委员会。③ 人们希望非政府组织的协调活动将缓和不恰当的政府行为的影响。④ 彼得格勒和莫斯科省级委员会都是由工厂工人代表选举产生的。但是到1916年5月，省级委员会代表所占的比重只有3%，最大的群体是企业家和商人的代表（36%），紧随其后的是专家和技术助理（21%）及地方社区团体（17%）；政府部门（11%）和合作社（2%）的比例很小，这反映出它们在商人眼中无足轻重。⑤

中央战时工业委员会成员部分地通过在政府委员会中任职进行协调工作。⑥ 在重新组建的特别国防委员会中，中央战时工业委员会占有4个职位

---

① S. O. 扎戈尔斯基（S. O. Zagorsky），引自《战争时期俄国对工业的国家控制》（纽黑文，康涅狄格，1928年），第84页。【299】
② 同上引，第182页。【300】
③ 鲁萨：《苏联工业》，第425页。【301】
④ 扎戈尔斯基：《国家控制》，第90页。【302】
⑤ 同上引，第93页。【303】
⑥ 同上引，第98页；怀特：《莫斯科、圣彼得堡和俄国的工业企业家》，第439页。【304】

(1915 年 8 月)，而 5 个成员是来自政府各部；在具体负责分配和监督政府合同执行情况的“地区工厂委员会”中，中央战时工业委员会的地方委员会有至少 3 个职位，而政府官员占有 4 个职位。政府对于这种关系非常不安，以工人因素构成了一种政治威胁为借口，中央试图取消中央战时工业委员会。这体现出政府与工业家间的深层次矛盾，这导致了不同于同期法国、英国情况的另一种僵局。①

工业家们很快就超越了军备采购合同的协调工作，进一步在其他部门规范了辛迪加体系，虽然他们并不是简单地为了自己的机构寻求垄断地位。因此，面对贸易和工业部无法控制钢铁价格的现实情况，他们成功地在 1915 年 11 月建立了金属供应委员会。这个委员会拥有来自政府官员和中央战时工业委员会的同等数量的成员，外加一名来自城市联合会和郡县议会的成员。这个新成立的法定辛迪加组织，大量收购原材料，它的名称一直存在到战时共产主义时代：1916 年秋天建立了全俄中央煤炭公司（Tsentrougol）、全俄中央棉花公司（Tsentrokhlopok）和全俄羊毛公司（Tsentrosherst），1917 年 3 月成立了全俄中央木材公司（Tsentroles）。② 1916 年 7 月成立的地方郡县议会联盟被授权成为屠宰场皮革经营的垄断者，而城镇协会则在组织城市 【481】
食品供应方面起到了领导作用。

在 1917 年 2 月和十月革命期间，工业家机构仍然正式存在，但是从 1917 年 7 月以后，它实际上已经被地方供应委员会所取代，受到中央采购委员会和以最高经济委员会作为执行机构的经济参议会的监督。③ 随着 1917 年 4 月政府设立针对农业机械和皮革业的垄断机构和 7 月对顿涅茨煤矿业的垄断管理机构，该机构进一步摆脱了对卡特尔的依赖。

8.4.9　革命秩序

在十月革命之初，布尔什维克做出三个决策，其中最终成为苏维埃体系标志的、非农企业的全面国有化改造不在其中。这些决策（不包括与外资的合作，因为国内外持有的帝国政府和临时政府的一切债务在 1918 年 1 月 2 日

---

① 见 A. L. 西德罗夫（A. L. Siderov）：《俄罗斯经济形势和第二次世界大战》（莫斯科，1973 年）；L. 西格尔鲍姆（L. Siegelbaum）的研究，至今尚未出版［《苏联研究》第 27 卷，2（1975 年），第 309 ~ 311 页中有对此书的介绍］。【305】

② 详见扎戈尔斯基：《国家控制》第 125、152、156 页和第 209 页，和附录 307 同上引，第 183 ~ 189 页。【306】

③ 同上，第 183 ~ 189 页。【307】

都被取消了）包括：一是扩大与私人企业的联合；二是承认在某些工厂中已居主导地位并且在铁路部门全面建立的辛迪加制度和铁路；三是在地方经济当局的基础上建立了另外一种平行于苏维埃政治体系的官僚层级体制。

在从1917年十月革命到第一轮重要国有化运动之间的这段时间里，卡尔发现：

> “为了恢复有序的社会生产，在政府和明智谦虚的工业家之间可以发现一些心照不宣的默契。因此，广泛的工业国有化改造没有成为布尔什维克早期计划的一部分……工业国有化在开始时不是真心渴求的目标，而是一种对特殊环境的反应。”①

大多数早期被接管对象是个体工厂②和应受惩罚的企业——如列宁格勒“欠了财政部债务”的普季洛夫工厂——或者是“自愿的”企业，如土耳喀斯坦苏维埃接管了与莫斯科毫无关系的地方棉纺工业。但有几个部门被全部接管——由于职员罢工而停业的银行、特定铁路形势下的水运部门和被德国

【482】占有的乌克兰炼糖厂。

由于担心经济局势混乱，年轻的苏维埃政权在最高经济委员会（Vesenkha）的领导下对资源分配进行了更为严格的控制，该委员会从1917年12月1日起取代了前政府的最高经济委员会。韦涅季克托夫开始了它具有重大意义的苏维埃工业组织的历史，它宣称最高经济委员会从一开始就被看作一个规划和管制整个国民经济的机构，而且它对于垄断的认识也与以往不同。③ 另一方面，卡尔对连续性的强调与列宁的观点一样，列宁强调（而不是削弱）与工业家机构的战时合作，同时通过委员会结构执行中央政府的权力。当时某种原因导致了第三届贸易联盟代表大会在1917年6月20～28日形成决议，呼吁临时政府“在各工业部门建立国家辛迪加或托拉斯——除了那些由于技术水平低和缺乏国家金融支持而不适合的工业部门外——首先要将煤炭工业置于托拉斯之下，因为煤炭工业是最集中的，也是所有其他工业部门的基础。”④ 该决议还强调了国有化工业卡特尔化的合法性（1920年版）。⑤

---

① E. H. 卡尔：《1917～1923年布尔什维克革命II：经济秩序》（伦敦，1952年），第81页。【308】

② 没收个体财产一直持续到7月份国有化的前夕，最后被没收的是莫斯科古仲（Guzhon）冶金厂（1922年重命名为“锤子与镰刀”）。【309】

③ A. V. 韦涅季克托夫（A. V. Venediktov）：《国家工业组织和苏联》，2卷本，（列宁格勒，1957年和1961年），*I*，第25、40页。【310】

④ 齐佩罗维奇：*Sindikaty i tresty*，第3版（彼得格勒，1920年），第187页。【311】

⑤ 同上引第6～7页，1918年第1版（副标题为 *Popularny ocherk*：‘A Popular Outline’）是真实的，并没有复述上述的观点。【312】

根据1918年1月22日的法令，铁制品辛迪加和联系密切的辛迪加（分别负责铁金属制品和材料铁）被转变为由最高经济委员会冶金部监管的管理铁产品工业国家总管理局。① 羊毛、棉花业也加入了纺织（1918年3月成立，由工人雇员、管理人员和政府官员代表管理）、肥皂和茶企业辛迪加；各种各样殖民式垄断导致了火柴和蜡烛厂被征用，但并不是置于国家的直接管理之下，而是归零售合作联合会（Tsentrosoyuz）管理。② 委员会负责人（*Glavki*，后来成为主要管理者）得到前革命代理委员会的授权，行使协调职能，例如协调毛皮制品的总管理局制度（1918～1920年苏维埃工业的管理制度。——译者注），其前身是帝国战争部的化学品委员会。③

工厂委员会所采取的辛迪加运动在二月革命后已经非常明显，这对十月革命胜利既是一个威胁，同时也是支持。威胁集中体现在全俄铁路工人执行委员会（Vikzhel），它存在于所有的国有工厂中（少量私人铁路线很快就被没收了），没有资本家可供取代。它扮演庞大的工人委员会的角色，实行工人控制。它承认没有任何政治权威和利益集团能代表铁路工人的利益。④ 全 【483】俄铁路工人执行委员会采取消极态度对付任何一个党派掌握政权，⑤ 不久便被推翻了。1917年11月14日工人控制法令只赋予工人委员会监督管理和决定最低产量的权力，明确地禁止他们接管企业或指挥企业。

这一时期，另一个研究苏维埃经济组织的历史学家格拉德科夫认为是工厂管理委员会（*fabzavkomy*）启动了地方经济的计划和监管职能。⑥ 事实上，韦涅季克托夫在国家经济地方委员会（*guberniya sovnarkhozy*）对此进行了分析：他认为，地方经济委员会的职责（根据1918年12月23日的授权）是做出决定，"依据的是原则性的判断，以恢复地区经济秩序为目的，并对库存进行核实，经营已经建立的垄断组织。"⑦ 列宁根据生产和消费的情况，严肃谨慎地考虑了生产者—消费者合作社问题。⑧

格拉德科夫在1917～1920年国有化文件汇编中的序言是苏维埃历史学

---

① 楚克尔尼克：*Sindikat* '*Prodamet*'，第9页。【313】
② 卡尔：《经济秩序》，第81、84页。【314】
③ 同上引。【315】
④ 同上引，第394页。【316】
⑤ 全苏第二次代表大会的记录，同上引，第395页。【317】
⑥ I. A. 格拉德科夫（I. A. Gladkov）：《苏维埃1919～1918年计划控制经济史纲》（莫斯科，1950年），第94页。【318】
⑦ 卡尔：《经济秩序》，第77页。【319】
⑧ 《苏维埃政权的紧急任务》（《真理报》，1918年4月28日），载于《著作》，第5版（俄文），XXXVI，第185页。【320】

家一个学派的典型，他们没有认识到列宁当时所面临的经济选择的复杂性。例如，他自信地宣称：

> “固定和流动资产国有化是计划经济的特征。资产阶级经济学家和机会主义者关于一个自发的、混乱的无产阶级国有化的断言，以及国有化运动是由孤立的工人团体无组织的行动所组成的断言，都是完全没有道理的中伤。苏维埃政权粉碎了资产阶级及其帮凶——孟什维克、社会革命党人、托洛茨基分子、布哈林分子、民粹主义者及其他人——的抵抗，根据共产主义政党的活动计划，稳步、坚定地实现了国有化。”①

在另一部著作中，格拉德科夫通过引用列宁于1918年2月22日发出的号召，即“没收地主土地和从银行手中接管工厂”，来指明列宁自“1918年开始”就决定通过没收财产方式来保护苏维埃的政治权力。②

韦涅季科托夫认为直到1918年中期一直是个缓冲期，而多布认为这一时期是国家资本主义的转型时期。③ 两种主张都通过列宁在某段时期所持的观点而得以证实，即列宁认为所有的私人企业所有者都将作为技术管理者和工厂管理委员会（*fabzavkomy*）的补充力量。列宁在起草1917年10月工人控制法令时表达了这一思想。如他后来所解释的，“我们在组织、会计和管
【484】理方面的工作相当落后”。④ 就是在这种环境下，列宁向工人代表团做演说时提出“你们能牢牢掌握这个组织吗”的问题，同时，列宁出版了《我们当前的主要任务：与左派幼稚病和小资产阶级思想做斗争》。⑤ 在这个向社会主义的转变时期，国家资本主义包含社会主义和资本主义两个要素。和那些有文化的、赞成国家资本主义的资本家合作是有可能的，他们有能力付诸

---

① I. A. 格拉德科夫主编：*Natsionalizatsiya promyshlennosti v SSSR*, *sbornik dokumentov i materialov*
【550】1917 - 1920（莫斯科，1954年），第15页。格拉德科夫在他的 *Ocherki sovietskoi ekonomiki* 1917 - 1920 *gg.*（莫斯科，1956年），第67页中使用了完全相同的词汇，除了最后一段用了“有关俄罗斯社会主义转型的列宁主义宣言”。【321】

② I. A. 格拉德科夫：*Voprosy planirovaniya sovietskogo khozyaistva v* 1918 - 1920 *gg.*（莫斯科，1951年），第8页。【322】

③ 韦涅季克托夫，*Organizatsiya*，I，第182～186页；M. 多布（M. Dobb）：《1917年以来的苏联经济发展》，第4版（伦敦，1957年），第88～96页。V. V. 卡巴诺夫（V. V. Kabanov）：《1918～1919年的国家资本主义》，载于M. P. 基姆主编：*Novaya ekonomicheskaya politika*（莫斯科，1974年），第89～90页，表明苏联的经济史学家过去习惯于使用新经济政策来确定国家资本主义，但是在1918年出现了转变。*Istoriya sotsialisticheskoi ekonomiki*, *SSSR*，6卷本（莫斯科，1976年～；正在出版），I，第44页，认为国有化是“与列宁的计划相结合为了更广泛地使用国家资本主义。”【323】

④ 多布：《苏维埃经济发展》，第94页；卡尔：《经济秩序》，第16章。【324】

⑤ 《文集》，第4版，XXVII（莫斯科，1965年），第325～354页（最初出现于1918年5月9～11日的《真理报》）。【325】

实践，而且他们作为知识分子和有经验的大型企业管理者对无产阶级政权是有用的，正是这些大型企业为千千万万的民众提供了产品。① 当时，列宁仍然受其分析德国混合经济的影响，② 诺夫（Nove）指出：《受剥削的劳动人民的权利宣言》（1918 年 1 月 17 日）中并未设定将工厂和其他生产手段转变成工农国家财产的时间表。诺夫在评论了 1918 年 4 月接收私人业主加入全俄纺织协会的事件后，引用了萨莫赫瓦洛夫（Samokhvalov）的话说："对与资本家达成有利于工人的协议的做法，列宁持积极的态度。"③ 列宁列举了俄国革命后存在的五种经济关系：家长制经济（在相当程度上也就是自然的小农经济）、小商品生产、私人资本主义、国家资本主义和社会主义。他担心"我们的国家资本主义（粮食垄断者、国家控制下的企业家和商人、资产阶级合作者）现在可能会在这里或那里被牟取暴利者、主要是不法粮食奸商打开缺口……不法奸商、国家垄断的破坏者，这些都是苏维埃政权经济政策的敌人。"④ 他于 1918 年 4 月所写的《关于经济、特别是银行业政策的基本主张》（直到 1933 年才出版），一开始就提倡工业和交换的完全国有化。⑤

促使他提出长远目标的事件很快来临。控制对外贸易的紧迫性已经导致了 1917 年 12 月实行进出口业务的许可制度、1918 年 1 月商业航运的国有化和同年 4 月对外贸易的国家垄断。然而，这些措施对于外部实力影响的限制要多于对内部实力影响的管理。正如克拉辛（Krasin）所说，"外贸垄断必须击败所有外国的经济和金融的干预。"从另一方面究其原因，苏维埃最新的标准历史著作，12 卷的《苏联历史》（*istoriya SSSR*），将列宁推迟强制性国有化计划归因于德国的军事威胁："这个计划是现实的，但在受到大规模进犯时很难实施"。⑥ 【485】

1918 年 6 月 28 日法令没收了 8 个关键工业部门中所有资本超过 100 万

① 引自多布：《苏维埃经济发展》，第 93 页。【326】

② 尤其见 Cz. 博布罗夫斯基（Cz. Bobrowski）：*Formation du système soviétique de planification*（巴黎，1956 年），第 18～20 页。【327】

③ A. 诺夫：《苏联经济史》（伦敦，1969 年），第 52 页；F. 萨莫赫瓦洛夫（F. Samokhvalov）：*Sovety narodnogo khozyaistva v 1917－1932 gg*（莫斯科，1964 年），第 27 页。【328】

④ 列宁：《文集》，第 4 版，XXVII，第 335～336 页。【329】

⑤ 同上引，第 318 页；M. 多布（M. Dobb）：《关于 20 世纪 20 年代建立社会主义的讨论》，*Annali dell' Instituto G. Feltrinelli*，1967（米兰，1967 年），第 136～137 页。【330】

⑥ *Istoriya SSSR*，VII，第 305 页。有许多对"国有化的到来"的较短的叙述，见 A. 贝科夫（A. Baykov）：《苏联经济体制的发展》（剑桥，1946 年），第 1 章；波塔尔：《剑桥经济史》，VI，第 868 页；戈卢布尼斯基等：*Ekonomicheskaya istoriya*，第 2 版，第 15 章；V. T. 柯图诺夫（V. T. Chuntunov）：*Ekonomicheskaya istoriya SSSR*（莫斯科，1969 年），第 4 章；《国有化》，*BSE*2 XXIX，第 283～285 页。【331】

卢布的公司。① 该法案标志着与资本家分享控制权的试验结束了，也标志着后来所说的战时共产主义的开始，在这一时期，苏联完成了国有化。1920 年 11 月 29 日法令将所有雇工超过 5 人、使用机械化的企业和采用手工生产、雇工超过 10 人的企业无偿收归国有。

8.4.10 新经济政策下有限的企业家

在 1920 年 11 月出台了关于国有化的明确法令之后，只允许私人经营小型企业。虽然难以量化，但这个例外很重要，因为划分“大”和“小”企业的统计界限要比进行国有化的界限高。② 根据 1913 年的统计报表，小企业占全部工业产出的 51%；③ 为地方农场或者家庭之用提供产品的工场（*izby*）被纳入集体农场。④ 而那些在全省或全国范围内拥有市场的企业则在 30 年代农场集体化期间组建成手工业合作社并于 1960 年实行了国有化。除了新经济政策时期（1921～1928 年）外，对那些还游离在农业之外的少数私人部门的限制包括积累、扩张或多样化经营，它们的管理人员不能标为企业家，也不能由集体农庄农户替它们耕种小块土地，尽管这些私营农业部门至今仍为公共市场提供了很大一部分蔬菜、水果、肉和奶制品。

但是在新经济政策下，农民有权处置和选择其产品，选择储蓄或消费，选择或放弃农业生产，有权选择组织形式，⑤ 而小工业经营者则是企业家。1921 年 8 月人民委员会议颁布法令，将新经济政策扩大到允许不受政府计划管理的工业企业自主歇业，或国有化部门的企业出租给个人经营或合作社或其他社会团体。根据 1920 年 11 月法令，应该被接管而实际上没有被接管的许多小企业，也不再对其实行国有化了。1921 年 12 月 10 日的补充法令将国有化的标准提
【486】高到拥有 20 个雇工的企业，并且地区经济委员会（*sovnarkhozy*）有权批准前

① 将近 2/3 被接管的企业是生产资料或者中间产品的生产商（韦涅季克托夫：*Organizatsiya*, I，第 229 页）。【332】

② 统计报告中“大型”企业的资格（‘*tsenz*’）是雇用 30 个人，如果雇用的是非固定工人的话，则是 16 人；这一团体被称作“*tsensovaya promyshlennost*”，经常被译为“受普查的行业”。W. 纳特（W. Nutter）：《苏联工业生产的增长》（普林斯顿，1962 年），第 187～191 页指出，根据统计报表，1928～1929 年间，私人车间占小型企业雇用人数的 75%。【333】

③ A. 考夫曼：《苏联的小型工业》（纽约，1962 年），第 19 页。【334】

④ 两组之间的区分和每一组的描述见辛茨海默（Sinzheimer）：‘Les Industries kustar’，第 205～222 页。【335】

⑤ 参见 D. J. 马莱（D. J. Male）：《集体化前的俄国农民组织结构》（剑桥，1971 年），第 2、3 章。【336】

两类企业的前所有者重新获得所有权。①

作为上述法案的一个结果，仅仅 8.5% 的工业企业保持了国有化，3.1% 保持了合作社形态，88.5% 则由私人控制和经营，但是后者雇用了仅仅 12.4% 的劳动力，而 84.1% 的劳动者还在国有部门，每个国有企业雇工大约 155 人，但每个合作社和私人企业分别雇工 15 人和 2 人。②

苏维埃科学院的标准经济史这样描绘了这一时期建立的混合贸易公司——1923 年有 24 家，它们的重要性可以从表 74 中看出——“利用了国家资本主义的一些要素作为辅助，而且没有违反外贸国家垄断的原则。”③

表 74　　按企业形态划分的苏维埃外贸的份额

（1924 ~ 1925 年）　　单位：%

	出　口	进　口
国家机构、托拉斯和企业	47.3	86.6
完全国有的有限公司	31.6	6.4
合作社	12.5	3.8
外国资本参与的混合公司	5.5	1.3
外国企业	1.1	1.3
私人企业	0.7	0.3
其他	1.3	0.3

资料来源：对外贸易人民委员会档案，复制于苏联科学院经济研究所，*Sovietskoe narodnoe khozyaistvo*，第 515 页。

国内的让步对于重新接纳外国企业非常重要，苏维埃经济史学家却很少关注这一切，④ 而萨顿在对英国进行的研究却是最全面的。⑤

1923 年 3 月 8 日的法令允许外国人和企业租赁或参与国有企业经营，该法令被 8 月 21 日的法令取代。苏维埃特许权委员会以“使用权”的名

---

① 详细的规定见贝科夫：《苏联经济体制的发展》，第 105 ~ 106 页；关于财政见 A. Z. 阿诺德（A. Z. Arnold）：《苏联的银行、信贷与货币》（纽约，1937 年），第 99 ~ 110 页。【337】

② 同上引，第 107 页。【338】

③ Akademiya nauk SSSR, Institut ekonomiki, *Sovietskoe narodnoe khozyaistvo v*, 1921 – 1925 *gg.*（莫斯科，1960 年），第 514 页。这一系列五卷是由格拉德科夫编纂的。【339】

④ 特别缺少苏联的原始资料：在经济事件的编年史中，即 *Ekonomicheskaya zhizn' SSSR: khronika sobytii i faktov* 1917 – 1965，I：1917 – 1950 年，第 2 版（莫斯科，1967 年），第 115 页，只提到了第一 【551】
个法令。但是在下面几本书中既没有提到该法令，也没有其他数据，*Direktiry KPSS i sovetskogo pravitel' stva po khozyaistvennym voprosam*，I：1917 – 1928 年（莫斯科，1957 年）或 *Istoriya industrializatsii SSSR* 1926 – 1941：*dokumenty i materialy*，I：1926 – 1928 年（莫斯科，1969 年）。后一本书（第 550 ~ 552 页）列出了当时经济机构缩写后的名字，其中遗漏了特许委员会（Glavkontsesskom）。【340】

⑤ A. C. 萨顿（A. C. Sutton）：《1917 ~ 1930 年西方技术与苏联经济发展》（斯坦福，加利福尼亚，1968 年）；当代的作者在《发展研究期刊》VII（1971 年），第 159 ~ 161 页的一篇书评中称赞了萨顿的数量化方法。【341】

义，或以合资公司的形式，根据用益权安排或参与合资公司（起初可等量持股，但后来外国公司须成为少数股东）的原则主持外国人开发或租赁国有经济资产的协商谈判。到1926年10月，达成330个此类协议，另有134个技术协议，包括在这个十年的末期签署的技术协议。① 一些公司租回了国有化前属于他们的公司，在优惠期结束和在1972年10月苏美协议之
【487】后又根据工业合作合同将公司交回苏联（例如，国际收割机公司）。著名企业家阿曼德·哈默（Armand Hammer）接管了在阿拉帕耶夫耶斯基（Alapa-evsk）的石棉特许经营权和在莫斯科的铅笔厂。② 在20年代末期，这些特许权通过多种方式被取消，通常是根据协定条款由苏联合作伙伴的协议价格买回。哈默的特许权在1929年12月以这种方式结束，而且"他接受了这一安排，没有通常所有的那种抗议"。③ 同月还签署了最后一份特许权协议，据此，吉列安全剃刀有限公司承担在苏联修建一座剃刀片生产厂。但在1973年10月重新进行在莫斯科和列宁格勒建厂的谈判之前，吉列没有采取任何行动。

贝科夫分析了1928年9月15日地区经济委员会（Sovnarkom）的一项法规，该法规宣布了一个新特许权列表，并授权特许权管理局进行谈判，这是"所谓共产党右派吸引外国资本大规模投资工业，以缓解五年计划期间国内积累的压力的最后努力"。④ 1927年12月，党关于第一个五年计划的指令已经出版，斯大林在1929年11月给党中央委员会的信中回击了右派势力的批评，右派势力因而被斯大林镇压。政策转变的外部标志是1928年3月终止了卢布的可兑换性，⑤ 苏联经济决策与外部世界隔绝的时代从此开始。1928年10月1日，苏联的第一个五年计划开始。

1925～1926年，在新经济政策实施和企业家活动的高峰时期，工业普查表明私人企业产值占到了工业产值的3.5%，外国的特许经营公司占0.4%。到1928～1929年，两者的份额分别是0.3%和0.6%。⑥ 标准（*tsenz*）以下的小规模工业企业不是合作社的就是私人的，但私人企业仅雇用了全部小规模

---

① 萨顿，前引书，第8～9页。【342】

② 作为洛杉矶西方石油公司的经理，哈默1973年5月着手完成了从西伯利亚天然气中生产氨基尿素的合同。【343】

③ 萨顿，前引书，第8～9页。【344】

④ 贝科夫：《苏联经济体制的发展》，第126～127页。【345】

⑤ E. H. 卡尔和R. W. 戴维斯（R. W. Davies）：《建立计划经济，1926～1929年》，（伦敦，1969年），第778页。【346】

⑥ 同上引，第950页。国外资金在1926年达到了最高点，那时在合资公司的外国资本金达到了590万卢布，而苏联的只是800万卢布（同上引，第717页）。【347】

工业350万工人中的74 000人（1925~1926年）。正如前面所指出的，私人部门仅是很小的一个部门。尽管高度集中（官方词汇是"群集"）在某些地区，私人部门还是从规模经济中受益。1923年7月制定的法规将这些根据外包制度在家庭工作的人归类为雇佣工人，因而这些人要受苏联劳动法典的工资条款以及其他条款的限制，这导致许多小企业主让他们的工匠到政府领取执照，正式成为自食其力者。① 限制资本主义组织形式的立法因而导致了革命前进程的逆转，那时外包制度已被车间所取代。② 【488】

至于特许经营，1928年5月地区经济委员会极力强调工匠和手工业的极端重要性，并呼吁要采取各种各样的措施鼓励手工业者，但是上年最高经济委员会起草的五年计划已提到了"保留使用原始工具的小企业与现代技术条件不相适应"。③ 政府反对私人贸易的运动使私人企业难以获得生产资料，因为国家部门可以根据优惠条件获得供给。因此，到1930年底，私人企业彻底从苏维埃舞台上退出。

8.4.11 总管理局的成立

列宁在其执政早期绝没有考虑过废除企业制度的经济组织模式。在党的总纲（在1919年最后通过时没有这句话）草案中，列宁提出他的经济秩序是一个与工作岗位和生产经济单位（选举以工厂和地方小农与手工业区为基础进行）紧密（也是直接的）联系的。这种紧密联系使得实施深刻的社会变革成为可能，如摆脱官僚主义（通过程序部分地而不是全部的）。④

通过专业化分支机构集中控制各个生产部门的决策在1918年1月5日经济委员会第一次会议中被采纳。⑤ 随后立即建立了独立于苏维埃经济体系的总管理局，这一制度一直持续至今。虽然在1929年12月和1973年4月曾两次转变成联合体，但总管理局至今仍是工业管理的核心。

在1918年12月第二次全俄地区经济委员会（*Sovnarkhozy*）代表大会上

---

① 这种实践也许可以比作"转包工"（19世纪60年代存在于英国建筑业的自营合同商，1971年财政法案试图予以根除）。【348】

② 同上引，第392页。【349】

③ 同上引，第395页。【350】

④ 《文集》，第4版，XXVII，第154页。【351】

⑤ 本文中对列宁的"民主集中制"概念的众多解释见格拉德科夫：《苏联经济的有计划发展》，载于L. M. 加托夫斯基（L. M. Gatovsky）等主编：《1917~1957年苏联社会主义经济》（莫斯科，1957年），第44~45页。【352】

起草的法令反映出赞成采用总管理局制度①并尽快停止区域工业管制的观点，而且到20年代末战时共产主义的高潮时期，当时最高经济委员会下辖13个生产分部（即那些有总管理局、没有总管理局以及总管理局直接对最高会议负责的分部）、8个“混合”部门，其中有3个部门由总管理局进行控制，② 以及各种“职能部”，其中有一个负责零售商品的供应，另一个负责批发商品的供应。③ 同时还有一个“GOELRO部”，负责执行俄罗斯国家电气化计划，该部于1921年2月22日由国家综合计划委员会（即Gosplan）取代。

【489】新经济政策导致了根据列宁“工业高于一切”的号召进行的重组，最高经济委员会建立了“集中委员会”以安排工业合并，④ 生产单位的最底层（其名称曾多次变化，如工场，制造厂之类）一度曾失去了自主权和独立会计核算。而“企业”这个词后来应用于托拉斯——一种综合性的生产组织，该组织作为国家工业的重要机构与总管理局相互竞争。

卡特尔的真正继承者——辛迪加（*sindikat*）——作为托拉斯的销售代理机构在整个新经济政策时期一直都在运行：第一个也是最强大的全苏纺织品辛迪加在1922年2月由最高经济委员会建立。此后12个月相继成立的15家辛迪加都是国有企业，它们以利润为基础进行市场经营，并将利润分给其成员。⑤ 辛迪加是在公共控制之下从事中间产品和资本性货物贸易的重要工具。当新经济政策结束辛迪加的这一功能时，贸易代理机构被吸收进了行政机关（辛迪加的生产功能并进了各生产部，商业功能并进了国内贸易部）。

新经济政策时期之所以意义重大，不仅仅因为它是一个企业家职能得以发挥的关键时期，也因为它是基层生产单位的监管与自治政策演进的重要时期。

到1922年9月，集中化的进程形成了经营者4 144家企业的430个托拉斯（拥有977 000名工人）。其中，172个托拉斯隶属于最高经济委员会或是工业联合办公室（*promburo*），但它所控制的2 281家企业雇用了整个托拉斯部门里83.5%的工人。258个托拉斯在地区经济委员会（*gubsovnark-*

---

① 韦涅季克托夫：*Organizatsiya*，I，第500页。【353】

② Glavtop负责石油，Glavzemkhoz负责国家农场，Glavkustprom负责手工业（同上引，第501－503页）。【354】

③ 它刚刚成为自治的全俄的中心，因此成为今天的国家物资供应委员会（Gossnab）的先驱。【355】

④ 梁士琴科：《历史》，第2版，III，第153页。【356】

⑤ 韦涅季克托夫：《组织》，II，第28、83～89页。【357】

hozy）的管理之下，控制着 1 863 家企业，雇用着其余 16.5% 的工人。① 将托拉斯确认为基本企业单位的规定（根据 1923 年 4 月 10 日法令）在几个月后被打破：自 1924 年 1 月 2 日开始，部分企业可以脱离托拉斯并被命名为"全苏企业"，而其他少数企业获得了独立于托拉斯的自治权。②

使工厂重新成为具有组织和核算能力的基本单位，在最高层次是由当时的最高经济委员会主席菲利克斯·捷尔任斯基（Felix Dzherzhinsky）在 1924 年 11 月 21 日的讲话中提出的，但被全面采纳则在 1926 年 5 月以后，当时决定从次年 10 月开始，所有南方金属公司的企业将实行自主核算。此后，在新经济政策即将结束的那几年里，工厂开始成为最高经济委员会管理的主要单位。托拉斯【490】失去的权力一方面让给了辛迪加和总管理局，另一方面给了工厂。③

不久，最高经济委员会也被分成政府的多个工业综合体。此后，当第二次世界大战后各部更名时，在赫鲁晓夫时期又暂时被国民经济地区委员会取代。当新经济政策结束时，根据列宁的土地法在整个农业部门建立的小农农场要么走向集体化，要么被合并进国营农场。所有银行，甚至是国家银行本身，也在战时共产主义时期停止营业，这与当时实际上的废除货币政策是一致的。

在战时共产主义政策下，停止货币流通削弱了传统的价格机制但没有取消市场本身。④ 如表 75 所示，即使在战时共产主义的最后几年，仍有许多企业在为公开市场而生产，另外一些企业则接受了私人订货，而不只是接受总管理局的订单。确实，放弃市场正在成为一些苏维埃领导者的最终目标，⑤ 并且可能是苏维埃政府的首要目标。⑥ 这在 1930 ~ 1932 年终于实现，当时苏联关闭了除小生产者和家庭作坊之外的所有市场，随后是价格管制和货币价值从计划决策中退出。

---

① 同上引，第 55 ~ 56 页。【358】

② 1922 年设置在顿涅茨煤炭企业下的克拉玛托尔斯克（Kramatorsk）工程公司和冶金工厂在 1924 年 12 月宣布"自治"，1925 年 10 月完全从附属于顿涅茨煤炭企业的状态解放出来，直接置于总管理局之下（同上，II，第 73 页）。【359】

③ 卡尔和戴维斯：《建立计划经济》，I，第 384 页。【360】

④ 最近一个专题论文集的作者 S. 霍兰（S. Holland）［《企业家状况》（伦敦，1972 年），第 34 ~ 39 页］强调，在建立现代公营部门时，市场因素强化了与公营部门并存的私营部门的竞争。【361】

⑤ 例如，卡尔引用了季诺维也夫（Zinoviev）和托洛茨基（Trotsky）的观点，见卡尔：《经济秩序》，第 262 ~ 263、381 ~ 383 页。【362】

⑥ P. C. 罗伯茨（P. C. Roberts）恳切地提出了这样的论点，见《转让与苏联经济》（阿尔伯克基，新墨西哥，1971 年）。【363】

表 75　　战时共产主义下国有企业的市场

（企业数量）

	1918 年	1920 年
为个人订货生产的企业	751	248
为自由市场生产的企业	242	19
为自身需求生产的企业	42	49
为总管理局工作的企业	1 506	2 471
未报告企业	394	148
总数	2 935	2 935

资料来源：A. V. 韦涅季克托夫：*Organizatsiya*，I，第 617 页。

中央计划的强制性并没有取代新经济政策期间有争议的两大政策中第二个的进展，即在企业一级采取财务自主政策（自主核算），但企业家涵义被抽空了，代之以根据核算形成价格的功能。① 在市场环境下企业自主
【491】核算运行的两年中，价格成为产品因素组合中管理者关注的活跃信号。② 在1926～1927 财政年度，苏维埃计划和核算含蓄地提到了价格的实际作用。尽管随着因素比例模式的不断变化，价格日益边缘化，但价格一直使用到了 1949 年。③ 这一时期，除职能管理和“线性”管理之外的第三个著名争论的决议——“集权制”为五年计划中工业管理的层级结构铺平了道路。

“管制经济”的必要条件是取消生产资料的私人所有权。十月革命后，留在俄国的铁路巨头中，至少有一人承认，对他来说，在巨大的（虽然不是排他的）公共部门中，仍有经营私人企业的余地。“我绝不是对苏维埃将绝大部分经济国有化感到困惑和恐惧，”他写道，“在沙皇体制下，大部分经济部门都由国家所有，④ 惟一不同的是这么大规模的国有化在其他国家中

① 直到 1973 年，总管理局转变成为社会团体（*ob"edinenie*），财政自治才扩展到总管理局层
【552】次。【364】

② 关于介绍 *khozrashet* 的众多研究见 Akademiya nauk SSSR，Institut ekonomiki，*Postroenie fundamenta sotsialisticheskoi ekonomiki v SSSR* 1926－1932 *gg.*（莫斯科，1960 年），第 7 章；S. 莫里茨基（S. Mawrizki）：*L' Industrie lourde en Union Soviétique*：*Système de direction et de planificatinn*（日内瓦和巴黎，1961 年），第 1～4 章；E. 韦尔（E. Verre）：*L' Entreprise industrielle en Union Soviétique*（巴黎，1965 年），第 1 章。【365】

③ 见 M. 卡泽尔：《苏联计划体制与价格机制》，载于《经济期刊》，LX（1950 年），第 81～91 页。【366】

④ N. K. 冯·梅克（N. K. von Meck），引用于 N. 亚斯尼（N. Jasny）：《20 世纪苏维埃经济学家》（剑桥，1972 年），第 32 页。【367】

从未出现过”。

以消除私人资本为标志的新经济政策的衰退，始于 1926 年 2 月初，①结束于 1931 年 3 月末。②

值得重申的是，拥有外在货币价格的经济并不是企业经营的必要条件（见旁码第 419 页）。然而，为了生产目的在诸多因素中选择的权力是这样一种条件，而且根据五年计划进行的国家管制，没有给企业留下任何选择的机会，除进行限制外，它对于企业更多的是容忍和淡漠而不是敌对政策。

> “管理自由的范围在很大程度上是（额外的奖赏）……在个体企业的层面上，管理上追求独立往往继之以向更大的顺从回归……然而，当管理上的反抗被消除了，他的自由动机也就没有了……人们往往没有认识到，独裁的权力需要不停地实践。它是用统治和管制来维持和强化的。”③

尽管有许多重大变化，斯大林时代形成的经济、政治和社会生活的框架并没有被其继承人废除。直到现在，它们仍然保留着足够的集权制，把企业家的使用限制在管理活动的边缘，把私营部门置于灰色状态。

在多大程度上将制定微观经济规则和规划宏观经济配置的人称为企业家是有争论的。麦考利批评“西方观察家倾向于以企业管理者的眼光看东欧 【492】
的经济管理，把中央政府计划人员的干预看作是妒嫉它们的政治权力和威望的官僚主义者的卑鄙干预。”④ 他正确地强调，管理自治和市场定价是相互依赖的：如果企业家是指整合生产要素以满足需求的独立企业负责人或管理人员的话，他们必须拥有支持决策的信息（该信息由市场通过价格提供）。20 世纪 70 年代苏联对数学技术和计算机信息数据的应用进行了预测，认为这种预测将使计划制定者成为严格意义上的企业家。但是直到计划都实现的时候，如同 20 世纪 80 年代所看到的那样，还是不能对实际选择的程度做出判断。最重要的是，各个权力部门对企业的控制将企业家逐出了苏联近半个

---

① *Istoriya SSSR*，VIII，第 414 页；该章是官方历史学家对“排除在工业和贸易之外的私有资本”的记录（第 414 ~ 424 页）。【368】

② 参见苏维埃第六次代表大会的决议，1931 年 3 月 12 日，为亚斯尼所引用，同上，第 38 页。【369】

③ 格申克隆：《苏联的工业企业》，载于 S. 梅森主编：《现代社会的公司》（剑桥，马萨诸塞，1960 年），再版于《历史长河中的经济倒退》再次出版，第 288 ~ 289 页。【370】

④ M. 麦考利，在 H. H. 赫曼（H. H. Höhmann）、M. C. 卡泽尔和 K. C. 塔尔海姆主编的《东欧的新经济体制》（伦敦和伯克利，加利福尼亚，1975 年）的评论中的观点，载于《经济学期刊》，LXXXVI，343（1976 年 9 月），第 653 ~ 654 页。【371】 【553】

世纪之久。彼得大帝管制并鼓励着他的臣民，但是并没有垄断企业的决策。彼得大帝前后俄罗斯管制经济的悠久历史，形成了苏联经济管理的许
【493】多机构和活动特点，但是苏联的经济管理制度并没有给企业家留下正式的活动空间。

参考文献

编者注

按照剑桥历史丛书已有的实践，下面所列的参考文献是有选择的、不完整的，目的不是为了列出与主题有直接或间接关系的所有出版物，而是为了使读者能够更详细地研究某些论题。通常，由后来的出版物所替代的书与文章不包括在内，而且与各章节内容不直接相关的一般论述尽量不被列入。由于各章的大部分并不是新的研究课题，而相关知识的摘要与解释已可以从二手的文献中获得，因此，有关原始资料的参考文献要么被全部放弃，要么仅限于主要的和最必要的证据范围内。

在这些一般原则的限度内，编辑给予每位作者按他们认为的最好方式来设计和安排参考文献的自由。因此，各章参考文献的版面编排是不同的。 【555】

第一章　19世纪美国的资本形成

ABRAMOVITZ, M., and P. DAVID. 'Economic Growth in America: Historical Realities and Neoclassical Parables', *De Economist*, CXXI, 3 (1973).

ALLEN, FREDERICK LEWIS. *The Great Pierpont Morgan*. New York, 1949.

ANDREANO, RALPH (ed.). *The Economic Impact of the American Civil War*. rev. edn. Cambridge, Mass., 1967.

BENNETT, F. P., JR. *The Story of Mutual Savings Banks*. Boston, 1924.

BIGELOW, E. B. *The Tariff Question Considered in Regard to the Policy of England and the Interests of the United States*. Boston, 1862.

BOGUE, A. *Money at Interest*. Ithaca, N. Y., 1955.

BRADY, DOROTHY S. 'Price Deflators for Final Product Estimates', in Brady (ed.), *Output, Employment, and Productivity*.

BRADY, DOROTHY S. (ed.). *Output, Employment, and Productivity in the United States after 1800*. Studies in Income and Wealth, 30. New York, 1966.

BRENNER, Y. S. *Theories of Economic Development and Growth*. London, 1966.

BROWN, MURRAY (ed.). *The Theory and Empirical Analysis of Production*. Studies in Income and Wealth, 31. New York, 1967.

BUCK, S. J. *The Granger Movement*. Cambridge, Mass., 1913.

BULEY, R. *The Equitable Life Assurance Society of the United States, 1859–1964*. New York, 1967.

BURMEISTER, E., and S. J. TURNOVSKY. 'Capital Deepening Response in an Economy with Heterogeneous Capital Goods', *American Economic Review*, LXII, 5 (December 1972).

Carosso, Vincent P. *Investment Banking in America: A History.* Cambridge, Mass, 1970.

Chandler, A. D., Jr (ed.). *The Railroads: The Nation's First Big Business.* New York, 1965.

Cleveland, F. A., and F. W. Powell. *Railroad Finance.* New York, 1912 (reprinted in Chandler (ed.), *The Railroads*).

Conference on Research in Income and Wealth. *Output, Input, and Productivity Measurement.* Studies in Income and Wealth, 25, Princeton, 1961.

Corey, Lewis. *The House of Morgan.* New York, 1930.

Creamer, D., Sergei P. Dobrovolsky, and Israel Borensten. *Capital in Manufacturing and Mining.* Princeton, 1960.

David, Paul A. 'The Growth of Real Product in the United States before 1840: New Evidence and Controlled Conjectures', *Journal of Economic History*, xxvii, 2 (June 1967).

Davis, Lance E. 'United States Financial Intermediaries in the Early Nineteenth Century'. Unpublished Ph. D. dissertation, The Johns Hopkins University, 1956.

—— 'Sources of Industrial Finance: The American Textile Industry-A Case Study', *Explorations in Entrepreneurial History*, ix, 4 (April 1957).

—— 'Stock Ownership in the Early New England Textile Industry', *Business History Review*, xxxii, 2 (Summer 1958).

—— 'The Investment Market, 1870 – 1914: The Evolution of a National Market', *Journal of Economic History*, xxv, 3 (September 1965).

Davis, Lance E., and R. E. Gallman. 'The Share of Savings and Investment in Gross National Product during the 19th Century. United States of America', in F. C. Lane (ed.), *Fourth International Conference of Economic History* (Bloomington, Indiana, 1968). Paris, 1973.

Davis, Lance E., and D. North. *Institutional Change and American Economic Growth.* Cambridge, 1971.

Davis, Lance E., and P. L. Payne. 'From Benevolence to Business: The Story of Two Savings Banks', *Business History Review*, xxxii, 4 (Winter 1958).

Davis, Lance E., Richard A. Easterlin, William N. Parker, *et al. American Economic Growth: An*
【557】 *Economist's History of the United States.* New York, 1972.

De Canio, Stephen J., and Joel Mokyr. 'Inflation and the Wage Lag during the American Givil War.' Yale University Department of Economics Discussion Paper no. 32, October 1975 (mimeographed).

Denison, E. F. *The Sources of Economic Growth in the United States.* New York, 1962.

Dewey, Davis R. *Financial History of the United States.* New York, 1915.

Durand, E. D. *The Finances of New York City.* New York, 1898.

Easterlin, R. A. 'Interregional Differences in Per Capita Income, Population and Total Income, 1840–1950', in Parker (ed.), *Trends in the American Economy.*

Edwards, G. *The Evolution of Finance Capitalism.* London and New York, 1938.

Ellet, C. *An Essay on the Laws of Trade in Reference to the Works of Internal Improvement in the United States.* Richmond, Virginia, 1839.

Engerman, Stanley. 'The Economic Impact of the Civil War', *Explorations in Entrepreneurial History*, 2nd ser., iii, 3 (Spring/Summer 1966), reprinted in Andreano (ed.), *Economic Impact of the American Civil War.*

Evans, G. Heberton. *Business Incorporations in the United States, 1800–1943.* New York, 1948.

Fishlow, Albert. *American Railroads and the Transformation of the Ante-bellum Economy.* Cambridge, Mass., 1965.

—— 'Levels of Nineteenth-Century American Investment in Education', *Journal of Economic History*, xxvi, 4 (December 1966).

Fogel, Robert W. *The Union Pacific Railroad: A Case of Premature Enterprise.* Baltimore, Md, 1960.

Frederikson, D. M. 'Mortgage Banking in America', *Journal of Political Economy*, ii (1894).

Friedman, Milton, and Anna Schwartz. *A Monetary History of the United States, 1867 – 1960.* Princeton, 1963.

Fuchs, V. R. (ed.). *Production and Productivity in the Service Industries.* Studies in Income and Wealth, 34. New York, 1969.

Gallman, Robert E. 'Commodity Output, 1839–1899', in Parker (ed.), *Trends in the American Economy.*

——'Gross National Product in the United States, 1834–1909', in Brady (ed.), *Output, Employment, and Productivity.*

——'Trends in the Size Distribution of Wealth in the Nineteenth Century: Some Speculations', in Soltow (ed.), *Six Papers.*

——'The Statistical Approach: Fundamental Concepts as Applied to History', in Taylor and Ellsworth (eds.), *Approaches to American Economic History.*

——'Changes in Total U. S. Agricultural Factor Productivity in the Nineteenth Century', *Agricultural History*, XLVI, I (January 1972).

——'The Agricultural Sector and the Pace of Economic Growth: U. S. Experience in the Nineteenth Century', in Klingaman and Vedder (eds.), *Essays in Nineteenth Century Economic History.*

Gallman, Robert E., and Edward S. Howle. 'Fixed Reproducible Capital in the United States, 1840–1900'. Unpublished paper presented to Seminar on the Application of Economic Theory and Quantitative Methods to Problems of Economic History, Purdue University, February 1965 (mimeographed).

Gallman, Robert E., and Thomas J. Weiss. 'The Service Industries in the 19th Century', in Fuchs (ed.), *Production and Productivity.*

Gates, P. W. *The Illinois Central Railroad and Its Colonization Work.* Cambridge, Mass., 1934.

Goldsmith, Raymond W. 'The Growth of Reproducible Wealth of the United States of America from 1805 to 1950', in Kuznets (ed.), *Income and Wealth of the United States.*

——*A Study of Savings in the United States.* 3 vols. Princeton, 1955.

Goodrich, C. *Government Promotion of American Canals and Railroads, 1800–1890.* New York, 1960.

Greef, Albert O. *The Commercial Paper House in the United States.* Cambridge, Mass., 1938. 【558】

Green, G. *Finance and Economic Development in the Old South: Louisiana Banking, 1804–1865.* Palo Alto, Calif., 1972.

Griliches, Zvi. 'Research Cost and Social Returns: Hybrid Corn and Related Innovations', *Journal of Political Economy*, LXVI, 5 (October 1958).

Hammond, Bray. *Banks and Politics in America from the Revolution to the Civil War.* Princeton, 1957.

Hibbard, B. H. *A History of the Public Land Policies.* Madison, Wisconsin, 1965.

Hicks, J. D. *The Populist Revolt.* Minneapolis, Minn., 1931.

Holmes, G. K., and J. S. Lord. 'Report on Real Estate Mortgages in the United States'. US Census Office, issued as Final Census Report, vol. XII, the 11th Census. Washington, [1890].

Holt, C. F. 'The Role of State Government in the Nineteenth Century American Economy, 1820–1902: A Quantitative Study'. Unpublished Ph. D. dissertation, Purdue University, 1970.

Hughes, J. R. T. *The Vital Few.* Boston, 1966.

James, John A. 'The Evolution of the National Money Market, 1888–1911', *Journal of Economic History*, XXXVI, I (March 1976).

Johnson, A. M., and B. E. Supple. *Boston Capitalists and Western Railroads.* Cambridge, Mass., 1967.

Juster, F. T., and R. Lipsey. 'A Note on Consumer Asset Formation in the United States', *Economic Journal*, LXXVII, 308 (1967).

Keyes, Emerson W. *A History of Savings Banks in the United States.* 2 vols. New York, 1878.

Klingaman, D. C., and R. K. Vedder (eds.). *Essays in Nineteenth Century Economic History.* Athens, Ohio, 1975.

Knowles, Charles E. *History of the Bank for Savings in the City of New York, 1819–1829.* New York, 1929.

KUZNETS, SIMON. 'Economic Growth and Income Inequality', *American Economic Review*, XLV, I (March 1955).

——*Capital in the American Economy: Its Formation and Financing*. Princeton, 1961.

——'Quantitative Aspects of the Economic Growth of Nations, Part X', *Economic Development and Cultural Change*, XV, 2 (January 1967).

KUZNETS, SIMON (ed.). *Income and Wealth of the United States: Trends and Structure*. Income and Wealth, series II. Cambridge, 1952.

LADIN, J. 'Mortgage Credit in Tippecanoe County, Indiana, 1865–1880', *Agricultural History*, XLI (1967).

LARSON, HENRIETTA. *Jay Cooke: Private Banker*. Cambridge, Mass., 1936.

LEBERGOTT, S. 'Wage Trends, 1800–1900', in Parker (ed.), *Trends in the American Economy*.

LEGLER, J. B. 'Regional Distribution of Federal Receipts and Expenditures in the Nineteenth Century: A Quantitative Study'. Unpublished Ph. D. dissertation, Purdue University, 1967.

LEWIS, W. A. *The Theory of Economic Growth*. London, 1955.

MACAULEY, FREDERICK R. *Some Theoretical Problems suggested by the Movement of Interest Rates, Bond Yields, and Stock Prices in the United States since 1856*. New York, 1938.

MCGOULDRICK, PAUL F. *New England Textiles in the Nineteenth Century: Profits and Investment*. Harvard Economic Studies, 131. Cambridge, Mass, 1968.

MARTIN, J. G. *Seventy-Three Years' History of the Boston Stock Market*. Boston, 1871.

MEYER, B. H., C. MACGILL, *et al. History of Transportation in the United States before 1860*. Carnegie Institution of Washington publication no. 215C. Reprinted Forge Village, Mass., 1948.

MILLER, W. (ed.). *Men in Business*. Cambridge, Mass. 1952.

MYERS, MARGARET. *The New York Money Market*, I. New York, 1931.

[559] ——'The Investment Market after 1919', in H. F. Williamson (ed.), *The Growth of the American Economy*.

NAVIN, T., and M. SEARS. 'The Rise of the Market for Industrial Securities, 1887–1902', *Business History Review*, XXX (1955).

NORTH, DOUGLASS. 'Capital Accumulation in Life Insurance between the Civil War and the Investigation of 1905', in Miller (ed.), *Men in Business*.

PARKER, WILLIAM N. (ed.). *Trends in the American Economy in the Nineteenth Century*. Studies in Income and Wealth, 24. Princeton, 1960.

PAYNE, P. L., and LANCE E. DAVIS. *The Savings Bank of Baltimore, 1818–1866: A Historical and Analytical Study*. Baltimore, Md, 1956.

POOR, HENRY V. *History of the Railroads and Canals of the United States of America*, I. New York, 1860.

POPPLE, C. S. *The Development of Two Bank Groups in the Central Northwest*. Cambridge, Mass, 1944.

PRIMACK, MARTIN. 'Land Clearing under Nineteenth Century Techniques', *Journal of Economic History*, XXII (December 1962).

——'Farm Construction as a Use of Farm Labor in the United States, 1850–1900', *Journal of Economic History*, XXV (March 1965).

RIPLEY, WILLIAM Z. *Main Street and Wall Street*. Boston, 1927.

ROSENBERG, N. 'Technological Change in the Machine Tool Industry, 1840–1910', *Journal of Economic History*, XXIII, 4 (December 1963).

ROSTOW, W. W. *The Stages of Economic Growth*. 2nd edn. Cambridge, 1971.

SEVERSON, R. F., Jr. 'The Source of Mortgage Credit for Champaign County, 1865–1880', *Agricultural History*, XXXVI (July 1962).

SOBEL, R. *The Big Board: A History of the New York Stock Market*. New York, 1965.

SOLMON, L. C. 'Capital Formation and Expenditures on Education, 1880 and 1890', Unpublished Ph. D. dissertation, University of Chicago, 1969.

SOLOW, ROBERT M. 'A Contribution to the Theory of Economic Growth', *Quarterly Journal of*

Economics, LXX (1956).

SOLTOW, LEE. 'Evidence on Income Inequalities in the United States, 1866–1965', *Journal of Economic History*, XXIX, 2 (June 1969).

——'Economic Inequalities in the United States in the Period from 1790 to 1860', *Journal of Economic History*, XXXI, 4 (December 1971).

SOLTOW, LEE (ed.). *Six Papers on the Size Distribution of Wealth and Income.* Studies in Income and Wealth, 33. New York, 1969.

TAYLOR, GEORGE ROGERS, and LUCIUS F. ELLSWORTH (eds.). *Approaches to American Economic History.* Charlottesville, Virginia, 1971.

TEMIN, PETER. 'General Equilibrium Models in Economic History', *Journal of Economic History*, XXXI, 1 (March 1971).

TRESCOTT, P. B. *Financing American Enterprise.* New York, 1963.

TRUE, A. C. *A History of Agricultural Experimentation and Research in the United States, 1607–1925, including a History of the United States Department of Agriculture.* USDA Miscellaneous Publication no. 251. Washington, 1937.

ULMER, M. J. *Capital in Transportation, Communications, and Public Utilities: Its Formation and Financing.* Princeton, 1960.

UNITED STATES. Bureau of the Census. *Historical Statistics of the United States: Colonial Times to 1957.* Washington, 1960.

——Comptroller of the Currency. *Annual Report, 1916.* Washington, 1917.

——Department of Commerce. *Standard Industrial Classification Manual.* Washington, 1945.

USELDING, PAUL. 'Conjectural Estimates of Gross Human Capital Inflows to the American Economy, 1790–1860', *Explorations in Economic History*, IX, 1 (Fall 1971).

——'Factor Substitution and Labor Productivity Growth in American Manufacturing, 1839–1899', *Journal of Economic History*, XXXII, 3 (September 1972).

WHITE, GERALD. *A History of the Massachusetts Hospital Life Insurance Company.* Cambridge, Mass., 1955.

WILCOX, J. M. *A History of the Philadelphia Savings Fund Society, 1816–1916.* Philadelphia, 1916.

WILLIAMSON, H. F. (ed.). *The Growth of the American Economy.* New York, 1944. 【560】

WILLIAMSON, H. F., and O. SMALLEY. *Northwestern Mutual Life: A Century of Trusteeship.* Evanston, Illinois, 1957.

WILLIAMSON, JEFFREY. 'Watersheds and Turning Points: Conjectures on the Long-Term Impact of Civil War Financing', *Journal of Economic History*, XXXIV, 3 (September 1974).

ZARTMAN, L. *The Investment of Life Insurance Companies.* New York, 1906.

第二章　美国：企业的演变

通常，有关个别企业家和企业的书目没有列在这个参考文献中，因为它们都在下列更综合的研究中引用。

18 世纪 90 年代到 19 世纪 40 年代传统企业的专业化

综合研究

BRUCHEY, STUART. *The Roots of American Economic Growth.* London, 1965.

CLARK, VICTOR S. *History of Manufactures in the United States, I: 1607–1860.* New Haven, Conn., 1929.

NORTH, DOUGLASS C. *The Economic Growth of the United States, 1790–1860.* Englewood Cliffs, N. J., 1961.

TAYLOR, GEORGE ROGERS. *The Transportation Revolution, 1815–1860.*

专题研究

ALBION, ROBERT G. *The Rise of New York Port.* New York, 1939.

ATHERTON, LEWIS E. 'The Pioneer Merchant in Mid-America', *University of Missouri Studies*, XIV, 2 (April 1939).

——*The Southern Country Store, 1800–1860.* Baton Rouge, Louisiana, 1949.

BAILYN, BERNARD. *The New England Merchant in the Seventeenth Century.* Cambridge, Mass., 1955.

BRUCHEY, STUART. *Robert Oliver, Merchant of Baltimore, 1793–1819.* Baltimore, Md, 1956.

CLARK, JOHN G. *The Grain Trade in the Old Northwest.* Urbana, Illinois, 1966.

COLE, ARTHUR H. *The American Wool Manufacture.* 2 vols. Cambridge, Mass., 1926.

——'The Tempo of Mercantile Life in Colonial America', *Business History Review*, XXXIII (1959), 277–99.

GILCHRIST, DAVID T. (ed.). *The Growth of the Seaport Cities, 1790–1825.* Charlottesville, Virginia, 1967.

HARRINGTON, VIRGINIA. *The New York Merchant on the Eve of the Revolution.* New York, 1935.

HUNTER, LOUIS C. *Steamboats on the Western Waters.* Cambridge, Mass., 1949.

JONES, FRED M. *Middlemen in the Domestic Trade of the United States.* Urbana, Illinois, 1937.

REDLICH, FRITZ. *The Molding of American Banking, Men and Ideas.* 2 vols. New York, 1947–51.

SCARBOROUGH, WILLIAM K. *The Overseer: Plantation Management in the Old South.* Baton Rouge,
【561】 Louisiana, 1966.

SCHREIBER, HARRY M. *The Ohio Canal Era: A Case Study of Government and the Economy, 1820–1861.* Athens, Ohio, 1969.

SHAW, RONALD E. *Erie Waters West: A History of the Erie Canal, 1782–1854.* Lexington, Kentucky, 1966.

WARE, CAROLINE F. *The Early New England Cotton Manufacture.* Boston and New York, 1931.

WOODMAN, HAROLD G. *King Cotton and His Retainers.* Lexington, Kentucky, 1968.

原始资料来源

APPLETON, NATHAN, and SAMUEL BATCHELDER. *The Early Development of the American Cotton Textile Industry*, ed. George Rogers Taylor. New York, 1969 (first published 1858).

MONTGOMERY, JAMES. *A Practical Detail of the Cotton Manufacture of the United States of America.* New York and Glasgow, 1840.

UNITED STATES. 22nd Congress, First Session. *Documents Relative to Manufactures in the United States*, House Document no. 308 (The McLane Report on Manufactures). 2 vols. Washington, 1833.

19 世纪 40 年代到第一次世界大战现代企业的兴起

综合研究

BRADY, DOROTHY S. (ed.). *Output, Employment and Productivity in the United States after 1800.* Studies in Income and Wealth, 30. Princeton, 1966. (See especially Albert Fishlow, 'Productivity and Technological Change in the Railroad Sector'.)

CLARK, VICTOR S. *History of Manufactures in the United States*, II: *1860–1893.* New Haven, Conn, 1929.

——*History of Manufactures in the United States*, III: *1893–1928.* New Haven, Conn., 1929.

HABAKKUK, H. J. *American and British Technology in the Nineteenth Century.* Cambridge, 1962.

KIRKLAND, EDWARD C. *Industry Comes of Age.* New York, 1961.

PARKER, WILLIAM N. (ed.). *Trends in the American Economy in the Nineteenth Century.* Studies in Income and Wealth, 24. Princeton, 1960.

SCHURR, SAM H., *et al. Energy in the American Economy, 1850–1975.* Baltimore, Md, 1960.

专题研究

运输与通讯

Campbell, Edward G. *The Reorganization of the American Railroad System, 1893–1900* New York, 1938.

Chandler, Alfred D., Jr. *Henry Varnum Poor: Business Editor, Analyst and Reformer*. Cambridge, Mass., 1956.

——'The Railroads: Pioneers in Modern Corporate Management', *Business History Review*. xxxix, i (Spring 1965), 16–40.

——'Anthracite Coal and the Beginnings of the Industrial Revolution in the United States', *Business History Review*, xlvi (1972), 141–81.

Chandler, Alfred D., Jr, with Stephen Salsbury. 'The Railroads: Innovators in Modern Management', in Bruce Mazlish (ed.), *The Railroad and the Space Program*. Cambridge, Mass., 1965.

Cochran, Thomas C. *Railroad Leaders, 1845–1890*. Cambridge, Mass., 1953.

Kirkland, Edward C. *Men, Cities and Transportation*. Cambridge, Mass., 1948.

Ripley, William Z. *Railroads: Rates and Regulation*. New York, 1913.

——*Railroads: Finance and Organization*. New York, 1915.

Stover, John F. *The Railroads of the South, 1865–1900*. Chapel Hill, N. C., 1955.

Taylor, George Rogers, and Irene D. Neu. *The American Railroad Network*. Cambridge, Mass., 1956.

Thompson, Robert L. *Wiring a Continent: The History of the Telegraph Industry in the United States 1832–1866*. Princeton, 1947 【562】

大规模销售、大规模生产和一体化的工业企业

Aitken, Hugh G. *Taylorism at Watertown Arsenal: Scientific Management in Action, 1908–1915*. Cambridge, Mass., 1960.

Barger, Harold. *Distribution's Place in the American Economy*. Princeton, 1955.

Brief, Richard P. 'The Origins and Evolution of Nineteenth-Century Asset Accounting', *Business History Review*, xl, i (Spring 1966), 1–23.

Calhoun, Daniel C. *The American Civil Engineer: Origins and Conflict*. Cambridge, Mass., 1960.

Calvert, Monte A. *The Mechanical Engineer in America, 1830–1910*. Baltimore, Md, 1967.

Chandler, Alfred D., Jr. 'The Beginnings of "Big Business" in American Industry', *Business History Review*, xxxiii, i (Spring 1959), 1–31.

Chandler, Alfred D., Jr, and Stephen Salsbury. *Pierre S. du Pont and the Making of the Modern Corporation*. New York, 1971.

Clark, Thomas D. *Pills, Petticoats and Plows*. Indianapolis, Indiana, 1944.

Eichner, Alfred. *The Emergence of Oligopoly: Sugar as a Case Study*. Baltimore, Md, 1969.

Litterer, Joseph A. 'Systematic Management: Design for Organizational Recoupling in American Manufacturing Firms', *Business History Review*, xxxvii (1963), 369–91.

Livermore, Shaw. 'The Success of Industrial Mergers', *Quarterly Journal of Economics*, l (1935), 68–96.

Nelson, Ralph L. *Merger Movements in American Industry, 1895–1956*. Princeton, 1959.

Porter, Glenn, and Harold C. Livesay. *Merchants and Manufacturers: Studies in the Changing Structure of Nineteenth-Century Marketing*. Baltimore, Md, 1971.

Ripley, William Z. *Trusts, Pools and Corporations*. Boston, 1905.

Roe, John W. *American and English Tool Builders*. New Haven, Conn., 1916.

Rosenberg, Nathan. 'Technological Change in the Machine Tool Industry, 1840–1910', *Journal of Economic History*, xxiii (1963), 414–43.

Temin, Peter. *Iron and Steel in Nineteenth-Century America: An Economic Inquiry*. Cambridge, Mass., 1964.

Thorelli, Hans. *The Federal Anti-trust Policy*. Baltimore, Md, 1955.

WILKINS, MIRA. *The Emergence of Multinational Enterprise.* Cambridge, Mass., 1970.

WILLIAMSON, HAROLD F. *Winchester: The Gun that Won the West.* Washington, 1952.

WILLIAMSON. HAROLD F., *et al. The American Petroleum Industry*, I: *The Age of Illumination, 1859–1899*. Evanston, Illinois, 1959.

——*The American Petroleum Industry*, II: *The Age of Energy, 1899–1959.* Evanston, Illinois, 1963.

原始资料来源

BRIDGE, JAMES H. *The Inside History of the Carnegie Steel Company.* New York, 1903.

CHANDLER, ALFRED D., JR (ed.). *The Railroads: The Nation's First Big Business.* New York, 1965. (Includes reprinted pieces by Daniel C. McCallum, Albert Fink, Charles Francis Adams, and others.)

FITCH, CHARLES H. 'Report on Manufacture of Interchangeable Mechanisms', in United States, Department of Interior, Census Office, *Report on the Manufactures of the United States at the Tenth Census* (1 June 1880). Washington, 1883.

HADLEY, ARTHUR T. *Railroad Transportation.* New York, 1885.

METCALFE, HENRY. 'The Shop Order System of Accounts', *Transactions of the American Society of Mechanical Engineers*, VII (1886), 440–88.

POOR, HENRY V. *History of the Railroads and Canals of the United States.* New York, 1860.

ROSENBERG, NATHAN (ed.). *The American System of Manufactures: The Report of the Committee on Machinery of the United States 1855 and the Special Reports of George Wallis and Joseph Whitworth 1854.* Edinburgh, 1969.

TAYLOR, FREDERICK W. 'A Piece Rate System, Being a Step Towards a Partial Solution of the Labor
【563】 Problem', *Transactions of the American Society o Mechanical Engineers*, XVI (1895), 856–87.

TAYLOR, FREDERICK W. *Shop Management.* New York, 1911.

——*The Principles of Scientific Management.* New York and London, 1911.

TOWNE, HENRY R. 'The Engineer as Economist', *Transactions of the American Society of Mechanical Engineers*, VII (1886), 428–32.

——'Gain-Sharing', *Transactions of the American Society of Mechanical Engineers*, X (1889), 600–26.

第一次世界大战后的现代工商企业

综合研究

BERLE, ADOLF A., JR, and GARDINER C. MEANS. *The Modern Corporation and Private Property.* Chicago, 1932.

GALBRAITH, JOHN KENNETH. *The New Industrial State.* Boston, 1969.

KAPLAN, A. D. H. *Big Enterprise in a Competitive System.* Washington, 1954.

NUTTER, G. WARREN, and HENRY A. EINHORN. *Enterprise Monopoly in the United States, 1899–1958.* New York, 1959.

专题研究

AVERITT, ROBERT T. *The Dual Economy.* New York, 1968.

BRADY, ROBERT A. *Organization, Automation and Society.* Berkeley, Calif. 1961.

CHANDLER, ALFRED D., JR. 'Development, Diversification and Decentralization', in Ralph E. Freeman (ed.), *Postwar Economic Trends in the United States.* New York. 1960.

——*Strategy and Structure: Chapters in the History of the Industrial Enterprise.* Cambridge, Mass., 1962.

——'The Structure of American Industry in the Twentieth Century: An Historical Overview', *Business History Review*, XLIII (1969), 355–98.

GORT, MICHAEL. *Diversification and Integration in American Industry.* Princeton, 1962.

MASON, EDWARD S. (ed.). *The Corporation in Modern Society.* New York, 1959.

NEWCOMER, MABEL. *The Big Business Executive.* New York, 1955.
SERVAN-SCHREIBER, JEAN-JACQUES. *The American Challenge.* New York, 1968.
TERLECKYJ, NESTER E., assisted by Harriet J. Helper. *Research and Development: Its Growing Composition.* New York, 1963.

资料来源

CHANDLER, ALFRED D., JR (ed.). *Giant Enterprise: Ford, General Motors, and the Automobile Industry.* New York, 1967. (Provides numerous sources and documents.)
THORP, WILLARD. *The Integration of Industrial Operations.* Washington, 1924.
UNITED STATES. 89TH CONGRESS, FIRST SESSION. *Economic Concentration: Hearings before the Sub-Committee on Antitrust and Monopoly of the Committee on the Judiciary, United States Senate,* parts 1–3. Washington, 1963–5.
——91ST CONGRESS, FIRST SESSION. *Economic Report on Corporate Mergers, part 8A: Hearings before the Sub-Committee on Antitrust and Monopoly of the Committee on the Judiciary, United States Senate.* Washington, 1969.

由于第一次世界大战后有关企业演变的学术分析相对较少，因此这方面的信息大多来源于商业杂志，特别是《财富》与《商业周刊》。企业最近的历史发展被编辑在哈佛商学院使用的两个案例研究中，一个案例是有关第二次世界大战以来跨国企业的，另一个案例是关于多种经营的企业的。它们都是由小艾尔弗雷德·D·钱德勒（Alfred D. Chandler. Jr）编写，通过马萨诸塞州波士顿市 Soldiers Field 的大学间案例交换所获得的。【564】

第二章 日本的资本形成

BOULDING, K., and N. SUN. 'The Effects of Military Expenditures upon the Economic Growth of Japan'. Unpublished parer, Tokyo, 1967 (mimeographed).
DENISON, EDWARD F., and WILLIAM K. CHUNG. *How Japan's Economy Grew So Fast.* Washington, 1976.
KLEIN, L., and K. OHKAWA (eds.). *Economic Growth: The Japanese Experience since the Meija Era.* New Haven, Conn, 1968.
OHKAWA, K., and H. ROSOVSKY. 'A Century of Japanese Economic Growth', in W. W. Lockwood (ed.), *The State and Economic Enterprise in Japan.* Princeton, 1965.
——'Postwar Japanese Economic Growth in Historical Perspective: A Second Look', in Klein and Ohkawa (eds.), *Economic Growth.*
——*Japanese Economic Growth: Trend Acceleration in the Twentieth Century.* Stanford, Calif., 1973.
OHKAWA, K., M. SHINOHARA, and M. UMEMURA (eds.). *Chōki keizai tōkei Estimates of Long-Term Economic Statistics of Japan since 1868.* 13 vols., in progress. Tokyo, 1965– . (See p. 504 note 6 above for details.)
ROSOVSKY, HENRY. 'Japan's Transition to Modern Economic Growth, 1868–1885', in H. Rosovsky (ed.), *Industrialization in Two Systems.* New York, 1966.
——'Rumbles in the Rice Fields', *Journal of Asian Studies*, XXVII, 2 (1968).
SHIONOYA, Y. 'Patterns of Industrial Development', in Klein and Ohkawa (eds.), *Economic Growth.*

第四章 日本的工厂劳动和工业革命

日文资料来源

COMMITTEE ON HISTORICAL MATERIALS ON THE LABOUR MOVEMENT (Rōdō Undō Shiryō linkai). *Nihon rōdō undō shiryō*[*Historical Materials on the Labour Movement in Japan*]. 11 vols. Tokyo, 1959–(not yet completed). (Cited as '*NRUS*'.)

Endo, M. 'Meiji shoki ni okeru rōdōsha no jōtai' ['The Conditions of Workers during the Early Meiji Era'], in Sumiya *et al.*, *Labour Problems in the Early Meiji Era*, 43–95.

Fujibayashi, Keizo. 'Meiji nijūnendai ni okeru waga bōsekigyō rōdōsha no idō genshō ni tsuite' ['The Mobility of Workers in Japanese Cotton Textiles in the Mid-Meiji Era'], in Sumiya *et al.*, *Labour Problems in the Early Meiji Era*.

Furushima, Toshio. 'Bakumatsuki no nōgyō hiyō rōdōsha' ['Paid Agricultural Labour in the Late Edo Period'], in Ichikawa *et al.*, *Paid Labour during the Period of Disintegration of Feudal Society*.

Hayashi, H. 'Bisai ni okeru meiji kōhanki no koyō rōdō' ['Paid Labour in Western Aichi during the Late Meiji Era'], in Ichikawa *et al.*, *Paid Labour during the Period of Disintegration of Feudal Society*.

Hazama, H. *Nihon rōmu kanrishi kenkyū* [*Studies in the History of Work-Force Management*]. Tokyo, 1964.

Hosoi, Wakizō. *Jokō aishi*[*A Tragic History of Female Factory Workers.*]. Tokyo, 1925.

Hyodo, Tsutomu. *Nihon ni okeru rōshi-kankei no tenkai*[*The Development of Industrial Relations in Japan*]. Tokyo, 1971.

Ichikawa, T. 'Nōson kōgyō ni okeru koyō rōdō' ['Paid Labour in Rural Industries'], in Ichikawa *et al.*, *Paid Labour during the Period of Disintegration of Feudal Society*.

【565】 Ichikawa, T., *et al. Hōken shakai kaitaiki no koyō rōdō*[*Paid Labour during the Period of Disintegration of Feudal Society*]. Tokyo, 1961.

Japan. Ministry of Agriculture and Commerce. *Shokkō jijō*[*The Conditions of Factory Labour*], ed. T. Tsuchiya. 3rd edn. 3 vols. Tokyo, 1947 (first published 1903). (Cited as '*Shokkō jijō.*')

——Ministry of Commerce and Industry. *Kōjō tōkei hyō*[*Factory Statistics*]. Quinquennial 1909–19; annual thereafter.

——Ministry of Education. *Jitsugyō kyōiku gojūnenshi*[*Fifty Years of Vocational Education*]. Tokyo, 1934.

——Ministry of Home Affairs. *Saimin chōsa tōkeihyō tekiyō*[*Statistical Abstracts on the Survey of the Poor*]. Tokyo, 1912.

——Ministry of International Trade and Industry. *Shōkō seisakushi* [*A History of Commercial and Industrial Policies*]. 25 vols. Tokyo, 1962.

——Prime Minister's Office. *Nihon teikoku tōkei zensho*[*Statistical Collection for the Empire of Japan*]. Tokyo, 1928.

————*Rōdō tōkei jitchi chōsa hōkoku*[*Report on the Survey of Labour Statistics*]. Tokyo, 1936.

Kajinishi, M., *et al. Seishi rōdōsha no rekishi*[*A History of Workers in the Raw Silk Industry*]. Tokyo, 1955.

Kazahaya, Yasoji. *Nihon shakai seisakushi*[*A History of Social Policy in Japan*] 2 vols. Tokyo, 1951.

Kinukawa, T. *Honpō menshi bōseki shi* [*The History of Japanese Cotton Textiles*]. 7 vols. Tokyo, 1937.

Kublin, H. *Meiji rōdō undōshi no hitokoma* [*An Aspect of the History of the Meiji Labour Movement*]. Tokyo, 1959.

Morita, Y. *Wagakuni no shihonka dantai*[*Industrialists' Associations in Japan*]. Tokyo, 1926.

Nibuya, Ryu. '*Nenkō seido no kaiko to tenbō*' ['*Reflections upon Nenkō seido*'], *Nihon rōdō kyōkai zasshi*[*Monthly Journal of the Japan Institute of Labour*], vi, 12 (December 1964).

NRKN: see Society for the Compilation of Historical Materials on Work-Force Management.

NRUS: see Committee on Historical Materials on the Labour Movement.

Ohkawa, K. 'Nihon keizai no seisan bunpai 1905–1963' ['Production and Distribution in the Japanese Economy, 1905–1963'], *Keizai kenkyū*[*Economic Review*], xix, 2 (April 1968).

Sato, M., *et al. Totei kyōiku no kenkyū*[*Studies in Apprenticeship*]. Tokyo, 1962.

Shokkō jijō: see Japan, Ministry of Agriculture and Commerce.

SOCIETY FOR THE COMPILATION OF HISTORICAL MATERIALS ON WORK-FORCE MANAGEMENT(Rōmu Kanri Shiryō Hensankai). *Nihon rōmu kanri nenshi*[*The Chronicle of Work-Force Management*]. 2 vols. Tokyo, 1962.

SUMIYA, M., *Nihon chinrōdōshi ron*[*A Tract on the History of Wage Labour in Japan*]. Tokyo, 1955.

SUMIYA, M., *et al. Meiji zenki no rōdō mondai*[*Labour Problems in the Early Meiji Era*]. Tokyo, 1960.

TAKAHASHI, I. *Oyatoi gaikokujin-gunji*[*Foreign Employees–Armed Services*]. Tokyo, 1968.

WATANABE, N. 'Shōgyōteki nōgyō ni okeru koyō rōdō'['Paid Labour in Commercial Agriculture'], in Ichikawa *et al.*, *Paid Labour during the Period of Disintegration of Feudal Society.*

YAMAMOTO, T. 'Meiji kōki no riterashi chōsa'['Literacy Survey in the Late Meiji Era'], *Hitotsubashi ronsō*[*Hitotsubashi Review*], LXI, 3(March 1969).

YAMAZAKI, B. *Nihon shōhi kumiai*[*A History of Consumers' Co-operatives in Japan*]. Tokyo, 1932.

YOKOYAMA, GENNOSUKE. *Nihon no kasō shakai.* [*The Lower-Class Society of Japan*]. Tokyo, 1898. 【566】

英文资料来源

AYUSAWA, I. F. *A History of Labor in Modern Japan.* Honolulu, 1966.

DORE, R. P. *Education in Tokugawa Japan.* Berkeley, Calif, 1965.

——*British Factory–Japanese Factory.* Berkeley, Calif., 1973.

FOXWELL, E. 'The Protection of Labour in Japan', *Economic Journal*, XI(1901), 106–24.

HIRSCHMEIER, JOHANNES. 'Shibusawa Eiichi: Industrial Pioneer', in Lockwood(ed.), *The State and Economic Enterprise in Japan.*

KATAYAMA, SEN. 'Labor Problem Old and New', *Far East*, October 1897 (reprinted in *NRUS*, II, 255–63).

——*The Labor Movement in Japan.* Chicago, 1918.

KUBLIN, H. *The Life of Sen Katayama.* Princeton, 1924.

LEVINE, S. B. 'Labor Market and Collective Bargaining in Japan', in Lockwood(ed.), *The State and Economic Enterprise in Japan.*

LOCKWOOD, W. W. *The Economic Development of Japan: Growth and Structural Change, 1868–1938.* Princeton, 1954.

LOCKWOOD, W. W. (ed.). *The State and Economic Enterprise in Japan.* Princeton, 1965.

NITOBE, I. *Japan.* New York, 1931.

ODAKA, K. 'A History of Money Wages in the Northern Kyushu Industrial Area, 1898–1939', *Hitotsubashi Journal of Economics*, VIII, 2(February 1968).

OHKAWA, K., *et al. The Growth Rate of the Japanese Economy since 1878.* Tokyo, 1958.

OHKAWA, K., and H. ROSOVSKY. *Japanese Economic Growth.* Stanford, Calif., 1973.

OHKAWA, K., M. SHINOHARA, and M. UMEMURA(eds.). *Estimates of Long-Term Economic Statistics of Japan since 1868.* 13 vols. Tokyo, 1966– (in progress). (Cited in the notes as '*ELTES*'.)

OKOCHI, KAZUO. *Labor in Modern Japan.* Tokyo, 1958.

PASSIN, H. *Society and Education in Japan.* New York, 1965.

ROSOVSKY, H. 'Japan's Transition to Economic Growth, 1868–1885', in H. Rosovsky(ed.), *Industrialization in Two Systems.* New York, 1966.

SAITO, K. *La Protection ouvrière au Japon.* Paris, 1900.

SMITH, T. C. *Political Change and Industrial Development in Japan: Government Enterprise*, 1868–1880. Stanford, Calif., 1955.

——*The Agrarian Origins of Modern Japan.* Stanford, Calif., 1959.

STURMTHAL, A., and J. SCOVILLE(eds.). *The International Labor Movement in Transition.* Urbana, Illinois, 1973.

TAIRA, K. *Economic Development and the Labor Market in Japan.* New York, 1970.

——'Factory Legislation and Management Modernization during Japan's Industrialization, 1886–1916', *Business History Review*, XLIV, I(Spring 1970), 84–109.

——'Education and Literacy in Meiji Japan: An Interpretation, *Explorations in Economic History*, VIII, 4(1971), 371–94.

——'Labor Markets, Unions and Employers in Interwar Japan', in Sturmthal and Scoville (eds.), *The International Labor Movement in Transition*.

第五章 日本的企业家、所有权与管理

英文资料来源

ABEGGLEN, JAMES C. *The Japanese Factory: Aspects of Its Social Organization*. New York, 1958.

ABEGGLEN, JAMES C., and HIROSHI MANNARI. 'Leaders of Modern Japan: Social Origins and Mobility',

【567】 *Economic Development and Cultural Change*, IX(1960).

ALLEN, GEORGE C. *A Short Economic History of Modern Japan, 1867–1937*. 2nd edn. London, 1962.

——'The Industrialization of the Far East: I. Japan and Manchuria', in *Cambridge Economic History of Europe*, VI, part 2. Cambridge, 1965.

BELLAH, ROBERT. *Tokugawa Religion: The Values of Industrial Japan*. New York, 1957.

BENNETT, JOHN W., and IWAO ISHINO. *Paternalism in the Japanese Economy*. Minneapolis, Minn., 1963.

BISSON, T. A. *Zaibatsu Dissolution in Japan*. Berkeley, Calif., 1954.

BROADBRIDGE, SEYMOUR A. *Industrial Dualism in Japan*. Chicago, 1966.

BRONFENBRENNER, MARTIN. 'Some Lessons of Japan's Economic Development, 1853–1938', *Pacific Affairs*, XXXIV, 1(Spring 1961).

BROWN, DELMER M. *Nationalism in Japan: An Introductory Historical Analysis*. Berkeley, Calif., 1955.

CAIN, LOUIS P., and PAUL J. USELDING(eds.). *Business Enterprise and Economic Change*. Kent, Ohio, 1973.

CAMERON, RONDO(ed.). *Banking in the Early Stages of Industrialization: A Study in Comparative Economic History*. New York, 1967.

COWAN, CHARLES D. (ed.). *The Economic Development of China and Japan*. London, 1962.

CRAWCOUR, SYDNEY, 'Documentary Sources of Tokugawa Economic and Social History', *Journal of Asian Studies*, XX(1961).

——'The Development of a Credit System in Seventeenth Century Japan', *Journal of Economic History*, XXI(1961).

——'Changes in Japanese Commerce in the Tokugawa Period', *Journal of Asian Studies*, XXII (1963).

——'The Tokugawa Period and Japan's Preparation for Modern Economic Growth'. Paper given at the 1967 meeting of the American Historical Association, Montreal.

DORE, RONALD P. *Education in Tokugawa Japan*. Berkeley, Calif., 1965.

——'The Legacy of Tokugawa Education', in Jansen(ed.), *Changing Japanese Attitudes*.

——'Mobility, Equality, and Individuation in Modern Japan', in Dore(ed.), *Aspects of Social Change in Modern Japan*.

DORE, RONALD P. (ed). *Aspects of Social Change in Modern Japan*. Princeton, 1967.

EMI, KOICHI. *Government Fiscal Activity and Economic Growth in Japan, 1868–1960*. Tokyo, 1963.

HALL, JOHN W. *Government and Local Power in Japan, 500 to 1700: A Study Based on Bizen Province*. Princeton, 1966.

HALL, JOHN W. (ed.). *Studies in the Institutional History of Early Modern Japan*. Princeton, 1968.

HALL, JOHN W., and R. K. BEARDSLEY. *Twelve Doors to Japan*. New York, 1965.

HAROOTUNIAN, HARRY D. 'The Economic Rehabilitation of the Samurai in the Early Meiji Period', *Journal of Asian Studies*, XIX(1960).

HAROOTUNIAN, HARRY D., and BERNARD S. SILBERMAN(eds.). *Japan in Crisis*. Princeton, 1973.

HIRSCHMEIER, JOHANNES. *The Origins of Entrepreneurship in Meiji Japan*. Cambridge, Mass., 1964.

——'Shibusawa Eiichi: Industrial Pioneer', in Lockwood(ed.), *The State and Economic Enter-*

prise.

HIRSCHMEIER, JOHANNES, and TSUNEHIKO YUI. *The Development of Japanese Business, 1600–1793.* Cambridge, Mass, 1975.

HONJŌ. EIJIRŌ. *The Social and Economic History of Japan.* Kyoto, 1935.

HORIE, YASUZŌ. 'An Outline of the Rise of Capitalism in Japan', *Kyoto University Economic Review*, XI(1936).

——'The Government and Industry in the Early Years of Meiji Era', *Kyoto University Economic Review*, XIV(1939).

JANSEN, MARIUS B. (ed.). *Changing Japanese Attitudes Toward Modernization.* Princeton, 1965.

KOMIYA, R. (ed.). *Postwar Economic Growth in Japan.* Berkeley, Calif., 1967. 【568】

LANDES, DAVID S. 'Japan and Europe: Contrasts in Industrialization', in Lockwood(ed.), *The State and Economic Enterprise.*

LEVINE, SOLOMON B. *Industrial Relations in Postwar Japan.* Urbana, Illinois, 1958.

——'Labor and Collective Bargaining', in Lockwood(ed.), *The State and Economic Enterprise.*

LOCKWOOD, WILLIAM W. *The Economic Development of Japan: Growth and Structural Change, 1868–1938.* Princeton, 1954.

——'Japan's Response to the West: The Contrast with China', *World Politics*, IX, I(October 1956).

LOCKWOOD, WILLIAM W. (ed.). *The State and Economic Enterprise in Japan.* Princeton, 1965.

McMASTER, J. 'The Takashima Mine: British Capital and Japanese Industrialization', *Business History Review.* XXXVII. 3(1963).

MARSHALL, BYRON K. *Capitalism and Nationalism in Prewar Japan.* Stanford, Calif., 1968.

MIYAMOTO, M., Y. SAKUDO, and Y. YASUBA. 'Economic Development in Pre-industrial Japan, 1859–1894', *Journal of Economic History*, XXV(1965).

MOULTON, HAROLD G. *Japan: An Economic and Financial Appraisal.* Washington, 1931.

NODA, K. 'Postwar Japanese Executives', in Komiya(ed.), *Postwar Economic Growth.*

NORMAN, HERBERT. *Japan's Emergence as a Modern State.* New, York. 1948.

ŌKŌCHI, KAZUO. *Labor in Modern Japan.* Tokyo, 1958.

ORCHARD, JOHN E. *Japan's Economic Position.* New York, 1930.

PATRICK, HUGH T. 'Lessons for Underdeveloped Countries from the Japanese Experience of Economic Growth', *Indian Economic Journal*, X(1961).

——'Japan, 1868–1914', in Cameron(ed.), *Banking in the Early Stages of Industrialization.*

RANIS, GUSTAV. 'The Community-Centered Entrepreneur in Japanese Development', *Explorations in Entrepreneurial History*, XIII(1955).

ROSOVSKY, HENRY. *Capital Formation in Japan, 1868–1940.* New York, 1961.

——'Japan's Transition to Economic Growth, 1868–1885', in H. Rosovsky(ed.), *Industrialization in Two Systems.* New York. 1966.

SANSOM, GEORGE B. *Japan, A Short Cultural History.* New York, 1943.

—— *The Western World and Japan.* New York, 1951.

SHELDON, CHARLES D. *The Rise of the Merchant Class in Tokugawa Japan.* New York, 1958.

SILBERMAN, BERNARD S. 'The Bureaucracy and Economic Development in Japan', *Asian Survey*, V (1965).

SMITH, THOMAS C. *Political Change and Industrial Development in Japan: Government Enterprise, 1868–1880.* Stanford, Calif., 1955.

——'Landlords and Rural Capitalists in the Modernization of Japan', *Journal of Economic History*, XVI, 2(June 1956).

—— *The Agrarian Origins of Modern Japan.* Stanford, Calif., 1959.

——'Landlords' Sons in Business Elite', *Economic Development and Cultural Change*, IX, I, part 2(October 1960).

SUMIYA, MIKIO. *Social Impact of Industrialization in Japan.* Tokyo, 1963.

TAIRA, K. 'The Labor Market in Japanese Development', *British Journal of Industrial Relations.* II (1964).

VOGEL, EZRA F. *Japan's New Middle Class: The Salary Man and His Family in a Tokyo Suburb*. Berkeley, Calif., 1963.

WILLIAMSON, H. F. (ed.). *Managerial Strategies: A Multi-National Comparison*. Wilmington, Delaware, 1974.

YAMAMURA, KOZO. 'Zaibatsu, Prewar and Zaibatsu, Postwar', *Journal of Asian Studies*, XXIII (1964).

—— *Economic Policy in Postwar Japan: Growth Versus Economic Democracy*. Berkeley, Calif., 1967.

—— 'The Role of the Samurai in the Development of Modern Banking in Japan', *Journal of Economic History*, XXVII, 2 (June 1967). 【569】

YAMAMURA, KOZO, 'The Founding of Mitsubishi: A Case Study in Japanese Business History', *Business History Review*, XLI (1967).

—— 'A Re-examination of Entrepreneurship in Meiji Japan (1868–1912)', *Economic History Review*, 2nd ser., XXI, I (April 1968).

—— 'The Japanese Economy, 1911–1930: Concentration, Conflicts, and Crisis', in Harootunian and Silberman (eds), *Japan in Crisis*.

—— 'Economic Responsiveness in Japanese Industrialization', in Cain and Uselding (eds.), *Business Enterprise and Economic Change*.

—— *A Study of Samurai Income and Entrepreneurship*. Cambridge, Mass, 1974.

—— 'Compromise with Culture: Transformation of Japanese Managerial System', in Williamson (ed.), *Managerial Strategies*.

YOSHINO, MICHAEL Y. *Japan's Managerial System*. Cambirdge, Mass., 1968.

YUI, TSUNEHIKO. 'On *The Origins of Entrepreneurship in Meiji Japan* by J. Hirschmeier' (review article), *Japan Business History Review*, I (1966).

日文资料来源

AIHARA, SHIGERU (ed.). *Nippon no dokusen shihon* [*Monopolistic Capital of Japan*]. Tokyo, 1959.

AKASHI, TERUO. *Meiji ginkōshi* [*A History of Banking in Meiji Japan*]. Tokyo, 1935.

AKASHI, TERUO, and NORIHISA SUZUKI. *Nihon-kinyushi, Meiji-hen* [*A History of Japanese Banking, Meiji Volume*]. Tokyo, 1957.

ARISAWA, HIROMI (ed.) *Gendai nihon sangyō kōza* [*A Compendium on Contemporary Japanese Industry*]. 8 vols. Tokyo, 1959–60. Vol. I: *Sōron: Kindai sangyō no hatten* [*Summary: The Development of Modern Industry*].

ASAKURA, KOICHI *Meijizenki nippon kinyū kōzō-shi* [*A History of the Financial Structure in Meiji Japan*]. Tokyo, 1961.

FUKUZAWA, YUKICHI. *Fukuzawa Yukichi zenshū* [*The Collected Works of Yukichi Fukuzawa*]. Tokyo, 1926.

FUMOTO, SABURŌ. *Mitsubishi Iizuka tankōshi* [*The History of Mitsubishi Iizuka Coal Mines*]. Tokyo, 1961.

FURUSHIMA, TOSHIO. *Sangyō-shi* [*A History of Industry*]. Tokyo, 1966.

GENSUI, ARAI. *Tokyo Ishikawajima Zōsenjo 50-nenshi* [*A Fifty-Year History of the Tokyo Ishikawajimi Shipyard*]. Tokyo, 1930.

GIGA, SŌICHIRŌ. *Gendai nippon no dokusen kigyō* [*Monopolistic Enterprises of Modern Japan.*] Tokyo, 1962.

GREATER JAPAN CELLULOID COMPANY (Dainihon Seruroido KK). *Dainihon seruroido kaishashi* [*A History of the Greater Japan Celluloid Company*]. Tokyo, 1952.

HATTORI, SHISŌ (ed.), *Kindai nithon jimbutsu keizaishi* [*A Biographical Economic History of Modern Japan*]. 2 vols. Tokyo, 1955.

HATTORI, SHISŌ, and YOSHINAGA IRIMAJIRI (eds.), *Kindai nihon jimbutsu keizaishi* [*A Biographical Economic History of Modern Japan*]. 2 vols. Tokyo, 1965.

HAZAMA, HIROSHI, *Nihon rōmu kanrishi kenkyū* [*A Study of Japanese Labour Management*].

Tokyo, 1964.

HIGUCHI, HIROSHI. *Zaibatsu no fukkatsu*[*The Revival of Zaibatsu*]. Tokyo, 1953.

HOLDING COMPANY LIQUIDATION COMMISSION. *Nippon zaibatsu to sono kaitai*[*The Japanese Zaibatsu and Their Dissolution*]. 2 vols. Tokyo, 1962.

HORIE, YASUZŌ. *Nihon shihonshugi no seiritsu* [*The Formation of Japanese Capitalism*]. Tokyo, 1938.

——'Nihon keiei-shi ni okeru ie no mondai' ['The Problem of *ie* in Japanese Business History'], *Japan Business History Review*, II, I (July 1967).

IMUDA, TOSHIMITSU. 'Meijiki ni okeru kabushiki kaisha no hatten to kabunushi-sō keisei' ['The Development of Incorporated Firms and the Formation of the Shareholder Class in the Meiji Period'], in Osaka Municipal University, Economic Research Institute, *Meijiki no keizai hatten to keizai shutai*[*Economic Development and Its Leading Agents in the Meiji Period*]. Osaka, 1968. 【570】

IWAI, RYOTARŌ. *Mitsui, Mitsubishi monogatari*[*The Stories of Mitsui and Mitsubishi*]. Tokyo, 1934.

——*Mitsubishi konzern dokuhon*[*The Story of the Mitsubishi Konzern*]. Tokyo, 1938.

JAPAN, BUREAU OF STATISTICS (Tōkeikyoku). *Teikoku tokei nenkan*[*Annual Report of Imperial Statistics*].

——MINISTRY OF FINANCE. *Ginkō-kyoku dai niji hōkoku*[*Second Report of the Banking Bureau*]. Tokyo, 1880

——MINISTRY OF RAILWAYS. *Nihon tetsudōshi*[*A History of Japanese Railways*]. Tokyo, 1935.

JAPAN ECONOMIC HISTORY ASSOCIATION. *Kindai nihon jimbutsu keizaishi*[*A Biographical Economic History of Japan*]. Tokyo, 1955.

JAPAN INDUSTRIAL BANK. *Nippon kōgyō ginkō 50-nenshi*[*A Fifty-Year History of the Japan Industrial Bank*]. Tokyo, 1957.

JAPAN SUGAR-REFINING COMPANY (Dainihon Scitō KK). *Nittō 65-nenshi*[*Sixty-five Years of the Japan Sugar-Refining Company*]. Tokyo, 1906.

——*Nittō saikin 25-nenshi* [*A History of the Japan Sugar-Refining Company during the Past Twenty-five Years*]. Tokyo, 1924.

KAJINISHI, MITSUHAYA. *Nihon ni okeru sangyō Shihon* [*The Formation of Industrial Capital in Japan*], Tokyo, 1949.

——*Sangyōshi no hitobito*[*Men in the History of Industry*]. Tokyo, 1954.

——*Nihon sihoshugi hattatsushi*[*A History of the Development of Japanese Capitalism*], Tokyo, 1957.

——*Zoku nihon shihonshugi hattatsu-shi*[*A Revised History of the Development of Japanese Capitalism*]. Tokyo, 1957.

——*Seishō*[*The Political Merchants*]. Tokyo, 1963.

KAJINISHI, MITSUHAYA, *et al. Nihon shihonshugi no botsuraku.* [*The Fall of Japanese Capitalism*]. Vol. I. Tokyo, 1960.

KANNO, WATARŌ. *Nihon kaisha kigyō hasseishi no kenkyū*[*Studies in the Development of Incorporated Firms in Japan*]. Tokyo, 1931.

KATŌ, TOSHIHIKO, *Hompō ginkōshi-ron*[*A History of Banking in Japan*]. Tokyo, 1957.

KATŌ, TOSHIHIKO, and T. OUCHI (eds.). *Kokuritsuginkō no kenkyū*[*A Study of National Banks*]. Tokyo, 1963.

KIMURA, YASUICHI (ed.). *Shibaura seisakusho 65-nenshi* [*A Sixty-five-Year History of the Shibaura Machine-Tool Industries*]. Tokyo, 1940.

KINUKAWA, TAIICHI. *Honpō menshi bōsekishi*[*A History of Japanese Cotton-Spinning*]. 7 vols. Osaka, 1937.

KINUKAWA, TAIICHI (ed.). *Itō Denhichi Ō*[*The Venerable Denhichi Itō*]. Tokyo, 1936.

MANNARI, HIROSHI. *The Business Elite: Nihon ni okeru keieisha no jōken*[*The Business Elite: The Background of Business Leaders in Japan*]. Tokyo, 1965.

MATSUNARI, Y., T. MIWA, and Y. CHŌ. *Nippon ni okern ginkō no hattatsu*[*The Development of Banks in Japan*]. Tokyo, 1959.

MEIJI FINANCIAL HISTORY EDITORIAL COMMITTEE (Meiji Zaiseishi Hensankai). *Meiji zaiseishi* [*Meiji Financial History*], 15 vols. Tokyo, 1904–5.

MINOBE, RYUKICHI. *Karutern, Torasuto, Kontserun* [*Cartels, Trusts, and Concerns*], 2 vols. Tokyo, 1931.

MITANI, KŌKICHI, *Motoki Shōzō to Hirano Tomiji shōden* [*Detailed Biographies of Shōzō Motoki and Tomiji Hirano*]. Tokyo, 1923.

MITSUBISHI BANK. *Mitsubishi ginkō shi* [*The History of the Mitsubishi Bank*]. Tokyo, 1954.

MITSUBISHI ECONOMIC RESEARCH INSTITUTE. *Mitsui, Mitsubishi, Sumitomo.* Tokyo, 1955.

MITSUBISHI, SHIPBUILDING COMPANY. *Mitsubishi zōsen* [*History of the Mitsubishi Shipbuilding Company*]. Tokyo, 1958.

MITSUI BANK. *Mitsui ginkō 50-nenshi* [*A Fifty-Year History of the Mitsui Bank*]. Tokyo, 1926.

—— *Mitui ginkō 80-nenshi.* [*An Eighty-Year History of the Mitsui Bank*]. Tokyo, 1957.

MIYAMOTO, MATAJI. *Osaka chōnin* [*The Merchants of Osaka*]. Tokyo, 1957.

【571】NISHINO, KIYŌ. *Sumitomo kontserum tokuhon* [*The Story of the Sumitomo Concern*]. Tokyo, 1937.

NISHINOIE, AIICHI, *Asano, Shibusawa, Okawa, Furukawa, kontserun tokuhon* [*The Story of the Asano, Shibusawa, Okawa, and Furukawa Concerns*]. Tokyo, 1937.

NISSHIN FLOUR-MILLING COMPANY (Nisshin Seifun KK). *Nisshin seifun kabushi kaishashi* [*The History of the Nisshin Flour-Milling Company*]. Tokyo, 1965.

NITTA, MUNEO. *Tokyo dentō kabushiki kaisha 50-nenshi* [*The First Fifty Years of the Tokyo Electric Light Company*]. Tokyo, 1936.

NODA, KAZUO. *Ninon no jūyaku* [*Business Executives in Japan*]. Tokyo, 1960.

NOMURA SECURITIES COMPANY OF JAPAN. *Kōshasai nenkan* [*An Annual Report of Government and Company Bonds*]. Tokyo, 1930.

ODA, SHIGEO. *Ningen Yasuda Zenjirō* [*The Man Zenjirō Yasuda*]. Tokyo, 1953.

OJI PAPER COMPANY. *Oji seishi shashi* [*The History of the Oji Paper Company*]. 5 vols. Tokyo, 1957.

OKADA, SHUMPEI (ed.). *Meiji-shoki no zaisei kinyū seisaku* [*Fiscal and Monetary Policies of the Early Meiji Period*]. Tokyo, 1964.

SAKADA, YOSHIO. *Shikon shōsai* [*The Samurai Spirit and Business Talent*]. Tokyo, 1964.

SHIBUSAWA, EIICHI. *Rongo to soroban* [*The Analects and the Abacus*]. Tokyo, 1928.

SHIROYANAGI, HIDEMITSU. *Nihon fugō hasseigaku* [*A Study of the Emergence of the Japanese Rich*]. Tokyo, 1920.

——*Sumitomo monogatari* [*The Story of Sumitomo*]. Tokyo, 1931.

——*Zaikai taiheiki* [*A History of the Tranquil World of Finance*]. Tokyo, 1947.

——*Nakamigawa Hikojiro den* [*A Biography of Hikojiro Nakamigawa*]. Tokyo, 1950.

SUEHIRO, KAZUO. *Kondō Rempei den oyobi ikō* [*The Life and Writings of Rempei Kondō*]. Tokyo, 1926.

SUZUKI, BUNJI. *Rōdō ubdō nijūnen* [*Twenty Years in the Labour Movement*]. Tokyo, 1931.

SUZUKI, GORŌ. *Reimei nihon no ichi kaitakusha: Chichi Suzuki Tōsaburō no isshō* [*A Pioneer of Japan's Dawn: The Life of My Father Tōsaburō Suzuki*]. Tokyo, 1939.

—— *Suzuki Tōsaburō den: Kindai nihon sangyō no senku* [*A Biography of Tōsaburō Suzuki, A Pioneer of Modern Japanese Industry*]. Tokyo. 1956.

SUZUKI, TŌSABURŌ. 'Nihon tōgyo ron' ['A Treatise on the Sugar Industry in Japan'], *Tōyō Keizai Shimpō* [*Oriental Economic News*], 15 June 1899 (reprinted on Gōrō Suzuki, *A Pioneer of Japan's Dawn*).

——*Nippon dokusen shihon no kaibō* [*The Anatomy of Japanese Monopolistic Capital*]. Tokyo, 1935.

TAKAHASHI, KAMEKICHI. *Nihon zaibatsu no kaibō* [*An Anatomy of Japanese Zaibatsu*]. Tokyo, 1930.

——*Meiji-Taishō sangyō hattatsushi* [*A History of Industrial Development in the Meiji-Taisho Periods*]. Tokyo, 1932.

——*Waga kuni kigyō no shiteki hatten* [*The Historical Development of Japan's Enterprises*]. Tokyo, 1956.

TAKAHASHI, KAMEKICHI, and J. AOYAMA. *Nihon zaibatsu-ron.* [*A study of the Japanese Zaibatsu*].

Tokyo, 1938.
TANAKA, SŌGORŌ. *Iwasaki Yatarō den*[*A Biography of Yatarō Iwasaki*]. Tokyo, 1955.
TŌHATA, S., and T. TAKAHASHI(eds.). *Meijizenki no ginkō seido*[*The Banking System in Early Meiji Japan*] Tokyo, 1965.
TOKYO ELECTRIC LIGHT COMPANY. *Tokyo dentō kabushiki kaishashi*[*A Histoy of the Tokyo Electri Light Company*]. Tokyo, 1956.
TŌYŌ ECONOMIC PUBLISHING COMPANY (Tōyō Kaizai Shimpō-sha). *Meiji-Taisho kokusei sōran*[*A Survey of the National Economy in the Meiji–Taisho Periods*]. Tokyo, 1924.
TŌYŌ TEXTILE COMPANY. *Tōyō Bōseki 70-nenshi*[*Seventy Years of the Tōyō Textile Company*]. Tokyo, 1953.
TSUCHIYA, TAKAO. *Nippon Shihonshugi no keieishiteki kenkyū*[*A Business History Study of Japanese Capitalism*]. Tokyo, 1954.
——*Zaibatsu o kizuita hitobito*[*The Zaibatsu-Builders*]. Tokyo, 1955.
——*Nihon no seishō*[*Japan's Political Merchants*]. Tokyo, 1956.
——*Nihon ni okeru keieisha seishin no hattatsu*[*The Development of Managerial Mentalities in Japan*]. Tokyo, 1957. 【572】
——*Gendai nihon keizaishi kōwa*[*Lectures on the Economic History of Modern Japan*]. Tokyo, 1958.
——*Nihon no keieisha seishin*[*Managerial Spirit in Japan*]. Tokyo, 1959.
——*Chihō ginkō shōshi*[*A Brief History of Local Banks*]. Tokyo. 1961.
UZAKI, KUMAKICHI. *Toyokawa Ryōhei*[*The Life of Ryōhei Toyokawa*] Tokyo, 1922.
WADA, HIDEKICHI. *Mitsui kontserun dokuhon*[*The Story of the Mitsui 'Konzern'*]. Tokyo, 1937.
YAMADA, FUMIO. 'Capital for Japan's Cotton Textile Industry', *Keizaigaku Ronshū*[*Economic Essays*, University of Tokyo], VI, 2(1962).
YAMAJI, AIZAN, *Gendai kinkenshi*[*A History of Modern Economic Power*]. Tokyo, 1908.
YAMASHIRO, AKIRA(ed.), *Ringi-teki keiei seido*[*Ringi Management and Ringi System*]. Tokyo, 1966.
YANO, FUMIO, *Yasuda Zenjirō den*[*The Biography of Yasuda Zenjiro*]. Tokyo, 1925.
YASUDA BANK. *Yasuda ginkō 60-nenshi*[*A Sixty-Year History of the Yasuda Bank*]. Tokyo, 1940.

第六章　1890～1913 年俄国早期工业化的资本形成

GINDIN, I. F. *Russkie kommercheskie banki.* Moscow, 1948.
GOLDSMITH, R. 'The Economic Growth of Tsarist Russia, 1860–1913', *Economic Development and Cultural Change*, IX(1961).
KLIMOV, V. I. '103 vazhnieishykh tsentra fabrichno-zavodskoi promyshlennosti evropeiskoi Rossii v 1900–1914' in Istoricheskaia Geografia, *Voprosy Geografii*, L(Moscow, 1960).
MASLOV, P. P. *Kriticheskii analiz burzhuaznykh statisticheskich publikatsii.* Moscow, 1955.
RUSSIA CENTRAL STATISTICAL COMMITTEE. *Obshchyi svod po imperii rezultatov razrabotk dannykh pervoi vseobshchei perepisi naseleniia.* St Petersburg. 1905.
——MINISTRY OF FINANCE. *Ezhegodnik Ministerstva Finansov za 1916 god.* Petrograd, 1917.
STRUMILIN, S. G. *Statistiko-ekonomicheskie ocherki.* Moscow, 1958.
VAINSHTEIN, A. L. *Oblozhenie i platezhi krestianstva v dovoyennoe i revolutsionnoe vremia.* Moscow, 1924.
——*Narodnoe bogatstvo i narodnokhoziastvennoe nakoplenie predrevolutsionnoi Rossii.* Moscow, 1960.
ZAITSEV, V. 'Vlianie kolebanii urozhaev na estestvennoe dvizhenie naselenia', in V. G. Groman (ed.), *Vlianie neurozhaev na narodnoe knoziaistvo Rossii*, II. Moscow, 1927.

第七章　俄国劳动力与工业化

ADELMAN, I., and C. F. MORRIS. *Society, Politics and Economic Development.* Baltimore, Md, 1957.

Alymov, V. 'K voprosu o polozhenii truda v remeslennom proizvodstve', *Narodnoye Khozyaystvo*, vi (1904) 1–27.

Andreyev, *E. Rabota maloletnikh v Rossii i v Zapadnoy Yevrope.* St Petersburg, 1884.

【573】 Annensky, N. 'Voprosy truda na torgovo-promyshlennom s'yezde', *Russkoye Bogatstvo*, x (1896).

Arrighi, G. 'Labour Supplies in Historical Perspective: A Study of the Proletarianization of the African Peasantry in Rhodesia' *Journal of Development Studies*, vi, 3 (April 1970).

Baku. Gorodskaya Uprava, Statisticheskoye otdeleniye. *Baku po perepisi* 22 *oktyabrya* 1903*g.* i. Baku, 1905.

—— —— ——*Perepis Baku* 1913 *goda.* Baku, 1916.

Bater, J. H 'The Industrial Geography of St Petersburg: 1850–1914'. Unpublished Ph. D. thesis, University of London, 1969.

Bernshteyn-Kogan, S. *Chislennost', sostav i polozheniye metallurgicheskikh rabochikh.*

Trudy studentov ekonomicheskago otdeleniya SPb. Politekhnicheskago Instituta Imperatora Petra Velikago, no. 4. St Petersburg, 1910.

Bezobrazov, V. P. *Narodnoye khozyaystvo Rossii: Moskovskaya tsentral' naya promyshlennaya oblast'.* 3parts. St Petersburg, 1882.

——*Nablyudeniya i soobrazheniya otnositel' no novykh fabrichnykh uzakoneniy i fabrichnoy inspektsii.* St Petersburg, 1888.

——'Dnevnik, 1887g.', *Russkaya Starina*, cliv (1913).

Blackwell, W. L. *The Beginnings of Russian Industrialization*, 1800–1860. Princeton, 1968.

Bogdanov, I. M. *Gramotnost' i obrazovaniye v dorevolyutsyonnoy Rossii i v SSSR, Istorikostatisticheskiye ocherki.* Moscow, 1964.

Bogoslovsky, S. M. *Zabolevayemost' fabrichnykh rabochikh Bogorodsko-Glukhovskoy i Istominskoy manufaktur Bogorodskago uyezda za* 1896–1900*gg.* St Petersburg, 1901.

Brandt, B. F. *Inostrannyye kapitaly: ikh vliyaniye na ekonomicheskoye razvitiye strany.* 3vols. St Petersburg, 1898–1901.

——*Torgovo-promyshlenny krizis.* St Petersburg, 1902.

Chekhov, *N. V. Narodnoye obrazovaniye v Rossii s 6oykh godov XIX v.* Moscow, 1912.

Chelintsev, A. N. *Sel' sko-khozyaystvennaya geografiya Rossii.* Prague, 1924.

Chuprov, A. A. (ed.). *Rechi i stat' i.* 4parts. St Petersburg, 1909.

Chuprov, A. I, and A. S. Posnikov (eds.). *Vliyaniye urozhayev i khlyebnykh tsen na nekotovyye storony russkago narodnago khozyaystva.* 2 vols. St Petersburg, 1897.

Cipolla, Carlo M. *Literacy and Development in the West.* Baltimore, Md, 1969.

Crisp, O. 'The Financial Aspect of the Franco-Russian Alliance, 1894–1914'. Unpub-lished Ph. D. thesis, University of London, 1954.

Dement'yev, E. M. *Fabrika, chto ona dayot naseleniyu i chto ona u nego beryot.* Moscow, 1897.

Dement'yev, E. M. (ed.). 'Sanitarnoye izsledovaniye fabrik i zavodov Kolomenskago uyezda', in *Sbornik statisticheskikh svedeniy po Moskovskoy gubernii: otdel sanitarnoy statistiki*, iii (issued by Moskovskaya Gubernskaya Zemskaya Uprava). Moscow, 1885.

Denison, E. F. *Why Growth Rates Differ.* Washington, 1957.

Erisman, F. F. (ed.). 'Sanitarnoye izsledovaniye fabrichnykh zavedeniy Moskovskago uyezda', in *Sbornik statisticheskikh svedeniy po Moskovskoy gubernii: otdel sanitarnoy statistiki*, iv (issued by Moskovskaya Gubernskaya Zemskaya Uprava). Moscow, 1885.

Falkus, M. 'Russia' s National Income: A Revaluation', *Economica*, n. s., xxxv, 137 (February 1968), 52–73.

Fraser, J. *Russia of To-day.* New York, 1916.

Fuhrmann, J. T. *The Origins of Capitalism in Russia.* Chicago, 1972

Gaponenko, L. S. 'Rabochy klass Rossii nakanune velikogo oktyabrya', *Istoricheskiye Zapisky*, lxxiii (1969), 3–22.

Garelin, Ya. P. *Gorod Ivanovo-Voznesensk, ili, byvsheye selo Ivanovo i Voznesensky posad.* 2 vols. Shuya, 1884–5.

Gavrishev, L. L. 'Tekhnicheskoye obrazovaniye', in *Trudy vserossiyskago torgovopromyshlennago s' yezda1896g. v Nizhnem-Novgorode*, VI. St Petersburg, 1897.

——'O vliyanii obshchego obrazoveniya rabochiKh na produktivnost' ikh truda', in *Trudy s' yezda deyateley po tekhnicheskomu i professyonal' nomu obrazovaniyu v Rossii 1895–1896 gg.*, section 4. St Petersburg, 1898.

GESSEN, V. YU. *Trud detey i prodrostkov v fabrichnozavodskoy promyshlennosti Rossii ot XVII veka do oktyabrskoy revolyutsii.* Moscow, 1927. [574]

GEYMAN, V. G. *Manufakturnaya Promyshlennost' Peterburga petrovskogo vremeni*, Moscow and Leningrad, 1947.

GINDIN, I. 'O nekotorykh osobennostyakh ekonomicheskoy i sotsyal' noy struktury rossiyskogo kapitalizma v nachale XX v. ', *Istoriya SSR*, III(1966).

GLIVITS, I. *Zheleznaya promyshlennost' Rossii.* St Petersburg, 1911.

GOEBEL, O. *Entwicklungsgang der russischen Industriearbeiter bis zur ersten Revolution(1905)* (Osteuropa-institut in Breslau) Leipzig and Berlin, 1920.

GOLDSMITH, R. W. 'The Economic Growth of Tsarist Russia, 1860–1913', *Economic Development and Cultural Change*, IX, 2(1961), 441–75.

GREGORY, PAUL. 'Economic Growth and Structural Change in Tsarist Russia: A Case of Modern Economic Growth', *Soviet Studies*, XXIII(January1972), 418–34.

GUROFF, G., and S. F. STARR. 'A Note on Urban Literacy in Russia 1890–1914', *Jahrbücher für Geschichte Osteuropas*, *n. s.* XIX, 4(December 1971).

GVOZDEV, S. *Zapiski fabrichnago inspektora.* Moscow, 1911.

HANS, N. *History of Russian Educational Policy.* London, 1931.

HAXTHAUSEN, BARON VON. *The Russian Empire, Its People, Institutions and Resources.* 2 vols. London, 1856.

ISLAVIN, A. S. 'Obzor kamennougol' noy i zhelezodelatel' noy promyshlennosti Donetskago kryazha', *Gorny Zhurnal*, 1875, nos. 1–3.

IVANOV, L. M. 'Preyemstvennost' fabrichno-zavodskogo truda i formirovaniye proletariata v Rossii', in L. M. Ivanov (ed.), *Robochy klass i rabocheye dvizheniye v Rossii 1861–1917.* Moscow, 1966.

——'O soslovno-klassovoy strukture gorodov kapitalisticheskoy Rossii', in L. M. Ivanov(ed.), *Problemy sotsyal' no-ekonomicheskoy istorii Rossii*, Moscow, 1971.

KABUZAN, V. *Narodonaseleniye Rossii v XVIII-pervoy polovine XIX v.* Moscow, 1963.

KADOMTSEV, B. P. *Professyonal' ny i sotsyal' ny sostav naseleniya yevropeyskoy Rossii po dannym perepisi 1897 g.* St Petersburg, 1909.

KAFENGAUZ, B. B. *Istoriya khozyaystva Demidovykh.* Moscow, 1950.

KAHAN, A. 'Continuity in Economic Activity and Policy during the Post-Petrine Period in Russia', *Journal of Economic History*, XXV, I(March 1965).

KASER, M. 'Education in Tsarist and Soviet Development', in C. Abramsky(ed.), *Essays in Honour of E. H. Carr.* London, 1974.

KERR, C., J. T. DUNLOP, F. H. HARBISON, and C. A. MYERS. *Industrialism and Industrial Man: The Problems of Labour and Management in Economic Growth.* Harmondsworth, 1973.

KEYSLER, S. Y. 'Sel' skaya obshchina i eya sovremennoye polozheniye', *Vestnik Yevropy*, VII (1884).

KHODSKY, L. V. *Po povodu knigi 'Vliyaniye urozhayev i khlebnykh tsen na nekotoryye storony russkago narodnago khozyaystva'*, St Petersburg, 1897.

KHROMOV, P. A. *Ekonomicheskoye razvitiye Rossii v XIX-XX vekakh.* Moscow and Leningrad, 1950.

——*Ocherki ekonomiki perioda monopolisticheskogo kapitalizma.* Moscow, 1960.

KINYAPINA, N. S. *Politika russkogo samoderzhaviya v oblasti promyshlennosti.* Moscow, 1968.

KIZEVETTER, A. A. *Posadskaya obshchina v Rossii XVIII st.* Moscow, 1903.

KOEHLER, S. *Die russische Industriearbeiterschaft von 1905–1917* (Osteuropa-Institut in Breslau). Leipzig and Berlin, 1921.

KOLODUB, E. *Trud i zhizn' gornorabochikh na grushevskikh antratsitnykh rudnikakh*, 2nd edn. Moscow, 1907.

Kovalevsky, V. I. (ed.). *Rossiya v kontse XIX veka.* St Petersburg, 1900 (reprinted by Mouton, 1969)

Koz'minykh-Lanin, I. M. *Gramotnost' rabochikh fabrichno-zavodskoy promyshlennosti Moskovskoy gubernii.* Moscow, 1911. (Cited as '*Gramotnost*' (1911)'.)

——*Gramotnost' i zarabotki fabrichno-zavodskikh rabochikh Moskovskoy gubernii.* Moscow, 1912. (Cited as '*Gramotnost*' (1912)'.)

Krenholmskaya manufaktura 1857–1907: istorichesky ocherk. St Petersburg, 1907.

【575】 Kudryavtsev, N. F. *Prishlyye sel'sko-khozyaystvennyye rabochiye na Nikolayevskoy yarmarke v m. Kakhovke v Tavricheskoy gubernii i sanitarny nadzor za nimi.* Kherson, 1896.

Kuritsin, I. S. 'Formiroveniye rabochey sily na tekstil'nykh manufacturakh v XVIII v.', *Istoricheskiye Zapisky*, v (1939).

Laue, T. von. 'Russian Peasants in the Factory, 1892–1904', *Journal of Economic History*, xxi (1961), 61–80.

Lauwick, M. *L'Industrie dans la Russie Méridionale: sa situation–son avenir.* Brussels and Paris, 1907.

Laverichev, V. Ya. *Tsarism i rabochy vopros v Rossii (1861–1917).* Moscow, 1972.

Lenin, V. I. *Razvitiye kapitalizma v Rossii*, in *Sochineniya*, iii. Moscow, 1946.

Levitsky, V. 'Znacheniye kustarnykh promyslov v narodnom khozyaystve', *Narodnoye Khozyaystvo*, vi (1902), 34–48.

Lewis, W. A. 'Economic Development with Unlimited Supply of Labour', *Manchester School*, May 1954; reprinted in A. N. Agarwala and S. P. Singh (eds.), *The Economics of Underdevelopment* (Oxford, 1958).

Lisyansky, A. 'Osnovaniye yuzovskogo zavoda', *Istoriya SSSR*, no. 5 (1964), 150–9.

Livshits, R. S. *Razmeshcheniye promyshlennosti v dorevolyutsyonnoy Rossii*, Moscow, 1955.

Lodyzhensky, K. *Istoriya russkago tamozhennago tarifa.* St Petersburg, 1886.

Lokhtin, P. *Bezzemel'ny proletariat v Rossii*, Moscow, 1905.

Lositsky, A. E. *Raspadeniye obshchiny.* St Petersburg, 1912.

Lukomskaya, I. M., 'Formirovaniye promyshlennogo proletaryata Donbassa', in V. V. Al'tman (ed.), *Iz istorii rabochego klassa i revolyutsyonnogo dvizheniya.* Moscow, 1958.

Lyubomirov, P. G. *Ocherki po istorii russkoy promyshlennosti: XVII, XVIII i nachalo XIX veka.* Moscow, 1947.

Lyubomirov, P. G. (ed.). *A. N. Radishchev: materialy i izsledovaniya.* Moscow and Leningrad, 1936.

Mabro, R. 'Employment and Wages in Dual Agriculture', *Oxford Economic Papers*, n. s., xxiii, 3 (November 1971).

McKay, J. P. *Pioneers for profit: Foreign Entrepreneurship and Russian Industrialization, 1885–1913.* Chicago and London, 1970.

Markus, B. 'Abolition of Unemployment in USSR', *International Labour Review*, xxxiii (1935).

Marx, Karl. *Capital*, vol. i. Moscow, 1965.

Meyer, V. Y. *Prilepskaya ekonomiya brat'yev baronov K. i A. Yegorovichey Meyendorf.* Moscow, 1896.

Mikhaylovsky, Ya. T. O *deyatel'nosti abrichnoy inspektsii: otchot glavnago fabrichnago inspektora.* St Petersburg. 1886.

Milyukov, P. N. *Gossudarstvennoye khozyaystvo Rossii v pervoy chetverti XVIII stoletiyai reforma Petra Velikago.* St Petersburg, 1905.

Miropol'sky, V. I. *Voronezhsky fabrichny okrug: otchot za 1885 g.* St Petersburg, 1886.

Moscow. Gorodskaya Uprava. Statisticheskoye otdeleniye. *Perepis Moskvy 1882 g.: Naseleniye i zanyatiya.* Moscow, 1885.

—— —— ——*Perepis Moskvy 1902 goda: Naseleniye.* Moscow, 1904.

——Gubernskoye Zemstvo. Statichesky otdel. *Moskovskaya guberniya po mestnomu obsledovaniyu 1898–1900 gg.*, v: 'Promysly'. Moscow, 1901.

Myint, H. 'Dualism and the Internal Integration of Underdeveloped Economies', *Banca nazionale del lavoro Quarterly Review*, no. 93 (June 1970), 128–56.

NEVOLIN, P. *Kustarnaya promyshlennost' vo Vladimirskoy gubernii.* Vladimir, 1912.

NIFONTOV, A. S. 'Formirovaniye klassov burzhuaznogo obshchestva v russkom gorode', *Istoricheskiye Zapisky*, LIV (1955), 239 ff.

NOVITSKY, I. O. *Kievsky fabrichny okrug: otchot za 1885.* St Petersburg, 1886.

OGANOVSKY, N. P. (ed.). *Sel' skoye knozyaystvo Rossii v XX veke.* Moscow, 1923.

OZEROV, I. KH. *Politika po rabochemu voprosu za posledniye gody.* Moscow, 1906.

P., A. 'Rabochiye Sormovskikh zavodov', *Narodnoye Khozyaystvo*, IV (1902), 84–101, and V (1903), 81–94.

PALAT, M. K. 'Tsarist Labour Policy', *Soviet Studies*, no. 2 (1973). 【576】

PANKRATOVA, A. M. 'Rabochy klass i rabocheye dvizheniye nakanune revolyutsii 1905 g.', in M. N. Pokrovsky (ed.), *1905: Istoriya revolyutsyonnogo dvizheniya v otdel' nykh ocherkakh.* Moscow and Leningrad, 1925.

——'Proletarizatsiya krest' yanstva i ego rol' v formirovanii promyshlennogo proletariata Rossii', *Istoricheskiye Zapisky*, LIV (1955).

PANOV, A. A. (ed.), *Dvizheniye rabochikh na zarabotki v 1910g.: stroitelnyye i dorozhnyye raboty.* St Petersburg, 1911.

PAVLENKO, N. I. *Razvitiye metallurgicheskoy promyshlennosti Rossii v pervoy polovine XVIII veka.* Moscow, 1953.

——'O nekotorykh storonakh pervonachalnogo nakopleniya v Rossii', *Istoricheskiye Zapisky*, LIV (1955).

PAZHITNOV, K. A. 'Razvitiye kamennougol' noy i metallurgicheskoy promyshlennosti na yuge Rossii', *Narodnoye Khozyaystvo*, III (1905).

——*Ocherki po istorii bakinskoy neftepererabatyvayushchey promyshlennosti.* Moscow and Leningrad, 1940.

——'K voprosu o roli krepostnogo truda v doreformennoy promyshlennosti', *Istoricheskiye Zapisky*, VII (1946).

——*Problema remeslennykh tsekhov v zakonodatel' stve russkogo absolutizma.* Moscow, 1952.

——*Ocherki po istorii tekstil' noy promyshlennosti dorevolyutsyonnoy Rossii: sherstyanaya promyshlennost'.* Moscow, 1955. (Cited as '*Ocherki tekstil' noy* (1955)').

——*Ocherki istorii tekstil' noy promyshlennosti dorevolyutsyonnoy Rossii: khlopchatobumazhnaya, l' nopenkovaya i sholkovaya promyshlennost'.* Moscow, 1958. (Cited as '*Ocherki tekstil' noy* (1958)'.)

PESKOV, P. A. *Fabrichny byt Vladimirskoy gubernii: otchot za 1882–1883.* St Petersburg, 1884.

PICKERING, E. C. 'The International Harvester Company in Russia: A Case Study of a Foreign Corporation in Russia from the 1860's to the 1930's'. Unpublished Ph. D. thesis, Princeton University, 1974.

POGOZHEV, A. V. 'Votchinnyye fabriky i ikh fabrichnnyye', *Vestnik Yevropy*, VIII (1889).

——*Uchot chislennosti i sostava rabochikh v Rossii: materialy po statistike truda.* St Petersburg, 1906.

POGOZHEV, A. V. (ed.). 'Sanitarnoye izsledovaniye fabrichnykh zavedeniy Bogorodskago uyezda', in *Sbornik statisticheskikh svedeniy po Moskovskoy gubernii: otdel sanitarnoy statistiki*, III (issued by Moskovskaya Gubernskaya Zemskaya Uprava). Moscow, 1885.

POKROVSKY, M. N. (ed.). *1905: Istoriya revolyutsyonnogo dvizheniya v otdel' nykh ocherkakh.* Moscow and Leningrad, 1925.

POLLARD, S, 'Factory Discipline in the Industrial Revolution', *Economic History Review*, 2nd ser., XVI, 2 (December 1963).

PORTAL, R. *L' Oural au XVIIIe siècle.* Paris, 1950.

POSTNIKOV, V. E. *Yuzhno-russkoye krest' yanskoye khozyaystvo.* 2nd edn. Moscow, 1907.

PRILEZHAYEV, A. V. *Chto takoye kustarnoye proizvodstvo?* St Petersburg, 1882.

PROKOPOVICH, S. N. 'Krest' yanstvo i poreformennaya fabrika', in A. K. Dzhivelegov *et al.* (eds.), *Velikaya reforma: Russkoye obshchestvo i krest' yansky vopros v proshlom i nastoyashchem*, VI.

Moscow, 1911.

PROKOPOVICH, S. N. (ed.). *Opyt ischisleniya narodnago dokhoda 50 guberniy Yevropeyskoy Rossii v 1900–1913 gg.* Moscow, 1918.

RAFFALOVICH, A. (ed.). *Russia: Its Commerce and Trade.* London, 1918.

RASHIN, A. G. 'Gramotnost' i narodnoye obrazovaniye v Rossii v XIX i nachale XXV.', *Istoricheskiye Zapisky*, XXXVII (1951).

——*Naseleniye Rossii za sto let (1811–1913) gg.* Moscow, 1956.

——*Formirovaniye rabochego klassa Rossii.* Moscow, 1958.

RIMLINGER, G. VON, 'Autocracy and the Factory Order in Early Russian Industrialization', *Journal of Economic History*, XX (March 1960), 67–92.

ROZHKOVA, M. K. 'Rabochiye Tryokhgornoy manufaktury vo vtoroy polovine XIX v.', *Istoriya proletariata SSSR*, no. I. Moscow, 1930.

——'Sostav rabochikh Tryokhgornoy manufaktury na kanune imperyalisticheskoy voyny', *Istoriya proletariata SSSR*, no. 5. Moscow, 1931.

【577】 ROZHKOVA, M. K (ed.). *Ocherki ekonomicheskoy istorii Rossii pervoy poloviny XIX veka.* Moscow, 1959.

RUDNEV, N. F. 'Promysly krest'yan v Yevropeyskoy Rossii', *Sbornik Saratovskago Zemstva*, no. 6 (Saratov, 1894).

RUSSIA. MINISTERSTVO FINANSOV. *Vestnik Finansov, Torgovli i Promyshlennosti.* Various dates. (Cited as 'VF'.)

—— ——*Svod dannykh o fabrichno-zavodskoy promyshlennosti Rossii za 1897 god.* St Petersburg, 1900.

—— ——*Narodnoye khozyaystvo v 1913g*, Petrograd, 1914.

——DEPARTAMENT OKLADNYKH SBOROV [Department of Non-Repartitional Taxes] *Materialy Vysochayshe uchrezhdyonnoy 16 noyabrya 1901 komissii po izsledovaniyu voprosa o dvizhenii s 1861 po 1900 g. blagosostoyaniya sel'skago naseleniya srednezemledel'-cheskikh guberniy sravnitel'no s drugimi mestnostyami Yevropeyskoy Rossii.* 3 vols. St Petersbury, 1903.

——DEPARTAMENT TORGOVLI I MANUFAKTUR. *Trudy komissii po izsledovaniyu kustarnoy promyshlennosti v Rossii*, part 3. St Petersburg, 1879–82.

—— ——*The Industries of Russia*, ed. J. M. Crawford. Published for the World's Columbian Exposition, Chicago. St Petersburg, 1893.

—— ——*Itogi torgovli i promyshlennosti Rossii 1825–1855 gg.* St Petersburg, 1896.

——MINISTERSTVO TORGOVLI I PROMYSHLENNOSTI. OTDEL PROMYSHLENNOSTI. *Svod Otchotov Fabrichnykh Inspektorov*··· St Petersburg, various dates.

——*Statistika bumagopryadil'nago i tkatskago proizvodstva za 1900–1910 gg.* St Petersburg, 1911.

—— ——*Dannyye o prodolzhitel'nosti i raspredelenii rabochego vremeni v promyshlennykh predpriyatiyakh, podchinyonnykh nadzoru fabrichnoy i gornoy inspektsii v 1913g.* Petrograd, 1914.

—— ——UCHEBNY OTDEL. *Materialy po tekhnicheskomu i remeslennomu obrazovaniyu.* Petrograd, 1917.

——MINISTERSTVO VNUTRENNIKH DEL. *Obshchy svod po imperii rezul'tatov razrabotki dannykh pervoy vseobshchey perepisi naseleniya, proizvedennoy 28 yanvarya 1897*, I. St Petersburg, 1905.

—— ——TSENTRAL'NY STATISTICHESKY KOMITET. *Sankt-Peterburg po perepisi 10 dekabrya 1869goda.* St Petersburg, 1872–5.

—— ——*Sankt-Peterburg po perepisi 15 dekabrya 1890 g., Naseleniye.* St Petersburg, 1891.

—— —— ——*Sankt-Peterburg po perepisi naseleniya 15 dekabrya 1900 goda, Naseleniye.* St Petersburg, 1903.

—— —— ——*Petrograd po perepisi naseleniya 15 dekabrya 1910 g.* Petrograd, 1914.

—— —— ——*Yezhegodnik Rossii za 1910g.* St Petersburg, 1911.

——NARODNY KOMMISSARIYAT FINANSOV SSSR. *Narodnoye i gosudarstvennoye khozyaystvo.* Moscow,

1923.

——Sovet S' yezdov Predstaviteley Promyshlennosti i Torgovli. *Statistichesky Yezhegodnik na 1914 god.* Petrograd, 1914.

——Statisticheskoye Byuro Sovyeta S' yezda Neftepromyshlennikov. *Zarabotnaya plata sluzhashchikh i rabochikh bakinskago promyshlennago rayona.* Baku, 1912.

——Tsentral' noye Statisticheskoye Upravleniye SSSR. *Fabrichno-zavodskaya promyshlennost' v period 1913–1918 gg.* Moscow, 1922.

—— ——*Statistichesky Yezhegodnik goroda Moskvy i Moskovskoy gubernii.* Moscow, 1927.

——Uchonaya Komissiya po Izsledovaniyu Istorii Truda v Rossii. *Trud v SSSR: Spravochnik* 1926–1930. Moscow,

Rykachev, A. 'Tseny na khlyeb i na trud v. S.-Peterburge za 58 let', in *VF*, 1911, no. 3.

Ryndzyunsky, P. G. *Krest' yanskaya promyshlennost' v poreformennoy Rossii* (*60–80–gegody XIX v.*). Moscow, 1966.

——'Krest' yansky otkhod i chislennost' sel' skogo naseleniya v 80ykh godakh XIXv.', in S. D. Skazkin (ed.), *Problemy genezisa kapitalizma* (Moscow, 1970), 413–35.

Sagorsky, S. *Die Arbeiterfrage in der Südrussischen Landwirtschaft.* Munich, 1908.

St Petersburg. Gubernskoye Zemstvo. Statistiko-ekonomicheskoye otdeleniye. *Materialy dlya otsenki zemel' S.-Peterburgskoy gubernii: Gdovsky uyezd.* St Petersburg, 1914. [578]

Schultze-Gaevernitz, G. von. *Ocherki obshchestvennago khozyaystva i ekonomicheskoy politiki Rossii* (translated from the German original of 1899). St Petersburg, 1901.

Semevsky, V. V. *Krest' yane v tsarstvovaniye imperatritsy Yekateriny II*, i St Petersburg, 1903.

Serbina, K. N. 'Posluzhnyye spiski rabochikh Urala kak istorichesky istochnik', *Problemy Istochnikovedeniya*, vii (1959).

Shanin, T. *The Awkward Class: Political Sociology of Peasantry in a Developing Society: Russia 1910–1925.* Oxford, 1972.

Shapiro, A. L. 'K istorii krest' yanskikh promyslov i krest' yanskoy manufactury v Rossii v XVIII v.', *Istoricheskiye Zapisky*, xxxi (1950).

Shatilov, Y. I. 'Odno iz batrachnykh khozyaystv sredney Rossii', *Trudy Imperatorskago Obshchestva Sel' skago Khozyaystva*, xviii (Moscow, 1886).

Shcherban, A. N. *Istoriya tekhnicheskogo razvitiya ugol' noy promyshlennosti Donbassa.* 2 vols. Kiev, 1969.

Shepelev, L. E. 'Aktsyonernoye uchreditel' stvo v Rossii', in M. P. Vyatkin (ed.), *Izistorii imperializma v Rossii.* Moscow and Leningrad, 1959.

Shestakov, P. M. *Rabochiye na manufakture tovarishchestva 'Emil Tsindel' v Moskve: statisticheskoye izsledovaniye.* Moscow, 1900.

Shidlovsky, A. V. *Kazansky fabrichny okrug otchot za 1885.* St Petersburg, 1886.

Sigov, S. P. *Ocherki po istorii gornozavodskoy promyshlennosti Urala.* Sverdlovsk, 1936.

Skazkin, S. D. (ed.) *Problemy genezisa kapitalizma.* Moscow, 1970.

Smith, T. C. 'Pre-modern Economic Growth: Japan and the West', *Past and Present*, no. 60 (August 1973).

Soyuz Rabochikh po Metallu. *Materialy ob ekonomicheskom polozhenii i professyonal' noy organizatsii peterburgskikh rabochikh po metallu.* St Petersburg, 1909.

Stone, L. 'Literacy and Education in England, 1640–1900', *Past and Present*, no. 42 (February 1969).

Strumilin, S. G. 'Khozyaystvennoye znacheniye narodnogo obrazovaniya', *Planovoye Khozyaystvo*, 1924, nos. 9–10.

——'Dinamika oplaty promyshlennogo truda v Rossii za 1900–1914 gg', *Planovoye Khozyaystvo*, 1926, no. 9.

——*Izbrannyye proizvedeniya.* 5 vols. Moscow, 1963–5.

Strumilin, S. G. (ed.). *Ocherki ekonomicheskoy istorii Rossii.* Moscow, 1960.

Svavitsky, A., and V. Sher. *Ocherk polozheniya rabochikh pechatnago dela v Moskve.* St Petersburg, 1909.

SVAVITSKY, Z. M. and N. A. SVAVITSKY. *Zemskiye podvornyye perepisy, 1880–1913, pouyezdnyye itogi. Moscow*, 1926.

SVYATLOVSKY, V. V. *Kharkovsky fabrichny okrug: otchot za 1885 god.* St Petersburg, 1886.

SWIANIEWICZ, S. *Forced Labour and Economic Development.* Oxford, 1965.

TEGOBORSKI, M. L. DE. *Commentaries on the Productive Forces of Russia.* 2 vols. London, 1855.

TILLY, C., and R. TILLY. 'Agenda for European Economic History in the 1970s', *Journal of Economic History*, XXXI (March 1971).

TIMASHEV, N. S. 'Overcoming Illiteracy: Public Education in Russia, 1880–1940', *Russian Review*, no. 2 (1942).

TROYNITSKY, N. A. (ed.). *Chislennost' i sostav rabochikh v Rossii na osnovanii dannykh pervoy vseobshchey perepisi naseleniya rossiyskoy imperii 1897g.* St Petersburg, 1906.

TUGAN-BARANOVSKY, M. *Russkaya fabrika v proshlom i nastoyashchem.* 3rd edn. Moscow and Leningrad, 1934.

TYUMENEV, A. I. *Ot revolyutsii k revolyutsii.* Leningrad, 1925.

UNITED NATIONS. International Labour Office. *Employment and Economic Growth.* Geneva, 1964.

[579] V., B. 'K kharakteristike agrarnykh otnosheniy v yugo zapadnom kraye', *Narodnoye Khozyaystvo*, I (1903), 67–79.

VARZAR, V. E. (ed.). *Statisticheskiye svedeniya o fabrikakh i zavodakh, ne oblozhennykh aktsizom za 1900 god*, issued by Otdel promyshlennosti Ministerstva Finansov. St Petersburg, 1903.

——*Statistika obrabatyvayushchey promyshlennosti za 1908 god.* 2 parts. St Petersburg, 1912.

VARZAR, V. E., and L. B. KAFENGAUZ. 'Dinamika fabrichno-zavodskoy promyshlen-nosti Rossii', in S. G. Strumilin (ed.), *Ocherki ekonomicheskoy istorii Rossii* (Moscow, 1960), Appendix 2.

VASIL'YEV, V. N. 'Formirovaniye promyshlennogo proletariata Ivanovskoy oblasti', *Voprosy Istorii*, no. 6 (1932), 99–117.

VESNIN, A. 'Ob otmene krugovoy poruki', *Narodnoye Khozyaystvo*, VIII (1901).

VF: see Russia, Ministerstvo Finansov.

VIKHLYAYEV, P. 'Ustoychivost' vnezemledel' cheskikh otkhozhe-promyslovykh zarabotkov sel' skago naseleniya v Rossii', *Narodnoye Khozyaystvo*, III (1900).

VIKHLYAYEV, P. A. (ed.). *Zemledel' cheskoye khozyaystvo i promysly krest' yanskago naseleniya: promysly.* Moscow, 1908.

VLADIMIR. Gubernskoye Zemstvo. Statistichesky komitet. *Materialy dlyn otsenki zemel' Vladimirskoy gubernii: Vladimirsky uyezd.* Vladimir, 1912.

VOLKOV, M. YA. 'Khozyaystvo kuptsa Srednego Povolzhya I. A. Miklyayeva v kontse XVII–pervoy chetverti XVIII v.', in S. D. Skazkin (ed.), *Problemy genezisa kapitalizma* (Moscow, 1970).

WELLISZ, J. S. 'Dual Economies, Disguised Unemployment and the Unlimited Supply of Labour', *Economica*, n. s., XXXV, 137 (February 1968), 22–51.

YAKOVLEV, A. F. *Ekonomicheskiye krizisy v Rossii.* Moscow, 1955.

YANSON, YU. 'Naseleniye Peterburga, ego ekonomichesky i sotsyal' ny sostav po perepisi 1869 g.', *Vestnik Yevropy*, no. 10 (1875), 607–39.

YANZHUL, I. I. 'Detsky i zhensky fabrichny trud v Anglii i Rossii', *Otechestvennyye Zapisky*, nos. 2–4 (1880).

—— *Fabrichny byt Moskovskoy gubernii: otchot za 1882–3.* St Petersburg, 1884.

YAROSHKO, A. *Rabochy vopros na yuge: yego proshedsheye, nastoyashcheye i budushcheye.* Moscow, 1894.

YATSUNSKY, V. K. 'Rol' Peterburga v promyshlennom razvitii Rossii', *Voprosy Istorii*, no. 9 (1954).

——'Znacheniye ekonomicheskikh svyazey s Rossiyey dlya khozyaystvennogo razvitiya gorodov Pribaltiki v epokhu kapitalizma', *Istoricheskiye Zapisky*, XLV (1954).

——'Izmeneniya v razmeshchenii naseleniya Yevropeyskoy Rossii v 1724–1916 gg.', *Istoriya SSSR*, no. I (1957), 192–224.

ZAK, S. *Promyshlenny kapitalizm v Rossii.* Moscow, 1908.

ZAOZERSKAYA, E. I. *U istokov krupnogo proizvodstva v russkoy promyshlennosti XVI–XVII vekov.*

Moscow, 1970.

ZELNIK, R. E. *Labor and Society in Tsarist Russia: The Factory Workers of St Petersburg 1855–1870*. Stanford, Calif., 1971.

ZISEL'SON, E. I. 'K voprosu o formirovanii promyshlennykh kadrov na predpriyatiyakh Peterburga v 1801–1861', in V. Ya Ovsyankin (ed.), *Istoyiya rabochego klassa Leningrada*. Leningrad, 1962.

Z LOTNIKOV, M. 'Ot manufaktury k fabrike', *Voprosy Istorii*, nos. 11–12 (1946), 31–48.

第八章　俄国企业家

ADLER-KARLSSON, G. *Western Economic Warfare, 1947–1967*. Stockholm, *1968*.

AKADEMIYA NAUK SSSR. Institut ekonomiki. *Postroenie fundamenta sotsialisticheskoi ekonomiki v SSSR 1926–1932gg*. Moscow, 1960.

——*Sovietskoe narodnoe khozyaistvo v 1921–1925gg*. Moscow, 1960. 【580】

AMBURGER, E. *Die Anwerbung ausländischer Fachkräfte für die Wirtschaft Russlands vom 15. bis in das 19. Jahrhundert*. Wiesbaden, 1968.

AMES, E. 'Theories of Economic Planning', in Gumpel and Keese (eds.), *Probleme des Industrialismus*.

ANANICH, B. V. *Rossiya i mezhdunarodny kapital 1897–1914: ocherki istorii finansovykh otnoshenii*. Leningrad, 1970.

ARNOLD, A. Z. *Banks, Credit and Money in Soviet Russia*. New York, 1937.

AUBIN, H. 'The Lands East of the Elbe and German Colonization Eastwards', in *Cambridge Economic History*, I. Cambridge, 1941.

AUTY, R., and D. OBOLENSKY (eds.). *Companion to Russian Studies*, I: *An Introduction to Russian History*. Cambridge, 1976.

BAJER, B. *Przemysł włókiennicny na ziemach polskich od poczatku XIX wieku do 1939 roku*. Łódź, 1958.

BARON, S. W. *The Russian Jew under Tsars and Soviets*. New York, 1964.

BARTLETT, R. P. 'Foreign Settlement in Russia under Catherine II', *New Zealand Slavonic Journal*, new ser., I (1974).

BATER, J. H. *St Petersburg–Industrialization and Change*. London, 1976.

BAYKOV, A. *The Development of the Soviet Economic System*. Cambridge, 1946.

BERLINER, *J. S. The Innovation Decision in Soviet Industry*. Cambridge, Mass., 1976.

BILL, V. T. *The Forgotten Class: The Russian Bourgeoisie to 1900*. New York, 1959.

BLACKWELL, W. L. 'The Old Believers and the Rise of Private Industrial Enterprise in Early Nineteenth–Century Moscow', *Slavic Review*, XXIV (1965).

—— *The Beginnings of Russian Industrialization, 1800–1860*. Princeton, 1968.

BLACKWELL, W. L. (ed.). *Russian Economic Development from Peter the Great to Stalin*. New York, 1974.

BLANC, S. 'The Economic Policy of Peter the Great', in Blackwell (ed.), *Russian Economic Development*.

BLUM, J. *Lord and Peasant in Russsia from the Ninth to the Nineteenth Century*. Princeton, 1961.

BOBROWSKI, Cz. *Formation du système soviétique de planification*. Paris, 1956.

Bol' shaya sovetskaya entsiklopediya, 1st edn: Moscow, 1926–49; 2nd edn: Moscow, 1949–58; 3rd edn (in progress): Moscow, 1970–.

BOROVOY, S. YA. 'The State Debt as a Source of Primtive Accumulation in Russia', in Mavrodin (ed.), *Voprosy genezisa kapitalizma*.

BOWLEY, M. *Studies in the History of Economic Theory before 1870*. London, 1973.

BROKGAUZ: see *Entsiklopedichesky slovar'*.

BROWN, A. H. 'Adam Smith's Frist Russian Followers', in T. Wilson (ed.), *Adam Smith: Critical Essays*. Oxford, 1974.

BURNS, T., and G. M. STALKER. *The Management of Innovation*. London, 1961.

Campbell, R. 'On the Theory of Economic Administration', in Rosovsky (ed.), *Industrialization in Two Systems*.

Carr, E. H. *The Bolshevik Revolution, 1917–1923*. 3 vols. II: *The Economic Order*. London, 1952.

Carr, E. H., and R. W. Davies. *Foundations of a Planned Economy, 1926–1929*, II. London, 1969.

Chayanov, A. V. *The Theory of Peasant Economy*, transl. and ed. D. Thorner, B. Kerblay, and R. E. F. Smith Homewood, Ill., 1966.

Christensen, S. Å., *et al. Den dansk emigration til Russland*, 1875–1914. Copenhagen, 1970.

Chuntunov, V. T. *Ekonomicheskaya istoriya SSSR*. Moscow, 1969.

Confino, M. *Domaines et seigneurs en Russie vers la fin du XVIIIe siècle*, Paris, 1963.

Crisp, O. 'Russia, 1860–1914', in R. Cameron (ed.), *Banking in the Early Stages of Industrialization*. Oxford, 1967.

—— *Studies in the Russian Economy before 1914*. London, 1976.

Csikós-Nagy, B. *Socialist Economic Policy*. London, 1973.

Danilevsky, V. V. *Russkaya tekhnika*. 2nd edn. Leningrad, 1948.

【581】 *Direktivy KPSS i sovetskogo pravitel' stva po khozyaistvennym voprosam*, I: *1917–1928*. Moscow, 1957.

Dityatin, I. I *Ustroistvo i upravlenie gorodov Rossii*. 2 vols. St Petersburg, 1875, and Yaroslavl', 1877.

Dobb, M. *Studies in the Development of Capitalism*. London, 1946.

——*Soviet Economic Development since 1917*. 4th edn. London, 1957.

——'The Discussions of the 1920s about Building Socialism', *Annali dell' Instituto G. Feltrinelli*. Milan, 1967.

Domar, E. 'The Causes of Slavery or Serfdom: A Hypothesis', *Journal of Economic History*, XXX (1970).

Domostroi, transl. M. E. Duchène. Paris, 1910.

Dubnow, S. M. *History of the Jews in Russia and Poland*. 2 vols. Philadelphia, 1916 and 1920.

Dubrovin, N. *Pugachev i ego soobshchniki*. 3 vols. St Petersburg, 1884.

Eck, A. *Le Moyen Age russe*. Paris. 1933.

Ekonomicheskaya zhizn' SSSR: khronika sobytii i faktov 1917–1965, I: *1917–50*. 2nd edn. Moscow, 1967.

Entsiklopedichesky slovar'. St Petersburg and Moscow, 1890–1907.

Eventov, L. Ya. *Inostrannye kapitaly v russkom promyshlennosti*. Moscow, 1931.

Falkus, M. E. *The Industrialisation of Russia, 1700–1914*. London, 1972.

Fennell, J. *The Emergence of Moscow, 1304–1369*. London, 1968.

Finn-Enatoevsky, A. *Sovremennoe khozyaistvo Rossii*. St Petersburg, 1911.

Gaissinovitch, A. *La Rèvolte de Pougatchev*. Paris, 1938.

Galai, S. *The Liberation Movement in Russia, 1900–1905*. Cambridge, 1973.

Garvy, G. *Money, Banking and Credit in Eastern Europe*. New York, 1966.

——'Banking under the Tsars and under the Soviets', *Journal of Economic History*, XXII (1972).

Gatovsky, L. M., *et al.* (eds.). *Sovietskaya sotsialisticheskaya ekonomika 1917–1957*. Moscow, 1957.

Gerschenkron, A. *Economic Backwardness in Historical Perspective*. Cambridge, Mass., 1962.

——'Agrarian Policies and Industrialization'. in *Cambridge Economic History*, VI. Cambridge, 1965.

——*Continuity in History and Other Essays*. Cambridge, Mass., 1968.

——*Europe in the Russian Mirror*. Cambridge, 1970.

——'Criticism from Afar: A Reply'. *Soviet Studies*, XXV (1973).

Gessen, Yu. *Istoria yevreiskogo naroda v Rossii*. 2 vols. Leningrad, 1925 and 1927.

Gladkov, I. A. *Ocherki stroitel' stva sovietskogo planovogo khozyaistva v 1917–1918 gg*. Moscow, 1950.

——*Voprosy planirovaniya sovetskogo khozyaistva v 1918–1920 gg*. Moscow, 1951.

——*Ocherki sovietskoi ekonomiki 1917–1920 gg.* Moscow, 1956.

——'The Planned Development of the Soviet Economy'. in Gatovsky *et al.* (eds.), *Sovietskaya sotsialisticheskaya ekonomika.*

Gladkov, I. A. (ed.). *Natsionalizatsiya promyshlennosti v SSSR, sbornik dokumentov i materialov 1917–1920 gg.* Moscow, 1954.

Golubnichy, I. S., A. Pogrebinsky, and I. N. Shemyakin (eds.). *Ekonomicheskaya istoriya SSSR.* 1st edn: Moscow, 1963; 2nd edn: Moscow, 1967.

Gorlovsky, M. A., and A. N. Pyatnitsky. *Iz istorii rabochego dvizhenia na Urale.* Sverdlovsk, 1954.

Granovsky, E. L. *Monopolistichesky kapitalizm v Rossii.* Leningrad, 1929.

Greenberg, L. *The Jews in Russia.* 2 vols. New Haven, Conn., 1944 and 1951.

Grekov, V. D. *Krest' yanie na Rusi s drevneishikh vremen do XVII veka.* 2 vols. Moscow, 1952 and 1954.

Grossman, G. 'Gold and the Sword: Money in the Soviet Command Economy.' in Rosovsky (ed.), *Industrialization in Two Systems.*

Gumpel, W., and D. Keese (eds.). *Probleme des Industrialismus in Ost und West.* Olten, 1973.

Hardt, J. P., and T. Frankel. 'The Industrial Managers.' in Skilling and Griffiths (eds.), *Interest Groups in Soviet Politics.*

Hare, R. *Portraits of Russian Personalities between Reform and Revolution.* London, 1959. 【582】

Hicks, J. *A Theory of Economic History.* Oxford, 1969.

Hobson, J. *The Evolution of Modern Capitalism.* London, 1949.

Höhmann, H. H., M. C. Kaser, and K. C. Thalheim (eds.). *The New Economic Systems of Eastern Europe.* London and Berkeley, Calif., 1975.

Holland, S. (ed.). *The State as Entrepreneur.* London, 1972.

Hosking, G. A. *The Russian Constitutional Experiment: Government and Duma, 1907–1914.* Cambridge, 1973.

Ihnatowicz, I. *Przemysł Łódksi w latach 1860–1900.* Wrocław, 1965.

Ishchanian, B. *Die ausländischen Elemente in der russischen Volkswirtschaft.* Berlin, 1913.

Istoriya industrializatsii SSSR 1926–1941 gg.: dokumenty i materialy, I: 1926–1928. Moscow, 1969.

Istoriya sotsialisticheskoi ekonomiki SSSR. 6 vols. Moscow, 1976– : in progress.

Istoriya SSSR s drevneyshikh vremen do nashikh dnei. 12 vols. Moscow, 1966– : in progress.

Jasny, N. *Soviet Economists of the Twenties.* Cambridge, 1972.

Jezierski, A. *Handel zagraniczny królestwa polskiego 1815–1914.* Warsaw, 1967.

Kabanov, V. V. 'State Capitalism in 1918–19,' in Kim (ed.), *Novaya ekonomicheskaya politika.*

Kafengauz, B. B. 'Some Problems of the Genesis of Capitalism in Russia.' in Mavrodin (ed.), *Voprosy genezisa kapitalizma.*

Kahan, A. 'Continuity in Economic Activity and Policy during the Post-Petrine Period in Russia', *Journal of Economic History*, XXV, I (March 1965).

——'A Proposed Mercantilist Code in the Russian Iron Industry, 1734–36', *Explorations in Entrepreneurial History*, 2nd ser., II, 2 (Winter 1965).

——'The Costs of "Westernization" in Russia: The Gentry and the Economy in the Eighteenth Century', *Slavic Review*, XXV (1966).

——'Government Policies and the Industrialization of Russia', *Journal of Economic History*, XXVII (1967).

Kaser, M. 'Soviet Planning and the Price Mechanism', *Economic Journal*, LX (1950).

——*Soviet Economics.* London and New York, 1970.

Katkov, G., *et al.* (eds.). *Russlands Aufbruch ins 20. Jahrhundert.* Olten, 1970.

Kaufman, A. *Small-scale Industry in the Soviet Union.* New York, 1962.

Kaufmann-Rochard, J. *Origines d' une bourgeoisie russe, XVIe et XVIIe siècles.* Paris, 1969.

Kennan, G. *Russia and the West under Lenin and Stalin.* Boston, 1960.

Khromov, P. A. *Ekonomicheskoe razvitie Rossii v XIX-XX vekakh.* Moscow, 1950.

——*Ekonomicheskoe razvitie Rossii.* Moscow, 1967.

KIENIEWICZ, S., and W. KULA (eds.). *Historia Polski.* Warsaw, 1956.

KIM, M. P. (ed.). *Novaya ekonomicheskaya politika.* Moscow, 1974.

KLAUS, A. *Nashi Kolonii: opyt i materialy po istorii i statistike inostrannoy kolonizatsi v Rossii.* St Petersburg, 1869; reprinted Cambridge, Mass., 1972. (Transl. J. Toews, as *Unsere Kolonien: Studien und Materialen zur Geschichte und Statistik der ausländischen Kolonisation in Russland.* Odessa, 1887.)

KOPANEV, A. *Naselenie Peterburga v pervoi polovine XIX veka.* Moscow and Leningrad, 1957.

KORSAK, A. K. *O formakh promyshlennosti voobshche i o znachenii domashnego proizvodstva v zapadnoi Evrope i Rossii.* Moscow, 1861.

KOSTOMAROV, N. I. *Ocherki torgovli Moskovskogo gosudarstva v XVI i XVII stoletiyakh.* St Petersburg, 1862.

KOSTROWICKA, I., Z. LANDAU, and J. TOMASZEWSKI. *Historia gospodarcza Polski XIX i XX wieku.* Warsaw, 1966.

KULA, W. (ed.). *Ekonomika górnictwa i hutnictwa w królestwie polskim 1840–1910.* 2 vols. Warsaw, 1959 and 1961.

KULISCHER, J. 'Die kapitalistischen Unternehmer in Russland (insbesondere die Bauern als Unternchmer) in den Anfangsstadien des Kapitalismus' *Archiv für Sozialwissenschaft und Sozialpolitik*, LXV (1931).

【583】 LANDAU, Z., and J. TOMASZEWSKI. *Bank Handlowy w Warszawie S. A.: Historia i rozwój, 1870–1970.* Warsaw, 1970.

LAUE, T. K. VON. *Sergei Witte and the Industrialization of Russia.* New York, 1963.

LAVRICHEV, V. YA. 'The All-Russian Union of Trade and Industry', *Istoricheskie zapiski*, LXX (1961).

LENIN. V. I. *Razvitie kapitalizma v Rossii.* St Petersburg, 1899.

——*Sochenenie.* 4th edn, 45 vols.: Moscow, 1941–67; 5th edn, 55 vols.: Moscow, 1958–65.

——*Works*, English transl. of 4th Russian edn. Moscow, 1960–70.

LEROY-BEAULIEU, A. *L'Empire des tsars et les russes.* 3 vols. Paris, 1881–9.

LESHKOV, V. *Russky narod i gosudarstvo.* Moscow, 1858.

LIVSHIN, YA. I. *Monopolii v ekonomike Rossii.* Moscow, 1961.

LOPEZ, R. S. 'The Trade of Medieval Europe: The South', *Cambridge Economic History*, II. Cambridge, 1952.

ŁUKASIEWICZ, L. *Przewiót techniczny w przemysle królestwa polskiego 1857–1886.* Warsaw, 1963.

LYASHCHENKO, P. I. *Istoriya narodnogo khozyaistva SSSR.* 2 vols. Ist edn: Moscow, 1939; 2nd edn: Moscow, 1947–8; 3rd edn: Moscow, 1952. (Transl. L. M. Herman, as *History of the National Economy of Russia to the 1917 Revolution.* New York, 1949. The Russian text is cited in the notes as 'Lyashchenko, *Istoriya*, 2nd edn' or '... *Istoriya*, 3rd edn'; the English translation (after the Russian text of 1939) is cited as 'Lyashchenko, *History*, Ist edn'.)

McKAY, J. P. *Pioneers for Profit: Foreign Entrepreneurship and Russian Industrialization, 1885–1913.* Chicago, 1970.

MAI, J. *Das deutsche Kapital in Russland, 1850–1894.* East Berlin, 1970.

MAKKAI, L. 'Die Hauptzüge der wirtschaftlich-sozialen Entwicklung Ungarns im 15–17. Jahrhundert', *Studia Historica*, no. 53 (Budapest, 1953).

MALE, D. J. *Russian Peasant Organisation before Collectivisation.* Cambridge, 1971.

MARSHALL, A. *Principles of Economics*, ed. C. W. Guillebaud. 9th (variorum) edn. 2 vols. London, 1961.

MARX, K. *Capital*, ed. F. Engels, transl. S. Moore and E. Aveling. 3 vols. Moscow, 1961–2.

MASHIKHIN, E. A., and V. M. SIMCHERA. 'The History of Statistical Yearbooks in Russia, the USSR, and the USA', in Ryabushkin *et al.* (eds.), *Ocherki po istorii statistiki SSSR.*

Materialy po istorii SSSR, VI: *Dokumenty po istorii monopolisticheskogo kapitalizma v Rossii.* Moscow, 1959. (Transl. T. K. von Laue, *Journal of Modern History*, XXVI (1954).)

MAVRODIN, V. V. (ed.). *Voprosy genezisa kapitalizma v Rossii.* Leningrad, 1960.

MAWRIZKI, S. *L'Industrie lourde en Union Soviétique: Système de direction et de planification.* Geneva and Paris, 1961.

Mehlinger, H. D., and J. M. Thompson. *Count Witte and the Tsarist Government in the 1905 Revolution.* Bloomington, Indiana, 1972.

Miller, M. *The Economic Development of Russia, 1905–1914.* London, 1926; 2nd edn, 1967.

Missalowa, G. 'Les Crises dans l'industrie textile au royaume de Pologne à l'époque de la révolution industrielle', *Studia Historiae Oeconomicae*, no. 8 (Poznan, 1973).

Nakaz Ekaterina Vtoroy. St Petersburg, 1893.

Nasonov, A. N. 'From the History of Manorial Serfs in the Nineteenth Century in Russia', *Izvestiya Akademii Nauk SSSR*, 1926, ser. vi.

Nikitinsky, A. I. *Istoriya ekonomicheskogo byta Velikogo Novgoroda.* Moscow, 1893.

Nisselovich, L. N. *Istoriya zavodsko-fabrichnogo zakonodatel'stva Rossiskoi Imperii.* St Petersburg, 1883.

Nötzold, J. *Wirtschaftspolitische Alternativen der Entwicklung Russlands in der Äre Witte und Stolypin.* East Berlin, 1966.

——'Agrarian Questions and Industrialization in Russia on the Eve of the First World War', *Saeculum*, xvii (1966).

Nove, A. 'Internal Economies', *Economic Journal*, lxx (1960).

——*An Economic History of the USSR.* London, 1969.

Nutter, W. *The Growth of Industrial Production in the Soviet Union.* Princeton, 1962.

Ol', P. V. *Inostrannye kapitaly v Rossii.* Petrograd, 1922. [584]

——*Inostrannye kapitaly v narodnom khozyaistve dovoennoi Rossii.* Leningrad, 1925.

Olegina, I. N. 'Capitalist and Socialist Industrialization in the Treatment of A. Gerschenkron', *Istoriya SSSR*, no. 2 (1971).

Ozerov, I. Kh. *Ekonomicheskaya Rossiya i ee finansovaya politika na iskhode XIX i v nachale XX veka.* St Petersburg, 1905.

Pares, B. *A History of Russia.* 5th edn. London, 1962 (first published 1926).

Pavlenko, N. I. *Razvitie metallurgicheskoi promyshlennosti Rossii v pervoi polovine XVIII veka.* Moscow, 1953.

——'On the Question of the Evolution of the Gentry in the Seventeenth and Eighteenth Centuries', in Mavrodin (ed.), *Voprosy genezisa kapitalizma.*

Pazhitnov, K. A. *Problema remeslennykh tsekhov v zakonodatel'stve russkogo absolutizma.* Moscow, 1952.

Pietrzak-Pawłowski, I. *Królestwo polskie w początkach imperializmu 1900–1905.* Warsaw, 1955.

Pinter, W. M. 'The Social Characteristics of the Early Nineteenth-Century Russian Bureaucracy', *Slavic Review*, xxix, 3 (September 1970).

Pirenne, H. *Histoire économique de l'Occident médiéval.* Bruges, 1951.

Pokrovsky, S. A. (ed.). *Yuridicheskie proizvedeniya progressivnykh russkikh mysliteley: vtoraya polovina XVIII veka.* Moscow, 1959.

Polyansky, F. *Pervonachal'noe nakoplenie kapitala v Rossii.* Moscow, 1958.

Portal, R. *L'Oural au XVIIIe siècle.* Paris. 1950.

——'The Industrialization of Russia', in *Cambridge Economic History*, vi. Cambridge, 1965.

Postan, M. M. 'The Trade of Medieval Europe: The North', in *Cambridge Economic History*, ii. Cambridge, 1952.

Ptukha, M. V. *Ocherki po istorii statistiki v SSSR.* 2 vols. Moscow, 1955 and 1959.

Pugachevshchina. 3 vols. Moscow and Leningrad, 1926–31.

Pustula, Z. *Poczatki kapitalu monopolistycznego w przemysle hutniczometalowym królestwa polskiego 1882–1900.* Warsaw, 1968.

Rabochee dvizhenie v Rossii v XIX veke. Moscow, 1955.

Raeff, M. 'Imperial Russia: Peter I to Nicholas I', in Auty and Obolensky (eds.), *Companion to Russian Studies*, i.

Rimlinger, G. V. 'Autocracy and the Factory Order in Early Russian Industrialization', *Journal of Economic History*, xx (1960).

——'The Expansion of the Labor Market in Capitalist Russia, 1861–1917', *Journal of Economic History*, XXI (1961).

ROBERTS, P. C. *Alienation and the Soviet Economy*. Albuquerque, New Mexico, 1971.

ROMANOV, B. A. *Rossia v Mandzhurii*. Moscow, 1955.

ROOSA, R. A. 'United Russian Industry', *Soviet Studies*, XXIV (1973).

ROSOVSKY, H. 'The Serf Entrepreneur in Russia', *Explorations in Entrepreneurial History*, VI (1953–4).

ROSOVSKY, H. (ed.). *Industrialization in Two Systems*. New York, 1966.

ROWNEY, D. M. 'Study of the Russian Ministry of Internal Affairs in the Light of Organization Theory', in R. Kanet (ed.), *Behavioral Revolution and Communist Studies*. New York, 1970.

RUNCIMAN, S. 'Byzantine Trade and Industry', in *Cambridge Economic History*, II. Cambridge, 1952.

RUSIŃSKI, W. *Rozwój gospodarczy ziem polskich*. Warsaw, 1963.

RYABUSHKIN, T. V., *et al.* (eds.). *Ocherki po istorii statistiki SSSR*. Moscow, 1972.

RYBAKOV, B. A. *Remeslo drevnei Rusi*. Moscow, 1948.

RYCHKOV, N. D. 'On Corporations in Russia and Western Europe', *Russky Vestnik*, XVII (1862).

RYNDZYUNSKY, P. G. *Gorodskoe grazhdanstvo doreformnennoi Rossii*. Moscow, 1958.

SAMOKHVALOV, F. *Sovety narodnogo khozyaistva v 1917–32 gg.* Moscow, 1964.

SCHULZE-GÄVERNITZ, G. VON. *Volkswirtschaftliche Studien aus Russland*. Leipzig, 1899.

SCHUMPETER, J. A. *The Theory of Economic Development*. Cambridge, Mass., 1934.

SERGEEVICH, V. I. *Russkaya yuridicheskaya drevnost'*. 3 vols. St Petersburg, 1890–1903.

【585】 SHEPELEV. L. E. *Aktsionernye kompanii v Rossii* Leningrad 1973.

SHIMKIN, O. 'The Entrepreneur in Tsarist and Soviet Russia', *Explorations in Entrepreneurial History*, II (1949).

SHINDZIKASHVILI, D. I. *Ministerstvo Vnutrennikh Del tsarskoi Rossii v period imperializma-Struktura, funktsii, reaktsionaia sushchnost' i sviaz' s drugimi ministerstvami*. Omsk, 1974.

SHONFIELD, A. 'Thinking about the Past', *Encounter*, October 1972.

SHUL'GA, I. G. 'The Development of Trade in Left-Bank Ukraine in the Second Half of the Eighteenth Century', in Mavrodin (ed.), *Voprosy genezisa kapitalizma*.

SIDEROV, A. L. *Ekonomicheskoe polozhenie Rossii v gody pervoi mirovoi voiny*. Moscow, 1973.

SINZHEIMER, G. P. G. 'Les Industries kustar': Un Châpitre de la révolution industrielle en Russie', *Cahiers du Monde Russe et Soviétique*, VIII (1967).

SKILLING, H. G., and F. GRIFFITHS (eds.). *Interest Groups in Soviet Politics*. Princeton, 1971.

SMITH, R. E. F. 'Russia', in *Cambridge Economic History*, I. 2nd edn. Cambridge, 1966.

SOMBART, W. *The Jews and Modern Capitalism*, transl. M. Epstein, from *Die Juden und das Wirtschaftsleben* (Leipzig, 1911). New York, 1913.

——*Der moderne Kapitalismus*. 3 vols. Munich, 1919.

SORLIN, I. 'Les Traités de Byzance avec la Russie au Xe siècle', *Cahiers du Monde Russe et Soviétique*, II (1961).

SPIRIDONOVA, E. V. *Ekonomicheskaya politika i ekonomicheskie vzglady Petra I*. Moscow, 1952.

STEPANOV, I. V. 'Workers of the Volga Region in the Seventeenth Century', in Mavrodin (ed.), *Voprosy genezisa kapitalizma*.

STEPANOV, N. *Sravnitel' no-istorichesky ocherk organizatsii remeslennoi promyshlennosti v Rossii i zapadnoevropeiskikh gosudarstvakh*. Kiev, 1864.

STOPYANSKY, P. N. *Zhizn' i byt Peterburgskoy fabriki 1704–1914*. Leningrad, 1925.

STORCH, H. *Historisch-statistisches Gemälde des russischen Reiches am Ende des achtzehnten Jahrhunderts*. 8 vols. Riga, 1797–1803.

STRUMILIN, S. G. *Ocherki ekonomicheskoi istorii Rossii*. Moscow, 1960.

STRUVE, P. *Krepostnoye khozyaistvo*. St Petersburg, 1913.

SUTTON, A. C. *Western Technology and Soviet Economic Development, 1917–1930*. Stanford, Calif., 1968.

SWIANIEWICZ, S. *Forced Labour and Economic Development*. London, 1965.

SYROECHKOVSKY, V. E. *Gosti-surozhane*. Moscow and Leningrad, 1935.

THALHEIM, K. C. 'Die wirtschaftliche Entwicklung Russlands', in Katkov *et al.* (eds.), *Russlands Aufbruch ins 20. Jahrhundert.*

TREUE, W. *Wirtschaftsgeschichte der Neuzeit, 1700–1760*. Stuttgart, 1962.

TSUKERNIK, A. L. *Sindikat 'Prodamet': istoriko-ekonomichesky ocherk 1902–1914 g.* Moscow, 1959.

TSYPEROVICH, *G. Sindikaty i tresty v Rossii.* Petrograd, 1918; 3rd edn, 1920.

TUGAN-BARANOVSKY, M. *Russkaya fabrika v proshlom i nastoyashchem*, I: *Istoricheskoe razvitie russkoy fabriki v XIX veke.* 3rd edn. Moscow, 1926. (Transl. A. Levin and C. Levin, supervised by G. Grossman, as *The Russian Factory in the 19th Century.* Homewood, Ill., 1970.)

UNBEGAUN, B. O. *Russian Surnames.* Oxford, 1972.

VANAG, N. *Finansovy kapital v Rossii.* Moscow, 1925.

VANAG, N., and S. TOMSINSKY. *Ekonomicheskoe razvitie Rossii*, I: *Epokha promyshlennogo kapitalizma*, and II: *Epokha finansogo kapitalizma.* Moscow and Leningrad, 1928 and 1930.

VENEDIKTOV, A. V. *Organizatsiya gosudarstvennoi promyshlennosti v SSSR.* 2 vols. Leningrad, 1957 and 1961.

VERGINSKY, V. S. *Tvortsy novoi tekhniki v krepostnoy Rossii.* Moscow, 1957.

VERRE, E. *L'Entreprise industrielle en Union soviétique.* Paris, 1965.

VOLIN. L. *A Century of Russian Agriculture.* Cambridge, Mass., 1970.

VUCINICH, A. *Science in Russian Culture: A History to* 1860. Stanford, Calif., 1963.

WAGNER, W. G. 'Tsarist Legal Policies at the End of the Nineteenth Century: A Study in Inconsistencies', *Slavonic and East European Review*, LIV, 3 (July 1976). [586]

WEBER, M. *Wirtschaft und Gesellschaft.* 2 vols. Tübingen, 1956.

——*The Protestant Ethic and the Spirit of Capitalism*, transl. T. Parsons. New York, 1957.

——*From Max Weber: Essays in Sociology*, ed. H. M. Garth and C. W. Mills. New York, 1958.

WESTWOOD, J. N. 'John Hughes and Russian Metallurgy', *Economic History Review*, 2nd ser., XVII, 3 (1965).

WHEELER, G. *Racial Problems in Soviet Muslim Asia.* London, 1960.

WHITE, J. D. 'Moscow, Petersburg and the Russian Industrialists', *Soviet Studies*, XXIV (1973).

YAKOVTSEVSKY, V. N. *Kupechesky kapital v feodal' no-krepostnicheskoi Rossii.* Moscow, 1953.

ZAGORSKY, S. O. *State Control of Industry in Russia during the War.* New Haven, Conn., 1928.

ZAK, S. S. *Promyshlenny kapitalizm v Rossii.* Moscow, 1908.

ZAORSKAYA, E. I. *Manufaktura pri Petre I.* Moscow, 1947.

ZIENTARA, B., A. MACZAK, I. IHNATOWICZ, and Z. LANDAU. *Dziejc gospodarczc Polski do 1939 g.* Warsaw, 1965.

ZIV, V. S. *Inostrannye kapitaly v russikh aksioniernykh predpriyatiyakh*, I: *Germanskie kapitaly.* Petrograd, 1915. [587]

索　引

① 英文版页码,即中文版的边码。下同。——译者注

② 英文版注解号码,即中文版脚注的尾号。下同。——译者注

 【639】

译后记

《剑桥欧洲经济史》（第七卷下册）介绍了美国、日本和俄国的资本、劳动力与企业的形成与发展。全书分为三部分，共8章。

翻译工作分工如下：第一部分（第1、2章）：官瑞、彭卫红；第二部分（第3、4、5章）：肖慧娟、柴瑜；第三部分（第6、7、8章）：王文捷、王兰会、梁艳春。胡延新博士统读了第8章，并翻译了本章的俄语词句。最后由王文捷、肖慧娟完成统稿工作。

本书翻译过程中几经周折，历时三年才得以完成。受本书写作背景以及诸多作者共同完成的影响，在原文中出现了大量的古语词和日语、俄语的音译词，译者查阅大量的资料并多次向有关学者请教，力求做到表述准确与清晰。但有些词仍无法找到确切的中文译法，加之译者的理解能力有限，在翻译上难免有不妥与疏漏之处，欢迎读者批评指正。

在此向所有给予我们帮助的朋友和家人表示衷心的感谢，同时也特别感谢经济科学出版社崔新艳编辑的协助与督促。

译者2003年11月

图书在版编目（CIP）数据

剑桥欧洲经济史. 第7卷，工业经济：资本、劳动力和企业. 下册，美国、日本和俄国 /（英）波斯坦等主编；（英）马赛厄斯分册主编；王春法等译. —北京：经济科学出版社，2003.11

书名原文：The Cambridge Economic History of Europe

ISBN 7-5058-2892-4

Ⅰ.剑… Ⅱ.①波… ②马… ③王… Ⅲ.①经济史—欧洲 ②工业经济—经济史—世界—19世纪~20世纪 Ⅳ.F150.9

中国版本图书馆 CIP 数据核字（2003）第 098658 号

剑桥欧洲经济史

（第七卷）

工业经济：资本、劳动力和企业

（下册）

美国、日本和俄国

彼得·马赛厄斯　M.M.波斯坦　主编

王文捷　肖慧娟　宫　瑞　柴　瑜　译

王春法　汤建军　校订

经济科学出版社出版、发行　新华书店经销

社址：北京海淀区阜成路甲 28 号　邮编：100036

总编室电话：88191217　发行部电话：88191540

网址：www.esp.com.cn

电子邮件：esp@esp.com.cn

北京天宇星印刷厂印刷

河北三佳装订厂装订

787×1092　16 开　41.25 印张　690000 字

2004 年 12 月第一版　2004 年 12 月第一次印刷

印数：0001—1500 册

ISBN 7-5058-2892-4/F·2260　定价：82.00 元